RAMCARITMANAS WORD INDEX

मानस शब्द अनुक्रमणिका

Rāmcaritmānas Word Index

मानस शब्द अनुक्रमणिका

WINAND M. CALLEWAERT
PHILIP LUTGENDORF

MANOHAR
1997

Uitgegeven met de steun van
Stichting J. Gonda Fonds

First published 1997

ISBN 81-7304-208-X

Published by
Ajay Kumar Jain for
Manohar Publishers & Distributors
2/6, Ansari Road, Daryaganj
New Delhi 110002

Printed at
Rajkamal Electric Press
B-35/9 G T Karnal Road Indl. Area
Delhi 110033

स्मारक समर्पण

फ़ादर कामिल बुल्के को

कर्मयोगी, साहित्य-शोधक एवं *रामायण*-प्रेमी

To the memory of

FATHER KAMIEL BULCKE, S. J.

(Ramskapelle, Belgium 1909–Delhi 1982)

Hindi scholar and lover of the *Ramayana*

Introduction

एहि महँ रघुपति नाम उदारा । अति पावन पुरान श्रुति सारा ॥

For herein is Raghupati's glorious Name,
supremely holy, essence of all scriptures.
Ramcaritmanas, 1.10.1

"Ram"—the name of the lord of the Raghu lineage—is glorious indeed in Hindu tradition, and it is unquestionably the essence of its great medieval Hindi epic, *Ramcaritmanas*, composed by Gosvami Tulsidas. But one may ask, how many times in the course of this vast work does the name "Ram" appear? The answer to this question (which may be found in the present work) is not merely a matter of academic curiosity, but literary scholars and researchers often need to determine how many times and especially in what specific contexts some great poet or author has used a certain word or sequence of words. For example, a historian may seek all the usages of the name of a certain city, country, or king, or a linguist may look for each appearance of a certain verb or adjective, and so forth. Nor are such methods unfamiliar to *Manas* devotees and traditional scholars—*Ramayanis* and *vyasas*—for the careful analysis of Gosvami's usage of various terms has long been one of the standard techniques of oral and written exegesis of the epic: *Manas-katha*, *pravacan*, and *vyakhya*. Of course, there have always been those who excelled in this because of their total devotion to the epic, which they had completely internalized through memorization. In Ayodhya in 1984 I witnessed the extraordinary talent of the blind *Ramayani* known as "Ram Sahay Surdas-ji," who

used to sit in Kanak Bhavan temple and answer devotees' questions about the Ramayan. His mind was capable of feats of memory that, nowadays in the West, we associate only with computers, and if someone asked him, for example, what Gosvami-ji meant by *birah*, he would begin reeling off verses in which this term appears, commenting on each use of the word. It is also said by many *Ramayanis* that the "definition" of every term used in the *Manas* is itself given somewhere within the vast scope of that work.

But few of us have ready access to such marvelous personalities as Ram Sahay Surdas-ji, and it is perhaps also true that the number of those who have the entire text of the *Manas* "in the throat" (as is said in Hindi, or in English, "by heart") is dwindling with the passage of time. For those who study the epic primarily through written sources, an ideal tool is a word index or "concordance." Such indexes have long been available for many important works of world literature, such as for various editions of the Bible, and for the complete plays of William Shakespeare. But it is a matter of regret that uptil now no accessible word index has been available for Tulsidas's justly famous and beloved masterpiece. True, Dr. Suryakant published a word index in 1937 under the title *Tulsi-Ramayan shabd-suci* and this book is still available in some collections. Dr. Suryakant assembled it with great care, but unfortunately the *Manas* edition on which he based it (published in Allahabad in 1922 with a commentary by B. Syam Sundar Das) has been virtually unavailable for a long time. Moreover, the line-numbering system of this edition appears to have been idiosyncratic, with the result that, unless one possesses a copy of this edition, the otherwise commendably-organized Suryakant *Sabd-suci* is of no use.

In May 1995, when I had the good fortune to visit Belgium, Professor Winand M. Callewaert of Leuven University, an expert on medieval Hindi Sant poetry, told me about the word index he was then developing with the aid of a computer program for the Sikh scripture, *Shri Guru Granth Sahib* (since published by Motilal Banarsidass,

1996, 2 vols.). He then suggested that he could apply the same methodology and software to make a new word index for the *Manas* that would be based on the most widely-available edition of the text. Not only did Professor Callewaert make this excellent suggestion, but after my return to the United States he began, with his characteristic energy and enthusiasm, to make the necessary arrangements to bring it to fruition. Through his dedication and hard work, he obtained a research grant from the Koninklijke Akademie der Wetenschappen (Royal Netherlands Academy of Sciences) for the production of this index. We are consequently very indebted to the board of directors of that Academy, as well as to Dr. H. Bodewitz, Professor of Sanskrit at Leiden University (Netherlands) and Professor D. Kolff, Director of CNWS, Leiden, for their encouragement and support of the project.

Although it remains rather surprising that so influential and beloved a text as the Tulsidas *Ramcaritmanas* has yet to appear in a truly critical edition, nevertheless there are at least three editions currently available that we may characterize as "semi-critical" and that show only fairly minor variations among them: that of the Nagaripracarini Sabha, edited by Dr. Mataprasad Gupta; of the Kashiraj Trust, edited by Shri Vishvanath Prasad Mishra; and of the Gita Press of Gorakhpur, edited by Shri Hanuman Prasad Poddar, which first appeared in 1938 in a special issue of its popular journal *Kalyan* . Since then the Gita Press version has appeared in numerous editions and formats, large and small, and has been printed in hundreds of thousands of copies. It has found its way throughout India and beyond. Therefore, to suit the convenience of our readers we have decided to base our word index on the text as presented in the Gita Press edition, and utilizing also the numbering system contained therein (and further explained below). During the winter of 1996, Mr. Hemant Kumar Varshney and Ms. Rajni Ravat, Eclipse Systems, of New Delhi performed a unique and very modern *parayan* or "complete reading" of the *Manas*, earning (no doubt) great merit and our immense gratitude when they carefully typed the entire Gita Press text into a

computer. Indeed, so conscientiously did they carry out this task, that when the time came to proofread their work (for which purpose we ourselves carried out an additional *parayan* recitation here in Belgium), we found remarkably few mistakes and were able to thoroughly savor the poetry as we read it. Whatever errors still remain (as there must no doubt be in any human endeavor) are ours.

As all readers of the *Manas* are aware, the "four charming ghats" (dialogues) and seven "staircases" (sub-books) of the epic's allegorical lake are constructed with the building blocks of stanzas consisting mainly of the *caupai* and *doha* meters. In all editions the *doha*s are numbered, but there are sometimes variations in the numbering scheme. On reflection, we have decided, following the model of both the Gita Press edition and the influential commentary *Manas-piyus*, to regard *doha*s as representing the terminations of stanzas. Therefore, the citation "**1.15.4**" in the index refers the reader to Book 1[1] of the epic (*Bal-kand*), stanza 15 (which consists of six verses preceding the *doha* that bears this number), and to the fourth two-line *caupai* in that stanza (as printed and numbered in the Gita Press editions). When couplets in *doha/soratha* meter occur at the opening of *Kand*s (and appear unnumbered in the Gita Press edition), they are given the number"0"; thus "**2.0**" refers to the famous verse which opens *Ayodhya-kand*:

> Having cleansed the mirror of my heart with the dust of my master's feet
> I narrate the pure glory of Raghuvar, which yields life's four fruits.

Where more than one *doha/soratha* occurs at the end of a stanza, to its number is appended "क, ख ग" etc., corresponding to the numbering in Gita Press editions.

The other metrical form that is used frequently in the *Manas* is the four-line *chand*, usually introduced at moments of heightened emotion. Often a single *chand* stanza is sandwiched between a series of *caupai*s and its concluding *doha* or *soratha*. In

[1] 1. Bal-kand, 2. Ayodhya-kand, 3. Aranya-kand, 4. Kiskindha-kand, 5. Sundar-kand, 6. Lanka-kand, 7. Uttar-kand.

such cases, the *chand* bears the number of that *doha* and stanza with the additional notation "छ" Thus "**1**.10छ" refers in *Bal-kand* to the *chand* that is inserted after a series of *caupai*s just preceding *doha* 10. When several *chand*s occur in series (and sometimes whole stanzas consist of them, as at 1.186), they are numbered **1**.186छ1, छ2, छ3, etc., just as they are in the Gita Press editions[2]. In such a case, of course, the reader may have to examine up to four lines of text in order to find the desired item; however, to order the index otherwise would have introduced the confusion of departing from the familiar Gita Press numbering scheme.

One other feature of this index requires mention. Very frequently, Tulsidas uses recurring formulas or clusters of words, especially word-pairs such as *sukh sagar* or *hari jan* . By noting these down when they came to our attention we have assembled a list of more than a hundred such recurring patterns, and it has seemed useful to treat such formulas as single units in order not to overburden the reference system.

Finally, we like to thank Mr. Francis Laleman and Dr. Piet Mertens of the KULeuven for their assistance in adjusting the computer programs for this particular project, and Dr. Svapna Sharma for translating the Introduction into Hindi.

Philip Lutgendorf

Leuven, Belgium
30th July 1996
Guru purnima

---

[2] When the index was completed I noticed during the final revision that in Book 3. 32, छ1, छ2, छ3, छ4 have been wrongly numbered छ2, छ3, छ4, छ5 (W. Callewaert).

एहि महँ रघुपति नाम उदारा। अति पावन पुरान श्रुति सारा॥

(श्री रामचरितमानस १.१०.१)

श्रीराम का नाम हिन्दू परम्परा के लिये अवश्य ही गौरव का विषय रहा है। 'श्रीराम', निस्संदेह तुलसीकृत मध्यकालीन महाकाव्य *रामचरित मानस* के सार-तत्त्व हैं। किंतु यदि कोई पूछे कि इस महाकाव्य में राम नाम कितनी बार आया है? तो इस प्रश्न का उत्तर (जो प्रस्तुत पुस्तक में मिलेगा) मात्र बौद्धिक जिज्ञासा का विषय नहीं है। साहित्य के विद्यार्थियों और शोधार्थियों को कभी-कभी यह निश्चित रूप से जानना आवश्यक हो जाता है कि किसी महाकवि या लेखक ने कितनी बार और किन विशिष्ट संदर्भों में किसी शब्द विशेष या श्रृंखला विशेष का प्रयोग किया है। उदाहरणार्थ, इतिहासकार किसी शहर, देश या राजा के नामों ढूढना चाहेगा और इसी प्रकार भाषा वैज्ञानिक निश्चित क्रिया या क्रिया-विशेषणों के रूपों के हर प्रयोगों को जानने का इच्छुक होगा। मानस प्रेमी और विषय से संबद्ध परम्परागत विद्वान-रामायणी इन पद्धतियों से अनभिज्ञ नहीं हैं। गोस्वामीजी द्वारा प्रयुक्त शब्दों का विभिन्न संदर्भों में विवेचनात्मक अध्ययन तो शताब्दियों से मानस की मौखिक तथा लिखित परम्परा का -- कथा, प्रवचन, तथा व्याख्या आदि-- मानक आधार रहा है। निस्संदेह कुछ लोग ऐसे थे (और प्रभु की कृपा से आज भी हैं) जो इस ऊँचाई तक पहुँचे कि महाकाव्य में उनकी पूर्ण निष्ठा थी। उन्होंने सम्पूर्ण रामायण को कंठस्थ ही नहीं किया अपितु आत्मसात भी किया। सन् 1984 में अयोध्या में मुझे एक जन्मान्ध किंतु विलक्षण प्रतिभा सम्पन्न संत के दर्शनों का सौभाग्य मिला, लोग जिन्हें श्री राम सहाय सूरदासजी के नाम से जानते हैं। उन दिनों वे कनक भवन के दरबार में बैठकर भक्तजनों की शंकाओं का समाधान किया करते थे। उनकी असाधारण स्मरण शक्ति की तुलना इस युग में केवल कम्प्यूटर से की जा सकती है। उदाहरणार्थ यदि कोई उनसे पूछे कि मानस में *बिरह* (विरह) शब्द का वास्तविक अर्थ क्या है, तो सूरदासजी तत्संबंधी प्रत्येक दोहा, चौपाई को उदाहरणार्थ सुनाकर अर्थ समझाने की चेष्टा करते थे। इस सम्बंध में बहुत से रामायणियों का यह भी कहना है कि मानस के प्रत्येक शब्द का अर्थ मानस सागर की अगाध गहराई में ही कहीं निमग्न है, उसमें निमज्जित होने पर मिलता है।

किंतु हममें से कितने लोग ऐसे हैं जो राम सहाय जी जैसे अद्‌भुत व्यक्तित्वसम्पन्न संतों के निकट पहुँच पाते हैं? और संभवत: यह भी सत्य है कि मानस प्रेमी ऐसे सहृदय पाठक जिन्हें पूरा मानस कंठस्थ है एवं जो उसे आत्मा की गहराई से अनुभव कर सके हैं, समय के साथ बहुत कम हो गये हैं। ऐसे विद्यार्थियों और शोधार्थियों के लिये जो ग्रंथों के माध्यम से

महाकाव्य का अध्ययन करना चाहते हैं, उनके लिये सर्वाधिक सुलभ एवं उत्कृष्ट उपाय है 'शब्द अनुक्रमणिका', जिसे अँग्रेजी में 'वर्ड इंडेक्स' या 'कनकोर्डन्स' कहते हैं। विश्व साहित्य में ऐसी अनुक्रमणिकाएं बहुत समय से उपलब्ध हैं, जैसे बाइबिल के विभिन्न संस्करणों तथा शेक्सपीयर की नाट्य रचनाओं आदि के लिये लिखित अनुक्रमणिकाएं। किंतु खेद की बात है कि गोस्वामी जी के इस विश्व-विख्यात एवं अति लोकप्रिय महाकाव्य के लिये अभी तक कोई भी शब्द अनुक्रमणिका सुलभ नहीं है। यद्यपि डॉ. सूर्यकान्त जी ने सन् 1936 में तुलसी *रामायण शब्द सूची* नामक अनुक्रमणिका प्रकाशित की थी और यह पुस्तक आज भी कई पुस्तकालयों में उपलब्ध है, किंतु समस्या यह है कि मानस के जिस पाठ के आधार पर इस सूची का निर्माण किया गया था, वह प्रति प्रयाग से सन् 1922 में श्याम सुन्दर दास की टीका सहित प्रकाशित हुई थी और आज अप्राप्य है। साथ ही डॉ. सूर्यकान्त जी की *तुलसी रामायण शब्द सूची* नामक अनुक्रमणिका की संख्या-विधि भी कुछ भिन्न है। परिणामत: रचना विधि तथा क्रम में कोई विशेष दोष न होते हुए भी आधारभूत संस्करण विशेष के अभाव में यह शब्द सूची उपयोगी नहीं रही।

मई सन् 1995 में मुझे सौभाग्य से बेलजियम जाने का अवसर मिला और वहाँ मेरी भेंट ल्यूवन विश्वविद्यालय के विद्वान प्रवक्ता एवं मध्यकालीन संत साहित्य के मर्मज्ञ प्रो० विनान्त कैलेवर्ट से हुई। उन्होंने मुझे सिख धर्मग्रंथ *श्री गुरु ग्रंथ साहब* की शब्द अनुक्रमणिका के कम्प्यूटर पर चल रहे अपने कार्य के संबंध में जानकारी दी (मोतीलाल बनारसीदास प्रकाशन, दिल्ली से सन् 1969 में, दो खंडों में प्रकाशित)। तभी विनान्त जी ने यह भी सुझाव दिया कि हम दोनों साथ-साथ मानस की भी एक अनुक्रणिका इसी पद्धति से तैयार करें और मानस के सर्वाधिक प्रचलित पाठ को आधार पाठ के रूप में रखें। प्रो० कैलेवर्ट ने न केवल यह प्रस्ताव रखा अपितु मेरे अमेरिका लौटने के उपरान्त अपनी अपूर्व शक्ति और लगन से इस कार्य को प्रतिफलित करने की दिशा में प्रयास भी आरंभ कर दिया। उन्हीं के सतत प्रयत्न एवं कठिन परिश्रम के फलस्वरूप एमस्टरडम, नीदरलैण्डस् की "रॉयल एकेडमी ऑफ साइन्सेज" की ओर से शोध अनुदान प्राप्त हो सका। जिस व्यय से पुस्तक की रचना का कार्य संभव हो रहा है। अत: हम इस सहायतार्थ अकादमी के संचालक मण्डल के ऋणी हैं और इस हेतु हार्दिक धन्यवाद ज्ञापन करते हैं। साथ ही हम लैडन विश्वविद्यालय (नीदरलैण्ड्स) के संस्कृत प्राध्यापक प्रो० बोडेवित्ज और एन० सी० डब्ल्यू० के निदेशक प्रो० डी० कोल्फ के भी हृदय से आभारी हैं, जिन्होंने हमें प्रोत्साहन दिया।

यद्यपि यह आश्चर्य की बात है कि रामचरित मानस जैसे प्रभावशाली एवं लोकप्रिय ग्रंथ का उचित विवेचनात्मक संस्करण तैयार नहीं किया जा सका तथापि आज ऐसे कम से कम तीन संस्करण विद्यमान हैं जिन्हें अर्द्ध-विवेचनात्क कहा जा सकता है और इनमें पाठ भेद भी अधिक नहीं है: १) नागरी प्रचारिणी सभा का संस्करण, २) डॉ. माता प्रसाद गुप्त द्वारा संपादित काशीराज ट्रस्ट का संस्करण तथा ३) हनुमान प्रसाद पोद्दार द्वारा संपादित गीता प्रेस

गोरखपुर का संस्करण। इनमें से गीता प्रेस वाला संस्करण जो पहली बार कल्याण पत्रिका के सन् 1938 के विशेषांक में प्रकाशित किया गया था, तब से लेकर आज तक इस पाठ के छोटे-बड़े विभिन्न संस्करणों की लाखों प्रतियाँ देश-विदेश के करोड़ों पाठकों को सुलभ हैं। अत: हमने लोगों की सुविधा के लिये इसी प्रचलित पाठ को पंक्ति संख्या विधि में बिना किसी परिवर्त्तन के यहाँ स्वीकार किया है। सन् 1996 के शीतकाल के दौरान श्री हेमन्त कुमार वार्ष्णेय एवं कुमारी रजनी रावत ने दिल्ली में हमें रामचरित मानस के अपूर्व तथा अति आधुनिक पारायण करने का अवसर प्रदान किया: उक्त सज्जनों ने हमारे लिये गीता प्रेस वाले मानस संस्करण का पाठ कम्प्यूटर की डिस्कों पर बड़े मनोयोग से तैयार किया। यह काम कितने सुचारु रूप से किया है इसका हमें ज्ञान तब हुआ जब हमने पाठ संशोधन हेतु बेलजियम में इसका पुनर्पारायण किया। पाठ में अशुद्धियाँ इतनी कम थीं कि संशोधन के साथ-साथ हमने मानस पाठ का पूर्णानंद सहित रसास्वादन भी कर सके। इस कार्य के लिये हम हृदय से इन दोनों के आभारी हैं। मानवकृत कार्यों में कुछ न कुछ त्रुटि रह जाना तो स्वाभाविक ही है। अत: यहाँ हमारे द्वारा भी कुछ त्रुटियाँ रह जाना संभव हैं।

जैसा कि मानस के सभी सहृदय पाठक जानते हैं कि मानस कथा के 'घाट मनोहर चारि' और 'सात सीढ़ियाँ' दोहा-चौपाई रूपी शिलाखंडों से निर्मित हैं। ग्रंथ के सभी संस्करणों में दोहों की संख्यायें दी जाती हैं किंतु कभी-कभी संख्या विधि में भेद है। अत: हमने निश्चय किया कि इस शब्द अनुक्रमणिका के लिये हम गीता प्रेस संस्करण तथा मानस पीयूष टीका दोनों के पाठों को ध्यान में रखते हुए पंक्तियों का नम्बर निर्धारित करेंगे। अत: सूची में **1**;15;4 का अर्थ है कि लिखित शब्द बालकाण्ड[3] की पंद्रहवीं अन्तरा की चौथी चौपाई में मिलती है। जो दोहे और सोरठे काण्डों के आरंभ में आते हैं (जिन्हें गीता प्रेस वाले संस्करण में कोई संख्या नहीं दी जाती है, जैसे अयोध्या काण्ड का सुविख्यात दोहा *श्री गुरु चरन सरोज रज* इत्यादि), उनको यहाँ शून्य (०) नम्बर दिया गया है। अत: इस दोहे की संख्या है "**2**;0", अर्थात् अयोध्याकाण्ड में सब से पहला दोहा। जहाँ एक से अधिक दोहे सोरठे प्रयुक्त किये जायेंगे वहाँ उनके साथ संख्या के बाद *क, ख, ग* इत्यादि प्रयुक्त किये जायेंगे। चौपाई और दोहों के अतिरिक्त अन्य छन्द भी मानस में प्रयुक्त हुए हैं। हमने यह संकेत भी गीता प्रेस की विधि अनुसार निम्नलिखित दोहे की संख्या के साथ *छ* जोड़कर किया है, जैसे 1, 17छ जहाँ एक से अधिक छंद आते हैं तो वहाँ छ1, छ2, छ3 इत्यादि संख्यायें दी गयीं हैं। हर छन्द में चार पंक्तियाँ होती हैं जिनमें से पाठक को अपना इच्छित शब्द खोजना होगा।

एक और बात इस अनुक्रमणिका के लिये उल्लेखनीय है: गोस्वामी जी ने आवृत्ति मूलक शब्दों, समुच्चय बोधक शब्दों तथा युग्म शब्दों का प्रयोग किया है, जैसे *सुख सागर* या *हरि*

---

[3] 1 बाल काण्ड; २ अयोध्या काण्ड; ३ अरण्य काण्ड; ४ किष्किन्धा काण्ड; ५ सुन्दर काण्ड; ६ लंका काण्ड; ७ उत्तर काण्ड

जन आदि। पाठ करते समय जब ऐसे शब्द हमारी दृष्टि में आये तो हमनें उन्हें योजक-चिह्न से अपनी सूची में 'एकत्रित शब्द' बना दिया। इन्हें साथ-साथ रखना उचित और आवश्यक प्रतीत होता है क्योंकि इस विधि के प्रयोग से संदर्भ प्रणाली की किसी एक इकाई पर अनावश्यक भार नहीं पड़ेगा।

अंत में हम इस प्रकल्प विशेष के कम्प्यूटर प्रोग्राम को समायोजित करने में उनके सहयोग केलिये श्री फ्रैंसिस लालमान एवं डॉ. पीत मेर्टन्स के आभारी हैं तथा भूमिका के अनुवादार्थ डॉ. स्वप्ना शर्मा को धन्यवाद देते हैं।

लुवेन 30 जुलाई 1996
गुरु पूर्णिमा

अँग 2|315 5|35;3 6|15;1 7|11क
अँगनाई 7|76;2
अँगरी 2|191;3
अँगवनिहारे 2|25;2
अँगार 6|53
अँगारू 2|161;3
अँचइ 1|355;1
अँचइअ 2|115;1
अँजोरी 3|11;1
अँतावरि 6|81छ2
अँथइहि 2|209;1
अँथयउ 2|154;2 156;3
अँदेसा 1|14;5
अँधिआरा 1|159;4 6|46;6 52;2
अँधिआरी 1|195;3 2|83;3 3|44;4 5|47;2
अँधिआरें 2|147;3
अँवराई 1|214;3
अँबारीं 1|300;1
अँबारी 1|213;1
अंक 2|123;3 194;2 6|29;1 49;4 63;4 7|76;4
अंकुर 1|346;3 2|23;3 107;1 176छ 250 250;1
अंकुरे 6|96छ 7|122;2
अंकुरेउ 1|129;2
अंकुस 1|199;2 256 3|24;4 7|13;4
अंका 1|97;4 2|238;2 245;2
अंकित 1|10;3 2|308;2 5|5 13;1
अंग 1|8;3 10छ 231;2 236 247;1 263 307;4 311;2 311;4 318;2 327छ1 2|7;2 112;2 197;1 225;2 235;4 285;3 3|32छ4 5|4 24;5 52;2 6|103छ1 7|11;4 12छ2
अंग अंग 1|220 248;2 3|27;2 6|14 7|76;3
अंगद 4|10छ2 11 12;5 22 23;1 26;2 26;3 26;4 26;6 27;4 30;1 5|28;4 44 54 6|11;4 17क 17;3 18;1 18;3 19;2 21;2 21;3 21;4 23;1 24;2 26;1 29;3 32ख 32;3 35;7 37;2 43 43;1 45;4 46;2 47;1 47;3 50;1 73;4 75 76 76;3 80ग 82;3 85;2 85;4 96छ 97;4 106;1 118ख 119;5 7|4;1 8;1 17ख 17;4 18क 19;1 19;5
अंगदहि 6|38;2
अंगदादि 1|18;1 4|20 6|52 65 75;3
अंगन 6|81छ2 88छ 103छ1
अंगा 1|285;2 316;1 5|19;3
अंगार 5|12
अंगारा 5|12;4 6|52;1
अंगीकारा 1|89;2 3|41;3
अंगु 2|300;3
अंगुल 7|79क
अंगुलि 1|117;2
अंगू 2|40;1
अंचल 1|311छ 351;2 2|117;3 273;3 7|118;4
अंचलु 6|6;2
अंजन 1|2;1
अंजलि 1|3क 326छ1
अंजि 1|1
अंजुलि 2|273;3
अंड 2|156;1 287;2 7|80ख 94;4
अंडकोस 5|21;3 7|81;3
अंडज 7|80;2
अंडन्हि 2|7;4
अंत 1|7;3 118;2 203;4 2|22;2 36;4 161;2 4|10;2 6|45 72;1 7|6छ 44;1
अंत काल 4|9 7|15;2
अंतर 2|257 3|27;9 5|58;3 6|6;3 44;1 92;1 108;7 115;4 7|36;4 115;6 115;7 120;1
अंतरजामी 1|51;3 53;2 88;4 105;3 119;1 149;4 150;3 2|66;4 72;3 201 211;2 256 266;3 267;1 298;1 3|6;5 9;4 11;10 39;1 42;1 5|49;3 7|36;2 84;4
अंतरधान 1|77;4 138 152;3 6|96;1
अंतरधाना 6|76;6
अंतरहित 1|133;1 351;2 6|100
अंतरु 1|70;1
अंतर्धान 7|13क
अंतहूं 1|249;3 2|35;2 56;2 144;2 182;2 207;3
अंता 7|45;3 91;3

अंतावरीं **3**|20छ2

अंध **1**|85;3 115;1 245;3 **2**|73;2 155;2 293;4 **3**|5;4 **6**|16क 33क **7**|70;4 99;3

अंधउ **6**|21

अंधकारु **7**|122;9

अंधहि **1**|350;4

अंब **1**|31;7 **2**|42;3 53;4 244 245;3

अंबक **1**|147;2 307;4 318छ

अंबर **6**|117;3 **7**|12छ2

अंबरीष **2**|265;2

अंबा **2**|60;4 176;2

अंबिका **1**|67;1

अंबु **1**|318छ **2**|57;1 248;3

अंबुज **1**|106;4 147;2 **2**|259;3 **5**|49;2

अंबुधर **7**|12छ2

अंबुधि **1**|85;1 **2**|1;2 276;3 286;3

अंबुनिधि **2**|267;1 293;2

अंबुपति **6**|15;3

अंभोज **1**|318छ **7**|12छ2

अंस **1**|28;4 144;3 148;2 **7**|117;1

अंसक **1**|137;2

अंसका **1**|12;4 72;2

अंसन्ह **1**|152;1 187;1

अंसिक **6**|114;4

अइसिहूं **6**|22;1

अइसे **6**|31ख

अइसेउ **6**|4;3

अइहहिं **5**|16;2

अउर **2**|100;4

अकंटक **1**|87छ 87;4 **2**|189;3 228;3 235

अकंपन **1**|180 **6**|46;5 62;6

अकथ **1**|2;7 21;1 21;4 22;1 23;1 **2**|126 238;3 318;2 **7**|117;1

अकथनीय **1**|60;1

अकनि **1**|302 306 344;2 **2**|44;1

अकरुन **1**|275;3

अकलंकता **1**|267;2

अकलंका **1**|72;2 **7**|112;1

अकल **1**|50 205 **6**|110;3 **7**|111;2

अकसर **3**|24

अकाज **1**|4;2 **2**|302;1

अकाजा **1**|45;4 164;1 166;1

अकाजु **1**|4;4 **2**|13;2 22;4 218 294

अकाजू **1**|167;3 **2**|73;4 211;1 265;1 296;1

अकाजेउ **2**|247;3

अकाम **1**|67 76;1 90;2 **3**|6;3 32छ3 **6**|3;2 **7**|30;3 117;7 130छ3

अकामा **3**|45;4

अकामिनां **3**|4;1

अकारन **1**|267;1 **2**|173;1 **7**|39;3

अकारनहीं **7**|102;2

अकाल **3**|24;4

अकास **1**|194;1 **5**|25 **6**|66;3 72 73;3 95;3 101क

अकासबानी **1**|173;3

अकासा **1**|174;2 **2**|325;2 **4**|16;5 **5**|57;1 **7**|79;4

अकिंचन **1**|161;2 **3**|45;4

अकुंठ **7**|63;1

अकुंठा **6**|26;4

अकुल **1**|79;3

अकुलाइ **2**|57 71 76 **3**|10;10

अकुलाई **1**|174;4 250;3 **2**|102;2 121;4 276;3 301;3 **3**|22;1 **4**|3;3 **6**|79;4

अकुलान **6**|57

अकुलाना **2**|99;2 **4**|20;1 **6**|5;5

अकुलानि **2**|78

अकुलानी **1**|58;2 184;2 201;4 257;3 **2**|41;1 51;3 58;1 69;3 **5**|13;1 36;2

अकुलाने **1**|229;4 251;3 **4**|24;2 **5**|58;4 **6**|52;3

अकुलाहीं **1**|135;1 **2**|76;3 142;4

अकेल **1**|157;3 170 **3**|18 23;4 37क **6**|43 88

अकेलि **1**|53;4 **7**|13;5

अकेली **3**|30;1

अ

अकेलें **1**|159;2

अकोबिद **1**|115;1

अखंडं **7**|108;5

अखंड **1**|58;4 144;2 201 **3**|13;6 **5**|49क **6**|61;9 111;8 **7**|72;2 78;2 111;2

अखंडा **7**|63;1 118;1

अखंडित **7**|49;4

अखय **1**|44;3

अखयबटु **2**|105;4

अखारा **6**|10;4 13;2

अखारेन्ह **5**|3छ2

अखिल **1**|191 197;3 208ख **2**|263 **4**|1 **5**|42;1 57;3 **6**|86;5 107छ **7**|29;4 72;2 87;4 92;1

अखिलेस्वर **1**|48;1

अग **1**|185;4 **3**|32छ4 **6**|36;4 55;1 104;7 **7**|2छ 13;2 60;3 94;4

अगनित **1**|40;4 93छ 114;2 120घ 130;1 130;3 148;2 202;1 299;3 300;3 329;3 349;1 **2**|6;2 221;1 249;4 **3**|20छ3 **5**|5;3 **6**|26;2 36;5 **7**|6छ 37;3 80;3 81क

अगन्हि **7**|12छ2

अगम **1**|23;3 38 149;2 157;4 163;2 164;4 179;3 359;3 **2**|62;3 62;4 72;1 98;4 105;3 120 136 225 233;1 241;1 241;3 250;4 289;1 294;1 310;3 326छ **3**|32;5 42;1 **5**|33 **7**|45;2 73ख

अगमु **1**|343;2 **2**|112;3 123

अगर **1**|195;3 **2**|170;2

अगरु **1**|10;5

अगवान **1**|96;1 304

अगवानन्ह **1**|305;4

अगवाना **1**|95;1 305;4 309;3

अगस्ति **3**|10;1 12;5 **4**|16;2 **5**|57;6 **7**|65

अगहनु **1**|312;3

अगहु **2**|47;4

अगहुड़ **2**|25;1

अगाध **1**|23;1 167;4 **2**|47;4 62;4 **3**|39ख **5**|50;3 **6**|28;2 114;2 **7**|14;5 92;1

अगाधा **1**|37;1 58;1 **4**|17;1

अगाधू **1**|5;3 36;2 **2**|42;4 205;4 269;3 310;1

अगिनि **1**|64;4 182;5 189;3 **2**|187;3 285;2 **3**|9;1 **5**|12;6 31;4 **7**|117क

अगुआईं **2**|203;1

अगुन **1**|6;1 19;1 21;4 23;1 37;1 67;4 108;4 115;3 116;1 141;1 144;2 146;3 **2**|219;3 **3**|11;10 **6**|31क 110;3 115;2 **7**|72;3 85क 111;2 111;6

अगुनहि **1**|116;1

अगेह **1**|79;3

अगेहा **1**|161;2

अगोचर **1**|203;3 323छ2 **2**|108;2 123;4 126

अग्य **1**|51;1 57क 109;1 115;1 **6**|84 **7**|107;1

अग्यता **7**|34;3

अग्याँ **2**|174;4

अग्या **1**|77;2 182;2 205;2 226;3 356;3 **2**|174;4 301;2 **4**|25 **5**|59;4 **6**|17क

अग्याता **1**|285;3

अग्यान **1**|207 **4**|2 **7**|73;4 73;5 111ख

अग्याना **1**|53;2 108;1 116;4

अग्यानी **1**|117;1

अग्यानु **1**|54;1

अग्यानू **1**|260;2 **2**|291;1

अग्र **1**|229;4

अघ **1**|4;3 4;5 6;1 16;2 29;1 29;3 41 58;2 104;4 119;2 153 223;3 **2**|20 144;3 162;2 167;3 174;4 184;4 201;3 211;1 212;2 233 248;1 249;2 261;3 298;2 **3**|36 42;4 **4**|0क 30ख **5**|39;4 44;1 60;3 **6**|31;2 110;2 120;4 **7**|21;2 29;4 31;2 33;4 41;2 51;2 92;1 106ख 112;3 112;4 112;5 121;11 121;3 124;4 126;2

अघटित **1**|115;3 **2**|165;3

अघरूप **1**|176 **7**|130छ1

अघाइ **2**|63 180;1 209 211;1

अघाई **2**|52;4 252;3 260;1 300;3

अघाउँ **6**|57;4

अघाऊँ **7**|88;1

अघात **4**|14;2 **5**|49;2 **6**|111 **7**|52ख

अघाता **3**|21;2

अघाती **1**|28;2

अघाने **2**|108;1

अघारी **1**|186छ3 **3**|13;3 35;2

अघाहिं **6**|88;5 106

अघाहीं **2**|251;3 **7**|53;1

अघाहूँ **2**|209;3

अचंचल **1**|230;2

अचंभव **6**|71;4

अचगरि **1**|277;2

अचर **1**|84 107;4 190 **2**|139;1 238;4 321;3

अचरज **1**|110

अचरजु **1**|127;2 172;1 **2**|38;1

अचल **1**|2;6 26;3 31;5 67;2 86 153;3 **2**|29;5 69;4 133;2 282;3 285;3 325;3 **3**|10;8 45;4 **4**|10;1 14;4 **5**|23;1 **6**|7 80;5 82;2 **7**|7;1 73;3 85ख 92;2

अचवँत **2**|231;4

अचवाँइ **1**|99छ

अचार **7**|102;4

अचारा **1**|183छ **7**|87;1 100;5 117;5

अचारू **1**|323;4

अचिरिजु **2**|195;1 223;4

अचेत **1**|30क 157 **2**|79 **6**|101;5

अचेता **2**|320;4

अच्छ **6**|36;3

अच्छकुमारा **5**|18;4

अच्छत **1**|296;4 346;3

अच्छर **1**|143

अछत **1**|2 23;4 274;3 279 **2**|1 4;2 273 **7**|90;1

अछोभा **1**|274;4

अजं **6**|111;5 **7**|108;5

अज **1**|13;2 50 90;2 91;4 108;4 116;1 141;1 198 205 211छ4 **3**|6;3 30;9 32छ4 **4**|25 26;6 **5**|3छ3 36;5 39;1 56क **6**|15;1 15क 105;1 110;3 111;4 **7**|5;3 13;4 15;5 25 30;5 34;2 35;4 72;2 85क 106;2 111;2 122;6 124;2

अजगर **7**|107;4

अजमद्वैतमनुभवगम्य **7**|13;6

अजय **1**|170;3 **5**|13;2 **6**|75;1 76;7 80क 112;2

अजर **1**|82;4 **5**|17;2 **6**|89;2

अजस **2**|12 33 144;3 **7**|112;4

अजसी **6**|31;1

अजसु **1**|247;2 **2**|33;3 43;3 45;1 174;4 218

अजहि **7**|122ख

अजहूं **1**|50;4 62;2 141;3 142;1 170 275 279;4 **2**|37 124;1 144;3 165;3 165;4 **3**|5क **6**|37 99;4

अजहूँ **1**|80;1 109;3 **2**|32;3 **4**|9 **6**|25;2 63;1

अजा **1**|98;2

अजाचक **7**|12;4

अजादि **1**|54 **3**|4;5

अजान **1**|269

अजामिल **7**|130छ1

अजामिलु **1**|26;4

अजित **4**|26;6 **5**|39;1 **6**|55;3 110;3

अजिन **2**|211

अजिर **1**|105;3 112;2 203;3 221;2 **7**|27छ 75क 76;2 77;4

अजीता **7**|72;3

अजे **7**|14;9

अजोध्या **7**|27;1

अटन **2**|311;2

अटनु **2**|280;4

अटन्ह **1**|347;2

अटपटि **1**|134;3

अटपटे **2**|100

अटारिन्ह **1**|301;2 **7**|3ख 8ख

अटारीं **5**|25;5 **7**|27;2

अट्टहास **5**|25 **6**|40;2 72

अठारह **5**|55;2

अढ़ाई **2**|278;3 312;4

अढ़ेंकि **2**|143;3

अतनु **1**|247;3

अतर्क्य **1**|121;2

अति **1**|2 5;1 8;4 8;6 10;1 10क 10ख 11 12;3 12;5 13 13;3 14ख 16;1 29;1 30क 35;1 35;2 38 38;2 38;3 38;4 44;1 44;3 45;1 45;3 47;2 48ख 49 50;1 52;1 53 53;1 54;1 55;3 56;2 60;4 63;4 74;1 76;4 77;4 78;2 80;1 83;4 87;1 87छ 89;1 90;3 91;1 93 93छ 93;2 93;4 94;1 95;2 96;3 99;1 99छ 100;2 102 102;3 103 104;1 105;2 106;2 107;2 108 109;2 110;2 111;2 114;3 119;3 125;1 126 128;4 132;1 132;3 133;3 134;3 135;3 135;4 136;3 137;2 138;1 139;1 143 143;1 148 149;2 150;2 152 153 157;3 157;4 158;2 159;2 162;2 162;4 163 163;2 166;4 167;1 169;1 170;1 170;2 170;3 172;1 174 174;2 178क 178;3 178;4 183 186छ2 191;1 192छ4 195;4 196;2 199;3 199;4 199;5 202;2 203;1 204;1 204;4 206;2 207 207;2 208;1 208;3 208;5 211छ1 211छ2 211छ3 211छ4 213;4 216;3 219;1 219;3 222;4 223;1 224 224;1 225 229;2 229;4 234;2 247;3 251 254;3 257;2 257;4 258;4 261;3 263;2 265;4 269 270;2 270;3 272 272;3 278;2 279;1 280 283;1 283;4 285;2 286;1 287 290;4 294;1 295;2 295;3 297;4 301;3 301;4 306;1 306;3 307;2 313;3 316छ 317;1 317छ 320;1 321;4 323 323छ1 327छ2 329;1 334;3 336;1 336;2 336;4 340 346;1 353;1

2|7;3 8;2 14;2 21;3 24;4 30;4 33;2 41;1 45;4 51;4 52 53;2 53;3 58;1 58;4 63;1 69 70;1 77 77;1 78;2 81;2 82 86;1 88;2 90;2 94;3 96;1 99;2 101;4 105;2 106 106;2 107;2 110;2 112;2 115;1 116;2 117 119;1 122;2 135;3 139;2 141;1 148;1 153 161;4 162;4 165;1 191;3 194;1 198 200 207 208;2 209;2 227;2 230 233;2 236 245;2 245;3 246 247;2 247;3 250;4 251;2 252;1 263;1 266 272;1 285 290;4 294;1 297;3 300;4 309;2 310;3 310;4

3|1 1;1 2;7 5;4 7 7;1 9;3 11;7 12;5 14;1 16;3 16;4 16;5 17 17;1 18;4 19;7 20छ4 22 24 24;4 25;4 26;4 27;1 27;2 28;2 29;9 30;8 31;2 33;1 34 35;1 35;2 38क 39ख 41;1 42ख 43 43;1

4|1;2 5;3 6;6 7;6 8;1 10;1 10छ1 11;2 12;2 13;1 13;3 17;3 20;1 21;2 26;7 28;2 29;2 29;3

5|1;1 2;5 3 3;5 3;6 4;4 5;2 5;3 6;4 9 13;1 14;1 16;3 19;3 20;3 21;1 22;5 24;1 28;3 29;2 30;4 31;5 32;4 33;2 33;3 34;1 36;3 37;1 40;1 45;3 46;3 47 47;4 50;3 51;1 52;1 53;2 53;4 57;3 58;2 59

6|1 1;2 2;1 4 4;1 6;4 7;4 8 9;4 10;2 10;4 11;1 12;5 13;3 16;2 18;5 23;2 23;5 24 27;3 28 31;1 32;1 32;3 32;4 35;2 37;2 38;1 38;2 38;3 39;5 40;1 41छ 41;2 41;3 43;3 46;6 48;3 51;1 54;1 55;3 56 58 59;1 61;5 62;1 62;3 65;5 66;4 69;1 69;3 70 72;1 72;5 74;2 75;1 75;4 78छ 79;3 82छ 82;2 82;3 84 84;4 86;1 87;1 89 89;1 89छ 91छ 92;1 92;7 94;1 95;2 98 99छ 100;1 100छ 100;3 102छ 102;5 103छ2 107छ 109छ1 109छ2 110 110;5 111 112;2 113;4 113;5 113;6 114;2 119;2 119;3 120;5

7|0क घ 1;7 2;1 2छ 3क 3;5 4ख 4;4 5छ1 5;2 6छ 7;1 7;4 8;3 10;3 11;1 12ग 14;6 16 16;2 16;3 17;1 17ख 19ग 19;3 23;5 25;1 25;4 26;3 27;2 28;3 31;1 34;2 35 35;1 39;2 40;2 42;1 48;1 48;3 50;1 52;4 53 55;1 55;2 56;2 56;3 59;2 60;1 61;4 63;4 64;2 64;4 68ख 69;1 69क 69ख 69;2 69;3 73ख 74;4 77;5 80;2 81क 83ख 83;3 85;3 86;3 86;5 88;1 88;3 91ख 92छ 93;1 94क 95;1 95क 104;4 105ख 105;3 106ख 106;4 107;1 107क 110ख 110;7 111;8 113;3 113;4 114;8 116;3 118क 119;2 121;18 121;4 123क 123;2 123;3 128;3 129;2 129;4 130छ1

अतिकाय **1**|180 **6**|62;6

अतिकाया **6**|46;5

अतिथि **1**|32;4 310;4 335;2 **2**|125;2 172;3 212 214;1 279

अतिप्रिय **1**|127;3

अतिबल **1**|180;2 **5**|3छ1 3छ2 16;4 **6**|19;4 94छ 96छ

अतिरोषी **1**|171;3

अतिसय **1**|18;4 184;2 211छ1 231;3 250;3 **2**|302;2 **3**|6;4 10;7 15;3 36;4 **4**|4;3 9;5 21;1 24;2 **5**|17;4 49;1 **6**|50;2 75;3 86;3 119;1 **7**|42;3 75ख

अतिहि **2**|2;1

अतीवा **2**|238;3

अतुल **1**|153;3 **4**|1;1 **5**|34 **6**|18;2 36;5 38;3 71छ 75;2 83छ **7**|33;1

अतुलबल **1**|178ख 293;2 **6**|36;4

अतुलित 1|188;2 209;4 248;1 2|214;1 3|2;6 11;8 22;4 37;1 5|19;2 21;5 55;1 6|78;4 7|124;1

अतुलितबलं 6|113छ

अत्रि 2|132;4 308;3 309 310 310;1 310;2 311;1 3|3;2 3;3 7|65;4

अत्रिप्रिया 2|132;3

अथर्वँ 2|305;4

अथवा 1|8;6 166;2 7|128

अथाईं 2|11;2

अदभुत 1|43;1 2|294;2 3|29;11

अदभ्र 7|72;3

अदाया 6|16;2

अदिति 1|31;7 123;2 187;2

अदिनु 2|181;4

अदृस्य 1|189

अदेय 1|149;4 3|42;3

अदोषा 2|325;3

अद्‌भुत 1|186छ1 192छ1 201 6|47;4 7|80क

अद्वैत 7|111;2

अधगति 7|107;4

अधगो 6|15;4

अधन 1|161;2

अधम 1|18;1 114 121;3 2|144;2 178 207;4 228 3|5;3 5;8 29;4 33;1 35;1 35;2 4|9;5 11;2 5|7 9;5 24;2 47;4 6|24;6 26;1 30;3 31;4 33ख 71 74;3 100;4 110;5 121छ2 7|1;8 40 106;3 106;7 121;10

अधमउ 3|31;3

अधमाई 2|211;1 7|41;1

अधमाधम 7|107;4

अधमारे 5|18;3

अधर 1|136;1 147;1 199;4 243;2 2|40;1 145;2 6|15;3 31;3 7|77;2

अधरबुधि 2|16

अधर्म 3|36छ 7|96ख 104;3

अधार 1|73;3 144 144;1 2|149;1 316;1 6|121ख 7|103;3 117;8

अधारा 1|22;4 2|23;1 5|51;2 6|61;7 7|1;5

अधिक 1|12;4 56 58 96;4 107;3 129 157;1 161;4 178;4 198;3 217;3 228;3 232;3

अधिक 1|284;1 291;1 294;3 359 359;4 2|15;4 61;3 129;4 208;4 211;1 243 255;3 256;4 260;2 264;4 279;2 3|36;2 42;4 46;1 4|30ख 5|36;2 6|80;1 7|8;5 16;4 80;2 84;2 86;2 117;3 120;8

अधिका 3|42;4

अधिकाइ 1|94

अधिकाईं 1|299;4 2|219;1

अधिकाई 1|11;1 58;2 95;1 129;4 134;1 156;4 170;1 180;1 309;4 332;2 2|78;3 87;3 199;1 300;3 303;4 3|5;1 4|22;2 5|3;5 37;3 6|57;3 102;1 7|25;1 33;1 37;2 95;4 105;4 110;8 121;4 122;5 128;1

अधिकाति 1|359

अधिकान 2|51

अधिकार 1|60;4

अधिकारी 1|30;2 38;1 48;2 110;1 182;5 2|71;3 72;1 127;3 139;1 5|59;3 6|110;6 7|21;2 42;4 111;1 123;4 128;3 128;4

अधिकु 1|250 2|209;4

अधीन 2|263;3

अधीना 1|151;3 2|146;3

अधीर 2|191 7|74क

अधीरा 1|211छ1 2|70;1 240;4 6|80;1

अनँग 1|108;4

अनंग 3|32छ4 6|103छ1 7|11;4

अनंगा 1|285;2

अनंगु 1|87

अनंत 1|33 114;2 140;3 144;2 3|32छ3 6|73;6 75 76;4 77;2 83छ 107 7|14;6 34;1 52;2 91;2 109;6

अनंता 1|140;3 192छ2 3|13;6 5|39;1 6|54;2 7|72;2

अनंद 1|40;4 203;1 211छ4 332;2 354;3 359 361;3 2|27;1 7|0ग

अनंदा 1|45;1 331;3 6|53;4 7|23;2

अनंदित 3|14;2

अनंदु 1|99छ 350क 360 2|51 106 123 223;4

अनंदू 2|122;1

अनंदे **1**|99;1 215;1 **2**|242;1

अनअहिवातु **2**|25;4

अनइच्छित 7|119;2

अनइस **2**|163;3

अनख **1**|28;1 **3**|30;8

अनघ **1**|22;3 120ग **3**|45;4 **6**|110;3 **7**|34;1 46;3

अनजानत **1**|282;2

अनट **2**|269

अनत **1**|11;2 270;1 **2**|233;4 **7**|60;4

अनन्य **1**|145;3 **4**|3 3;4

अनपायनी **4**|25;4 **5**|34;1 **7**|14क 34 52;3

अनभएँ **1**|172;1

अनभल **1**|5;4 **2**|16;4 20 21;3 183;2 183;3 267;4

अनमनि **2**|13;3

अनमिल **1**|15;3

अनयन **1**|229;1

अनयासा **1**|24;1 152;4

अनरथ **2**|73;4 164;4 179;3 207;3 262;2

अनरथु **2**|157;3

अनल **1**|5;4 7;6 32क 35;4 86छ 90;4 160;4 161क **2**|33;2 48 163;2 317;4 **3**|24;2 43;3 **5**|5;1 10;3 12;2 12;3 12;6 26;4 49क 59;1 **6**|15;3 21;3 26;1 28 86;2 108;7 115;1 **7**|37 85;2 106;5 111;8 117;7 122;10

अनलहु **3**|2;4

अनलु **1**|323

अनवद्य **1**|90;2 **6**|111;8 **7**|72;3

अनहित **1**|3क **2**|19;1 26;1 92;3 262 264;2 305;1 **4**|7;4 **5**|40;4 43 **7**|39;3 112;2 118;5

अनाजू **2**|278;4

अनाथ **1**|146;2 **2**|57;2 95;1 270 **5**|26;3 **6**|104;4 **7**|130छ3

अनाथनि **7**|14;4

अनाथा **2**|71;2 83;2 **5**|7;1

अनादि **1**|21;1 23;1 98;2 100 117;3 **2**|93;4 310;2 **5**|39;1 **7**|34;2 85क 93;2

अनादी **1**|108;3 144;2 **2**|282;3

अनाम 7|34;3 111;2

अनामय **1**|22;1 **5**|39;1 **6**|110;3 **7**|34;1

अनामा **1**|13;2

अनायास **2**|297;2 **7**|109ग

अनारंभ **7**|46;3

अनिकेत **7**|46;3

अनिप **6**|46;5

अनिमादिक **1**|22;2 **2**|213;4 **7**|29 83ख

अनिर्बाच्य **5**|8;1

अनिल **1**|7;6

अनी **2**|126छ 222;2 **6**|39;2 46;3 48;1 55;2 72;1 79;1 86;2 87;1 89छ 89;4 **7**|14;3

अनीक **1**|188;3 **2**|105;3 **6**|67;4 **7**|27;3

अनीका **3**|38;6

अनीति **1**|121;4 183 293;4 **7**|43;2 43;3 100;5

अनीती **1**|56;4 **5**|46;3 **6**|54;2

अनीसहि **1**|70;1

अनीह **1**|13;2 50 109;1 205 **3**|45;4 **7**|111;2

अनु **2**|30;2

अनुकथन **1**|41;2

अनुकूल **1**|188 190 236 312 341 **2**|8 62 205 260;1 **3**|6क **5**|33 **7**|24;2 124क

अनुकूला **1**|15;4 148;1 280;2 319;3 **2**|32;4 34;2 53;2 104;1 249;1 259;2 267;1 279;2 300;2 **3**|16;2 39;2 **4**|4;1 **5**|47;3 **6**|59;4

अनुकूले **1**|304;4

अनुग **2**|229

अनुगामी **1**|17;5 21;1 281;4 343;3 **2**|3 4;4 227;4 293;2 314;4

अनुग्रह **1**|0;1 139;2 151;2 186छ1 198;4 211छ3 **2**|3;4 53;4 102;4 151छ 151;4 195;4 205;1 266 **5**|7;3 **7**|44;4 69;1 108घ 109;5

अनुग्रहु **2**|300;3

अनुचर **1**|278;1 **2**|253;3 **3**|23;1 **6**|37;2

अनुचरन्ह **7**|56;2

अनुचरीं **5**|9;3

अनुचित **1**|62;1 238;2 253;1 258;2 273 276;4 277 278;2 285;3 **2**|10;4 96;2 97;4 174

175;3 177;2 180;4 229;4 231;2 283;4 297;3 306;4 **6**|104;6

अनुचितु **2**|45;3

अनुज **1**|176;2 205;2 207;5 210;3 212;3 218;2 230 231 279;4 **2**|94;2 104 321;2 **3**|7;1 7;4 8 10;10 10;3 11 11;9 12;4 13;5 17;10 18;5 22;5 26छ 30;2 30;3 41;1 41;2 **4**|4;4 9;4 13;2 13;4 28;1 **5**|14;2 14;5 31;2 40;1 41;3 46;2 54;1 56ख **6**|23;1 23;2 55;3 60;1 61;1 64;2 67 89;4 106;1 106;2 107;3 112 112;1 113;8 115;4 116ग 117;4 **7**|0ग 2;3 3क 5;2 6;1 12छ1 16;3 19;1 79;3

अनुजन्ह **1**|205;3 **7**|26;2

अनुजहि **1**|225;2 **2**|87;3 **3**|30;1 **4**|11;5 18 **5**|51;3 **6**|105;3 **7**|5छ1

अनुजा **7**|102;3

अनुदिन **2**|205;1

अनुपम **1**|39 193;4 **3**|6छ 16;2 **7**|34;2

अनुबादा **7**|110;6

अनुभयउ **2**|3;3

अनुभव **3**|13;6 39;3 **7**|89;3 111;2 118;1

अनुभवति **1**|242;4

अनुभवहिं **1**|22;1

अनुभवहीं **2**|108;2

अनुभाऊ **2**|289;2

अनुमान **1**|57क **4**|7;3 **5**|60;2 **7**|84;2 111क

अनुमाना **1**|52;3 121;2 184छ **2**|89;2 266;3 **3**|3;1 26;2 29;6 **4**|24;2 **6**|19;3 49;2 54;3 112;3

अनुमानि **1**|118;2 148 **2**|161;2 178;1 **5**|43 **6**|58

अनुमानी **1**|107;3 158;2 179;3 195;2 341;4 359;1 **2**|45;1 214;1

अनुमाने **1**|69;2

अनुमोदन **7**|129;3

अनुराग **1**|2 6;5 11 143 155 **2**|203 205;4 216;4 245;3 251छ **6**|61;3 **7**|61 64;4 69क 85ख 94ख 110क

अनुरागऊँ **4**|10छ2

अनुरागहीं **7**|13;6

अनुरागहू **3**|36छ

अनुरागा **1**|1;1 5;1 44;1 65;3 66;1 74;2 86;4 125;2 163;2 211छ3 216;3 228;3 255;2 332;1 **2**|77;1 78;3 93;3 101;4 106;2 111;2 120;3 140;2 193;4 208;3 210;4 242;2 244;3 246 279;1 317;3 **3**|10;4 16;4 **7**|12;1 57;2 62;1 63;4 65;2 95;1

अनुरागीं **1**|220;2 247;1 336;1 346;1 349;4 **2**|8;1

अनुरागी **1**|13;3 15;6 112;4 123;1 186छ2 192छ2 **2**|41;4 110;4 166;1 259;3 324;4 **3**|33;2 **4**|23;4 26;7 **5**|6;4 31;2 **6**|7;3 **7**|1;6 50;4 106;2 125;3

अनुरागु **1**|177 **2**|255 259;1 265 280 **7**|108क

अनुरागू **2**|197;1 216;2 259;3 286;3 300;2

अनुरागें **1**|306;1 353;1 **2**|88;2

अनुरागे **1**|246;4 293;4 296;2 314;2 317;1 320;2 324;4 329;1 348;2 359;2 360;3 **2**|114;4 135;3 168;3 180;1 188;2 238;4 239;2 243;2 251;4 274;4 275;3 279;4 292;1 309;3 **7**|17;1

अनुरागेउँ **7**|84;2

अनुरूप **1**|12;5 54 228;3 241 325छ4 353;3 **3**|1;1 17;5 **5**|38;2 **6**|101क **7**|72क 128;1

अनुरूपा **1**|71;2 92;4 197;2 **7**|123;1

अनुरोधू **2**|55;2

अनुसंधाना **1**|156;1

अनुसइया **3**|5;1

अनुसर **2**|141;3

अनुसरई **1**|168;3 **2**|172;4 241;2 **7**|24;3

अनुसरऊँ **7**|110;1

अनुसरहीं **1**|3;5 205;2

अनुसरहू **2**|176;3

अनुसरी **7**|127;3

अनुसरे **6**|110;6

अनुसरेहू **1**|334;3 **7**|20;1

अनुसार **1**|23 120च **2**|309;3

अनुसारा **1**|31;1 141;3 **2**|219;3 305;2 **6**|17;2

अनुसारी **2**|16;4 45;3 154;2 220;1 254;2 **6**|61;1 106;3 **7**|34;1 69;1 86;3

अनुसासन 1|93;3 100 151;4 182;2 218;2 225;2 253;2 325;5 352;1 2|157 197 310;1 5|38;2 6|75;6 110;1 7|10;3 11;4 43;3 98;1

अनुसासनु 2|257;3 307

अनुहरइ 1|277;4

अनुहरत 1|219;2 2|87 177;4

अनुहरि 2|241;2

अनुहारि 1|43क 47 230 240

अनुहारी 1|28;4 36;1 93;1 224;4 311;3 2|77;4 226;3 235;2 257;4 274;2

अनूप 1|37;3 54 140;2 176 205 213;4 214;3 241 246;4 2|115;2 309 317 3|1;1 4;11 32छ2 6|111;2 7|13;1 17;3 29छ

अनूपम 1|19;1 26;3 42;4 7|93;4

अनूपा 1|22;1 23;1 71;2 92;4 142;1 144;3 148;3 172;1 192छ4 197;2 311;4 325;2 328;1 2|93;4 210;1 3|12;3 19;3 32;1 36;5 4|13;2 17;2 6|13;4 89;2 7|66;2 81;3 111;2 111;6 116;1 123;1

अनूपान 7|122;4

अनृत 6|16;2

अनेक 1|9;5 25;1 33;4 37;8 55;1 62;4 70;3 75;1 81;2 99;2 119;2 154;3 197;2 274;3 288;4 289;1 300;2 305;1 305;2 317 326;3 329;1 333;3 350;3 354 357;1 2|69 93;1 99;3 111 112;2 156 156;1 156;2 167;1 170;2 263;2 278

3|13;3 20छ3 32छ4 37;1 6|23च 28;1 31ख 63 92छ 99छ 101छ1 101छ2 111;2 113छ 117क 7|10क 13;5 22;1 24;1 28छ 29छ 34;1 34;3 41 57;4 72ख 78;4 80ख 81;3 100ख 118ख 118;3

अनेका 1|41;1 54;4 111;2 115;3 122;1 163;3 176;4 292;2 2|6;2 278;2 3|42;4 4|13;4 15;1 6|96;1 7|10;4 31;4 45;2 49;2 57;1 68;3 80;2 82;1 121;19

अनैसें 1|279;4

अन्न 1|101;4 168;3 173;3 2|170 3|28;4 6|26;3 7|101;5

अन्यथा 1|71;4 88;1 128;1 174 7|122ग

अन्हवाइ 1|43क

अन्हवाई 2|94;4

अन्हवाएँ 1|11;3

अन्हवाए 1|201;1 336;2 352;2 2|245;3 3|3;3 7|11;2 11;3

अन्हवावहु 7|11;1

अन्हवावा 2|170;1

अपकार 1|137;4

अपकारा 6|24;3

अपकारी 2|173;2 7|98ख 121;9

अपकीरति 1|273;4

अपछरा 1|86छ 91 248;3 339 6|10;5 58;2 7|12छ1

अपजस 1|7ख 2|95;4 164;3

अपजसु 1|96छ 2|30;3 63;3 95;3 171 180;2

अपडर 1|29;1 2|242;3 267;2

अपडरे 6|89छ

अपतु 1|26;4

अपनपउ 1|234;4 2|160

अपनपौ 1|161;1

अपना 3|39;3 5|11;1

अपनाइ 1|181

अपनाइअ 6|116;4

अपनाई 1|161;4 342;1 2|18;3

अपनाए 2|299;2

अपनाया 7|89;2

अपनावा 5|50;1

अपनीं 2|261;1

अपनी 1|5;1 2|72;1 184;3 284;1

अपनें 1|25;4 29;1 325छ1 2|20 260;1 285;4 300;3

अपने 1|12;3 26;3 51छ 178;1 257;1 274;3 2|20;3 201छ 285;2 299;3 301;1 3|46छ 6|49;2 7|93ख 111क

अपबरग 1|315;3

अपबरगु 2|131;4

अपबर्ग 5|4 7|33 121;5

अपबर्गा 7|46;4

अपबाद 7|39

अपबादा 1|64;2

अपबादू **2**|77;2

अपभयँ **1**|285;4

अपमानता **7**|106ख

अपमानहि **6**|30;4

अपमाना **1**|59;1 62;2 **3**|5;5 **5**|10;1 **7**|56;2 109;6

अपमानु **1**|63 63;3

अपमाने **1**|271;3

अपर **1**|46 88;2 141;1 152 153;3 220;4 223;1 223;2 224;2 245;3 295;1 300;2 **2**|135;2 **3**|12;7 15;2 42क **4**|30;4 **6**|4 15;1 62;6 90छ 103;1 118ख **7**|71;4 83ख

अपरना **1**|74;4

अपराध **1**|61;4 98छ 101 124;4 139;2 174;3 282;4 **2**|43;2 49;3 218;2 **3**|29;1 **5**|22 31;2 57;3 **6**|20;3

अपराधा **1**|58;1 **2**|54;4 **5**|21;2 31;3

अपराधिहु **2**|260;3

अपराधी **1**|275;3 279;2 **2**|183;2

अपराधु **1**|326छ3 **2**|77 218;3

अपराधू **1**|21;2 275;3 **2**|32;3 42;4 177;4 207;4

अपलोक **1**|5;4

अपलोकु **6**|61;7

अपहरई **4**|17;3 **7**|59;3

अपहरत **2**|279;1 326छ

अपहरहीं **1**|299;2

अपान **1**|233 321छ 325;3 **2**|240

अपार **1**|6;1 13 23 32;3 120घ 263 269;4 333;3 361छ **2**|126 317 **4**|28 29;2 **6**|60ख 86 88 92 106छ 109ख 111;3 113;3

अपारा **1**|9;5 12;5 33;3 35;2 46;4 51;2 58;4 89;2 110;4 123;3 145;1 154;2 174;4 178;3 203;2 256;4 305;3 **2**|76;3 88;1 98;4 101;2 109;2 276;2 **3**|18;3 **4**|28;2 **5**|18;4 19 35;4 49;2 49;5 **6**|15;2 26;1 28;2 41;2 79;1 86;2 87;3 **7**|1;5 42;1 48;2 52;1 64;4 67;2 80;4 81;4 100;5 117;5 118;2 121;15

अपारू **1**|260;4 **2**|154;3

अपावन **1**|93छ 211छ2 **6**|75;2 **7**|95ख 123;4

अपावनि **3**|5क

अपावनी **6**|87छ

अपि **1**|170 **7**|78क

अपी **7**|101;4

अपुनीत **1**|69;4

अपेल **5**|59;4 **7**|122क

अप्रतिहत **7**|109;8

अप्रिय **1**|208;1

अब **1**|7घ 34;2 35 43ख 47 54;1 56;4 59;2 67;4 70 72;1 74 75;1 76 77;3 79 81;1 87 88;2 89 89;2 90;1 98छ 101 105;1 109;4 120;2 137;2 137;3 138;4 149;1 151;4 160 161क 161;3 162;2 164;3 165;4 169;4 171;2 179;1 181;4 188;3 202 252;2 258;3 266;4 267;4 270;4 275;2 276;2 278;1 286 286;3 293;3 304;2 313;1 313;4 322;1 326छ2 330;4 332;4

2|3;4 14;4 16;1 16;2 16;3 17;3 30;3 32 32;2 32;4 36;3 49;4 102;4 107;4 121;4 126;1 128;2 133;1 135 143;1 146;3 149 173;3 177;4 180;1 180;3 189;3 195;4 201;2 207 209;3 218;2 254 255 262;4 265;3 267;1 268;1 269;4 284 291;4 292;2 300 307;4 310;4 313;4 **3**|1;1 2;7 6;4 6;5 8;2 11;14 12;2 13;2 17;5 31;2

4|7;11 10छ2 19;2 21;4 25;2 27;3 29;4 **5**|7;2 12;1 14 14;2 17;3 27;4 29 34;4 41 41;1 42 46;4 47;3 49;4

6|0ख 16;3 18;5 20 20;3 21;4 23;2 25 29;5 30;1 31;3 31;4 36;4 44;2 49;2 61;3 61;7 62 63;1 63;4 64;4 70;2 86;3 90 94 94;4 96;3 96;4 99छ 100;3 104;6 108;1 110;6 111;10 113 113;5 113;6 116;3 118;3 121छ1

7|0ग 2;7 5छ2 10;4 16 18;4 52क 52;4 58;1 63क 64;2 69;1 85क 85;3 86;1 89;3 96क 97;3 108घ 109;1 109;6 113;8 121;14 129

अबर्त **2**|276;2 **6**|87छ

अबल **7**|115;8

अबलन्ह **1**|96;2

अबला **1**|85छ 87छ 96 97छ **2**|35;4 47 48;2 121 257;1 **7**|102;1 115;8

अबलानन **7**|101;2

अबलामयं **1**|85छ

अबसहि **3**|26छ

अबहिं **1**|145;4 **2**|114 **5**|16;2 **6**|35;6 72;4 7|96;5

अबहीं **2**|34;4 **6**|10;2 24;5 78;3

अबहूं **2**|19;1

अबाधा **1**|37;1

अबाधी 7|116;3

अबासू **2**|179;3

अबिकारी **1**|23;4 **6**|73;6

अबिगत **1**|186छ2 **2**|93;4 126

अबिचल **1**|76;2 **5**|35छ2 **6**|107;4

अबिछीन 7|116ख

अबिद्या **2**|29 **3**|15;2 7|31;2 79;1 113ख 118;2 119;4 120;3 130छ2

अबिनय **2**|64;3 116;4 300;4

अबिनासिनि **1**|98;2

अबिनासिहि 7|30;5

अबिनासी **1**|23;3 26;1 46;2 48;4 60;1 120;3 184छ 186छ2 341;3 **3**|11;9 30;9 **4**|10;2 **6**|110;3 7|44;2 72;4 111;3 117;1 124;4

अबिबेक **1**|245;3 **6**|16;2 7|41 93ख

अबिबेकहि **1**|222;2

अबिबेका **1**|15;1 7|57;1 121;19

अबिबेकी **2**|142;1

अबिबेकु **1**|78;4 90;3

अबिरल **2**|75छ 237;2 **3**|10;7 11;13 13;6 32 7|84क 106;1 113;8

अबिरोधा **2**|296;2

अबिहित **1**|119;3

अबीर **1**|195;3

अबुध **1**|274;1 **4**|16;4 7|21;3

अबूझ **1**|275

अबूझा **6**|40;5

अब्यक्त **6**|113;7

अब्यक्तमूलमनादि 7|13;5

अब्याहत 7|110;6

अभंगा **3**|13;6 26;4 **6**|121;5 7|127;4

अभंगू **1**|7;2

अभगत **2**|219;3

अभय **1**|187;5 284;3 **3**|22;3 **4**|4;2 20;1 27;5 **6**|20 103 **7**|23;2

अभाग **2**|261;3

अभागा **1**|38;2 39;1 **2**|16;1 **5**|42;2 **6**|26;2 85;1

अभागिनि **2**|57;3

अभागी **1**|115;1 **2**|36;4 47;2 51;1 56;3 69;2 164;3 182;4 201;3 **3**|33;2 45;2 **5**|53;3 **6**|45;3 7|73;4 99;2 106;2 110;4 121;8

अभागु **2**|255 267;2

अभागें **2**|166;3 **3**|25;1 26;3

अभागे **1**|266;1 **2**|79;3 168;3 180;1 **6**|49;1

अभाग्य **6**|99;3

अभारू **2**|269;2

अभास **6**|12क

अभिअंतर 7|49;3

अभिजित **1**|191;1

अभिनंदनु **2**|176;4

अभिमत **1**|27; 32;6 303 324छ2 **2**|3 5;3 242;1 256;4 267 320;2

अभिमान **1**|69 **3**|11;11 25;1 **4**|10छ1 28;3 **5**|23 **6**|20;3 38;1 113;6 **7**|74;3 102;2 106क

अभिमाना **1**|39;2 116;4 129;2 161;1 182;1 273;2 283;4 **4**|9;5 **5**|33;3 **6**|8;3 13;4 40;3 60;4 63;1 **7**|62;4 74;3

अभिमानी **1**|121;3 158;2 181;2 245;3 **4**|8;1 9;5 28;2 **5**|24;1 37;1 57;2 **6**|24;6 26;1 33;4 62;5 93;1 **7**|78;3 97;1 107;1 121;13

अभिमानु **1**|60;4

अभिमानू **1**|253;2 260;2

अभिराम **1**|75 **7**|10;4

अभिरामा **1**|192छ1 **2**|312;3 **7**|53;2

अभिलाष **1**|144;2 152;3

अभिलाषा **1**|85;1 144;4

अभिलाषी **2**|170;1 244;1

अभिलाषु **1**|8 **2**|1 3 3;4 11;2 24;4 215;3

अभिलाषें **2**|2;2

अभिलाषे **1**|250;3 266;1 **2**|128;3 214;3

अभिषेक **2**|5 7;2 10;4 10;1 157;4 253;1 255;1 307 **7**|65;1

अभिषेका **2**|6;2 **7**|10;4 15;1 68;3

अभिषेकु **2**|8 32

अभीष्ट **7**|35

अभूतरिपु **7**|38;1

अभेद **1**|50 **6**|80;5

अभेदबादी **7**|100;1

अभोगी **1**|90;2

अमंगल **1**|10;1 26;1 67 112;2 315;1 **2**|9;3 201;2 263

अमर **1**|82;4 88;4 102छ 131;2 **2**|134;1 214;3 285;4 **5**|17;2 **6**|89;2

अमरउ **2**|26;2

अमरताँ **1**|5

अमरपति **2**|161;2 174 218 316

अमरपद **2**|298;3

अमरपुर **2**|141 179;2 180;2 280;2

अमरावति **1**|152;4 178;4 **2**|113;2 248;4 **7**|27;3

अमरावतिपालू **2**|199;4

अमल **1**|42;4 176 177 **2**|75छ 156;1 **3**|5;2 **6**|80;5 **7**|23;4 56 111;3 117;1

अमलमखिलमनवद्यमपारं **3**|11;6

अमाई **1**|307;2

अमात **1**|284

अमान **1**|67;4 **2**|219;3 **3**|35 **6**|31क 111;5 **7**|34;3 113क

अमाना **1**|192छ2

अमानी **3**|43;4 **7**|38;2 46;3

अमानुष **1**|357;3

अमाया **2**|216;3 **3**|46;2 **6**|59;3 **7**|38;2

अमिअँ **1**|330;3 **2**|176 209;3

अमिअ **1**|1;1 2;1 6;3 8;4 **2**|66;2 128;1 140;3 148;2 189;4 215;2 215;3 280;4 298;3 309

अमित **1**|12;5 24 24;4 33 35;1 41 46;1 54 54;4 58;1 105;2 111;4 120च 154;2 163;3 180;3 181;1 199;4 235 235;4 333 **2**|132 170;2 266 276 289;1 294;1 **3**|5;3 11;1 18;4 45;4 **4**|7;7 **5**|45;3 47 54;4 **6**|2;2 25;2 65 78;5 92;7 96;2 102छ 109ख **7**|6;3 13;2 91;2 91;4 92;1 92क 92;3 94;4

अमिति **7**|48;3 53;4 60;2 71;4 112;6

अमी **1**|19;4 325;5 **2**|107;1 215;3 282;3

अमृत **2**|42;2

अमृतु **1**|350;3

अमोघ **5**|1;4 17;3 49;5

अमोघसक्ति **6**|110;3 **7**|72;2

अमोल **2**|1;2

अमोले **1**|150;1

अयं **1**|85छ **6**|104छ

अय **1**|298;3

अयन **1**|0;4

अयना **1**|206;4 **3**|11;10 **5**|32;1

अयमय **1**|275

अयान **2**|207;4

अयाना **1**|277;1 **7**|87;3

अयानी **1**|120;2 **2**|207;3

अयुत **7**|107;3

अरँडु **2**|42;2

अरंभ **7**|63;3

अरंभा **1**|35;3 287;4 **6**|44;3

अरंभेउ **2**|157;3

अरगजाँ **1**|344;3

अरगाई **2**|259;4 **3**|43;3

अरगानी **2**|14;4

अरघ **1**|349 **2**|9;2

अरघु **1**|319;2 319;4 320;4

अरति **2**|295

अरथ **1**|9;5 15;3 18 37;3 37;5 154 162;4 **2**|204 241;2

अरथु **2**|294;1

अरधंग **1**|98;2

अरध **1**|247;3 270;4 **2**|98;2 256;1

अरनी **1**|31;3 **7**|32;4

अराती **1**|160;4

अरि **1**|4 267;1 271;2 324छ1 **2**|3;1 21;1 26;2 192 **6**|68;1 **7**|51;1 91;4 120;4

अरिमर्दन **1**|153;3 176;2

अरिहि **2**|32;4

अरिहुक **2**|183;3

अरी **7**|14;9

अरुंधती **2**|187;3

अरु **1**|6;3 8;5 21;1 35;1 69;4 73;4 92;3 97 107;4 115;2 122;2 122;3 142;1 154;2 167;2 170;3 190 197;1 204 249;1 260;2 265;1 273;3 297;4 303;4 309;3 318;3 319;1 319;4 324;3 326;2 329;3 330 333;3 **2**|35;3 55;2 65;2 77;4 91;2 92;3 105;4 138;3 141;4 156;3 166;2 187;3 298;3 **3**|5;4 10;6 14;4 15;1 21;5 29क 38क 45;1 **4**|6;1 6;6 19;4 22;3 30क **5**|15;3 18;2 19;2 21;5 **6**|5;3 15;2 19;3 26;3 29;4 31क 38;5 45;4 46;5 59;3 60;1 63 65;2 72;2 76;1 91;1 92;7 96;2 100;3 109छ1 114;4 119क **7**|3;2 5छ1 7 15;3 21;2 21;4 24;1 26;4 40;3 41 41;3 43;1 53;2 54;3 65;4 66ख 84;4 87;4 88;2 96ख 97;1 98;4 100;2 102ख 109घ 114;5

अरुझाई **7**|117;3

अरुझानी **3**|38;1

अरुण **3**|11;4

अरुन **1**|0;3 106;4 147;1 199;1 209;1 238;4 267 268;3 325;5 **4**|9;1 **5**|42;3 **6**|71छ 86;5 **7**|76;3 77;1 79;3

अरुनचूड़ **1**|358;3

अरुनमय **2**|237;3

अरुनसिखा **1**|226

अरुनारी **1**|195;3

अरुनारे **1**|199;4 **2**|121;2 **7**|77;2

अरुनोदयँ **1**|238

अरुनोपल **6**|40;5

अरू **2**|211;1

अरूप **1**|13;2 116;1

अरूपा **1**|141;1 **7**|111;2

अरोष **7**|46;3

अर्क **4**|15;2 **6**|65;3

अर्ध **1**|190;1 **4**|6;2 **6**|61;1

अर्धजल **6**|88;2

अर्धनिसि **6**|100;4

अर्पा **6**|67;3

अर्पित **1**|156;1

अर्भक **1**|272

अलंकृत **1**|299;3 326;2 331;2

अलंकृति **1**|9;5

अलंपट **7**|38;1

अलख **1**|116;1 **2**|93;4

अलखगति **1**|108;4

अलखित **2**|110;4

अलखु **1**|341;3

अलच्छि **1**|6;4

अलप **1**|12;3 204;2 **2**|207;4 **5**|38;4

अलान **2**|51

अलि **1**|37;4 243;3 **2**|234;4 279;2 **7**|23;2

अलिगन **2**|236;4

अलिनि **1**|259;1

अलीं **1**|327छ3

अली **1**|236छ

अलीक **6**|25;4

अलीका **1**|216;3

अलीहा **2**|48;4

अलुज्झि **6**|88छ

अलेख **2**|294;4

अलेप **2**|219;3

अलोला **4**|7;8

अलौकिक **1**|2;7 33;2 118;4 151;2 231;2 265 314;3 316;2 320;4

अल्प **6**|23;4

अल्पमृत्यु **7**|21;3

अवँराई **1**|37;6 **7**|50;3

अवकलत **2**|253;1

अवकास **7**|90;2

अवकासा **7**|91;4

अवगाहहिं **2**|113;3

अवगाहा 1|6;1 8;3 245;3 7|26;3 91;3

अवगाहि 2|276छ

अवगाही 1|39;5 2|276;4

अवगाहु 1|262;1

अवगाहू 2|27;4 261;3

अवगुन 1|4;3 5;5 6;2 12;3 41 67;4 80 238;1 2|131;1 162;2 184;4 232;3 232;4 233 269;3 298;2 3|1 44 4|3;1 9;3 5|31;3 59;1 6|16;1 7|1;7 40;4 102क

अवगुनन्हि 4|7;2

अवग्या 5|26;3 42;1 7|111;8

अवघट 3|7;2 6|41;3 73;3

अवचट 1|248;3

अवटै 7|117;7

अवडेरि 1|79;4

अवढर 2|44;4

अवतंस 2|9

अवतंसा 1|88;3

अवतरइ 4|26

अवतरहीं 1|140;1 7|121;14

अवतरिहउँ 1|187;3

अवतरिहि 1|152;2

अवतरी 1|94

अवतरेउ 1|17;4 48क 51छ 206;3 6|6;4 48क

अवतरेहु 4|9;3

अवतार 1|120ग 121;1 124;2 139 141;4 192 297 4|1 6|111;3 7|13;1 58;4 64;5

अवतारा 1|33;3 48;4 88;1 110;3 123;2 124;3 141;3 187;1 3|23;2 4|30;3 7|56;1 64;4 81;4

अवध 1|16 16;1 25;3 35;2 39 108;4 151 296;3 343 359 360;1 361;3 2|1;2 7;2 11;4 12;2 17;2 29;5 36;2 37;2 46 50छ 56;1 56;3 66 66;2 71;2 74;2 81;2 83;2 83;3 84;3 86;4 95;1 96;4 98;3 139;3 140;2 141;2 142;2 144;1 145;4 146;3 147;3 153 154;3 157;3 195;1 199;3 212;3 225;4 252;4 255;1 270 270;1 271 271;3 271;4 272 273 273;3 313;4 315;3 324;3 3|20छ4 22;2 6|61;6 120क 7|4;4 9क 29 68;2 82;2 89;1 97;3 97;4 104ख

अवधनाथु 1|332

अवधपति 1|117;3 325 326;3 328;2 332;1 339 2|37 151 282;4 5|9;3

अवधपुर 1|287;1 334;1 336;3 339 2|285;3 322;3 6|116;4 121;1 7|65;4

अवधपुरीं 1|34;3 188;4 7|114;6

अवधपुरी 1|195;2 6|58;4 120;5 7|3;5 4;2 11;1 26 75;2 81;3 88क

अवधबासी 7|47

अवधहि 2|83;1

अवधि 1|16;4 309 324छ2 359;1 2|28;4 37;2 52;4 57;1 66 86;4 107;4 145;2 156;3 212;2 273;3 282;4 289;3 306;3 307;4 313 313;4 315;3 317;1 322 325;3 4|22;4 26;1 6|116ग 7|0क 1;5 1;8

अवधेस 1|46;4 313 7|14;1

अवधेसा 6|45;4 7|111;6

अवनि 1|154;4 244;3 2|59;3 164;1 252;3 287;2 308;2 313;2 5|12;4 6|65;5 81;3 121;6

अवनिकुमारी 2|64;2

अवनिप 1|279 2|44;1

अवनीं 1|174;4

अवनी 1|182;3

अवनीसा 1|6;4 159;3

अवनीसू 1|217;3

अवमान 2|209;3

अवमाना 1|63;4

अवमानी 2|172;3

अवर 1|151;2 245;4

अवराधक 4|7;9

अवराधन 7|110घ

अवराधहु 1|78;2

अवराधें 1|70;4 310;1

अवरेखी 1|264;2

अवरेब 1|37;4 2|269 317;2

अवलंब 2|96;4 307;4 316;4 3|16;2 7|14;6

अवलंबन 1|27;

अवलंबनु 2|184 286;4

अवलंबा 2|60;4 82;3 176;2

अवलि 1|243;3 347;1

अवलीं 2|244;3

अवली 1|255;1

अवलोकत 1|333 2|107;3 279;1

अवलोकनि 1|42 323छ2

अवलोकहिं 1|85;3 242;1

अवलोकहु 1|238;4

अवलोकि 1|29;2 58;2 94छ 94;4 100छ 141;2 264;4 319छ 321छ 326;3 2|14;2 226छ 3|20छ2 20छ2 6|12ख

अवलोकी 1|119;1 259;1 2|313;2

अवलोके 1|55;2

अवसर 1|48;4 84छ 97 97छ 131 132;1 185;2 190;4 191;3 196;4 215;2 228;1 232 241;1 268;1 323;4 334 338;4 345;1 2|7 10 29 45;3 91 110;4 121;3 144;3 153;1 163;1 169 226छ 234;4 242;4 245;3 246;4 257;4 270;2 278 279;2 292;4 305;2 305;4 314 321;3 3|5;8 19छ 4|19;4 5|9;1 25 26;2 38;1 6|50;3 72;3 112;1 7|11ग 50

अवसरु 1|89;4 107;1 197;1 203 314;1 324;4 2|68;2 82;2 147;2 284;1 3|41;4

अवसाना 1|235;4 239;1 7|61;3

अवसि 1|79;2 90;4 129;3 168;2 229;3 2|31;4 50;1 63 71;3 100;4 175 175;1 177;1 184 253;2 264;4 308;3 326

अवसेरी 2|7;3

अवसेषा 2|226;2 6|50;4 54;3

अवसेषित 1|170

अवस्था 1|325छ4 7|117ग

अवस्य 7|109;3

अवाँ 1|58;2 160;4

अष्टादस 6|15;4

असंक 5|21;1 6|11ख 16क

असंका 1|113;1 4|28;6 5|20;4 55;4 6|18;1 34;2 36;2 39;5 85;3

असंकू 1|274;1

असंत 7|37;3 121;3 121;8

असंतन्ह 7|39;1 41;4

असंतन्हि 7|37;4

असंभावना 1|119;4

असंमत 1|115;2

अस 1|7;1 11;3 13;1 13;4 14;5 23;4 33;2 33;4 39;5 46;1 50;2 51;2 51;3 52;3 52;4 57;1 57;2 57;3 59;2 60;4 63;3 64;4 67 69 70 71;1 71;4 72 72;1 72;2 73;3 75;1 76;3 77;1 77;4 79;1 79;4 80;2 83 84 84;2 86;1 88 90;2 92 96;4 97;1 97;3 98छ 100;3 108;2 109;4 113 114 115 117;2 118;2 119;3 121;2 128;1 128;4 133;1 135;4 138;4 140 150;4 151;4 152;3 153;3 159क 167 175;1 180;2 183छ 197;2 197;3 197;4 200;3 207;4 211 220;4 221;1 222;4 223;2 230;2 234;3 236;2 238;3 245;2 246;4 253;1 253;4 257;1 261;2 283 304;2 309 311;1 337;1 355 360;4

2|1 2;4 9 10;2 13;4 14;4 21;2 24;4 30;2 34;1 35;2 42;2 45;1 46;3 48;4 50;1 50;2 51;2 57;2 60;3 63;4 66;4 68;1 71;1 74;4 79;3 81;3 82;2 82;4 84;4 93;1 94 94;1 94;3 98;1 106 106;1 120;2 122;1 125 125;4 126;3 126;4 133;3 138 153;2 157;1 158;1 161;2 162;3 165;2 169;3 172;1 184;3 186;3 189 189;4 192;3 193;1 200;1 203;4 204;4 208;3 210;3 214 214;2 217;3 219;4 223;1 223;4 225;4 226;2 226;4 227;1 234;2 248 248;2 255;4 259;3 259;4 261;2 269;3 271;1 272;4 273;1 280 282;3 283;4 285 290;4 294;2 295;4 301;3 310;2 314;3 315;3 316;4

3|3;1 5;6 5;7 6;4 6;5 9;1 10;12 11;11 12;3 13;7 21क 21;6 22;4 25 26;4 29;8 34;1 41;4 42;3 45;2 46छ

4|1;3 3;3 7;12 7;4 8;1 10छ1 10;3 12;3 22;2 26;4 26;5 29;3

5|7 8;1 9;4 10;2 12;3 14 17;2 27;2 37;3 40;3 41;2 41;3 41;5 42;1 43;4 46;1 48;4 49;5 50;1 51;3 55;2 58;3

6|0ख 1;1 5;1 7 8;3 9;2 13ख 15ख 16;4 17ख 21 23ख 23;4 24;5 27 27;2 27;4 28;2 30;1 30;2 30;4 31;1 31;3 34;3 38;5 40;2 40;3 45;3 45;4 49 49;2 50;2 57;1 58;2 60क 61;4 61;5 74;1 74;3 75;1 76 76;7 78;4 79;6 80क 80;6 83;2 84;3 85;4 90;1 94;4 97;3 100;1 104;5

7|0ग 18;4 19ख 19;2 19;5 22 41;3 44 50;1 53;3 59 62ख 62;5 70ख 71;3 73;4 84;3 85;1 85ख 87ख 90ख 94;3 97;3 104क 106;7

109;8 110;4 110;8 116;4 117;4 119क 119ख 119;4 119;5 120;10 120;8 122ख 124;2 130क

असगुन 2|158;2 3|18;4 5|35;4 6|14;1 14;2 48;4 78छ 78;5

असज्जन 1|5;2

असत्य 1|118;1 2|19;3 28;3

असन 1|161ख 174;4 304;4 336;2 2|120;1 188 211 215;3 278;4 324;2 7|119;5

असनि 6|32;5

असनिहु 2|306;4

असनु 2|62 140;3 280;4

असमंजस 1|14;5 83;2 167;3 223;2 2|32;2 85;3 264;3 270;1 271;3 291

असम 3|32;5

असमय 1|158;2

असमसर 1|126;2

असरन 7|18;2 51;2

असवार 1|298

असवारा 1|95;4 298;4 317;1 2|203;3 6|86;2

असहाई 2|229;2

असाँचा 1|175;4

असाँची 6|29;1

असा 7|102;2

असाध 2|34

असाधि 2|51;1 7|121क

असाधु 1|6;3 7;5

असाधू 1|5;3 2|207;4

असि 1|33;3 45 64;2 67 85;2 90;4 95छ 104;4 118;4 125;4 138;3 163 167;3 179;2 220;3 240;3 245;1 247;2 249;2 256;1 266;4 271;4 284;3 289;2 2|9;3 25;2 30 71;4 77;4 120;2 164;3 190;2 280;1 285;1 3|19;2 21ख 36 42;2 45;1 4|3 7;2 16;4 5|9 10;2 13;2 37;4 50;4 56;2 6|7;2 10;1 23ग 24;5 33;4 34;1 36;1 53;4 7|12छ1 37;4 47;2 73;1 86 86;5 95क 106;7 115;1 119;5 120ख

असिकला 1|298

असिधारा 1|67;3

असिव 1|92;2

असीस 1|70 102छ 196 208क 215;1 236छ 236;4 237;2 240;2 269;4 295;2 308;1 320 323छ1 323;3 327छ4 331;3 334;2 337;2 342 351 352 352;2 358;4 360;5 2|3;2 52;1 58;1 69 77;2 81;1 106 108;4 117 206;3 216;1 242;3 245;1 246;1 255;4 283;1 312;4 318 323 6|121;5 7|7;1 9;3

असीसहिं 1|319 2|246

असीसा 1|262;3 265;1 339;4 2|103;4 111;2 193;3 196;3 319;2 6|120;2

असीसें 1|308;3

असुभ 1|69;4 2|38;4 77;4 282;2 3|18;3 6|86;1 102छ 102;4 7|41;3 88क 98क

असुर 1|18;2 31;5 34;4 82;3 87;4 121 121;3 122;3 136 175;2 183;2 207;5 210;3 216 220;3 241;4 261छ 3|7;3 19;2 23;1 27 28;4 5|22;5 6|7;1 7|87;3

असुराधिप 1|123;4

असुरारी 1|51;1 186छ1 7|47;3

असुरु 1|103;4

असेषा 1|118;4 186छ4

असोक 3|29क 29;13 4|28;6 5|8;3 12 18;2

असोका 5|12;5 7|68;1

असोकी 1|164;4

असोच 4|3;2

असौच 6|16;2

अस्त 1|159;1 2|138;3 7|9क

अस्तुति 1|83;4 185 191;4 192छ2 202;4 210;3 211छ2 3|3 9;2 11;1 20ख 32;1 35;1 41;2 4|2;4 5|38;1 6|71;5 77;3 86;3 97;3 106;3 110 112 121;2 7|12ख 34;1 35 38 63ख 68;2

अस्त्र 1|299;4 3|19क 5|19 6|14;1 51;3 53;1 73;1 92;2

अस्थाना 6|120;1

अस्थि 2|179 3|9;3 4|7;6 6|15;4

अस्थिमात्र 1|145;2

अस्नाना 1|201;1 7|29;1

अस्व 2|203;3

अस्विनीकुमारा 6|15;2

अहँकारी 6|40;1

अहंकार 6|15क 7|121;18
अह 2|225
अहइ 1|83;2 167;1 222;3 223;2 2|17;1 22;2 173;3 3|17;6
अहई 1|118;1 144;4 222;1 2|28;1 100;2 176;1 4|4;1 28;6 5|59;2 6|21;4 70;2 7|94;3 110;8 120;6
अहउँ 1|52;1
अहऊँ 6|17;4 22;2
अहनिसि 7|25;3
अहमिति 1|116;4 127;3 129;4 134;1 283;3 2|241;1 7|105;4
अहल्या 1|223;3
अहसि 2|162;4
अहह 1|258;1 2|144;3 5|14;4 6|37;3 60;2 63;2 104 7|1;6
अहहिं 1|14;3 70;2 290 2|200;1
अहहीं 1|46;2 150;4 223;2 343;2 2|7;3 77;3 109;1 119;1 167;4 265;2 3|5;6 6|9;4 7|36;3
अहहू 1|120;3 2|43;2 181;4 184;3
अहार 1|144;1 2|63;1 188 4|27;1 27;2 5|4;2 6|8;5 40;2
अहारा 4|27;2 5|2;2 7;4
अहारी 2|201;2 248;3 6|40;5 62;6
अहारु 2|88
अहारू 1|177;4 2|66;2 277;4
अहिं 2|66 121;3 280;4 281 284;1
अहिंसा 7|121;11
अहि 1|11;1 69;3 92;1 161ख 260;1 261छ 325;5 2|117 136;3 184;4 3|21क 43;3 4|7;4 5|36 6|26;4 86छ 7|39;4 106;3 121;9
अहिकुल 1|178;4
अहिगन 5|20;4 6|66;1
अहित 2|162;4 5|40
अहिनाहू 1|361;3
अहिनी 3|17;2
अहिन्ह 5|2;1
अहिप 2|254;4
अहिपति 2|288;3 5|35छ2
अहिबात 1|334;2
अहिबेलि 1|288;1
अहिभवन 1|113;1
अहिभामिनी 3|30;6
अहिराजा 1|195;1 3|14;2
अहिवात 6|7 15ख 121;5
अहिवाता 1|67;2 7|7;1
अहिवातु 2|69;4
अहीर 7|117;6
अहीसा 1|105;2 6|76;7 7|92;4
अहीसु 2|126छ
अहेर 2|136;4 138;1
अहेरी 2|133;2
अहेरें 1|159;3
अहैं 1|311छ
अहै 1|336छ
अहो 1|104;2 273;1 6|16;1
अहोभाग्य 5|42;4 47

आ

आँक 2|178;4 183;1
आँखि 1|280;4 293;1 293;3 2|20;3 154 162;4 6|36;6 7|99ख
आँखिन्ह 1|280;4 2|121;3 166;3 199;1 262;4
आँखी 2|31;3
आँचरन्हि 1|327;4
आँचा 2|32;3
आँत 6|88;3
आँधी 6|78;4
आँब 7|57;3

आँसु 2|165;2

आँसू 2|13;3

आइ 1|34;4 38;3 73 99 167;3 181 182;7 201;3 239;5 269;2 287;2 343 2|9;1 53 103 103;2 106;3 132 135;2 137;3 157 192 209 226छ 227;1 230;3 246;1 253 272;1 292;4 3|1 18 28;7 31 4|12 22;1 5|2;1 29;1 29;2 6|8;4 13ख 24;4 38;2 41 49 55 61 63;1 85;4 106;1 120ख 7|1क 10ख 16;1

आइअ 1|218;1

आइहहिं 1|310

आइहि 2|146;2 3|25;4 5|25;1

आइहौं 2|151छ

आईं 1|100;3 190;1 193;1 231;1 355;4 2|213;4 221;1 245;1 281;1 6|104;1

आई 1|79;1 95;1 107;2 145;4 150;1 159;3 170;1 171;3 195;2 201;2 204;2 211छ2 212;1 228;1 228;4 269;3 283;2 290;2 290;4 303;3 306;4 309;4 323;4 2|1;2 12;4 19;1 28;2 28;4 39;1 57;2 68;3 135;1 139;3 142;3 155;2 159;2 163;1 164;1 195;1 230;4 262;4 266;1 286;2 297;4 312;4 3|17;9 38;5 41;4 4|5;4 6;4 7;2 12;4 16;1 18;1 30;6 5|2;3 19;4 24;2 36;5 37;4 41;1 53;2 53;3 6|18;2 63;2 67;4 87;1 7|27;3 40;1 67;4 95;2 112;8 117;5 118;4

आउब 1|169 169;2 234;3 6|115

आएँ 1|66;2 2|63;2 152;2 175 175;4 212;3 3|12;1 5|36;2 44;1 7|94ख

आए 1|49;3 77;4 88;4 89;4 93;3 96;1 103;1 103;2 111;4 130;3 130;4 139;1 143;3 145;1 145;4 178;1 190;3 193;4 203;5 214;4 215;2 215;3 220;1 221 229;1 229;2 239;4 240;3 241;1 249;4 251;4 260;2 270;1 287;3 290;4 293;1 311;2 312;1 319;4 322;1 327 330 338;2 340;3 348 350क 357;3 358 358;3 359;2 361;3

2|1;1 5;1 10 73;2 76;1 86;4 89;3 100;1 106;4 108;3 109;2 120;3 121;3 122;3 124;3 133;4 134;1 134;3 137;2 137;4 147;3 156;4 165;1 169;4 170;2 171;1 204;1 204;2 206;2 220;4 226;2 228;3 242 257;3 270;2 275;3 278 291;3 292;1 299;2 320 322;3 3|3;3 7;4 10;8 12;4 21;1 22;2 34;3 37;3 41;2 45;1

4|2;1 12;5 13;1 16;3 19;4 20 20;3 21 25;2 5|6;3 20;3 24;3 25;3 28 28;4 32;1 34 43;2 51;4 53;1 6|2;3 3;3 19;2 38क 38;5 40;2 44;2 45 48;1 59;1 69;4 71;5 76;2 77;1 77;3 84;4 85 97;2 98 106;4 107;2 108;5 110;1 112;1 114;3 116;1 118;1 120;2 121;3 7|2;4 3;1 5;1 11ग 12ख 13ख 19;3 32;2 43;1 48;1 50 50;1 63;2 65;4 67;3 68;3

आएहु 2|271;4 4|22;4 23;6 6|121;1

आकर 1|8;1 46;2 65 7|44;2

आकु 7|115;1

आकृति 1|137;4

आखर 1|9;5 15;3 20;1 2|241;2 294;1 316;3

आगम 1|12 51छ 103;4 2|95;3 237 293;4 7|49;2 119;2

आगमन 1|207;1 207;4 238 2|43

आगमनु 1|307;2 2|7;3 9;1 11;1 124 135 147

आगमनू 2|9;3

आगर 1|192छ2 4|29;1

आगरी 1|325छ3

आगवन 7|0ख 64

आगवनु 2|272 3|10;2 6|100;5

आगवनू 2|227;1 243;1

आगार 1|17 6|86 7|13क 70क 102क

आगारा 6|10;4 13;2 7|19;5

आगि 1|183;3 6|101;4

आगिल 1|71;1 2|12;4

आगिलि 1|206;1 2|18;4

आगी 1|185;4 2|47;2 164;4 169;1 4|23;2 5|12;5

आगें 1|14;3 52 54;2 120ग 275;3 281;4 306;1 315;2 324;3 353;1 2|31;1 79;1 88;2 98;2 124 166;3 202 221;3 222;2 275;1 292;4 3|7;1 10;10 18;3 25;1 30;9 31;4 35;1 4|1;1 7;4 9;1 11;3 20 24;4 5|3;4 26 45;1 6|9;2 20;4 27;2 29;2 33;4 44 64;2 71;3 103;4 117;2 7|6;4 48;4

आगे 1|292;1 360;3 2|123;1 135;3 180;1 239;2 3|9;3 6|43;1 76;2 97;4 7|17;1

आचमनु 1|329;4

आचरज 1|3;1 124;4 163;3 314 7|60;3 70;3

आचरजु **1**|33 33;2 140;2 163;1 314;4 **2**|140 189;4 208;1

आचरत **2**|177;3 326छ

आचरन **1**|142;1 183;4 184;2 188 **7**|46;2 48;2 105ख

आचरनी 7|37;4

आचरनु **5**|47;4

आचरनू **2**|223;1 326;3

आचरहिं **6**|78;1

आचार 7|121ख

आचारा 7|94;1

आचारी 7|98;3

आचारु **1**|286 323छ1

आचारू **1**|319;1

आछी **1**|8;4

आछें **2**|221;3

आजन्म **6**|104छ

आजु **1**|105;1 159क 167;2 207;2 208;2 246;3 250;2 257;4 280;2 291;4 311;3 317;4 330;3 331;2 357;4 **2**|9;4 11 20 22;3 22;4 38;1 49;3 57;3 102;3 107;3 156;3 169 191 204;1 222 228;2 229;2 230;2 260 261;1 264; 272;3 283;4 297;3 313;1 **3**|10;5 26;4 36;4 **4**|27;2 **5**|2;2 42 **6**|50;2 75;7 83;1 90;4 104;4 107छ **7**|2;6 10;2 33;4 84;1 123क

आजू **1**|167;3 270;2 320;3 335;1 **2**|10;2 14;1 19;2 42;1 68;2 73;4 107;3 134;2 214;2 230;3 247;3 271;3 293;2 **3**|30;7 **4**|28;5 **5**|30;2

आठ **6**|16;1

आठइ **1**|317;2

आठवँ **3**|36;2

आतप **1**|42;2 **2**|147;4 211 **4**|1;5 **6**|61;2 111;8 **7**|69;2

आतम **7**|118;1

आतमबादी **7**|70;3

आतुर **3**|2;6 3;3 10;2 19;4 28 **6**|42;2 43;1 57;4 59;1 84छ 84;4 119;3 **7**|88;4

आतुरे **6**|82छ

आत्माहन **7**|44

आदर **1**|66;3 103;1 208;5 326छ1 329;4 352;2 **2**|80;2 108;2 277;2 **6**|9;4 38;2 **7**|12ग 19;3 48;1 63;4

आदरहिं **1**|14क **2**|24;1 233

आदरहीं **1**|14;4 **2**|285;2

आदरही **7**|14;8

आदरिअ **2**|176;1

आदरी **7**|13;3

आदरु **1**|107;2 332;2 **2**|23;2 39;3 **6**|17ख

आदरेहु **7**|115;5

आदि **1**|14;1 92;4 118;2 235;4 **2**|132;4 **3**|16;6 **5**|9;2 **6**|105 **7**|57;1 61;3 91;3 118;2

आदिक **1**|320 **2**|138;4 **6**|34;6 62;6

आदिकबि **1**|19;3

आदिदेव **1**|142;3

आदिसक्ति **1**|148;1 152;2

आदिसृष्टि **1**|162

आदिहु **2**|160;4 **5**|13;3

आधा **6**|48;2

आधार **1**|197

आधारा **3**|12;4

आधीन **1**|167;2 **2**|244 **3**|16;2

आधीना **1**|21;2 168;1 286;4 **2**|33;2 299;4

आधे **1**|190;1

आनँद **1**|23;3 193;1 217;1 312;1 324छ3 **2**|8;2 273;3 279;1

आनँदमई **1**|321छ

आनँदहू **1**|217;1

आनँदु **1**|323;2 327छ4 **2**|53;4 125;3

आनंद **1**|39;5 197;3 295;2 295;4 305 318छ 321छ **2**|10 41;3 101;4 108;1 **3**|37;3 **7**|57;5

आनंदकंदु **1**|318छ

आनंदु **1**|301;3 305;4 307;2 359;4 **2**|259;1

आन **1**|3;3 22;4 49 72;1 111;3 132 132;3 166;2 201;4 208;5 **2**|19;4 61;1 85;4 100छ 178;1 183;1 204 212;3 226;3 265;4 **3**|5;6 10;1 10;4 26 **5**|24;4 48;4 **6**|3 29;2 80ग 92;2 104 109;4 121ख **7**|48 62ख 78;1 81क 92छ 97;1 103क 115;2 125ख 130छ3

आनइ 7|81;2

आनउँ 4|18;2 30;5

आनत 1|119;3 2|261;2 263;4 7|78;1

आनन 1|118;3 199;4 2|26;2 5|2;5 45;3 6|15;3 71छ 103;5 7|77;1

आननु 1|106;4

आनब 1|169;2

आनसि 7|112;7

आनहिं 1|287;1 2|115;1 7|40;3 101;2

आनहि 1|133;3 6|3;4 7|81;2

आनहु 1|322;1 2|6;1 39;1 213;3 3|27;3 4|5;4 5|15;5 44 6|19;1 108;6

आनहू 6|1;5

आना 1|54;1 57;3 114;4 211छ3 284;2 2|43;1 88;4 100;2 232;2 268;4 3|6;1 13;4 16;2 5|34;2 50;1 52;3 6|43;4 80;2 99;5 7|78;2 81;2 93;1 112;5

आनि 1|130 209 248 320छ 2|2 82;4 106 107;1 120;3 143;3 201 273;1 3|10 34 5|12;2 6|1 2;1 3;1 32क 62 109छ2

आनिअ 1|276;2 2|218 5|31

आनिए 2|201छ

आनिबी 5|32;2

आनिहि 6|30;3

आनिहु 6|20;3

आनिहैं 4|30छ

आनी 1|33;4 80;2 113;3 178;2 205;1 207;1 232;4 259;2 320;2 324;3 335;2 337;3 2|79;1 114;4 132;3 143;2 189;3 209;4 281;2 282;4 3|12;6 5|13;5 6|6;2 48;4 62;5 7|43;2

आनु 2|101;1

आनू 5|58;1

आने 1|234;4 301;4 327छ2 2|9;2 125;1 149;2 193;2 299;2 3|3;4 5|52;1

आनेउँ 2|307

आनेउ 6|55;4

आनेसु 1|182;2

आनेहि 5|9;5

आनेहु 2|30;1 94;4 5|21

आनौं 1|206;4 3|25;1 4|18;1

आप 1|17;5 2|1

आपद 3|5;4

आपन 1|58;4 84;3 132;3 137;3 158;2 162;4 163;4 164;1 168;1 181;1 281;4 361;1 2|61;2 153;2 177 178;4 183 196;1 258;1 266;4 267;3 302;1 305;2 4|2;2 10छ2 5|38;3 6|29;1 52;2 7|61;1

आपना 6|56;3

आपनि 1|120;2 127;2 230 257;3 274;3 319;4 2|160;4 182 227;4 3|34;2 4|25;2 5|53;2 57;5 7|75;1

आपनी 2|233 298 7|84;2

आपनें 1|316छ

आपने 6|103छ2

आपन्नमामीश 7|108;8

आपु 1|24;3 29क 79;2 81;3 136 150;1 153;4 154;1 161;3 169;3 172;1 201;2 205;3 210;1 274 290;2 301 2|86;3 90;2 100;1 101 120;1 139 151;2 198;2 202;3 203;2 227 248;4 291;3 292;2 299;3 303;4 310;1 3|15 6|35;1 41 106;2 7|38;2 40;3 58;2 100;2 100;4

आपुन 6|78;1 7|72ख

आपुनि 2|296;4

आपुनु 1|159ख 182;2 183छ 2|293;2

आपुहिं 1|284;4

आपुहि 2|57;3 120;4 214;1 5|9 7|73;3

आपू 1|26;2 2|180;2 293;1 313;4

आभीर 7|130छ1

आमलक 1|30;4

आमिअँ 2|307;1

आमिअ 2|238

आमिष 1|173;2 3|33;1

आयउँ 1|207;5 2|146;4 298;3 300;1 3|2;7 13;1 25;3 5|45 6|20;1 30;1 60;2 64;3 7|57 64;1 82;1 82क 89;1 114;5

आयउ 1|268 268;1 303;4 2|124 281;2 319;1 4|19 5|43;1 58;4 6|7;4 36;2 55;3 61;1 64;2 65;1 66;4 72;3 114क 121;5 7|0ग 1;5 2;2 19ख 60 106क

आयत **1**|327;3 **3**|32छ2 **5**|45;3 **7**|76

आयधु **3**|19ख **6**|42 78छ

आयस **2**|165 215 220;1 259;2

आयसु **1**|52;2 61 61;3 77;1 127;1 142;4 160;1 168;3 170;1 182;7 183;1 188;1 205;4 218;3 225 226;1 227;1 237;3 238;3 253;4 255;2 260;1 263;4 271;1 298;2 302;2 306 309;3 322;1 325छ2 326छ4 332;4 334;3 336;3 347;4 351;3 360;5

2|5 7;1 9;4 24;2 40 41 45 46;2 53;4 55;4 56;1 59;4 60;3 61;2 75छ 77;2 88;4 109;3 110;3 112;4 126;1 136;4 151छ 151;2 157;2 170;4 172;4 175 176;1 176;3 177;1 178;4 183;4 198;1 213;2 213;4 214 216;1 247 253 253;2 258;2 264;4 269 279;3 286;2 291;2 292 293;2 296;3 300 307;4 308;1 308;2 308;3 308;4 311;1 312;3 315;2 323;2 323;4 325 **3**|6;1 13;9

4|11;4 22;3 23;4 **5**|16;2 34;4 55;3 59;2 **6**|4;5 5;2 19;2 23क 34;1 34;2 40;4 52 60क 105;3 105;4 113 121;4 **7**|12;3 24;3 47;4 63क 114;4

आयहु **3**|24 30;1 **5**|6;4 **7**|63क 110ग

आया **5**|43;3

आयुध **1**|188;2 192छ1 209 **3**|20छ3 **5**|35;5 **6**|51;3 83;2

आयूहीन **5**|42;1

आयो **6**|6;1 74;5 77;1 105;3 121;4

आरजसुत **2**|97

आरत **1**|22;3 110;1 126 139;1 **2**|34 52 81;2 186 187;1 202;1 204;4 244;1 258;1 269;2 **3**|2;7 28;1 29;4 **6**|20 70;1 82छ **7**|0क 5छ2 18;1 83;1

आरति **1**|43;1 59;3 110;2 132;3 194;3 222;4 327छ1 348;4 **2**|44;4 97 97;1 148;1 263;1 300;4 314;3 **3**|29;1 **5**|45 **6**|102;4 **7**|121;10

आरतिहर **7**|9;4

आरतीं **7**|9;3

आरती **1**|96;1 265;3 301;2 317 319छ 319;2 335 345;3 346;4 349;1 350;2 **2**|159;2 **7**|7;2 9;4 12;3

आराति **3**|19क

आराती **1**|57;4 108;4 **3**|21;4 **6**|34;7 **7**|58;3

आराम **7**|29छ

आराम: **3**|11;7

आरामु **1**|227

आरूढ़ **5**|11;2

आरेसू **2**|49;4

आरौ **1**|156;4

आल **1**|344;4

आलसहूँ **1**|28;1

आलसी **5**|51;2

आलसु **1**|81;2

आलि **1**|222;3 234;1

आली **1**|229;2 234;3 **2**|15;2 23;2 222;1

आव **1**|44;2 73;4 104;2 173;4 178क 303;2 360;4 **2**|35;1 64;2 69;1 96;4 145;4 148;1 255;2 **4**|2;3 19;3 **5**|14;4 44;2 **6**|9;1 51;2 85;2 **7**|83;1

आवइ **1**|1;3 39;2 159ख 211छ1 **4**|22;4 **5**|37;2 **6**|73 **7**|90;2 119;2

आवई **7**|5छ2

आवउँ **2**|46;2 **6**|106;2 **7**|114;7

आवत **1**|21;3 38;3 52 98;4 157;1 182;3 203;3 293;3 304 304;3 307 317छ 323;1 333;2 344;2 **2**|39;3 71 134;3 159;1 274 275;3 **3**|29;6 30;1 33;3 **4**|1;1 6;7 10;2 **5**|12;4 18;4 29;4 43;1 **6**|32;4 32;5 37;4 51;2 65;1 69;2 76;5 76;6 83 94;1 **7**|2;3 3;1 3;5 4क 20;2 32 63;3 77क 118;6

आवतहीं **3**|7;3

आवति **1**|11;2

आवहिं **1**|34;3 222;4 **2**|83;2 183;4 **6**|73;3 **7**|27;1 42;2 57;4

आवहूं **2**|11;1

आवहु **1**|218 **2**|73;1 **3**|19;4 **4**|18 **6**|57;4 107;1 108;2

आवा **1**|10;4 39;2 57;1 60;4 62;4 109;2 111;4 127;2 136;1 170;2 172;3 172;4 179;4 187;5 193;3 196;4 202;3 216;1 230;3 254;4 268;3 312;3 326;4 **2**|29;3 101;3 110;4 142;2 147;1 276;2 **3**|18;6 18;7 28;4 31;3 34;5 **4**|6;1 6;5 10;3 14;4 24;4 27;5 28;2 **5**|2;6 9;1 18;2 19;2 20;2 27;3 28;1 34;2 38;1 43;2 43;4 44;4 47;4 52 **6**|9;1 18;4 23;3 24;8 43;3 49;4 56;1 62;2 62;3 71;2 76;3

78;3 85;4 89;1 110;5 120;1 **7**|20;3 111;4 120;2

आवाहन **2**|248;2

आवै **1**|75;2 **5**|48;1

आवौं **1**|218;3 **2**|308;2 **4**|6;3 **5**|1;2 2;2 **6**|75;7

आश्रम **1**|44;3 45;1 125;1 152;4 158;1 159;1 206;1 209 210;6 **2**|108;3 124 124;3 125;2 132;1 215 224;1 226छ 235;1 245 275 276;3 **3**|3;2 3;4 10 12;1 12;3 30;2 30;3 34;3 **5**|57;6 **6**|3;3 57;1 **7**|64;1 82;1 94ख 98;1 110;5 113ख 114;5 114;7

आश्रमन्ह **1**|45;2

आश्रमन्हि **2**|134 **3**|9

आश्रमहिं **1**|126;1 **2**|125;1

आश्रमहि **2**|291;3

आश्रमी **4**|16

आश्रमु **1**|49;3 **2**|239;1

आश्रित **1**|118;1 **2**|235;4 **4**|9;5 **7**|13;5

आस **1**|43;1 252;2 **2**|16;1 86;4 107;4 317;1 322 **3**|46छ **5**|37 60छ **6**|85 96;3 **7**|13;3 35;3 46;3 87ख 122;5

आसन **1**|45;3 100;1 128;3 133;3 159;1 170;1 207;1 240;4 319छ 319;4 320 321छ 321;2 325;5 328;4 **2**|107;1 148;3 215;2 281;2 **3**|3 12;6 34;5 **5**|38;2 **6**|11;2

आसनन्हि **1**|359;2

आसनु **1**|60;2 66;3 107;2 **2**|98;2 206;3

आसा **1**|255;1 **2**|51;3 155;3 **4**|16;5 **6**|13;1 119;4 **7**|32;3 46;2 46;3 86;4 122;3

आसिरबचन **2**|246;2

आसिरबाद **6**|112;1

आसिरबादु **1**|341;1 353;1 **2**|125;1

आसिष **1**|269;3 295;4 320छ 342;4 351;2 **2**|68;3 69;4 75छ 134;4 183;4 242;1 252;2 287;3 319;3 320;2 **3**|5;1 **5**|2 17;1 17;3 60;1 **6**|121;2 **7**|6ख 8क 113;8 114;3

आसिषा **1**|343;3 **7**|109;8

आसीन **3**|3 **4**|13;3 **6**|11क 11;2 **7**|110ख

आसीना **1**|54;3 **3**|14;3 41;4

आसुतोष **1**|70;2 87छ **2**|44;4

आसू **6**|55;1 82;2

आह **2**|163;3

आहहिं **7**|42;4

आहार **1**|144 180;3

आहिं **1**|312;4 **2**|117;1 **7**|120क

आहि **6**|23ग

आही **1**|153;3 220;4 **2**|184;2 186;2 **3**|43;5 **5**|19;1

आहुति **1**|189;3 276 283;1 323 **2**|33;2 163;2 **6**|76;1

इ

इँद्रजीता **6**|119;5

इंदिरा **1**|54 **3**|4;6 **6**|109छ2 **7**|34;2

इंदु **1**|0;4 106;3 195;3 198;4 **3**|11 12 **4**|17;4 **6**|12;4 **7**|121;11

इँद्र **7**|109;7

इँद्रजाल **3**|39;2

इँद्रजालि **6**|29;5

इँद्रजित **5**|19;2

इँद्रजीत **1**|183;1 **6**|34;6 **7**|58;2

इँद्रधनु **6**|87;3

इँद्रधनुष **6**|101छ1

इंद्रिन्ह **7**|118;8

इंद्रिय **4**|15;6

इंद्रियादिकं **3**|4;8

इँद्रीं **2**|154;1 **7**|118;6

इंधन **1**|32क

इच्छाँ **4**|26

इच्छा **1**|56;3 98;2 127 138;2 192 **3**|38ख **5**|48;3 49;5 **6**|53;2 **7**|96;3 114;2

इच्छाचारी **2**|172;4 **5**|35;5

इच्छामय **1**|152;1

इच्छामरन **7**|113क

इच्छित **1**|70;4

इत **1**|203 267;4 **2**|40 85 227;2 **3**|28;5 **6**|18 41;4 53;2 72;5 79 80ग 82;3

इतराई **4**|14;3

इति **6**|111;8 **7**|109;1 109क 118;1

इतिहास **1**|6;2 65;2 152 163;3 226;1 **2**|156 237 311;1 **7**|114;1

इतिहासा **1**|58;3 359;3 **2**|155;3 218;3 **5**|28;3 **7**|55;4 58;1 126;1

इदं **3**|4;12

इदमित्थं **1**|121;1

इन्ह **1**|85;4 197;2 204;1 207 217;2 220;3 222 223;2 273;3 310;1 310;2 311छ 320;2 335;3 **2**|75;3 116;4 166;3 **4**|7;7 **5**|3छ3 42 55;1 59;1 **6**|24 46;5 97;3 114;1 **7**|8;4 8;5 31;3 71;3 109;7

इन्हहि **1**|134;2 216;3 222;1 279;2 **2**|119;3 119;4 120;3 121;2 **3**|44;2 **4**|9;4

इमि **1**|118 **2**|121 **3**|28;5 **6**|25;4 92छ **7**|73;1

इरषाई **7**|121;17

इरिषा **1**|136;4 266 **2**|75;3 120;3 **7**|102;4 107;3

इरिषादि **7**|35;3

इव **1**|16 17;2 49;4 51;1 58;2 117;4 119;2 125;4 148;4 160;4 217;2 231 242;3 253;2 298;3 **3**|10;11 37;1 **4**|7;12 16;5 **5**|56ख **6**|2;1 22ख 25;3 69 73;6 75;6 90;3 **7**|30;2 72;1 77ख 78;1 107;4 111;3 112;7 121;9 129;3

इष्ट **1**|320छ

इष्टदेउ **2**|110

इष्टदेव **1**|51;4 201;1 242;3 **6**|72;4 **7**|75;3

इष्टदेवन्ह **1**|250;3

इहइ **1**|187 211छ3 **2**|7;4 75;4 183;1 **5**|41;4 **6**|28;1 **7**|30;1 123;1

इहाँ **1**|38;2 52;3 94;1 161;4 169;3 201;4 214;3 222;3 273;2 336;3 **2**|33;3 136;2 233;2 248;4 278;4 287;4 288;2 292;1 298;3 **3**|23;4 **4**|2;2 5;2 6;7 19;1 26;1 26;2 30;5 **5**|6;1 10 40;2 **6**|2;2 11;1 17;1 38;2 53;1 57;3 74;5 75;2 85;1 85;4 86;3 100;4 119क 119;5 119;6 121;3 **7**|4;1 4;4 45;1 72;4 78;2 114;5 116;1

ई

ईंधनु **2**|251;1

ईछा **6**|50;4 102;2 114;4 118;5

ईति **2**|235;2 253;1

ईषना **7**|71;3 110;7 121;18

ईस **1**|21;1 28;4 69 70;1 87;2 196 321;1 357;1 **2**|244 263;3 282;3 283;1 284 **3**|15 **4**|25 **5**|56क **6**|17क 80;4 112 118;4 **7**|44;3 78;3 111ख 117;4

ईसा **1**|49;2 90;3 **3**|7;1 25;2 **5**|21;3 **7**|114;5

ईसु **1**|240;1 341 **2**|24;3 77;4

ईस्वर **1**|83;1 174;1 **3**|14 **7**|78;3 94;3 110;8 117;1

ईस्वरहि **7**|43

उ

उँजिआरा **7**|118;2

उअहिं **7**|78ख

उएँ **5**|16;1 **6**|97;1

उए **6**|87;3

उकसहिं **1**|135;1

उक्ति **6**|23छ

उकुति **6**|1;2

उखारी **1**|129;3 **2**|17;4

उगिलत **1**|156;3

उग्र **1**|177;1 **3**|13;8 **6**|42;5 70;6

उग्रबुद्धि 7|97;2
उघरहिं 1|1;4 7;3
उघरे 1|284;3
उघार 7|101;4
उघारा 1|87;3
उघारि 1|87;2 2|154
उघारी 1|55;4 348;4 2|31;1 7|118;6
उघारे 1|234;2 2|30 44;1
उचाट 2|302;3
उचाटु 2|295 302;2
उचाटे 2|316
उचारहीं 1|261छ
उचारी 1|112;3
उचारे 1|291;2 2|107;2 165;2 171;2 3|6;3 7|12;2 16;2 33;3
उचित 1|59;2 65;4 77;1 90;1 102छ 222;3 240;4 286;3 321;2 328;4 2|9;3 18;4 43;3 56;2 67;4 88 99;3 174 175 176 177;1 181;4 203;4 207 229;1 231;2 246;1 248;4 263;2 268;4 271;3 278;3 278;4 285;1 290;3 3|2 4|30;5 5|37;4 7|50;2
उचिन 2|177;2
उच्च 6|119;2
उच्चरहीं 1|101;2 265;2 297;3 6|79;5
उछँग 1|68;3
उछंग 1|102;1 198;4 200;4
उछंगा 6|11;3
उछाह 1|345;2 359 361छ 7|64
उछाहा 1|44;4 2|10;3 7|64;3 68;4
उछाहु 1|88 297;4 325छ1 360 361 2|190
उछाहू 1|39;5 41;3 42;1 101;3 137;2 217;3 264;2 296;2 314;2 317;3 321;2 331;4 332;2 353;4 354;1 359;4 361;3 2|2;1 4;2 13;1 37;4 49;1 70;4 225;1 275;2 279;2 309;1
उजरउ 1|80;4
उजरें 1|4;1
उजागर 1|28;3 289;3 348;1 2|200;3 5|30;2 6|3;4 64;5
उजागरी 1|325छ3
उजार 5|28
उजारा 1|97;1 5|33;4 6|36;3
उजारि 1|177;4 2|29;5 6|26 7|67;3
उजारी 5|18;2
उजिआर 1|21
उजिआरीं 1|314;4
उजिआरी 1|239;1 2|232;4
उजिआरे 1|292;1
उजेनी 7|105;1
उठइ 1|250 250;4 6|76;1 76;2 87;3
उठत 3|20छ6 7|5;4
उठन 1|193;2
उठब 5|33;1
उठहु 1|254;3 2|50;4 6|61;3
उठा 1|335 3|10;10 5|41;1 6|5;5 32;3 35;1 83;4 84;1
उठाइ 1|179 249 261;3 292;4 308;4 2|57;4 76;4 95;1 111;2 164 206;3 240 299;4 3|9 4|3;3 5|33;2 6|1 54 61;1 64;2 65;2 92;3 97;2 101;8 104;1 121;6 7|18क 75क
उठाई 1|165;3 264;3 2|237;1 3|10;11 22;1 41;5 6|8;1 18;3
उठाएँ 1|156;4 281;2
उठाए 1|148;4 356;3 2|242;2 7|5;4
उठायो 6|77;1
उठाव 6|83छ
उठावन 1|251;1 6|83छ
उठावा 1|78;3 292;4 5|33;1 6|91;4
उठावौं 1|253;2
उठि 1|72;3 128;3 171;1 182;2 183छ 194;2 205;4 254;4 290;2 293 298;2 332;1 2|34;1 70;1 77;1 77;3 155;1 159;2 162;4 164;1 166;2 230;1 233;4 313;3 3|3;3 12;5 20छ1 20छ4 4|9;1 5|6;3 12 19;5 6|34;7 38;1 49;3 59;4 61;8 62;1 65;4 66;4 68;3 76;4 84;4 86;4 95छ 97छ 104;1 7|2;5 3;2 3;4 17ख 82;2 88;4 106क
उठि उठि 1|173;3 266;1
उठीं 1|352;1 4|6;7

उ

उठी 2|26 57 79;1 164 284;4 5|4;3 58;3 6|79;4

उठे 1|173;4 215;3 226 250;3 269;1 307 2|90;1 160;3 169 226छ 240;4 3|22;1 27;3 4|27;3 5|46;1 6|19;4 34क 34;6 114;3

उठेउ 1|172;2 2|27;2 148 274 276;3 6|17क 85छ

उठै 6|54

उडगन 1|32;6 238 241;2 3|42क 7|80;3

उड़इ 1|195;3 6|101क

उड़गन 1|316

उड़त 3|20छ6 20छ2 6|92;;1018

उड़ाइ 6|53 86;1 7|112क

उड़ाई 2|100;3 158;1 232;2 4|28;1 5|3;2

उड़ाउँ 7|75क 79;4

उड़ात 7|28;2 79क

उड़ाना 1|78;3 6|95;3

उड़ाने 1|298;3

उड़ाव 7|106;6

उड़ावन 1|273;1

उड़ावनिहारी 1|114;1

उड़ावहीं 3|20छ2

उड़ाहिं 6|4 79छ 7|91;3

उड़ाहीं 1|12;5 3|18;4 4|24;3 5|3;1 6|88;1

उड़ि 6|82छ

उड्डुगन 6|103छ2

उतंग 5|3;6 6|1 11;1

उत 1|203 267;4 2|40 85 240;2 3|28;5 6|18 41;4 53;2 72;5 79 80ग 82;3

उतकंठा 1|229;2

उतकरष 5|40;2

उतपति 1|162 2|282;3 6|15;3

उतपात 1|41 6|44;3 102छ

उतपाती 6|44;2

उतपातु 2|201;3 305;4

उतर 1|41;1 275;4 276 2|99;3 133;1 226छ

उतरन 2|190;1 272;3 279;4

उतरहिं 2|101;2

उतराई 2|100छ 102;2

उतरि 1|86;2 158;4 340;3 2|102;1 109 188;2 193;4 202;5 322;2 322;3 4|24;4 7|4ख 65;2

उतरिहि 5|59;4

उतरी 2|46 7|67क

उतरु 1|54;1 270;3 282;1 2|30;2 46;3 51;1 64;2 71 79;1 95;4 97;4 145 146;2 146;4 148;1 181;2 255;2 269;3 3|26;3 29;9 6|61;8 78;3

उतरे 1|214;2 214;4 2|87;1 5|35 6|5;1 11;1 37;1 7|67;4

उतरेउ 2|245;4 6|9;3 121;4 7|4क

उतरै 5|59 6|0ख

उतर्‌यो 6|49

उताइल 2|234;3 3|29;12

उताना 6|40;3

उतारहिं 7|7;2

उतारहि 2|101;1

उतारि 5|27;1

उतारिहौं 2|100छ

उतारी 2|102;2 6|25;2 7|12;3

उत्सव 1|61 89;1 172;3

उदउ 2|37;2

उदघाटी 1|239;3

उदधि 1|6;1 32;3 36;2 2|42;4 201;3 261;3 269;3 276;3 5|58;3 6|5 15;4

उदबेगु 2|126;1

उदभव 1|163;3

उदयँ 1|256;4 286;2 6|47;2

उदय 1|4;3 239;3 245;1 254 2|138;3 7|121;10 121;11

उदर 1|147 199;2 4|27;2 6|15;4 81;3 99छ 7|76 80;2 82;3 99;4

उदरबृद्धि 7|121;18

उदार 1|120ग 197 3|39;4 42;1 5|35छ2 52 6|38ख 111;3 113;3 115 115;3 7|13क 22;4 25 84;4 101;5

उदारहि 7|30;5

उदारा **1**|10;1 22;3 110;3 187;1 195;3 **2**|66;1 **3**|34;3 **6**|27;4 34;2 75;2

उदास **2**|48;3

उदासा **1**|79;3 162;3

उदासी **1**|48;4 **2**|3;1 29;2 108;3 206;1 224;2 **5**|50;2 **6**|110;3 **7**|29;3 124;3

उदासीन **1**|4 97;2 67;4 **2**|210;2 305;1 **7**|106;8

उदित **1**|254 **2**|37 209;1 303 **4**|16;2 **6**|11ख **7**|31;1

उद्यम **4**|15;2 **6**|92;2

उधरी **2**|297;2

उधारि **1**|221

उधारे **1**|24

उन **1**|79;1

उनचास **5**|25

उनम **1**|240 **3**|5;6 **6**|2;2 20;2

उनर **2**|176 **5**|60;3 **6**|119;1 **7**|4;3 28 56;4 62;1 111;7 112;7

उनहि **3**|17;7

उनानपाद **1**|142;2

उनीद **1**|355

उन्ह **1**|97;2 **3**|17;7 22;2 22;6 45;3

उन्हहि **2**|33;4

उपकार **5**|32;3 **7**|121;7

उपकारा **1**|84;1 **7**|125;2

उपकारी **1**|112;3 **3**|40 **4**|15;3 **5**|32;3 **7**|22;4 47;3 109;3

उपकारू **2**|310;3

उपचार **2**|107 180 229;4

उपज **1**|74;2 162;3 **3**|16;4 **4**|15;5 **6**|37;3 **7**|111;8 127

उपजइ **4**|15ख **7**|55;5 96क 105ख 121;16 126;1

उपजत **7**|8;6

उपजहिं **1**|5;3 11;2 144;3 148;2 **7**|121;15

उपजा **1**|50;1 50;3 53 54;1 136;3 192छ3 307;3 **4**|7;8 11;3 **5**|13 19;2 20 **6**|8;2 8;3 60;4 89;1 **7**|20;2 57;5 58;3 59;4 107क

उपजाएँ **3**|21;5

उपजाए **1**|6;2 **5**|59;2 **7**|86;2

उपजाया **1**|152;2

उपजावसि **6**|31;3

उपजावहिं **6**|93;4

उपजावा **1**|320;3 **3**|37;5

उपजि **1**|164;2

उपजिहि **7**|109;5

उपजी **1**|162 229 **3**|2;2 **6**|66;5 99;2 100;1 **7**|83;4 129

उपजें **4**|15क 15;6

उपजे **1**|176

उपजेउ **1**|68;3 **7**|129;4

उपजेहु **6**|21;3

उपजै **1**|247

उपदेस **1**|89 127 **2**|85;2 276 278;2 **4**|26;6 **6**|78;1 **7**|66;2 105;4 111;5 112;6

उपदेसहिं **1**|76;1 **7**|99;1

उपदेसा **1**|171;2 **2**|2;4 **6**|78;1 **7**|111;2 111;6

उपदेसि **2**|283

उपदेसिअ **2**|72;4

उपदेसु **1**|46;3 51 78; 97;1 **2**|75छ 151 177;1 208 219;1

उपदेसू **1**|19;2 81;3 **2**|75;4 86;2

उपदेसे **2**|169;4

उपदेसेउ **1**|72

उपदेसेन्हि **1**|79;1

उपदेसेहु **6**|80ख

उपद्रव **1**|183;2 206;2

उपधान **2**|91;1

उपनिषद **1**|46;1

उपपातक **2**|167;4

उपबन **1**|86;4 **4**|24 28;6 **5**|3छ2 **7**|26;2 29;2 29;4 32;1

उपबरहन **1**|356;2

उपबास **2**|322

उपबासा **1**|74;3

उपबीत **1**|92;2 244;1 361छ **2**|10;3

उपमा **1**|37;2 230;4 243;1 247;1 247;2 311छ 311;4 320;1 320;2 325;1 349;4 **2**|123;2 **7**|5छ1 92छ

उपर **6**|10;4 13;2

उपरना **1**|327;4

उपरागा **6**|102;5

उपराजा **7**|60;3

उपरोहित **1**|169;2 172;1 172;4 173;1 322;2

उपरोहितहि **1**|171 172;3 175;2 313;1

उपरोहित्य **7**|48;3

उपल **1**|4;4 28क 116;2 210 **2**|179 **6**|3;4 13;1 26;4 52;2 74ख 82;1 **7**|121;10

उपवासा **7**|46;1

उपहार **1**|305;3

उपहास **1**|8 28ख 136;2

उपहासी **1**|192छ3 251;2

उपहासू **2**|179;3

उपाइ **1**|59 **5**|59

उपाई **1**|69;1 83;1 86;3 167;1 186छ3 278;2 279;3 **2**|19;4 50;4 57;2 **4**|3;2 29;2 **5**|12;1 51;1 **6**|17;1 34;6 62;1 75;5 **7**|115;2 117;3 119;3

उपाउ **2**|17;4 80 183;1 253;1 255 257 265;1 265;4

उपाऊ **1**|3;3 8;3 22;4 68;4 170;4 **2**|21;4 150;1 229;1 255;1 258;1 269;4

उपाएँ **1**|11;3 **2**|212;3

उपाए **2**|78;1 317;4

उपाटी **6**|70;5

उपाधि **1**|21;1

उपाधी **2**|183;2 **7**|118;5

उपायँ **1**|72;1 166;2 **2**|85;4 178;1

उपाय **1**|129;3 168;4 **2**|50छ 82;3 313 **3**|20क **5**|50 **6**|23च 80;5 **7**|103;2 120;6

उपाया **2**|33;3 **7**|78;4 87;4

उपारहिं **6**|81;3

उपारा **5**|19;3 **6**|51;1

उपारि **6**|58;4

उपारिउँ **6**|34;4

उपारी **4**|30;5 **6**|34;7 69;2 100;6

उपारू **6**|53;3

उपारे **5**|18;2

उपासक **1**|18;2 **4**|26 **5**|48 **7**|105;2 130;2

उपासन **7**|111;4

उपासा **2**|325;2

उबटि **1**|336;2

उबर **3**|38;6

उबरसि **5**|56क

उबरा **1**|326;4

उबरिहिं **4**|6

उबरे **1**|85

उबारा **1**|274;2 **5**|26;2 36;1 **6**|35;1

उभयँ **2**|55;2

उभय **1**|5;2 6;1 21;4 23;3 86;1 190;1 190;2 216;1 321छ **2**|37;2 123;1 **3**|7;2 26;3 **4**|4 29 **5**|44 **6**|10;1 **7**|38 41 82;4 100;4 115;7

उभौ **4**|8;1

उमग **1**|41;3 **2**|317;3

उमगत **1**|86;4 **2**|193;4 220;3 279;1

उमगा **2**|255

उमगि **1**|85;1 297;4 312;1 318छ 324छ1 338;2 **2**|1;2 101;4 111;2 203 242;2 243;2 244;3

उमगी **1**|359

उमगे **2**|238;1

उमगेउ **1**|39;5 327 **2**|286;3

उमहि **1**|30;2 69;1 72;3 74;4 97;1 120क 152

उमा **1**|0;4 10;1 35 40;4 47 65;4 67;1 68;1 68;2 71;2 73;4 74;1 75;3 82;1 95छ 97छ 100;3 101 102;1 102छ 103छ 105;4 107;3 111;3 114;3 117;2 120घ 120;4 141;4 148;2 315 322;4 **3**|0 23;4 33;2 39;1 39;3 **4**|2;3 11;4 12;1 18;3 22;1 **5**|3;5 34;2 41;4 **6**|35;4 40;3 43;1 45;2 61;9 66;1 81;1 94 102;2 111;11 112;3 117ख **7**|6;4 9;5 24;5 47 52;3 52;4 55 57;2 60 62;4 69ख 95;1 112ख 125;5 127 130;1

उमाकृत **1**|53;1

उमानाथ **7**|108;7

उमापति **6**|25;1 **7**|14ख

उमेस **1**|15;4

उयउ **1**|237;4 238;4 239;2 **7**|73;2

उर **1**|0;3 1;3 11 33;4 34 39;1 45 48ख 50;3 50;4 51 51;3 54;1 56;4 57;3 58;2 59;1 62;4 63;3 64;4 68;4 71;3 72;4 74;1 75;1 77;3 77;4 87;2 92;2 96;2 102;2 102;4 105;3 106;2 109;1 111;4 119;1 119;3 120;3 129;2 131;3 138;4 144;2 145;4 147;3 149;2 150;3 152;4 158;3 192छ3 199;3 209;1 217;3 219;3 226;4 232;4 233;4 234;4 235;1 236;2 242;4 245;2 246;2 248 249;3 254;4 258;3 259;2 259;3 264 264;4 268;4 270;3 280 282;2 290;3 300 305;4 307;3 308;1 308;2 308;3 308;4 312;1 317;3 320;2 323;2 324छ1 325छ4 327;3 334;4 335;4 336;1 337;3 338;3 338;4 340;2 351;3 352;4 353;1 353;2 354;3 358;2 359;1 359;4

2|1 2 13 13;1 14;2 19;1 22;1 37;2 39;2 40;4 44;2 49;1 50;1 51 52;1 54;1 55;1 57;4 63 64;2 66;4 69;4 72 72;3 76 77;1 78;2 89;2 104;1 106 106;4 111;1 114;4 115 124;1 127;2 131;2 131;3 131;4 134;4 141;4 143;2 145;2 149;1 149;3 153;3 154;2 164 176छ 182;3 187;1 189;3 193 194;3 202;1 206;3 211;2 216;4 240 242;1 242;3 243;2 245;3 246;4 255 257 261;2 262;3 263;4 266;3 282;4 286;2 286;3 287;3 299;2 299;3 316 **3**|3;3 10;11 11;10 11;11 11;4 12;5 19छ 19;7 20छ5 20छ3 20छ1 20छ2 21;1 29ख 32;5 34;4 37;5 41;5 42क

4|3;3 5;3 23;2 25 **5**|15;5 23;1 34;2 37;3 40;1 40;3 40;4 42;4 45;3 47;1 48;4 49;3 50;2 57;3 58;3 60;2 **6**|1;4 10;2 12क 12;3 12;4 12;5 14;3 16;1 17;2 18;1 19;4 21;4 22;1 25;2 25;3 29;4 38;5 41;2 44;1 53;1 54;4 56;1 59 59;2 60क 61;1 61;7 68;3 72;2 75;6 76;3 76;8 77;4 81छ2 83छ 83;4 86छ 89;1 90;1 91छ 94छ 94;4 98छ 98;4 98;8 99;1 99छ 99;6 99;7 100;3 101छ1 102;5 104;2 107;4 109;4 115;4 118क 121छ2 121;6 **7**|5;4 7;3 12छ2 18क 18ख 20;3 31 38;4 43;2 57;5 59;4 72;4 76 83;4 84;4 85;3 88;4 93;1 96;2 97;2 97;4 106ख 107क 109क 109;5 110;7 110;8 113;1 113;7 113;8 114;7 115;3 116;3 118;2 118;7 120;1 120;3 120;5 122;5 122;6 130छ2

उरग **3**|24;4 **5**|15;2 50;3 58;4 **6**|47;4 82छ **7**|58;3

उरगा **6**|92;1

उरगाद: **3**|11;5

उरगादा **7**|55;3 58;3

उरगारि **7**|115;6 119क

उरगारी **3**|17;3 **6**|34;7 **7**|73;1 75;3 79;4 95;1 97;4 105;1 120;7 121;9 123;1

उरन्हि **1**|243

उरभूषन **1**|327;3

उरमिला **1**|325छ2

उरालय **7**|34;4

उरिन **1**|275;4 276;1 **5**|32;4 **7**|2;7

उलटउँ **1**|270;2

उलटा **2**|194;4 **5**|24;2

उलटि **2**|218;1 **5**|26;4

उलटे **2**|119;1

उलीचा **2**|161;4

उलीचे **2**|283;2

उलूक **1**|255;1 **2**|281 **3**|44;4 **5**|47;2 **6**|78छ **7**|31;2 121;13

उलूकहि **5**|45;4

उल्टा **1**|19;3

उसास **2**|30 276;1

उसासा **2**|51;3 161;3 220;3

उसासु **2**|148;3

उसासू **2**|13;3

उहाँ **1**|201;4 **2**|226;2 **4**|26;2 **5**|36;1 **6**|32ख 48;2 56;1 61;1 84

ऊ

ऊँच **1**|6;3 **2**|12;3 274;2 298;3 323;2

ऊँचि **1**|8;4 224;3

ऊँचें **2**|237;1

ऊँट **1**|300;3 **3**|38;3

ऊखमय **1**|275

ऊतरु **2**|13;3 38;3 146;3 177;4 296

ऊना **2**|21;2 **4**|3;4 **5**|14;5

ऊपर **4**|28;6 **5**|1;3 30;1 **6**|4 41 43;3 53 58;4 65;2 81;4 114;3 **7**|27;4 121;1

ऊमरि **3**|13;3

ऊषर **4**|15;5

ऊसर **5**|58;2

ओ

ओऊ **1**|195;1 **6**|109;2 **7**|47;2

ओघ **1**|16;2 **2**|249;2

ओट **1**|232;2 **2**|36;3 45;1 162;4 **3**|10;7 39क **4**|8;4 **5**|9;3 **6**|4;4

ओटा **1**|280;4 **2**|239;1

ओठ **6**|41;3

ओड़न **2**|191;3

ओड़िअहिं **2**|306;4

ओढ़न **7**|40;1

ओदन **1**|203

ओधे **2**|323;1

ओर **1**|5;1 **2**|24;3 152;3 233 251 298 314;2 **3**|12 **6**|101;3

ओरा **1**|230;2 272;2 297;4 301;1 **2**|73;3 115;3 236;4 240;2 261;4 281;3 300;1 **4**|9;2 22;3 **5**|9;3 **7**|19;1 31;3 104;3

ओरे **2**|147;4

ओस **2**|204;1

ओहार **1**|348;4

ओही **1**|132;3 **2**|17;1 18;4 **3**|2;3 **4**|17;3 26;3 28;3 **6**|50;2 75;4 99;3

ओहू **6**|61;3

औ

औतेहु **1**|282;2

और **1**|169;2 **2**|77

औरउ **1**|30;4 37;8 111;2 196;2 **2**|78;3 **7**|45 109;8 116ख

औरु **2**|77 127;1 257;2

औषध **1**|171;2 **2**|6;1 **6**|58;4

औषधी **6**|55

औषधु **2**|212;1

ए

ए **1**|216;4 221;2 222;2 222;4 223;1 246;2 256;1 326छ3 **2**|119 119;3 119;4 120;1 121;3 122;4 237;3 **3**|17;8 37;3 **4**|4;4 7;9 9;4 **5**|55;1 **6**|32;5 111;9 **7**|8;5 14;5 31;3 31;4 38;4 115;8 121क

एइ **1**|311छ 320;2

एक **1**|5;2 5;3 8 9 9;6 13;2 15;1 23;2 24;2 45;2 45;4 46;4 48;1 54;4 63;1 68;1 69;1 83;2 98;4 106;2 114;4 117;3 122;1 122;2 122;4 123;1 123;2 123;3 124;2 124;3 125;1 128;2 139 145;1 149;2 151;2 153;1 154;4 156;2 158;1 165;1 167;1 169;2 178;3 179;4 181;1 181;4 184;3 185;2 189;1 195;4 196;2 201;1 208;2 210;5 210;6 214;3 222;1 228;4 229;2 234;1 234;3 244 245;4 265;4 271;1 285;3 292;2 301;4 303 311;3 321;2 325छ1 325छ4 325;5 342;2 **2**|2;1 4;2

2|10;3 23 29;1 35;3 42;3 48;1 48;2 48;3 48;4 49;1 72;3 83;3 86;2 89;2 101;2 110;4 114 114;3 114;4 115;1 120;1 120;4 122;2 129 133;4 158;2 188 191;1 191;3 202;3

227;1 229;2 236;2 244;2 255;3 256;1 268;4 269;4 306;2 309;4 315

3|1;2 5;5 10;4 14;3 15;3 17;2 19;5 20छ4 22;4 29;1 29;10 35;2 38;6 42;1 42;4 **4**|5;2 6;3 16;5 18;1 22;2 24 24;3 26;4 28;3 **5**|1;3 3;1 3छ2 3छ3 3;4 4 4;1 4;2 5;4 8;4 9;3

5|18;2 19;3 19;4 26;3 31;3 38;4 51;2 56;1 **6**|1;4 4;3 9;1 11;1 19;1 23;3 23च 24 24;7 24;8 33क 36

6|46 51;1 52;4 53;1 54;2 56;1 61;7 61;9 63 70;5 73;6 81;2 83छ 84;1 85;1 88;1 88;2 90छ 93;2 96 96;4 97;2 97;3 98;3 101;2 103;1 **7**|0क 1;5 3;4 22;1 23;1 32;1 34;1 37;1 43;1 45 45;4 48;1 49 54;1 56;4 75ख 78;2 78;4 80ख 80;2 87;1 96ख 99;3 103ख 103;3 103;4 105;2 106;1 106क 109;8 110;1 110;7 113ख 115;4 121क 126;4 130छ3

एकइ **2**|182;3 **3**|5;5

एकउ **1**|8;3 **2**|253;4 **3**|15;4 36;3 **4**|17;1 **5**|12;4 57;3 **7**|123;3

एकऊ **1**|10;4

एक एक **1**|155 180 329;2 329;3 **2**|48;3 222;1 302;4 **4**|24;1 **6**|18;4 44 65;3 81;2 92छ 94;3 **7**|56;5 80ख 100;2

एकछत्र **1**|164

एकटक **1**|148;3 244;2 349;4 **2**|115;3 195;3 303 **5**|45;2 **7**|17;1 33;2

एकतनु **1**|162 162;4

एकतीस **6**|102

एकतीसा **1**|34;2

एकनयन **3**|2;7

एकनारि **7**|22;4

एकन्ह **2**|114;3 **5**|3छ2 **6**|4;3 81;2 97;2 **7**|3;4

एकरस **1**|42;4 341;4 **2**|219;3 **3**|39ख **6**|110;3 **7**|30;5 78;3

एकरूप **4**|8;3

एकरूपा **1**|311;4

एकहिं **1**|166;4 209;3 **2**|16;1 178;4 183;1 191;1 **4**|6 27;2 **6**|82;1 101छ1

एकहि **1**|251;1 **2**|20 32;2 83;3 86;2 221;2 261;4 **3**|20छ3 **6**|46 54;2 66 94छ 95;3

एकहीं **6**|13क

एकहु **6**|60;2

एकांत **1**|71;1 169

एका **1**|15;1 54;4 122;1 292;2 **3**|42;4 44;2 **5**|11;1 **6**|96;1 **7**|49;2 80;2 82;1

एकाकिन्ह **1**|79

एकाकी **2**|228;2

एकु **1**|20 23;2 23;3 279;2 282;4 **2**|3;4 192;3 267;4 308;1 **4**|2 **5**|15;3 **6**|41 94छ 95;3 97;1

एकू **1**|27;4 **2**|10;4 253;1 255;1

एतना **2**|192;2 229;3 **4**|30;6 **5**|57;4 **6**|65;2 **7**|78;1

एतनिअ **2**|1;3

एतनेइ **2**|157;2एतनेहि **5**|15;4

एतनोई **2**|316;1

एतादृस **2**|98;3

एतेहूं **2**|165;4

एतेहु **1**|12;4

एवमस्तु **1**|150;1 151;4 165 177;3 **3**|12;1 42ख **5**|34;1 49;4 **7**|85;1 109;1 109क 114;3

एहा **1**|80;3 124;2 137;3 **3**|23;3 29;7 **4**|7;3 **7**|69;3 96;1 122;7 130;1

एहिं **1**|35;4 38;3 39;4 43;4 57;1 169;2 177;4 222;4 223;1 249;3 283;2 310;4 311छ **2**|47;3 73;4 93;2 100;4 196;4 200;2 211;1 222;2 256;4 287;2 293;3 324 **3**|12;1 **5**|26;2 43;1 60;3 **6**|11क 42;3 86;3 **7**|22;2 70क 95;4 96;2 109;2 114;5 129;2 130;3

एहि **1**|10;1 10;4 14;1 15;5 23 29ग 34;1 35;4 36 38;1 38;2 45;1 49;2 60;1 67 67;2 67;3 70;2 70;3 76;2 82 83;4 103;3 118;1 123;2 130 131 131;2 132;1 133;1 139 140;1 144 169;1 182;2 190;3 195;2 197;1 200;1 200;4 211छ4 214 224 234;3 236छ 242;4 247 271;4 275;4 279;4 304;2 312;1 312;2 313;3 315;2 317छ 319;4 323छ2 323;4 326छ2 329;4 331;4 332;3 334;1 335;4 338;2 348 350क 359

2|7 30;1 47;1 47;3 51;2 52 61;3 81;1 81;4 82;3 86;4 101;4 102;1 106;3 112 118;1 120 122 132;1 137;2 142;2 147;1 148;3 153;1 156;4 157 158;2 159;3 169;3 170;3 176;2 177 180;3 197 197;2 202;4 211;1 212;1 220;3 224;4 240;2 243;4 260;2 262;3

273;2 273;4 274;1 275;3 280 280;1 281;1 291 312;1 **3**|8;4 16;4 17;1 27;2 27;7 29;13 30;8 38;6 **4**|4;3 4;4 7;11 19;4 21 27;1 **5**|3छ3 3;2 6;2 8;1 11;3 28;1 29;1 35 43;1 60;2

6|9;1 11क 16क 16;3 20;4 24;2 33;1 34;7 49;2 52;3 67;3 72;5 76;7 80ख 80;5 85छ 99छ 99;7 101;6 **7**|2;7 6;4 14;7 30 42;2 44;1 46;2 48 80ख 87;3 92छ 108घ 109;1 109घ 109;2 109;4 112;5 112;6 117क 122;1 122;3 122;4 129;2 130;2

एहीं **1**|61;3 **2**|114;3 **6**|87;1

एही **3**|27;3 **5**|1;4 **6**|86;3

एहु **2**|207

एहूँ **1**|206;4

एहू **1**|9;2 27; 59;4 104;3 168;4 222;3 280;3 **2**|40;3 75;2 93;3 107;4 178;4 197;4 208;4 224;2 289;4 296;3 310;2

ऐ

ऐक **2**|120;3 276;2

ऐन **2**|116 136 174

ऐसा **5**|26;3

ऐसि **6**|66;1

ऐसिअ **7**|55

ऐसिउ **2**|27;3 **6**|88;2

ऐसें **2**|100;1

ऐसे **1**|180 **2**|89;1 111;4 **3**|36 41;4 **6**|9;4 **7**|40 74ख 84;3

ऐसेइ **1**|47;4 89;3 165;1 223;4 **5**|55;4

ऐसेउ **1**|144;4 **2**|67

ऐसेहिं **1**|239;2 **5**|51;3 **7**|79;1

ऐसेहूं **6**|99;5

ऐसेहु **2**|42;1 **3**|5;5

ऐहउँ **2**|46;2

ऐहहिं **2**|31;4 **3**|8;1

ऐहहु **1**|52;1

क

कूंगूरन्हि **6**|40 41;1

कूंगूरा **7**|27;2

कंक **3**|20छ7 **6**|88;1

कंकन **1**|92;1 230;1 318;2 322छ 360;1

कंचन **1**|12;2 96;2 224;2 **3**|37;3 **6**|44;3 **7**|9;1 9;3

कंज **1**|0;5 20;4 86छ 199;1 221;3 **3**|4;2 **4**|24 **5**|29 47 **6**|18 35क 56;3 80ख 106 113;6 115;3 **7**|13;4 29छ 30;2 38 51;1 77;3

कंजा **1**|148;4 186छ4 **7**|126;1

कंजारुन **5**|45;2

कंजु **1**|14घ

कंटक **2**|62;3 311;3 **7**|13;4

कंठ **1**|72;4 92;2 199;4 279;4 316;1 **4**|8;4 10 20;3 **5**|10;2 **6**|20;4

कंठगत **2**|154;1

कंठा **1**|243

कंठु **2**|35;1

कंठे **7**|108;3

कंडु **7**|121;17

कंत **1**|71;2 **5**|36;3 36;4 37;3 **6**|14;4 36;1 37;3

कंता **1**|186छ1

कंद **1**|194 209 **2**|62 66;2 87 89 107;1 120;1 124;2 125;2 135;1 140;3 193;1 201;2 212 213;3 248;3 250;1 279;4 280;4 **3**|23

कंद **3**|32छ4 34 **4**|13;1 **5**|1;1 **6**|103छ1

कंदर **2**|62;4 136;3 **3**|18;6 **6**|73;3 96;4

कंदरन्हि **1**|84छ

कंदराँ **4**|27;1

कंदरा 6|19;3 75;1

कंदा 1|144;1 3|9;2 6|4;2

कंदु 1|321छ

कंदुक 1|253;2 6|2;1 27;3

कंध 1|243 268;4 5|45;3 7|13;5 77;1

कंधर 1|147;4 219;3

कंप 1|55;3 201;3 208;1 2|70;1 6|14;1 91छ

कंपति 6|5 91छ 102;5

कंपहिं 5|37;2

कंपहि 1|293;2

कंपित 1|95;3 6|7 95;2 7|107क

कंपेउ 1|87;3

कंबल 1|326;2

कंबु 1|199;4 233;4 243;4

कइ 1|297 2|19;4 23;1 52;4 112;1 131;1 167 217;2 272;1 3|36;5 37;2 4|22;2 28;5 5|2;2 21;2 22;3 36;4 41;4 59;1 6|3;5

कई 1|326छ3

कच 1|199;5 233;2 243;3 3|29;10 6|15;1 52;2 76;2 102छ 104;2 7|77;3 102;1

कच्छपु 1|247;4

कछु 1|5;2 6;1 31;1 31;2 48;3 49 53;1 54;2 55;3 55;4 56 56;1 58 58;2 59;2 59;3 61;3 63;2 65;2 67;3 69;3 72;4 74;3 86;3 89;1 99;2 102;4 109;3 112 115;3 116;1 121;2 126;4 127;1 131;4 132 137;1 149;4 151 151;1 152;4 156;1 159;4 163;1 163;2 168;1 170;4 173 174;3 183;1 184;4 188;1 189;4 208;2 232;4 237;3 244;4 250;4 253;2 254;4 255;4 256;3 258;1 259;3 266;3 270 273;2 273;3 274;4 277;1 277;2 277;3 279;2 281 301;1 306;4 307;1 312;2 314;4 319;4 325;1 326;1 342;2 343;2 361;4

2|1;3 2;3 16;1 19;3 20;1 23;4 26;3 29;3 30;4 32;1 32;2 35 36 36;4 39;1 40;4 42;4 43;1 43;2 44;3 45;1 45;3 50 50;3 52;3 53;1 54;2 58;2 61;1 65;3 69;3 70;2 74;2 75;2 79;4 82;4 92 96;2 98 99;2 99;4 100;2 100;4 102 102;1 102;4 106;4 116;3 122;1 126;3 131 140 141;4 149;1 152 152;4 158 158;1 161 162 163;1 165 180;4 181;4 189;2 206;4 227;4 233 260;1 265;1 271;2 271;3 3|5;2 8;3 13;1 17;5 17;7 24;1 24;3 27;1 30;2 31;5 42;3

4|3;2 5;1 6;1 7;12 9;4 12 20;4 21;1 22;2 26;1 26;3 30;1 5|3छ3 3;5 7;2 15;3 18 18;1 18;3 20;3 22;3 24;4 27;1 31;1 33 44;3 48;3 49;3 6|1;3 1;4 4;1 14;1 23ख 24;3 24;4 24;5 31;1 32;3 36;4 47 48;3 53;1 83;4 84 94;2 96;4 101क 109;2 109;3 118ग 7|2;7 12ग 17;1 17;2 22;1 25;1 29;4 36 36;3 36;4 43;2 43;3 48;2 57 58;4 62;5 66;3 70;3 74;2 78;2 82;1 88;3 89;1 91;1 95;4 97;2 99ख 103;4 104;2 105;1 106ख 109ख 109;8 110;4 112;5 112;8 113;1 114;1 114;2 115;5 115;7 116;1 116;4 120;2 122;2 123ख 125ख 130;2

कछुक 1|131;3 190;4 197;1 203;1 210;4 224;3 268;3 277;3 305 2|16;4 85;3 90;1 160;1 247;1 3|13;3 17;1 4|28 5|16;2 6|108 7|40 52;4 97ख 111;1 113;5 122;1

कछू 1|184छ 5|33;5

कज्जल 3|18;2 6|69;4 78;4

कज्जलगिरि 6|19;2 95;4

कटक 3|22;6 4|22;1 5|52;2 55;2 6|23;1 23ख 44;4 51;1 79;3 81छ1 96;1 7|71क

कटकई 1|154;3 2|46

कटकटहिं 3|20छ7 20छ1 5|35छ1 6|101;8

कटकटाइ 5|19;2 6|46;3 65;2 100;6

कटकटान 6|32;2

कटकटाहिं 6|41;3

कटकहि 6|72

कटकाई 1|179;2 2|189;2 5|37;2 53;3 54;3 6|67;4

कटकु 1|25;2 84;4 210;3 2|192;1 202 3|18;4 18;6 37ख 5|20;1 35;4 59 59;4 6|0ख 4;5 39;2 48;2 74;2 79;1

कटक्कट 6|88;5

कटत 3|20छ6 6|49छ 92;6

कटन 3|20छ4 6|68;2

कटहिं 6|68;3

कटाच्छ 1|331

कटाच्छु 7|24

कटाह 7|80ख 94;4

कटि 1|147;4 199;2 209;1 219;2 233 244;1 268;4 298;4 327;2 2|90;2 230;1 239;3 251;3

3|11;2 18छ 27;4 28;1 **5**|47;1 **6**|11;4 68;1 75;6 82 86छ **7**|76;4

कटितट **6**|86;5

कटिन्ह **2**|115;4

कटिहउँ **5**|10;1

कटु **1**|113;2 276;3 281;1 **2**|20;1 30;4 35;2 41;1 96;2 157;3 247;3 **6**|24;2 31;4 33ख 99;4 **7**|13;5

कटुक **2**|311;3

कटुबादी **1**|275;2

कटेहूं **6**|98;1 99;3

कठवता **2**|101;3

कठिन **1**|32;5 38;4 63;4 68;3 74;3 129;4 165;1 235;1 268 **2**|31;2 34;2 40 60;1 62;2 69;3 91 99;4 121;1 179 199 201छ 212;2 213;1 226;4 231;3 262;3 282;2 293;4 324;2 326;3 **3**|6ख 13;4 18छ 18;7 20छ7 27;7 **4**|1;4 30;3 **5**|10;1 21;4 53;3 54;4 **6**|22;2 23घ 50;2 68;4 80;4 86;5 90;4 **7**|45;2 74;4 97;4 118ख

कठिनई **7**|117;2

कठिनता **2**|41;1

कठिनाई **1**|38;3 167;1 **2**|37;2 100;3 176;3 179;4 267;2 303;2 306;3 **6**|25;3 43;2

कठोर **1**|113;4 250;1 261छ **2**|35;2 47;2 67 160;4 179 247;3 311;3 318;1 **3**|19छ **5**|35छ2 **6**|22;2 30;2 61;7 83 94छ 96;3 97छ **7**|19ग

कठोरपनु **2**|41;2

कठोरा **1**|9;1 208;3 223;1 250;2 258;2 261;4 270;2 275;1 357;2 **2**|31;2 59;3 73;3 152;4 203;4 281;3 297;3 306;4 **4**|9;2 **6**|10;2 13;1 87;2 **7**|39;4

कठोरि **7**|102;1

कठोरी **2**|22;2

कठोरु **2**|153

कठोरू **2**|27;2

कठोरें **1**|275;4

कठोरे **2**|294;1 **6**|9;5

कड़हारू **1**|260;4

कढ़ाइ **7**|121;9

कढ़ावउँ **2**|14;4

कढ़ावन **2**|181;2

कत **1**|97;4 102;3 246;3 272;2 334;4 **2**|14;1 77;2 119;4 164;2 180;4 189;2 201;4 **4**|7;2 **6**|60;2

कतहूं **1**|63;2 76;1 153 179;2 182;5 183;4 202;4 280;4 281;3 297;3 311छ 314;4 320;2 **2**|65;3 86;1 133;1 157;1 298;4 302;1 302;4 312;3 **4**|15;2 18;2 24;1 **6**|47;2 80;6

कतहूंराम **1**|76;1

कतहूँ **1**|310;2

कति **6**|1;1

कथइ **1**|162;3

कथन **1**|41

कथनीया **1**|242;3

कथहिं **1**|274

कथहि **1**|15;5

कथाँ **7**|42

कथा **1**|2;5 9;3 10छ 10;5 12;3 12;4 12;5 14;1 15;4 30;1 30क 30ख 31;2 33 33;1 33;2 33;3 33;4 34;1 34;2 35;3 35;7 37;8 38;2 40;3 41;1 43क 47;1 47;3 48;2 51;4 58;3 60;3 82;1 88;2 98;3 104;1 107;2 107;3 108;1 110;2 112;4 113;1 114;2 120ख 120घ 124;2 127;4 132;3 140;2 141 141;1 153;1 163;2 164;2 166;1 169 171;1 192छ3 206;1 210;4 210;6 212;1 226;1 237;3 244;3 293 295;1 296;2 361;1

2|18 22;2 61;4 73;3 87;3 110;3 122;4 125;4 128;2 141;1 141;4 143;2 155;2 167;2 171;3 237 263;2 278;2 288;2

3|5ख 23;4 25;1 28;6 35;4 36छ 36;7 37;1 41;2

4|2;2 4 4;3 13;4 20;5 25;2 26;6 27;1 27;5 28;1 **5**|3छ3 6 6;3 8;2 13;3 13;4 13;6 27;3 33;2 57;5

6|1;3 29;4 62;5 72;3 78;1 99;1

7|14;6 15;1 15;3 32;4 40;3 42;3 46;2 52;1 52ख 52;3 52;4 53;2 53;3 53;4 55;2 56;1 57;4 58;1 61 61;4 62;2 63;3 64;2 64;5 67;2 67;4 68;4 69ख 69;3 74;1 95;2 113;5 114;8 120क 120;7 123;3 126 126;2 128 128;1 128;3 129;1 129;3 129;4

कथाप्रसंगु **1**|98;1

कथाप्रसंगू **2**|222;4

क

कदंब **1**|344;4 **3**|40;3

कदंबा **2**|82;3

कदराइ **2**|191;1

कदराईं **2**|72;1

कदराई **1**|12;5 260;3 **3**|19;7 **4**|29;2 **5**|15;5

कदराहू **2**|70;4 176;2

कदरी **5**|58

कदलि **1**|287;4 344;4 **3**|30;7 38;1

कदली **2**|20;1

कद्रूँ **2**|19

कदाचि **4**|7

कदाचित **7**|117;4

कन **1**|258;3 **2**|48 67;2 115 204;1 **6**|103छ2

कनक **1**|178क 178;3 194;2 219;4 278;4 287;4 288;1 296;4 305;1 315;4 323छ1 324;3 326;1 328;4 331;3 333;4 338;1 346 356;1 **2**|11;3 163 199;2 317;4 **3**|10;12 27;1 30;7 **4**|30;4 **5**|3छ1 3;6 16;4 25;5 58;4 **6**|99;4 109छ2 **7**|7;2 27छ 76;1

कनकउ **1**|80;3

कनककसिपु **1**|27; 79;1 122;3

कनकभाजन **1**|101;4

कनकमय **7**|56;4

कनकलोचन **2**|297;2

कनकहिं **2**|205;3

कनकु **2**|283;3

कनी **6**|71छ 83छ

कन्या **1**|71;2 81;2 101;1 131;2 325छ2 **2**|138;2 **4**|9;4 **5**|3छ2

कन्यादानु **1**|324छ3

कपट **1**|12;1 14;3 27; 32क 49;2 57ख 136 136;4 158;1 160 160;3 163;4 165 168;1 170;2 211 289 318;4 321;4 **2**|14;3 15 16 18 18;2 20;2 22;1 23;3 27;3 27;4 36 43;1 63;1 130;1 159 162;2 189;2 228;4 302;1 **3**|19;7 25;1 29ख 33 35 **5**|42;4 44;3 48;2 51 **6**|57;2 64 73;6 96छ 99;4 101;6 **7**|21;4 40;4 71क 87क 100;1 101क 104;4 105;3 106;8 121;18 129;3

कपटमृग **3**|27;1

कपटि **1**|172;4

कपटी **1**|79;2 115;1 135 255;1 **2**|168;1 196;1 **4**|7;5 **7**|1;6 39;3

कपटु **1**|53;2 57क **2**|26;3 302;2 **5**|3;2 **6**|76;8 **7**|45;4

कपाट **1**|232;4 **2**|316;4 **5**|30 **7**|27छ 118;6

कपाटा **1**|214;1

कपाटी **2**|145;2

कपारु **2**|16;1

कपारू **2**|163;3

कपाल **1**|93छ 95छ 95;4 **3**|20छ1 **6**|88;4 101;2

कपाला **6**|29;1

कपाली **1**|79;3

कपास **7**|117ग

कपासू **1**|2;3

कपिंदा **5**|35;2 **6**|32;1

कपि **1**|25;2 28क 29क 137;4 **2**|60;2 138;1 **4**|1;3 3;4 4;4 7;11 19;4 20 21;2 22;2 26;1 26;4 26;5 27;3 28;1 30छ 30;6

5|2;4 2;5 3 3;2 3;5 4;1 4;2 4;4 5;4 6;1 6;2 7;4 12 13 14 14;2 14;4 15;5 16;3 16;4 17 17;1 18;2 18;3 19 19;2 19;3 20;1 20;3 20;4 22;1 22;2 24 24;1 24;3 25 25;2 25;3 25;5 26;2 27 27;4 28 29;1 29;4 32;3 33;1 33;2 33;3 34;1 35 35;1 35;5 36;1 44 50 50;1 51 52;2 52;3 54;3 55 55;1 55;2 59 60;1

6|1;2 1;4 1;5 2;1 4 4;5 5;1 5;2 8;5 9;1 18;4 19;4 22क 22;2 22;3 23क 23;3 23;4 23च 24;3 24;4 25 26 28;4 31;4 32क 32;4 33;1 34क 34ख 34;4 35;1 35क 35;5 35;6 36;2 39 39;2 39;3 39;5 41 41छ 41;4 42 43 43;1 44;2 45;4 46;3 47;4 48;1 49;4 50 50;4 52 52;3 52;4 53;2 53;3 57 57;4 58;1 58;2 58;4 59;1 59;4 60;1 60;2 60;4 61;1 62;2 65 65;3 66 66;5 67;1 67;2 67;4 69;4 70;1 71छ 71;4 72 72;1 72;5 73;3 75;3 76;2 78;2 80ग 81छ1 81;2 82छ 82;3 82;4 83;1 84;1 84;2 84;3 85 85छ 85;3 87;1 87;3 88 89;3 95 95छ 95;2 95;3 96;1 97;2 98 98;5 98;6 101छ2 106 106;2 106;3 106;4 107छ 107;3 107;4 108;7 109ख 114;1 114;3 114;4 117;4 118क 118ख 118;4

7|2ख 2छ 2;4 2;6 2;8 4;4 15 19;3 19;5 36;4 66ख 67क 67;2 67;3

कपिकुंजर 6|32;2 47;1

कपिकुंजरहि 6|19;2

कपिकुल 6|70;2

कपिजूथा 6|42;1

कपिदल 6|46 100;5

कपिन्ह 3|29;13 4|27;5 5|16;2 28;1 28;2 29;3 29;4 34;4 43;1 52;1 54;2 54;4 6|3;5 5;2 27;2 41;2 48;2 49;5 62;5 65;2 76;1 79;6 79;7 85छ 85;3 89;3 89;4 96छ 96;2 98;1 98;2 116;3 117क 118;1 120ख 7|4;1 14ख 67;1 68;2

कपिपति 1|18;1 4|4;1 5|34 6|118ख 7|67;1

कपिपतिहि 5|34;3

कपिपोत 6|21;1

कपिबृंदा 5|34;3

कपिराइ 5|5

कपिराई 4|26;2

कपिराऊ 4|12;2

कपिराज 6|65

कपिल 1|142;3

कपिलहि 7|39;1

कपिला 3|29;4

कपिलीला 6|44;3

कपिहिं 5|20;2

कपिहि 5|12;6 19;1 20 32;4 6|32ख 59 83 7|66ख

कपीस 4|20;1 20;3 5|43;2 43;3 50;3 52;1 6|2;3 11;3 39 39;2 101;5 106;1 7|4;1 8;1

कपीसा 4|7;7 5|29;2 44;3 6|39;4 59;4 93;4

कपूत 1|266;1 4|15क

कपोत 3|30;5

कपोल 1|147;1 243;2 7|77;2

कपोला 1|199;5 233;3

कु 7|121;15

कबंध 3|33;3 6|36 7|66;4

कब 1|59;1 2|11;3 68;4

कबहिं 1|300 2|52;4 68

कबहूं 1|5;1 70;1 79 151;2 198;4 200;4 271;4 276;4 2|14;4 27 48 49;4 82;3 124;1 131 209 231 260;4 299;2 3|4 11;12 27;6 42;2 4|15क 15ख 27;2 5|7;1 9;4 14;3 22;5 6|21;2 34;3 52;2 53;4 76;6 7|2छ 2;8 25;1 44;2 49 49;3 57;2 62;4 72;4 90;1 91;3 96;3 112;1 112;3 113;7

कबहूंक 1|200;4 222;4 3|10;6 27;6 4|10छ1 15ख 5|14;3 6|53;4 76;6 7|44;3

कबहूँ 1|49;4 127;4 202 2|209;1 260;3 7|38;4 88;1 128;3

कबारू 2|100;4

कबि 1|3;6 9;4 11;3 12;5 14;1 14ग 14;3 14;4 36;1 39;5 43क 100;3 105;3 230;4 242;4 247 289;2 297 311छ 320;1 323छ2 361छ 2|12;4 47;4 58;3 110;4 167;4 233;1 241;2 245;3 252;4 288;3 304;1 318;1 320;1 3|26;2 45;4 6|101छ2 7|33 60;2 70क 96;2 101;5 106;7 124;3 127;2 130;4

कबिकुल 1|361;4 2|241;1 288 303;4

कबित 1|9;2 9;5 9;6 10;4 11;2 11;5 14क 37;4

कबिता 1|10छ 39;6

कबिन 1|8;6

कबिन्ह 1|14;2 124;2 7|125;4

कबिहि 2|225 241;2

कबी 6|111;2

कबुली 2|22;1

कमंडल 6|57;4

कमठ 1|20;4 260;1 357;2 2|7;4 139;4 5|35छ2 6|86छ 87छ 91छ 104;3 110;4 7|122;8

कमनीय 1|251 310 322

कमनीया 1|247;2

कमल 1|7ग 16;3 17;5 18;4 37;3 68;3 98;4 100छ 104;3 119 149;1 177 188 199;1 211छ3 219;1 226;3 232;1 236;1 239;1 244;2 252 253;4 268;1 319छ 327;1 327;4 328;3 346 352;4 2|9;2 17;4 38;4 57 66;2 86 97 100छ 121;1 122 125;3 176 242;2 253 263;1 274 277;1 301;3 308;4 312;4 3|7;1 12;5 16 30;2 30;6 4|17;1 25;4 5|8 36;5 47;3 6|6 11;3 46;1 59;3 98;4 99;3 7|4;1 7;2 9;4 25;1 49 113;8

कमलनि 2|115;4 239;4

कमलन्हि 6|22ख 98छ

कमलापति 1|136;1

कमलासन **1**|58;4

कमान **2**|41;1

कर **1**|0;5 3क 14छ 32ख 32;5 34;1 35;3 38 43ख 43;4 46;1 46;4 49;1 52 54;1 56;4 59;4 63;2 67;2 67;3 69;3 75;3 76;2 76;4 78; 79;1 80 81;3 84छ 84;2 87 87छ 89;2 90;4 91;1 92;3 93छ 93;4 95छ 95;4 97;1 98 98;4 99 101छ 101;3 103;1 103छ 104;3 106;3 109 109;3 109;4 113;1 113;2 114;1 115 115;4 117 117;3 118;3 120;1 121 124;2 129;3 134 147;1 147;4 148;4 150;2 152 156;2 158;2 161क 162;4 173;2 180;3 181;4 182;1 182;2 183;1 185 189;3 190;1 192छ2 195 197;1 197;4 199 200 200;2 202 202;2 204;1 211छ1 221;4 222 228 231;3 233;4 234;1 235;2 242;1 243;3 244;1 249 249;2 251;2 253 256 256;2 259;1 260;2 260;3 261छ 264;1 264;3 268;4 270;4 275;1 277 281;1 281;3 281;4 284;4 286;2 287 290;3 292;2 298;4 303;4 307;1 311;2 313 313;1 313;3 315;1 321;1 323;4 324;3 326छ1 326छ2 326;4 327;3 330;3 335;1 335;3 336छ 337;2 340;4 342;3

2|2;3 5 5;3 9;2 14;1 25 29;1 29;2 31 36;4 47;2 48;3 48;4 50;1 56 57;3 63;1 64;3 68;2 70 70;3 71;3 75;2 76;3 80;3 82;1 86;1 92;2 94;3 95 96;1 97;2 103;1 103;3 104;2 112;1 115;4 118;1 121 125;3 129;2 131;1 132;4 135;4 138;3 144 153;4 156 166;1 175 175;4 176 179;3 180;3 182;1 182;3 185;3 195;2 195;3 197;3 198;1 198;3 204;3 210;2 210;3 211;2 211;3 211;4 212;1 212;2 213;1 216;2 218;3 223 230;1 230;2 230;4 234;4 239;3 239;4 242;2 245;3 247;2 253;3 254 255;2 258;2 259;3 262;2 276;1 277;4 282 283;2 284;2 289;2 290;3 291;4 292 295;3 297;3 **2**|305;2 306 313;3 314;3 316;4 323;2 323;3

3|1;2 2 2;3 4 5;5 6;4 10;1 13;8 15;2 16;4 17 17;7 20छ5 20छ2 22;3 22;6 26छ 27;2 27;8 28;1 29;5 29;6 29;7 30 30;2 30;9 31;3 32 33 35;2 35;4 37;2 40;4 41;4 **4**|0क 4;2 4;4 7;14 7;3 8 8;3 11;1 15;3 18;4 19;3 21;1 23 23;2 23;3 29;2 29;3 30;1 30क 30;4

5|1 1;4 3;6 4;3 4;4 6;1 10;2 11 12 12;1 13;2 13;3 14 15;3 17;3 17;5 19;1 20;4 22;3 22;4 24;3 26 26;3 26;4 28;2 29;1 33;1 33;2 34;3 36;3 37 37;1 37;3 39;1 40;2 41;2 42;1 44;2 45;4 46;4 49;4 51;2 52;4 53;3 53;4 56;3 56;5 57;1 57;3

6|0ग 5;5 6;2 8 11;3 11;4 12;4 12;5 14 14;4 16;2 18;2 19;1 20;2 21;1 21;2 21;3 22ख 23घ 23च 25 27;1 29;1 29;5 30;4 31ख 32क 34ख 40;4 42;5 44;2 44;3 45 52;3 54;3 56 56;4 58;1 60;4 61;5 68;1 73;6 74;3 75;4 76;3 77;4 78;2 81छ2 82;1 86छ 86;5 92छ 93 93छ 94;2 97 98छ 98;5 99छ 99;6 100छ 101;1 102;2 102;3 109;2 110 112 114क 115;1 121छ1 121;3

7|0क 2;5 5छ2 6ख 11;2 15;1 17;1 17ख 17;2 19क 19ग 19;2 20;4 22 22;3 24;3 24;4 25 26 31;3 33 33;2 33;3 37;2 39;1 39;3 41;1 43;4 44;1 44;3 45 45;3 46 48;2 48;3 49;2 57;3 57;4 58 58;2 59;3 60;2 62क 63;4 64;4 65;1 66क 66;3 67ख 68;2 70;4 71;1 71;4 72;4 74ख 74;3 77;2 79क 79;2 79;3 83;2 83;4 85;4 88;4 90;3 93क 95;3 95;4 98ख 98;3 100;1 102क 103क 103;4 104;2 105क 106;1 106;4 106;6 106;7 107ख 109;1 109;7 110;1 111;7 111;8 112;1 113;4 113;6 113;8 116क 116ख 118;2 120;10 120;8 120;9 121;15 121;3 121;6 122;7 126;4 127;1 130छ3

करइ **1**|4 10क 36;1 36;3 57;3 113;3 118;3 129;1 130;3 155;2 155;3 156;1 163;3 180;2 182क 202 222;1 231 261;1 **2**|13;2 17;4 51;2 63 77;4 172 186;3 189;1 204;4 218;1 219;2 252;1 **3**|2;4 10;6 35 43;4 **4**|15;2 20;4 29;1 **5**|9;1 9;4 41;4 **6**|10 23च 24;1 43;2 54;2 69 75;2 76;6 85;1 **7**|31 45;4 46;2 60;2 72ख 103ख 105;2 111क 118;3 119ख 122ख

करई **1**|39;3 168;3 230;4 **2**|22;4 218;3 241;2 **3**|5;8 **4**|7;3 **6**|35;4 72;2 99;3 **7**|24;3 50;4 57;3 59;3 117;4 121;9 127;3

करउँ **1**|2;2 8 8;1 8;2 14ख 14;2 16;4 28;1 31;2 34;2 56;4 59;4 109 119;1 160;2 **2**|45;3 55;2 56 96;1 189;3 230;3 253;3 256;4 **3**|9 16 42;2 42;3 43;3 **4**|19 **5**|9;3 22;4 39क 48;2 **6**|24;2 90;4 **7**|37;1 75;3 82;4 105;1 105क 106;4 110;2 111क 114;6

करउ **1**|0;1 ;3 ;4 39;4 59 186छ1 186छ3 **3**|11;10 **7**|128

करऊँ **1**|252;3 **3**|23;2 **4**|27;2 **6**|30;4

करके **2**|54;1

करगत **1**|45;4

करज **7**|77;1

करत **1**|12;5 29;3 34;1 46;3 49;1 54;4 138 185 193;2 196;1 201;2 203 203;2 203;3

205 206 207;4 226;2 231 231;1 277;1 308;2 321 326छ4 331;2 343;2 **2**|7;1 23;4 24;2 31 51;2 86;4 87 93 106;4 112;1 139 144;3 147;1 163;2 163;3 169;3 188 193 195;3 206;2 225;2 233;4 235 238;1 238;4 239;2 240;2 240;4 241 242;2 251;3 259;4 265;1 266;3 322 324;2 325 326छ **3**|1;1 3 3;3 7 10;2 20छ4 21;2 27;7 32;1 32;5 37;1 37;2 40;1 41;5 **4**|5;2 7;2 **5**|14;3 15;2 41;4 42;2 43;1 46;1 53;3 **6**|16क 28;4 42;3 46;4 49;4 66;1 85;3 90 97;3 97;4 98छ 105;2 110 114क 117क **7**|3ग 13ख 36;3 42;2 45;2 58;3 59 76;2 77ख 107ख 119;4

करतब **1**|12;1 **2**|119;1 206;4 211;2 233;4

करतबु **2**|35;2 58;2 209;2

करतब्य **2**|96;1

करतल **1**|21;3 30;4 128;2 164;4 204;4 315;1 324छ3 **2**|46;1 199;3 **3**|27;4 **7**|50

करतहि **2**|265;4

करतार **1**|6 84छ **2**|119 246;3

करतारा **6**|18;5

करताल **6**|88;4

करति **1**|87छ 265;4 **2**|279;3 **3**|29;12 29;2 **5**|30;4 **6**|100;2 **7**|24

करतूति **1**|29;4 332;1 **2**|195 206 223;3 271 281 299;3 324

करतूती **1**|5;4 **2**|1;3 12;3 288;4 325;4

करते **5**|16;1 **7**|14;5

करतेउँ **4**|28

करतेहु **2**|207;4

करन **1**|8;3 20;3 60 64 82;2 117;3 144;1 208ख 210;1 237;3 269;1 306;4 317 327छ2 346 361छ 361;4 **2**|86 89;3 169 177 243;2 250 279 **3**|21क **4**|22;1 **5**|6;4 **6**|7;1 7;4 **7**|0घ 12ग 82ख 84;2 88;3 111;2

करनधार **2**|154;3 277;3 **7**|44;4

करनबेध **2**|10;3

करना **1**|74;1

करनि **1**|10छ 141 **2**|87;2 100;2

करनी **1**|1;2 10;5 58;1 76;4 85;2 118;4 127;2 129;4 175;3 186छ1 268 271;2 274 274;3 295;3 298;3 314;4 326;1 344;4 354;4 359;3 **2**|120;2 160;4 171;1 171;3 201छ 272;1 321;3 **3**|2;4 22;2 29;11 **4**|16;4 27;6 **5**|30;3 36;4 59;1 **6**|3;5 47;4 **7**|1;7 15;4 23;3 37;4 65;4 115;2 125;3

करनीया **1**|267;4 **2**|96;4

करनू **2**|326;3

करन्हि **1**|346 **6**|25;2 98;4

करब **1**|84;1 132 177;4 311 336;3 360;4 **2**|14;1 21 73;4 95 136;3 151 155;3 175 258 268;4 284;2 323;2 323;4 **4**|26;1 **5**|51;3 **6**|8;4

करबाल **6**|101;2

करबि **1**|31;1 129;3 168 **2**|21;1 80;3 98 104;3 151;4 253;2 **3**|24;1 **4**|27

करम **1**|2;5 7;1 16;4 27; 97;4 114;2 118;3 137;2 140;1 156;1 357;3 **2**|12;2 24;3 77;4 91;4 92;2 99;4 107 118;4 131;4 139;4 145;1 150;3 152;2 165;3 167;4 172 219;2 241;1 244;4 254;3 255;3 282;2 285;2 304 310;4 316;4 **6**|6;5 **7**|35;4 96;5

करम धरम **1**|163;3

करमनास **2**|194;4

करमा **3**|36;1

करमु **2**|20;2 69;3 92;3 291;1

करमुद्रिका **4**|23;5

करमू **2**|305;2

करवट **2**|43

करवरें **1**|357;1

करवाई **1**|101;1

करवाउब **1**|83;3

करवाए **1**|143;4

करवायो **6**|108;3

करवावहिं **1**|184;1

करवावा **1**|207;2

करष **5**|36;3 **6**|18;2

करषहिं **1**|347;1

करषा **2**|191;1

करषि **1**|137

करषी **2**|101;3

करसि **1**|272 280 281;1 **2**|15 32;4 36 53 **3**|21;4 26;1 29;5 **4**|9;5 28;5 **5**|56;3 **6**|25

करहिं **1**|7;2 10ख 12 13;4 14क 33;2 34;4 47;4 52;2 61;2 62;2 66;1 69 70;1 73;2 76;1 85;1 89;2 91 92;1 99छ 103;3 105;3 107;4 108;3 121;4 124क 126;3 134;2 138;4 140;2 144;1 163;2 181;3 182;7 183 183;2 183;3 185;1 191;4 205;3 205;4 206;2 210;3 239;1 246;4 249;1 262 265;3 274 277 286;1 302;4 307;1 313;2 315;3 318;2 318;4 319;1 327छ1 335 339 341;3 342;1 346;4 348 348;3 348;4 349;1 349;3 350ख 355;1 358;1

2|2;2 3;2 5;3 15;3 48 62;4 70 79;3 84;4 110;1 113 113;4 129;2 129;4 132;4 134 135;3 138;3 141;1 156;2 156;3 157;3 157;4 192;1 197;3 201छ 202;2 204;4 213;4 219;3 221;4 224;1 225;4 233 260;1 274;1 **3**|5ख 7;3 9;2 16 17;7 20छ3 20छ1 22;5 38क 46;3 **4**|12;1 13;2 16;3 30क **5**|5;1 7;3 17;4 25;3 31;3 36;1 38;1 **6**|2 3;3 7;3 10;5 18;5 41;3 44;1 46 47;4 65;3 71;5 75;7 76;1 81छ1 85;2 87;4 90छ 98;2 100छ 101;2 104;2 117ख **7**|3ख 9;3 9;4 21;1 23;2 25;2 26;4 29;1 30 40;3 41;2 42 42;1 62क 69ख 74;4 77;5 99क 100क 100;5 101ख 106;7 112ख 118;5 121;16

करहिंगे **4**|12

करहि **1**|73;1 73;3 281;2 **2**|150;1 **3**|46ख **5**|12;2 12;6 **6**|90छ **7**|109;6

करहीं **1**|14;4 69;3 101;2 119;2 140;1 167;4 194;3 205;2 206;2 250;4 265;2 277;2 297;3 299;2 312;1 350;2 **2**|3;3 11;4 58;3 63;1 91;1 116;3 124;4 129;1 141;2 189;4 191;3 192;1 200;4 281;1 **3**|19;5 40;5 **5**|35;5 **6**|79;5 95;4 118;5 **7**|7;3 9;3 26;2 73;5 75;1 103;1 107;3 115;1 121;14 129;3

करही **6**|30;1 **7**|112;7

करहूं **2**|133;1 273;4 **5**|17;2

करहु **1**|7घ 8;2 14ख 16;4 18;3 25;2 78;1 83;1 89;1 89;2 109;3 132;3 132;4 137;1 139;2 146;3 163;1 165;2 181;4 210 210;1 216;2 218 246;3 257;3 257;4 277;1 278;2 280;4 286 332 **2**|5 5;2 6;4 10;2 19;4 21;4 30;2 33;3 37;2 49;3 50;4 57;2 62;2 71;1 71;3 78;4 79;3 127;3 127;4 131;4 132;2 151छ 169 172;1 174;3 175;2 180;4 205;4 206 210;1 212;4 219;4 254 263;3 264;1 266;2 306;2 306;3 **3**|13;9 14;4 24;1 37;3 **4**|7;11 12;5 21;1 21;4 25;1 28;5 29;2 30;6 **5**|11;1 30;1 34;3 36 40;2 **6**|0ख 1;3 9;5 14 14;3 15ख 17क 33;1 39;1 75;4 105;4 108;1 109;1 113;8 **7**|42;3 43;2 84;4 109;1

करहू **1**|109;1 137;1 335;4 **2**|35;4 68;2 132;4 161;2 174;1 175;1 **3**|13;8 **5**|23;1 **6**|1;4

कराइ **3**|29क **7**|11क

कराइहि **4**|4;2

कराई **1**|136;2 171;4 217;4 **2**|185;2 **3**|3;2 **5**|8;3

कराएहु **7**|19क

करायहु **1**|136;4

करारा **2**|133;1 158;2

करारे **2**|276;1

करालं **7**|108;2

कराल **1**|93छ 156;4 **2**|31;2 57;3 63;2 179 281 **3**|20छ1 20छ7 29;11 **6**|25;3 27;3 42;4 69;3 78छ 79छ 91 100छ **7**|30;3 94क

कराला **1**|12;1 27; 38;4 47;3 269;1 **3**|13;4 **5**|26;1 54;4 58;3 **6**|15;3 76;5 84;4 88;1 102;3 **7**|92;1 109;7 121;3

कराव **7**|88;4

करावन **1**|334

करावहु **1**|355 **2**|306;2

करावा **1**|189;3 269;2

कराहिं **1**|13 **7**|77क

कराहीं **1**|146;2 **4**|10;2 **7**|28;3 104;3 120;5

करि **1**|2;1 3ख 13;3 19;3 26;3 30;2 34;1 35;4 39;1 39;2 45;3 46;1 46;3 49;3 52 52;4 58;4 59;1 65;1 82;1 82;2 82;4 86 86छ 86;3 87छ 89;2 95;1 96 100;3 102 104;4 110;2 112;3 123 128 130;4 132;3 133;3 145 147;4 150 151 154 157;2 166 169;2 169;3 170 171 175;3 177;2 182क 182;4 183;1 183;2 184छ 185;4 189;1 190;2 191 193 194;3 197;2 201;1 201;2 202;4 206 206;4 207;1 209;3 215 217 217;4 221 227;1 228;3 229;4 237;3 238;3 239;4 244;3 245 252;3 256;2 257;3 262;2 265 271;2 279;4 283;1 289 290;2 292;4 293;1 302;1 306;2 309;2 313;4 319छ 319;2 320;1 320छ 322;2 323छ1 323;3 324छ2 324छ3 324छ4 325छ2 326छ3 329;1 330;2 330;3 330;4 334;2 336छ 340;1 342;4 343 343;1 349 354;2 357;1 358

2|4;1 8;3 12 13;3 15;3 15;4 16;1 16;3 17;4 22 22;1 26;3 28;4 31;2 31;3 33;3 33;4 39;3 42 50छ 53 57;2 59 59;1 62;1 79 83;1 88;2 89;3 94 94;2 95;1 95;3 98;4 101 103;1 104;2 104;4 105;1 106;2 107;1 107;4 109 109;3 110;2 112;4 117;3 120;4 125;1 128;3 129 129;2 132;2 134;2 134;4 136;3 138;1 147;1 150 151छ 152;3 153;4 156;1 160;2 166;1 178;4 186;4 188;1 188;4 192;4 197 197;3 198;1 200;4 201;3 202 202;2 205;1 207;3 210 211;4 212 213 216;1 218;2 219;2 220;4 221;1 224;3 228;3 230;3 231;2 236;2 242;4 244 248;1 249;2 250;2 253 254;4 257;3 262;2 264; 265;2 266 266;4 270;3 272;2 273;2 274;1 274;4 275;1 283;1 285;3 291;3 295;1 296;1 297 297;3 301;1 302;2 311;4 313;3 314;4 316 316;2 318 319;4 320;1 320;2 321;4 323;2 323;3 324;1 326

3|2 2;7 3;4 4 7;1 10 11;3 12;1 12;3 12;6 18;3 19ख 20क 20छ6 20छ3 20छ4 21क 21;3 22 24 26छ 27;3 27;7 28;6 29;11 29;9 32छ4 32;5 36छ 36;2 37;4 41 41;2 41;3

4|4 4;3 7;1 10 10छ1 10छ2 11;5 18;2 19;3 20 20;2 20;3 23;6 27;5 28;1 28;2 28;3 30;4 **5**|2;2 3;1 3छ3 5;2 5;3 6;3 8;3 10;2 12 21 22;1 24;4 24;5 25 27 28 32;4 33;2 34;1 35;1 37;1 37;4 45;1 52;2 54;1 57;5

6|1;5 2;3 6;1 7;1 9;4 13ख 18;4 20;4 22ख 24;1 30 30;3 32;4 34;4 34;6 37;2 39;2 39;3 39;5 42;4 42;5 44;3 46;1 46;2 46;4 48;1 49;1 50 54;1 57;4 62;3 64;1 65 66;5 69 69;2 70 71;5 72 74;2 76;5 76;8 77;3 79 79;7 80ग 81 83;2 84 85छ 90छ 91;4 93छ 93;4 95;3 97छ 98;6 101;2 101;5 103 103;1 104छ 104;7 110 111;2 112;4 113 116;1 117;2 120;2 121ख 121;2 **7**|2;7 5;4 6छ 6;4 9ख 11;4 12ख 13;2 13;3 14;8 15;2 19;4 26;1 26;3 28;1 30;3 35 44;3 44;4 49 50;2 52ख 61;1 63;2 63;4 65;3 66ख 69;1 69;4 75क 79ख 84ख 88;3 91;1 93;2 96;5 97क 100;2 101;3 103;1 103;2 107ख 109;2 110क 110;7 111;5 111;7 113;1 114ख 114;4 116;4 117क 118;4 118;6 121;12 124;1 125क 128;1

करिअ **1**|33;4 68;4 71;2 77;1 77;2 115;4 161;3 168;2 185;1 271;2 272;2 277;1 277;2 278;1 278;2 279;1 279;3 281;4 326;3 **2**|4 4;1 11 40;3 79;4 88;4 95 98 99;1 118;1 151;4 154;3 174;1 176;1 177;2 201 201;4 213;2 214;2 217 231;2 248;4 250 255;1 258 268;4 289 293 **3**|19;7 **5**|24;4 50;4 51;1 51;2 **6**|8 8;5 9 17;1 23ग 44;3 48;2 116;3 **7**|39;1 48 61;2 95क 108ग 119;5 122;7

करिअहिं **2**|4;1

करिआ **6**|49;1

करिऐ **6**|111;10

करि करि **3**|20ख **6**|99;6

करिगन **1**|32;4

करिनि **2**|29;4 35;1 188;1

करिनीं **3**|37;4

करिबर **1**|0;1 **6**|61;5

करिबरगामिनी **3**|36;5

करिबरन्हि **1**|300;1

करिहउँ **1**|14;1 152;1 168;2 187;3 **2**|67;2 104;3 190;3 192 **3**|29;5 **4**|5;4 7;8 **5**|6;2 60;2 **6**|2;2 49;3 **7**|18;4 109;2

करिहहिं **1**|8 12;4 90;3 137;4 169;1 200;3 **2**|12;4 36;2 66;1 183;2 285;3 **3**|10;2 22;2 **4**|4;4 **5**|7;1 **6**|3;1

करिहहु **5**|2 **7**|114;2

करिहिं **1**|15;4

करिहि **1**|40;3 71 83;1 259;3 **2**|32;4 61;3 173 257;2 269 **4**|10छ1 **6**|18;5

करिही **2**|209;2 **5**|57;3 **6**|3;2

करिहौं **2**|67;1

करी **6**|101छ1

करीजे **4**|4;2

करीजै **7**|10;4

करीला **2**|63;4

करु **1**|281;1 **2**|36;3 101;1 295;3 **5**|12;1 12;5 **6**|56;3 116ख 120;3

करुइ **2**|16;2

करुन **2**|46 284;3

करुनाँ **1**|337

करुना **1**|0;4 13;3 18;4 87छ 97छ 192छ2 236छ 285;2 326छ3 **2**|35;4 136 246;4 269;1 275 281;4 **3**|9;2 32छ4 **4**|10छ2 18 **5**|22 29 **6**|4;2 61 82छ 113छ **7**|13;2 18क 44;3 92ख 126;1

करुनाऐन **2**|100

करुनाकर **2**|57;1 244;1 268;1 **5**|45;1 **6**|45;2 55;3 111;4 **7**|90ख

करुनानिधान **2**|316;3 **3**|10;4 **5**|13;5

करुनानिधि **1**|129;2 150;1 151;4 **5**|31 **6**|71;1 86 108 **7**|11;2

करुनापुंजा **1**|148;4

करुनामयं **6**|104छ

करुनामय **2**|40;2 66;4 85;1 97;3 **6**|110;3 **7**|34;1

करुनायतन **1**|110 336 **2**|64 102 248 **7**|13;6

करनासिंधु **2**|72

करूआइ **1**|10;5

करेसि **6**|51;3

करेसु **7**|85ख

करेहु **1**|52;2 71;3 77 101 102;2 **2**|75;3 75;4 80 82;1 82;3 175;4 **3**|27;5 **6**|17;4 116घ **7**|16 59;4

करेहू **1**|168;4 234;1 334;3 **3**|6;2 **7**|20;1

करैं **1**|324छ3 **5**|6;1

करै **1**|3;1 33;2 69;1 70;3 72;1 81;1 83;3 100 128;1 211छ3 249;2 266;3 271;2 323छ2 324छ4 **2**|47 77 152;3 185 228;3 268;2 296;3 **3**|43;2 **6**|51;4 73;1 84 108 **7**|63;3 117ग 119;3

करैगो **6**|20

करैहहु **1**|93;1

करोरी **2**|5;3 287;2

करौं **1**|52;2 96छ 131;4 168;3 192छ2 253 253;4 279;3 283;4 285;3 340;4 341;2 **2**|9;4 20;4 23;2 26;1 66;4 94 103;2 126;3 258;2 264; 264;3 307;4 **3**|11;1 14;4 24;1 35;1 **4**|7;11 10;1 **5**|3 9;1 32;3 59;4 **6**|31;1 35;6 63;4 72;4 88 113 **7**|16;2 63क 107;2

करौ **6**|75;1

कर्ता **6**|7;2 **7**|92;3

कर्दम **1**|142;3

कर्म **1**|18;5 90;2 162;3 202;1 **3**|2;7 16 16;3 31;4 36छ **4**|10छ2 11;4 **6**|23;3 64 **7**|13;2 13;6 21 31;3 41;3 41;4 44;3 48;3 52;2 96;4 97ख 103;1 112;2 114;1 114;3 117क 126;3

कर्महि **7**|43

कर्मा **7**|49;1 87;2 104;2

कर्मु **1**|103छ

कर्‍यो **3**|20छ4 **7**|2छ

कलंक **2**|50;1 208 **6**|109छ1 **7**|71;2

कलंका **1**|97;4 **5**|23;1

कलंकी **2**|299;1

कलंकु **1**|97छ 284;2 **2**|36;3 50छ 50;4 **2**|164;3 189;3 201;3

कलंकू **1**|274;1 **2**|229;1

कल **1**|20;3 34;4 61;2 212;4 221;2 221;3 227;3 233;4 243;2 243;4 246;4 267;2 268;4 286;1 297;2 302;4 318छ 318;4 322छ 324छ4 325;1 327;2 327;4 344;4 346;4 360;1 **7**|50 56 76;4 118;4

कलकंठ **1**|9;1 **2**|137

कलकंठि **1**|297;2 318;2

कलप **1**|69 123;2 123;3 124;3 139 140;1 140;3 164 178ख 261;1 270;4 318 342;1 **2**|163 184;4 **5**|12;6 31 **6**|0क 2 **7**|1;7 114;5

कलपतरु **1**|26 107 **2**|35;1 42;2 113;4 119;2 223;4 **7**|35;1

कलपना **2**|157;3 **6**|2;2 15;4

कलपबेलि **2**|59;2

कलपभेद **1**|33;4

कलपांत **7**|102;2

कलपि **2**|228;3

कलपित **2**|267;1

कलबल **7**|77;2

कलभ **1**|233;4

कलमले **1**|261छ

कलवारा **7**|100;3

कलस **1**|91;4 194;2 195;3 289;1 296;4 305;1 313;2 323छ1 324;3 344 **2**|6 8;1 115;1 **6**|44;2 **7**|9;1 27;4

कलहंस **1**|86छ

कलहंसा **3**|40;1

कलह **7**|106;7

कलहप्रिय **2**|168;1 172;4

कला **1**|9;4 86 107 126;2 126;4

कलातीत **7**|108;6

कलापा **2**|57;4 86;4

कलि **1**|0;2 10छ 11;3 12;1 14;2 15;3 15;6 16;1 22;4 24;4 26 27; 29ग 30ख 31;3 31;4 32क 35;5 41 43;2 114;1 141 324छ1 **2**|133;2 212;2 326;3 **3**|11;8 **5**|60छ **6**|120;3 **7**|51;5 100क 101;1 101क 101;4 101;5 102क 102ख 103ख 103;4 104;3 129;1 130छ2

कलिकाल **1**|12;1 27; 43;4 **2**|326छ **6**|121ख **7**|97;4 98ख 102;3 104ख 130;3

कलिकाला **7**|98;4

कलिजुग **7**|40 96ख 97;1 98क 98;3 98;4 100;1 102क 103क 103;2 103;3

कलित **1**|243 288;1 300;1 322छ 356;1 359;4

कलिधर्म **7**|97ख

कलिमल **1**|2;5 5;4 32;4 39;7 **3**|6क **7**|97क

कलिल **7**|82;4

कलिहि **4**|15;5

कलीं **1**|243;4

कली **1**|233;1 **3**|30;6 **6**|109छ2

कलुष **1**|16;1 24;4 29ग 31;3 35;5 43;2 **2**|105;3 106;1 133;2 326;3

कलेवर **1**|12;1 **7**|76;3

कलेवा **7**|94;4

कलेस **1**|74 **2**|61 **6**|101ख **7**|96क 129

कलेसा **1**|2;6 **2**|95;2 **7**|79;1 89;3

कलेसु **2**|40 55 60;1 275;2

कलेसू **1**|70;2 72;1 157;3 **2**|75;4 82;2 86;2 96;3 153;2 290;3 305;4 315;1 326;3

कल्प **3**|4;10 5;8 **6**|101छ2 116क 116घ **7**|82;1 96ख 100;2

कल्पतरु **6**|26;3 **7**|84ख 126;1

कल्पना **6**|14

कल्पपादप **3**|11;7

कल्पहिं **7**|100ख

कल्पांत **7**|57;1

कल्पान्तकारी **7**|108;6

कल्पि **7**|97क

कल्पित **1**|115;3 **7**|100;5

कल्याण **7**|108;6

कल्यान **1**|26 70 71 103छ 207 **5**|42;1 **6**|62 **7**|103ख

कल्यानप्रद **4**|10छ2

कल्यानमय **1**|303

कल्याना **1**|52;3 70;2 165;4 294;4 351;1 **2**|255;4 **3**|26;2 **5**|38;3 **6**|63;1 **7**|9;4 109;1

कल्यानु **1**|62;3

कल्यानू **2**|8;3

कल्लोलिनी **7**|108;3

कवच **6**|80;5

कवन **1**|46;3 55 57;4 78;1 79;4 124;4 131;4 149 166 195 200;2 242;4 291;4 340;4 355;3 **2**|47;3 81;4 144;3 146;1 189;2 211;4 227;1 **3**|11;1 24 42;2 45;1 **4**|1;4 5 9;3 10छ1 30;3 **5**|7;4 21;1 36;2 51;2 **6**|8;2 8;4 8;5 20;1 23;1 24 28 48ख 61;6 **7**|1;5 1;8 7;4 46;1 55;3 61;2 62;5 68ख 69;2 77ख 94क 94ख 94;2 96;4 110;4 121;2 121;3

कवन कवन **7**|121;2

कवनि **1**|162;1 183 **2**|13;2 51;3 69;3 139;2 **7**|80क

कवनिउ **7**|21;3 90;4 121;5

कवनिहूं **7**|31;3

कवनिहु **2**|95

कवनी **6**|38;4

कवनु **2**|37

कवनें **2**|29

कवने **7**|84;3

कवनेउँ **7**|109;4

कवनेहूं **1**|165;3 **5**|2;3 **7**|97;3

कवल **1**|329;1

कवलु **1**|274;2

कष्ट **1**|39;1 169;1 **7**|45;2

कष्टसाध्य **1**|167;1

कस **1**|96छ 96;4 159;2 218;4 281 **2**|9 14;2 15;4 21 21;2 31;3 **2**|86;3 121;2 126;4 148;2 217;3 248 251;3 **3**|6;4 9;4 26;3 30;8 **4**|0क 2;4 29;1 **6**|9;2 14;2 24;2 26 26;3 **7**|30;4 74ख 78;3

कसमसात **6**|87;1

कसमसे 6|91छ

कसहीं 2|132;4 326;1

कसि 1|280;1 282;3 2|25;4 230;1 3|18छ 6|75;6 82

कसें 1|209;1 2|115;4 239;3 283;3 317;4

कस्यप 1|123;2 187;2

कस्यो 6|86छ 86;5

कहँ 1|9;2 12;5 14;5 67 69;3 70;3 136;3 150;1 159;4 185;1 190;2 193 193;4 203;1 207 208;3 208;4 222;3 223;2 230;1 230;3 232;1 256;4 258;2 282;3 292;2 332;4 335;3 341 2|60;4 67;2 97;3 104;3 120;2 127 148 149;2 155;1 159;4 164;2 174;3 176;2 179;4 180;4 181;2 181;4 182;1 184;1 187;4 197;2 203 203;3 208 215;4 216 223;3 223;4 229;4 255;3 258;3 279 297;3 307 317;1

3|2;4 8;4 12;2 16;5 17 23;1 37;3 43;5 44;2 4|11 18;3 27;2 27;3 5|3;2 13;5 16;1 25;3 59;2 6|21;4 25 34;3 37;3 43;1 50;1 76 76;4 80;6 82छ 86;2 93छ 93;4 97;4 118;2 121;3 7|3;4 6ख 8;5 10;4 15;4 24;1 32 41;3 53;2 55;1 73;2 79;4 109;8 119ख 121;19 125;2 128;4

कहँरत 3|20छ2 6|88;2

कहंता 3|34;1

कह 1|8;5 35;1 43क 62;4 67;1 68 69;2 71;1 77;1 77;3 80;2 84;1 88;4 138;2 159;4 161;1 163;4 165;1 183छ 184 185;1 192छ2 207;4 216;3 217;1 217;2 218;4 222;2 222;3 223;1 226;4 249;4 266;2 271;4 275 279;4 286;4 291;3 303;4 311छ 331 335;1 340;3

2|13 13;3 13;4 21;2 25 25;4 27;1 35 35;2 60;4 64;3 77;4 91;4 94;3 96;3 104;2 111;1 126 132;1 134;2 143;4 148;4 150;2 185;4 192;3 192;4 202;3 223;3 231;2 258;3 271;3 278;3 278;4 281;4 282 282;1 282;2 282;4 283 284 287;1 287;3 289;2 292;4 294 302;4

3|4 5;2 6;1 8;1 11;1 11;12 21ख 22;1 28;1 28;6 28;7 29;8 31;1 35;2 36छ 42;4 44;1 4|1;2 3;4 5;1 5;4 7 7;3 7;4 7;6 12;4 20;1 21;1 22;3 26;2 26;3 27;4 30;1 5|2;2 4;1 9;2 10;3 12;4 15;5 21;1 24;2 30;1 32;2 43;2 43;3 44 50;4 52;2 57;2 59

6|0ग 1;1 8 10;1 11;3 12क 12;2 12;3 12;4 12;5 14;2 14;4 17;1 17;3 20;1 22;3 23;3 24;3 26;1 29;3 31;3 32;5 34;5 35;1 38;5 43;1 45;4 55;4 57;4 58;2 60;4 71छ 74;2 76 80;1 80;2 84;3 86छ 90;5 99;6 107छ 108;6 116;1 117क 119;5 7|26;3 36;3 48;2 57;4 63ख 73;2 84;2 86 98;3 117;5

कहइ 1|61;4 68;4 81;4 83;4 223;2 229;2 253;1 255 256;1 281;1 2|3;1 22;2 32;3 33;3 38 41;1 44;4 81;4 94 100;2 143;1 181 192;3 192;4 242;4 4|29;4 30;1 30;2 5|38;4 40;2 43;3 6|23ग 30;2 45;1 74;2 79;6 119;2 7|19;5 44;2 62;2 76;1 98;2 106;8 125;5

कहई 1|69;4 222;1 341;4 2|28;1 90;3 100;2 176;1 207;2 3|5;7 6|21;4 23;4 7|54;2 94;3 110;8

कहउँ 1|9;6 14ख 14छ 23 23;2 35 35;7 43ख 45;4 47 47;3 69;1 88;2 103;2 105;1 105;2 120घ 122;2 124ख 141 141;1 149 161;4 164;2 165;3 168;1 169;2 181;4 196;2 253;2 274;2 284;2 342;2 2|19;4 20;3 31;3 32;1 33;1 36;4 45;3 55;3 61;4 72;2 123;2 128;2 132;1 149 162 179;1 182 211;2 227;4 258;4 261 264;1 269;2 269;4 283;1 293;3 297;3 299;4 301;1 305;2 306;4

3|15;1 16;3 33;4 35;4 39;3 43;2 5|2;3 11;4 24 38;2 48;1 6|17;2 7|16;4 19क 31;2 43;2 45 46;2 48;3 71ख 74;1 75;1 86;4 87ख 89;3 95;2 96क 97ख 121;4

कहउ 2|205;1

कहऊँ 1|12;3 2|59;3 95;4 3|45;3 6|17;4

कहत 1|3;6 15;1 20;2 21;2 28ख 29;2 41;3 45;4 48;3 56 69;3 78;2 100छ 102;2 113;1 115;3 226;1 230;1 249;1 249;4 289 290;3 296;1 312;2 326छ1 353 356;2 2|16;1 17;2 34 42;4 48;4 51;1 61;1 80;4 94;1 106;2 135;2 137;2 165;2 171;4 192;2 194 198;4 199;1 199;2 203 207;1 216;3 217;2 223;1 227;3 229;3 232;4 234 238;1 239;2 240;4 256;1 258;1 261;1 274;4 278;3 283;2 295;3 304;1 309;1 310 311 311;1 312 312;2 313;1 313;3 318;1 320;1 321;2 323;3 326;2 3|12;3 17;1 37;1 41;2 4|13;4 26;4 30छ 5|8;1 27;4 28;3 40;1 40;2 41;5 53;1 57;1 6|11ख 13;2 22;2 24 32ख 49;3 59;2 64;3 90छ 7|2छ 12क 49;1 68;4 92छ 118ख

कहति 2|30;4 36 54;3 97;2 97;4 160;4 168 287;4 3|27;3 5|9;3 9;4

कहतु 2|201छ

कहतेउँ 6|63;3

कहन 1|60;3 163;4 237;3 238;3 2|81;3 141;4 152 278;2 5|33;2 7|0ग 17;2

कहब 1|33;1 37;5 120ग 197;2 2|16;1 19;3 70;3 146;1 151 152;2 175;3 223;1 253;2 258;3 260;2 283;4 284;1 296;4 300 323;4

कहबि 2|16;2 152;4

कहसि 1|202;4 2|13 14;4 21 31;3 36;4 3|22;1 5|41;2 53 53;2 6|24;2 25 28;3 29;2 29;3 99;2

कहसी 6|31;4

कहहिं 1|6;2 9;1 10;3 11;4 30;4 36;3 44 44;4 45 81;3 95;3 103छ 108;3 114 115;2 117;1 121;2 140;3 161;2 163 205;3 218;1 220;3 223;4 234;3 247 249 262;4 265;4 309 310;4 311 311;2 312;4 334;4 338;1 356;4 358;2 359;3

2|1 11;2 11;3 12;1 16;2 37 47;4 48;1 48;3 48;4 76;2 78;4 89;1 89;2 105 109;2 112;2 114 115;1 116;3 120;1 120;4 121;1 122;2 128;1 130;2 135;4 138 141;1 158 175 184;2 185;3 191;1 196;4 203;3 206;1 214;1 222;1 222;3 224;4 231;2 250;3 256;4 258;1 259;4 265;3 280 309;4 3|31;4 37;3 44;4 4|7;9 26;1 27;1 5|34;3 49;1 55;4 6|7;2 8;4 9;1 9;3 9;5 21 77;4 88;2 90छ 110;1 7|10;4 19;2 20;3 22;3 33 69;3 73;3 95क 99क 100;5 110;6 115;5 115;7 129;3 130छ2

कहहि 3|38ख 6|23ख

कहहीं 1|11;2 119;2 218;3 223;2 309;4 340;2 2|7;3 48;3 77;3 109;1 119;1 141;1 167;4 169;2 195;1 210;2 217;3 224;3 252;4 265;2 302;4 3|5;6 5|40;3 6|9;4 16;1 18;4 7|9;5 25;1

कहहूं 7|13;6

कहहु 1|12;5 46 47;1 55 57;4 66 68;4 78; 79;4 88;4 109;1 109;4 110 110;2 110;3 110;4 111;1 111;2 120;4 124;4 130 160;2 162;1 162;4 165 166 166;3 185;3 207;4 216;1 216;2 221;1 249;4 252;1 269 273;3 282;3 283;4 290 291;2 291;3 291;4 345;2 2|6;4 9 21;2 27 43;3 49;3 52;4 56;4 89;1 111;4 117;1 126;4 127;3 127;4 148;1 157;1 173 177 180 180;3 181;2 181;3 181;4 194;4 241;2 248 255;1 256 259 264; 264;4 270;3 271;3 295;2 305;4 308;1

3|6;5 14;4 31 45;1 45;3 4|2;2 5 19;3 30;6 5|6;3 7;4 30;4 59 6|8;5 12;2 16;3 17;1 38;4 45;3 48;2 107;3 118;4 7|18;3 18;4 28;4 36;2 37;3 46;1 46;2 52;4 54 54;4 55;1 55;3 78;3 93ख 94क 94ख 94;2 110घ 111;4 111;5 115;4 115;6 121;1 121;2 121;3 121;4

कहहू 1|78;2 120;3 274;4 2|43;2 100;4 178;4 184;3 5|37;4 6|37;3

कहाँ 1|26;4 53;4 185;3 247;2 282;3 290;4 338;1 2|120;2 121;4 148;1 155;1 159;4 280 3|10;6 5|1 6;1 19;1 56;4 6|19;1 36;3 50;2 55;3 61;3 73;4 103;2 7|2;4 17;1 18;2 94;2

कहा 1|33;1 47;4 54;1 56;2 73 73;1 78;3 80;1 82 83;1 89 89;3 90;3 92 98;4 100छ 103छ 114;4 115;4 120ख 140;4 150;4 193;3 206;1 210;1 210;5 210;6 237;1 240;1 264;3 272;1 273;2 275;3 280;4 282 283;4 311;3 325छ1 327छ4 332;3 361;4 2|15;1 17;3 209;4 213 227;1 256;4 276छ 278;4 3|2;3 13;1 17;10 17;9 18;5 19;4 24;2 25;2 27;4 28;2 31;3 4|2;2 6;3 8;2 10;1 11;5 19 25;1 5|4;3 8;2 10;5 24;4 26;2 34;3 36;3 54;1 57;4 6|18;5 20;3 35ख 36;4 36;5 55 56;2 63;3 99छ 99;2 104;7 108;6 120;3 121;1 7|11;1 17;2 46;2 48;4 62;3 82;2 110घ 125;4

कहाइ 1|12;2 247;2 7|46;2

कहाई 2|144;4

कहाउति 2|296;2

कहाउब 1|281;1 2|35;3

कहाए 6|99;4

कहानी 1|21;4 163;3 166;1 2|20;2 48;3 141;1 216;3 224;4 5|58;2 7|117;1

कहायहु 6|21;3

कहारन्ह 2|193;2

कहारा 1|300;4 305;3 333;3

कहावउँ 1|12;5

कहावत 1|28ख 256;1 338;3 2|35

कहावहिं 6|29 7|26;3

कहावा 1|56;3 59;3 6|2;4

कहावौं 2|267;1 6|75;7

कहाहीं 7|42;3 122;7

कट्टहिं 6|88;5

कहि 1|3;6 12 29ग 31;1 35;1 50;2 50;4 51छ 52;4 53;1 58;2 59;3 62 64;4 70 71;1 71;4 72;4 84;2 85;2 95;4 104 105;1 105;2

108;1 116 121;1 126 127;1 131;3 132;3 133;1 135;4 149;2 152;3 165 167 171;1 172;4 175;1 184;3 189;2 192छ3 193;4 194;1 195;1 198;4 199;6 213 214;4 215;2 216;1 217;1 217;2 225;2 225;4 230;2 232;4 233;3 234;3 235 236 236;2 240 242;4 246;4 252 265;1 270;1 274 274;2 276;4 277;3 285;4 287;1 293;4 295;4 300;1 303;1 307;3 308;1 316;2 316;4 317छ 318 321;1 323 323छ2 323;2 325;4 326;1 326छ3 326;3 327छ3 330;2 332;4 333 337;1 338;2 341;4 342;2 354;2 355 355;3 355;4 357 360;4 360;5

2|1;3 5;1 6;3 10 14 20;1 29;3 34;1 36 38;3 39;4 43 45 45;4 46;3 50;3 52;3 54;2 55 55;1 57;4 60 61;4 68 68;1 68;3 70;2 76;4 78;2 80;1 80;2 82;4 85;2 86;1 90;1 93;4 95 97;1 99;2 106;1 106;2 108;1 112 118 118;4 123;4 125;4 127 133;3 135;4 137;1 139;3 142;3 143;4 148 152 153;2 155 156 159;4 167;1 167;2 168;1 169;3 169;4 186;4 193;1 193;3 194;3 196;2 202;3 205 210;3 213;3 214;2 220;3 222;4 225 225;4 226;4 231;1 238;3 240;1 243;3 246;1 247;1 259;3 259;4 260;1 261;3 263;2 272;4 285 285;4 290;4 295;4 301;3 303;4 304 308;1 309;4 317;2 321;4

3|3;4 6;5 9;1 10;5 13;1 20क 21क 29;13 32छ4 34;2 36छ 46छ 46;4 **4**|3;3 8;1 10छ1 10;2 19;1 23;6 26;5 28;1 29;3 **5**|1;2 3;5 5;3 10;4 12;3 14 20 20;3 35;3 37;3 39ख 41;3 42;1 44 46;1 49;4 49;5 51;3 58;3 60;4 **6**|4;5 5;1 5;4 7 10;2 24;5 35;5 39;3 40;2 47;1 50;2 57;1 58;2 58;3 59;4 60क 71छ 71;6 72;3 74;3 76 78;4 79;6 83;2 84;3 85;4 90;1 91;1 93छ 94;4 97;3 99;1 100;1 101;6 106छ 106;4 109;2 118ग **7**|3;2 17;1 18;4 19ख 19;5 26 50;1 59 64 65 66;1 66क 85;1 88;2 88;4 111;6 130छ1

कहिअ **1**|46;3 95;4 116;2 164;1 247;3 271;1 279;3 286;3 292;2 **2**|2;3 4;1 96;3 109;1 126;3 139;2 185;4 211;1 257 267;4 288 292 **3**|15 15;4 **6**|29;5 **7**|113;7 128;2

कहिअत **1**|18

कहिउँ **3**|5ख **7**|52;3 114;8

कहि कहि **1**|224;4 269;1 **2**|20;2 78;3 87;3 118;2 120 143;2 198;2 250;2 278;2

कहिसि **2**|18

कहिहउँ **1**|13;5 30;1 31;2 114;3 141;3 **2**|146;1 **7**|55

कहिहहिं **1**|15;5 **2**|310;4

कहिहि **1**|71;3 249;3 **2**|39;2 45;1 50;4 73;4 79;2 181;3 182;2 182;3 207;1 **3**|31 36;6 **5**|50

कहिहु **2**|22;2

कहीं **1**|58;3 **4**|26;6 **7**|102;2

कही **1**|3;2 48;2 64;1 83 86छ 94छ 95छ 152 211छ1 253;1 320छ **2**|73;3 96;2 106;4 120;2 132 231;3 260 287 296;2 **3**|17;6 25;1 31;3 33;3 **5**|2;1 3छ3 6 8;2 13;4 13;6 24;1 39ख 41;1 45;3 51;1 **6**|5;5 29;4 35;5 62;5 102छ **7**|2ख 5छ1 19ख 52;1 53;4 66;3 68;4 70;3 84;2 101;1

कहूं **1**|9;3 22;4 31;3 38 52;3 69;4 80;1 84छ 85;1 89;1 94;2 99 108;3 165;4 169;2 180;2 182;1 183;1 186छ4 187;2 188;1 204 209;4 211छ2 220;3 222 225;4 230;4 246;3 256 266;4 293 294;1 294;4 301 306;2 306;3 311;4 320छ 336छ 341 361 **2**|1;2 2;4 18;4 19;3 21;2 31;4 34;4 35;4 48;4 50;4 54;4 65;3 67;4 70;3 71;2 72;1 75;4 77;3 78;4 95;4 100;2 109;1 125 125;1 128;3 153;3 157;3 174;2 175;1 179;2 180;2 214 237;4 240;4 255;1 258;2 311 313;2 315

3|15 27 29;5 31;5 34 36;4 38;2 42;3 44;1 45 **4**|4;3 13 16;5 18;3 22;4 24;4 25 26;6 **5**|1;2 2;1 3छ2 3छ3 14;1 15;1 20;1 27;4 33 34;4 38;1 39;3 40 43 46 51;2 55 57;6 **6**|4;2 5;2 5;4 6 10;3 18;3 19;4 23घ 29;5 43;3 65 84;3 91;4 94छ 94;3 95छ 98;4 99;4 109;4 112;4 116;3 120क 120ख **7**|2;6 13;2 29;3 34;4 39;2 44;4 45;2 48 62ख 73;2 96;1 98;2 100;2 106;3 121क 124;2

कहूंसब **1**|173;2

कहु **1**|200;3 228 270;2 **2**|15 26;1 32;3 35 40;3 42;4 148 149;2 149;3 155;1 159;4 160;3 162;4 **3**|26;1 36;5 **5**|13;6 14;2 21;2 27;4 33;3 41;3 46;2 53;2 53;3 53;4 **6**|21;1 21;4 23;4 24;6 35;4 38;3 60;1 62;4 **7**|2;8 19ग 86 110;4

कहूँ **1**|29क **6**|118;5 **7**|130छ3

कहें **1**|13;1 52;3 79;4 166;1 **2**|19;2 50;3 247;4 **5**|22;5 31;5 **6**|72;2 **7**|59;4

कहे **1**|138;2 155 166;4 210;4 **2**|6;1 66;3 152;4 226छ 227;3 247;1 **3**|14;3 46छ **5**|31;1 **6**|38ख 101क 108 119ख **7**|2;8 6छ 31 111;1

कहेउँ **1**|15 23;3 85;4 273 285;3 **2**|142;2 248;4 **7**|41;1 52;4 58;1 61;1 91;1 110ख 111;4 113;6 120;1 123;1 126;1

कहेउ **1**|51 51;3 53;4 57;4 58;1 61;3 83 91;1 129;2 151;2 158;4 177 214;3 239 274;3 276;1 277 281;4 312 313;1 315;1 354;3 **2**|3;4 5 6;1 6;3 8;3 32;1 53;3 54 54;4 56;1 68;2 82;2 85;4 89;3 94 94;3 102;2 103;1 104;1 109;1 117;4 133;1 169 171 186 187;2 189 192;2 193;3 197;4 212 237;1 245;4 247;1 265 276 283;3 289 292;2 309 **3**|19छ 30;2 42ख **4**|10छ1 **5**|2;3 15;1 17 34;1 **6**|0ख 106;2 107;1 **7**|4ख 10क 106ख 113;4 115;5 117;3

कहेऊँ **1**|185;2

कहेऊ **1**|63;3 77;3 151;4 183;1 244;4 **2**|35;2 278;3 284;4 **3**|19;7 **7**|106;3

कहेन्हि **2**|40;4 **6**|44;3

कहेसि **1**|163;3 281 **2**|22 **3**|2;5 18;2 **5**|10;4 **6**|8;3 48;2 86;1 **7**|59;2 64 64;4 64;5 65;1 68;3

कहेसु **4**|1;2

कहेहूं **2**|253;2

कहेहु **1**|62;1 80;3 90;1 114;4 208;1 216;3 223;1 **2**|27 30;3 82;2 88;4 157;2 **4**|7;12 **5**|27;2 52 **7**|19क

कहेहू **2**|151;3 **5**|15;3

कहैं **1**|311छ 324छ2 327छ2 **2**|207;4

कहै **1**|85छ 151;3 163;2 192छ3 242;4 336छ 349;1 **2**|37;1 44;3 245;3 273;1 288;3 303;3 **6**|8;1 57;2 **7**|64;3 92छ 125;4

कहौं **1**|26;4 229;1 321;2 325;1 355;3 **2**|21;4 26;3 56;3 69;3 100छ 139;4 153;2 179;4 241;3 260;2 267;1 **3**|6;5 **5**|15;3 **6**|49;3 **7**|52;4 121;19

कहौ **3**|14

कह्या **1**|101छ 361छ

कह्यो **1**|99छ

काँकर **2**|62;3

काँकरीं **2**|311;3

काँख **6**|24 65

काँच **7**|121;6

काँचा **7**|27;3

काँजी **2**|231

काँधी **1**|182;2

काँधें **1**|244;1 268;4 **2**|239;3

काँपहिं **1**|278;3

काँपी **2**|20;1 54;2

काँवरि **1**|300;4 305;3 **2**|278

का **1**|52;2 68;4 78;2 84छ 93छ 101छ 111;3 124;4 223;1 252;3 261;1 261;2 272;1 **2**|13;3 16;3 19;1 29 29;1 39;2 39;3 47 47;1 48;1 66;4 70;2 95;4 165;4 175;2 177;1 189;4 267;1 268;3 271;3 **3**|6छ 11;12 13;2 **4**|26;1 30;2 **5**|9;1 32;3 56;3 **6**|15;4 17;1 17;4 35;6 48;2 49;3 72;4 83;1 107छ **7**|46;2 52;4 99;3 122;2

काई **1**|41;4 115;1

काउ **6**|94

काऊ **1**|39;4 51;3 90;4 169;2 202;1 207;4 231;3 279;2 280;1 **2**|20;4 28;1 32;1 36;3 40;2 60;1 79;2 124;1 152;3 200;2 201;1 218;2 229;1 251;3 253;2 258;1 260;3 267;4 283;1 **3**|46;3 **5**|44;2 47;4 **6**|29;3 61;2 **7**|1;7 31;3 36;4 39;1 74;3 110;1 114;1

काक **1**|3;1 9;1 38;3 125;4 **2**|281 302;1 **3**|20छ7 **6**|88;1 **7**|54

काकभसुंडि **7**|83ख

काकभुसुंड **7**|70;1

काकभुसुंडि **1**|196;2 **7**|62;1

काकू **2**|261;3

कार्के **1**|294;3

काखासोती **1**|327;4

काग **1**|41 175;1 303;2 **7**|54;4 55 55;1 55;2 55;3 58;1 69क 85ख 86 93;2 112क 114;8 115;6

कागद **1**|9;6

कागभुसुंडि **7**|53;4

कागभुसुंडिहि **1**|30;2

कागा **1**|5;1 38;2 **3**|1;4 **7**|57;2 63;4 95;1

कागू **1**|267;1

काचा **5**|37;1

काचे **1**|253;3

काछिअ **2**|127;4

काछें 1|221;4 2|123;1 3|7;1

काज 1|4;1 103छ 168;2 184;4 240;3 272;2 279;2 2|9;3 110;1 126छ 160;1 190;3 191 213;3 265;3 305 318;3 322;3 323;1 325 4|7;5 23 23;5 27;4 29;1 30;3 5|28 6|17ख 60;2 111;6 7|18;3 23 63क 110ग 123;1

काजहिं 2|6

काजा 1|160;3 169;3 172;3 205;4 330;3 2|7;1 42;1 127;3 5|5;1 22;3 28;2 6|20;2 24;1 28;4 7|84;3

काजु 1|84;1 132;2 189;4 2|5;4 7;1 12;4 22 38;1 74;2 114;1 177 190;2 231;2 296;1 3|27;3 4|19;1 22;3 23;2 26;1 5|1 1;2 2 2;2 29;2 29;3 29;4 6|17;4 60;3 7|57;3 105;2

काजू 2|10;2 50;1 53;3 84;3 180;3 185;3 285;3 302;1 4|12;5 28;5 5|30;2

काटइ 6|29;5 7|37;4

काटत 6|92;7 99 102;1

काटतहीं 6|92;6

काटहिं 5|20;2 6|41;3 53;3 73 81;3

काटा 2|47;3

काटि 1|275;4 283;2 2|161;4 4|10छ1 6|5;4 28 33;2 51;3 69;2 70;5 71;3 81छ1 83;2 91;3 7|58;3

काटिअ 1|64;2

काटी 6|52;4 70;5 97;1

काटु 6|52;1 81छ2

काटें 6|29;5 70;6

काटे 3|19ख 22;5 6|66;5 68 93;3 93;4 97 101ख

काटेसि 3|29;11 6|66;3

काटेहिं 5|58

काटैं 5|54;2

काटै 1|118;1

काठ 2|100;3 5|12;2 6|109;3

काढ़ा 1|276;2 3|10;12

काढ़ीं 1|288;3

काढ़ी 5|56;4

काढ़े 2|70;2 84;1

काढ़ेसि 3|29;11

काढ़त 6|23छ

काढ़हिं 7|120क

काढ़ि 2|47;2 5|9 10;5 7|117ग 117;8

कातरि 2|69;1

कादर 5|51;2 6|9;4 41;2 87 87छ 87;5

कान 1|156;4 226 261छ 2|48;4 50 201;1 265;3 3|17 18;1 22;1 6|5;5 21 22;4 61 66;5

कानन 1|161क 172;2 188;3 202;1 2|44;3 50;1 50;4 53;3 53;4 56;1 60;1 60;2 63;4 82;2 91;4 112;3 122;4 132;2 139;3 151छ 256;2 256;4 308;3 326;1 3|11;3 11;9 22;3 33;3 40;3 4|24;1 5|21;3 42;3 6|7;2 104छ 115;2 7|23;1

काननचारी 2|136;1

काननहिं 2|319;1

काननु 2|62;2 124;3 179;2

कानन्हि 1|219;4

काना 1|4;5 113;1 115;4 118;3 160;4 183छ 187;4 193;2 279;1 293;4 301;1 327;4 2|99;2 4|9;5 20;1 27;3 5|17;2 52;3 54;2 6|5;4 11;3 16;1 19;3 24;2 32;1 42;3 42;4 65;2 66;3 73;2 105;1 7|88;2

कानि 2|303;4

कानी 1|62;2

काने 2|14

काम 1|12;2 18;2 32;4 35;3 43;3 75 80 84 85;2 85;4 126;2 126;4 127;1 127;3 128;4 146 149;1 199;1 220 220;1 220;3 233;3 233;4 243;1 257;1 310 316;4 318;2 322छ 331;1 336 2|25छ 25;2 109 130;1 170 204 204;3 221 3|16;6 38ख 38;6 46ख 4|23;3 30ख 5|46 6|0ख 78 110;5 111;2 113छ 114;5 7|12छ2 34 34;4 35;1 38;3 40;2 51;1 70;4 90;1 91;4 92;2 99;2 104क 112ख 121;15 125;3

कामः 3|11;7

कामकृत 1|85छ

कामक्रोध 3|38क 43 43;5 44;2 5|38 6|115;2 7|31;2 39;3 73क

कामतरु 1|27;

कामद 1|31;4 32;4 2|279;1

कामदुहा 1|326;2

कामधेनु **1**|155;1 **2**|266;1 **7**|92;2 **7**|115;1

कामना **1**|22 236;4 294;1 **7**|129;3

कामबस **1**|85छ 85;4 **6**|31;1

कामरिपु **1**|107;1

कामरूप **1**|94;3 176;4 181;1 **5**|43;3 **7**|113क

कामसुखु **1**|87;4

कामहि **1**|125;3

कामा **2**|239;4 **4**|15;5 **6**|17;3 36;2 **7**|75;3 76;3 90;1

कामादि **1**|154 **3**|32छ3 **7**|71क 120;3

कामादिक **1**|37;5

कामादिहर **6**|121छ2

कामारि **1**|120क

कामारी **1**|315;1

कामिन्ह **3**|39;1

कामिहि **5**|58;2 **7**|128;2 130क

कामी **1**|38;3 125;4 251;1 267;2 **3**|30;8 **4**|21;2 **6**|33;3 110;2 **7**|33 40;4 73;1 100;4 112;1 115क

कामु **1**|83;3 86;1 87;3 89 89;1 90;1 **6**|26;3

कायँ **2**|168 **3**|5;5 **5**|32;1 **7**|85ख

कायर **1**|43;4 274 285;4 **2**|196;1

काया **6**|59;3 **7**|87;4 121;7

कारज **1**|38;4 123 299 **5**|6;2 20;2

कारजु **2**|179 323;2

कारन **1**|13;1 17;4 38;3 65;3 78;1 110;2 121;3 124;2 124;4 133;4 141;1 146;2 165;1 207;4 208ख 211 231;1 231;2 236;2 270;1 361छ **2**|15 25 40;3 47;3 179 183;2 189;2 227;1 **3**|1;4 13;1 27;3 33;1 43;2 **4**|1 5 27;4 **5**|26;4 34;4 43;3 50;2 **6**|20;1 94;4 103छ1 108 111;6 **7**|1;5 54 64;1 68ख 72;4 78;2 94क 94ख 94;2 114;8

कारनु **1**|228 313;1 **2**|37 54 226छ

कारमुक **6**|93;3

कारि **2**|13;4

कारिख **1**|7;6

कारिनि **1**|98;2 235;4

कारी **6**|13;3 **7**|94;4

कारुनीक **6**|37;1 103छ1 **7**|51;4

कारे **6**|46;4 69;4

कालं **7**|108;2

काल **1**|7;1 27; 30;4 85 103;3 117 151 165;4 176;1 182;5 185;3 190;4 191;1 202;1 203;1 204;2 241;4 271 274;2 294;4 341;4 358;3 **2**|2;2 45;3 102;3 126;3 150;3 162;2 165;3 176;1 195;4 244;4 249;2 253;1 257;4 263;3 265;3 267;2 291 310;2 314 **3**|5;4 6ख 22;3 **4**|7;3 13;4 **5**|22;5 53;3 55 **6**|5;3 6;5 8;3 10;3 16;4 37;3 37;4 38क 40;2 43;3 56;4 67;1 71;2 72;5 79छ 81;4 82;4 90;4 93 94 102 102;2 104;4 104;7 105;4 **7**|13;2 21 30;3 31;3 35;4 44;3 57 61;2 82;1 88;1 91ख 94क 94;4 102क 104;4 105;1 108घ 109ख 113;5 114;1

कालउ **1**|165;1 245;4

कालकेतु **1**|170;2

कालकूट **1**|19;4

कालकूटमुख **1**|277;4

कालदंड **7**|109;7

कालदूत **6**|78छ

कालनिसा **5**|15;1

कालनेमि **1**|7;3 27; **6**|56;1 56;2

कालबस **1**|274;1 **3**|28;8 **5**|41 **6**|33;3 64 64;4 86;1 90;5 **7**|110;5

कालराति **2**|83;3 **5**|40;4

कालरूप **6**|48ख **7**|41;3

कालसर्प **6**|68;2

कालहिं **7**|43

कालहि **1**|139;4 **5**|3;5 **6**|66;1

कालहु **1**|284;2 **3**|19;5 **4**|7;15 18;1 **5**|39;1

काला **1**|60;3 82;3 106;1 131;4 132;2 142;4 152;4 154;4 161;4 165;3 173;3 214;1 217;4 287;1 **2**|134;1 237;2 243;1 254;3 280;3 297;2 **3**|13;4 **4**|8;2 **5**|39;1 **6**|8;2 15;1 51;1 76;5 78;5 **7**|6;3 80;3 89;1

कालि **2**|11;2 19;3 27;2 278;3 **6**|72;4

कालिका **1**|47;3 **6**|93छ

काली **1**|229;2 234;3 **2**|11;3 15;2 23;2 261;2 **4**|18;3

कालीना **7**|62;2

कालु **1**|76;2 275;1 284;1 **2**|35 47 57;3 176;3 304;3 **5**|52 **6**|0क 35;5 62;4 94;4 7|94;4

कालू **2**|92;3 **6**|83;1

कास **4**|16;1

कासीं **1**|19;2 119;1

कासी **1**|6;4 31;6 46;2 **4**|0क 10;2

कासु **2**|267;4

काह **1**|95;4 97;1 267;4 269 271;1 279;4 285;3 321;2 **2**|13;1 20;4 26;2 47 48;1 49;4 50;1 50;4 59;2 59;4 70;3 71 79;4 102;3 145;4 146;1 163;3 180 180;3 182;4 204;4 226छ 246;3 251;1 264;3 288;3 307 **3**|31;5 **6**|12;2 61;8 113 **7**|2;6 36;2

काहा **1**|54;1 313;1 **2**|155;3 260;2 **5**|43;3 **6**|8;4 63;1 **7**|18;3

काहि **1**|240;1 252;1 311;1 **2**|172;1 262 273;1 **5**|15;3 **7**|19ग 70ख 71;2 86

काहीं **1**|110;3 **7**|78;1

काही **1**|200;3 **7**|123;2

काहूं **1**|63;1 75;1 133;4 134;4 252;1 261;4 292;3 310;1 318;4 323छ2 **2**|45;4 247;4 **6**|48;4 104;4 109छ1 **7**|6;4 72;1

काहु **1**|32ख 161क 356 **2**|92;2 244 **6**|37;4 86;1

काहुक **2**|20

काहुहि **2**|93;1 165;4 267;4 **6**|44;4 **7**|21 21;1 122;8

काहूँ **1**|64;1 85 102छ 137;2 196;1 303;2 355;1 **2**|252;2 **3**|2;3 **4**|29;3 **7**|12ग 79;3 120;9 126;4

काहू **1**|7;4 20;1 41;3 93;4 97;4 137;2 167;2 177;2 184;4 194;4 240;4 249;3 250;1 264;2 281;3 286;4 321;2 332;2 354;3 359;4 **2**|24;4 37;4 49;1 55;1 72;2 79;4 108;4 134;1 157;1 181;4 185;4 209;2 225;1 244;2 261;3 273;4 275;2 279;2 282;2 288;4 309;1 314;2 **3**|19;6 28;3 **4**|23;1 **6**|9;2 118;3 **7**|20;4 39;3 40;1 40;2 60;4 112;2

काहे **2**|30;2 36 161;4 164;2 165;2 184;3 223;1 **4**|12;3 **5**|8;1 **6**|62;4 **7**|2छ 85;1

किंकर **1**|8;2 12;2 **2**|209;1 **7**|2;5 125;5

किंकरि **1**|120;2

किंकरी **1**|336छ

किंकिनि **1**|230;1 299;2 316छ 318;2 327;2 **7**|76;4

किंकिनी **1**|199;2

किंनर **1**|7घ 44;2 61;1 85;3 105 182ख 182;6 262;3 265;1 **2**|134;1 **5**|35छ1 **6**|10;4 109क **7**|12छ1 80;4 81;1

किंबा **6**|20;3

किंसुक **6**|54;1

कि **1**|5;1 10क 46 50 51;1 57ख 69 79 94 97;2 97;4 99;3 108;2 126;4 129;1 130;3 136;2 167;1 181 201;4 208;3 216;1 223;3 246;1 256;2 266;4 267;2 277;1 292;2 309;1 320छ 326छ1 355;3 **2**|4;3 16;3 22;2 28;3 30;1 30;2 31;2 32;3 33;3 35;3 35;4 49 58;2 59 60;3 62 63;3 63;4 68;4 70;3 72;2 72;4 73;4 84;4 91;4 114 127 139;4 140;4 149;2 177;2 182;3 222;1 231 241;3 245;4 252;4 253;2 257;2 261 261;2 271;3 277;1 281;4 283;2 285;3 288 295;3 295;4 300;1 306 **3**|16;3 19छ 21ख 25 28;2 29;7 42;2 **4**|10;3 18;3 **5**|9;4 10;2 20;2 29;1 32;1 38;3 44;2 53 56ख **6**|23ग 23;2 26;4 27;4 29;5 56;4 64;4 66;1 73 78 94 **7**|28;1 29 49;3 72;4 89क 89ख 90;1 90;2 90;3 90;4 91;3 92क 94क 105ख 111ख 112;1 112;2 112;3 112;4 112;5 123ख

किआरीं **4**|15;4

किएँ **1**|1;2 45 56 70;2 81;2 174 194;2 326छ1 **2**|77;2 107 177;2 201छ 216 258;2 259;4 268;3 314;3 **3**|5;5 21;5 25;3 **4**|17;4 **5**|5;4 9;1 29;4 60;1 **7**|62;1 111;8

किए **1**|22 23;1 24;1 24;4 28क 29क 29;3 43;3 74;3 123;2 155 204;1 225;4 288 288;3 323;2 326छ3 351;4 357 **2**|78;1 85;2 87;2 106 109 119 134 137;2 147;1 166;2 202 265;3 272;3 276 287;1 287;2 299 319;2 319;4 **3**|3;1 6छ **6**|42 83;2 97छ 103 106छ 113;3 113;4 118;4 **7**|6;3 14;4 72क 75ख 96;4 97क 102;3

किएहूंकुबेषु **1**|7;4

किछु **2**|48 206;4 211;1 218;2 223;1 231;2 242;4 **7**|92क 112;4 112;5

किधौं **1**|95;4 **7**|1;5

किन **1**|52;1 78;2 151;3 234;1 245;4 271;1 280;4 284;1 **2**|2;4 13 33;3 186;3 **3**|29;6 **5**|13;4 **6**|36;6 61;8 99;2 **7**|13;4 86;5

किमपि **1**|162;1 **6**|107छ

किमि **1**|30ख 103 108 110 115;2 116;2 138;2 170;1 175;4 213 229;1 237 247;3 292;2 297;2 324;1 326;3 330;2 336;1 356 **2**|32;4 59;4 97;3 120 123;4 143;4 153;2 153;4 162;2 162;3 241;1 245;3 303;3 304 **3**|30;8 **4**|30;1 **5**|35छ2 **6**|35;3 35;4 54 60;4 **7**|9;5 28छ 54;4 69;3 73क 88;2 111;5 117;4 121क

किय **1**|19;4 57क 175;1 **2**|24 38 84 101;2 198 245 **4**|0ख

कियउँ **2**|248;4

कियउ **2**|203;1

कियहु **2**|49;4

किया **1**|98छ

कियो **1**|101छ 323छ2 324छ3 324छ4 328;1 354;3 **6**|69;1 84छ 100छ 109छ1

किरन **1**|47;4 198;4 **2**|59;4 277;1

किरात **2**|60;1 98;4 133;4 194 224;2 226छ 250;1 251;1 272;4 276;3 321;1 **7**|14;4 100;3 130छ1

किरातन्ह **2**|135;1 136

किरातहि **7**|30;3

किरातिनि **2**|26 84;2

किराती **2**|13;2 159;3

किरिच **7**|121;6

किरीट **1**|11;1 **6**|32;5

किरीटन्हि **7**|106;6

किलकत **1**|203 **7**|77;5

किलकनि **7**|77;4

किलकिलाइ **6**|65;2

किलिकिला **5**|28;1

किसलय **2**|66;1 **5**|12;6 15;1 **6**|11;2

किसलयमय **2**|89;4

किसाना **4**|15;4

किसु **1**|78;

किसोर **1**|220 221;4 229;1 232;1 232;2 242 291;3 293;2 **2**|116

किसोरकु **1**|263;4

किसोरा **1**|208;3 215;3 223;1 258;2

किसोरी **1**|235;3 **2**|60;1

किहें **2**|299;2

कीं **1**|210;1 **2**|322 **3**|39;2 **5**|30;2 57;6 **6**|24 33ख 67;2 114;4 **7**|19;1

की **1**|9;3 10छ 18;4 23;2 24;2 28क 29;2 29;3 42 69;4 85छ 90;4 94छ 108;4 136;3 147;2 184 190;4 199;3 200;1 216;1 218;2 243;4 255;4 272;2 279;3 282;2 299;4 311;3 327छ3 336छ 338;3 351;1 355;4 **2**|57;1 58;2 74;3 80;3 91;3 102;2 126छ 150;3 176छ 201छ 221;1 221;2 224 234;1 239;4 240 240;1 240;3 241;4 251छ 276छ 286;2 286;4 289;2 289;3 301;1 301छ 303;4 304;2 305;1 314;2 315;1 317;1 321;4

3|10;3 10;4 12 13;5 14;3 25;4 28;5 28;6 29;7 31;2 32 **4**|1 1;5 2;4 4 9;2 9;3 11;4 **5**|3छ3 6;4 9;4 13;5 16;1 21;1 30;4 32;2 44;4 53 56ख **6**|4;4 32;4 35;4 60;1 82;4 99;6 101छ1 104;4 106;3 109छ2 **7**|2;8 8;4 28छ 40;1 66;1 67;3 74;4 96;5 99;1 105;3 106;8 112;1 115;5 117;2

कीच **2**|182;2 252

कीचहिं **1**|7;5

कीचा **1**|194;4

कीजिअ **2**|38;1 95;1 172;1 175 189 256 258;4 268 268;1 269;1 290;3 291;4 **6**|6;5 7;2

कीजिए **2**|93;1

कीजिऐ **4**|10छ2

कीजे **1**|169;4 **3**|13;9 **4**|4;2 **5**|5;1 34;4 57;4 **6**|6;3 116;3

कीजै **1**|192छ4 **2**|77;2 **3**|25;2 **5**|22;5 **7**|10;4

कीट **2**|26;2 **3**|25;4 **5**|53;3 **7**|71;3 95ख

कीती **5**|35;3

कीनहेउँ **3**|29;2

कीनहेहु **1**|163;4

कीन्ह **1**|5;1 6 7ख 13;3 14च24;4 25;2 26;2 30;2 35;3 47;4 49;1 50;4 53;3 53;4 56;1 56;2 56;4 57;1 57क 57;4 59;1 60;3 62 63;4 75;1 83 83;2 84;3 89;2 96छ 98छ 100;4 101;2 102 102;3 103;1 110 111 123 123;3 125;3 128;1 137;4 139;2 142;4 152;4 154 157;1 158 158;4 160;3 170;1 171;2 173 177;1 192छ3 193 201;1 203;2 206;3 215;1 237;4 238;3 280;3 286;3 287;4 304;2 308;1 308;4 312;3 319;1 323;4 335;1 337 337;2 338;4 339;4 351 353;2 354

2|9;4 20 32;1 34;3 39;3 43 50 69;1 74 84;3 87;1 87;4 89 91 92;1 97;1 99;3 102 104 105;1 108 108;4 110;3 111 111;3 112;1 115;2 118 119;2 119;3 120;3 134;1 134;3 136;2 139;2 147;3 156;4 162 170;3 180;3 181;3 183;3 184 186;1 187;4 193;3 193;4 196;1 197;2 199;1 200;3 201;3 203 203;2 204;2 210;1 212;2 214 216;1 218;2 223;3 226;1 229;1 232;3 239;4 243;3 244;2 244;4 246;3 247 260;4 262;2 263;2 266 266;4 275;1 275;4 277;4 287;2 292;1 292;2 295 298 307;3 310;3 314;3 316;1 319 319;2 320;3 321;1 322;2 324;1 **3**|1 2 9 14;1 29;10 37क 41;1 44

4|10 12;2 13;3 24;2 25;2 **5**|1 2;4 3 8;4 19 19;3 22;3 25;3 27 31;3 35;2 47;4 51;4 57;4 59;3 **6**|23;4 45;4 56 63;1 64;5 71;3 74;2 76;1 76;8 83;3 95 100 101;1 101;6 119क 119ख 120क 120ख **7**|6;2 12ग 32 33;1 56;2 57 62;4 67;1 69;1 70ख 70;4 83;3 106क 107क 109;2 123;4

कीन्हा **1**|59;2 60;2 65;1 66;3 79;2 89;1 96;4 97;1 98;4 107;2 124;4 137;3 143;1 153;4 158;3 174;3 177;3 183;1 187;2 188;1 190;1 200;4 203;1 211छ2 211छ3 226;1 261;3 263;4 279;4 293;1 319;2 329;4 347;4 **2**|2;3 7;1 16;3 26;1 46;3 48;1 69;2 86;3 89;2 102;1 118;4 119;4 121;2 125;1 170;4 174;2 177;1 179;2 180;2 194;3 198;1 203;1 247;4 264;4 305;4 **3**|8;4 43;2

4|5;3 11;4 24;4 **5**|2;5 3;2 6;2 7;3 **6**|5;2 12;4 40;2 59;3 71;2 93;3 105;3 107;3 112;1 **7**|10;1 12;3 48;1 63;4 67;2 105;4 111;7 113;3

कीन्हि **1**|24;2 29;1 29;3 33;1 50;1 64 83;4 88;3 128;3 132;2 137 137;4 141;3 164;3 173;1 179;3 207;2 210;4 226;2 228;3 271;4 306;1 321;1 343;3 352;3 352;4 353;1 358 **2**|29;5 39;1 50;3 60 102;3 103;4 106;3 151;1 171;1 171;3 212;4 213;3 229;2 232;4 253;1 283;1 287 298;4 300;3 300;4 319;1 **3**|17 19छ 19;3 30;1 36 **4**|5;1 **5**|16;4 20 30;3 46;4 **6**|22;4 24;4 32;1 46;5 62;1 63;2 68;1 105;4 108;7 110;2 111 116;2 **7**|13क 16;2 18ख 37;2 55 58;2 63ख 66;2 68;2 70क 70;2 123;2

कीन्हिउँ **1**|257;4 **7**|83;4

कीन्हिसि **5**|19;5 25;1

कीन्हिहु **1**|47;2 112;4 113;1 207;4

कीन्हीं **1**|110;4 331;2 **2**|252;2

कीन्ही **1**|91;3 226;3 230;1 235;2 237;2 272;4 336;4 342;4 352;1 356;3 **2**|84;2 162;2 170;3 201छ **3**|8;2 31;1 32 **4**|2;4 20;1 25;4 **5**|7 59;3 **6**|86;3 106;3 107;2 118;2 119;3 121;2 **7**|66;4

कीन्हें **1**|11;4 249;3 **2**|167;3 **5**|1 36;5 **7**|112;2

कीन्हे **1**|65;4 110;4 154;4 179;4 229;3 238;2 257;1 283;2 288;1 304;2 331;1 335;2 339;3 340;1 **2**|43;3 52;1 80;2 99;3 104;4 107;1 109;3 206;3 256;4 272;4 311;3 **3**|15;1 **6**|39;3 98;5 106;4 114;5 **7**|12;4 19;4 24;1

कीन्हेउँ **1**|236;2

कीन्हेउ **2**|148 161;1 198 **3**|37ख **5**|29;3

कीन्हेसि **1**|126;3 **2**|18 51;2 **5**|28;2 41;3 **6**|36;3 50;4 52;2 73;3 73;4 73;5

कीन्हेहु **2**|55;4 207 209;3 **6**|20;2 63;3

कीन्हों **2**|276छ

कीर **1**|227;3 **3**|38;3 **7**|117;2

कीरति **1**|3;3 13;5 14क 14;5 16;2 17;3 34;4 42;1 51छ 114;2 251 251;2 267;2 295;3 324छ4 357;2 359;4 **2**|72;4 210;1 287;2 288;4 305;1 306;2 **3**|32;5 **6**|66;2 106छ **7**|50

कीरा **2**|162;1

कील **1**|328;4

कीस **1**|18;1 137;4 **4**|21 **5**|53;3 **6**|23;4 23छ 24;1 27;3 34;7 40;2 40;3 59;2 69 74ख 95 101;3 101;5 103 108;5 **7**|67;1 67ख

कीसन्ह **6**|100छ

कीसा **4**|27;1 **5**|17;3 21;1 35;1 55;4 56;2 **6**|19;1 24;5 28;1 34;5 76;7 96;2 98;1 118;1

कुंकुम **1**|194;4

कुंचत **1**|199;5 219 **7**|77;3

कुंजर **1**|255;3 243 322छ **2**|106;1 326;4

कुंठित **1**|280;1

कुंड **6**|44

कुंडल **1**|92;1 147;3 243;2 327;4

कुंत **5**|15;2

कुंद **1**|0;4 106;3 **3**|30;6

कुंभ **6**|12;1

कुंभकरन **1**|4;3 122 176;2 177;3 180;2 **6**|27 62 62;3 62;4 64;1 65;1 67;1 67;4 69;1 90;3 119;6 **7**|67ख

कुंभज **1**|32;3 48;1 51;4 256;4 **3**|12;1 **7**|35;2

कुंभजादि **6**|120;1

कुजंत्रू **2**|212;2

कुअँर **1**|229;1 233;4 244;3 302 326;1 327 327छ2 330;2 335;4 348;4 350;1 354;1 **2**|146;4

कुअँरि **1**|131 134 135;2 245;3 251 252;3 264;2 266;2 322;1 324छ3 325;1 325छ2 327छ2 327छ3 334;4 336;4 337;3 338 350;1

कुअँरु **1**|325;1

कुअंक **1**|32;5

कुअवसर **2**|74;1 213;1

कुअवसरु **1**|68;3 **2**|228;2 316 **6**|60;2

कुआर **3**|17;6

कुआरि **1**|252;3

कुआरी **1**|71;2 81;3

कुकबि **1**|10;3 28;4 247;2

कुकरमू **2**|204;4 253;3

कुकाठ **2**|212;2

कुखेत **2**|158;2

कुगाँव **2**|223;4

कुघरी **2**|26;4

कुघातु **2**|22

कुचालि **1**|32क 35;5 **2**|23;4 39;1 207;3 218;2 271;2 296;1 302;1 317;1

कुचालिहि **2**|51;2

कुचालीं **2**|246;3

कुचाली **1**|29;3 **2**|11;3 14 20;2 228;4 251;2 253;1 261;2

कुचाह **2**|226;4

कुजाति **6**|33क **7**|102;3

कुजाती **1**|6;3 **2**|13;2 196;1 251;2 **7**|106;4

कुजोग **1**|7क

कुजोगी **6**|34;7

कुजोगु **2**|212;3 291;1

कुटिल **1**|8;5 115;1 125;4 136 147;3 165 176;4 241;3 252;4 267 268;3 270;3 274;1 285;4 **2**|13;2 14 27;3 34;1 42 47;2 50 160;4 168;1 171;3 172;4 205;1 228;2 251;2 252;3 273;1 299;1 316 **4**|2 **5**|58;1 **7**|1;5 1;6 39;3 106;4

कुटिलई **7**|121;17

कुटिलपन **2**|18

कुटिलपनु **2**|47;3 91

कुटिलमति **2**|178

कुटिलाईं **2**|184;3

कुटिलाई **2**|10;4 163;1 178;1 189;2 219;4 228;3 263;4 267;2 **4**|7;4 **7**|46;1 106;8 130;4

कुटीर **2**|321

कुटीरा **2**|324;1

कुटुंब **1**|172 **2**|208;4 **7**|101;3

कुटुंबी **4**|16;4

कुठाटु **2**|212;3 295

कुठायँ **2**|30 306;4

कुठार **1**|275;3 275;4 279 281;2 282;1 **7**|37;4

कुठारा **1**|273;4 276;3 **6**|26;1

कुठारी **1**|114;1 **2**|34;3 92;1 **6**|20;4

कुठारु **1**|268;4 273;2 279;4 280;1 281;4

कुठारू **1**|273;1 **2**|190;4

कुठाहर **2**|36;1 **5**|46;2

कुतरक **1**|32क 119;4 **2**|233;4 264;1

कुतरकी **1**|9;3

कुतर्क **1**|38;5 **7**|90ख 93;3

कुदाउ **2**|73

कुदाना **7**|99;1

कुदारी **7**|120;7

कुदृष्टि **4**|9;4

कुदेस **2**|223;4

कुधर **3**|20छ5 **5**|55;3 **6**|41छ 70;4 79;3

कुधात **1**|3;5

कुनारी **4**|7;5

कुपंथ **1**|12;1 38;4 231;3 **3**|28;5

कुपथ **1**|32क 133;1 **4**|7;2

कुपथ्य **7**|122;2

कुबंधु **2**|228;2

कुबरिहि **2**|23;1

कुबरीं **2**|20;1 21;2 22;1

कुबरी **2**|13 163;

कुबलय **5**|15;2

कुबस्तु **1**|7क **2**|311;3

कुबामा **2**|223;4

कुबिचारी **1**|8;5 117;1

कुबिहग **2**|28;4

कुबुकि **2**|47;2

कुबुद्धि **2**|13;2 31;1

कुबुद्धे **6**|94;3

कुबेर **1**|179;4 **6**|8;2 104;4 **7**|4ख 28छ 60

कुबेष **1**|79;3 161;1

कुबेषता **2**|25;4

कुबेषू **2**|26;4

कुभाँति **2**|30;1 39;4 158;2

कुभाँती **2**|31;3

कुभाउ **2**|257

कुभाऊ **2**|271;4

कुभाग्य **6**|94;3 **7**|106;4

कुभायँ **1**|28;1

कुभोग **7**|14;4

कुमंत्र **2**|295 **3**|21;5

कुमंत्रु **2**|228;3

कुमंत्रू **2**|212;2

कुमग **2**|315;3

कुमत **2**|21;3 28;4 162;1 212;2 302;2

कुमति **1**|24;2 41;4 **2**|23;3 23;4 28;4 30;1 33;2 36;1 42 92;1 162;1 196;1 241;3 251;2 262;1 299;1 **5**|40;3 40;4

कुमतिहि **2**|25;4 48;1

कुमतिही **6**|36;1

कुमाताँ **2**|201;3

कुमातु **2**|181;3 183

कुमार **1**|204;2 278;3 348 352 **2**|81

कुमारग **3**|46;3 **5**|22;2 **6**|33;3

कुमारगगामी **6**|110;2

कुमारा **1**|46;4 103;4 **3**|12;4 17;2 25;3 **4**|20;2 **5**|19;3 **6**|61;7 **7**|87;1

कुमारि **1**|70;3 115 182ख

कुमारी **1**|67;2 102;2 130;2 131;4 142;3 **2**|140;1 **3**|17;5

कुमित्र **4**|7;4

कुमुख **1**|180 **2**|43;4

कुमुद **1**|32ख 238 255;1 **2**|64 209;1 294;2 **3**|44;2 **7**|51;3

कुमुदगन **1**|264

कुमुदबंधु **1**|243;3

कुमुदिनीं **2**|118;2 **7**|9क

कुमुलानी **1**|208;1

कुम्हड़बतिया **1**|273;2

कुम्हारा **7**|100;3

कुम्हिलाहीं **2**|83;4

कुयोगिनां **3**|4;10

कुरंग **2**|98;4 140;3 **3**|29ख **5**|42;4

कुरंगा **1**|49;2 **2**|138;1

कुररी **3**|31;2

कुराईं **2**|311;3

कुरितु **6**|5;3

कुरी **7**|15;4

कुरुचि **2**|161;4

कुरूप **1**|133;4 **2**|16;3

कुरूपा **3**|19;3 **7**|66;2

कुरोग **2**|158;4 212;1 **7**|121;19

कुरोगा **2**|317;1

कुल **1**|31;5 37;3 171;3 174;2 175;4 201;1 224;4 273;3 274;1 284;2 285;1 302;1 313;4 319;1 320छ 322;2 323छ2 331;4 334 349 **2**|15;2 17;4 18;4 34;3 39;3 50छ 54;4 92;1 126;2 159;4 161;3 164;3 194;3 195;4 201;3 223;3 233;1 263;2 287;1 295;1 305;1 308 316;4 **3**|5;7 11;7 19;6 26;1 29;9 31 35;3 **4**|15क 17;4 **5**|36;1 36;5 40;4 50;1 50;2 56क 56ख **6**|20;2 21 21;3 22;1 37;1 38;3 39;2 64;4 104;5 **7**|51;3 **7**|58;1 127 127;1

कुलगुर 1|323;4 324छ3 2|294;3 5|50
कुलगुरु 2|293;1
कुलघाती 5|52;4 6|33;2
कुलदीपा 2|283;3
कुलदेवा 2|6;4
कुलपूज्य 7|8;4
कुलबृद्ध 1|286
कुलमान्य 2|49;2
कुलरीति 1|339;1
कुलवंती 7|101;2
कुलह 2|28;4
कुलहि 1|284;2 5|22;4
कुलि 1|35;5 2|254;3
कुलिस 1|113;4 199;2 214;1 273;4 288;2 2|25;2 153 153;1 166;4 179 200;2 220;4 247;3 262;3 281;3 4|8;3 6|32;4 35;4 81छ2 91;1 7|13;4 109;7
कुलिसरद 1|180
कुलिसहु 1|258;2 7|19ग
कुलिसादिक 7|76;4
कुलिसायुध 6|73;1
कुलिसु 2|179;4
कुलीन 2|145;1 7|101;4
कुलीना 5|7;4
कुलु 1|71;2 2|195
कुस 1|101;1 2|62;3 66;1 89;4 119;4 199;1 200 211 311;3 324;2 7|25;3
कुसंकट 1|22;3
कुसंग 1|7;4 38;4 4|15ख
कुसंगत 1|3;5
कुसंगति 1|7;6 2|24;4
कुसकेतु 1|325छ2
कुसगुन 2|81;2 157;3
कुसपने 2|20;3
कुसमउ 2|141;3 165;3 253;3 297;1
कुसमयँ 2|304 306;4
कुसमय 1|50;1 102;3
कुसलं 6|111;5
कुसल 1|41;1 83 161;1 215;2 267;1 287;4 290 291;2 302;4 2|10;2 12;4 13 14;1 24;1 35;3 88;2 88;3 103 103;2 107;1 146;4 149;2 151छ 151;4 157;4 158 159;3 159;4 191;3 195;2 195;4 216;2 224;4 270 270;4 316;4 3|12;6 26;1 29;8 4|22;2 5|14;2 14;5 29 29;2 30;1 46 46;2 46;4 47;3 6|21;4 21;5 60;1 78;1 85 107;1 107;3 107;4 108;1 112 121;1 121छ1 7|2ख 2;2 3;1 3;2 5छ2 5;2 51;4 67;3
कुसलाई 1|308;1 5|6;3
कुसलात 1|55
कुसलाता 1|63;2 2|270;3 5|53;2 7|2;6 7;1
कुसली 2|151छ
कुसाजु 2|39
कुसासन 7|1ख
कुसुम 1|233;1 243;4 257;1 3|1;2 24;4
कुसुमहु 7|19ग
कुसुमांजलि 1|265;2
कुसुमित 1|86;3 126;1 191;2 3|40;4 4|13;1 6|54;1 7|32;1
कुसेवकु 1|28;2
कुष्ट 7|121;17
कुहू 3|40;5
कूँड़ि 2|191;3
कूजत 1|212;4 227;3 227;4 2|236;3 249 3|38;3 7|56
कूजहिं 1|126;1 288;3 7|23;2 28;3 29छ
कूट 1|357;2
कूटि 1|134;2
कूदे 6|45
कूदि 5|1;3 26;4 6|24;1 41;4 43;3 85;3 97;4 98;5
कूदहिं 2|191;3
कूप 1|94छ 155;4 212;3 2|21 310 310;1 310;3 5|3छ2 7|29छ 73क
कूबर 2|163;2 163;3
कूबरीं 2|31;1
कूबरी 2|34;2 50

कूबरे **2**|14

कूर **1**|8;5 10छ 266;1 **2**|299;1

कूरुम **1**|261छ

कूल **1**|39 **2**|34;2 **6**|87छ

कूला **1**|39;6

कूलुम **6**|23;2

कृत **1**|10;2 10;3 13;2 70;1 115;4 223;3 **2**|92;2 234;3 **3**|2;7 **4**|16;1 **5**|3छ1 10;1 39;4 56;2 **6**|3;2 11;3 22;3 24;3 37;3 76;4 85छ 92;5 94;2 99;4 100 103;2 111;4 **7**|14;2 19;1 21 41 44 57;1 66;1 66ख 71;1 71;3 78;4 88क 104;1 104क 104;4 118;8

कृतकृत्य **1**|222;4 286;3 **5**|17;3 **6**|111;9 **7**|52क 125;1 129

कृतग्य **1**|76;3 **6**|62;1 **7**|21;4 34;3 124;3

कृतजुग **7**|23;3 40 102ख 103;1

कृतांत **3**|29;6 **6**|81छ1 84;3 85छ

कृतारथ **2**|206;3 250 **7**|47 63क 63ख 118;3

कृपन **1**|259;1 **2**|144;4 172;3 **4**|7;5 **5**|58;1

कृपनाईं **1**|149;2

कृपनाई **2**|35;3

कृपाँ **1**|0;2 14;6 15;5 18;4 28;2 118;2 120;2 211छ2 280;3 330;3 357;3 **2**|127;2 298 305;3 **3**|9;1 **4**|7;8 18;3 21;3 29;1 **5**|29;2 55;1 57;5 **6**|3;4 72;1 **7**|8;4 52क 62;4 69;4 115;4 116क 117;5 122;3 126;4 129;4 130;2

कृपा **1**|0;4 ;5 3ख 3;4 7घ 14ख 16;4 18;3 28;2 30;2 38;3 105;3 109;3 112 129;2 132;3 138;4 146;3 150 161;3 166 176;4 196;3 200;3 207;4 210 240;1 277;2 279;3 280;1 280;2 282;2 331 **2**|2;2 4;1 88;4 95;1 103;4 107;4 151;4 183;2 183;3 251छ 260;3 260;4 267;1 300;3 316;2 **3**|6;2 6;3 8;2 11;5 19;7 23 29;2 **4**|7;11 **5**|5;2 7 7;1 17;2 23 30;2 34;1 35;1 35;2 39;2 47 49;1 54;1 56;2 57;3 **6**|11क 17क 46;1 48;1 55;2 70;2 80ख 80;3 91;4 103छ1 113 116;2 117ख 117;4 121छ1 **7**|14;10 18;1 19;5 24 36 47;1 49 50;2 51;1 68;2 69;4 71ख 74;2 75;1 83;3 84ख 84;4 89;3 90क 108ग 109;2 115;6 120;6 121;4 124;2 125ख 129;2 130छ3

कृपाकर **1**|8;2

कृपादृष्टि **6**|52;4 103 105;4 **7**|6;3

कृपाधाम **6**|117;1 **7**|47;1

कृपानंद **7**|36

कृपान **3**|19छ 20छ3 **6**|40;4 87;2 **7**|119;1

कृपाना **3**|29;11 **5**|10;1 10;5 **6**|42;4 73;1 80;4

कृपानिकेत **3**|26छ **5**|44 **7**|3क

कृपानिकेता **1**|50;2 88;3 214;4 **3**|13;5 **6**|60;3 107;3

कृपानिकेतु **2**|232

कृपानिधान **1**|120क 148 259;4 **2**|126छ 240 **3**|20क **6**|12ख 99;6 **7**|5छ2 12ग 30

कृपानिधानहिं **2**|274;2

कृपानिधाना **1**|133;4 146;4 152;3 165;4 **2**|66;3 97;1 **3**|6;1 31;2 **4**|10;1 23;6 **6**|17;3 49;2 66;4 80;2 90;5 **7**|2;4 62;4 69;1 109;1 113;4

कृपानिधानू **2**|302;4

कृपानिधि **1**|46;3 76;4 90;3 121;4 137 149 205;3 **2**|300;3 319;4 **3**|12;2 **4**|12 **5**|30;4 35 **6**|2;1 4;1 49;1 119क **7**|5छ2 37;1 74;4 110घ 115;4

कृपापात्र **7**|70;1

कृपामृत **1**|145;3

कृपायतन **1**|61 260 **2**|201 **7**|34 52क

कृपालं **7**|108;2

कृपाल **1**|13;3 14ग 87छ 105;4 118;2 120;1 124;1 150;2 167 204 211छ4 308 **2**|68;2 93 100छ 102;2 115;1 141;4 250;4 269;4 299 300;1 307;4 313 313;1 **3**|1 2 2;7 32छ2 46छ **4**|0ख 12;2 **5**|14;2 34;3 38;2 44 47;3 49;4 59 60;3 **6**|4;2 5;1 38;2 45;3 47;2 61;9 96छ 100;3 102छ 103;6 113 113;3 116;3 120क **7**|2;8 6;2 11;3 20;1 25;1 50;2 55;1 81ख 82क 82;3 92छ 94क 107;1 108घ 110ग 121;1 124क

कृपालहि **2**|291;2

कृपाला **1**|28;4 57;4 76;3 92;2 106;3 132;2 135;2 138;2 139;2 142;3 152;4 186छ1 192छ1 240;2 287;1 **2**|126;3 **3**|8;1 10;12 27;2 33;1 41;2 **4**|6;6 8;2 **6**|11;2 13;2 30;2 84;4 102;3 **7**|6;3 121;8

कृपालु **1**|28क **2**|101;2 **3**|4;1

कृपालू **2**|155;1

कृपासागर **1**|101छ

कृपासिंधु **1**|17;4 58;1 70;4 88;4 89;1 122;1 151;1 164;4 208ख **2**|72;4 83;2 101;1 112 141;3 238 259 301;4 303;1 **3**|30 42ख **4**|5 **5**|57;5 **6**|27;1 37 48क 77;3 104 106;1 115 117क 117;2 119ख **7**|4क 5;4 7;3 10;2 24;2 24;4 37;2 48;2 50;1 93ख 113;1

कृपाहीं **2**|256;1

कृपिन **6**|31;1

कृमि **2**|60;1 **7**|95ख

कृशानुः **3**|11;3

कृषी **1**|4;4 261;2 **4**|15;4

कृष्न **1**|88;1

कृस **1**|143;4 **2**|76;2 163 188;3 277 **5**|8;4 **6**|116ख **7**|0क 1ख 5;1

कृसानु **1**|4;3 19;1 69;3 126;2 276 **5**|15 **6**|109;4

कृसानुहि **7**|30;4

कृसानू **1**|283;1 285;1 **2**|54;4 **5**|15;1 58;1

कें **1**|9 33 39;4 79;3 80;4 89 97;2 98छ 115;2 115;3 127;2 153;2 158;3 181;1 182;1 187;3 198 236;2 241;2 259;3 276;1 279;4 292;1 300 325;5 328 354;3 **2**|1 18;2 94;3 128;4 129 130 130;1 131;4 177;3 178 185;1 208;3 215;3 226;1 254;4 269;2 270 282;3 291;2 293 302;2

3|28;4 34;3 36;3 38ख 38;6 39;1 45;3 **4**|7;2 25;3 29;3 **5**|14;5 21;1 22;2 24 26 33;1 40;3 48 60;1 **6**|4;3 13क 25;2 29;1 35;1 72;1 113;4 120;1 **7**|9;4 14;6 14;7 15 15;5 16;4 22 23 26;4 78;3 107;1 113;7 116;1 122;1 128;3 130;2

के **1**|1;4 4;2 4;3 7ग 12;2 12;5 14;2 15;2 17;2 18;1 18;2 20 20;2 20;4 31;2 32;1 32;2 32;3 32;4 32;5 33;3 38;4 40 64;3 66 66;2 69;2 79 79;4 85 85;1 85;4 88 93;2 97;4 98 104 117;2 119;4 122;1 122;2 123;1 128;1 130 140;3 159;2 160;4 165;2 167;2 168;4 170;3 171 177;2 179;1 182;4 182;6 183 184छ 184;2 185;4 196 197;2 205;2 210;5 216;4 217;1 218 221;2 221;4 224;3 226;2 233;1 243;1 245 245;1 250;4 251;4 269;4 272 272;1 275;1 276;4 283;3 284;3 287 287;4 288;2 291 292;1 293;2 295 301;2 312;4 324;3 328;2

2|15;4 19 44 50;2 53;2 54;1 56;4 64;1 72 74;3 74;4 75;3 78;2 100 107;1 115;4 122;4 128;2 128;3 129;3 130 130;1 130;2 130;3 130;4 131;1 131;3 136 138 139;1 152;2 164 166 168 174 175;4 176;4 179;4 181;3 185;1 190;1 242 246;2 251;4 252;4 257 265;3 289;2 290 306;4 314 316;3 316;4 318;3 **3**|3;2 5;1 5;6 8;1 9 11;9 16 19ख 20छ1 21;1 22;2 22;4 24;4 31;5 34;3 39ख 42;4 45;1 45;3 46;4 **4**|2;1 7;9 9;1 14;2 15क

5|1;1 3;1 4;4 11;4 13 29;1 29;3 30;3 38 38;3 42 45;1 52;1 53;4 58;3 59;3 **6**|1;5 3;3 4;1 8 12ख 17;3 25;3 27;2 29;1 31ख 32;5 38ख 38;5 39;1 40;2 41;1 41;2 44;3 45;1 46;5 49छ 54;1 54;4 60;2 61;7 64;3 68 74;1 79;4 79;6 87 87;1 90;4 91;3 92;2 93;3 94;3 97 97;3 99छ 99;7 106 108;2 109;1 114;4 117;1 119ख 119;5 121क **7**|4;4 8क 10;3 13क 14;5 21;2 25;2 29;2 30;5 37;3 41;4 42 42;2 47;1 47;4 49;3 50;1 63;2 70ख 78क 87;1 93;1 94;1 96क 99;3 103ख 104;1 110क 111;7 111;8 115;3 120;4 124;1 124ख 128;3

केइँ **2**|26;1 **3**|22;1

केउ **1**|271;1 **2**|98;3

केकई **1**|41;4

केकि **1**|316;1

केकिहि **1**|161ख

केत **1**|4;3

केता **7**|115;6

केतिक **2**|11;2 253;3 **5**|32;2 **7**|106;2

केतु **1**|94छ 334 344;3 **2**|87 **6**|0ग 32;5 92;1 92;7 92छ **7**|35;4

केतुः **3**|11;7

केतू **1**|304;3 **2**|164;4 **6**|37;1 102;4 **7**|9;1 58;1 121;10

केते **3**|19;2 **6**|24;6

केन **7**|103ख

केर **5**|36;1 **6**|12;2 23;5 36;2 120;2 **7**|0ख 39;1 79;1 129;2

केरा **1**|170;2 **2**|6;3 **3**|21;3 **6**|12;5 100;5

केरि **1**|255;1 260;3 **2**|12 **3**|27;5 **6**|40;1

केरी **1**|29;4 41;4 124;2 129;4 177;4 231;3 282;2 **2**|7;3 23;3 49;2 55;2 114;3 **5**|40;4 53;2 **6**|1;2 22;2 98;1 99;1 **7**|22;2 96;5

केरें **1**|4;1 161;2 213;3

केरे **1**|14;2 18;2 93;2 140;1 176;3 179;1 214;2 339;1 **5**|59;1 **6**|30;2 32;5 **7**|25;4 70;1 104;1 120;6

केलि **1**|198;1 **2**|10;3

केलिमृग **2**|83

केवट **1**|41;1 **2**|100 101;3 102;1 102;2 151;1 153;1 237;1 243;3 276;2 **7**|65;2

केवटहि **2**|101;2 244;3

केवटु **2**|100;2 102 241 242;4

केवलं **3**|4;9

केवल **1**|13;3 27; 272;3 275;4 357;3 **2**|56;1 58;2 137;1 164;4 305;3 **3**|38ख **6**|90छ 114;2 **7**|36 103;2 110;3 115;1

केस **1**|147;3 219 **4**|11;1 **6**|85छ

केसरी **6**|12;1

केसा **2**|2;4

केहरि **1**|32;4 92;1 147;4 219;3 233 243 **2**|54;2 59 62;4 98;4 112;4 132;2 136;3 138;1 160;2 **3**|30;6 37;1 **5**|54 **6**|79;5 **7**|77;1

केहरिनाद **5**|35;5

केहरी **6**|36;2

केहिं **1**|10;4 230;4 290 335;2 **2**|20 35;2 49;3 54;4 **3**|29;1 **5**|21;2 30 31;2 **6**|10;1 **7**|130छ1 130;4

केहि **1**|8;6 12;5 48क 53;4 78;2 84छ 88;4 120;4 192छ2 207;4 258;3 263;3 271;4 283;4 318छ 321छ 325छ1 341;2 356;4 **2**|13;2 14;1 25छ 25;4 26;1 47 58;2 60;2 81;3 109;1 113;1 172;1 173 178;2 181;2 195;1 224;3 228;4 229;1 241;2 241;3 249;4 253;1 255;1 273;1 305;4 **3**|6;5 31;4 35;1 37;2 43;2 **4**|11;3 **5**|14;2 21;1 27;4 30;4 33;3 34;4 37;5 43;3 46;3 50;3 **6**|0ख 21;1 28;4 39;1 80;2 99;2 **7**|16;2 48;3 54 55;1 55;2 63क 70क 70ख 70;4 71;1 71;3 71;4 110ग 112ख 124;2

केहीं **1**|172;2 325;4 **2**|139;4 175;3 291;2

केही **1**|289;2 338;1 345;2 **2**|91;4 103;3 181;2 199;3 214;4 275;2 **7**|70;4 71;1

केहू **2**|271;1 310;2 **6**|44;4

कै **1**|30ख 33;3 44 47;3 50;3 65;2 76;2 76;4 77;2 82;1 85;2 85;4 97;2 101;1 111;3 113;4 119;4 121;3 128;4 137 142;1 142;3 155;2 161;3 181;4 184;2 196;3 200;2 205;4 209 217;2 231;4 234;2 258;3 259;3 265;4 270;2 284;3 289 289;3 291;1 292;3 295;3 296;3 310;2 325छ2 325छ3 326छ1 326छ4 327छ2 **2**|10;4 18 28;2 29;5 43;1 60;2 80;3 95 168;2 168;4 177 182 183;1 186;2 194;1 244;1 244;2 259 284 303;1

3|2;4 6;2 17;2 18;1 18छ 18;6 21;3 22;2 24;4 29;3 33;3 38;6 39;1 43 43;3 45;1 **4**|2;3 8;4 12;1 13;2 14;1 15;3 16;4 18;1 21;4 24;4 26;2 26;5 27;6 **5**|2;1 3;1 3;5 7;3 25;1 31;5 33;4 42;1 48;3 49;2 52;3 53;4 **6**|3;3 12;3 32;1 36;7 42;5 50;4 55;2 66;3 74;4 75;1 78;4 85 89;3 93;1 96;3 108;1 109;2 109;4 114;2 118;5 **7**|3;5 8;3 18;4 23;3 33;3 36;2 37;1 37;4 40;2 59;2 62;5 63ख 64;3 70क 71ख 71;3 83;4 89;4 95;2 106;2 110;2 119;1 120;1 121;14 122;3 125;3

कैकइ **2**|12 37;2 164;2 171;3 180;4 181;1 201;2 209;2 223;2 **7**|6ख

कैकइहि **2**|47;1 156;4 202;2 206

कैकई **2**|24 49;2 180;3 **7**|6क 10;1

कैकय **1**|153;1

कैकयनंदिनि **2**|91 159;1

कैकयसुता **1**|195;1 **2**|20;1 24;4

कैकेईं **2**|29;5

कैकेई **1**|190;2 **2**|22;1 23;2 23;3 30;4 35;2 38;3 40;1 79;1 84;2 159;3 160;4 178 180;1 244;4 252;3 273;1

कैटभ **6**|6;4 48क

कैरव **2**|10 58 122;1 263;2 **7**|31;2

कैलास **1**|58 179 **6**|22ख **7**|14ख 57 60

कैलासहिं **1**|103;2

कैलासा **1**|58;3 103;3

कैलासू **1**|105;4 **2**|138;3

कैवल्य **7**|119;1 119;2

कैसा **3**|35;3 **4**|17;1 **6**|6;3 62;4 70;6

कैसी **1**|78;1 **2**|234;4 **3**|7;2 **4**|15;3

कैसें **1**|3;6 107;1 116;2 251;1 259;4 263;4 264;1 278;4 279;4 302;1 323छ2 338;2 **2**|22;1 37;4 64;1 71;4 100;1 123;1 142;1 147;4 204;1 **3**|5;7 10;10 29;5 **4**|14;2 **5**|13;6 48;4 **6**|10;3 45;4 86;2 91;3

कैसे **1**|242;1 **2**|43;4 89;1 111;4 **6**|41;1 54;1

कोंछें 7|18;1

को 1|19;1 19;4 21;2 26 28;6 29ख 52;4 57;3 76;3 81;1 84छ 85छ 85;2 94छ 100;3 104;4 113 128;4 159;2 166;3 181;2 199;4 221;1 245;3 247;2 253;3 266;2 274;3 276;1 283 297 300;4 310;3 318छ 321छ 324छ2 327छ2 329;2 335;2 349;1 354;2

2|7;4 24;2 24;4 54;4 67;4 77 106;1 117;1 127;1 149;4 162 162;3 162;4 164;3 165;4 179;2 181;3 183;1 185;4 194;4 202;3 208;1 218;4 222 228;4 229 231;1 232 233;1 238;4 241;2 241;3 243 243;4 255;4 257;2 259;3 261;1 283 285;3 291 299 299;3 304;1 304;2 307;3 326छ

3|2 2;3 5;9 10;6 23;1 26;1 29;3 4|0ख 1;4 5|3छ1 12;2 13;2 26;2 31;3 35;4 41;2 55;1 6|0क 4;5 8;1 23;4 28;2 45;3 55;1 55;4 56;2 65;3 87छ 102छ 114;5 7|2;4 17;1 53;3 62ख 70ख 70;4 71;2 71;3 71;4 118;8 119;5 121;16 130छ3

कोइ 1|3क 48क 124क 195 4|21;3 7|0ग 49;3 72ख 73ख 87क 92क 95ख 116क 123ख

कोई 1|3;1 5;5 8;7 13;1 39;1 44;2 51;2 62;3 69;2 83;4 108;4 118;1 128;1 131;2 137;1 168;3 173;1 180;4 183;4 185;1 186छ1 229;4 253;1 258;2 319;4 2|23;4 37;1 51;2 77;4 124;1 126;1 165;2 186;3 226;4 3|6;4 36;3 4|21;3 5|6;4 15;3 26;2 6|12;3 119;2 7|20;4 44;2 54;1 87;2 90;2 93;3 95;4 98;2 111;8 112;4 120;4 122;10

कोउ 1|10क 12;4 39;2 46 60;4 68 69;3 69;4 93छ 93;4 100 112;3 114;4 117 118;2 126;4 135 138;3 140 161क 164 165;2 166 166;3 175;4 182क 185;1 186छ4 220;4 221;1 222;1 222;2 222;3 223;1 223;2 244;4 252;2 253;1 256;1 260;4 273;2 278;2 280;4 291 294;3 307;1 310;2 311छ 311;4 317;4 335;1

2|14;1 16;3 32;3 38;3 77 92;2 101;4 173 182;2 185;4 202;3 205;4 208;2 223;3 242;4 243;4 254;3 273 276छ 294;4 298;4 3|19;1 23;1 4|16;5 24;1 27;4 5|32;3 43;1 58 6|12;4 23ख 23ग 29;3 43;1 51;4 65;5 73;2 104;5 113;6 113;7 7|4;2 21;3 50;4 54;1 54;2 71;1 84क 85;2 86;4 87;1 87;2 89ख 90;2 91;3 95;3 98;1 119;3 120;6 125;3

कोउकह 3|18;5

कोऊ 1|25;1 58 109;1 122;2 132;1 134;1 151;3 174;2 196;2 208;5 242;4 244;3 266;2 284;1 293;3 2|111;1 182;1 191;1 207;1 231;2 271;3 273;2 287;1 3|23;3 4|1;5 3;4 5|38;4 40;2 6|13क 7|4;2 45;2 47;2 54;2 116;2

कोए, 2|198;4

कोक 1|238;1 238;4 239;1 255;2 2|86 209;2 7|31;4

कोका 1|85;3 2|295;4

कोकिल 1|126;1 227;3 322छ 2|63;4 3|40;5

कोकिलबयनीं 1|286;1 310;4 2|8;4

कोकिला 3|30;5

कोकी 2|66;2 86 140;2

कोकू 2|29;2

कोट 1|178क 213;4 5|3छ1 3;6 6|40 41;1 7|27;2

कोटर 7|107;4

कोटि 1|11;3 24;2 25 33;3 70;4 81;3 86 105;2 140;3 179;1 199;1 220;3 243;1 250;4 273;4 285;2 295 310 327;1 350क 2|27;3 33;3 36 95 95;2 95;4 97;1 107 108;1 115;3 117;1 126;2 157;3 186;3 195;4 200;2 228;3 233;4 244;2 261;2 266;3 268;3 280;2 3|18छ 22;5 4|4;2 30ख 5|26;1 35छ1 44;1 50;4 54;3 55 58 6|34ख 54 63 96छ 120;4 7|11;3 52;1 54;2 75;3 78;4 82ख 85;2 89ख 91क 91ख 91;4 92;1 92छ 92;2 92;3 92;4 107;3 108;3 119;3 122;4

कोटिक 1|342;1 2|18 20;2 28;3 51;2 63;1 87;3 184;4 7|54;1 54;2

कोटि कोटि 1|146 201 220 2|200;4 6|40 65;3 67;1 69

कोटिन्ह 1|283;2 300;4 2|83 5|3छ3 35छ1 55;1 6|34क 41;3 49छ 67;2 83;2 88;5 91;3 94;3 96छ 96;3 7|24;1 80;3 121ख

कोटिहूं 1|100छ 100;4

कोटिहूँ 1|99छ

कोटी 3|5;9

कोठि 2|50;1

कोतल 2|203;2

कोदंड 1|261छ 3|18छ 18;7 25 5|21;4 6|0क 84;4 86;5 91छ 103छ2

कोदंडा 1|147;4 6|80;4

कोदंडु 1|250;2 259

कोदव **2**|261;2
कोना **1**|259;1
कोप **1**|65;1 123 136;1 165;2 166;3 **2**|23;4 25 **3**|20छ3 **6**|32;4 85छ 100छ 111;2 7|109;2
कोपगृहँ **2**|22
कोपभवन **2**|23;2 25;1
कोपर **1**|305;1 323छ1 324;3
कोपहिं **1**|166;2
कोपा **6**|6;2 34;4
कोपि **1**|84छ **6**|47;1 49;5 69;2 69;3 71;2 76;3 76;4 87;4 92;3 92छ 93;3 97;3 98;1 98;5 98;8 101छ1 108;5 **7**|101;5
कोपिहि **6**|27;3
कोपी **2**|299;4 **6**|82;2
कोपु **1**|87;3 269 276 278;1 279;3 279;4 283;1 **2**|15,1
कोपे **3**|20छ4
कोपेउ **1**|84;3 86 **3**|20छ1
कोप्यो **6**|93;2
कोबिद **1**|3;6 11;3 14ग 311छ **2**|288;3 **3**|45;4 **7**|33 41;1 60;2 70क 96;2 106;7 124;3 127;2
कोमलं **3**|4;1 **6**|113छ
कोमल **1**|97छ 356;1 **2**|311;2 **3**|2;5 33;1 **4**|1;4 10;1 **5**|57;3 **7**|19ग 110;1
कोमलचित **5**|14;2 7|38;2
कोमलता 7|102;1
कोमलताई **7**|11;3
कोरि **1**|288 288;2
कोरी **1**|200;2 **7**|1;7
कोरें **1**|9;6
कोल **1**|156;4 157;4 261छ **2**|60;1 98;4 133;4 135;1 138;1 194 224;2 250;1 251छ 276;3 321;1 **7**|100;3
कोलन्हि **2**|226छ
कोला **1**|260;1
कोलाहल **1**|302;3 319;4 **2**|124;4 **6**|18;4 40;1 82छ 119;2 **7**|3ग
कोलाहलु **1**|267;3 323;3 345;4 **2**|23;4 153 **6**|49;5
कोस **2**|204;1 226;1 **3**|6ख 21;3 **4**|18;2 **6**|116क 116;3
कोसल **6**|71छ 89छ 113;7
कोसलधनी **2**|151छ **6**|89;4
कोसलनाथ **2**|270 **5**|35छ1
कोसलनाथा **2**|94;3
कोसलपति **1**|118 313;3 321;1 340 340;2 **2**|271;1 **3**|11;10 **6**|107
कोसलपाल **2**|313
कोसलपुर **1**|141;1 200;1 204 **3**|17;7 **6**|89;2 **7**|3;1 80;1 97;1
कोसलपुरीं **1**|187;2 **6**|115
कोसलराऊ **1**|28;5 242;4 **2**|98;2 173;3
कोसलराज **1**|242 **6**|101छ1 101;8
कोसलराय **1**|326छ2 **2**|135
कोसला **2**|103 **6**|48;1 **7**|22;1 51;4
कोसलाधीस **3**|12;4 **5**|39क 52;3 **6**|7;4 38क 44;1 50;1 76;8 96 112
कोसलाधीसा **6**|39;4 59;4 92;7 93;4 107;4 118;1 **7**|27;1
कोसलेस **4**|2;1 7;15 **6**|109छ1
कोसा **1**|208;2
कोसु **2**|315;4
कोह **1**|32;4 43;3 285;1 **2**|130;1 260;3 **6**|23ख
कोहबर **1**|326छ4
कोहबरहिं **1**|327छ2
कोहा **4**|18;3
कोहाब **2**|28;1
कोही **1**|267;1 271;1 272;3 275;3 **6**|110;5
कोहु **1**|266 341;3
कोहू **1**|13;3 277;1 **2**|50;1
कौं **1**|207
कौड़ी **7**|99क
कौतुक **1**|1 85छ 86;1 94;1 127 129;3 195;4 204;3 225;3 292;4 302;4 319छ 321;4 327छ3 **2**|25छ **3**|20छ4 **4**|24;3 30;6 **5**|1;3 20;3 25;3 34;4 **6**|1;4 5;1 13ख 24;8 30;4 32क 36;2 38;3 46;4 49;3 52;3 53;4 85;3 91छ **7**|6;2 55;1 56;3 57;5 79;3 88;3 101;1

कौतुकनिधि **1**|124;1

कौतुकहीं **1**|66;3 179 **6**|6;1 51;3

कौतुकिअन्ह **1**|81;2

कौतुकी **1**|130;4 132;2 133 140;4 **6**|92;7 117;4

कौतुकु **1**|54;2 253;4 256;1

कौतूहल **1**|326छ4 **6**|55;2

कौन **2**|277;4

कौनु **2**|146;4

कौनें **1**|361छ

कौमुदीं **2**|118;2

कौल **6**|31;1

कौसलनाथ **7**|5छ2

कौसलपुर **5**|5;1

कौसलपुरी **7**|15;4

कौसल्यहि **1**|190;1 **2**|155;2

कौसल्याँ **2**|49;4 154;2 167;1 281;2

कौसल्या **1**|16;2 123;2 187;2 190;2 192छ1 198 200 202 203;4 221;3 294;2 **2**|15;3 148;2 163;4 166 176;1 282;2 283 **7**|7;3 8क 81;4

कौसल्यादि **1**|188 190;1 345;4 **2**|175;3 278;2 319;3 **7**|0ग 6;5 24;4

कौसिक **1**|214;3 221;2 237;1 239;5 274;1 275;3 275;4 291;3 308;1 331 332;3 342;4 343;1 357;3

कौसिकरूप **1**|262;1

कौसिकहि **1**|286;3 320छ **2**|278;3

कौसिकादि **1**|330 **2**|293;2

कौसिकु **1**|359;2

कौसिलहि **2**|14;2 18;2

कौसिलाँ **2**|19 33;4

कौसिला **2**|282

क्यों **1**|324छ4 **3**|18छ **6**|26;2 33क

क्रम **1**|47;2 59;4 110;1 186छ3 200;3 203;3 **2**|72;4 75;3 93;3 110;4 **3**|10;1 16;5 23;3 33 **4**|23;2 **5**|31;2 **6**|109;1 109;4 **7**|20;1 22;4 38;2 45;4 96;1 97;1 98ख 113;2 126;2

क्रमनासा **1**|6;4

क्रियन्ह **1**|325

क्रिया **2**|170;3 248;1 **3**|32 **4**|28;1 **6**|105;4 111;10 **7**|65;3 66;4

क्रीड़त **6**|101ख

क्रीड़हिं **1**|126;3

क्रीड़ा **7**|58;2 77;5

क्रुक **6**|85 85छ

क्रुद्ध **3**|20छ2 **6**|44;1 52 69;1 76;5 76;7 82 82;1 91;1 91छ 93 94;2 98;7

क्रुद्धा **6**|67;1

क्रुद्धे **6**|81छ1 81;4

क्रोध **1**|134;4 135;4 156;3 181;2 209;3 280;3 **2**|34;1 **3**|11;7 21;3 26छ 38ख 39;2 **4**|15;2 19;4 21;2 **5**|49क 54;1 55;3 **6**|19;4 42;5 50;2 66;5 74;2 76;3 85;3 90;1 91;4 **7**|56;2 70;4 105ख 108ग 111ख 111;7 111;8 112ख 121;15

क्रोधवंत **3**|28 29;5 **4**|18;4 20;1 **6**|32;1 51;1 54;2

क्रोधा **1**|63;4 109;3 136;3 **3**|29;9 **5**|19;2 57;2 **6**|43;3 46;4 54;1 82;3 95;3 **7**|106;4 107;1

क्रोधातुर **3**|29;8 **4**|7;14 **6**|95छ

क्रोधानल **6**|55;1

क्रोधिहि **5**|58;2 **7**|128;2

क्रोधी **2**|168;1 173;1 **3**|5;4 **6**|31;2 **7**|40;2 99;2

क्रोधु **1**|277 280

क्रोही **1**|210;2

क्लेस **7**|109घ 118क

क्वौ **7**|102;3

ख

खँचाइ **2**|19;4

खँसेउ **2**|148;3

खंजन **2**|117;4 **3**|30;5 **4**|16;3

खंड **3**|20छ6 **6**|41छ 103;3

खंड खंड **2**|162;1 **6**|82;2

खंडनं **3**|4;4

खंडन **3**|32छ2 **6**|111;11 **7**|51;4

खंडहिं **3**|20छ1

खंडा **6**|53;4 68;3 71;3 76;4 83;2 103;2

खंडि **7**|111;6

खंडित **5**|11;2 **7**|51;3

खंडेउ **1**|261छ **3**|25

खंभ **7**|27छ

खंभन **1**|288;3 325;2

खंभा **1**|287;4 **6**|44;3

खग **1**|7घ 18;2 34;4 66;1 195;4 210;6 239;1 305;2 338;2 **2**|56;2 65 84;1 123;4 124;4 142;2 158;4 193;1 226छ 238;3 277;4 279;2 308;2 311;4 312;1 321;3 **3**|11;3 14;2 20छ7 23;1 29;11 29;5 30;5 33;1 33;3 37क 37;2 40;2 42;4 **4**|13;2 15;5 17;2 24;3 27;5 30ख **5**|3;1 3;4 **6**|26;4 28;1 40;3 40;5 61;5 88;3 102;4 113;4 **7**|23;1 23;2 28;2 29छ 57;1 58;1 59;2 59;4 62;5 70;3 81;1 87ख 91;3 114;5

खगकेतू **6**|72;6

खगनाथ **6**|111;2 **7**|106;3

खगनाथा **7**|111;1

खगनायक **7**|76;1 122;7

खगनायकु **1**|316;4

खगनाहा **7**|63;3 68;4 110;6

खगपति **3**|29;7 **6**|74क 118;5 **7**|15;1 15;3 60;1 63;4 70;2 89;4 93;1 106;7

खगपतिहि **7**|52;3

खगभूपा **7**|114;7

खगराई **7**|89;3 91;1 119;3

खगराऊ **7**|121;1

खगराज **7**|63क 110ग

खगराजहि **7**|30;3

खगराजा **7**|60;3 63;3 72;1 84;3

खगराया **7**|78;1 104;4 118;3 121;7

खगहा **2**|236;2

खगही **7**|62;5

खगेस **4**|7;12 **5**|58 **6**|114;2 **7**|11ग 12क 19ग 22;2 63ख 74;1 75;1 88ख 96;4 101क 109घ 110;4 113;1 115;2 119;1 120ख 124;2

खगेसा **3**|28;5 **7**|31;1 59;4 73;2 79;1 89;3

खग्ग **6**|88छ

खचाई **6**|36;1

खचित **1**|178क **7**|76;1

खची **7**|27छ

खचे **7**|27छ

खच्चर **5**|3छ1

खटाई **1**|57ख

खटाहिं **1**|79

खद्योत **3**|11;1 **4**|15;3 **5**|9 9;4 **6**|6;3 **7**|92छ

खधपर **6**|88;4

खधपरिन्ह **6**|88छ

खनि **2**|324;2

खबरि **1**|175;2 179;2 290;1 **2**|204;2 272;4 **5**|37;4 53;2 **6**|23;5

खभार **6**|46

खभारू **2**|97;2 227;3 263;1

खर **1**|42;2 93छ 275;3 **2**|158;3 **3**|18;1 19;1 19;7 20छ2 22;6 23;1 25 **5**|3छ3 11;2 21;5 **6**|26;2 29 36 78छ 87छ 90;3 102;4 **7**|51;3 66;2

खरतर **3**|20छ2

खरदूषन **3**|21;3

खरभर **6**|100;5

खरभरु **1**|84छ 95;1 268;1 **2**|49;1

खरभरे **5**|35छ1

खरारि **5**|22 **6**|113;2

खरारी **1**|192छ1 202;3 **3**|11;9 **4**|6;4 29;4 **5**|14;2 **6**|38;2 70;2 73;6 **7**|6;2 109;3

खरी **7**|110;4

खरे **6**|89छ 109छ1

खरो **2**|314;3 321;4

खर्पर **3**|20छ1 **5**|35छ2

खर्ब **1**|256 **6**|25 **7**|58

खल **1**|4 4;1 4;4 6;1 8 9;1 14च16;3 17 24 24;2 38;2 41 170;3 170;4 173;2 175;2 176;4 177;4 184;1 265;1 356 **2**|126छ 254;2 299;1 **3**|19;5 19;6 22;4 24;4 28;1 28;7 29क 31;1 32छ3 38क **4**|14;1 14;2 14;3 15;2 **5**|3छ3 9;2 9;4 24;2 31 39;2 41;1 41;2 46;3 47;1 56ख 56;4 60;3 **6**|8;1 22;2 25 27;1 28;3 30;1 31;3 33;3 45;2 48ख 56 67 70;6 71;6 74;2 75;2 76;6 81छ1 82;4 83;1 86;2 91;3 94;4 96;1 103छ1 110;2 110;5 111;11 111;5 114;5 **7**|13;1 40 105क 106;7 106;8 107;2 107;4 112;2 120;3 121;9 130छ1

खलउ **1**|7;2

खलन्ह **7**|39;2

खलहु **6**|97;4

खलु **5**|33 **6**|6;3 90;4 **7**|116;2

खस **2**|194 **7**|130छ1

खसि **6**|104;1

खसी **1**|236;3

खसे **6**|32;2

खसेऊ **6**|14;3

खाँगे **3**|31;4

खाँची **2**|21;4

खाँड़ **1**|275

खाँड़े **2**|191;3

खाइ **1**|74;2 **2**|38;2 47 54;2 89 **5**|16 **6**|24;5 42;4 64;1 82;4 **7**|39;4

खाइअ **2**|19;2

खाईं **1**|178क

खाई **1**|74;3 **2**|124;2 **5**|1;1 3;2 3;5 22;5 29;1 37;2 **6**|7;1 66;1 67;1

खाउँ **7**|75क

खाए **1**|74;2 **2**|107;2 125;2 **3**|9;4 34 **4**|25;2 **5**|28;4 **6**|24;5 74क

खाएसि **5**|18;1 18;2

खाटी **1**|290;3

खात **2**|222 **6**|34;2

खातेउँ **6**|24;5

खान **2**|315 **5**|35 **6**|101;3

खानि **1**|35;2 **3**|30;4 44 **4**|0क **7**|11ख 24;2 83ख 85;2

खानिक **1**|1;4

खानीं **1**|190;4

खानी **1**|2;2 35;3 67;1 130;3 174;3 221;3 235;1 247;1 361;4 **2**|162;2 209;4 **6**|31;2 **7**|3;5 23;4 45;3 54;3 78;3 116;4 120;8

खाब **6**|9;3

खायउँ **5**|22;2

खाया **7**|71;2

खारा **2**|119;2 **4**|30;4 **6**|1;2

खाल **7**|121;9

खालें **2**|315;3

खावा **3**|29;3

खाहिं **1**|79 **6**|5;3 31ख 88;5 **7**|98क

खाहीं **1**|69;3 **2**|120;1 **3**|28;4 **6**|4;3 47;4 88;1 104;6

खाहु **4**|25;1 **5**|17 **6**|5;2 33;1

खाहू **1**|173;3 **2**|53;1 **6**|9;2 40;3

खिन्न **1**|18 157 **7**|59;1

खिसिआइ **6**|54

खिसिआई **6**|91;2

खिसिआन **5**|9

खिसिआना **3**|29;11 **5**|24;3 **6**|51;4 92;2

खिसिआनि **3**|17;10

खीझन **6**|100;4

खीन **1**|74;4 93छ

खीर **2**|314;4

खीरु **2**|232;3

खीस **1**|64 **5**|56क

खीसा **1**|183छ **5**|21;1 7|33;4

खुआरू **2**|305;3

खुटानी **1**|269;2

खुनिस **2**|260;3

खुलेउ **2**|223

खेइ **2**|276;2

खेत **2**|192;2 **6**|35;6

खेता **2**|230;4

खेद **1**|14ङ 157 **7**|13;2 59;1

खेदा **2**|222;2 **7**|85;4 115;7

खेम **2**|24;1 35;3

खेमा **2**|195;2

खेरे **2**|236;1

खेल **1**|204;3 **2**|260;4 **6**|43 94;2

खेलउँ **7**|110;2

खेलत **1**|258 290;4 **2**|260;3 **6**|18;2 66;1 88;3

खेलन **3**|22;2

खेलवार **2**|215

खेलहिं **1**|204;3 205;1 **6**|24;7 88;3 **7**|76;2

खेलहीं **6**|81छ2

खेला **5**|25;3 **6**|51;4

खेलाइ **6**|35;6

खेलाई **6**|35;6

खेलाउब **2**|136;4

खेलारू **2**|240;3

खेलावहु **6**|86;3

खेलावा **6**|76;7

खेलिहहिं **6**|27;3

खेवाँ **2**|221;2

खैंच **2**|240;3

खैंचत **1**|261;4

खैंचहिं **6**|88;3

खैंचहु **1**|284;4

खैंचि **6**|70;4 92;3 102

खोइ **5**|26 **7**|24

खोई **1**|171;2 **6**|51;2 **7**|20;4 44;2

खोज **2**|85 85;4 86;1 **4**|4;2 28;4 **7**|67;1

खोजइ **1**|51;1 **7**|120;8

खोजत **1**|49;4 157 182;5 **3**|19;5 30;8 33;2 **4**|2;2 15;2 23 **6**|83;1 **7**|84क 115;1

खोजन **3**|37;3 **6**|66;2

खोजहु **4**|22;4 27

खोजि **2**|120;2 **3**|17;5

खोजि खोजि **1**|320;1

खोजौं **1**|150;1

खोट **1**|278;3 280;4 **6**|51

खोटाई **6**|63;2

खोटी **2**|163;4 **3**|5;9

खोरि **1**|165 274;2 **2**|202;2 300 **5**|41

खोरी **1**|9;2 12;4 29;1 34;1 219;2 **2**|12;1 234;3 244;4 318;1 **3**|30;2 **4**|21;1

खोरे **2**|14

खोली **1**|276;2 **2**|28;4

खोवै **7**|62;4

खोह **1**|171 **2**|62;4 **4**|23 **6**|19;3

खोहा **1**|182;3 **2**|136;3

ग

गँभीर **2**|18;1 238 **6**|89 7|76

गँभीरा **6**|69;1 75;6 **7**|114;3

गँवाई **6**|35;3 61;6

गंग **1**|32;7 **2**|69;4 87;2 87;3 104;1 105;4 245;1 287;2

गंगा **1**|92;2 112;4 212;1 **2**|197;2 **6**|26;3 121;5 7|108;3

गंगाजलु **6**|3;1

गंजनं **3**|32छ3

गंजन **1**|186छ3 **7**|51;2 130;1

गंजय 7|34;4

गंजा 5|21;4

गंध 7|90;2

गंधर्ब 1|7घ 182ख 191;3 3|33;4 5|3छ2 35छ1 6|113;4 7|12छ1 81;1

गंधर्बा 1|61;1 184छ 6|77;1

गंभीर 1|159क 186 7|28 83क

गंभीरा 1|53;1 199;1 3|39;3 5|50;3 7|92;2

गइ 1|201;2 354 2|13;3 43 46;3 73;1 81;3 270 295;4 3|17;2 17;6 18;1 6|61;1 66;2 7|6छ

गइउँ 2|166;3

गईं 1|52;4 55 63;1 102छ 107;1 267;3 269;3 306 2|148;2 5|11 6|105 7|6छ

गई 1|13;4 72;3 87छ 135;3 184;4 228;3 228;4 235;2 2|12 73;3 169;3 206 3|17;10 4|8;3 25 25;4 5|2 6|35;2 58;2 84;4 7|117;2 122;5 125;1

गएँ 1|48क 62;3 86;2 90;4 95;3 151 172;3 2|32;2 81 312;4 4|6 26;2 5|11;4 22 23;3 39;4 6|7;1 21;4 7|61 105;1 109ख 124;4

गए 1|48;1 88;3 89;4 90 94;3 96;3 172;4 177 179;2 188;1 204;2 206 208क 212;1 215;2 232;1 276;2 285;4 290;3 291;4 312;2 313;3 335;4 351;3 357;4 2|38;2 38;3 51;4 71;4 76;1 85;3 121;4 149;4 226;1 226छ 271 296;1 307;3 310 310;1 319;3 3|17;1 18 23 30;3 39;3 41;4 46छ 4|17 20;5 28;1 5|18;3 29;1 51;3 53 57 6|40 41छ 46;2 71;6 92;4 108;3 112;4 120;1 7|10;1 10;2 12ख 13क 14ख 15 17;1 20;4 32;1 40;3 42;2 47;4 50;2 50;3 51 65;3 66;4 100;2 102;4 114क

गएहूं 1|39;1

गगन 1|7;5 57;2 74;4 75;3 117;1 187;4 191;3 191;4 324;4 2|191;3 210;4 231;1 3|11 18;4 20ख 34;2 4|5;2 11;2 28;1 5|3;1 12;4 35;5 59;1 6|12;1 57 70 81छ2 82छ 84;4 91;1 93;3 95;2 97;3 109क 117;3 7|3ख 9ख 114;3

गगनगिरा 1|186

गगनचर 5|3;2

गगनपथ 3|28

गगनु 2|232;1

गगनोपरि 6|71;6

गच 1|224;1 7|27;2

गज 1|11;1 157;3 196;4 214;1 292 293;2 300;1 301;1 304 318;2 326;2 339;3 340;1 2|170;4 186;1 203;3 236;3 320;3 320;4 3|30;6 33;3 38;3 5|3छ1 6|19 25;4 65;3 78छ 79छ 79;2 86;2 87छ 87;2 115;2 7|10क 23;1 27;3 29;1 50;2

गजगन 1|267

गजगामिनि 1|317 2|25

गजबदन 1|235;3

गजमनि 7|9;2

गजराज 1|256 3|18छ 6|69

गजराजा 5|19;4

गजराजु 2|39

गजादि 7|130छ1

गजाननु 1|339;4

गजारि 6|30;2

गजाली 2|228;4

गजु 1|26;4

गढ़ 1|179;2 6|38ख 41छ 43 43;3 47 49छ 49;5 74ख

गढ़ें 2|105;3 6|49;5

गढ़ि 1|288;3

गढ़िछोली 2|17;2

गढ़ु 6|49

गत 1|3क 21;3 30;4 36;4 2|43;4 273;2 4|12;4 16;2 18;1 6|113;6 7|46 54;4 121;13 129;4

गतवेध 6|111;3

गतभेदा 2|93;4

गतलाज 2|178

गतिं 3|4;6 4;8

गति 1|3;3 10छ 21;4 22;2 28;5 65;2 66 87छ 93छ 125;2 125;3 134;1 145;3 150 150;4 157;1 200;1 218;2 256;3 258;3 263 265 279 299;1 316छ 316;4 322छ 324छ2 336छ 2|38;3 47;4 53;3 55;1 55;2 77 99;4 110;4 118;4 130;3 141;4 143;4 162;2 164;3 165;3 167 168;2 168;4 176;1 192 200 203;4 204 216;2 234;4 235;2 238;3 240;3 242;4 247;1 255;4 263;3 267;2 270;2 271 271;1 282;1

ग

282;2 284 287 291;2 292;1 294;3 299;4 303;4 314;4 318;1 321;4

3|5क 9;2 10;4 16 17;8 21ख 27;9 31;1 31;4 33;1 34;2 34;3 36;4 45;5 **4**|3;4 7;4 9 10;2 **5**|3छ3 32;1 38;3 57;5 **6**|5;3 36;7 45;2 61;9 104 104;2 109;4 114;5 **7**|15;3 44 66;4 79ख 86;4 102ख 107ख 109;8 110;6 112;2 127;4 130छ1 130;4

गतिकारी **6**|89;2

गतिहि **2**|241;2

गती **7**|101;2

गथ **1**|326छ2 **7**|28छ

गद **5**|54

गदगद **1**|72;4 215 **2**|54;3 210 **3**|16;6 **5**|14 **6**|114क **7**|13ख 107ख

गदा **1**|182;2 **6**|94छ 94;2 94;4

गन **1**|0;1 1;2 1;3 3;6 4;1 31;6 43क 62 64 92;1 93छ 93;2 133 134;1 134;3 135;1 135;3 139;1 139;2 186छ2 303;3 309;3 322 325छ4 326छ4 330;1 351 **2**|51;3 105 108;2 128 200;4 202 203;4 209;4 236;1 236;3 240;1 251;2 265;1 274;4 297;2 **3**|34;1 35 38;4 40;2 42;4 **4**|13 15;6 **5**|33;4 35छ1 36 58;4 **6**|10;4 71;6 91 101क 105 117;2 **7**|2छ 2;2 56 81;2 103क 124;1

गनइ **5**|55;1 **6**|78छ 78;5

गनक **2**|323

गनकन्ह **1**|312;4

गनत **2**|290;1 322;1

गनति **7**|74क

गननायक **1**|257;4

गनन्ह **1**|103;3

गनप **2**|273;2

गनपति **1**|323छ1 **2**|6;4 81;1 104 288;3

गनपतिहि **1**|100

गनराऊ **1**|19;2

गनराजा **1**|347;4

गनहिं **1**|275;3 356 **2**|177;4 **3**|18;4 **6**|41;3 **7**|88ख

गनहीं **5**|55;1

गना **5**|60छ

गनि **1**|6;2 7;5 43क 173;1 **2**|6;1 40;1 **7**|52;2

गनिअ **1**|170 256;3 **2**|42;1 **3**|21क

गनिका **7**|130छ1

गनिकाऊ **1**|26;4

गनी **1**|28;3 312;4

गने **2**|245 **6**|87छ

गनेस **1**|255;4 338 345 **2**|325;4

गनेसु **1**|301 **2**|157 208

गनेसू **1**|355;3

गनै **1**|93छ 181;2 **5**|3छ1 **6**|94छ

गभीरं **7**|108;3

गभीर **1**|145;3 156;2 178क 199;2 215 273

गभीरा **1**|74;4 157;4

गभुआरे **1**|199;5

गमनु **1**|263;4 319;2 **2**|179;2

गमु **2**|289;1 325;4

गम्य **3**|13;6 **7**|111;2

गयंदु **2**|51

गय **1**|130;1 214;1 262 298;1 302;3 304;2 305;2 331;3 344;1 **2**|83 158;4 188;2 272;2

गयउँ **2**|29 **4**|6;2 **7**|58;1 79क 79ख 80;1 104ख 105;1 110;5

गयउ **1**|76;2 120;2 127;1 135;2 142 157;1 157;3 158;1 158;2 171 172;2 174;3 177;1 179;3 189;1 193;4 207;1 217;4 292;4 **2**|24 25;2 27;2 28;1 29;3 38;3 39;2 39;3 82 101 155 198;4 278;3 312 **3**|2;1 22 24;3 25;3 27;7 28;7 31;2 32 34;2 37ख **4**|27;4 **5**|3;3 5;3 8;3 10 36;1 40;2 **6**|6;1 16क 18 19;4 23क 24;7 26 35ख 38;1 43 49;3 51;2 51;3 54;4 55;4 58;2 61 66;3 72 75;1 79;4 95;2 105;2 110;2 **7**|1क 2ख 18;1 58;1 59;2 63;1 63;2 63;3 64;1 67क 68क 109क 109घ 125क

गयऊँ **1**|167;2 **7**|80;1

गयऊ **1**|71;1 86;1 103;3 106;2 126;1 130;4 156;2 159;1 177;3 190;4 284;4 361;2 **2**|10;2 25;3 87;4 153;2 162;1 322;2 **3**|3;2 12;3 27;1 29;13 **4**|1;3 15;2 29;3 **5**|13;4 20;1 41;5 **6**|58;4 98;3 121;2 **7**|60;1 63;1 69;4 114;4 125;5

गयहु **6**|21;3

गयादिक 2|43,4

गयो 6|84छ 97छ 98छ 7|58;3

गयों 2|299

गर 2|247;1 4|21;3 6|33;2 7|9;3

गरइ 2|273;1

गरजइ 6|13;1

गरजत 4|13;4 14;1

गरजनि 1|347;3

गरजहिं 1|301;1

गरजि 6|66;3

गरदनि 2|185;3

गरब 1|129;2 245 260;3 2|14;2

गरबित 2|18;2

गरल 1|5 5;4 92;2 2|184;4 281 4|0ख 5|5;1 6|12;5 7|120;4

गरह 7|121;17

गरहिं 2|147;4 203;4

गरहीं 1|4;4

गरि 2|162;1

गरीब 1|13;4 25;1 28;3

गरीसा 7|121;11

गरुअ 1|184;3 250;1

गरुआइ 1|250

गरुआई 1|187;4 257;3 260;3

गरुइ 2|213;1

गरुड़ 1|120ख 4|29;3 5|5;2 20;4 6|51;4 66;1 74;5 7|53;4 55;2 58;2 61;2 63;1 64;3 93क 95;1 115;3 120;1 123;4 124ख 125क

गरुड़हि 5|16

गरुरु 1|259;4

गर्ज 6|76;3

गर्जत 1|182;3 6|49छ 90;1 97छ

गर्जहिं 3|18;4 5|35;1 35;4 55;4 6|4;1 39 39;4 41;3 47 87;2 96;3

गर्जहीं 5|3छ2

गर्जा 4|8;1 5|18;4 19;2 25 6|50 64;1 69 92;1

गर्जि 6|44;4

गर्जेउ 5|18;3 6|43;3 72 93;1 101;5 103;2

गर्जेसि 4|7;13 5|28;1

गर्द 5|55;4

गर्दा 6|67;2

गर्ब 6|26;2 30;4 31ख 36;3 78छ 78;5 113;4

गर्भ 1|182;3 279 5|28;1 36;4 6|21;3

गर्भन्ह 1|272

गर्भसहित 1|190;3

गर्भहिं 1|190;3

गल 6|81छ2

गलानि 1|189;1 2|145;3 153;2 205;4 206 210;1 273;1 6|64;3

गलानी 1|43;2 59;3 158;2 2|165;3 175;2 199;2 203;4 220;2 263;3

गलित 1|161;1

गलीं 1|213;2 296;2 344;3 2|11;2

गवँ 2|13;2

गवँहिं 1|172;2 250;1 285;4 2|158

गवन 1|143;1 153;4 158;3 328;1 2|68;2 226;1 7|10;1 65;2

गवनत 6|121;2

गवनब 2|114

गवनहिं 1|45;1 2|284;1

गवनहु 1|81;4 245;2 2|256;2

गवनीं 1|100छ

गवनी 1|88;2 102;1 263 2|23;2

गवनु 1|293;1 332;2 333;1 351 353;2 2|24 46;3 51 104 111 118 142;2 203;1 207;3 245 247;2 252;4 262;2 275;1 287;2 319;2 5|27

गवने 1|82;2 97 99छ 110 127;3 128;2 133;2 175;4 237;1 278 294 329 2|203;2 6|14;3

गवनेउ 5|60छ

गवाँइअ 2|114

गवाँई 1|245;2 2|99;4 144;4 151;1

गवाँए 1|74;2

गवाँयउँ 7|82;1

गवाँर 5|59;3

गवाँरी 2|116;4
गवाँरु 1|103
गवाँवा 2|147;2
गवासा 1|6;4
गह 2|285;1 3|43;3 5|35छ2
गहइ 5|3;2
गहई 1|144;4 2|184;4 3|5;9 5|3;1
गहगहि 1|191;4
गहगही 6|103छ1
गहगहे 1|154;2 262;2 286;1 296;1 304
गहत 5|57;1 6|35;1
गहन 1|0;2 157;3 285;1 2|63;2 4|24;2 6|26;1 7|30;4 77क 79;4
गहबर 2|84;1
गहबरि 2|121;1 282
गहरु 1|132;1 234;3 6|60;3
गहसि 6|35;2
गहहिं 1|6 2|219;2 6|106
गहहीं 2|131;1
गहहु 2|192 6|20;4
गहहू 7|45;1
गहा 6|57 111;2
गहागह 2|7;2
गहि 1|91;3 101;1 101छ 102;4 119 139;1 148;4 151;4 164;3 166;3 177;2 234;1 337;1 2|12;3 34;3 47;4 48;4 77;3 95 151 170;1 232;4 245;2 294;2 301;4 3|5;1 10 10;11 18छ 20छ2 22;1 30;2 4|2;3 7;13 7;14 10छ2 20;3 5|12;3 18;4 19;3 33;2 40 46;1 49;2 59;1 6|6;2 7 18;3 34;1 34;5 36;6 37;4 39;4 40;4 41 41छ 41;3 43;3 44;2 44;3 45;1 47;4 49छ 51:4 53;1 53;3 58;4 61;8 66;4 67;2 69 73;3 74ख 74;3 74;4 74;5 81;3 82;1 84;4 85छ 91छ 93छ 94;2 97छ 97;4 98छ 98;2 98;7 100;5 101छ2 109छ2 117;1 7|5छ2 19;4 33;3
गहिसि 6|95;3
गहु 1|265;4
गहें 6|35;1 101;2 7|12छ1
गहे 1|101छ 138;1 167 236;2 244;2 343;1 2|9;2 70;1 71 102;2 301;3 3|46छ 4|18;4 5|41;3 6|32क 35क 80ख 98;4 101;7 102;3 117;1 7|5;3 36;4 47;1
गहेउ 5|12 6|66;4
गहेसि 1|126 3|2;6
गहेहु 5|31;2
गहेहू 2|151;3
गाँठि 1|324छ4
गाँठी 1|135;3
गाँडर 2|241;3
गाँव 2|113;1 114;1
गा 1|210;2 2|48;2 55;1 100;4 257;2 5|1;4 52;1
गाइ 1|122;1 327छ2 347 2|36;4 132 167;3 6|66;2 7|103क
गाइअ 5|60;2 7|130;3
गाइए 7|28छ
गाइहैं 6|106छ
गाईं 1|248;3 302;3 322;2
गाई 1|13;5 26;4 31;4 33;1 37;6 51;4 101;1 140;2 156;4 173;1 206;1 273;3 329;2 2|72;3 147;2 207;1 254;4 299;1 3|1;1 10;6 29;4 4|2;2 5|50;4 56;1 59;4 7|11;3 37;1 45;1 50;5 53;4 61;3 64;5 66;1 69;3 82;2 91;1 95;2 110;2 117;6 124;1 126;4
गाउँ 1|183;3 2|110;2 193;4 236;1 6|30
गाऊँ 2|57;2 122;3 4|6;1
गाए 1|33;4 114;2 121;1 140;3 204;1 263;1 358;3 2|28;3 5|59;2 6|71;6 7|25;3 68;3 122;1
गाजहिं 1|304;2 2|236;3 6|68;4 79;4
गाजहीं 6|81छ1
गाजे 1|302;3 344;1 6|47;3
गाड़ 6|53
गाड़हिं 6|81;4
गाड़ि 2|212;2
गाढ़ 2|105;3
गाढ़ा 1|135;4 3|28;7
गाढ़ी 1|202;2 5|14;1 6|93;1 7|110;7
गाढ़ें 1|261;4

गाढ़े **1**|276;4 299;1

गात **1**|75;3 145 217;3 221;3 223;1 224 228 259 284 290;2 315 346 **2**|45 68 112 118;3 147;4 163;1 210 277 326;1 **3**|3;3 32;1 32छ2 **4**|9;1 **5**|32 45;2 **6**|7 63;4 111 115;4 116ख **7**|1ख 2;1 5;4 7;2 12छ2 33;2 69क 79;3

गातहि 7|30;2

गाता **1**|44;3 63;2 95;3 215;4 235;3 280;3 291;1 305;4 308;4 315;2 344;2 346;1 356;4 **2**|26;4 35;1 45;4 52;2 194;2 234;2 245;2 256;2 **3**|21;2 22;6 **4**|1;5 **5**|14;3 32;4 45;3 **6**|95;2 108;1 **7**|2;5

गातु **1**|81 **7**|7

गाथ **1**|24 124ख 351 **3**|27

गाथा **1**|13;5 28;1 34;2 42;4 48;3 105;4 109;4 331;4 342;2 **2**|173;4 224;1 247;1 **5**|53;1 **6**|28;3 57;2 **7**|2;8 91;2 111;1

गाथे **1**|327छ1 327;5 **6**|86;4

गाधिकुलचंदु **1**|360

गाधितनय **1**|206;3

गाधिसुत **1**|352;3 359;3 361;1

गाधिसूनु **1**|212;1 275

गान **1**|12 86छ 91 126;3 128;2 138 200 286;1 302;4 318छ 318;2 318;4 322छ 323;3 324 324छ1 326छ4 329;1 339 349;3 **2**|17;1 **3**|35 **5**|60 **6**|101;2 **7**|3ख 12ग 30 42;4 59

गानहिं 7|26;4 42;3

गाना **1**|11;4 34;4 37;6 61;2 99;2 108;3 113;3 246;4 262;2 309;2 319;2 346;4 **3**|40;4 **7**|9;3 57;4 88;4 103;3 114;6

गामिनीं **1**|322छ

गामी **1**|255;3 **2**|228 **4**|1;4 **5**|22;2 **6**|33;3 **7**|112;2

गायऊ **5**|60छ

गायक **1**|194;3 **2**|37;3

गाया **1**|106;2

गायो **6**|48;4

गारि **1**|182;4 329;1 329;4

गारीं **1**|7;5 99छ 99;4 268;1 358;1 **2**|51;2 156;4

गारी **1**|274;4 329;3 **2**|47;1 130;2 **3**|26;1 **6**|42;3

गारुड़ि 7|93;4

गाल **1**|246;1 266;1 **6**|9;3 27;4 33;2 34;3 36;4 81छ2 **7**|98;2

गालव **2**|61

गाला **2**|35;3 **6**|27;2

गालु **2**|13;4 14;1

गावँ **2**|122;1

गाव **1**|45 114;4 142;1 **6**|113;7 **7**|84क 103;3

गावई **3**|6छ **4**|30छ

गावउँ **1**|12;5 **7**|74;2

गावत **1**|25;3 128;2 194;2 248;1 331;4 **2**|236;4 **3**|5क 16;6 41;5 **4**|7;12 30छ **6**|41छ 111;2 **7**|2;3 3;3 51;4 103;2 110क

गावन **1**|320;2 330;1 **6**|10;4 **7**|50

गावहिं **1**|10ख 11;3 34;3 38;1 66;2 80;1 93 94;3 96;1 100;1 116;1 118 186छ2 191;3 192छ2 192छ4 194;3 228;2 262;3 263 264;4 265;2 297;2 297;4 301;3 306;1 313;2 345;3 348;1 349;3 351 361 **2**|8;4 37;3 138;4 **3**|27 34;1 46क 46;4 **6**|68;4 77;2 88;4 109क 121छ2 **7**|15;2 30;1 42;2 89क 91;2 106;7 111;3 112;4 125ख 129;1 130;4

गावहि **5**|60छ

गावहीं **1**|51छ 103छ 311छ 319छ 327छ1 361छ **3**|32छ4 **4**|10छ1 **5**|35छ1 **6**|101छ2 **7**|12छ1 13;6 130छ2

गावा **1**|30;3 46;1 59;3 75;3 118;2 216;1 361;2 **3**|31;3 **6**|9;1 16;2 **7**|43;4 53;4 89;2 97;3 129;3 130;2

गाहक **1**|336 **6**|24;2 **7**|51;2 92छ

गाहकताई **6**|24;3

गाहा **1**|6;1 8;3 44;4 **7**|26;3 64;3 103;2 110;6

गिरजहिं **1**|82;1

गिरत **4**|10 **6**|32;3 78छ 103;3

गिरन **6**|92;;1018

गिरहिं **6**|33;4 41

गिराँ **6**|114क

गिरा **1**|10ख 11;4 18 57;2 68;1 75;3 112;3 120;1 133;2 145;4 160;2 174;2 199 208;4

215 229;1 234;4 247;3 252 259;1 273 320;4 330;3 337;1 361छ 361;3 **2**|12 97;4 206 213;1 249;1 251छ 307;2 325;4 **3**|11;6 16;6 20छ1 28;1 29;10 40;2 **4**|28;5 **5**|23;2 **6**|10;2 20 29;1 75;6 81छ2 84;1 **7**|13ख 25 55;3 60;3 64;3 72;3 95;1 108;2 109;1 113;5 124ख 129;4

गिराए **6**|76;3

गिरापति **1**|105;2

गिरायो **6**|97;4

गिरावा **6**|92;3

गिरिंदा **5**|35;2

गिरि **1**|11;1 12;5 66;1 66;3 66;4 68;2 71;3 94;4 96छ 106;1 135;3 167;4 171 178;3 182;3 184;3 188;2 188;3 202;1 254 **2**|28;3 112;3 113 124;3 132;2 136;3 138;3 279;1 280;4 285;2 312;1 **3**|7;2 14;1 18;2 18;6 29;13 38;4 **4**|7;1 12 12;5 14;2 23 24;1 24;3 24;4 27;1 28;6 **5**|1;4 3;5 21;3 35छ1 35;5 60;1 **6**|1 19;3 39;4 43;3 55 58;4 65;3 66 67;1 69;4 70;5 70;6 73;3 74ख 83;3 95;1 96;4 98;2 101छ2 **7**|56;3 56;4 57;1 57;2 62;1 81;2 109ख 125;3

गिरिखंडा **6**|40;4

गिरिगन **1**|191;2 **2**|308;2

गिरिगुहाँ **1**|157;4

गिरिगुहा **6**|12;1

गिरिजहि **1**|70 71;3

गिरिजा **1**|15;3 66;2 68;2 72;3 75;3 76;4 98छ 101;3 103 103;3 113;4 118;2 119 121;1 124;3 153;1 185;2 196;2 228;1 228;2 324छ4 347;4 **5**|26;4 **6**|3;3 55;1 71 73 **7**|50;5 52;1 58;1 125ख 129;1 129;4

गिरिजाऊ **5**|48;1

गिरिनंदिनि **1**|31;5

गिरिनाथा **1**|48;3

गिरिनारि **1**|96

गिरिन्ह **4**|30;4 **6**|1;5 **7**|23;4 78ख

गिरिपतिहि **1**|91;1

गिरिबर **1**|0;2 **4**|6;3 **6**|75;1

गिरिबरराज **1**|235;3

गिरिबरहू **2**|132;4

गिरिबरु **1**|105;4 **2**|275;1

गिरिभव **1**|80;3

गिरिभवन **1**|89;4

गिरिराई **1**|103;1

गिरिराऊ **1**|68;4

गिरिराज **1**|115

गिरिराजकुमारि **1**|74

गिरिराजकुमारी **1**|112;3 114;1

गिरिसंभव **1**|78;

गिरिहहिं **6**|33;5

गिरिहि **1**|73;3 77

गिरीशं **7**|108;2

गिरीस **1**|70 101;1

गिरीसकुमारी **1**|96;3

गिरीसा **1**|55;4 71;4

गिरीसु **2**|81;1

गिरे **6**|14;2 88;2 101छ2

गिरौं **1**|96छ

गिर्‍यो **6**|84छ

गिलई **2**|232;1

गीत **1**|93 228;2 248;1 262;3 301;3

गीता **1**|297;4 313;2

गीध **1**|24 **3**|20छ2 29;10 29;8 29;9 31;1 32 32;1 33;1 **4**|27;3 29;3 **6**|78छ 86;1 88;3 **7**|66;1 66;4 130छ1

गीधपति **3**|30;9

गीधराज **3**|13 29;4

गीधहि **4**|28

गीवाँ **1**|243;4

गीवा **1**|233;4

गुंज **2**|137;4

गुंजत **1**|86छ 212;4 227;4 **2**|124;4 249 **3**|14;2 40;1 **4**|13;1 17;2 **5**|3;3 **7**|23;2 28;2 56

गुंजहिं **1**|126;1 288;3

गुंजा **2**|28;3 **7**|44;2

गुंजारहीं **7**|29छ

गुच्छ **1**|233;1

गुड़ी **3**|20छ2

गुण **3**|11;8

गुणागार 7|108;2

गुदरत **2**|240;3

गुदारा **2**|202;4

गुधत **1**|48क **4**|14 7|89;2 113;6 114;1 128;1

गुनं **6**|111;3

गुन **1**|0;1 1;2 2;2 3;5 3;6 5;3 5;5 6 6;1 6;2 6;5 8;3 9 9;5 10;3 11;4 12 12;5 13;5 14;2 19;1 21;2 24 25;3 26;4 28;1 29ग 32क 33 34;2 37;4 37;6 42;4 43क 44;4 46;2 47;2 48;3 66 67;1 69;2 72;2 75;4 76;1 80 80;2 81;1 105;1 105;4 107 108;3 109;4 113;3 114;2 116;2 117;4 119;3 120घ 124ख 128;2 130 130;3 138 153;2 186छ2 191;3 192 192छ2 193;4 194;3 198;3 202;1 204;3 206;4 235;1 241;1 246;2 247;1 275;3 282;4 285;2 289;3 294;4 316छ 325छ2 325छ3 330;1 331;4 336 341;1 342;2 350क 351 354;4

2|1;4 10;1 36;2 37;3 42;4 58 59;1 60 94;1 105 108;2 128 131;1 131;2 137;2 149;3 156;3 171;4 173;4 177;4 200;3 200;4 206;2 209;4 219;2 223;2 224;1 232;3 232;4 250;2 257;4 264;2 265;4 274;4 276;4 283;2 288 288;4 290;1 297;2 299;2 299;4 303;4 304 309;2 309;4 312;2 322;1 325;4

3|0 6छ 10;6 11;13 15;3 15;4 16;6 17;1 22;3 27 30;4 32छ2 34;1 35 35;3 38;4 45;3 46;1 46छ 46;4 **4**|7;2 7;3 10छ1 21;3 30ख **5**|6 7 8;1 8;4 13;3 17;2 30;2 35छ1 38;4 49;1 51 53;1 60 60छ **6**|3;5 10;4 11क 17क 17;2 17;3 23च 24;2 24;3 28;3 29;3 38क 38;4 57;2 60ख 63 71;6 86 101क 105 111;1 111;2 111;5 115;2 117;1 **7**|2छ 2;2 2;8 6;4 9;5 11ख 12ग 14;10 14ख 21 25 25;4 26;3 26;4 30 30;1 31;3 32;2 34;2 35;4 37;2 37;4 38 41 41;4 42;3 42;4 44;3 46 49;4 51 52;4 52;5 53;1 53;2 55;2 57 57;1 59 62;2 62;3 64;3 70क 71;1 74;2 78;3 84;1 84;3 85;3 87;1 91;2 92क 99;2 101;5 103क 103;2 103;3 104क 110;6 111;1 113क 114;1 114;6 115;4 117ग 124;1 130;3

गुनइ **2**|45;1

गुनउँ **7**|110;3

गुनउ **7**|102क

गुनऊँ 7|112;6

गुनकारी **1**|43;1

गुनखानी **1**|148;2

गुनगन **1**|358;3

गुनगाथा **2**|233;1

गुनगाना **1**|196;1

गुनगायक **1**|300;3

गुनगाहकु **2**|298;2

गुनग्य **4**|23;4 **7**|21;4

गुनग्राम **1**|32;1

गुनग्राहि **1**|10;3

गुनत **2**|234;2 292;1

गुनद **1**|10ख **2**|317;2

गुननि 7|13;2

गुननिधि **1**|188;4

गुनमंदिर **1**|186छ4

गुनमय **1**|2;3

गुनरासी **1**|341;3

गुनवंत 7|98;3

गुनवंता **1**|213;3

गुनह **1**|281;3

गुनहिं **1**|7;1

गुनहु **6**|9;4

गुनहू **2**|61;1

गुनाकर **1**|17;4 **7**|38;1 85क

गुनागार **3**|45 **6**|48ख **7**|54

गुनातीत **3**|39;1 **7**|24;1

गुनानी 7|52;2

गुनि **1**|197;2 230;1 **2**|26 234

गुनिअ **2**|92;4

गुनिन्ह **2**|21;4

गुनी **1**|278;2 287;4 **3**|21;6 26;2 **7**|21;4 24;3 101;5 127;1

गुनु **1**|282;4 **2**|48;2

गुपुत **1**|1;4 162;1 **7**|45

गुमान **7**|62क

गुमानी **2**|172;3 **3**|17;8

गुमानु 7|102;2

गुर 1|15;2 30क 31;1 34;1 45 62;3 77;2 80;4 111;3 113;2 155;2 164;1 166;3 189;1 193;4 198;1 214 218;2 225 226 226;3 227;1 237;1 238;2 239 254;2 255;2 256;1 276;1 277;2 278 286 294 294;1 294;2 295;2 301 302;1 302;2 323छ1 330;4 334;3 347;4 351 352 352;4 353;2 354 357 358;4 359;2 361;1

2|3;3 6;4 9;1 37;2 50;2 61 63 65;1 72;2 74;3 78;4 79 80;2 81;1 97;2 130 147;2 151 157 157;2 169 172;4 173;1 175 176;1 176;3 176;4 177;1 177;2 182;1 184;2 197 200;3 203;1 205;1 209;3 213;1 228 233;3 243;1 245 245;4 248;2 249;1 253 253;2 254;2 255 259;1 259;2 259;3 261 261;4 263;4 264;4 267;1 268;1 272;1 273 275;1 278;1 279 286;2 290;2 297;3 298;1 303;1 304 305 306;1 307 311;1 313;2 315;1 315;3 315;4 316;2 317;4 318;1 320 322;1 322;4 323;3 324;1

3|12;1 12;2 12;3 35 5|24;1 37 6|16ख 80;5 7|3क 5;2 8;4 10;2 11;4 18;2 40;3 43;1 47;1 89क 93;3 99क 99;3 99;4 105ख 106;1 106क 106ख 106;3 106;4 106;8 107;1 107क 107;3 109क 110;1 110क 121;12 126;3 128;4

गुरकुल 2|305;3

गुरगृहँ 1|204;2

गुरजन 1|248 2|305;1

गुरतिय 2|245;1 320

गुरदछिना 6|58;2

गुरपतिनिहि 2|246;1

गुरहि 1|189;2 261;3 275;4 293 313;4 2|2 80;3 129;4 202 202;4 243;2 315;1 7|3;1

गुरु 1|0;5 1;1 2;1 172 183;4 197 203;2 204;2 205;4 225;3 237;3 239;4 254;4 267;3 307;3 330;2 357;1 2|4;1 10;2 70 71;2 129;2 253;3 260;1 291;4 3|16;5 26;1 46;2 4|12;1

गुरुता 1|257;4

गुरुद्रोही 1|275;3

गुरू 2|27;3

गुहँ 2|88;1 89;4 90;2 104;4 189 193;4

गुह 2|102;1 104;2 104;4 144;1 191;4 192;4

गुहहि 2|88 104;1

गुहाँ 4|6;3 6|67;1

गुहा 1|125;1 4|12 6|121;5

गूँगेहि 2|307;2

गूढ़ 1|17;1 22;2 30ख 53 67;1 151;1 234;4 264;2 284;3 2|16 284;2 3|0 6|16;4

गूढ़उ 1|110;1

गूढ़ा 1|47;2

गूलरि 6|34;2

गृहँ 1|171;4 345;2 351 361;2 2|84 148;2 206;3 3|34;3 5|36;1 7|6छ 24;3 115;1 118;2 118;7

गृह 1|38;4 65;3 65;4 66;2 81;4 82;1 94छ 94;4 98;3 158;2 167;2 168;4 173;3 178;1 179;4 187;3 189;1 193;3 194 195;3 217;4 228;2 240;3 252;2 287;3 289;3 289;4 296;2 344 2|50;2 61;2 98;1 114;1 128;3 140;1 214;2 290 3|13 29;8 39;4 40;3 4|6;5 5|5 26;3 40;2 6|6;1 14;3 40;2 43;4 56;1 85;4 116क 116;3 118;3 118;5 7|10;1 16 16;1 18;4 20;3 24;3 24;4 26;4 27 27;4 47;4 49;4 50;1 56;1 60 62;2 100;3 101;2 109क

गृहकिंकरी 1|101

गृहादी 7|73;3

गृहासक्त 7|73क

गृही 2|172 206;1 4|13 7|101;1

गे 1|135;2 184छ 187 224;1 328 330;2 355 2|86;1 146;2 163;4 198;1 265;1 290;2 294;2 323;3 7|35

गेरु 3|18;1 6|69;4

गेहँ 2|24 323;3

गेह 1|66;3 78; 2|70;3 3|1 45 7|16;3

गेहा 1|62;3 82;2 83;1 94;3

गेहु 2|131 139

गेहू 1|280;3 2|9;4 50;2 108;2

गै 1|119;4 159;1 169;4 201;3 211छ4 2|44;2 6|18;2 84;2

गैहहिं 5|16;3

गो 1|186छ1 192 196;4 3|15;2 32;5 4|10छ1 26 5|39;2 6|111;8

गोइ 7|123ख

गोईं 1|358;2

गोई **1**|3;1 17;1 111;2 **2**|27;3 36;3 267;3 316;1

गोए **1**|328;3

गोघात **6**|32;1

गोचर **2**|106 120;2 **3**|15;2 31;4 **4**|10छ1 10;3 **6**|111;8

गोठ **2**|167;3

गोतनुधारी **1**|184छ

गोतीतं **1**|186छ2

गोतीत **1**|199 **3**|6छ 7|25 111;3

गोतीतमनूपं **3**|11;6

गोतीतमीशं 7|108;2

गोतीता 7|72;3

गोद **1**|72;3 96;4 198 203;5 334;2 354;2 **2**|52;2 59;3 165;2 7|88;4

गोदावरि **2**|138;2 **3**|30;3

गोदावरी **3**|13

गोपद **1**|119;2 **2**|232;1 **5**|5;1 7|129;3

गोपर **3**|32छ3

गोप्यमपि 7|69ख

गोबिंद **3**|32छ3 46;2

गोमति **2**|188;4

गोमतीं **2**|322;3

गोमाय **6**|78छ

गोरे **2**|117;3

गोरोचन 7|77;3

गोलक **2**|142;1

गोला **6**|49छ

गोसाँइहि **2**|298;2

गोसाँई **2**|85;1 237;3 248;4 251;1 **5**|24;4 7|90;3 122;5

गोसाइँ **2**|94 255;4 261;4 299;4 313;4

गोसाइँहि **2**|45;4

गोसाईं **1**|56;1 69;4 149;2 208;3 255;4 271;4 279;3 282;2 286;3 330;4 **2**|3;2 9;4 51;4 57;1 72;1 80;3 91;3 150;3 199;4 213;4 227;4 240;1 258;3 267;4 270;4 298;2 300;3 309;1 314;1 **3**|10;3 28;6 31;2 **4**|9;3 11;4 **5**|38;3 **6**|82;4 7|2;8 70;3 74;4 96;5 99;1 106;8 115;5 117;2 119;2

गोहारी **2**|317;2

गौतम **1**|210 211छ4 265 317;3

गौनु **2**|160

गौरं 7|108;3

गौर **1**|72 106;3 198;3 209;2 215;3 217;1 219;2 220 221;4 229;1 232;2 241;1 242 277;4 291;3 311;2 **2**|116 **3**|34;4 **4**|1;4

गौरव **2**|132;4 7|98ख

गौरि **1**|15 78;1 228;3 231;1 234;1 236 236छ 236;3 268;2 301 323छ1 327छ2 **2**|81;1 245;1 273;2 7|55;3

गौरीस **6**|28

गौरीसा **1**|104;2 **5**|33;1 7|80;3

ग्याता **2**|143;1 7|60;2 87;1 127;1

ग्याति **1**|214 **2**|104;4 189

ग्याती **1**|354

ग्यान **1**|21;2 32;2 37;1 37;4 37;5 44 46;2 84;4 107 111;1 116;4 117;4 119;3 129;1 143;2 199 202;1 206;4 338;3 **2**|92;2 172;3 239 257;4 264;2 276;1 286;4 291 293;2 317;4 **3**|6ख 6छ 10;3 11;13 14;4 15;4 16;1 16;2 17;1 19छ 21;5 32छ4 34;1 43;5 45;2 **4**|0क 7;8 11;2 11;3 15ख 28;3 **5**|58;2 **6**|25 47;2 57;4 63;3 78;1 90 111;5 **7**|13;3 17;2 18;3 25 29;3 31;4 32;4 34;3 37;2 45;2 49;1 53 54 54;2 59;1 62;1 78;2 78;3 84;1 85;4 89क 94;1 94क 97ख 99क 108;2 109घ 111क 113क 115;1 115;5 115;8 116ख 117क 118;8 119;1 120;1 120क 120ख 120;7 121ख 121;13 121;5 122;6 126;2

ग्यानगम्य **1**|211छ2

ग्यानघनं **6**|111;3

ग्यानघन **1**|17

ग्यानदृष्टि **6**|57;3

ग्यानधाम **1**|51;1

ग्याननिधान 7|115ख

ग्याननिधि **1**|30ख

ग्यानवंत 7|54;2 78क

ग्यानहि 7|115;6 115;7

ग्याना **1**|30;4 37;7 76;1 183;4 192छ3 **3**|16;1 **4**|15;6 19;2 **6**|112;3 7|99;1 103;3 109;4

ग्यानातीत **1**|192छ2

ग्यानिन्ह **7**|59;3 111;8

ग्यानिहु **7**|86;3

ग्यानीं **2**|247;1

ग्यानी **1**|22;4 33;2 75;1 81;4 104;2 111;1 124क 124;3 140;4 143;3 156;1 188;4 197;1 206;1 208;4 213;3 277;2 361;1 **2**|126;4 150;2 156;4 171;4 215;1 263;2 274;1 **3**|6;2 10;5 12;6 43;4 **4**|16;3 18;4 **5**|20;2 24;1 57;6 **6**|96;4 114;2 **7**|21;4 32;4 54;3 62क 62;2 62;5 70क 86;3 98;4 100;1 114;3 124;3

ग्यानु **1**|62;4 **2**|48;2 169;2 276;4 277;1 291;1 292;1 321

ग्यानू **2**|277;3

ग्रंथ **7**|122;7

ग्रंथनि **5**|59;2

ग्रंथन्हि **7**|43;4

ग्रंथि **7**|117;2 117;3 117;4 118;2 118;3 118;7

ग्रसइ **1**|238;1 281;3

ग्रसत **5**|36

ग्रसन **3**|11;5 **5**|55;4 **6**|22क 70;6

ग्रससि **5**|2;3

ग्रसि **1**|156;3

ग्रसित **1**|30ख

ग्रसिहि **2**|209;2 **6**|67;3

ग्रसे **1**|114 **6**|32;2 91छ **7**|97क 97ख

ग्रसेउ **7**|93;3

ग्रह **1**|7क 14छ 190 312;3 **2**|12;4 180 235;2 **7**|121;10

ग्रहइ **1**|118;4 **7**|44;2

ग्रहीत **2**|180

ग्राम **1**|28;3 32क 39 167;2 343;4 **2**|88 89;1 105 109;4 206;2 309;2 322;1 **4**|30ख **5**|6 **7**|46 51

ग्रामः **3**|11;8

ग्रामतिय **2**|116;2

ग्रामदेबि **2**|8;3

ग्रामबधूटीं **2**|117;4

ग्रामहि **7**|103;3 130;3

ग्रामा **1**|14;2 75;4 **2**|223;4 **5**|8;1 **7**|53;2 115;4

ग्राम्य **1**|10ख

ग्रीवा **1**|147;1 **7**|77;1

ग्रीषम **1**|42;2 **3**|44;1 **4**|12;4

ग्लानी **1**|184;2 **6**|66;5

घ

घंट **1**|300;1 302;4

घंटा **1**|301;1

घंटि **1**|302;4

घट **1**|99;2 186छ2 253;3 346;3 **2**|244;2 **6**|63

घटइ **1**|162;2 238;1 **2**|325;1

घटज **2**|297;1

घटजोनी **1**|3;2 **2**|232;1

घटब **4**|7;5

घटसंभव **7**|32;4

घटा **3**|18छ **6**|13;3

घटाटोप **6**|39;5

घटि **2**|205;2 **5**|15;3

घटिहि **2**|209;1 258;3

घटु **1**|278;4

घटें **2**|205;2

घटै **7**|49

घन **1**|23;3 32;4 36;2 117;1 157;3 300;1 347;1 347;3 **2**|113 185;1 311;4 **3**|11;3 33;3 **4**|14;1 15;3 16;5 24;2 **6**|13;1 15;1 41;1 42;2 69;3 75;6 79;4 81छ1 115;1 119;3 **7**|25 30;4 47 72;2 106;5 120;9

घननाद **7**|67ख

घननादहि **6**|90;3

घननादा **6**|49;3 51;3 74;2

घनबोध **6**|48ख

घनस्यामहि **2**|113;3

घनस्यामा **1**|192छ1

घनहिं **7**|37

घनहि **1**|301;1

घना **5**|3छ1 **7**|130छ1

घनी **1**|317छ **2**|151छ 301छ **3**|20छ4 **6**|72;1 87;1 **7**|102;5

घनु **1**|316 **6**|87;1

घने **6**|71छ 78छ 87छ **7**|13;5

घनेरा **1**|170;2 **6**|49;5 100;5

घनेरी **1**|41;4 124;2 282;2 **5**|40;4 **6**|98;1 99;1 **7**|22;2

घनेरे **1**|55;2 140;1 176;3 **2**|66;3 85;2 217;1 236;1 255;3 287;2 **6**|46;5 78;1 79;2 **7**|25;4

घमंड **4**|14;1 **6**|13;1

घमंडु **1**|347;1

घमोई **6**|10;2

घर **1**|75;2 245;2 350क 361;3 **2**|1;1 9;2 11;2 19;4 44 83;4 89;3 104;1 131;1 135;1 137;2 185;2 185;3 186;1 196 272;2 306;1 315;1 **3**|19;6

घर घर **1**|95छ 98 172;3 296;1 351;3 358;1 **2**|27;1 156;3 186;1 321;4

घरनी **5**|36;4

घरफोरी **2**|14;4 17;2

घरहि **1**|276;4

घरिक **2**|115;2

घरिनि **2**|285;1

घरिनी **2**|100;3

घरीं **2**|40;1 113;1

घरी **1**|86;1 354 **2**|26;4 **4**|29 **7**|82;4 127;4

घरु **1**|71;2 79;1 96छ **2**|78;3 280;2

घवरि **1**|288

घसीटन **2**|163;4

घहरात **6**|49छ

घट्टा **6**|87;1

घाउ **6**|76;4

घाऊ **1**|313;4

घाएँ **2**|262;3

घाए **2**|306;4

घाट **1**|36 41;2 **2**|192 221;1 277;3 **3**|39;4 **6**|73;3 **7**|28

घाटा **2**|190;1 **3**|7;2 **6**|41;3 **7**|29;1

घाटारोहु **2**|189

घाटि **7**|99ख

घाटू **2**|133;1

घात **2**|17;1 133;2 **6**|98छ **7**|99क

घाता **3**|22;6 **6**|98;8

घाती **2**|251;2 **7**|53;3

घामा **1**|191;1

घामु **2**|62;2

घाय **2**|35;2

घायल **6**|47 54;1 68;3 87;4 88;2 97छ 98;5

घालइ **1**|183छ **7**|39;1

घालक **1**|97;2 **3**|19;6 **5**|50;2 **6**|21 21;3

घालकु **1**|274;1

घालसि **5**|56क

घालहिं **7**|40;3 100;2

घाला **1**|79;1 **2**|267;3

घालि **1**|200;4 **6**|84छ

घाली **6**|29;4 43;4 70;3 94छ 98छ **7**|18;1

घालेसि **2**|212;3

घालेहि **5**|21;1

घालै **1**|174;1

घुन **7**|71;3

घुनाच्छर **7**|118ख

घुरुघुरात **1**|156;4

घुर्मि **6**|68;3 87;5

घुर्मित **6**|65;4 74;4

घुर्म्मरहिं **1**|301;1

घूघरवारे **1**|233;2

घृत **1**|4;2 **2**|33;2 163;2 **5**|25;3 **6**|27;4 **7**|49;3 117क 117ख 120;2 122क

घेरत 3|18
घेरहिं 4|24;1
घेरा 6|49;5 7|44;3
घेरि 6|5;4 98 100छ
घेरी 2|55;2 6|39;5 7|27;3 96;5
घेरे 6|101;7
घेरेन्हि 1|175;3
घेरेसि 1|179;2
घोर 1|39;3 41;2 42;3 159क 174 176;3 183 208;3 261छ 261;4 272 279 283;1 356 2|62;2 83;3 167 3|18;3 19छ 27;7 4|21;2 28;2 6|2 70 76;3 76;5 79;4 81छ2 94छ 96;3 97छ 101;3 103;2 7|99;4 107ख 124क
घोरा 1|166;4 275;1 301;1 347;3 2|63;2 168;2 3|29;9 4|14;1 5|10;2 6|10;2 13;1 58;1 87;2 94;1
घोरी 2|22;2
घोरे 2|143;3 147;4 192;1 6|80;3
घ्रान 1|118;4 6|15;2

च

चँदोवा 1|356;2
चंग 2|240;3
चंचरीक 2|324;4 3|40;4 5|3;3
चंचल 1|298;3 5|7;4 6|89;2
चंड 3|32छ2 6|0क 91छ
चंडकर 2|295;3
चंडाला 7|112;8
चंद 1|106;4 216;2 235;3 243;1 2|10 26;2 50छ 59;4 64;1 78 115;3 5|38;3
चंदन 1|194;4 2|127;2 170;2 215;4 7|37;4 111;8 120;9
चंदनु 2|141;4 176;4
चंदबदनि 2|63;4
चंदा 2|134;3
चंदिनि 2|11;4 78 159;1 295;3
चंदु 1|237 2|1;3 48 97;3 148;2
चंदू 2|122;1 263;2
चंद्र 1|88;3 321
चंद्रमा 1|238;1
चंद्रमहि 1|281;3
चंद्रमा 4|28;3
चंद्रमौलि 1|64;4
चंद्रहास 5|10;3
चंद्रिका 2|97;3
चंपक 2|324;4 3|40;3
च 3|4;9
चउथि 5|38;3
चउहट्ट 5|3छ1
चक 2|215 236;3
चकइहि 2|64;1
चकईं 2|121;1
चकई 2|78 215
चकित 1|53;1 124;3 156;4 172;3 174;3 213;4 225;3 229 232;1 244;3 248;4 302 314;3 5|13;1 53 6|89छ 7|79;2
चकोर 1|32ख 47;4 207;3 263;4 321 2|83 137 140;1 236;3 3|11;4 12 38;3 4|17;4 7|31;3
चकोरकुमारि 2|303
चकोरकुमारी 1|286;2
चकोरा 1|216;2 227;3 230;2 2|115;3 209;1
चकोरी 1|232;3 235;3 2|59;4
चकोरू 2|26;2
चक्क 137 2|187;1
चक्कवइ 2|98;2
चक्कि 2|187;1
चक्र 3|2;2 6|87छ 91;3 7|109;7
चक्रबर्ति 1|159;2 295
चक्रबाक 3|40;2 4|15;5 17;2 24;3

च

चख **1**|29;2 39;5 **2**|23;2

चड़ाइ **4**|18;4

चढ़ **5**|26;1

चढ़इ **1**|0;2 7;5 **2**|205;3

चढ़ा **1**|261 **5**|19;4

चढ़ाइ **1**|301 **2**|81 151;2 202;4 **3**|18छ 29;12 **4**|19 **6**|13;4 97छ

चढ़ाइन्हि **2**|191;2

चढ़ाइहि **6**|3;1

चढ़ाईं **1**|338 **2**|320;2

चढ़ाई **2**|90;2 202;4 **4**|4;3 **6**|25;1 119;1 **7**|112;8

चढ़ाउब **1**|252;1

चढ़ाएँ **4**|9;1

चढ़ाए **2**|83;1 **6**|94;3

चढ़ावत **1**|261;4

चढ़ावा **1**|201;2 252;1 **3**|18;7 **5**|58;3 **6**|47;2

चढ़ावौं **1**|253;4

चढ़ीं **7**|3ख

चढ़ी **1**|301;2 **2**|46;3 240;3 **6**|108;4 109क **7**|8ख

चढ़े **1**|246;4 260;4 314;1 **2**|151;2 220 **6**|42;1 44;1 47 74ख 81;1 85;3 88;3 89;2

चढ़ेउ **1**|63;3 87;1 301 **2**|154;3 228 **5**|1;3 3;4 25;5 **6**|43

चढ़ें **6**|60;3

चढ़त **6**|25;4 **7**|37

चढ़ति **2**|229

चढ़हु **2**|188;3

चढाइ **2**|100छ

चढ़ि **1**|13 92;3 92;4 156;2 172;2 299 300;2 300;3 **2**|83;1 85 187;3 187;4 188;4 237;1 **3**|19;7 23;4 **4**|24;3 **5**|3;5 **6**|0ग 4 4;2 40 41छ 52;1 57 72 77;1 78;3 81 92;2 98;3 100;5 114क 117;3 121;3 **7**|2ख 11ग 68;2

चढ़िहहिं **1**|67;3

चतुरंग **1**|154;2 283;2 **2**|227;1

चतुरंगा **2**|222;2 236;2

चतुरंगिनी **3**|38;5 **6**|79;1

चतुर **1**|12;5 21;4 22;4 38;1 94छ 150;2 158;4 161ख 246 256;3 263 264;3 299;1 328 **2**|18;1 18;2 181;1 271;4 **3**|6ख **4**|15;4 **6**|17;4 **7**|21;4 120;5

चतुरता **1**|163 **6**|38ख

चतुरसम **1**|296

चतुराई **1**|47;2 200;3 **2**|14;3 24;4 27;3 **3**|6;4 12;2 19;7 35;3 **6**|16;3 27;1 **7**|85;3 92;3

चतुरानन **1**|202;1 **6**|103;5 111 **7**|59;4 71;4 80;3

चतुर्भुज **3**|10;9

चपरि **1**|156

चपल **1**|203 316;3 347;2

चपलता **6**|16;2

चपेटन्हि **6**|33;4 44;4 81छ1 100छ

चपेटा **4**|24;1

चबेना **2**|30;3 **7**|39;4

चमंकहिं **6**|87;2

चमगादुर **7**|121;14

चमर **1**|289;1

चर **1**|84 107;4 190 **2**|238;4 271 271;4 272;4 321;3

चरइ **2**|22;1

चरन **1**|14छ 15;6 17;2 18;1 18;2 39;4 45;3 54;4 59;4 66;4 71;4 74;2 81 101छ 102;1 112;4 120;2 126 127;1 150 151;2 151;4 160;1 161;3 182;7 189;1 198;2 199;1 199;3 200;1 207;2 211छ4 215;1 217;1 226;2 226;4 235;2 236;2 238;3 239;4 254;4 259 265;4 282;3 328;3 331 337;1 339;4 342;3 343;1 346;1 352 355 360;4

2|0 3;3 9;2 12;3 44;1 56;2 57;3 58;3 67;1 70;1 71 72;4 75 76;1 78;3 79 84;4 85 93;3 94;1 101;4 102;2 104;2 111;2 113;2 121;2 123;3 129 129;3 139;1 140;2 164;1 166;1 167 182;4 187 188;4 198;2 199;1 205;1 205;4 207 213;1 235;4 251छ 259;2 265 280 290;2 311;2 **3**|1;4 4 6;1 13;6 14 14;4 16;3 16;5 20छ5 28;8 30;9 34;4 34;5 41;6 45 **4**|3;3 7;14 9;2 10 11;3 11;5 18;4 20;1 20;2 20;3 21;1 23;4 25

5|1;4 11;1 17 23;1 25;3 31;2 32 34;2 38;1 40 41;3 42;3 53;1 57;4 57;5 60;4 **6**|1;4 6;2 17क 18;1 22;1 34क 34ख 34;5 34;7

35;1 35;2 38;2 38;5 39;4 41छ 56;1 60;4 64;2 66;4 68;3 74;4 75 80;1 85छ 90;1 97;4 109छ1 110;1 116;1 119;1 **7**|2ख 5;2 6;1 6क 6छ 13;4 13;6 17;2 18;4 19;4 20;2 20;3 21;2 22;4 25;1 25;3 36;1 50;4 53 55;4 55;5 61;4 93;2 104;4 106;2 109क 110क 110ख 110;3 110;7 112ख 113;2 124;2 125;1 125क 127;1 128 129;4

चरन कमल **1**|14;2 18;5 210 **2**|62;3 100;2 **3**|10;4 34;2 **5**|27 **6**|11;4 **7**|24;2 35;4

चरननि **1**|202;3 207;3 **2**|245;2

चरनन्हि **1**|194;3 211छ1 **3**|10;11 17;1 46छ **4**|19;1 19;4 20;3 **5**|11;4 29;4 **6**|84छ 121;4 **7**|2छ 7;1 8क

चरनपीठ **2**|316;3

चरनांबुज **6**|111;11

चरना **1**|2;2 5;2 17;2 66;4 74;1 102;4 106;4 138;1 328;2 **4**|2;3 **5**|31;2 **7**|36;4 76;3 79;3

चरफराहिं **2**|143;3

चरबर **2**|270;4

चरम **2**|6;2 **7**|110;2

चरहिं **1**|277 **2**|59 142 236;2 **7**|23;2

चरहीं **2**|63;1 124;4 **6**|98;4

चरहू **2**|308;3

चराचर **1**|55;1 85छ 119;1 128;3 131;2 200;2 204;4 **2**|77;3 **3**|13;4 25;2 29;3 **5**|21 22;5 48;1 **6**|7;1 27 102;2 **7**|86;2 87क 87;3 121;5

चरिऐ **6**|111;10

चरित **1**|1;4 2;1 2;3 8;3 11;3 12;5 13;2 14ग 14;3 30;2 34;3 38;1 41 46;4 49 56;2 71;1 75;3 103 103छ 104 104;1 105;2 108 110;4 111 114;2 120ग 123;2 127;3 128;4 130;4 134;4 140;1 140;3 141;2 141;3 152;1 183;1 186छ2 188;3 192छ3 192छ4 196;3 203;2 205;4 206;1 210;5 361छ **2**|13;3 46;1 54;3 87 93 127;4 288;4 326

3|1;1 3;1 6छ 21;2 24;3 41;5 **4**|2;2 5;1 **5**|30;3 51 60छ 60;4 **6**|9;1 60;1 73;6 74;1 81;1 99;3 101छ2 109छ1 115 121क **7**|2;7 9;5 20;3 22;2 25 26;4 27 32;3 42 42;2 42;3 52;1 52;2 53;1 53;3 55;1 57;4 58;2 63;2 64;5 68क 68;3 69;1 72;1 72क 73ख 75ख 79;2 83;1 88;4 89;2 94;2 96क 123;1 123ख 130छ2 130;2

चरिता **1**|15;1

चरित्र **1**|133;4 205 **4**|18;4 **6**|121छ2 **7**|77ख 85;4 100;1

चरू **1**|189;3

चरै **7**|117;6

चर्म **3**|27;3 **6**|80;4 87छ **7**|12छ1 120ख

चल **1**|165;3 **4**|9

चलइ **1**|118;3 **2**|42 **6**|23;5

चलउँ **7**|77;5

चलत **1**|12;1 13;5 57;2 84;2 182;3 244;2 255;3 316 339;2 **2**|20 67;1 81;2 83;2 160;3 185;1 187;4 188;3 188;4 216;2 222 234;3 311;2 **5**|4;3 28;1 31;1 **6**|25;4 41छ 79;3 86;1 119;2 **7**|73;3

चलति **2**|123;3

चलत्कुंडलं **7**|108;4

चलन **1**|332 335;1 360;2 **2**|58;2 59;4 149 318;3 **3**|31;2

चलनी **7**|19;2

चलब **1**|166;4 **2**|62;3

चलहिं **1**|145;2 203;4 250 299;4 346;1 **2**|112;4 114;1 123;3 143;3 255;1 **6**|98;3 **7**|20 21;1 100ख

चलहीं **2**|168;4

चलहु **1**|92 239 294 298;1 **2**|68;2 73;1 112;3 132;4 187;2 **6**|20;4

चला **1**|171;3 179 297;4 333;2 **2**|44;2 **3**|1;4 2;1 23;4 26;4 27;5 28 28;5 29;12 **4**|8;1 **5**|18;4 19;2 35;4 42;1 57;5 **6**|4;5 10;2 56;1 57;1 64;1 65 65;1 67;1 82;2 120;2

चलाइ **2**|187 202

चलाईं **2**|203;1

चलाई **2**|153;1 310;1 **6**|91;2

चलाए **1**|145;2 **6**|32;4 38;4

चलायउ **2**|85

चलायो **6**|74;3 119;1

चलावहिं **6**|5;3 41;4 44 45;1 49छ

चलावा **1**|157;2 315;2 **4**|7;2 **6**|47;2 90;1 92;3

चलिं **7**|3;3

चलि **1**|34;3 52 103;3 134 190;1 190;4 193;1 201;2 249;4 276;2 284;4 322छ **2**|28;2 113;2 129;3 195;1 **3**|3;3 10;8 18;7 **4**|15;4

25;2 **5**|13;4 53;3 **6**|19 54;4 92;4 107;1 119;4 120;1 121;1 **7**|23;2

चलिअ **1**|64;2 **2**|184 201 271;3 **5**|31

चलिहउँ **2**|46;2 183;1

चलिहहिं **2**|120

चलिहि **1**|333;1 334;1 **2**|188;3 **6**|27;4 60;4

चलीं **1**|52;2 53 55;4 73;4 194;2 246 248;1 317 322;4 326छ4 327छ3 345;3 346 349 **2**|51;1 **4**|14;3 **6**|93छ

चली **1**|39;6 86 96;2 102छ 126;2 229;4 235;1 236छ 318छ 324छ1 343;4 **2**|12;3 34;2 69 222;2 285 **6**|4;1 57 65;5 78;4 86;2 87छ 93

चले **1**|48;3 50;2 57;2 61;1 61;2 81 90 92;3 92;4 95;1 95;2 102 102छ 129;4 131;3 136;1 136;3 138 139;4 191;3 196;1 203 208क 208ख 209;3 210;5 212;1 212;2 214 219;1 225;3 227;1 237;3 238;2 240;2 240;3 249;4 250;3 251;2 255;3 261छ 267;3 287;3 295;4 296;1 300;1 300;2 300;3 300;4 302;2 304 305 305;3 306;2 307 307;4 313;3 313;4 314;2 322;1 326छ4 327छ4 331;4 334 337;2 339 339;2 343;1 352;2 353 355;2 360;5

2|75 76;1 79 79;4 81;1 81;3 83;1 84;2 84;4 108 109;3 110;3 112;1 113 114;4 122 124;2 126छ 133;3 135;1 144;1 153;1 157 157;2 158;1 166;1 166;2 185;2 187 187;3 188;1 188;2 189;1 191;2 193;4 196 197 198;3 202;1 216;2 220;3 221;2 224 225;4 228;2 233;3 234;2 238;1 243;1 271 272;3 275;3 275;4 278;4 286;2 292;3 311;2 318 318;4 320;4 321;4 322;1 322;4 **3**|3;2 7;1 9;3 12;1 13;9 18;6 20ख 20छ1 20छ2 28;3 29ख 30;4 33;2 37;1 **4**|1;1 7;13 11;5 16 19;4 20 22 23 23;4 27;2

5|25 28;3 34;4 35;5 44 45;1 53;1 **6**|1;5 5;1 18;3 32;2 39;5 40;4 41 42;2 42;5 49छ 50;4 52 54 68;1 68;2 70;1 70;3 74ख 76;2 78;4 79;2 82 82;1 82;3 87;1 91 92;1 92;4 93छ 95छ 96छ 96;3 100छ 102 103;1 103;4 106;3 108;5 114क 118क 121;3 **7**|3क 6;4 8ख 9ख 17क 19;1 19;5 59 68;2

चलेउँ **3**|10;6 **4**|6;4 **7**|79;4 112क

चलेउ **1**|36;4 50;2 84;2 125;3 143;2 154;3 156 157;1 157;2 182;2 217;3 **2**|39;1 39;4 88;1 144;4 196;4 321;1 **4**|23;6 **5**|1;2 1;4 2 4;1 8;3 18;1 37;3 42;2 **6**|10;3 18;1 58;3 60क 66;3 75 79;1 81 85 95;2 110;1 119;3 **7**|2ख 4ख 10क 19ख 19;3 60;4 62;3

चलेऊ **5**|29;3

चलेसि **3**|29;6 **5**|4;1

चलेहूं **1**|127;4 **2**|315;3

चलैं **5**|34;3

चलै **2**|185;3 **7**|89ख

चलौं **2**|186;2 268

चल्यो **6**|35;5 49

चवँर **1**|299;2 **2**|105;4

चवहीं **7**|23;3

चवै **2**|48 169;1

चहँ **6**|101;7

चह **1**|39;4 49;1 53;3 79;2 107;3 267;1 **2**|17;4 26;1 47;2 48;1 257;2 **3**|17;8 29;3 **4**|22;1 **6**|2;4 57;2 83छ 84 108;7 **7**|53;2 62;4 78क 128

चहइ **1**|160;3 **2**|185;4 268;2 **5**|33;1

चहई **1**|267;2 **6**|70;2

चहउँ **1**|8;3 **2**|204 264;4 **5**|8;2 22;3 **7**|37;2

चहत **1**|78;3 125;4 260;4 273;1 280;3 298;3 335;1 336;3 **2**|36;1 58;2 64;2 187;1 206;3 301 **3**|6;3 17;8 31;2 **4**|24;2 **5**|55;4 **6**|49;2 70;6 **7**|0ग

चहति **2**|28 59;4 217

चहसि **3**|36 **4**|9;5 **6**|94;4 **7**|106;2

चहसी **6**|31;4

चहहिं **1**|22;2 78;3 88 260;1 **7**|36;2

चहहीं **1**|218;3 340;2 343;2 360;2 **7**|25;3 36;3

चहहु **1**|274;2 **5**|36;4

चहहू **1**|78;2 **2**|61;2 100;4 178;4 **7**|45;1

चहिअ **1**|8;4 96छ 282;2 **2**|250;4 **7**|120;2

चहूं **1**|22;4 37;6 212 224;2 228;1 324छ1 **2**|6;3 86;1 115;3 133;1 **4**|22;3 **5**|3छ3 **6**|39;5 72;5 100छ 101;3 119;4 **7**|0ख 27;2 29;2 104;3

चहूंजुग **1**|27;

चहु **1**|40 42 297;4 301;1 **2**|73;3 220;3 236;4 251 298 **3**|40;3 **4**|15;1 **5**|3;6 52;2 **6**|71छ 108;5

च

चहूँ **1**|232;1 **4**|24;3 **6**|49;4

चहू **1**|22;4

चहैं **1**|323छ1

चहै **1**|192छ3 267;1

चहौं **2**|100छ

चाँकी **1**|219;4

चाँपि **1**|126;4 **2**|198;2

चाँपी **2**|20;1

चाऊ **1**|15;4 191;2 **2**|51;4 235;4 **6**|41;1

चाका **6**|80;3

चाखा **2**|219;2

चाड़ **1**|266;2

चातक **1**|227;3 347;3 **2**|52 83 128;3 137 155;4 185;1 234;2 236;3 324 **3**|38;4 **4**|17;3

चातकही **1**|9;1

चातकि **2**|52

चातकी **1**|263;3

चातकु **2**|205;2

चातुरी **4**|9

चाप **1**|17 87;1 147;2 209;1 219;2 221;4 223;1 239;1 245;1 250;4 251;2 252;1 253;4 257;3 257;4 260;2 278;1 283;1 286;4 292 298;4 347;2 **2**|90;2 **3**|4;3 4;4 11 11;2 18छ 19छ 27;4 28;1 **4**|7;13 9;1 **5**|47;1 58;3 **6**|11;3 13;4 40 47;2 58 81 82;4 86छ 87छ 89छ 91 97 97छ 102छ 111;1 111;7 113;1 115;1 **7**|14;3 30;2

चापखंड **1**|262;1 270;1

चापत **1**|226;4 **6**|11;4

चापन **1**|226;2

चापमख **1**|221

चापलता **2**|304;1

चापा **1**|256;2 265;3

चापि **1**|259 **6**|103;3

चापु **1**|261 283;3 284;4

चापू **1**|24;3

चामर **1**|296;4 350;2 **2**|6;2 **7**|12छ1

चामुंडा **6**|88;4

चार **2**|271 **3**|17;8 **7**|98ख

चारा **1**|303;1

चारि **1**|2 8;1 22;3 35;2 36 46;2 164;4 173;1 220;4 295 325 329;2 331;1 345 350;1 **2**|0 28;2 46;1 81 104;2 105;2 109;3 143 202;5 301;2 **3**|5क 5;6 **4**|12;4 16 **6**|32;4 38;4 39;1 39;2 92;3 **7**|13;5 44;2 56;4 80;4 103ख

चारिअ **1**|22;3

चारिउ **1**|14ङ 187;3 198;3 203;2 311छ 325छ4 335;1 349;4 358 **6**|48;1 **7**|21;2 29;2 32;3 76;2

चारिक **2**|199;2

चारिदस **1**|296;2 **2**|1;1 53 88 98;2 173;3

चारिदास **6**|55;1

चारिहूं **1**|178क 287;2 **6**|40;3 78;2

चारिहु **4**|19;1

चारी **1**|37;5 67;4 85;2 189;2 192छ1 198;1 204;3 207;3 208;1 220;4 236;1 289;4 294;4 309;1 315;1 315;3 335;2 348;4 349;2 **2**|60;3 120;2 190;3 215;4 271;4 273;1 280;1 322;3 **3**|5;4 11;9 32;1 39;4 **4**|7;5 9;4 **5**|11;4 **6**|12;1 38;4 89;2 **7**|34;1 76;4 98;1

चारु **1**|31 36;5 37 37;2 37;5 136 140;1 147;1 147;4 213;1 219;2 219;4 224;1 230;2 233;3 235;2 243;2 268;4 296 299;2 321 327छ4 344;3 347;2 350;2 353;2 356;2 **2**|8;2 58;3 90;4 298 312;2 **5**|3छ1 **7**|27 56;4 76;4 77;1 108;3

चारुतरं **7**|14;3

चारू **1**|1;1 11;5 16;3 32;1 296;4 **2**|6;4 105;2 132;2 **7**|28;4

चार्‌यो **1**|327छ4

चालति **1**|327छ3

चालही **2**|50छ

चालि **1**|318;2

चाली **2**|222;1

चाषु **1**|303;1

चाह **2**|12;4

चाहउँ **1**|149 **2**|177;1 **3**|43;2

चाहत **1**|193;2 326छ1 332 **2**|10;1 47;2 52 149 178 230 265;1 **3**|1;3 **6**|22;1 62 **7**|24

चाहति **1**|210

चाहसि 1|21

चाहहिं 1|128;1 7|102;1 115;2

चाहहु 1|47;2 79;3

चाहा 1|248;4 267;2 3|1;3 28;8 7|63;3

चाहि 1|258;2 7|19ग

चाहिअ 1|78;4 131 2|102;4 127;4 131 174;2 179;1 213;3 213;4 6|7;1

चाहिए 2|315

चाही 1|29;2 39;5 349;3 2|21;1

चाहे 7|50;2

चाहै 5|38;3

चिंत 1|186छ3

चिंतहिं 1|144;2

चिंताँ 4|12;2

चिंता 1|58;1 206;3 232;1 2|95 151;4 315;1 3|30;1 4|28;5 5|37;3 6|99;2 7|71;2

चिंतामनि 1|32;1 6|26;4 7|120;1

चिउरा 1|305;3

चिकनाई 7|89;4

चिकार 6|87;2

चिकारा 4|28;2 6|76;5

चिक्कन 1|199;5

चिक्करत 3|20छ5 6|78छ

चिक्करहिं 1|261छ 5|35छ1 6|81छ1 91छ

चिक्करहीं 5|35;5 6|87;5

चिक्कार 6|70

चित 1|3क 3ख 15;4 29;3 31 32ख 63;3 107;2 203 213;4 215;3 248;4 327छ1 2|11;3 51;4 116;1 123;4 137 155;4 226छ 227 227;2 235;4 241;1 268;1 269;2 3|2;5 15;1 33;1 4|7;4 9;2 5|53 53;4 6|29;4 88;3 7|59;3 107;1

चितइ 1|228;1 258 259;4 269;4 272;2 2|44;2 100 117;3 3|17;6 28;5 4|9;2 5|35;1 6|89 112;3 118;2 7|77क 88;3

चितई 1|260

चितए 1|230;2 248;3 2|217;1

चितयउँ 7|79क

चितयउ 2|154

चितव 1|117;2 217;3 232;3 242;3 244;3 258 259;4 279;4 317;3 326 2|51;1 3|21;2 5|13;1 32;4 6|4;2 18 85छ 85;4 94 7|19;1 24 118;5

चितवत 1|87;3 219;4 225;3 267 268;3 2|70;2 114;4 195;3 303;2 3|8;2 12 18छ 7|80;1

चितवति 1|232;1 7|7;3

चितवनि 1|147;2 243;2 7|77;4

चितवनिहारा 2|67;4

चितवनी 1|219;4

चितवहिं 1|54;3 148;3 188;2 269;2 3θ2 314;3 2|116;1 4|17;4 6|89छ 118ग 7|36;1 69;4

चितवा 1|54;3 5|5;2 6|48;1

चितहि 1|219;4

चिता 2|170;2 5|12;2

चितु 1|259;2 327;3 355 2|139 216;2

चितेरें 1|213;3

चित्र 1|260 264;2 2|84;1 135;3 303;2 3|10;12 6|89छ

चित्रकूट 1|31 2|132 132;2 133;2 134;1 134;3 138 138;4 187;4 308;2 321;3 3|3;1 6|120;2 7|65;2

चित्रकूटहिं 2|216;2

चित्रकूटहि 2|271

चित्रकेतु 1|79;1

चित्रलिखित 2|60;2

चित्रसाला 7|27

चित्रित 1|213;3

चिदाकाशमाकाशवासं 7|108;1

चिदानंद 1|75 7|52क 68ख 77ख 108;6

चिदानंदमय 2|127;3

चिदानंदु 1|341;3

चिन 1|235;2 6|15क 7|19ग 117ख

चिनमय 1|120;3

चिन्ह 7|101;4

चिन्हारी 1|50;1

चिबुक 1|147;1 199;4 233;3 243;2 7|77;1

चिर 1|196

चिरजीवी 2|286;4

चिराना **1**|36;5

चिराव **7**|74;4

चिरु **1**|295 327छ4 334;2

चीखा **2**|47;2

चीठी **1**|290;3

चीन्हा **1**|30;2 79;2 158;3 211छ2 282;1 **4**|9;2 **5**|3;2 4;3 6;2 27;1 **6**|58;4 107;3 **7**|1;6 111;7

चीन्ही **1**|209;4 **4**|2;4

चीन्हें **7**|112;2

चीन्हे **1**|288;1 292;2

चीर **1**|262 **2**|165 **7**|76

चीरा **1**|196;4 318;1 348;3

चीरि **1**|288;2

चुंबत **7**|27;4

चुंबति **2**|52;2

चुकइ **1**|7;1 **2**|133;2

चुकाहीं **2**|42;2

चुकें **1**|261;2

चुनइ **2**|128

चुनि **3**|1;2

चुनौती **3**|17 38;5

चुप **2**|307;1 **4**|30;2 **6**|18;4

चुपचाप **2**|322;1

चुपहिं **2**|270;2

चूक **1**|29;3 282;2 283;4 **2**|16;4 300;2

चूका **2**|144;3

चूड़ाकरन **1**|203;2

चूड़ामनि **5**|27;1 31;1

चूरन **1**|1;1

चेत **1**|172 **6**|16ख

चेतन **1**|3;2 6 7ग 23;3 **2**|217;1 **7**|117;1 119ख

चेतनहि **7**|117;2

चेता **2**|11;3 **7**|19;1

चेतू **2**|269;2

चेन **6**|87

चेरा **2**|131;4

चेरि **2**|13;4 14 16;3 17;1 22;2 **7**|101;2

चेरिहि **2**|23;2

चेरी **2**|12 23;3

चेरे **1**|18;2 85;4

चैतन्य **7**|119ख

चैल **1**|353;2

चोंच **3**|1;4 **6**|40;5

चोखा **2**|325;3 **6**|120;2

चोचन्ह **3**|29;10

चोप **1**|267

चोर **1**|184;1 242 **2**|27;3 137 **6**|33;3

चोरहि **2**|11;4

चोरहीं **1**|327छ1

चोरा **1**|215;3 **2**|63;2 **3**|8;3 **5**|4;2 **7**|31;3

चोराइ **7**|27

चोराई **2**|251;2

चोरि **1**|219;4 327;3 **2**|123;4

चोरी **1**|196;2 **2**|295;3 **6**|22;3

चौंके **2**|8;2

चौक **7**|9;2

चौकें **1**|288;4 296 344;3 **2**|6;4

चौगाना **6**|27;3

चौगुन **2**|51;4

चौतनीं **1**|219 243;4

चौथपन **1**|142

चौथि **3**|35

चौथें **1**|171;3 **2**|322;3

चौथेंपन **1**|208;1 **2**|43;3 **6**|7;2

चौदह **2**|29;2 **3**|20छ4 **5**|38;4 **6**|31;2

चौपट **1**|180;3 **6**|30

चौपाई **1**|37;2 **7**|130छ2

चौबारे **2**|90;4

चौरासी **1**|8;1 **7**|44;2

चौहट **1**|213;2 344;2 **7**|28;4

छ

छंद **1**|9;5 37;3

छंदा **1**|300;2

छ **2**|272;4

छई **1**|318छ **7**|121;17

छठ **3**|36;1

छठें **1**|166;1

छड़ाइ **1**|266;2

छड़ाइसि **6**|100;4

छड़ाई **1**|158;1 252;1 **2**|163;4 **3**|18;5

छड़ावा **4**|28;3

छत **2**|161;3

छतज **6**|53;1

छति **1**|272;1 **2**|282;2

छत्र **6**|13क 13;3 23घ **7**|12छ1

छत्रक **1**|253

छत्रबंधु **1**|174;1

छत्री **1**|160;3 **3**|19;5 **4**|1;4

छत्रु **1**|20 **2**|105;4

छत्रि **2**|229

छत्रिय **1**|284;2

छत्रियकुल **1**|272;3

छन **1**|84;3 98 124क 171;4 261;4 274;2 328 349;3 **2**|114;3 144;1 302;3 **3**|5;9 20क 22;6 25;3 **4**|20;4 26;4 **5**|12;6 19;4 31;4 **6**|63 68 69;1 91;2 96;1 97;1 **7**|6;4 110क

छनभंगु **2**|190;2

छनभंगू **2**|211;4

छनहिं **1**|349;3 **2**|144;1

छपाई **3**|27;6 **6**|79;4

छबि **1**|11;1 11;2 41;1 50;4 94छ 100;3 106;4 134;2 147 147;1 147;2 156;4 198;3 199;1 199;4 219;4 220;3 220;4 222;1 229;3 231 232;3 233;2 234 238;2 246;2 247;4 248;1 249;1 263;3 264;2 264;4 265;4 285;2 310;3 316 317;2 318;1 319छ 321 322 326 336;1 345;3 349;2 355;1 **2**|91;1 114;4 123;2 123;4 125;1 134;4 138;1 249;4 **3**|3;4 14;1 14;2 29ख 30 32छ4 **6**|71छ 86 111;6 113छ **7**|12छ2 33;1 76;3 77;1 77;3

छबिखानि **1**|100छ

छबिगन **1**|264;1

छबिगृहँ **1**|230;4

छबिधाम **5**|45;2

छबिनिधि **1**|148;1

छबिसमुद्र **1**|148;3

छबिसिंधु **1**|50;1

छबिहि **2**|209;2

छबी **6**|111;2

छबीले **1**|298

छमब **2**|45;3 177;4 293;3 297;3

छमबि **2**|64;3 116;4

छमहु **1**|273 282;2 282;4 285;3 **5**|59;1

छमहूँ **2**|304;1

छमाँ **7**|117;7

छमा **1**|31;5 37;7 **2**|232;1 **3**|46;2 **6**|22;4 80;3 90छ 111;11

छमामंदिर **1**|285;3

छमासील **7**|109;3

छमि **2**|183;2 233

छमिअ **1**|275;3 **2**|16;4

छमिबो **1**|326छ3

छमिहहिं **1**|8;4

छमिहि **2**|300;4 **6**|20;3

छमेहु **1**|101

छय **1**|170;4

छयल **1**|298 298;4

छरस **1**|173;1 329;3 336;2

छरु **2**|260;1

छरुभारू **2**|315;4

छरे **1**|298

छल **1**|8;2 89;4 104;3 111;3 123 153;4 157;2 160;3 237;1 241;4 281;1 **2**|167;2 295;1 301;2 303;1 **3**|5;9 27;7 **4**|8 23;2 **5**|3;2 44;3 48;2 **6**|3;2 54;2 81छ1 95;4 **7**|118;4 127;2

छलकारी **3**|25;1

छलग्यानी **1**|170;1

छलहीं **2**|168;4

छलहीन **2**|314

छलहीना **3**|14;3 36;3

छलि **2**|288;3

छली **2**|302;1

छलु **1**|49;3 281;2 **2**|33;1 74 78;1 107 173;2 217 **3**|1

छहूँ **1**|42;1

छाँड़इ **6**|73;5

छाँड़त **6**|34ख

छाँड़हु **6**|56;3

छाँड़ी **6**|93

छाँड़े **1**|12;1 **2**|191;3 **3**|19ख 20छ4 **6**|68;2 69;3 91 91;1 92;3

छाँड़ेउँ **6**|74;3

छाँड़ेउ **6**|91;2

छाँड़ेसि **6**|76 76;4 92;2

छाँड़िहि **3**|29;7

छाँह **2**|97;3 113 114 194;2 **7**|57;3

छाँही **2**|288;3

छाइ **2**|47;1 103 **3**|13 **6**|53 92;7 **7**|29

छाईं **1**|65;4

छाई **1**|41;1 199;4 264;1 294;1 336;1 350;4 **2**|122;4 237;3 246;4 **4**|3;3 12;4 16;1 **6**|73;2 **7**|122;6

छाए **1**|49;3 94;4 111;4 190;3 233;2 241;1 244;1 304;3 307;4 327;1 338;2 345;2 355;1 **2**|94;2 134;3 149;2 169;3 220;4 **3**|9;4 12;5 14;1 38;2 40;3 **4**|12;5 13;4 **6**|87;3 91;1 112;1 **7**|77;3

छाके **2**|225;2

छाछी **1**|8;4

छाजा **3**|17;7

छाड़ **1**|281;1

छाड़इ **2**|13;4

छाड़न **2**|28

छाड़ब **2**|118;1

छाड़हु **2**|35;4 50;1

छाड़ा **6**|52;2 76;8

छाड़े **1**|87;2 **6**|76;5 101छ2 102

छाड़ेउ **3**|2

छाड़ेन्हि **6**|66

छाड़ेसि **6**|58;3 82छ 83;2

छाड़ै **2**|232;1 **6**|50;3

छाड़ि **1**|8;2 154;4 165;1 186छ3 200;3 211 332;4 **2**|14;1 16;3 40;4 74 85;3 107 130;3 173;2 **3**|5;9 8;4 **5**|50;1 57;2 **7**|127;2

छाड़िअ **2**|66;4 69;3 150;4

छाड़िसि **6**|54;4 83;4 91;2

छाड़िहउँ **1**|181

छाड़िहि **2**|79;2

छाती **1**|113;4 160;4 280;1 290;2 295;3 **2**|22;3 31;2 34;4 99;3 148;4 153;1 200;2 212;1 **3**|8;2 **4**|12;2 **5**|27;4 56;5 **6**|33;2 44;2 74;4 83;1 **7**|121;15

छायाँ **2**|237;4 **7**|110ख

छाया **1**|106;2 141;3 **2**|216 216;3 241;2 295;1 **3**|7;3 41;1 **7**|69;2

छायो **6**|107;4

छार **1**|95छ **4**|19

छारा **1**|87;3 95;4 **2**|17;4 **6**|36;3 46;6 104;3

छाला **1**|92;1 106;3 **3**|27;2

छावा **1**|194;1 296;4 361;2 **2**|95;3 156;1 **6**|90;1 **7**|59;1 60;1

छाहँ **2**|237;2 267 **5**|3;2

छाहीं **2**|67;2 115;2 244;2 249;4 311;4 321;2

छिति **1**|188;2 **2**|191;3 **4**|11;2

छिद्र **5**|44;3 **6**|12;4

छिनुकु **2**|114

छिनु छिनु 2|66;2 67;1 139 140;1 148;4
छींक 2|192;2
छीजहिं 6|72;2 7|122;2
छीजहीं 6|81छ1
छीजे 6|116;3
छीजै 6|75;5
छीन 1|181
छीना 1|67;4
छीनि 1|125 147 6|88;1
छीने 2|76;2 118;4 6|92;6
छीर 2|91;1 94;2
छीरसागर 1|0;3 6|109छ2
छीरसिंधु 1|128;2 2|231
छीरु 2|151;1
छुअत 1|237;1 272;2 2|29;2 46;3 100;3
छुअतहिं 1|283;4
छुअति 2|288;3
छुआ 1|256;2
छुइ 2|27;2 194;2
छुछुंदरि 2|55;2
छुटि 6|99
छुटिहहिं 6|27;3
छुद्र 3|28;8 4|14;3
छुद्भित 1|157
छुधा 1|181 209;4 6|9;2 7|102;1 122;5
छुधावंत 6|40;2
छुधित 2|235;1
छुभित 6|79;3 103;3
छुरी 2|22;1
छुहे 1|346;3
छूँछा 2|242;4
छूँछी 2|38;4
छूछें 2|32;1
छूट 1|80;3 2|51 7|71ख 117;3 117;4
छूटइ 3|29;5 4|21;1 7|49;3
छूटउ 1|59;4
छूटत 7|117;2
छूटहिं 1|61;2 3|39;2 4|18;3 7|58 126;1
छूटि 1|87;2 135;3 7|118;7
छूटीं 1|265;2
छूटी 7|110;7
छूटे 1|263;3 4|11;1 6|70;4 104;2 114;4
छूटै 1|80;3
छेंका 6|49
छेंकी 2|97;3 255;4
छेत्रु 2|105;3
छेदन 7|13;2
छेदनिहारा 1|272;4
छेदे 6|92;;1018
छेम 1|303;4
छेमकरी 1|303;4
छेमा 7|95;3
छोट 1|8 21;2 278;3 280;4 343;4 2|31 3|21क 6|51
छोटि 2|303;4
छोटे 2|293;3 6|31;4
छोड़उँ 1|275;4
छोड़ाए 5|52;4
छोड़ाई 6|24;7
छोड़ावा 6|24;8
छोनिप 1|241;4
छोनी 2|232;1 297;2
छोभ 2|130;1 3|38क 6|89;1
छोभा 1|231;2 234;2 258;1 2|14;2 3|37;2
छोभु 1|48ख 83;3 87;2 2|15;4 69;3 268;1 7|6ख
छोरइ 1|202;2
छोरत 7|118;3
छोरन 7|118;3
छोरी 1|200;2
छोरे 1|360;1
छोह 3|2 4|23
छोहा 4|3;1 7|123;2

छोहु **2**|3;2 212 250 266;4

छोहू **1**|8;2 13;3 46;1 277;1 360;4 **2**|15;4 69;3 118;1 314;3 **5**|17;2

ज

जं **3**|32;5

जंगम **1**|2;4

जंजाल **1**|211

जंजाला **1**|38;4

जंतु **1**|119;1 210;6 **2**|59 83;3 162;3 **3**|13;4 **4**|15;6 **5**|3;1 58;4 **6**|22क 24;8 34;2 101;1

जंत्री **2**|303;1

जंत्रित **5**|30

जंबु **2**|237;1

जंबुक **6**|88;5 104;6

जए **6**|102छ

जग **1**|2;3 2;4 5;3 7क 7ख 7ग 7;3 7;4 7;6 8;1 8;4 8;6 8;7 10;5 12;2 15;3 16;2 17;4 18;4 20;3 22;3 23;4 26;2 27; 28;6 31;6 32;1 32;7 33;3 35 35;2 46;2 50;2 60;4 63;4 65;2 67;3 70;3 73;2 81;2 84 84छ 87;4 92;3 94;2 96छ 98;2 98;3 100छ 100;3 102;3 103;4 112;1 112;4 116;4 118;1 121 122 125;4 128;4 148;2 150;3 152;2 162;1 163;1 166;3 167;1 168;1 176;3 178;4 180 180;2 180;4 182;5 211छ2 212;1 231;4 239;2 247;2 255;3 283 294;3 310;2 315;1 324;1 331;2 341 349;2 357;4

2|2;2 5;4 6;2 7;4 30;3 45;1 47 64;4 65;3 70 74;4 75;1 77 77;2 91;3 92;3 93 93;2 94;1 103 103;3 120;1 131;1 138;2 140 156;4 162;3 164;2 169;2 179;3 180;4 181;1 182;2 182;3 185;2 185;4 190;4 195 197;2 199;3 204;3 204;4 207 208;3 209;1 209;4 217;2 228;4 233;1 234;2 243;4 247;1 254;2 256;4 265 267 269;4 273;4 274;4 277;2 278;1 285;3 298;3 305;4 307;3 317;4 323;4 **3**|5;6 5;8 15;3 17;5 26;1 29;1 31;5 32छ4 36;2 38;6

4|1 7;9 12;1 30;3 **5**|41;2 44;4 49;5 56;4 **6**|8;1 9;4 10;1 22;4 24;6 25;4 29;3 36;4 38;3 55;1 60;2 61;4 66;2 102;4 104;7 107छ 109छ2 **7**|1;8 2छ 2;7 10;4 13;2 15;2 21 21;2 23;4 37 40;2 45;4 47;3 53;3 54;2 57;2 58;4 60;3 70;4 71;2 73;3 82;3 84;1 85;2 94;4 96;4 102;5 109;8 112;5 120;5 120;6 121;10 121;12 121;7 122;1 123;4 130;2

जगजननि **1**|48;1

जगजोनी **2**|297;2

जगत **1**|3ख 64;3 72;4 81 103;2 112;4 115;3 117;4 122;3 136;2 197 200;1 202;4 235;3 246;2 248;1 **2**|72;3 232;4 299;1 **3**|12;4 39;3 **5**|37;1 **6**|61;4 77 90;2 104;5 **7**|112ख 127

जगतपति **1**|60;2 226 **2**|5;3

जगतबंद्य **1**|50;3

जगतीतल **2**|46;1

जगतु **2**|262;1

जगदंबा **1**|81;4 94 98;1 246;1 **6**|20;3 62 **7**|24;5

जगदंबिका **1**|100;4 247;1

जगदंबिके **1**|81;4

जगदगुरुं **3**|4;9

जगदातमा **1**|64;3 **6**|35;3 **7**|23;4

जगदाधार **6**|54

जगदाधारा **6**|77;2

जगदीस **2**|121;2 126छ

जगदीसा **1**|6;4 50;3 177;2 **4**|27;1 **6**|103;4 120;2 **7**|92;4

जगदीसु **2**|38

जगनिवास **1**|191

जगबिदित **1**|65;2

जगमगत **1**|316छ

जगमगात **1**|325;2

जगमय **1**|185;4 **6**|15;4 **7**|60;3

जगमूला **1**|148;1

जगहि **7**|72;1

जगाएहि **6**|63;1

जगावहु **2**|38;1

जगावा **3**|10;9 **6**|59;2 62;3

जगु **1**|85छ 103छ 216 249;3 283;3 320;3 **2**|49;3 101;2 126छ 127;1 168;4 182;1 194;3 194;4 200;3 210;3 211;2 212;3 217;4 218;4 228;1 229 231;1 244 255;4 267;4 270 287;1 293;4 **3**|2;4 **7**|4;2 94;4

जग्य **1**|61;3 64 65;1 98छ 183;4 189;3 206;2 210;1 244;1 283;2 **3**|8;4 **6**|75;4 76;1 84 85 85;3 **7**|48 56;2 57;3 103;1 103;3 121ख 130;3

जच्छ **1**|179;2 182ख

जच्छपति **1**|179;1

जजातिहि **2**|174;4

जजाती **2**|148;3

जट **3**|18छ

जटा **1**|92;1 106 268;3 **2**|94;2 115 151;1 230;1 239;3 **3**|11;2 34;4 **4**|9;1 **5**|8;4 **6**|86;4 103छ2 **7**|1ख 11;2 11;4 98;4

जटाजूट **2**|324;2

जटायू **3**|29;7 **4**|27;4

जटिल **1**|67 95छ **2**|119 239;4

जठर **1**|142;3 **2**|180;4

जठरागी **7**|119;5

जठेरी **2**|49;2

जड़ **1**|3;2 6 7ग 12;4 30ख 57क 69 71;3 96;4 117;1 117;4 120;2 125 270;2 272;3 280;3 **2**|127;4 150;4 194 208;3 217;1 238;3 241;4 251;2 262;4 263;4 295;2 **3**|5;4 **5**|57 59;1 **6**|22क 31;4 33क 61;5 **7**|53;3 108ग 111ख 115;1 115;2 115;8 117;2 119ख 121;14

जड़ता **1**|39;1 258;4 **2**|178;4 **7**|102;5

जड़ताईं **2**|184;3

जड़ताई **1**|78;2 249;2 **7**|75;1

जड़न्ह **1**|85;2

जड़मति **3**|35;1 **6**|101क

जड़हि **7**|119ख

जत **1**|7ग

जतन **1**|3;3 23;4 62 131;4 146;2 167;1 200;2 **2**|40;3 99;3 166;2 186;2 316;3 **3**|29क 32;5 **4**|18;2 23;2 **5**|2;3 3छ3 58 **6**|62;3 108;1 **7**|28;1 85;2 89ख 119;4 122;4

जतनु **1**|52;2 **2**|151छ 186;4 217 257;2 284;2 **4**|10;2 21;4 **5**|36 **6**|7;3 98छ 116ख

जतिन्ह **7**|22

जतिहि **2**|29

जती **2**|172 224;2 **3**|21;5 28;4 28;6 **7**|101;1

जथा **1**|1 51;1 110;3 112;1 114;2 114;3 117 117;1 149;3 189;4 286 **2**|181;2 199;3 214;4 319;4 **3**|2;2 18 39ख **4**|14;1 14;2 **5**|45;4 58;2 **6**|19 37;2 61;5 111;2 111;8 **7**|6;3 46;1 52;1 67;4 72ख 106;3 109;3 121;10

जथाजोग **2**|134 **6**|39;3

जथाजोगु **1**|94;4 224;4 328;2 **2**|302

जथाथिति **1**|86;1

जथाबिधि **1**|308 **2**|106;3

जथामति **2**|272;1 288;2 **5**|60छ **7**|74;1 123ख 130;2

जथारथ **3**|46;3

जथारथु **2**|254;3

जथारुचि **2**|300;4

जथालाभ **3**|36;2

जथाश्रुत **1**|105;2

जथोचित **1**|100;1 **3**|32

जदपि **1**|10;4 51 57;4 62;3 76;1 77;1 83;2 110;1 114;4 117 118;1 120;2 134;3 150;3 174 176 **3**|11;9 37;5 **4**|3;1 **5**|24;1 49;5 **6**|16ख **7**|74क 97;2 109;2 117;2 120;6

जदुबंस **1**|88;1

जद्यपि **1**|51;3 63;4 70;3 128;4 210;4 294;1 296;3 332;4 **2**|27;4 42 177;3 183 183;2 183;3 219;2 289;3 **3**|2 13;6 19;3 19;6 42;1 42;4 **4**|23;7 **5**|50;4 57;3 **6**|23घ 43;1 **7**|4;2 24;3 26;1 42;4 78;4 87;3 107;1 123क 128;1

जनं **7**|14;1

जन **1**|1;2 2 2;1 4 11;4 13;3 18;3 20;1 20;3 20;4 22;3 23;2 24;4 27; 29;2 31;3 32;4 32;6 36;4 46;1 122;1 122;4 181;2 184 186छ1 192छ2 198;1 204;1 211छ1 211छ2 277 336 342;1 344;2 351;4 361छ **2**|57;2 80 88;3 107;2 108 121 140 190;2 223;2 224;4 252;1 268;1 299 301;2 303 304;2 314;2 324;4 326;4 **3**|3;3 8;2 8;3 10;8 12;5 32छ3 42;2 42;3 **4**|4;3 23;5 **5**|39;2 44;3 46;4 50;1 **6**|75;5 82छ 102;2 111;3 115;2

116;3 **7**|1;7 5छ2 11;2 18;3 37;1 51;2 51;5 73;1 74;3 83;1 93;4 113;2 122;2 123क 130;1

जनक **1**|5;3 32;2 64;3 95 150;3 175 213;4 239 239;5 240;4 242;1 246 249;2 249;4 252;4 253;1 254;3 260;3 263;2 269;2 270;1 270;2 280;3 286;3 289;3 295;1 304;3 307;1 310 310;1 312;4 320छ 321;3 321;4 324;1 324छ4 324;2 325छ2 325;3 328;1 328;2 328;3 329 332;1 333;3 334 334;1 341;1 343;1 354;4 **2**|43;2 58 79;4 80;3 91;3 173;1 199;3 270;2 272 272;1 275;4 278;1 279;3 286;2 287;1 291;3 292;1 317;4 318;1 **5**|48;2 **6**|21;1 36;5 **7**|47;1

जनकु **1**|304;1 244;2 251;3 254;1 278;2 320;1 320;4 324छ2 326छ2 326;4 332;1 338;2 340;2 **2**|161 275;3 296 296;1 296;2 302 322;3

जनककुमारी **5**|31;1

जनकतनया **1**|231;1

जनकपति **2**|275;1

जनकपुर **1**|218;1 310;2

जनकपुरु **1**|314;2

जनकप्रिया **2**|285;1

जनकराज **2**|281;2

जनकसुतहि **5**|27 **6**|30 108;2

जनकसुताँ **5**|42;4

जनकसुता **1**|18;4 296;2 **2**|81 246;4 **3**|23 30;1 31;1 36;5 **4**|22;4 **5**|8;2 11;4 26 57;4 **6**|20;4 107;2 108;1 109ख **7**|12;2 30;4

जनकहि **6**|20;1

जनकौरा **2**|271;1

जनतेउँ **1**|252;3 **6**|61;3

जनत्राता **6**|95;2 **7**|110;5

जननि **1**|18;4 32;2 95 100छ 102;4 228;1 235;3 248;1 **2**|41;4 73;2 79;3 111;2 140 146;2 173;1 201;1 223;2 253;2 261;3 **7**|47;1 76;2

जननिन्ह **1**|358;4

जननिहि **1**|97;3 102छ **2**|79;4 245;4 263;4

जननीं **1**|63;4 198;3 201;1 350ख **2**|151छ 198;2 320;3 **7**|3;2 26;2

जननी **1**|102;1 201;3 201;4 202;4 203;4 208क **2**|41 41;4 43;2 52;4 68;3 68;4 80;3 130;3 161 167 168;2 168;4 186 190;4 245;2 257 261;1 262;1 **3**|43;3 **5**|14 14;5 15 16;2 48;2 **6**|61;7 76 **7**|74क

जनपालक **7**|28;4

जनम **1**|34;3 40;4 42;1 114;2 119;2 122;1 122;2 123;1 124;2 140;1 142 152 190 246;3 313 335;3 350;4 **2**|2;4 34;4 46;2 52;4 70 109;3 109;4 136;1 139;1 161;2 182;4 205;2 221 224;3 233;1 255;3 256;4 **3**|5;10 5;9 **5**|45;4 **7**|95;2 96;4

जनमइ **7**|121;12

जनम जनम **1**|65;3 **2**|204

जनमत **1**|195;1 **2**|161;4 **7**|109;4

जनमफलु **2**|121;4

जनम मरन **2**|150;3

जनमा **1**|60;4

जनमि **1**|98छ 310;2 **2**|164;2 180;4 200;3 232;3

जनमीं **1**|65;3 98;3

जनमी **1**|83;1 **2**|164;2

जनमु **1**|237 357;4 **2**|15;4 21;1 46;1 70 92;3 183 229 254;2 307;3 326छ

जनमे **1**|12;1 **2**|10;3

जनमेउँ **7**|96;4

जनमेउ **1**|103;4 **2**|164;3

जनयत्री **7**|38;3

जनवास **1**|96;1 306 313;3 327

जनवासा **1**|96;3 306;3

जनवासे **1**|306;2 307;4

जनवासेहिं **1**|326;4

जनवासेहि **1**|326छ4 327छ3 329

जनहि **3**|43;5

जनही **2**|234;1

जनाई **1**|161;4 175;2 290;1 306;4 **2**|18;2 43;1 127;2 228;1 **7**|3;1

जनाउ **1**|332

जनाएँ **1**|162;1

जनाए **2**|7;2

जनायउ **2**|287;4

जनाव **3**|26;4 7|0ख

जनावउँ **1**|161क

जनावहिं **1**|255;2 274

जनावहु **2**|50;3

जनावा **1**|54;2 **2**|45;4 **6**|19;1 56;1

जनि **1**|3;1 23;2 33;2 97छ 97;4 100 109;1 109;3 111;2 125 127;4 138;3 163;1 164 173;3 187;1 202 202;4 216;2 246;1 252;2 266 272 274;4 275;2 314 342;3 357;4 **2**|22 28;2 30;3 34;3 34;4 35;4 36;4 37;1 37;2 45;1 50;1 50छ 51;4 53 53;4 56 56;1 58;3 61;1 66 66;4 68;3 69;3 70;4 75;3 95 96;3 98 99;1 151;4 157;1 165;3 165;4 191 206 212;4 219 233;4 264;1 280;4

3|4 6;2 11;11 29;5 31 42;3 46ख **4**|3;1 3;4 25;3 26;6 28;5 **5**|12;6 14;5 19;1 23;1 41 46;4 56क **6**|9;4 13;1 14;4 22क 27;2 30;1 31;3 32;5 36;4 49;2 86;3 90छ 90;5 101;8 118;3 **7**|18;2 18;4 49 60;4 109;6

जनित **1**|2;2 108;2 **2**|67;1 77;1 **3**|2;7 10;9 7|6;2 62;3 125;1 126;2 130छ2

जनु **1**|31;6 40;3 41;4 66;2 86;4 105;3 130;1 134 135;3 143;2 147 147;3 156;3 183;1 195;2 195;3 195;4 199;1 207;3 213;1 213;3 213;4 219;4 226;3 229 230;3 230;4 232 232;1 232;2 232;3 241 241;2 243;4 245;1 251 251;3 252 258 263;2 263;3 264 264;2 264;4 268 268;2 269;2 275;1 276;2 280;2 286;2 298;3 300;2 303 303;3 305 308;2 309;1 311;3 314;4 315;3 316 316छ 316;4 322 324छ1 324;2 325 325छ4 327 330;3 332;3 334;1 337;1 340;4 341;2 342;3 345 345;2 345;3 346;3 347;1 347;2 350;1 350;3 350;4 358;2

2|1;3 3;2 3;3 5;3 5;4 7 7;1 9;3 12;4 13;4 17;1 24 25;4 27;2 28;4 29;3 29;4 35;1 37;1 37;3 38;2 41;2 41;3 44;4 46;3 48;2 51;1 51;3 52;3 53;2 54;2 60;4 70;2 73;3 76;3 78 83;4 88;3 88;4 90;4 99;2 106;4 107 111;1 114;3 117;4 118;2 118;4 121;1 123;2 133 133;2 135;1 135;3 142;4 144;4 147;2 148;2 148;3 148;4 149;1 154 154;1 159;1 160;2 160;4 161;3 170;2 176 176;4 183;4 184;1 185;1 185;3 188;1 196;3 197;1 197;2 206;3 208;4 216;2 223 223;4 225;4 226;2 235;1 235;2 235;3 236;1 236;4 239 239;2 239;4 240;3 243;3 244;3 245;2 249;1 256;3 279;1 279;3 281;4 286;4 302 302;3 307;1 307;2 313 316;3 321

3|10;12 18;1 18;2 20छ1 29;12 30;7 38;1 38;2 39;4 40;1 40;2 **4**|14;3 15;1 15;3 16;1 **5**|12 15;2 35छ2 35;3 **6**|13;3 19;3 27;4 41;1 44 49छ 50;3 51;1 53 67;1 67;3 68;2 69;4 71;2 73;4 76;5 78छ 78;4 79;2 79;3 79;4 81छ2 81;4 83;3 84;1 87 87;1 87;2 87;4 87;5 88;3 89छ 91 92;1 92छ 93;2 95;4 98;4 101छ1 103छ2 110;1 119;3 **7**|0ख 1क 3ग 5छ1 6छ 6;5 27;3 29छ 32;3 40;1

जनेउ **1**|268;4 273;3 327;3 **7**|101;4

जनेऊ **1**|147;4 204;2 7|99;1

जनेत **1**|343

जनेषु **2**|225

जनेसु **2**|14;1

जन्म **1**|34;4 81;3 107;2 121 327छ2 360;1 **3**|7 19;2 36 **4**|0क 4;3 9;2 10;2 23;6 **5**|28;2 30;2 44;1 **6**|33क 120;4 **7**|8;5 11ख 49 52;2 75;2 82;2 96क 96;5 97;3 107;3 108;8 109;3 109;4 109;5 110;7 121;12 125;5 127;4

जन्मत 7|97;1

जन्मदरिद्र **1**|286;2

जन्मभूमि **7**|4;3

जन्मु **1**|76;4 81;1 103छ 103;4 104;2

जन्मौं **4**|10छ2

जपं **7**|108;8

जप **1**|70;4 84;4 183छ 206;2 226;2 283;2 **2**|107;3 134 178;3 218;4 326;1 **3**|6ख 6छ 10;4 46क **6**|117ख **7**|85;2 121ख

जपउँ **7**|105;4

जपजाग **1**|41

जपतं **3**|32छ3

जपत **1**|10;1 19;2 24;1 26;2 28;1 46 46;2 112;2 **2**|194;4 **3**|12;4 **6**|116ख **7**|1ख 106क

जप तप **1**|37;5 131;4 **2**|132;4 **3**|6छ 8;4 44;1 46;2 **7**|46;1 49;1 95;3 96;4 100;5 101ख 117;5 126;3 130;3

जपति **5**|8;4

जपन **1**|52;4

जपहिं **1**|22;2 22;3 34 75;4 143 **2**|129;3

जपहु 1|108;4 138;3

जपामि 7|14;9

जपि 1|19;3 22;1 22;2 27; 5|20;2 6|73 7|13;3 58

जपेउ 1|26;3

जब 1|3;3 7;1 44;2 52;1 60;4 63;1 65;4 75;2 75;4 88;1 95;2 96;2 101;2 121;3 123 124क 126;1 138;1 145;4 153 167;2 168;2 169 172;3 175 191;3 192छ3 203;3 203;4 207;1 212;3 215;3 222 232;4 234;3 235;1 247 248;2 260;2 261;3 305;4 317;2 320;3 361;3 2|1;1 4 21;3 22;4 36;4 61;3 69;4 70;1 82;2 88;1 93;2 96 100छ 107 109;4 114;1 117 137;3 141;2 145 146;2 157;3 162;1 197;1 215;1 234;3 246;2 251;4 276;3 280;3 3|3;2 8;3 14;1 21;1 23 28;1 28;3 28;7 4|4;3 12;5 13;1 13;3 29;3

5|1;2 4;3 28;4 29;4 32;2 36 36;1 46 47;1 47;2 54;1 57;4 58;4 6|12;4 14;3 25;3 32;1 39;1 48;4 65;2 75;6 76;1 79;7 85छ 93;3 100;3 101;1 110;4 116;1 7|10;2 31 31;1 40;2 48;4 57;5 58;2 61;2 62;3 73;2 75;1 77;5 80;1 89;2 97;4 101;2 101;3 110;5 110;7 114;6 117;4 117;6 118;7 122;5 122;6 127;4

जबहिं 1|84;3 103;2 162 173;3 204;2 307 2|85;4 96 146;1 220;3 3|24;2 43;1 4|29;4 5|42;2 51;4 6|27;3 29;1 69;4 86छ 115

जबहि 2|146;3

जबहीं 1|75;2 2|179;1 275;1 5|42;1 44;1 6|58;2 77;3 85;3

जबही 2|196;1

जबहूँ 7|128;3

जम 1|31;6 37;7 95;4 175 182;5 2|65;3 235;4 326छ 6|8;2 15;3 80;5 104;4 7|80;3 117;5

जमदूता 2|83;4

जमन 2|194 7|130छ1

जमनिका 7|73;4

जमपुर 1|280;3 2|145;3 3|5;5 7|40;1

जमहि 2|252;3

जमात 1|93छ

जमावै 7|117;7

जमिहहिं 4|28;5

जमी 2|215;3

जमु 2|26;1

जमुन 1|147 2|69;4 105;4 109 221;1 272;3

जमुनहिं 2|220;4

जमुनहि 2|112;1

जमुना 1|31;6 2|322;2 6|120;3

जमुहात 2|311

जमुहाहीं 2|194;3

जम्यो 6|53

जयंत 2|141

जयंता 3|2;5

जय 1|50;2 57;2 101;2 122;2 175;4 180;1 186छ1 211छ2 235;3 250;2 265;1 285;1 285;2 285;3 285;4 317छ 324 324छ1 326छ4 327छ4 331;4 332;4 348;1 350;4 2|148 225;4 309;1 3|32छ2 5|34;3 35छ1 44 49;1 6|1;5 39 39;4 41;4 42;1 53;2 59;4 66 66;4 72;6 77;2 79 79छ 80;2 81छ2 86 91;4 96;3 101छ1 102छ 103 103छ1 103;5 103;6 109ख 109छ1 111;1 113;1 113;2 113;3 119;2 7|12;2 13;1 14;1 34;1 34;2 51;3 120ख

जयऊ 2|210;3

जयकार 6|79

जय जय 1|81;4 89;3 101;2 186छ1 186छ2 235;3 262;4 265;1 285;4 324छ2 327छ4 331;4 5|34;3 6|66 86 88छ 88;5 93;4 95छ 101छ1 103;5 7|34;2

जयजीव 2|5;1 38;3

जयति 1|186छ2 261छ 285;2 317छ 3|9;2 6|39 41;4 59;4 66;4 103;6 7|12;2

जयमाल 1|131 134 264 264;1 264;3 264;4

जयमाला 1|135;2 248;3 264;4

जयसील 6|53;3 81;2

जर 2|51;3 262;1 4|12;2

जरइ 1|278;3 2|40;1 5|26;1 26;3 31;4

जरई 1|35;4 39;3 2|33;2 218;3 7|109;7

जरउँ 7|105क

जरउ 2|185

जरठ 1|240;3 3|29;7 4|29;4 6|29;2 48;3 7|28छ

जरठपनु 2|2;4

जरत 1|298;3 2|31;1 32;3 4|0ख 5|25;4 49क 58;4 6|27;4 29;1

जरनि 2|4;4 182 198;3 239;4 7|121;17

जरहिं 1|4 2|51;3 163;1 262;1 6|29 7|39;2 117क

जरा 1|164 3|26;1 5|26;4 7|108;8

जराव 1|316छ

जरि 1|87;3 2|17;4 148;4 291;1 7|117क

जरित 1|356;1

जरिहिं 1|280;3

जरिहि 2|34;4

जरीं 1|98छ

जरे 1|63;2 2|30;4 161;1 3|22;6 4|28;2 5|15 6|91;2 109छ1

जरैं 5|31;4

जरौं 1|96छ

जर्जर 6|49छ 73;5

जलंधर 1|123;3 124;1

जल 1|7क 7;5 7;6 8;7 18 36;4 37 37;6 39;6 42 49;3 68;2 70;1 111;4 136;1 151;3 157 206 257 276 299;4 307;4 324;3 326छ1 338;2 2|17;4 34;1 42 64;1 69;4 70;2 94;2 96;4 101;1 109 128;4 135;3 149;2 169;3 198;4 220;4 226 226;3 232;1 234;4 249 251 260;2 278;3 294;3 310;1 310;4 317;4 321;3 3|6;5 9;4 31;4 34;5 35;3 39क 39ख 4|3;3 11;2 14;4 16;2 16;4 24;2 25;1 5|3;1 32;1 59;1 6|1;2 28;2 35क 57;1 57;4 112;1 7|2;1 2;5 5छ1 5;4 7;2 23 28 29;1 33;3 49;3 50;4 52;2 56 89ख 89;4 90;3 111;5 119;3 122;6

जलकुक्कुट 3|40;1

जलखग 1|227;4

जलचर 1|3;2 37;5 40;4 2|51;3 6|4;2

जलचरकेतू 1|125;3

जलचरन्हि 6|4

जलजंतु 6|87छ

जलज 1|5;3 93;3 209;1 264;4 2|266 7|30;2 56

जलजात 7|1ख

जलजाता 1|17;3 44;3 226;4 5|42;3 7|18;2

जलजान 1|28क 5|60

जलजाना 5|14;1

जलजानू 2|277;3

जलजाभ 1|233;1

जलजारुन 6|111;7

जलजु 1|325;5

जलठाउँ 2|136;4

जल थल 1|8;1 85;2 2|245;4

जलद 1|7;6 232 2|216 3|8 4|14;2 6|13;3 16ख 68;4 79;2

जलदाता 1|174;2

जलदु 2|205;2

जलधर 1|32;5 2|128;3 155;4

जलधार 1|211छ1

जलधारा 6|52;1 87;3

जलधि 1|5;3 167;4 5|14;1 50 50;3 57 60;1 6|3;5 5 7|125;2

जलनाथ 6|37;1

जलनिधि 1|96छ 2|27;4 249;1 4|14;4 30;4 5|1;5 3;6 58;4

जलपक 6|33ख

जलपाना 7|63;2

जलपानु 2|150

जलमल 1|41

जलरासी 2|257;1

जलरुह 2|159;1

जलहीन 2|289;1

जलाश्रय 2|312;1 3|44;1

जलासय 2|215;2

जलु 1|57ख 66;1 116;2 228 259;1 263;3 2|23;3 52;2 87;4 90;3 101 112 124;3 142 194;4 205;2 226;1 232;3 247;4 308;4 325;2 5|31;4

जल्पत 6|72;5

जल्पना 6|56;3 90छ

जल्पसि 6|22क 31;4 33;3 90;5

जल्पहिं 1|115;3

जव 5|53;3

जवनि **1**|137;3

जवास **2**|54;1 **3**|44;3 **4**|15;2

जस **1**|2;3 4;2 4;4 7ख 10क 10ख 10;3 11;3 13;4 14ख 17;3 17;5 31;2 35 37;2 39;6 63;3 69;1 71;1 80;1 94;1 99;2 105;1 121 121;2 121;3 122;1 124क 179;4 184;3 240;1 242;4 283;1 292;1 311;2 361;3 **2**|33;4 51;2 60;3 94 127;3 127;4 142;3 170;4 173;3 175 190;3 208;3 213;4 216 219;2 225 225;2 232;4 234;2 248;2 250;4 252 253;1 258;3 271;2 296;3 307;4 316;4 **3**|17;2 30;3 39;4 **4**|13 14;3 15;1 15;2 16;2 **5**|2;5 59;2 **6**|24;6 90;2 116;2 **7**|13;6 71;1 92क 110क 112;4

जसि **1**|65;2 101;1 114;3 159ख 173;1 178;4 185;2 198;2 253;1 326;1 **2**|17;1 104;3 123;2 139;3 171;1 171;3 248;1 **3**|23;4 **4**|16;4 **6**|21;5 117ख

जसु **1**|7;2 14ङ 29ग 40;1 59;3 66;2 67;2 109 175;4 245;2 265;3 312;2 320;2 348;1 353 357;3 361 361छ 361;4 **2**|0 3 77;2 128 138;4 144;2 156;1 161;1 171 207;1 209;1 210;3 230;2 303 **3**|5क 17;8 46क **4**|30क **5**|16;3 22;1 23;1 53;1 **6**|3;4 30;2 37 41छ 48;4 77;2 106छ 111;2

जसोमति **1**|20;4

जहँ **1**|1;4 2;4 14च16;3 52;4 54;3 55;1 55;4 62;3 65;4 75;4 85;2 86;4 89;4 94 94;2 97छ 99छ 110;1 128;2 143;4 154;3 155 157;3 163 174;3 175;2 182;6 184;4 188;3 193;1 194 196 201;2 206;2 213;4 214;2 223 224;1 224;3 224;4 227;2 229;3 232;1 244;3 253;1 262;4 263;1 265;2 266;1 267;3 268 270;2 285;4 297;1 306;3 309 327छ4 333;2 344;3 354;1 361;2

2|39;4 46;4 47;1 53;3 65;2 72;3 74;2 76;1 84;1 84;3 90 92;3 92;4 113;2 120;2 121 122;3 126;1 126;3 127 131;4 135;3 136;1 138;2 139;2 139;3 149 170;4 182;2 184 198 198;1 198;4 210;1 221;4 233;3 236;2 237;3 241;3 249;3 254;4 275;2 276 279;4 281 291;1 294;2 295;4 308;4 310;1 **3**|5;10 7;3 7;4 12;7 15;2 15;4 20छ5 20छ1 25;4 36छ 39;4 **4**|0क 4;2 15क 15;6 19;2 19;4 20 22 22;3 28;6 **5**|5;3 11 35 **6**|5;2 5;4 18;3 24;1 28;2 33;1 34;6 41छ 42;1 45 46 46;3 49छ 50;3 50;4 53;4 60;3 65;1 65;5 68;2 69;2 76;2 87;5 88;2 89छ 92छ 95;2 96;1 96;2 100;6 101;4 101;5 102;4 108;3 110 119ख 120;1 **7**|0क 9;3 10ख 11;2 12ख 13ख 22 26 28छ 28;3 29 29;1 30;1 31;2 32;4 39;2 47 49;1 61;4 63;1 65;3 67;3 75क 76;2 96;4 110;5 126;4 127;3

जहवाँ **3**|23;4 30;3 **5**|8;3

जहाँ **1**|3;3 64;2 88;3 96;3 100छ 105;4 133;2 185;3 212;1 213;1 216;4 223 224;2 297 306 307;4 313;3 **2**|39;3 74;4 82 82;3 96 97 112;4 121 122;3 128;2 237 310 318;1 **3**|14;2 24;3 28;3 41;4 **4**|25;2 25;4 **5**|4;2 40;3 45;1 57;5 **6**|48;1 103;4 116घ **7**|48;1 50;3 51 79ख

जहाज **2**|220

जहाजु **1**|261

जहाजू **2**|86;2 249;1

जहाना **1**|3;2

जहि **7**|30;3

जहिआ **1**|139;3

जा **1**|184छ 186छ4 190;3 246;3 291;4 **2**|259;3 **3**|15;3 26छ 31;3 39;2 **4**|29;2 **5**|21 21;3 30;1 33 47;3 **6**|17क 55;2 78;2 **7**|4;3 48 58 73;2 98;2 127;1

जाइँ **2**|269;4

जाइ **1**|11;3 17;2 39;1 39;2 49;2 52;1 52;2 54;1 56 57ख 58;1 59;3 60;2 61;3 63 63;2 65;1 72;1 73;1 73;3 74;1 75;4 76 77 81;2 82;1 82;4 83;1 83;3 84छ 90;4 91;3 94 94;1 95;4 98छ 99;3 100;2 100;4 101;4 102;4 105;1 112;1 118;4 121;1 121;4 122 126 127;2 130;3 131;4 133;4 135 138;3 139;3 143;3 151;4 152;4 157;2 159ख 168;4 170;1 172;1 173 178क 179 180;3 181;4 183 187 194;1 202;4 213;1 217;2 218 218;1 226;3 227;1 228;2 233;3 236 239 246;3 247;1 249;4 251;3 252;3 260;4 264;2 268 279;4 281;4 286 289;2 293 297;2 301;2 301;3 316;2 316;4 323;2 324;1 325;1 326;1 326;3 327छ3 328;2 333;2 344;3 345;4 355

2|1;3 2 8;1 11;1 14;2 16;4 25;4 34;1 37;1 38;2 39 47;4 50छ 53;1 54 54;2 55;2 56 57 58;2 59;2 63;1 69;1 73;2 73;4 76;3 77;2 81;2 86;4 97;3 99;4 104;3 110 112;4 114;3 116;1 139;4 142;3 145;2 145;3 146;3 148;2 153;4 159;1 171;1 177;2 182 186;1 188;2 192 196 197;2 215;1 220;4 221;3 233;2 235;1 235;2 236;1 240;3 241;1 241;3 246;1 249;4 263;4 267 279;3 285;3 289;3

294;2 **3**|9 10;5 11;11 14 19;7 20छ2 21;3 23;2 28 31 38;4

4|2;3 7;13 19;1 20;2 24 25;4 29 29;3 **5**|3;3 3;5 5 18 18;1 19;5 20;3 23;3 28 30;3 35 41;3 42 42;3 43;3 54;1 **6**|2;2 3 5;1 5;2 6 10;4 15ख 18;5 19 24;8 25;3 38;1 41;2 57;1 57;2 63;4 72;6 76;1 85;1 89;3 101;7 101;8 106;3 117;3 **7**|2ख 6ख 10क 19;5 29 44 55 57;5 62;3 67;4 76;2 78ख 78;4 80क 82;3 88;2 89;3 100;5 109ख 110;5 114;7 117;1 117क 118क 122;9

जाइअ **1**|62;3 **2**|12;2 **6**|116;4

जाइहि **2**|36;3 179;1 **5**|25;1 **6**|7;2 75;3 99 **7**|61;4 109;3

जाईं **1**|65;4

जाई **1**|36;3 38;3 40;1 42;4 58;2 65;3 68;3 72;4 79;1 82;1 82;4 86;3 93;1 98;3 112;1 118;2 134;1 135;3 136;2 138;4 150;1 177;1 178;2 179;2 180;1 187;3 189;4 193;4 201;2 203;2 203;4 205;1 206;4 210;1 210;5 224;3 226;2 227;2 228;4 240;1 244;2 264;3 279;3 286;2 287;1 298;1 318;4 322;1 323;1 329;2 332;3 336;1 343;1

2|21;1 28;2 38;1 47;4 52;3 68;3 73;1 85;3 87;1 90;2 96;3 97;3 100;3 101;1 105;1 106;4 109;4 113;4 114;1 121;4 123;4 127;2 144;1 145;4 157;2 158;2 162;4 171;2 176;3 191;4 199;1 205;2 213;3 246;4 276;3 301;3 313;4 315;3 318;3 **3**|2;6 5;10 10;6 15;2 17;4 19;4 27;1 29;4 40;2 41;4 **4**|1;2 6;1 6;3 11;5 14;4 22;4 26;5 27;5 30;6

5|10;4 11;3 12;1 13;2 19;4 20;3 29;4 33;4 36;2 50;4 54;3 **6**|4;1 8;3 14;3 21;4 24;7 33;1 35;2 61;8 63;4 75;4 76;2 76;6 88;2 99;1 103;4 104;5 108;1 121;1 **7**|11;1 12;1 26;2 29;4 49;3 55;2 61;4 75;2 82;2 97;1 105;4 107;4 118;7 120;3 126;2

जाउँ **1**|49;1 61 167;3 336छ **2**|42;1 53;1 55;4 71;2 74 158;1 178;4 203;4 **3**|6;1 12;2 **4**|12;4 30;1 **5**|14;2 16;2 41 **6**|30 116ग **7**|18;2 77क

जाउ **1**|96छ **6**|78;3

जाऊँ **2**|56;4 57;2 126;3 **7**|75;2

जाऊ **2**|4;3 45;1 291;1

जाएँ **2**|210;1 228;4 264;1

जाए **1**|216;4 341;2 **2**|122;3 317;4 **3**|22;2 37;3 **4**|2;1 **7**|25;3

जाएहु **1**|75;2 159क **2**|53;1

जाकर **1**|193;3 **2**|190;4 **4**|7;4

जा का **1**|17;3 **3**|38;1

जाकों **5**|37;2 **6**|102;2

जा की **1**|204;3 **7**|127;4 130छ3

जाकें **1**|49;4 129;1 293;2 294;3 304;1 **2**|25;1 46;1 **3**|10;4 15;3 16;6 28;4 **4**|3 **5**|21;3 22;5 56;4 **6**|6;5 31;4 80क 80;6 83छ 90;2 **7**|31 49;4 98;4 112;1 120;5

जा के **1**|185;2 197;4 **2**|225;2 **5**|21 **6**|21;5 36;2 37;2 63;2 63;3 **7**|120;1 120;3

जा को **1**|99छ

जाग **1**|60 155 **2**|134 **3**|10;9

जागइ **1**|86छ

जागत **1**|180;2 **2**|130;2 187;1 301;1 **6**|59;2

जागति **2**|36

जागन **2**|90;1

जागबलिक **1**|30;1 30;3 45;2 47;1 **2**|285;4

जागरन **1**|358;1

जागहिं **1**|22;1 **2**|93;2

जागहु **6**|61;4

जागा **1**|63;2 86;4 **2**|38;1 93;2 202;4 230;1 **3**|10;4 **4**|21;2 **5**|6;1 **6**|62;4 66;2 84;2 85;1 100;4

जागि **2**|157;3 **6**|84

जागी **6**|22;4 75;1 83;4

जागू **6**|56;4

जागें **1**|112;1 118;1 **2**|92 **4**|7;10

जागे **1**|60;2 87;2 226 238;3 330;1 358;3 **2**|81;3 86;1 94;1 184;1 226;2 241;4 290;1 **6**|17;1

जागेउ **1**|172;1 **2**|37

जाचक **1**|102छ 295 308 330;1 331;3 347;3 351;4 **2**|80;2 204;4 **3**|39;4 **7**|12;4

जाचकन्हि **1**|306;2 326;4

जाचत **2**|205;2 **3**|33;1 **6**|45;2 **7**|121;5

जाचति **2**|252;3

जाचन **1**|207;5

जाचहिं **1**|351;4 360;1 **7**|116;4

जाचा **1**|49;1 **3**|11;12

जाड़ **1**|39;1

जात **1**|3;6 48क 50;2 61;2 132;1 139;1 143;2 195;4 197;1 200 206 209;3 235;1 262;4 299 316;3 330;2 356;4 360 **2**|23;1 38;2 50छ 62;1 151छ 216 222 304 308;1 **3**|8;1 30;8 40;2 **5**|2;1 5;3 8;4 **6**|60ख 116क **7**|15 26;4 60 101;1

जातकरम **1**|193

जातना **2**|65;3 146 **6**|15;4

जातरूप **7**|27;2

जातहिं **1**|39;1 **5**|54;1 **7**|117क

जाता **1**|54;2 94;1 180;2 212;4 315;2 **2**|53;4 112;2 135;2 234;2 248;3 256;1 280;4 **3**|7;3 4|5;2 **6**|60;3 **7**|20;2

जाति **1**|8;1 63;4 65 149;2 177;2 213 242;1 242;2 243;2 256;3 298;3 309;1 325;4 326छ3 **2**|131;3 138 193;4 229 **3**|29;12 35;1 35;3 36 **6**|23घ **7**|5छ1 28;1 102;3 105क 106;3

जातिजन **1**|308

जाती **1**|37;4 99;3 181;2 300;3 329;3 338;2 349;1 360;5 **2**|6;2 97;1 143;4 249;4 **5**|50;3 **6**|24;2 116;2 **7**|76;1 81;2 115;8

जातुधान **1**|171;1 **3**|18;2 19छ 29;5 **5**|11;2 16;1 16;3 25;2 32;2 **6**|35;7 38;3 40 46;2 113;3 7|51;2

जातुधानपति **1**|178ख 178;2

जातुधानीं **6**|108

जातें **2**|42;4 95;1 152;1 **3**|14 16;1 **7**|96क

जाते **1**|209;4

जातेउँ **6**|30;3

जान **1**|19;2 19;3 19;4 25;1 28;5 48क 51;2 58 61;1 90;1 90;2 97;2 103छ 122 122;2 125 149;3 160;3 168;3 170;4 172;2 179;4 185;1 196;3 199;2 200 231;2 244;4 276;1 282;1 299;2 300;3 318छ 321छ 336 341;4 351;2 356;2 **2**|23;4 38 42 49;4 54;4 55;3 79;2 85 127;3 186 228 229 254;3 258;4 272;2 282;2 **3**|15 23;4 29;12 29;7 **5**|2;3 15;3 48;1 **6**|13क 25;1 36;5 57 83छ 121;4 **7**|2ख 5छ2 12क 60;3 62क 73ख 87;2 97;4

जानइ **1**|170;2 186छ1 195 196;2 199;6 269;2 **2**|127;2 165;4 185;3 233;1 **4**|10 **6**|36;6 55;2 **7**|4;2 24;4 46 69;2 88;2 99ख 116क 116;2

जानउँ **1**|163;4 **2**|20;4 72;2 100;4 260;3 264;3 283;3 **3**|13;3 13;7 **4**|3;2 **5**|22;1 46;3

जानकि **1**|325छ1 357;3 **2**|73;2 225;4

जानकिनाथू **2**|76;1

जानकिहिं **2**|59;1

जानकिहि **1**|222;1 222;3 252;4 **2**|60 60;3 91 **3**|18;6 29;8 **5**|35;4 **6**|107;1 119ख 120;3 **7**|11क

जानकीं **3**|6;1 **5**|17 **6**|107;3

जानकी **1**|18;4 110;3 235;1 249;3 261;2 270 310;3 325छ3 327छ3 338;1 338;3 **2**|69;2 100 118 126छ 133 155;4 273;3 286;1 286;2 **3**|7;4 11 30;3 30;4 30;7 **4**|5;4 **5**|8 8;2 9;4 13;5 16;1 22;5 30;4 32;2 **6**|6 36;6 60;1 99छ 99;6 100;2 112 115;4

जानत **1**|5;5 13;1 50 53;1 159;4 162;1 184 236छ **2**|127;2 146 274;4 **3**|27;3 42;1 **4**|23;7 **5**|15;3 **6**|17;4 22;2 39;5

जानतहूँ **3**|9;4 36;6 **4**|12;3 **5**|8;1

जानति **2**|14;3 **7**|24;2

जाननिहारा **2**|127;1 137;1 231;1

जाननिहारी **2**|102;2

जानपनी **7**|102;5

जानब **1**|3;3 **2**|18;1 **7**|85;4 114;2

जानसि **2**|26;2

जानहिं **1**|22;2 23;2 30;3 30;4 48ख 49 114 133 181;1 321;3 326;3 327छ3 **2**|120;4 127;1 127;2 130;3 158;1 189;3 218;3 261 289;1 **3**|11;10 13;4 **4**|18;4 **6**|23;3 25;2 25;3 79;2 114;2 **7**|26;1 26;4 41;1 73क 88;2

जानहि **1**|272;3 283;1 **3**|36;5

जानहूं **2**|205;1 **3**|11;10 **7**|13;6

जानहु **1**|149;4 236;2 246;1 **2**|12;2 17 177 257 291;2 305;1 **3**|13;1 42;2 **4**|26;6 **6**|36 36;4 **7**|36;4 56;2 121;3

जाना **1**|22;2 54;2 56;2 59;1 68;1 70;1 78;3 101;4 103;4 105;1 111;3 116;4 158;4 160;3 176;3 184छ 185;3 186छ4 191;3 195;4 196;1 202;4 209;2 210;4 211छ3 235;4 259;4 272;1 277;1 284 300;2 305;2 307;1 314;1 329;2 333;4 **2**|19;1 43;1 49;3 56;1 58;2

68;1 89;2 100;2 133;3 154;2 166;4 172;2 182;1 187;4 194;4 208;3 228;1 244;1 255;4 264;2 266;3 292;2 293;4

3|1;4 3;1 24;3 29;7 **4**|7;1 18;4 27;3 **5**|2;3 17;1 24;2 25;2 27;4 28;2 33;3 34;2 35;3 43;1 **6**|5;4 8;3 21;2 25 43;4 47;1 51;2 66;3 73;2 79;1 90;2 90;5 96छ 104;7 109;4 **7**|4;2 6;4 36;2 48;3 53;1 66;2 79;3 93;4 97;3 98;3 104;1 113;2 121;16 125;4 127;2

जानामि **7**|108;8

जानि **1**|3ख 4 7ग 8;2 18;3 25 29;2 50;1 51 58;3 68;3 89;4 98छ 100 100;4 101;1 107;2 109;1 113 120;1 127;3 133;4 134;2 148 159क 160;2 164;1 168;1 172;4 186 209 209;3 215 215;1 225;3 227;1 235;1 236 246 253;4 261;2 265 266 269 270 281;3 304 304;3 312 313 317छ 317;2 321;1 324;2 325छ3 336;3 338 342;1 347;4 **2**|14 16 45;3 47;4 51 51;1 56;1 59;2 66;4 71;1 72 74;4 86;2 106 111;2 116;4 118;2 126;3 137;1 139 160 183 186 192;4 193;3 196;3 197 201छ 204;4 213;1 219;4 228;2 229;2 250 266;2 288 293 293;2 304;2 306;4 313;1 314;2 **3**|2;6 6;2 8;2 19क 20छ4 26;4 41 44 **4**|0क 1;2 4;2 7;7 10छ1 16;3 23;5 **5**|7;1 12;5 14;1 35छ2 38;1 43;3 46;4 50;1 **6**|10;3 14;4 29;1 31क 35ख 38;5 46;2 48;1 60;2 64;2 74;3 79 98छ 102छ 118;4 **7**|0घ 1;5 5छ2 6क 7;2 11ख 16 32;2 62ख 83ख 89;3 93ख 93;2 95क 104;3 115;1 118;3 123क 130छ2

जानिअ **1**|108;1 164;1 186छ3 197;1 281;4 **2**|93;2 227 **7**|122;5

जानिउँ **6**|16;3

जानिऐ **6**|113;8

जानिबी **1**|336छ

जानिबे **1**|326छ2

जानिहहिं **1**|12;3

जानिहि **2**|175;4 211;2 318;1

जानीं **1**|318;4

जानी **1**|8;1 9;4 10;3 13;4 16;4 33;2 35;3 47;2 48;1 51;3 65;2 68;1 73;3 75;1 77;2 85;4 90;2 99;4 105;3 107;1 120;2 143;3 145;3 158;2 159;1 160;2 162;4 178;2 197;1 198;2 205;1 206;1 218;2 229;2 232;4 235;1 238;2 247;3 252;2 253;1 254;3 256;3 257;1 259;2 260 262;4 269;2 277;2 306;4 307;2 319;1 322;4 324;1 324;4 328;3 336;2 352;1 361;4

2|4;1 14;4 23;1 27;1 39;1 44;4 45;1 53;3 55;3 57;3 74;1 75;1 89;4 90;1 96;2 115;2 118;3 121;1 124;2 129;4 152;2 162;2 165;3 175;2 176;1 177;2 183;4 218;2 234;1 253;2 259;1 263;3 295;2 300;4 303;4 309;4 311;4 **3**|6;4 13;2 17;6 43;1 **4**|8;1 9;5 23;5 **5**|49;2 **6**|24;6 45;3 61;8 66;5 96;4 105;4 **7**|3;5 10;1 22;2 23;4 97;2 111;1 113;6 118;5 121;1

जानु **1**|199;6 **3**|11;12 **5**|15 15;4 **6**|84;1 **7**|79;3

जानू **1**|283;1

जानें **1**|21;3 112;1 321;4 **7**|89;4 112;3

जाने **1**|225;1 234;4 291;4 338;4 342;4 353;4 **2**|78;1 135;4 191;4 218;1 227;3 235;1 240;2 319;2 **5**|52;1 58;4 **6**|52;3 **7**|15 22;3 41;3 122;2

जानेउँ **2**|28;1 300;2 **6**|30;3 **7**|52क

जानेउ **1**|26;2 53;2 57क 60;2 123 172;2

जानेसि **3**|37क

जानेसु **4**|6;3 **5**|4;4 **7**|85क 109;6

जानेहि **3**|29;6 **5**|4;2 **6**|21;1

जानेहु **1**|75;2 184;2 **2**|30;3 **3**|5;8 15;2 **7**|38;4 125;5

जानैं **5**|2;1

जानै **1**|335;2 **2**|77 162;3 **3**|16;5

जानौं **2**|168;4 **4**|18;1

जान्यो **6**|71;1 104छ

जाप **3**|36;1 **7**|57;3

जापक **1**|27;

जापर **1**|196;3 240;1

जापू **1**|15;3 19;3

जाब **1**|97छ 167;2 **2**|112;4 **4**|25;2 **5**|59;4

जाबालि **1**|330

जाबाली **2**|319;3

जाम **1**|172;3 226;1 **2**|85;4

जामवंत **1**|7;4 **4**|23;1 26;6 27;3 30;1 30;5 **5**|1;1 30;1 30;3 54 **6**|0ग 1;3 17;1 23;2 55;4 74;2 74;3 75;5 98;6 106;1 **7**|8;1 17क

जामहिं **7**|101ख 122;8 122;9

जामा 2|23;3 223;4 4|15;5 5|8;4 7|90;1

जामाता 1|341;1

जामिक 2|316;3

जामिनि 1|330;1 355;1 2|21;3 85;4 93;2 151;1 284;4

जामिनी 2|50छ

जामी 7|96;2 112;2

जामु 1|217

जायँ 2|70 178;3 190;4 261;3 263;3

जायउँ 6|60;2

जायहु 6|21;3

जाया 1|97;2 128;4 5|19;5

जायो 6|35;5

जारइ 6|55;1

जारत 6|9;2 12;5

जारा 1|64;4 90;1 3|9;1 5|26;3 33;4 6|15;4 23;3 24;3 56;2 7|121;15

जारि 1|89;1 2|17;4 47 4|19 5|33 36;1 6|26 36;3

जारिउँ 2|261;3

जारी 5|11;2 26;4 6|18;4

जारें 2|167;3

जारेउ 1|89 90;3 6|23क

जारेहूंसहजु 1|80;3

जारै 2|16;4

जाल 1|15;3 2|93 115 4|12;3

जाला 1|27; 147;3 296;4

जालू 2|92;3

जावक 1|327;1

जावनु 7|117;7

जासु 1|0;2 ;5 12 16;2 17 17;2 17;5 18;4 19;2 28;2 41;4 51छ 51;4 80;1 108;2 116;2 117;4 118;2 118;4 119;1 119;2 141;2 144;3 148;2 158;1 223;3 225;2 225;4 231;2 256 2|4;4 32;4 71;3 75;1 100;1 101;2 124;1 128 129;1 146;3 173 190;4 194;2 209 225;3 248;1 277;1 303;3 3|6;3 32;5 4|7;10 10छ1 10;2 18;3 30ख 5|20;2 21;2 34;2 35;3 36;2 36;4 39;4 47;4 6|0क 14 15;2 22;1 25;1 25;4 26;1 26;2 28;3 38;3 48;4 51 73 7|2छ 2;2 24 38;4 50;5 72;1 106;2 116;3 117क 124क 130;4

जासू 1|1;3 2;3 17;2 66;2 126;4 142;2 176;2 180;4 2|2;3 46;1 75;4 140;4 277;2 6|55;1 7|22;1

जाहिं 1|13 38;2 44;4 140;3 176;4 181;3 223 225;1 236छ 236;4 244;3 294;2 298;3 300;1 301;4 305;1 329;1 346;4 359 2|11 33 48;4 57;4 62;4 91;2 113 `114;4 121 122 122;3 133;4 158 158;4 187;4 203;2 216 221;1 224;1 225;2 233;4 262;1 269;1 275 283;2 320;4 3|7;3 39ख 4|17 5|30 31 6|4 9 41;2 48;4 61;4 73;4 74;1 97;1 98;4 101;4 116घ 7|33;4 89;3 104क 118;4 120क 121ख

जाहि 1|0;4 17;1 46 50 51;4 53;2 60;4 80 112;1 118 175 242;4 2|87;4 131 262 4|21;2 27 5|41;2 53;2 6|49;1 7|53;3 62;5 70ख 71;2 71;4 119;5 128;4 129;2

जाहीं 1|45;1 52;3 77;1 93;2 106;1 119;3 148;1 250;4 258;4 273;2 294;1 302;4 311;4 330;1 348;2 356;2 2|4;4 24;1 39;4 44;3 74;2 75;2 81;3 83;4 109;1 113;2 116;2 129;3 141;3 185;2 188;1 189;2 192;3 209;4 220;3 249;3 251;3 252;1 264;2 289;2 322;1 6|6;3 47;2 69;3 88;3 7|15;2 42;3 52;2 57;2 72;4 120;3 122;4

जाही 1|131;2 142;2 202;2 220;4 2|21;1 72;4 5|5;2 32;1 6|14;2 55;1 90;4 7|18;4 104;4 123;2

जाहूं 2|28;2 282

जाहु 1|62;2 62;4 125;3 2|22 38;1 56;1 57;2 94;3 3|6;5 18;6 19;3 26;1 28;2 31;5 36;6 4|22;3 27 5|17 6|17;3 55 64 75;4 97;4 106;2 107;1 7|4ख 16 20;1 59;4

जाहू 1|173;3 240;4 252;2 331;4 2|55;1 74;4 81;4 104;1 157;1 3|19;6 29;8 4|23;1 25;3 5|44;1 6|40;3 118;3 7|60;4

जिअइ 2|63;3

जिअत 1|95छ 279 2|21;1 57;2 68;4 153;2 155;4 156;1 190;1 190;4 262;4 322 3|18;5 21ख 5|27;3 6|33;1 36;6 84;2 102;3 116ग

जिअन 2|156;1 161;4

जिअनमूरि 2|59;3

जिअब 2|96;4 282;4

जिअसि 5|41;2

जिअहिं 5|37;2

जिअहूं **1**|327छ4

जिअहु **2**|5;3 196;3

जिआई **6**|114;2

जिआउ **6**|114;1

जिआएँ **3**|25;2

जिआए **6**|114;3 **7**|28;2

जिआयउ **7**|93;4

जिआव **6**|99;5

जिआवत **2**|21;1 **6**|99;3

जिआवनि **1**|145;4

जिआवसि **1**|59;2

जिआवा **2**|165;4 **5**|41;2

जिआवै **6**|61;5

जिइहहिं **2**|100;1

जिइहि **2**|49

जिउ **2**|145;2

जिऔ **2**|36;4

जिए **6**|114;3 114;4

जिऐ **2**|33;1 166;4

जित **3**|45;4

जितन **6**|24;7

जितब **1**|139;3 245;4 **6**|36;2 80;2

जितहिं **1**|123;4

जिता **1**|127;3 **5**|41;2

जितावहिं **2**|260;4

जिति **1**|175;4 **2**|287;2 **4**|10छ1

जितिहहिं **6**|57;3

जिते **1**|216 **3**|19;2 **6**|96;4

जितेउँ **6**|8;2 27

जितेहु **5**|21 37;5 **6**|36;6 104;4

जितै **1**|164

जिनस **1**|93छ 176;4 **6**|118;1 **7**|81;3

जिनहि **2**|217;2

जिन्ह **1**|4;1 4;2 9 14;1 14;2 14;3 15;3 16;1 18;1 33 39;4 43;4 64;1 69;3 97;1 113;1 113;3 115;2 115;3 115;4 142;1 142;4 181;1 182;1 183;1 184;2 200;1 204;1 204;4 221;2 226;2 229;3 231;4 241;2 250;4 291 292;1 310;3 315;1 324छ2 326;3 327;1

2|8;1 60;2 89;1 109;3 111;4 120;4 122;3 123 126;2 128;2 128;3 130 130;1 131;1 135;2 147;3 217;1 237;2 263;4 278;1 **3**|22;3 30;9 31;5 36;3 45;3 **4**|7;2 18;4 **5**|22;3 23;3 25;1 42 48 53;4 **6**|5;5 25;2 25;3 31ख 96;4 **7**|14;6 22;2 41;4 50;2 88ख 113;7 120;4 121;14 128;3

जिन्हहि **1**|14ङ 16;4 18 38 104;3 299;3 333;4 **2**|91;3 130;4 168;3 182;1 214;3 262;4 274;4 290 **4**|7;14 **7**|5;3 15;5 31;2 53;3

जिन्हही **2**|84;4

जिमि **1**|3क 4;4 5;3 7;2 7;3 7;4 23;4 24;3 27; 29;3 32क 43;4 66;2 86;2 110;4 112;1 117 117;2 127;4 151;3 158;3 162;3 180;1 185;4 216;2 238 253 253;3 253;4 261;3 267;1 269 292 293;2 294;1 324छ4 335;3 337;4 354;3 354;4 **2**|13;2 20;1 27;3 28 29 29;2 29;4 35 35;4 43;4 46;4 50छ 52 54 54;1 59;2 59;3 60;1 66;2 67;4 94 96;4 99;4 110 111;3 121;2 125;4 133;1 136 140;2 141 141;3 142;1 142;2 144 145;1 145;3 146 146;2 146;4 147;4 187;1 201;1 205;3 225 230;3 236 244;2 245;3 248;3 277;3 289;1 297;1 316;1 317;4 324;4 325;2

3|1;3 17;3 24;4 26;1 28;8 29;4 40 43;3 **4**|10 14 14;4 15क 15ख 15;2 15;4 15;5 15;6 16 16;2 16;3 16;4 16;5 17 17;1 17;2 17;3 17;4 21;4 **5**|1;4 7;1 20;4 28;3 **6**|24;8 25;4 34ख 34;7 35;2 40;3 40;5 42;2 47;2 49छ 51;4 52;4 61 65;3 66;1 68;4 69;3 70;1 71;3 71;4 72;1 81छ1 82छ 83छ 92 92;2 97 97;1 101क 102;1 109छ2 **7**|2;3 8क 16;1 32;4 37;4 39;1 39;4 56;1 57;2 65;2 66;2 66;4 67क 67;2 74;4 79;4 89;2 89;4 90;3 92छ 109ग 119;3 119;5 121;10 121;11 130क

जियँ **1**|9;4 25 51 68;1 73;3 100 187;5 205;1 209;4 246;1 261;2 **2**|4;1 26;4 27;1 31 33;2 50छ 61;1 66;4 68;1 71;1 74;4 92 123;2 126;3 129;4 154;2 154;4 158;1 160 162;1 189;2 195 204;4 206 210;1 211;2 219;4 225;2 227 228;4 240;2 250 254;4 260;4 263;3 266;3 **3**|10;3 26;4 34;3 41 44 **4**|1;2 3;4 6;5 30;1 **5**|14;5 39;4 **6**|38;5 45;3 61;4 66;5 84;3 105;4 **7**|1;8 40;4 62ख

जिय **1**|20;1 **2**|36;1 65;4 182 183;1 239;4 256;3 289;2 291;2 **6**|3;3

जिव **2**|290 **4**|14;4 **6**|6;5 **7**|44;2

जिवन **6**|61;5 85

जिवनु **2**|146;3

जिसु **1**|112;2 130;2

जी **1**|29;2 147;2 243;1 276;1 351;1 **2**|22;4 29;1 56;4 74;3 115;4 177;3 246;2 304;2 314;2 317;1

जीअत **3**|19;3

जीकें **2**|264;3

जीजै **3**|25;2

जीत **1**|131;2

जीतइ **1**|82

जीतन **6**|80;6

जीतनिहारा **2**|189;4

जीतहु **1**|266;3 **7**|22

जीति **1**|82;4 179;4 180 182ख 182;2 245 283;3 **2**|235 **3**|23;3 **4**|7;15 18;1 **5**|13;2 19;5 31 32;2 55 **6**|6;3 55;1 75;3 80क 107छ **7**|2;3

जीतिअ **6**|56;4

जीतिहहिं **6**|43;1

जीती **1**|25;4 220;3 **6**|54;2

जीते **1**|82;3 154;3 226;3 **3**|21;1 **6**|7;1

जीतेहु **6**|20;2 29;4 90;2

जीतै **5**|55;2

जीत्यों **6**|112;2

जीत्यो **6**|107;4

जीन **1**|298;2

जीनु **1**|316छ

जीभ **1**|64;2 **2**|14;4 16;1 20;1 41;1 **5**|7;1

जीव **1**|3;2 6;4 7ग 8;1 20;2 23;4 27; 30ख 35;2 43;4 46;2 55;1 69 86;2 95;3 111;3 116;4 117;3 159;2 179;2 200;2 202;2 210;6 217;2 325छ4 332;4 341 **2**|12;2 93;2 123;1 148 162;3 166;3 178;3 217;1 228;1 251;2 254;3 262;4 263;3 277;2 290 316;3 **3**|7;2 13;4 14 15 15;1 15;3 29;3 36;5

4|3;1 11;3 17 **5**|3;1 44;1 46 47;2 **7**|53;3 71;4 78;1 78;2 78;3 78;4 80;4 81;2 86;2 87क 87;3 90क 94;4 96;1 108ग 111ख 117;1 117;3 117;4 118क 118;3 119ख 120;4 121क 121;5 122;1 122;8 122;9

जीवत **1**|96छ 113;3 266;2 **2**|161;2 192;1 **6**|31;2

जीवति **4**|18;2

जीवन **1**|7;6 31;6 32;6 36;4 151;3 319छ 331;2 349;2 **2**|2;4 21;1 51;3 56;4 58;2 74;3 74;4 144;2 155;3 182;4 185;4 189;3 196;4 208;3 225;4 273;4 **5**|10;1 53;4 **6**|111;9 **7**|102;2 125;5

जीवनतरु **2**|201;1

जीवनमुक्त **7**|42 53;1 54;2 54;3

जीवनि **2**|317;1

जीवनु **1**|361;4 **2**|31;2 33;1 33;2 86;3 171 185;2 208;1

जीवन्ह **1**|66;1 **2**|256;4 **7**|79;1

जीवहि **4**|14;3 **7**|78;3

जीवहूं **1**|196 295

जीवहु **7**|86;5

जीवा **2**|238;3

जीहँ **1**|22;1 22;2

जीह **1**|20;4 21 113;3 **2**|162;1 326;1

जीहा **2**|48;4 128 **6**|15;3 34;4

जुंबक **3**|20छ1

जुआरा **1**|184;1

जुआरिहि **2**|258;1

जुक **6**|86;1

जुग **1**|4 7ग 8;1 18;4 19 22;4 23;1 23;2 23;3 27; 40;2 48;1 58 111 149;1 172;3 172;4 226;1 232 238;4 241;2 258 258;4 264;4 279;1 298 **2**|57 80;4 85;4 155;2 167;2 248;3 266 284;4 290;1 296;3 316;3 **3**|18छ **4**|25 **6**|0क 14;4 76;4 98;4 100;2 114क **7**|47;3 79क 96ख 103क 104;1 104;3 107;3 121;19

जुग जुग **2**|195;1

जुगल **1**|15;1 43ख 117;2 139;4 153;2 211छ1 264;3 **3**|17;2 **4**|1;2 **5**|6 19;4 31;1 47 **6**|18;2 45 46;1 46;4 71छ 95छ 95;3 121;3 **7**|7;4 13;5

जुगुति **1**|11 37;2 160 167;2 168;2 **2**|110;2 253;4 **3**|23;4 **5**|8;3 **6**|14;2 34;3 **7**|91;1 112;6

जुज्झहिं 6|88छ

जुझाऊ 2|192;2 6|41;1 78;4

जुझारा 1|154;2 2|189;4

जुटत 6|49छ

जुठारी 1|230;4

जुड़ाई 1|39;1

जुड़ाऊ 2|198;3

जुड़ाना 1|187;4

जुड़ानी 1|309;1 359;1 3|8;2

जुड़ाने 1|132;2 277;3 2|125;1 3|3;4

जुड़ावउँ 6|83;1

जुड़ावहिं 1|295;3

जुड़ावहु 2|22;3 5|56;5

जुड़ावा 4|3;3

जुड़ावै 7|117;7

जुत 1|77;3 97;3 190;4 199;3 327;1 4|27;5 6|107छ 7|0ग 13;4 49;4

जुद्ध 6|44;1 50;4 81;4 91छ

जुबति 1|247;2 3|46ख 6|104;1

जुबतिन्ह 1|263;1 6|30

जुबतीं 1|220;2 7|9;3

जुबती 2|75;1 223;2 3|37;5 6|31क

जुबराज 2|1 4|11 26;5 5|28 6|17ख 108;2

जुबराजा 2|273;4 6|33;2 76;4

जुबराजु 2|2;4 4

जुबराजू 2|4;1 10;1 14;1 27;2 32;2 50;1

जुबा 1|99;1 159;2 254;4

जुबान 1|240;3

जुबानू 2|302;4

जुरइ 1|8;4

जुरन 1|299

जुरहिं 2|189;4

जुरा 2|313;1

जुरिहि 1|278;1

जुरे 1|41;4 2|253

जुहाजू 2|154;3

जूझा 6|8;4

जूझें 2|192;4

जूझे 1|175;3 6|73;5

जूट 3|18छ 6|86;4

जूठिन 7|75क

जूड़ी 7|40;1

जूथ 1|286;1 297;1 345;3 4|21 22;3 5|3छ1 34 6|19 74क 79;2

जूथप 5|34 55;2 6|5;1 39;3 118ख

जूथा 1|181;3 191;3 314;1 3|18;2 38;4 5|49;1 6|1;5 70;1

जून 1|272;1

जूरी 2|250;1

जूह 6|66

जूहा 4|19;2

जे 1|3;2 4;1 4;2 8;5 8;6 8;7 12;1 12;4 13 14;3 15;5 18;1 18;2 18;3 22 30;4 33;2 38 38;1 38;2 44;4 49 60 67;4 69;2 79;2 84 85 85छ 103छ 108;3 113;2 114 119;2 125;4 150;4 152;2 155;3 156;1 161;1 176;3 182;1 184;1 192छ4 205;2 229;2 245;3 254;1 273;2 287;4 292;3 298 299;4 311;2 312;1 318;3 321;3 322;3 324छ1 324छ2 328;3 339;1 353;4 357;4 361 361छ

2|3;1 3;3 49;2 110;2 113;1 113;3 120;4 121;3 122;1 130;4 167 167;3 167;4 168;2 168;3 174 186;3 194;3 209 214;4 217;1 224;4 245;1 259;3 278;1 317;4 3|0 1;1 5;2 6क 11;10 32छ3 43;2 45;2 46क 46छ 4|7;1 17;1 25 30क 5|3;1 15;2 42;3 42;4 43 50;1 6|3 3;1 4;3 9;4 9;5 11क 45;1 48;2 71 74;1 78;1 90;2 105;1 114;1 118ख 121क 121छ1 7|3;4 12छ2 13;2 13;3 13;4 13;6 14;5 15;2 27 28छ 31 41;2 41;3 42 53;1 57;5 70;3 73;1 84;1 85;2 98क 98ख 100;2 100;3 102;5 107;3 109;3 112ख 115;1 115;2 116;4 117;5 120;5 121;13 121;14 121;6 122;6 126 126;2 129;3 130छ1 130छ2 130;2

जेईं 1|19;3

जेई 5|42;4 6|3;4 7|128;4

जेउ 1|256;1

जेऊ 1|7;3 22;2 2|217;2 7|53;1

जेठ 1|153;3 180;4 2|15;2

जेठे **1**|153;4

जेतनेहि **7**|23

जेता **1**|323;2 330;2 354;2 **2**|246;1

जेते **1**|18;2 55;1 **2**|138;4 **3**|19;2 46;4 **5**|44;4 **6**|24;6 96;1 **7**|87;3

जेन **7**|103ख

जेन्ह **1**|148;1

जेवँइ **1**|168;4

जेवँत **1**|99छ 99;4 329;3

जेवन **1**|329;1

जेवनार **1**|168 173;1 328;1

जेवनारा **1**|99;2 99;3 99;4

जेवाँइ **2**|129;4 157;4

जेवाँए **1**|336;2

जेवाएँ **1**|352;2

जेहिं **1**|2;3 3;3 12;5 14घ 14च23;1 28क 29;3 31;1 33;2 34;1 52 54 56;3 71 71;3 72;1 96छ 96;4 99;3 103;4 111;1 134;1 142;3 146;2 152;2 170;2 170;4 172;2 178ख 183;3 186छ3 190;4 194;4 199;2 199;6 211छ4 223;4 231;3 264;1 271;2 281;4 289 289;2 289;4 292;4 317;1 356;2 **2**|4;3 21;3 22;4 24;3 32 36;1 38;3 40;3 43;3 44;3 53;4 57;2 75छ 75;4 80 84;2 91 101;1 101;2 103;2 104;3 119;2 151 151छ 152;3 155;3 164;3 171;3 174;2 179;4 183;4 201छ 231;4 244;1 255;4 271;1 313 **3**|14;4 15;1 25 **4**|0ख 10छ2 18;3 21;3

5|1;4 13;4 21;4 26;4 34;2 54;4 60;2 **6**|6;4 9;3 18;4 23;3 28 33क 37;1 37;2 48क 56;2 57;4 59;3 75;5 80;2 81छ1 99;3 99;4 **7**|43;4 59;3 60;2 95;4 108घ 113ख 114;8 127

जेहि **1**|1;4 4;6 5;5 10;1 13;3 16 33;1 34;3 35 39;3 47 47;4 51छ 59 80 84छ 105;3 109;1 112;1 114;4 118 120ग 121;1 124क 124;2 128;4 131;4 132 132;4 135;1 138;4 140 141;1 141;4 144;2 144;3 146;3 176;3 179;4 180;2 180;4 183;3 186छ2 186छ4 189;4 192छ2 192छ3 194;1 196;4 205;3 211छ4 212;1 231;1 242;3 257;2 259;3 269;2 270;1 277 279;3 283 299 300;1 300;3 316;4 323छ1 325छ3 326;4 341;3 341;4 **2**|3;2 7;1 7;4 8;3 14;1 15;1 18 34;4 49;4 50छ 50;4 52 64;3 80;4 96;4 97;1 98;2 108;2 113;4 122;4 125;4 127;2 131;2 141;1 143;4 162;3 164;3 172;2 173;1 175;2 179;2 181;3 185;3 186;4 199;4 201;1 201;3 207;2 209;4 214;2 222;4 224;3 243 258;3 269 269;1 280;2 286;1 291;2 304;2 307;4 **3**|6;4 13;1 13;2 13;6 25;1 29ख 32छ4 **4**|5;4 7;10 20;5 21;4 22;2 **5**|2;6 8;2 38 39;4 59 59;2 **6**|7;3 18;5 25;1 26;2 37;4 48ख 50;4 62;2 62;5 71छ 72;2 104छ 111;10 113;7 117क **7**|13;5 24;4 58;1 59;4 61;3 63ख 64;1 65 66;3 66;4 67;1 67क 67;4 68;3 71;3 73;2 74;1 82;2 84क 86;4 88क 106;5 110;8 112;4

जेहीं **2**|49;1 156;4

जेही **1**|4;5 80;4 175;1 247;3 **2**|131;2 181;2 199;3 214;4 218;4 **3**|12;4 **7**|69;4 70;4

जैसा **3**|10;8 35;3 **4**|17;1 **5**|26;3 **6**|6;3 70;6

जैसी **1**|11;1 78;1 241;2 289;3 **2**|234;4 **3**|7;2 **4**|15;3

जैसें **1**|3;6 47;1 52;2 70;1 107;1 116;2 242;1 251;1 251;2 259;1 259;4 263;3 263;4 264;1 278;4 293;2 302;1 335;3 **2**|22;1 37;4 64;1 71;4 123;1 142;1 147;4 204;1 **3**|5;7 10;10 29;5 39क **4**|14;2 **5**|13;6 27;1 48;4 54;1 **6**|10;3 19;2 45;4 86;2 91;3

जैसे **2**|43;4 **6**|54;1 **7**|84;3

जैसेहिं **7**|3;4

जैहउँ **1**|59;1 **6**|60क 61;6

जैहसि **1**|174;1

जैहहिं **1**|271;3 **5**|16;3

जैहैं **4**|26;5

जोंक **1**|5;3 **2**|42

जो **1**|0;1 1;4 2;3 2;4 5;5 14क 14;4 15 17;4 26 30;1 36;3 39;4 50 51;1 52;4 55;1 56;2 59;1 59;2 62;4 63;3 64;2 68 77;3 83;1 84;1 90;3 95छ 96छ 97छ 97;3 98छ 99छ 107;3 110 111;2 113;3 113;4 114;4 116;2 117;2 120;3 131 131;2 141;2 141;3 142;3 146;2 146;3 150;2 150;4 151;1 153;1 153;3 164;3 176;2 183 183;1 183छ 186छ1 186छ3 188;1 188;3 189;4 196;4 197;2 197;3 202;1 202;2 211छ3 211छ4 216;1 221;1 221;3 227 233;3 251;4 261 261;1 271;2 273 273;3 284;3 286;3 289;4

299 300;3 318 323छ1 324छ2 325;1 325छ2 326;4 333 341;4 343;2 352;1

2|0 2;3 6;2 7;1 14;2 16;3 30;2 30;4 40;4 41;4 43;2 46;4 48;2 53;1 56;3 63 66 77;4 78;4 79;3 81;4 102;4 103;4 109 112;4 124;1 126छ 127;4 132;3 137;1 143;4 162;4 165;4 169 169;2 172 172;2 172;3 172;4 173;2 177;3 181;4 184;3 185 186;4 195 199;4 207;3 218;3 219;2 223;1 223;3 231;4 233 244;1 246;3 247 249;2 255;4 258;2 258;4 264;4 268;2 269 276छ 281;4 282;1 282;2 286;1 291;2 292 326 **3**|2;4 5;3 11;10 11;12 11;14 16;2 17;7 17;9 20छ2 24;3 32;5 33 33;1 42;2 **4**|7;12 8;2 10छ2 21;2 22;1 22;4 23;4 29;1 30छ 30;3

5|3;5 4 7;4 21;4 22;5 26;2 30;3 36;4 38;3 40;1 41;4 49ख 52;3 55;2 59;4 **6**|3;1 3;2 7;2 23ख 23;5 23च 24;1 24;4 26 28;2 32;1 42;4 45;2 63;3 66;1 73;2 78;3 81छ2 83;4 88छ 99;5 100छ 101छ2 106छ 109छ2 114;5 **7**|2छ 4;4 5छ2 27;3 36;2 39;3 43;2 44 45;4 52;3 53;2 53;4 55;4 59;2 59;3 61;3 68;4 69;2 72;1 78क 80क 84;1 84क 85;2 87;4 96;1 98;2 98;3 98;4 101;4 102ख 103;3 109;7 114;2 115क 116क 116ख 119;1 119ख 120;8 127;2 127;3 128 128;2 130छ2 130छ3

जोइ **1**|19;2 148 168;3 178ख 246;3 250;2 351;4 **2**|5 92 122;2 146;3 195 **4**|9;4 **5**|35;4 **6**|117;4 118;4 **7**|98;2 109ग 110;1 120;10

जोइहि **2**|68;4

जोई **1**|8;7 116;1 117;3 197;4 203;3 312;4 351;4 **2**|34;1 112;4 145;4 181;1 323;4 **3**|5;8 36;4 **4**|19;3 **6**|56;4 **7**|43;3 97;3 98;2

जोउ **1**|20

जोऊ **1**|10;2 20;1 168;4 **5**|38;4

जोए **2**|91;2 158;4

जोग **1**|9;2 17;1 32;2 37;5 41;4 49;4 64;4 70;4 84;4 107 168;2 179;4 183छ 189;4 190 206;2 226;2 341;3 353;3 **2**|29 92;3 107;3 120;3 132;4 134 254;4 274;1 280 **3**|6ख 6छ 8;4 9;1 10;4 16;1 17;1 32छ4 36छ 46क **6**|117ख **7**|6;3 14;7 46;1 48 49;1 62;1 85;2 85;4 94क 95;3 96;4 102ख 103;3 115;8 117क 126;2 130;3

जोगवइ **2**|201;1

जोगवत **1**|352;4 **2**|59;3 214;3

जोगवहिं **2**|91;3 142.1 201,1

जोगा **2**|178;3 294;3 310;4

जोगानल **1**|98छ

जोगि **1**|93छ **3**|36;4 **6**|104

जोगिजन **1**|105 324छ2 **2**|276छ

जोगिनि **1**|95छ **3**|20छ1 **6**|88;4 101;2

जोगिन्ह **1**|242;2

जोगीं **1**|350;3 **2**|239;2

जोगी **1**|22;1 26;1 51छ 67 85;4 87छ 87;4 90;2 118;3 133;1 341;3 **2**|93;2 284;3 **3**|32;5 33;1 45;4 **6**|45;2 **7**|98क 103;1 124;3

जोगींद्र **1**|327छ4

जोगीस **1**|85छ **7**|84क

जोगु **1**|222;1 251;2 292;1 312;3 **2**|6;2 16;1 16;4 43;2 60;3 77 172;1 181;1 199;3 200;1 223;2 251;1 285;3 286;1 291;1 319;4

जोगू **1**|71;3 74;1 229;3 249;3 **2**|50;4 60;2 63;3 67;4 91;4 161;1 173;1 188;3 217;1 326;2

जोजन **1**|129 159;4 210;2 253;4 **3**|25;3 **4**|29;1 **5**|2;4 2;5 **6**|4;3 **7**|113ख

जोटा **1**|221;2 269;4 311;2 **2**|239;1

जोति **1**|238 316छ

जोतिषी **1**|312;4

जोती **1**|1;3 199;1 327;2

जोते **1**|299;3 301;3

जोधा **3**|26;1 29;9 **5**|5;3 19;2 **6**|8;1 23;1 43;3 46;4 54 54;1 62;5 82;3 95;3

जोनि **2**|24;3 **4**|10छ2 **7**|32;4 44;2 96;4 107;3

जोबन **7**|71;1

जोरत **6**|102छ

जोरा **2**|240;2

जोरि **1**|4 7ग 8;1 14छ 53;4 87छ 101छ 109 119 149;1 185 202 211छ1 238;4 279;1 284 321;1 324छ3 326छ2 326;4 336छ 341;2 **2**|52;1 80;3 80;4 94;3 95 125;3 167;2 175 176 197;4 230;1 242;4 266 296;3 **3**|3 4 35;1 41 **5**|4;3 17;3 22;4 26 36;3 **6**|0ग 8 28;1 106;4 109;2 110 114क 118;3 **7**|17;1 17ख 19क 36;3 45 93क 107ख

जोरिअ **1**|278;2

जोरिहि **6**|53;2

जोरीं **1**|327छ4 349;4

जोरी **1**|34;1 59;4 192छ2 198;3 219;2 235;2 265;4 315;4 324छ4 325;1 330;3 337;2 340;4 **2**|5;3 9;2 29;1 36;4 59;4 64;3 68;4 82;1 103;1 104;2 112;1 116;1 118;1 135;4 195;3 197;3 213;1 273;3 307;3 313;3 323;3 **3**|30;2 **4**|4 21;1 **5**|12;1 40;2 **6**|14;4 53;2 60;4 79 121;3 **7**|48;2 68;2 83;4

जोरें **1**|109;3 150;2 202;2 281;1 342;3 **2**|70;3 96;1 103;3 198;3 270;4 **5**|20;4 **7**|33;2

जोरे **2**|143;3 204;3 255;2 297;3 323;2 **6**|80;3

जोवा **1**|356;2

जोषित **4**|11;4

जोषिता **1**|110;1

जोसि **1**|161;3

जोहा **2**|136;3 286;3

जोहारन **1**|358;3

जोहारहिं **2**|158

जोहारि **1**|351 **2**|135;4 191;2 321;1

जोहारीं **2**|196;2

जोहारी **2**|191;2 321;1

जोहारु **2**|89;3 135;3 193;4

जोहारे **1**|348;3 **2**|187;2 191;4

जोही **2**|67;3 123;2 260;4

जोहे **1**|317;2

जौं **1**|8;5 11;5 12;3 13 15 21 29ख 35;4 39;1 39;2 45;4 49;1 52;1 56;4 59;3 59;4 61 61;3 62;2 69 69;1 69;2 69;3 70;3 71;2 71;3 72;1 76 81;1 81;2 90;2 97;4 108 108;1 109;1 118;1 120;3 144;4 146;2 162;2 165;2 166;2 166;3 166;4 167;3 168;3 171;2 177;4 180;3 218;3 222;1 222;3 222;4 247;2 247;4 252;3 253 253;2 255;4 266;3 274;2 277;1 277;2 278;2 280;3 282;2 283 284;1

2|5;2 10;2 15;2 15;4 19;3 19;4 23;2 26;3 33 35;2 42;1 50;3 56;1 56;3 60;4 61;2 62;2 67 74 74;2 82;1 86;3 100;4 118;1 119 119;3 120;1 121;2 121;3 139;3 154;4 161;4 164;2 167 167;4 168;2 168;4 180;1 186;2 189;2 211;1 228;4 230;4 233;1 234;1 253;3 256 268;4 284;1 305;4 **3**|19;6 23;2 23;3 25;4 31 **4**|7 18;2 21;1 **5**|7;3 16;1 17;5 19 29;1 37 37;2 44;2 44;4 46;4 48;1 51;1 56;2 **6**|7;4 9 10;1 16ख 23ग 24;5 27;1 28;3 30;4 31;1 34;4 34;5 59;3 59;4 61;5 75;3 75;7 84;2 90;4 109;4 116ग

7|1;7 1;8 40;1 43;3 45;1 69;2 78;3 84;4 93;3 103क 107;2 108ख 111;8 117;5 118ख 118;3 118;5 121;1 121;16 122;3

जौ **1**|86;1 **3**|24;1 **5**|38;2 **6**|61;3

जौबन **2**|190;4

जौबनु **2**|174;4

ज्याए **1**|338;1

ज्यों **1**|10छ **2**|251 294;2 **3**|18छ **6**|94 121छ2 **7**|2छ

ज्योतिषु **2**|112;3

ज्वर **7**|71;1 121;19

ज्वाला **5**|58;3

झ

झइँ **2**|164;1

झगुलिया **1**|199;6

झगुली **7**|77;4

झटिति **6**|92;6

झपट **1**|268;2 **5**|26;1

झपटहिं **6**|34क 34;6 34;7 41छ

झपटि **6**|82;3

झपटेउ **2**|29;3

झरत **1**|280;2

झरना **2**|236;3 249;3 **3**|38;4

झरहिं **2**|236;3 249;3

झरि **1**|324;4 **2**|284;3 **6**|73;2 87;4 **7**|11;1

झरोखन्हि **1**|220;2

झरोखा **7**|27;4 118;6

झलकत **2**|204;1

झलका **2**|204;1

झलकाहीं **1**|243;3

झष **5**|50;3 55;3 58;4 **6**|4;3 47;4

झषकेतु **1**|83;4

झाँई **6**|12;3

झाँखा **2**|30;1

झाँझि **1**|263;1 344;1

झाँपेउ **1**|117;1

झारि **5**|21 **6**|27

झारी **1**|184;4 210;1 210;3 **3**|18;4 44;1 **6**|114;5 **7**|22;4

झीनि **7**|77;4

झुकी **2**|14;4

झुठाई **6**|34;3

झुलावै **1**|200;4

झूँठ **1**|56;3 **7**|98;3

झूठ **1**|89 114 **2**|56 112;3 182;4 210;2 261 **3**|11;12 **7**|39;4

झूठइ **7**|39;4

झूठा **6**|99;4

झूठि **1**|68;4 **2**|16;2

झूठेउ **1**|112;1

झूठेहूं **2**|28;2

झोंटी **2**|163;4

झोटिंग **6**|88;1

ट

टँकोरा **6**|68;1

टकोर **3**|19छ

टरइ **1**|97;3 251;1 **4**|3 **6**|34;6 34;7

टरई **2**|22;4 **4**|17;3 **6**|35;4 **7**|127;3

टरहिं **6**|4;4

टरहीं **3**|40;5

टरे **5**|35छ1

टरै **6**|34क

टर्‌यो **6**|65;3

टहल **7**|18;4

टाँकी **2**|281;4

टाट **1**|14;6

टाप **1**|299;4

टारन **1**|17;4 **2**|59;3

टारयो **6**|65;3

टारा **1**|251;1 292;3

टारि **1**|117 239;1 **2**|255;4

टारी **1**|357;1 **6**|34;5

टारे **6**|4;4

टारेउ **1**|123

टिट्टिभ **6**|40;3

टीका **2**|5;2 18;4 29;1 39;3 55;4 175;2 180;3 181;2 **6**|38;3

टीड़ी **6**|67;1

टूका **2**|144;3

टूट **1**|272;2 278;1 283;4 **6**|43;2

टूटतहीं **1**|286;4

टूटें **1**|239;2

टूटे **1**|263;3 **6**|25;3

टूटेउ **2**|163;3

टेंक **2**|324

टेई **2**|22;1

टेक **2**|255;4 **5**|36 **6**|31ख

टेका **7**|45;2

टेकि **6**|84;1

टेकी **1**|45;2 **2**|255;4

टेढ़ **1**|277;4 281;3

टेरें **1**|161;2

टेरे **1**|93;2 340;1 **6**|67;3 97;2

टोलू **2**|192;2

ठ

ठकुरसोहाती **2**|16;2 **6**|9;1
ठग **1**|79;4
ठगि 7|9;5
ठगे **1**|316छ
ठटुकि **5**|45;2
ठट्टा **6**|41;2 79;6
ठठाइ **2**|35;3
ठयऊ **1**|133;1 347;1 **2**|162;1 **5**|2;4 **6**|16;4
ठवनि **1**|243 254;4 **6**|18
ठहरानी **2**|253;4
ठाउँ **2**|74 89;3 127 133;3 136;2 198;3
ठाऊँ **1**|26;3 **2**|122;3 126;3 233;4 **3**|13;8
ठाटहु **2**|190;1
ठाटा **2**|47;3 190;1 212;3 **6**|67;2 **7**|29;1
ठाटु **2**|47;3
ठाटू **2**|133;1
ठाड़ी **2**|34;1
ठाढ़ **1**|360;3 **2**|102;1 153;1 **3**|29;6 **5**|26 **6**|95;2
ठाढ़ा **1**|283;3 **2**|195;3 **3**|10;12 28;7 **6**|74;2
ठाढ़ि **2**|12;1 257;1
ठाढ़ीं **1**|288;3
ठाढ़ी **1**|104;1 202;2 **3**|35;1 **6**|112;2
ठाढ़ें **1**|261;4
ठाढ़े **1**|145;1 254;4 299;1 340;1 340;3 **2**|70;2 80;1 84;1 135;3 260;2 **4**|22;3 25;3 **7**|5;4
ठाना **1**|192छ4 251;4 259;4 **2**|47;3
ठानि **1**|86;3 **3**|20छ3
ठानी **1**|211छ2 258;1 **2**|21;2 **5**|56;3
ठावँ **2**|90;2
ठाहर **2**|133;1
ठाहरु **2**|25छ
ठीका **2**|266;4
ठुमुकु **1**|203;4
ठोरी **1**|265;4

ड

डगइ **1**|251;1
डगमगत **6**|70;4
डगमगहीं **6**|79;3
डगमगानि **1**|254;1
डगमगाहिं **5**|35;5
डगमगे **6**|86छ
डगहिं **1**|302
डगहीं **6**|79;3
डगि **2**|225;2
डमरु **1**|92;3
डमरुआ **7**|121;18
डर **1**|166;4 218;3 225;4 252 267;4 **2**|321;4 **3**|28;4 **5**|22;5 **6**|4;3
डरऊँ **1**|80;4 **6**|30;4
डरत **3**|13;4 20छ4
डरपत **1**|166;4 **4**|14;1
डरपति **7**|116;3
डरपसि **2**|53;4
डरपहिं **2**|63;2 83;3
डरपहु **1**|187;1 **2**|219 **6**|118;3
डरपावै **6**|51;4
डरपे **4**|27;3 **6**|76;7
डरपेप **1**|87;4

डरहिं 1|284;2 6|87

डरहीं 1|206;2 2|116;3 3|19;5

डरही 7|112;7

डरहु 2|210;1

डरीं 5|11;4

डरु 1|48ख 95 270;3 2|18;4 182;3 211;3 266;2

डरे 1|241;3 6|90 96;3

डरेउँ 2|267;2

डरेउ 1|126;4

डसाई 2|89;4 4|26;5 5|51;4 7|50;3

डसाए 1|356;1 6|11;2

डहकि 1|137;2

डाकिनि 2|132;3

डाटहिं 6|53;3

डाटि 6|81छ1 7|99ख

डाटेहिं 5|58

डाढ़ा 6|72;1

डाबर 2|60;3 139;4

डार 1|29क

डारइ 6|69;2 73;1

डारई 6|85छ

डारउ 2|205;2

डारहिं 6|47;4 65;2 81;3 7|23;5

डारहीं 3|20छ3 6|41छ

डारा 6|51;1 74;5

डारि 2|25;3 47;2 5|12 6|117;4 7|121;6

डारिहउँ 1|129;3

डारी 1|229;3 258;4 3|19;1 29;13 4|5;3

डारे 1|262;1 270;1 3|20छ3 5|18;2 6|51;3 69;2 83;2

डारेन्हि 6|82;1

डारेसि 6|65;5

डारौं 1|253;3

डासन 7|40;1

डासि 1|106;3 2|114 119;4 200 211

डासी 2|67;3

डिंडिमीं 1|344;1

डीठा 2|98;1

डीठि 2|145;2

डीठी 1|231;4

डेरा 2|131;4 197 198;1 3|37ख 6|5;2

डेराई 1|284;3 2|82;2 5|22;5

डेराऊँ 2|17;2

डेराती 2|60;2

डेराना 1|125;3

डेराने 1|254;1 285;4 6|42;5

डेरावहिं 6|44;3

डेराहीं 1|125;4 278;2 2|38;2 3|28;4 6|4;3 7|71;4

डेराहू 6|32;5

डेवढ़ 1|317;3

डोरि 1|288

डोरिआए 2|203;2

डोरी 5|48;3

डोल 1|258 261छ 5|35छ1 6|104;3

डोलत 6|32;2

डोलति 1|182;3 6|25;4 70;4 102छ

डोलहिं 2|225;2 7|38;4

डोला 1|260;1 2|45;1 3|28;3 6|78;2 7|17;4

डोलावा 7|71;2

डोली 1|192छ4 2|188;2 6|103;3

डोले 1|254;1 2|186;3

डोल्लहिं 6|88;5

ढ

ढँढोरीं 1|349;4
ढनमनी 5|4;2
ढरकें 2|226;1
ढरहीं 1|350;2
ढहाए 4|7;6 6|49;5
ढहावहिं 6|41;4
ढहावहीं 6|88छ
ढहावा 6|44;2
ढाँकी 2|117;3
ढाबर 4|14;3
ढारइ 2|13;3
ढारि 6|81;4
ढारीं 7|27;2
ढारी 1|224;1
ढाहत 2|34;2
ढाहे 6|49छ
ढिग 5|46;2 6|4;2
ढिठाईं 2|227;4
ढिठाई 1|8;4 29;1 150;3 160;2 2|45;3 248;4 298;4 300;4 3|42;3 6|24;4 40;1 7|37;1
ढीट्यो 1|326छ3
ढीठ 2|227;4
ढीठु 2|314;3
ढेक 3|38;3
ढेरी 2|114;3
ढोटा 1|221;2 269;4 280;4 311;2
ढोल 1|263;1 5|25;4 59;3 6|41;1
ढोलू 2|192;2

त

तरंग 1|32;7
त 1|64;2 71;2 81;3 108 165 222 270;2 271;3 274;4 275;4 281;1 281;2 2|16;2 21;4 34;4 40 71 82;3 82;4 97;2 149 154;4 164;2 207;4 218;1 253;3 256 270 294 308;2 323;4 3|29;8 31 4|28 5|10;1 52 55;3 6|9 30;3 49;2 7|122;4
तउ 2|166;3
तकइ 2|13;2
तकहीं 1|267;4
तकहु 6|96;4
तकि 1|157;2 250;4 2|163;2 188;1 245;4 3|2;7 27;7 5|48;1 6|99;5
तके 1|182;3
तकेउ 1|259;4 307;4
तग 6|66;2
तग्य 6|74;1 7|34;3 49;4 94;1
तजइ 1|10;5 17;2 84;1 157;3
तजई 1|222;2
तजउँ 1|81;3 2|190;3 5|44;1 6|33ख 7|96;3 109ग
तजउ 5|38;3
तजत 2|324;4 3|27;8
तजन 2|64;2
तजब 2|69;3
तजहिं 1|39;4 2|81;4 140 256;1 262;4 3|20क 4|15;4 16 5|43
तजहि 6|99छ
तजहीं 3|43;5
तजहु 1|70 72;2 98छ 138;3 192छ4 207 252;2 281 2|30;3 71 219;4 266;1 3|42;3 4|5;4 5|15;5 57;2 6|36;1 96;3 7|18;2
तजा 1|110;3 2|60;2 166;3 3|2;7 6|42;5

तजि **1**|7;1 48;4 56 70;3 79;2 84 124ख 133;3 152;4 158;1 162;1 166 203;3 205;2 249;2 261छ 266 281;2 **2**|9;4 11 32;3 44 50;2 59;3 97;3 131;1 131;3 139;3 168;4 172;2 174 182;4 186;2 211;4 221 222 232;4 233;4 250 259 262 264; 266;4 269 290 314;4 322 **3**|14;4 29;8 31;5 32;1 33 33;2 35 36छ 43;2 45 46ख

4|7;11 16 23;3 25;3 29;2 **5**|22;4 34;2 36 39;3 46 48;2 54;1 56ख 58;4 60छ **6**|3 3;1 3;2 7;3 24 31ख 64 64;1 109;4 121ख **7**|6छ 13;6 18;2 18;3 42 45;4 57;3 86;1 87क 90ख 92ख 103;3 104क 104;3 122ख 123;2 129;3 130;4

तजिअ **1**|257;1 281;4 **2**|152;2 176;1

तजिहउँ **1**|64;4

तजी **1**|60;1 83;1 104;4 7|65

तजु **1**|115

तजें **1**|35;2 **2**|95;3 **3**|23;2

तजे **1**|230;2 **2**|86;2 165 174;2 324;3 **6**|114;1 7|56;2

तजेउँ 7|109ख

तजेउ **1**|58;2 74;1 209;2 **2**|30;4 7|71;1

तजेहु **3**|6;2 **6**|61;2

तजै **3**|4

तजौं **4**|1;3 **5**|12;1

तट **2**|276;1 **3**|23;4 30;3 **4**|26;5 **5**|51;4 60;3 **6**|88;2 88;3 121;4

तटन्हि 7|23;5

तड़ाग **1**|94छ 7|29छ 31;4 63;2

तड़ागा **1**|37;5 86;4 155;4 261;1 **2**|232;3 7|23;5 29;4 56;3

तड़ागु **1**|227

तड़ित **1**|147 316 316;1 **6**|13;2 103छ2

ततकाला **1**|3;1 **2**|272;3

तत्व **1**|198;1 350;3 **5**|15;3

तथा **1**|114;2 149;3 7|119;3

तथापि **1**|164;4

तदपि **1**|13;1 31;1 57;4 62;3 69;1 76;1 83;2 84;1 88;4 105;2 109;2 113;1 114;3 121;2 136;1 145;2 157;3 176 195;2 198;3 247 286 296;3 **2**|9;3 40;2 99;3 103;4 177;3 183;2 219;3 305;2 **3**|11;9 25;4 **4**|6;7 **5**|50;4 52;3 **6**|23च 24;3 31;1 36;7 71;1 75;7 76;2 101छ2 **7**|97;2 107;2 109;2

तद्यपि **6**|10

तन **1**|1;2 54 55;3 57;1 79;2 92;1 93छ 94;3 95छ 102छ 118;4 145;4 146 148;4 168;2 185 202;3 219;2 224 241;1 242 247;3 248 255;3 257 259;2 259;4 264;2 278;3 311 314;2 318;1 324छ1 324छ3 345;4 **2**|2 7;2 8;1 20;1 25;3 46;3 54;2 70;1 76;2 81;3 99 100 110 111;1 114;4 117;3 132;4 164;1 200;2 226 226;2 256;3 259;1 274;1 275;2 281;3 288;1 293;1 317 317;3 323;4 324;3

3|6छ 10;10 12 20छ6 28;5 45;1 46ख **4**|2;3 12;2 23 29;4 30ख 30;4 **5**|3छ3 6 15;4 28;2 37 **6**|1;2 4;3 17ख 49छ 69;4 71छ 73;5 80;2 81छ1 82;2 89 101छ1 102;1 103छ2 107छ 110 111;2 114क 118ग 120क 121;6 **7**|0क 2छ 5;1 5छ1 17;1 34;1 44;1 53 74;4 77;4 85;2 91;4 95;4 96;2 96;3 111;7 114क 118;5 121;12 121;5

तनखीना **1**|93;4

तनयँ **5**|22;3

तनय **1**|88;1 108 150;1 196 208;5 291 292;1 325छ3 **2**|4;4 35;4 41;4 76;4 174;4 181;1 262 **3**|43;4 **4**|10छ2 20;5 23;5 30;2 **6**|12ख 35;6 112;1 **7**|6क

तनु **1**|2 4;4 11;1 16 24;1 35;2 64;4 65;3 74;1 75;4 80;3 98;3 122;1 137;3 139;3 152;4 156;4 164 187 192 192छ1 199;6 203;5 205;2 209;1 209;4 221;1 248;1 261;1 278;4 280;3 284;2 300;2 315;3 323 325छ1 345;2 **2**|3;2 4;3 29;4 30;4 35;4 41;2 50छ 58;2 65;2 67;2 81;4 90;3 93 97;3 115;3 126छ 127;3 146;4 155 155;3 157;1 166;3 168;3 170;1 171;3 173;2 174;2 180;1 184;2 197;1 205 211;4 239 239;4 264;2 264;3 326;1 **3**|8 8;3 9;1 20क 31;3 31;5 **4**|3;3 8;3 10 10;1 11;3 13;2 27;4 28;4 29 **5**|2;4 7;2 8;4 31;4 48;2 **6**|3;1 31;2 41;2 53;1 56;3 57 58;3 59 65;3 69;3 81छ2 86;5 100छ 104छ 104;3 110;4 **7**|5छ1 43;4 44;1 44;4 47;2 57 72क 75;1 88;1 96;1 97;1 102;5 109ख 109घ 109ग 110;1 112;5 121;6

तनुजा **1**|178;1 **7**|102;3

तनुधारी **1**|130;1 182;6 309;1 315;3 **5**|32;3 39;2

तनोतु **3**|11;8

तनोरुह 7|5;2

तन्व **1**|44 110;1 111;1 142;4

तन्वमय **1**|242;2

तप **1**|73;3 73;4 74;1 74;4 144;1 145;1 161क 163;1 163;2 168;2 177;1 177;3 183छ 183;4 285;4 **2**|60;2 67;4 132;3 134 187;3 236 326;1 **4**|24 **6**|117ख **7**|23 62;1 90;3 121ख

तपइ **1**|58;2

तपत **5**|15;2

तपपुंज **1**|211छ1

तपबल **1**|73;2 163;1 163;2 165;2 169;3 169;4 **2**|214

तपसालि **1**|330

तपसिन्ह **5**|41;3 53;4 **6**|34;3

तपसी 7|101;1

तपस्या **1**|78;1

तपहिं **1**|74;2

तपी 7|101;4

तपु **1**|70;3 72;1 73;1 73;3 74;1 75;1 78;1 83;2 89;2 97;1 98छ **2**|107;3 173;1

तपोधन **1**|105

तब **1**|7;1 30क 47;4 52;1 55 56;2 57;1 58 60;4 61;3 62 63 63;2 63;3 73 74;4 75;2 75;4 82 82;2 82;4 83;3 84;3 87;2 87;3 89 89;3 92 98 98;1 99;1 101;2 102 102;1 102छ 103;4 109;3 109;4 111 120क 121;4 123 124क 126 127;1 127;3 128;1 129;4 131 134 135;3 138 138;1 140;2 143;1 151 158;3 162 162;3 163;4 169 173 181 187;5 189 206;3 207;4 208;4 209;4 210;5 212;2 222 226;2 226;3 232;2 234;2 239 239;5 244;2 246 249;4 257;2 263;4 266;1 280 284 291;2 291;4 293 294 295;4 301;3 311;1 313;1 319;2 320;3 323छ1 325छ2 326छ4 326;4 327 330 332;3 338;2 340;4 348;3 351 361;3

2|9;1 14;4 17;2 20;1 22;4 36;4 38;2 39;1 44;1 46;3 53;1 61;4 69;2 77;1 78;2 81;3 83;1 89;2 93;3 96 100;1 100छ 103;1 103;2 104 104;1 104;3 104;4 106;4 107 108;1 109;3 111 118 124;2 125;2 125;3 137;1 137;3 141;2 143 143;1 145 147;2 151;2 156 157;3 166;2 169;4 171;1 175 187 189;3 192 197;1 202;5 218;2 227;3 234;3 237;1 246;4 255;2 259 278;3 279;3 284;4 285 291;3 296;2 309 310;3

3|3;4 6;1 8;3 10 10;10 10;8 10;9 13;1 16;4 17;10 20छ1 21;1 24 26;2 26;3 27;1 27;3 27;7 28 28;7 29क 29;11 31;1 37ख 41 42ख 42;3 43;2 **4**|3;3 4 6;3 7;13 7;8 8 8;2 11;3 11;4 13;3 18 19 19;3 20 20;3 21;4 22 25;1 29;4 30;6 **5**|1;1 2;3 4;4 6 8;2 11 11;3 12 13;1 13;4 16;5 25;1 27;1 28;2 28;4 34;1 34;3 35;2 36 37;5 46 47;1 47;2 52;1 57 **6**|5;4 8;1 9;2 13क 18 21;4 23च 27;4 36;6 39;2 42;5 49;3 54;2 54;4 55;3 57 59;1 62 62;1 65;4 71;2 71;3 74;5 76;1 76;5 76;7 77 85छ 89;3 90 90;1 91;4 92;3 93;3 95 95;4 97 97;2 98;3 99 99;2 101;3 102;1 102;4 103;2 105;3 106;1 106;4 107;2 108;1 110;1 112;1 116;1 117;2 121;2 121;4

7|2;8 5 10क 12ख 12;2 13ख 14ख 16;1 17ख 17;3 18ख 19;4 36;3 48 48;4 50;4 56;1 56;2 56;3 57 58;2 60 60;1 60;3 63;4 64;5 75;2 77;5 79;4 82क 83;2 84;2 89;2 97;2 97;4 101;2 101;3 104ख 110घ 110;7 111;1 111क 111;6 111;7 112क 112;6 113;3 113;5 114;7 117क 117ख 117;3 117;7 117;8 118;1 118क 118;2 118;3 122;5 122;6 125क 128;1

तबसूत **6**|98छ

तबहिं **1**|77;4 168;2 190;1 **2**|4 93;2 118;3 **3**|29;9 **5**|23;3 42;2 **6**|62;2 **7**|61;2 118;7

तबहीं **1**|75;2 **2**|179;1 275;1 **5**|42;1 44;1 **6**|58;2 77;3

तबही **2**|196;1 280;3 **6**|48;1 117;3

तबहूं **2**|13;4 300;1 **5**|44;3 **7**|117;4

तबहूँ **1**|127;4

तम **1**|0;5 1;3 7ख 32;5 106;4 115 117;2 239;1 239;2 256;4 **2**|248;1 **4**|15ख 15;3 21;2 **5**|16;1 23 45;4 **6**|12;1 46 47;2 97;1 115;2 **7**|14;3 30;4 72;4 73क 94;1 117;4 118;2 120;3

तमकि **1**|250 250;4 **2**|79;1 **6**|32;2 41छ 97;2

तमसा **2**|84 147;1 150 188;4

तमारि **2**|86

तमारी **2**|273;2 **7**|121;11

तमाल **2**|115;3 **6**|103छ2

तमालही **6**|101छ1

तमाला 1|209;1 344;4 2|237;1 3|10;12 40;3
तमी 5|47;2
तमीचर 6|74ख 86;2
तमेकमद्‌भुतं 3|4;9
तम्हहि 1|274;3
तरंग 1|40;4 6|87छ 7|3ग
तरंगा 1|126;3 2|87;3 105;4 276;1
तरंगिनि 1|31;4 2|34;1
तरंगी 1|93
तर 1|29क 58;4 106;2 108;2 293;3 2|105;1 113;4 147;2 196 198 211 263;3 277 3|29क 6|73 7|55;5 57;3 57;4 63;2 103क 103;4 121;6
तरइ 7|93;3
तरऊँ 3|23;2
तरक 2|222;3 5|6;1
तरकस 2|190
तरका 7|100;2
तरकि 1|341;4 6|32क 43
तरकी 2|289;3
तरकेउ 5|1;3
तरजनी 1|273;2
तरत 6|1;1
तरन 2|217;2 7|35;5
तरनि 2|189 295;4 305;1
तरनिउ 2|100;3
तरनिकुल 2|306;2
तरनिहि 2|232;1
तरनिहु 2|65;2
तरनी 1|31;2 2|221;1 248;1 6|25;4 104;3 7|15;4 35;3 115;2
तरन्ति 7|122ग
तरपन 2|129;4
तरपहिं 6|41छ
तरल 6|41छ 74;3 97;2
तरवारि 2|31;1 6|73;1 87;2
तरहिं 5|60 6|0ग 7|13;3 103;1 103;2 124;4
तरहीं 1|119;2 122;1 4|29;2 7|103;1 129;3
तरि 2|276छ 7|118क
तरिअ 5|50;3 7|119क 122क
तरिहउँ 7|18;4
तरिहहिं 1|152;2 5|60;1 6|66;2
तरिहि 5|50
तरिही 6|3;2
तरी 1|223;3 357;2 5|42;3 7|13;4
तरु 1|29क 39;7 85;1 86;3 106;2 129;2 160;1 188;2 234 344;4 2|29;3 34;2 67;2 89;2 113;4 196 211 237;3 249;4 267 312;1 3|10;7 13;3 30;4 38;2 40;4 5|3;4 9;1 15;1 18;1 19;3 19;4 20;2 6|5;3 11;2 54;1 66 73;3 87 98;2 98;7 7|13;5 23;1 32;1 57;3 69;2 90;1 120;9
तरुन 1|0;3 106;4 2|115;3 232;1 4|29;4 5|47;2 6|41छ 7|121;18
तरुनाई 3|5;10 4|28;1 6|18;2
तरुनी 1|11;1
तरुपल्लव 2|67;3
तरुबर 2|119;4 237;4 276;1 279;4 3|41;1
तरुबरन्ह 2|237;2
तरुहि 3|10;12
तरू 7|121;8
तरे 6|3
तरेरी 6|22;2
तरे रे 1|278
तरै 7|44
तर्क 1|52;4 3|11;5 6|74;1 7|46;4 59;1
तर्कि 6|74;1
तर्जत 6|90;1
तर्जन 3|11;7
तर्जहिं 3|18;4 5|55;4 6|39;4 41;3
तर्जहीं 5|3छ2
तर्जा 4|8;1 5|18;4
तल 6|83;4
तलफत 2|153;3 154 5|28;3
तलाईं 1|85;1

तलाव **1**|85;1

तलावा **1**|94;2 **3**|41;1 **4**|14;4

तव **1**|51;3 74 78; 87 98;1 104;2 112 114;3 119;3 150;1 150;4 151;3 161;3 163 164;1 164;2 165;4 166;1 166;2 167;2 167;3 168;3 168;4 174;2 198;1 217;1 235 235;4 239;3 240;1 253 253;3 270;2 279;4 293;3 331 343;3 **2**|26;2 101;1 103;3 197;4 **3**|5ख 13;3 13;4 13;7 18;1 21;4 22;1 22;5 42क **4**|2;5 3;1 4;1 7;9 11;3 21;1 30;3 **5**|2;3 9;3 10;1 10;2 14;5 15;1 17;3 22 32;2 33 33;5 36;5 40;1 40;4 49;5 50;4 56;1 59;2 **6**|0ग 1;2 12क 16;4 20;1 21 22;2 22;4 23;1 24;2 24;3 24;4 25 26 27;2 27;3 28;3 29;3 30 30;3 33क 33ख 33;4 34;1 34;2 34;4 36;2 37;1 37;2 39;3 58;1 60क 61;2 62;4 76 90;5 94;4 99 104छ 104;3 104;6 107 110;5 111;9 112;2 121;5 **7**|2;6 13;2 13;3 13;6 14;7 14;9 19;4 49;2 56;1 56;2 60;4 63क 64;1 68क़ 69;4 84क 93;4 94ख 94;3 95;1 95;2 107;1 108ग 109;5 112;8 114;3 115;3 125;1 125;2 125;5 129

तवानन **6**|111;9 **7**|52ख

तस **1**|31;2 49;3 69;1 121;3 124क 242;4 267;2 **2**|33;4 127;4 170;4 175 192 216 219;2 225 248;4 268;4 305;4

तसि **1**|30क 94;1 294;2 **2**|17;1 213;4 244;1 **6**|117ख

तहँ **1**|54;3 55;1 55;4 58;4 64;2 65;4 75;4 78;1 86;4 94;4 95;3 106;1 116;3 119;3 130;3 134;1 135;2 138;1 143;2 151 153;1 154;3 158;1 163 170;2 174;4 175;2 179;1 185;2 188;3 193;1 194 196 210;4 210;6 214;2 214;4 223 228;1 229;3 232;1 244 244;3 262;4 263;1 265;2 266;1 285;4 297;1 309 327छ4 333;2 344;3 361;2 **2**|24;3 39;4 47;1 84;1 84;3 91;1 96 112;4 124;2 126;3 127 131;4 132;2 135;3 136;4 163;1 170;4 198;1 221;4 236;2 275;2 276 279;4 281 295;4 309 **3**|7;3 13;9 14;1 20छ5 20छ1 24;2 25;4 33;3 36;6 39;4 41;2 43;3 **4**|1;1 1;3 4;2 6;4 10छ2 13;2 15क 15;6 19;2 19;4 22 22;3 24 26 28;6 **5**|5 5;3 5;4 6;3 8;2 9;1 11 25;1 35 40;3 **6**|5;2 7;2 10;4 11;2 13;2 18;3 24;1 34;6 41छ 42;1 43;2 46 46;3 49छ 50;3 50;4 53;4 57;2 65;5 68;2 87 87;5 88;2 89छ 92छ 96;1 96;2 100;6 101;4 101;5 102;4 110 112;1 120;2 **7**|0क 9;3 10ख 11;2 28छ 28;3 30;1 32;3 57 57;2 60;4 62;1 62;3 63;2 75क 75;2 79;4 80;2 81;2 82;1 82;3 105;1 110;1 113ख 113;5 118;6

तहँइँ **1**|213;1 **2**|74;2

तहँउँ **2**|207;4

तहँहूं **1**|53;3 98;3

तहवाँ **1**|201;2 **3**|23;4 30;3 **5**|8;3

तहाँ **1**|13;1 34;3 44;4 48;3 55;4 62;3 100छ 105 123;2 124;1 133 133;2 143;2 159ख 167;1 179;1 179;3 184;4 190;1 201;3 217;4 290;4 292 354;1 **2**|74;2 149 182;2 198;4 **4**|13;3 **5**|3;3 18;1 57;5 **6**|62;2 120;1 120;2 **7**|29;1 29;2 31;2 32;4 61;3 61;4 79ख

तहिआ **1**|139;3

तहीं **1**|97छ **6**|21;3

तहूँ **1**|282 **7**|110;2

ताँती **2**|241;3

ता **2**|264;4 286;3 **3**|1 2;4 6;4 **4**|3;2 18;3 19;3 **5**|1;3 3;4 26;4 30;1 33 37;1 **6**|11;2 65;2 82;1 94छ 108;4 119;2 **7**|46 53;2 61;1 98;2 128;4

ताए **2**|226;2

ताकर **1**|197;4

ताकहिं **2**|168;2

ताका **2**|21;3 33;4

ताकि **1**|87;1 250;4

ताकिसि **3**|26;3

ताकी **2**|228;2

ताकें **1**|49;4 129;1 293;2 304;1 **2**|25;1 46;1 **3**|15;3 16;6 33 **4**|6;6 **5**|56;4 **6**|21;5 31;4 80;6 102;3 **7**|112;1 120;5

ताके **1**|18;4 **3**|17 **5**|19;3 **6**|49;1 92;2 101क

ताकेउ **1**|259

ताग **1**|11 **5**|48;3

ताजी **3**|38;3

ताटंक **6**|13क

ताटंका **6**|13;3

ताड़का **1**|209;3 356;4 **3**|25

ताड़त **3**|34;1

ताड़न **6**|77;4

ताड़ना **5**|59;3 **6**|104;2

तात **1**|47;3 90;4 151 159;4 162;2 164;2 192छ4 231;1 239 254;3 258;1 290;4 336छ 356;4 357;1 357;4 358 **2**|40;3 45 45;3 52;4 53;1 54;3 54;4 55;4 58;4 60;2 67;3 68 68;4 70;4 71;3 71;4 74;1 74;4 75छ 75;2 77;2 77;3 95 95;1 95;4 96;1 97 125 130 151छ 151;3 151;4 152;1 152;3 152;4 159;4 160;1 160;2 160;3 161;1 164;2 165 168 169 172;1 173 174;3 176;2 184;3 188;3 200;2 205;4 206 207;1 209;1 210;1 212;4 231;1 231;3 256;1 259 263;3 264;1 264;3 290 292;4 293;3 296;3 304 304;4 305;1 305;3 305;4 306;2 306;4 308;1 308;3 310;2 315;1

3|13;1 15;1 15;4 16;2 16;6 24 25;2 25;4 30;1 31 31;4 31;5 37;5 38क **4**|18 18;1 18;2 26;6 30;3 30;6 **5**|4 4;4 7;1 14;1 17 17;1 26;2 27;2 27;3 27;4 30;4 39;1 39ख 40 40;1 59 **6**|9 9;4 17;3 38;3 38;4 48;3 58;1 60;1 60;3 61;7 62;5 63;1 64;3 64;4 72;4 107;3 112;2 **7**|2क 2;4 2;7 38;4 41 41;1 42;3 60;4 64;1 64;2 69;2 79क 89ख 91;3 94;2 95;2 101;1 106;2 113;6 113;7 114;8 117;1 121;14 121;4 125;3

तातप्यमानं **7**|108;8

ता ता **1**|152;1 177;1 218;4 226;4 238;4 **2**|43;2 56;1 85;4 165;4 208;1 232;3 **3**|2;4 31;3 **5**|14;3 38;2 46;4 **6**|61;4 108;1 **7**|74;2 81;4 93;3

तातें **1**|8;2 35;6 162;1 166;1 222;4 309;4 **2**|16;4 **3**|13;7 17;5 **5**|49;1

ताते **1**|12;3 65;2 216;2 **2**|65;2 **3**|9;1 13;1 44 **4**|2;5 **6**|29;4 81;2 99;7 112;3 **7**|1;6 16;3 37 62;4 74;2 74;4 79;2 95;4 96;2 113;6 114क 116;3

तान **1**|126;3

तानि **3**|19ख **4**|8 **6**|58 69;3

तानी **3**|38;1 **6**|93;1

ताने **1**|87;1 **6**|50;2

तानेउ **6**|91

तान्यो **6**|71;1

ताप **1**|40;2 **2**|226;2 235;2 **5**|39;4 **6**|63;4 120;5 **7**|15;1 35;1 39;2

तापत्रय **1**|219;3

तापस **1**|24;2 44;1 85छ 145;3 158;3 159;1 162;3 163;4 165;1 168;1 170;2 170;4 171;1 171;3 **2**|29;2 60;2 108;3 123;1 126;2 142;2 155;2 210;2 236 270;1 276छ 280;4 286;1 287;1 292;3 318;4 **4**|16 **5**|57;1 **6**|21;3 33;1 90;2 116ख **7**|70क 87;1 98;4

तापसहि **1**|175;2

तापसु **1**|162;3 **2**|110;4

तापहर **2**|249;3

तापा **7**|21;1

तामरस **3**|11;2 **7**|51;1

तामरसु **2**|71;4

तामस **1**|122;3 **2**|262;4 **3**|23;3 **5**|7;2 45;4 **7**|101ख 104;2 104;3

तारकु **1**|82;3 103;4

तारन **2**|217;2 **4**|1 **6**|111;6 **7**|35;5

तारय **6**|115;3

तारा **1**|195;3 **4**|11;1 11;2 20;2 **5**|12;4 **6**|12;2

तारागन **7**|78ख

तारी **1**|24;2 114;1 **5**|25;4

तारें **6**|16;3

तारे **1**|244;2 245;1 **7**|130छ1

ताल **1**|38;1 302 322छ **2**|241;2 **3**|14;1 20छ1 38;1 40;3 **4**|7;6 **6**|10;5 13;4

ताला **7**|57;5

तालू **2**|29;3

तावत्सुखं **7**|108;7

तासु **1**|50;4 64;2 89;2 105;4 123 124;1 130;2 130;3 131;1 141;3 142;3 149;3 158;3 159;3 169;3 177;4 221;4 223;4 228 229;4 256;4 **2**|31;2 43;3 113;4 128 131 140 173 222;3 262 264;4 268;2 303;3 **3**|6;1 19;4 22;5 27;9 37ख **4**|25;2 28;4 29;2 30ख **5**|2;5 3;2 11;4 20;2 21 30;2 35;3 36;4 37;2 40;1 56;2 **6**|6;5 7;2 9;1 17;4 18;4 22;1 23;1 23च 26;2 35;3 35;4 35;6 36;5 38;4 56;2 61;7 66 71;2 71;4 72;3 77;1 92 103;5 107;1 **7**|9;5 10;1 19ख 56;4 57;1 64;3 106;2 125क

तासू **1**|66;2 126;4 142;2 165;4 176;2 180;4 **2**|2;3 46;1 104;4 277;2 **6**|82;2 **7**|22;1

तासों **3**|25;2 **5**|22;5 **6**|21;2 48ख

ताहि **1**|10;3 39;2 123;4 159ख 175 176;1 203;4 294;1 **2**|12 194;1 **3**|2;4 19;4 34;2 34;3 **4**|6;5 9;4 24;1 25;1 27 27;5 **5**|2;6 3;3 4 7;4 18;4 19;4 30;1 34;2 37;3 39;3 43;2 44;4 47;3 50;1 **6**|23ग 35;5 36;2 43;4 51 62;2 62;3 66;1 71 74;2 78 84;1 99;5 105 105;4 **7**|10;1 17;4 46;3 62क 93क 106;5 111;3 120;2 130;4

ताही **1**|79;4 131;2 142;2 153;3 160;1 200;3 202;2 **2**|49;2 72;4 186;2 **3**|2;5 43;5 **5**|5;2 19;1 32;1 **6**|6;3 14;2 36;6 55;1 **7**|44;2 104;4

ताहु **1**|170 **5**|39;4 **7**|4ख

ताहू **1**|194;4 **5**|44;1 **7**|39;3

तिजारी **7**|121;18

तिथि **1**|190 191;1 312;3

तिन **1**|327छ1 **2**|22;1 324;3

तिनु **2**|285;2

तिन्ह **1**|5;1 9;2 9;3 12;2 14;2 30;3 33;3 38 38;4 46;4 50;4 65;1 69;3 79;1 88;3 91;3 93;3 115;4 122;3 123;1 165;2 168;4 178;4 183 183;1 187;2 187;3 188;2 200;1 224;3 239;5 240 241;2 241;4 287;4 290;1 290;2 292;2 293;1 298;2 298;4 299;3 300;2 306;1 308;3 312;1 315;4 319;2 332;4 350;1 356;3 361

2|5;1 8;1 15;4 21;4 51;1 70 110;2 110;3 113;2 114;3 118;4 121;3 128;3 128;4 129 129;3 130 130;1 130;3 130;4 131;1 135;2 168;2 168;4 213;3 246;3 251;4 252;2 270;3 272;4 **3**|6क 16 19ख 22;4 25;3 31;5 35;2 38;6 43 43;3 44;2 45 **4**|27;5 29;3 30क **5**|3;1 17;5 25;1 51 53;1 60;1 **6**|4;4 5;5 39;2 42;5 45;1 46;1 90;2 101;7 107;2 108;3 112;4 114;4 **7**|6छ 8क 14;6 14;7 15 17;2 29;2 33;3 37;2 39;1 41;3 42 53;1 54;3 56;5 86;3 86;4 87;4 98ख 113;7 118;5 121;15 121;3 130;2

तिन्हहि **1**|9;3 44;1 115;3 135;4 178;1 182;2 313;3 314;4 322;3 **2**|11;4 60;1 112 113;1 113;2 113;3 117;2 117;4 135;2 146;1 194;3 290 **3**|23;1 25;4 44;3 **4**|7;1 27;5 28;4 28;5 **5**|18;3 19;4 41;3 43 **6**|4;3 40;5 44;3 78;1 98;4 108;3 121क **7**|88;2 110;6

तिन्हहीं **5**|55;1 **7**|32;3

तिन्हही **2**|84;4

तिन्हहूं **1**|22 **7**|22;2

तिन्हहू **6**|45;1 **7**|100;2

तिपुरारि **1**|271 **2**|273;2

तिभुअन **2**|263;3

तिभुवन **1**|256;4 **2**|2;2 164;3

तिमि **1**|125 127;4 151;3 162;3 294;2 324छ4 **2**|50छ 92 145;1 205;3 **6**|40;5 92 **7**|74ख 91;3 130क

तिमिर **1**|116;2 **2**|237;3 295;4 **6**|52;4

तिमिरु **2**|232;1

तिमुहानी **1**|40;2

तिय **1**|19;4 24;2 32;1 265 322 357;2 **2**|14 25;2 34;3 35;4 55;3 60;2 116;3 145;1 167;3 222;3 223;3 228 289;2 **3**|18;5

तियगन **2**|222;3

तियमाया **2**|21;2

तियहि **2**|65;2

तिरा **2**|251छ

तिरीछे **2**|117;4

तिल **3**|19ख **6**|83;2

तिलक **1**|1;2 41;4 147;2 187;3 199;4 216;1 219;4 233;2 243;3 **2**|15;4 18;3 19;3 52;1 182;1 187;2 268;4 **5**|49;5 54;1 **6**|59 106;2 106;3 115 118;2 **7**|2;2 10;4 12;3 66ख 68क 77;3

तिलकु **1**|327;5 **2**|13;1 15;2

तिलांजलि **4**|27 **6**|105

तिलांजुलि **2**|170;3

तिलु **1**|252;1

तिलोक **2**|209;2

तिष्टइ **5**|38;4

तिसिरा **3**|22;6 25

तिसिरादि **3**|20छ2

तिहूं **1**|27; 117 289;3 341;4 359;4 361;2 **2**|36;2 195;4 249;2 **5**|16;3 60;2 **6**|7;4 106छ **7**|31;1

तिहु **1**|292;1 348;1 **2**|101;2 280;3 **3**|17;5

तिहूँ **1**|180;2 **2**|95;3

ती **1**|19;4

तीछी **2**|262;4

तीछें **2**|143;3

तीजे **1**|169;4

तीतिर **3**|38;4

तीनि **1**|27; 30;4 74;3 92;2 123;1 147 292;3 **2**|2;2 263;3 287;2 **3**|15;4 38क **4**|1;5 **5**|37 57 **7**|117ग

तीनिउँ **7**|33;1

तीनिउ **1**|328;3 **2**|269;1 **3**|20छ2 **6**|75;5 **7**|11;3 121;16

तीनिहूं **1**|177;1

तीनी **1**|172;4 **7**|71;3

तीव्र **6**|71;2 91;2

तीय **1**|247;2 **2**|16 162;3

तीर **1**|40;3 157;2 **2**|84 100;1 100छ 147;1 150 170;2 188;4 189;1 221;1 257;1 **3**|19ख 20छ2 **5**|1;3 35 **6**|70;4 87 92;5 92छ 101छ1 **7**|28 29;2 29;3

तीरथ **1**|34;3 44;4 143;1 143;4 **2**|43;4 105;3 106;3 107;3 129;3 224;1 248;2 307 308;2 308;4 309 310 310;4 312 **3**|29;7 **5**|3छ3 **6**|97 **7**|49;1 92;1

तीरथन्ह **1**|155;4

तीरथपति **2**|106;1 **6**|120;4

तीरथपतिहिं **1**|44;2

तीरथराऊ **1**|2;7 **2**|204;3

तीरथराज **1**|2;6 **2**|106;2 206;1

तीरथराजा **2**|216;1

तीरथराजु **2**|105;1

तीरथराजू **1**|2;4 **2**|211;1

तीरबासी **2**|110;1

तीरा **1**|143;3 **2**|115;4 190;2 225;3 240;4 **3**|39;3 **4**|25;3 28;1 **6**|91;2 **7**|66;4 67;4

तीर्थाटन **7**|126;2

तीस **6**|92;5

तीसर **1**|87;3

तीसरि **3**|35

तीसरे **2**|203

तुंग **6**|101छ1

तुंबरि **1**|113;2

तु **7**|115क

तुअ **1**|165;1 165;2 257;4 **2**|21

तुभ्यं **7**|108;8

तुमहहि **2**|305;2

तुम्ह **1**|46 47;2 52;1 56;2 57;3 66 69;1 72;2 76;3 77 77;2 78;2 79;3 80;1 81 81;1 81;4 88;4 90;3 96छ 97;4 104 108;4 111;3 112;3 112;4 114;4 120;1 135 136 137;1 137;4 139;3 141 141;2 149;4 150;3 151;4 159क 159;2 161;1 161;2 162;2 166 168;3 171;2 177;3 181;4 207 208;5 210;1 218;4 274;2 274;3 274;4 275;1 277;2 279;1 282;2 282;4 286 291 291;2 291;3 294;2 294;3 294;4 336 336छ 342;2

2|9 12;2 17;2 17;3 18;3 19;1 19;2 19;3 21;2 30;2 33;4 35;2 40;3 43;2 43;3 44 44;4 49;4 50;4 54;3 55 56;3 56;4 57;1 61;4 62;2 63;2 63;3 64 65;3 71 72;3 75;4 77;3 78;4 79;2 80 81;4 82;1 95;1 95;4 96;1 97;4 103;4 108;2 109;1 117 125;4 126छ 126;4 127;1 127;4 128;3 129;4 130 130;4 131 136;1 143;1 150;2 154;3 155;4 168 169;1 169;2 173 174;2 174;3 175;1 175;4 176;2 177;3 177;4 178 180;3 181;2 183;4 184 201छ 201;4 205;4 206 208 208;2 208;3 208;4 210;1 210;3 211;2 220;1 227;4 231;3 233;1 250;3 251;1 256 256;2 258;3 263;4 290 290;4 291 291;2 304 304;4 306;2 315;4 323;4

3|6;3 6;5 9;4 12;2 13;1 13;5 15;2 17;4 19;4 19;5 24;1 25;1 30;5 31;5 37;3 42;2 **4**|1 1;4 1;5 2;4 7;10 8;3 11;3 12;5 21;3 21;4 23;6 28 29;2 30;1 30;3 30;6 **5**|1;1 2 6;4 7;3 13;5 14;5 17;5 21;4 22;4 23;1 30;1 33 41;4 43;4 46;4 47;3 48;4 49;1 51;1 57;3 **6**|7;1 20;3 21 21;3 22;4 23;2 34;2 36;2 36;7 38;4 48;4 58;2 61;7 75;4 77;2 84;3 90;3 97;3 106;1 107;1 108;1 109;1 110;3 116घ 118;3 118;4 121;1 **7**|2क 2;4 3;4 4ख 8क 16;2 16;3 18;2 19;5 20;2 36;4 37;1 37;2 47;2 47;3 53;4 55;1 56;2 61;4 63ख 68;4 69;3 70;1 70;2 70;3 74;2 84;4 94;1 99ख 109;8 110घ 113क 113ख 114;2 115;5 116;2 121;3 121;4 123;2 125;2 125;3 130क

तुम्हइँ **6**|110;4

तुम्हइ **2**|127;2

तुम्हउ **1**|62;1 **6**|36;5

तुम्हरिहिं **7**|59;1

तुम्हरिहि **2**|127;2

तुम्हरीं **2**|21;4

तुम्हरी **1**|330;3 **4**|21;3 **5**|59;3 **7**|52क 115;4

तुम्हरें **1**|52;1 90;1 136;4 **2**|107;4 125;4 151छ 188;3 208;3 266;1 **6**|24;4 118;2 **7**|33;4

तुम्हरे **1**|81;2 98छ 128 151;1 168 169;2 **2**|56;3 74 75छ **6**|23;1

तुम्हरेइँ **3**|13;3

तुम्हरेहिं **2**|75;2

तुम्हहिं **7**|74;2

तुम्हहि **1**|47;1 72;1 75;2 80;2 96छ 96;4 104;2 109;2 129;1 137;2 138;4 149 149;2 150;3 151;3 187;1 282;1 282;3 284;3 357;4 **2**|10;1 16;2 17 19 28;1 57;1 67;4 71;2 79;2 96;4 107;3 112;4 127 127;1 127;2 129;1 129;3 130;3 131;3 136;1 136;4 184;3 201;4 207 207;2 207;4 208;1 208;2 251;1 264;3 283 292;4 306;3 306;4 315;1 **3**|6;4 8;3 11;13 17;5 **5**|16;3 55;2 59;4 **6**|6;3 9;2 17;4 36;1 56;2 61;8 118;4 **7**|16;4 18;3 19क 43;2 70;2 91;3 92क 94क 113;4 114;1 114;8

तुम्हही **2**|176;2

तुम्हहू **5**|27;4 **6**|104छ

तुम्हार **1**|77;3 88 89 104 105;1 132 133;1 151 164;1 166;1 216;3 238 267;2 278;1 **2**|3 4;4 18;2 40;4 43;1 74;2 100;2 107 125 126 128 131;1 131;2 132;2 169;2 175;4 207;1 207;4 208;1 232;2 263 264;4 265 306;1 315;2 **3**|29;2 **4**|28 **5**|30 36;5 40 50 52 **6**|12क 88;2 115 **7**|7;1 47;3

तुम्हारा **1**|77;1 84;1 90;3 139;4 152;3 159;4 189;4 207;4 271;1 273;4 274;3 276;1 279;2 357;4 **2**|16;4 69;4 88;3

127;1 129;3 136;2 173;3 210;3 213;2 231;1 250;4 305;2 **5**|41;4 46;2 54;1 **6**|27;4 36;3 104;5 **7**|48;2 56;1

तुम्हारि **1**|47;2 66 67;1 81;1 129;2 253;2 **2**|17;4 128;2 315;1 **5**|22;1 46;3 **6**|104;5 **7**|95;1 109;2

तुम्हारिहिं **7**|5;2

तुम्हारिहि **1**|56;1 **6**|37;4 **7**|36

तुम्हारी **1**|14;6 67;4 70;3 77;2 107;4 110;1 120;1 137;4 141;3 236;4 357;1 360;3 **2**|74;1 82;3 127;3 130;2 283;1 285;1 **3**|13;3 35;1 **6**|106छ **7**|114;8

तुम्हारें **1**|152;1 166;4 273;4 275;4 282;4 **2**|14;3 19;2 30;2 65;4 96;1 112;2 151;4 **6**|106छ

तुम्हारे **1**|149;1 236;1 237;2 239;2 292;1 357;3 **2**|48;4 50;3 54;3 62;3 117;1 126;1 127;4 130;4 169;1 **5**|22;3 47;3 60;1

तुम्हारेहिं **4**|3;1

तुम्हारेहि **2**|258;1 **7**|18;1

तुम्हारो **6**|106छ

तुरंग **1**|316;4 **2**|143 **6**|95;1

तुरंगा **1**|316;3

तुरंत **4**|22 **6**|60क 75

तुरंता **5**|1;4 25;4 **6**|54;2 55;4 65;4 **7**|19;5

तुरग **1**|101;4 158;4 160;1 169;4 196;4 298;2 299;1 302 304 326;2 333;3 **2**|6 187;2 **6**|51;2 87छ 87;2 89;2 92;3 **7**|50;2

तुरगा **6**|92;1

तुरत **1**|49;2 64;1 64;4 72;3 86;2 86;3 97 103;1 133;2 138;3 148;4 157;1 172 187;4 189;1 218;3 239;5 240;4 276;2 **2**|75 79;4 85 114;1 147;1 187;2 190 198;4 272;4 **3**|2;5 12;3 12;5 19;3 19;7 28;1 **4**|1;3 5;3 11 **5**|2;4 34;4 39ख 42;1 46;1 49;4 52;4 53;1 **6**|19;1 43;4 51;1 62;1 75;1 76;6 84छ 89;1 92;2 94;1 106;3 120;1 121;2 **7**|10क 11क 11;2 12;1 80;1 112क

तुरतहिं **1**|89;4 **3**|7;4 13;9 **5**|3;2 60;3 **6**|108;3

तुराईं **2**|91;1

तुराई **2**|14;3 66;1

तुरित **7**|2ख

तुरीयं **7**|108;2

तुरीय **7**|117ग

तुरीयमेव **3**|4;9

तुलसि **1**|346;3

तुलसिका **1**|243 **3**|5क **5**|5 **7**|29;3

तुलसिदास **1**|196 211 **6**|115;5 **7**|30;5 35;5 51;5 74ख

तुलसीं **1**|361छ

तुलसी **1**|10छ 15;2 19 20 20;2 21 26 29क 31 31;6 36;1 48ख 100छ 124ख 159ख 161ख

236छ 261छ 311छ **2**|25छ 75छ 151छ 176छ 201छ 226 226छ 237;4 251छ 276छ 301छ 303;3 306 315 326 326छ **3**|6छ 36छ **4**|30छ **5**|60छ **6**|71छ 86छ **7**|3;3

तुलसीक **1**|29ख

तुलसीदास **1**|28ख 31;6 **2**|50छ 100छ **3**|46छ **5**|3छ3 **6**|101क 121छ2

तुलसीदासहूँ **7**|130छ3

तुलसीदासु **1**|26 103

तुलसीस **1**|336छ

तुला **5**|4

तुषार **6**|115;3

तुषाराद्रि **7**|108;3

तुसार **2**|163

तुसारू **1**|16;3 **2**|263;1

तुहिन **2**|71;4 159;2

तुहिनगिरि **1**|97

तुहिनाचल **1**|94;3

तुहूँ **2**|32;4

तूँ **2**|161

तू **1**|281;1 **2**|162;4

तूणीरं **3**|11;2

तून **1**|268;4 298;4 **2**|239;3

तूनीर **1**|244;1

तूनीरहि **7**|30;2

तूनीरा **2**|115;4 **3**|28;1

तूरी **2**|324;3

तूल **1**|12;5 **5**|4 31;4 33 **7**|117ग

तूला **2**|248;1

तृधित **1**|148;3

तृन **1**|16 39;7 167;4 198;3 **2**|35;4 67;3 114 126;3 133;4 138 140 142 146;4 236;4 249;4 250 311;4 312;1 **3**|15;4 17;9 **4**|8;1 14 15;5 **5**|9;3 55;1 **6**|20;4 35;4 72;1 81छ2 **7**|46;4 117;6

तृनु **2**|70;3

तृपित **2**|260

तृपिति **7**|119;5

तृषा **4**|17;3 24;2 **7**|122;9

तृषावंत **7**|2;3

तृषित **1**|43;4 157 158 158;4 261;1 **2**|52 **6**|33ख

तृस्नाँ **7**|70;4

तृस्ना **7**|121;18

तें **1**|6;1 23 23;1 23;3 23;4 25 26 43;3 54;4 62;2 63;4 65;4 67;2 75;4 80;3 87 96छ 112 117;3 117;4 122;1 122;3 128 129 142;1 144;3 158;4 161;2 163;1 163;2 167;2 178;4 184;4 185;3 185;4 190;3 194;1 197;3 197;4 208;2 226 232 244 290;4 291;4 292;2 309;4 320;3 361;3

2|1;1 15;4 21;3 22;4 32;1 42;4 70;2 74;4 75;1 80;4 81;4 100;3 116;4 122;3 126;2 130;3 137;3 148;3 157;3 160;4 162 169;1 177 179 180;3 183 193;3 196;1 199 203;4 219 228 231;3 243 243;3 251;4 253;3 255;3 256;4 258;4 260;2 260;4 264;4 270 274;3 292;2 297;4 316;4

3|5;8 16;1 21;5 31;4 38;6 42;4 **4**|8;3 14 21;3 **5**|13;2 13;3 15;3 16 21 22;2 26;1 33;4 34;4 36;1 **6**|49 71;4 **7**|79;2 95ख 95;4 101;3 106क 115;1 117ग

ते **1**|8;6 12;4 29क 29;4 30;3 37;4 37;5 37;6 38;4 39;4 40;4 41 41;3 43;4 69;2 84 85 104;3 106;1 113;2 115;2 115;4 133 145;4 178;1 179;1 181;3 184;2 187;2 192छ4 198;2 204 204;1 205;2 231;4 281;3 293;4 294;3 299;3 311;2 311;4 317;3 322;3 324छ2 350क 357;4 361छ 361;4 **2**|3;3 16;2 17;3 25;2 56;4 61;3 62 65;2 72;1 89;1 91;2 101;2 111;4 120;4 122;1 122;3 126;2 129;4 136 167;4 174 200 200;2 201;2 217;1 224;3 224;4 231;2 259;3

3|2;4 4;1 4;11 4;12 4;8 6ख 6छ 6;3 11;10 13;4 13;5 14;1 20छ2 20छ3 21;5 21;6 25;2 33;2 35;2 42;4 45;3 46छ **4**|3;4 7;14 7;2 10 13;1 13;3 24;4 25;1 **5**|6;2 8;1 11;4 14;5 22;3 28 37;4 42 43 45;1 48 50;1 60 **6**|1 2 2;1 3 3;1 9;5 10;2 11क 14;3 27;3 28;1 29 34ख 35;4 44 45;1 45;3 48;4 49;5 52;1 71 71;2 78;1 78छ 79छ 81छ2 85;4 88;1 93;3 96छ 98छ 101क 104छ 104;2 107;3 108;7 111;10 120;2 121छ1 **7**|2;4 4;3 5छ2 8;5 12छ1 13;2 13;3 13;6 14;5 14;7 22;4 27 28छ 31 31;1 31;2 38 38;2 39 41;2 41;4 44;1 47;1 53;3 54;4 58 62;5 73क 73;5 80;2 86;2 86;3 86;4 88ख 89;2

93ख 98क 99ख 100;4 102ख 106;5 109;3 110;3 111;8 112;7 115;2 117;3 118;6 119ख 120;8 121;13 121;14 121;15 121;16 121;2 121;6 122;10 122क 122ख 122;2 122ग 129;3 130छ1 130छ3

तेइँ **1**|195;4 **2**|50 111

तेइ **1**|36 37;8 38;1 113;3 122 226;3 229;2 247;2 315;1 **2**|91;3 123 262 **5**|15;2 **7**|50;2 98क 98ख 100;1 117;6 120;5 128;3

तेउ **1**|133 **2**|27 42;2 127;1 162;4 175;3 299;2 317 **6**|101छ2 **7**|9;5

तेऊ **1**|7;3 22;2 147;4 **2**|217;2 228;2 **7**|53;1

तेज **1**|4;3 76;3 82;3 130;2 139;3 153;2 190;4 209;4 293;2 301;4 **2**|110;4 187;3 **3**|28;5 **4**|7;14 28;2 30;4 **5**|17;1 28;2 53 56;1 **6**|12;1 17;2 31;4 54;4 71;4 72;3 89;2 103;5 104;3 **7**|12;1 14;2 14;3 32;2 90;3 117क

तेजवंत **1**|256;3

तेजसी **1**|170

तेजहत **6**|35;2

तेजु **1**|239;2 245;2 **2**|156;2 256;3 325;1

तेऽतिदीन **6**|85छ

ते ते **1**|55;1 **2**|138;4 **3**|46;4 **5**|44;4 **6**|96;1

तेन्ह **1**|181;4

तेपि **1**|85;4 **6**|4;3 **7**|130छ1

तेरहुति **1**|289;4 **2**|292;4 313;1 322;4

तेरहुतिराजू **2**|278;4

तेरहूति **2**|271

तेरे **6**|30;2

तेई **2**|231;4 263;4 **5**|42;4 **6**|3;4 **7**|88;3 128;4

तेल **2**|157;1 **5**|15;2 24 **7**|122क

तेला **5**|25;3

तेलि **7**|100;3

तेषां **7**|108;9

तेहिं **1**|2;1 13;2 13;5 52 82;3 83;2 96;4 98छ 103;2 123 123;4 129 130;1 130;4 135;1 141;3 142;4 152;4 158 158;3 169;1 170;4 172;2 173;1 175;2 177 185;2 198;1 223;4 228;4 242;4 253;1 268;1 279;2 282;1 284;2 301 326;1 **2**|7;1 27;3 119;2 120;3 186;4 212;2 212;3 235;2 **3**|7;4 18;2 25;2 31;1 31;3 33;3 **4**|5;3 18;3 25;1 25;2 25;4 28;3 **5**|2;1 2;4 2;5 3;5 6;2 18;2 18;4 20;1 38;1 47;4 57;4 **6**|1;2 8;4 10;4 11;2 18;3 23क 24;3 32;1 32;3 36;3 42;3 49;2 56 56;2 57;4 59;3 62;5 64;3 65;4 66;3 70;5 81;1 82;4 83 95 100;5 101;1 101छ1 101;6 101;8 **7**|50 55;2 57;1 57;5 61;1 66;1 66;3 97;1 100ख 104ख 127;2

तेहि **1**|5;5 6;1 30;3 38;3 39;3 48;4 50;1 54 60;3 62;2 64;4 65;3 70;1 79;3 80 82;3 84;1 84छ 85 87;1 90;4 95छ 97 103छ 106;1 106;2 116;2 117;2 124क 124;3 126;1 129;4 131;2 131;4 132;2 153;2 154;4 160;3 161;2 162 169;3 170;3 172;1 173;2 173;3 177;3 178;4 180;3 183छ 188;4 196;4 197 209;3 210;2 211 215;2 224;2 228;1 230;2 232 241;1 259;3 261;4 287;1 288;2 289 289;4 292;4 317;1 323;4 327छ4 334 345;1 361;4

2|10 21;1 28;4 32;1 32;3 34;4 37;4 41 57 87;4 105;1 110;4 112;3 131;2 131;3 131;4 134;1 140;4 144 146;3 147 148;1 152;3 153;1 163;1 165;4 167 174;1 176छ 180 180;3 193 194;1 194;2 194;4 195;2 201छ 210;3 215 221;1 221;3 222;3 224 225 225;3 226छ 234;4 242;4 243;1 244;1 245;3 246;4 247;4 253;3 258;4 264;4 270;2 271;1 274 277;1 278 279;2 281;1 286;1 297;2 304;2 307 321;3 324;4 **3**|2 2;1 5;9 13;8 15;2 16;2 19छ 20छ3 25;1 27;1 32 38;6 43;4

4|0ख 4;2 6;1 8;3 9;5 19;1 20;1 20;4 24;3 **5**|1 7;4 9;1 19 21;4 22;3 23;1 25 26;4 29;3 33;1 36;2 40;4 44 44;2 45;1 48;2 49;5 52;3 54;1 54;4 59;2 **6**|0क 3;2 8;3 25 31क 33ख 36 37;3 37;4 38क 43;4 49छ 50;3 61;8 63;3 64;2 66;3 66;4 72;3 73;2 73;3 75;5 75;7 76;4 78;5 80;3 83छ 84छ 94;4 95;1 98छ 104;1 105;3 108 **7**|6;3 11ग 45;4 57;2 61 62;3 62;5 79;1 79;3 88क 90क 95ख 95;3 95;4 105;2 105;3 106;5 106;6 108ग 112;1 116;3 116;4 117ग 118;5 118;8 120;10 120;4

तेहीं **1**|236;2 **2**|291;2 308;4 **5**|6;1 **6**|121;6

तेही **1**|4;5 49;2 49;3 64;3 80 80;4 134;4 250;2 257;2 261;1 **2**|111;3 122;4 143;4 146;2 224;3 280;2 286;1 **3**|5;3 26;4 29;10 **4**|2;2 **5**|5;4 15;4 57;4 **6**|12;4 71;5 99;1 99;7 100;1 109;3 112;1 **7**|7;1 63;3 69;4 96;2 121;5

त

तैं **1**|168;2 174;1 184छ **2**|161;4 162;1 **3**|15;1 **4**|1;2 3;4 28;4 28;5 **5**|1;5 4;4 10;1 12;1 21;1 **6**|8;1 16;2 20;1 24 29;4 30;4 34;3 56;4 63;1 63;2 64;4 64;5 84;2 94;3 **7**|85;1 85;2 85;4 109;5 111;3

तैसइ **3**|24;2

तैसहिं **1**|11;2

तैसिअ **2**|65;4

तैसी **1**|11;1 159ख 241;2 289;3

तैसें **1**|70;1 293;2 335;3 **5**|54;1

तैसेइ **1**|311;2

तैसेहिं **2**|230;4 **7**|3;4

तो **2**|15;1 **3**|36;4 **6**|23ख **7**|2;6 124क

तोतरि **1**|8;5

तोतरे **1**|199;5

तोप्यो **6**|93;2

तोमर **3**|19छ 20छ3 **6**|40;4 87छ

तोय **2**|309

तोयनिधि **6**|5

तोर **1**|165;3 166;2 169;3 174 184छ 277;3 **2**|15;1 26;1 26;2 27;1 35 36;3 41 **3**|15;1 17;7 **5**|2;6 24;2 53 **6**|35;1 83;1 116क

तोरन **1**|94छ 194;1 296;4 344;3 **2**|6

तोरब **1**|245;1 252;1

तोरहीं **1**|327छ1

तोरहूं **1**|255;4

तोरा **1**|88;1 132;4 168;2 250;2 260;1 261;4 270;2 271;2 278;4 357;2 **2**|209;1 **3**|29;9 **5**|15;3 32;3 54;4 **6**|10;1 20;3 22;1 30;3 61;7 **7**|107;2

तोराइ **2**|75

तोराई **4**|14;3

तोरावति **2**|276;2

तोरि **1**|202 280 **2**|162;2 164;3 **3**|17;9 **4**|9 **5**|41 **6**|16;3 44 53;3 81;3 101;6 **7**|85;3

तोरिबे **6**|34;1

तोरीं **1**|271;4

तोरी **1**|114;3 192छ2 196;2 198;3 253;3 258;3 **2**|14;4 20;3 103;2 287;2 **3**|11;1 **6**|22;3 **7**|55;4 109;8

तोरे **2**|192;1

तोरें **1**|45;4 105;1 150;2 151;2 159;2 162;2 164;2 164;4 169;1 223;3 245;3 266;2 272;1 281;1 283;3 343;2 **2**|3;4 13;4 15;4 26;3 36;1 53;4 70;3 102;4 103;3 195;4 205;1 263;3 **3**|36;4 **4**|7;5 **5**|49;1 **6**|8;2 **7**|56;3 59;4 85;3 109;5 113;8

तोरेउँ **5**|22;2

तोरेहूं **1**|245;3

तोरैं **5**|18;1

तोरौं **1**|253 **6**|34;1

तोष **1**|20;4 326छ1 **7**|102;3 117;7

तोषक **1**|43;2

तोषनिहारा **2**|41;4

तोषा **1**|43;2

तोषु **2**|316;1

तोषे **1**|352;2 **2**|137;1 221;2

तोषेउ **1**|77;3

तोहारा **1**|282;3

तोहि **1**|72 163 166;1 169 169;2 169;4 236;1 271 **2**|12;1 15 20;3 23;1 23;2 32;1 35 36;3 42;4 103;3 162 **3**|5ख 17;9 21ख 30;7 30;8 35;4 43;2 **4**|9;5 **5**|15;4 16;3 21;2 27;4 32;3 32;4 41;1 41;2 **6**|7;4 10;1 10;3 20 21;5 23घ 24;6 29;3 30 30;4 31ख 33ख 33;2 35;6 36;3 60;3 63;3 72;4 83;1 104 107छ 116ख **7**|84;1 85क 85;2 86;4 87ख 93ख 111;3 113;6

तोही **1**|46;3 59;2 121;3 127;4 149;4 162;2 163;4 168;1 207;5 238;1 272;3 277;4 281;2 283;1 **2**|15;1 26;3 34;4 61;4 160;3 161;4 162;4 **3**|11;12 33;4 **4**|30;5 **5**|9;5 21;1 24;2 **6**|20;1 24;5 27;1 31;3 38;3 49;2 61;5 74;3 100;4 **7**|2;7 48;4 59;3 61;2 64;2 69;2 70;2 74;1 86;1 88;1 107;2 115;4

तौं **1**|222;3

तौ **1**|15 29ख 52;1 59 59;4 61 72;1 81;2 90;3 97;4 108;1 144;4 146;2 165;2 222;4 246;3 252;3 255;4 259;3 266;4 275;1 277;1 278;2 279;4 283 320छ **2**|19;3 19;4 50;3 55;3 56;1 62;2 67 78;4 82;1 86;3 177;3 186;2 189;2 194;3 208;4 230;4 284 284;2 **3**|23;2 **4**|7 **5**|7;3 10;5 27;3 **6**|9 28;4 59;4 75;7 109;4 **7**|43;3 46;2 118;5

तौलि 1|179

त्राहि त्राहि 3|2;6 5|32 45 6|20 82;3 96;2 7|83;1

त्याग 1|6;1 2|172 4|10 16;3 6|34ख

त्यागत 7|14;7

त्यागहिं 1|322छ 3|46;1 7|41;4

त्यागहु 4|7;5 5|23

त्यागहू 3|36छ

त्यागा 1|66;1 75;4 216;3 261;1 2|193;4 317;3 3|37;1 5|39;4 42;2 6|76;8

त्यागि 2|21 204;4 4|26 5|3छ3 23;2 6|63;1 85 7|74ख 115क

त्यागिहहिं 2|183

त्यागी 1|83;2 152;2 220;1 341;3 2|42;2 51;1 56;3 78;1 264;3 3|8;3 15;4 45;2 4|23;2 27;4 5|31;2 53;3 6|5;3 7;3 45;3 74;1 7|38;1 98;4 99;2 110;4 115;1

त्यागू 2|107;3 6|56;4

त्यागें 1|14;3 5|3;4 6|20;4 29;2 54;4 71;3

त्यागे 1|144;1 2|188;2 5|52;3 54;2 7|16;3

त्यागेउ 1|145;1 2|275;1

त्रय 1|199;2 5|39;4 6|63;4 7|76 124क

त्रय: 7|108;5

त्रयताप 1|39;3

त्रसित 1|174;4 6|65;5 7|80;1

त्रसे 6|91छ

त्रातहि 7|30;2

त्राता 1|20;3 73;2 166;3 6|84;3 7|2;2 83;1 127;1

त्रातु 3|11;3 11;5 11;7

त्रान 2|216;3

त्राना 6|80;2

त्रास 1|63;1 225;3 225;4 270;3 286;2 3|29;12 4|12;2 5|10 53;4 6|10 29;2 31क 33ख 38;1 72 98 99;1 113छ 115;5 7|15;3 35;3 40;1 66ख 91क

त्रासइ 1|183छ

त्रासक 1|40;2

त्रासहु 5|10;4

त्रासा 1|96;3 125;4 174;2 180;2 3|2;2 14;1 29;5 4|17;4 5|37;2 6|47;3 66;5 7|46;3 66;1

त्रासित 6|70

त्रिकाल 2|125;4

त्रिकालग्य 1|66

त्रिकूट 1|178;3 4|28;6 30;5

त्रिजग 7|87;3 107;3 110;1

त्रिजटाँ 6|99छ

त्रिजटा 5|11;1 12;1 6|99;1 99;2 99;6 100;1

त्रिपुंड 1|268;2

त्रिपुर 1|57;4

त्रिपुरारि 1|46 62 74 6|114क

त्रिपुरारी 1|48;3 51;1 70;3 106;4 112;3 6|25;2

त्रिबिक्रम 4|29;4

त्रिबिध 1|35;5 39 40;2 106;2 126;2 186छ3 212;4 303;2 2|137;4 215;4 235;2 249;3 277;2 279;2 311;3 3|38;5 5|15;2 47;3 6|90छ 119;4 120;5 7|3;5 15;1

त्रिबिधि 7|13;2 28;2 35;1 110;7 121;18

त्रिबेनिहिं 2|204;2

त्रिबेनीं 1|44;2 6|120ख

त्रिबेनी 2|205;3त्रिभुअन 6|83छ 114;2 7|5छ1 12;4

त्रिभुवन 1|107;4 111;3 189;2 243;4 250;2 311;4 3|32;5 6|116;2 7|35;5

त्रिभुवनपति 7|62क

त्रिय 1|67;3 3|5;7 44;4 6|33;3

त्रिलोक 3|4;3

त्रिसंकू 2|229;1

त्रिसिरा 5|21;5

त्रिसिरारि 4|30क

त्रिसूल 1|92;3 6|74;3 76;2 76;3 91;3

त्रिसूलन्हि 6|42

त्रेताँ 4|28;4 7|23;3 40 102ख 103;1

त्रेता 1|48;1 7|104;2

त्रैलोक 1|197;3 4|30छ 5|30;2 6|65;1 107छ 118;4 7|13;4

त्रैलोकहि 5|55;1

त्रैलोका **1**|87;3 **6**|70;6 **7**|20;4
त्रोन **6**|71;2 80;5 91छ 111;7 113;1
त्वच **7**|13;5
त्वदंघ्रि **3**|4;7
त्वदीय **3**|4;12

थ

थकि **1**|269;4 **4**|15;6
थकित **1**|204;4 216;2 **2**|152 160 **3**|19;1 **6**|79;4 101;5
थर्के **1**|263;2
थके **1**|232;3 **2**|116;2 276;3
थन **2**|169;3 **7**|6छ
थपति **2**|133;3
थम **1**|2;2
थर थर **1**|278;3 **2**|54;2
थल **1**|36;2 240 **2**|211;1 216;4 280;4 285;4 287;2 293;3 308;2 308;4 310;2 312 **7**|90;1 119;3
थलचर **1**|3;2
थलहि **1**|299;4 **2**|284 286;2
थलु **2**|133;3 226;1 252;4 310;3
थाका **6**|92;1
थाकेउ **1**|195
थाती **2**|22;3 28;1
थाना **7**|118;6
थापना **6**|2;2
थापहिं **1**|121
थापि **6**|2;3
थापिय **2**|88;4
थापेउँ **6**|119क
थार **1**|96;2 346 **5**|58;4 **7**|3;3 7;2 9;3
थारा **1**|194;2 305;1
थारीं **1**|301;2
थाह **1**|263;2 307 **5**|56;3 **7**|92क 123ख
थाहा **3**|1;3 **7**|91;3 103;2
थिति **2**|227;2 282;3
थिर **1**|82;2 192छ3 **2**|266;2 302;3 **4**|14;1
थिराना **1**|36;5
थीरा **7**|90;4
थैली **1**|276;2
थोरें **2**|198;3
थोर **1**|14ख 321 **2**|2;3 223;1 233
थोरा **1**|25;2 249;4 297;4 **2**|101;2 185;1 229;4 266;4 283;4 **5**|54;4 **6**|36;6 49;3 **7**|19;1 104;3
थोरि **1**|234 333 **2**|116;1 **6**|8 **7**|102;1
थोरिउ **2**|12;1
थोरिहिं **2**|42;3
थोरी **1**|16;1 43;1 257;4 315;4 325;1 325;3 337;4 352;4 **2**|145;2 197;3 227;1 **3**|11;1 29;12 **4**|16;5 **6**|2;4 53;2 **7**|55;4 70;1
थोरें **1**|169;1 275;4 342;2 **6**|57;4
थोरे **1**|12;3 231;4 326;2 360;1 **2**|274;4 294;1 **6**|9;5
थोरेहि **3**|15;1
थोरेहीं **7**|108घ
थोरेहूं **4**|14;3

द

दंड **1**|17;3 85छ 111 148;4 154;4 253 269;1 331;1 **2**|110 148 193;3 198 202;5 206;2 225;4 243;2 243;3 284;4 **3**|29;10 **5**|24;4 **6**|37;4 38;5 93 93;2 **7**|19;2 22 37 101;3 107;2 123;3

दंडक 1|24;4 48;4 3|13;8 5|42;3 6|120;1 7|66;1

दंडवत 1|145 207;1 308;1 308;2 2|87;1 88;2 102;1 106;4 111;3 125;1 134;3 193 216;1 249;2 313;3 323;3 3|3;3 12;3 41;5 5|46;1 7|19क 32 33;1 107ख

दंतकथा 6|111;8

दंपति 1|68;4 142;1 143 146;4 152;4 199 324छ3 324;4

दंपतिहि 1|68;1 2|290;1

दंभ 1|32क 2|130;1 326छ 3|16;6 38ख 46;3 7|40;4 71क 97;2 98;2 98;3 101क 105;4 121;18

दंभा 1|35;3

दंभिन्ह 4|15;3 7|97क

दंभिहि 7|105ख

दंस 4|17;4

दइअ 2|163;3

दइउ 2|280;3

दईं 1|102छ

दई 1|96छ 324छ4 325छ2 325छ3 2|75छ

दउ 2|7;4 27;2 32;3 67 146 162;1 199

दए 1|321छ 6|88;3 7|125;2

दखिन 2|142;4

दच्छ 1|60 60;3 60;4 62;1 63;1 63;2 64;3 65;2 83;1 98;3 7|13;2 46;3 49;4 56;1 56;2

दच्छकुमारि 1|62

दच्छकुमारी 1|48;3 55;4

दच्छसुतन्ह 1|79;1

दच्छसुता 1|52;3

दच्छहि 1|60;3

दच्छिन 3|31;2 4|23;1 5|11;3 6|12ख 13;1 7|0घ

दछिना 1|203;2

दधि 1|203 296;4 303;4 305;3 346;2 6|44 7|3;3

दधिमुख 5|54

दधीच 2|95;2

दधीचि 2|30;4 48;3

दन 6|83छ

दनुज 1|7घ 44;2 68 82 85;3 113;4 123;3 251;4 284;1 285;1 3|18 19;6 5|50;2 6|8;2 104छ 7|8;4 30;4 73;1 81;2

दनुजारी 1|136;2

दपटि 6|82;3

दपट्टहिं 6|88;5

दमंकहिं 6|87;2

दमंका 6|13;3

दम 1|37;7 44;1 2|325;2 326छ 3|36;1 46;2 6|80;3 7|38;4 49;1 95;3 102;5 117;8 126;3

दमक 4|14;1

दमकहिं 1|347;2

दमकेउ 1|261;3

दमन 3|6क

दमनीय 1|251

दमनू 2|9;3

दमसीला 7|22;3

दयँ 1|11;3 21;3 23;4 39;5 48क 49 51;2 52 53 53;1 53;3 56 56;3 57;1 57क 58;1 58;2 60;4 61;4 63 63;3 66 68;2 75 76;2 81;2 84;2 85;1 88 91;2 91;3 96;3 100;2 108;2 113;3 115 129;4 130 131;1 134;1 134;4 136;1 138;3 142 145 149;3 156;1 160;4 184;4 185;2 188;4 189 189;4 190;3 198;1 198;4 201;3 207;2 208;4 208;5 218;1 230;1 230;3 237;1 257;2 270 275 280;1 284 295;3 306;4 307;2 307;4 314 314;2 319 336;4 340 353 354;1

2|10;2 12;4 24;4 37;1 44 44;3 46 52;2 56;3 63;4 70;2 70;4 73;2 75 77;4 83;1 85;1 90;3 94;3 104;4 109;3 121;1 129;2 131;3 145 145;1 145;4 157;4 158;1 165 165;1 167;1 169 186;1 189;1 193 199;2 227;3 236 246 259;1 261;4 271;2 271;4 287;4 295;4 320;4 321;1 325 3|8;4 9;2 10 10;7 10;9 11;9 13;5 17;2 26;2 32छ4 36छ 39;4 4|2;4 4;1 9;2 12;5 19;1 23;6 29;2

5|5;1 6;2 8;4 12 13;1 15 15;5 17 20 31;1 33;2 37;3 46;1 47;1 47;4 48;4 49;2 51 53;4 6|2;2 8;3 16ख 32;5 36;4 36;7 39;2 56;3 59 62;2 64;2 72;3 77 88 99छ 99;7 107 109;3 113;8 121छ1 7|2क 2;5 5 5छ1 6क 7;4 19;1 19;3 39;2 42;1 45;1 47;4 48 48;2 51 58;3 59;1 63;2 69;1 73;4 104;1

105;4 106;8 111;4 112;8 117;4 117;5 122;2 123;4 125क 125;4

दय **1**|11;4 17 36;2 55;3 59;3 106;4 129;1 187;4 208;1 243;2 328;3 **2**|54;2 112;2 121;2 128;4 130;1 144;3 162 162;2 166;4 179;4 219;3 259 303 **3**|11;10 16 **4**|2 8 16;2 **5**|1;1 6;4 16;4 44;2 **6**|14;1 21;5 23छ 43;4 95;1 99 **7**|39;4 51;1 70;4 106;3 129;4

दयऊ **1**|124;1 190;2 **2**|174;4 **5**|27;1 **7**|109;5

दयनिकेत **1**|86

दया **1**|37;7 44;1 159;2 280;2 **2**|8;3 319;1 **3**|2;5 **4**|28;3 **5**|52;4 **6**|24;7 111;10 **7**|49;1 84ख 102;5 112;5 126;3

दयाकर **7**|18;1

दयानिधि **1**|28;2 **2**|163;4

दयालं **7**|108;4

दयाल **1**|0;2 111;2 211 **2**|219 304;2 **3**|2;6 **5**|27;2 **6**|110;2 111;6 113;5 **7**|3;4 13;1 105;3 106ख 106;4

दयेसा **7**|111;2

दर **1**|106;3 147;1 **6**|115;3 **7**|77;1

दरबार **1**|206 **2**|23 **6**|18

दरबारा **2**|76;3

दरस **1**|35;1 113;2 159;4 229;4 325;3 346;1 **2**|33;2 37;4 86 107;4 125 128;3 188;1 210;3 217;1 224 248 251;3 275;2 322 **3**|31;2 **4**|17;3 **6**|58;1 **7**|2;6 33;4 64;1

दरसथ **1**|332;2

दरसन **1**|48ख 164;4 307;3 343;2 343;3 **2**|170;1 260 **3**|36;5 **7**|5छ2 27;1 63क 69;4 114क

दरसनु **1**|48क 222 335;3 360;4 **2**|118;2 210;2 250;3 **3**|12;1 **6**|3;1 3;2

दरसी **2**|125;4

दरसु **1**|303;2 303;3 **2**|109;4 136;2 223 223;4 250;4 274;2 280;3 **5**|7;3 49;5 **6**|22;4

दरारा **6**|41;2

दरिद्र **1**|108;2 149;3 345 **6**|31;1 88;2 **7**|21;3 101;1 105;1 112;1 120;2 121;7

दरिद्रहि **2**|210;1

दर्पा **6**|67;3

दर्पित **6**|88छ 94छ

दर्भ **4**|26;5 **5**|51;4

दल **1**|178ख 228;1 **2**|23;3 228;3 235 278 279;4 320;3 **3**|20छ2 20छ4 32छ3 **5**|21;4 31 53 **6**|4;5 37;1 42;3 43;2 45 46;3 46;4 47 61;9 66;5 68;1 72;1 81 82 82छ 87छ 98;8 100छ 103छ1 114;3 **7**|3;3

दलइ **1**|24;3 **2**|230;3

दलकि **2**|27;2

दलन **1**|1;3 272 336 **2**|105;3 126छ 254;2 326;3 **6**|68;1

दलन्हि **1**|199;1

दलमलि **6**|45

दलमले **6**|95छ

दलहि **6**|67

दलि **1**|4;4 7;2 27; **2**|255;4

दलित **2**|163;3

दलु **1**|25;4 **2**|254;2 325;1

दले **1**|24;4

दव **2**|73;3 80;1 84;2 159;3 **7**|78ख

दवन **5**|60छ

दवारि **1**|32;4

दवारी **2**|46;4 159;1 182;3

दस **1**|4;5 145;1 170;3 176;1 251;1 289;4 333;4 342;1 348;1 **2**|24;1 120;2 190;3 206;1 **3**|20छ3 **4**|12;4 **5**|49ख **6**|5;5 15;2 21;4 34;4 50 73;2 81 83;3 92;3 92;4 94छ 97छ 98;5 102;5 **7**|19;4 23;5

दसउ **6**|34;1

दसकंठ **6**|10;1 20;1 23ख 23घ 56 77 93 97छ

दसकंध **6**|16क 33क 36

दसकंधर **3**|21ख 28;4 29;6 **5**|10 10;2 24;5 55;2 **6**|13;2 20;1 24;4 32;3 32;5 35ख 62 72;2 77;4 80ग 82;1 84छ 85;2 91;1 93;2 96;4 98;6 103;3 **7**|66;3

दसकंधरादि **7**|13;1

दसगात **2**|170;3

दसन **1**|156;4 199;4 **2**|20;1 25छ 163;3 **5**|35छ2 **6**|15;3 20;4 25;3 31;3 34;1 41;3 66;3 79छ 85छ 91छ **7**|77;2

दसनन्हि **5**|7;1 **6**|5;4

द

दसमुख **1**|179;2 181;1 182;6 **3**|24;3 25;1 **5**|9;4 20;3 **6**|14;2 30;1 56;2 83छ 93;1

दसमौलि **6**|23च

दसरत्थ **1**|295

दसरथ **1**|16;3 112;2 118 123;2 187;2 188;4 193;2 203;3 216;4 221;2 269;4 290;1 297 310;1 323;2 332;4 339;3 345;2 **2**|2;2 4;3 12;4 100छ 108;3 156;1 173;4 181;1 208;1 209;4 278;1 285;1 324;3 **3**|22;2 **4**|2;1 **6**|112;1 112;3 112;4 **7**|51;3 81;4

दसरथहि **1**|287;1 309;2

दसरथु **1**|304;1 307;4 315;2 319;3 320;1 325छ1 329 **2**|161 172;1

दससीस **3**|22;6 28;5 28;8 32छ2 **5**|39क **6**|21 23छ 26;2 38क 46;2 63;2 69 96 101;5 **7**|14;2

दससीसा **1**|49;2 177;2 183छ **3**|25;2 **5**|11;2 21;3 44;3 55;4 56;2 **6**|10;3 19;1 24;5 34;5 96;2 107;4

दसहूं **1**|91;4 **2**|84;2 **6**|46 82;4

दसहु **6**|93;1

दसहूँ **1**|28;1

दसा **1**|50;3 68;1 85;2 85;4 104;2 135;1 148;4 228 230 338;2 345;4 **2**|12;4 25;3 54 68;1 68;4 69;3 110 114;3 164;1 176छ 216;4 220;3 223;2 234;4 276छ 304;2 307;1 317;3 321;4 326;2 **3**|10;5 10;8 **5**|33;1 **6**|105;3 116क **7**|33;3 83;1 102;2

दसानन **1**|179;3 182;3 182;4 **3**|22;3 26;4 27;1 29;9 31 31;1 **5**|5;3 20 41;1 43;2 45;4 53;2 57;1 **6**|7;2 19;2 22;2 26;4 32ख 40;1 48;2 53;1 62;3 71;3 77;3 78;2 79;6 81 84 84;3 96;1 96छ 100;5 **7**|66;2

दसि **6**|31;3

दहँ **2**|159;1 **6**|87;2 96;3 101;8

दहइ **1**|280;1 **2**|126;2 212;1 **3**|44;3

दहई **2**|184;4 **6**|23;4

दहन **1**|0;2 32क 91;1 285;1 **3**|11;3 **6**|26;1 48ख 104छ **7**|30;4

दहहीं **1**|119;2 **2**|126;2 **7**|85;2

दहि **7**|67;3

दहिन **6**|11;3

दहिनि **2**|20;3

दहे **7**|13;1 14;2

दहेउ **3**|19छ **5**|33;3 54;4 **6**|23छ 37

दहेऊ **1**|63;3 **3**|19;7 **7**|106;3

दाइज **1**|101छ 101;4 326;1 333

दाऊ **2**|258;1

दागे **2**|184;1

दाड़िम **3**|30;6

दाढ़े **2**|80;1

दातन्ह **6**|53;3 81छ1

दाता **1**|7;6 17;3 27; 143;1 217;1 219;1 222;3 242;3 302;2 **2**|92;2 282;2 308;3 **5**|21;4 45;1 **7**|41;3 87;1 127;1

दातार **1**|303 **2**|3

दादु **7**|121;17

दादुर **1**|9;1 113;3 347;3 **2**|251 **4**|15;1 **7**|121;12

दान **1**|103;1 194;4 212;2 295;4 321;3 326छ1 339;3 345 351;4 352;2 **2**|8;2 80;2 204;2 **5**|9;2 45;1 **6**|26;3 38;5 80;4 102;5 117ख 120ख **7**|12;4 15;5 24;1 48 101ख 102;5 103ख 121ख

दानवँ **1**|178;3

दानव **1**|6;3

दाना **1**|155;3 **2**|129;4 133;2 157;4 170;4 **7**|95;3 96;4 126;3

दानि **1**|25 32;1 32;6 113 149 **2**|35;3 **3**|5;3

दानी **1**|15;2 **2**|44;4

दाप **6**|81 97छ **7**|35;1

दापा **1**|256;2 **6**|76;8

दापु **1**|283;3

दाबि **6**|65 71;4

दाम **1**|175 288;2 **3**|11;2 **5**|10;2 **7**|101;1 130क

दामिनि **1**|235;3 261;3 297;1 327;2 347;2 **2**|29;3 115;4 **3**|18छ **4**|14;1 **6**|69;3

दामिनीं **6**|87;2

दामिनी **3**|30;6 **6**|13;1 13;3 119;3

दायक **1**|18;5 25 70;4 197;3 **3**|26छ 42;1 **5**|60 **6**|113;1 **7**|35;2 41;4 74;3 92;2

दायकु **2**|0 15;1 214

दायनी **7**|52;3

दाया **1**|46;3 110;2 128;3 181;1 210;4 278;1 **3**|9;3 10;2 13;9 14;4 29;1 39;2 46;2 **4**|21;1 **5**|30;1 46;4 **6**|7;4 110;2 118;2 **7**|5;2 38;2 59;2 70;2 87;4 111;5

दार **7**|39

दारन **6**|111;1

दारय **7**|35;2

दारा **5**|48;2

दारिका **1**|326छ3

दारिद **1**|32;4 35;5 43;2 **2**|102;3 105;4 184;4 326छ

दारु **1**|10क **4**|11;4 **7**|71;3

दारुगत **1**|23;2

दारुन **1**|5;2 54;1 60;1 63;4 98छ 119;4 162;2 184 260;3 **2**|25;3 55;1 57;4 77;1 95;4 145;1 153;3 182 244;2 318;3 **3**|17;2 43 **5**|19;2 **6**|59;3 86;3 111;6 **7**|13;1 35;2 107क 109;2 130छ2

दारुनारि **1**|105;3

दारुनि **1**|258;1

दावन **1**|35;5

दावनी **7**|15;1

दावा **1**|260;3 **2**|102;3 239;2

दास **1**|24;3 101;4 132;4 145;3 271;1 279;3 311छ 326;2 339;1 **2**|80;3 91;2 156;3 214;3 **3**|6छ 11;13 32;5 36छ 43;4 **4**|4;1 10छ2 30छ **5**|60छ **6**|2 12क 71छ 86छ 113;8 **7**|2छ 2;8 13;3 16;4 46;2 69ख 74ख 79;2 83क 93ख

दासन्ह **1**|203;1 **3**|13;7 **5**|6;4

दासा **3**|17;7 **7**|86;4 94;1 117;6 120;8

दासिन्ह **2**|148;2

दासीं **1**|101;4 339;1 **2**|80;3 214;3 281;1

दासी **1**|108;1 110;1 184छ 193;1 259;3 326;2 **2**|67;3 91;2 118;2 156;3 **7**|71ख

दासु **2**|71

दाहँ **2**|212;1

दाह **2**|164;4 170;3 326छ

दाहक **2**|64;1

दाहा **1**|54;1 **6**|23;4 **7**|70;4

दाहि **7**|37

दाहिन **1**|303;2 **2**|14;2 20;4 123;3 223;3 280;3

दाहिनि **1**|303;3

दाहिनेहु **1**|4;1

दाहु **1**|161क **2**|49;1 57;4 94;3

दाहू **1**|71;3 249;3 **2**|13;1 24;4 55;1 77;1 95;4 104;1 145;1 153;3 225;1 244;2 314;1 **6**|100;3

दाहें **2**|205;3

दि **3**|11;4 **7**|34;4

दिअटि **7**|117ख

दिआ **2**|116;2 **7**|117ख 120;2

दिएँ **1**|326छ1 **2**|95;4 197;1 **5**|8 49ख

दिए **1**|62 96;1 295;4 320 321;2 321;4 331;3 339;1 345 **2**|8;2 25;3 107;1 125;2 143 170 170;4 204;2 214;4 281;2 310;1 **3**|3;4 6छ 34 38;1 **6**|117;3 **7**|50;2

दिखाई **6**|18;5

दिखाया **1**|239;3

दिखावइ **6**|51

दिखावहिं **7**|118;4

दिगंचल **1**|230;2

दिगंबर **1**|79;3

दिगपालन्ह **1**|182;4 **6**|28;3

दिगपाला **6**|8;2 15;3 25;2

दिगसिंधुर **6**|79;3

दिग्गज **1**|254;1 261छ **5**|35छ1 35;5 **6**|25;3 86छ 91छ 103;3

दिच्छा **6**|57;4

दिढ़ाई **7**|89;4

दितिसुत **6**|6;4

दिन **1**|2;6 6;3 15;2 34;3 48;3 61;3 74;3 108;4 155;3 169;4 172;4 180;3 190;3 197;1 200 205;1 237 276;2 291;4 312;2 330;1 332;1 332;2 343 357;4 **2**|7;3 7;4 15;1 17;3 19;2 20;3 21;2 32;2 54;4 62 81 104;2 105;1 138 155;4 157;4 201;1 209;2 212;1 221;1 247;4 248 252 273;1 278;3 312 313;1 325;1 **3**|6छ 8;2 17;1 28;4 39ख **4**|7;11 12 12;2 27;2 **5**|7;4 11;4 57 **6**|21;4 31क 72;1 **7**|0क 1;5 2;2 6छ 19;4 27;1 120;2

दिनकर **1**|32;5 187;1 331;4 **2**|15;2 34;3 39;3 54;4 92;1 138;2 226;1 263;2 285;3 **3**|11;7 **6**|32क 37;1 39;2 52;4 92छ 93;2 **7**|9;4 12छ2

दिनकरहि **6**|6;3

दिन दिन **1**|360;2 **2**|209;1 218 **3**|14;1

दिनन **1**|128;3

दिननायक **3**|29;1

दिनमनि **1**|196;1

दिनराऊ **1**|321;3

दिनहिं **1**|168

दिनहीं **6**|32;4

दिनहूं **2**|325;1

दिनु **1**|85;3 312;3 **2**|16;2 50छ 312;4 323 **3**|12;4 21;4 **5**|27;4 46;3 **6**|72;2 **7**|106;4

दिनेश **3**|4;4

दिनेस **7**|9क

दिनेसा **1**|116;3 164;1 **7**|31;1 73;2

दिनेसु **2**|274

दिनेसू **2**|305;4 326;3

दिब्य **1**|1;3 100;2 320 **2**|312;2 **3**|5;2 **6**|57 89;2 **7**|11क 12;1

दियउ **6**|17ख

दियो **1**|101छ 323छ2 **6**|104छ **7**|5छ2

दिवस **1**|58 171;3 195 197;1 210;4 263;3 309;4 332;3 359 **2**|62;1 66;2 84 140;2 150;3 188;4 290;3 322;3 **3**|12;1 **4**|6;4 15ख 22;4 **5**|10;5 11 16;2 27;3 30 **6**|15;2 31ख 35;2 45 **7**|13;2 15 26;4

दिवसु **1**|217 237;3 **2**|74;2 147;2 312

दिवाए **7**|14ख

दिवाकर **6**|15;1 42;1 115;2 **7**|4;1 14;3

दिसा **1**|86;4 **4**|15;1 **6**|11ख 15;2 **7**|23;5

दिसि **1**|5;1 16;2 28;1 28;2 37;6 87;2 91;4 135;1 148;2 178क 185;3 224;1 224;2 228;1 229 232;1 237;4 303;1 317छ 320;4 321छ 324छ1 324;2 348;1 **2**|84;2 86;1 133;1 142;4 159;1 226छ 267;2 314;2 326;2 **3**|10;6 28;3 31;2 40;3 **4**|4 21 24;3 **5**|3छ3 11;3 **6**|11;3 12;1 12ख 39;5 40;3 46 71छ 73;2 79 81;2 82छ 87;2 87;4 91;1 93;3 96;3 100छ 101;7 101;8 102;5 **7**|4;3 11ख 28 29;2 56;4 62;1 67;1 73;2

दिसिकुंजर **1**|333;4

दिसिकुंजरहु **1**|260;1

दिसित्राता **7**|81;1

दिसिनाथा **2**|173;4

दिसिप **5**|20;4 **6**|104;6

दिसिपति **1**|321;3

दिसिपाला **2**|134;1 254;3

दिसिराज **1**|92

दिसिहि **6**|119;1

दीख **1**|53;1 54;2 55;4 63;2 72 129;2 135;4 136;1 156;3 210;6 **2**|13;1 39 40;2 105;1 109;2 124;3 133;1 136;2 148;2 154;2 178;1 192;2 197;1 235;1 239;1 275;1 **3**|6छ **4**|24 **5**|5;4 **6**|19;2 69;1 **7**|81क 101;2

दीखा **2**|47;2

दीखि **1**|109;2 305;4 323;1 **2**|31;1 40;1 64;4 197;2 **5**|5;4 20;3

दीजहु **4**|30;5 **5**|52;4

दीजे **5**|27;1 34;4 57;4

दीजै **2**|77;2 **5**|22;5 **7**|35;1

दीन **1**|0;4 23;4 186छ4 209;3 **2**|21;2 35;1 40;1 44;4 70;2 80 86 104;2 146;1 226;3 301 314 **3**|1 6;3 8;3 **4**|4;2 **5**|6;4 8 27;2 31;2 46;1 52;3 **6**|64;3 110;2 111;4 111;6 113;5 114;5 115;4 116;2 118;4 **7**|1;7 14;6 18;1 51;2 83क 105;1 108ख 110ख 123क 130क

दीनजनं **7**|14;10

दीनता **1**|43;1 **2**|181 182 **3**|39;1 **7**|112;8

दीनदयाल **1**|16 167 **2**|102;4 313 **6**|7;1 111;10 113 **7**|36;3 83;2 108घ

दीनदयाला **1**|57;4 132;4 138;2 139;2 142;3 166 186छ1 192छ1 225;3 **2**|243;1 **3**|33;1 **4**|6;7 **5**|31;5 **6**|116;4

दीनदयालु **1**|59;3

दीनन्ह **7**|38;2

दीनबंधु **1**|15;2 211 **2**|66 72;3 314 **3**|10;2 27 46छ **4**|2 **7**|2;5 35;2

दीना **1**|115;2 **2**|33;1 94;3 144;2 146;3 **3**|5;4 8;2 30;3 36;3 **6**|61;5 **7**|18;3 21;3

दीन्ह **1**|7ख 19;4 101;4 123 124;1 124;3 127 133;4 135;4 151;1 158 159;1 190;2 193 194;4 196;4 201;4 204;2 209 217;4 298;2 326;4 333 334;1 352;4 **2**|13;4 19 20 49;1 50 53;3 55 59;3 73 75छ 78;4 88;4 91 94 97;1 102;3 111 118;4 119;3 122;2 125;4 146 149;4 177;1 180;3 181;1 184 206;3 214 222 229;1 247 257;3 269;2 321;4 **3**|9 11;14 27 29;13 **4**|11 11;2 27;1 27;2 **5**|2;2 12 27 **6**|12;5 24;7 31क 34;1 34;2 57;4 71 120ख **7**|32 50;3 113;8

दीन्हा **1**|30;2 59;2 60;2 65;1 66;3 89;1 96;4 97;1 107;2 124;4 137;3 143;1 153;4 174;3 177;3 183;1 187;2 188;1 190;1 200;4 203;1 209;3 211छ3 226;1 263;4 279;4 282;1 293;1 306;2 319;2 329;4 347;4 353;1 **2**|7;1 16;3 46;3 48;1 69;2 86;3 89;2 102;1 118;4 119;4 121;2 125;1 170;4 174;2 177;1 179;2 180;2 203;1 264;4 **3**|43;2 **4**|5;3 9;2 11;4 **5**|4;3 7;3 27;1 **6**|5;2 40;2 59;3 105;3 112;1 **7**|10;1 12;3 63;4 67;2 105;4 113;3

दीन्हि **1**|24 70 91;3 134;2 178;2 209;3 215;1 240;2 269;3 269;4 293 295 303;3 312;4 325;5 340;4 342 342;1 360;5 **2**|52;1 58;1 64;3 69 72;1 103;4 106 111;2 163;4 181;1 193;3 195;1 206;3 242;3 287;3 323;1 **3**|17 27;9 **4**|23;5 **5**|12 13;5 17;1 49ख **6**|75;6 83;4 104 114;2 121;5 **7**|70;2 109;2 114ख

दीन्हिउँ **2**|15;1

दीन्हिसि **2**|29;5 **3**|26;1

दीन्हीं **1**|182;1 285 331;2 353;3 **2**|252;2 316;2 **4**|29

दीन्ही **1**|91;3 102;1 182;2 209;4 226;3 230;1 237;2 272;4 290;2 325छ3 342;4 352;1 356;3 **2**|69;4 78;2 84;2 170;3 266;4 **3**|33;1 33;4 **4**|20;1 25;4 **5**|31;1 56;5 59;3 **6**|86;3 107;2 121;2 **7**|66;4

दीन्हें **1**|189;3 261छ **2**|167;3 214;3 216;2 **3**|38;5 **5**|36;5 54;2 **7**|103ख

दीन्हे **1**|65;4 99छ 100;1 154;4 179;4 196;4 232;4 238;2 283;2 328;4 331;1 340;1 351;2 **2**|43;3 80;2 99;3 107;1 109;3 256;4 272;4 292;4 **5**|54;2 **7**|8क 12;4 20;1 24;1

दीन्हेउ **1**|306;3 **2**|180;2 202 **4**|5;3 6;5 **5**|49क **6**|112;3

दीप **1**|154;4 251;4 263;3 289;2 292;2 350;2 **2**|59;3 90 285;3 **3**|46ख **7**|27छ 27;4 117क 118;1 118;7 118;8

दीपसिखा **1**|230;4

दीपा **2**|296;1 **7**|118;4

दीसा **1**|242;1 **2**|231;4

दुंदुभि **1**|327छ4 347;3 **4**|7;6 **6**|103छ1

दुंदुभीं **1**|89;3 248;3 285 306;1 317छ 347 **3**|38;4 **6**|71;5 77;2 103;4 **7**|12छ1 12;4

दुंदुभी **1**|191;4 230;1 263;1 326छ4

दुआर **6**|72;5 **7**|28;4

दुआरा **1**|194;2 **6**|39;1 49;4

दुआरें **2**|39;2 147;3

दुइ **1**|21;1 23;1 67;4 84छ 85छ 122;2 133 177;2 192छ2 201;4 229;1 268;4 301;3 303;4 305 311;2 **2**|22;3 26;1 27 28;2 31;3 35;3 40;4 133;4 144;3 199;2 226;1 248 248;2 280;4 **6**|37 44;2 45;4 71;3 103;2 **7**|25;3

दुइ दुइ **1**|199;4 **7**|25;4 77;2

दुऔ **4**|4;3

दुकूल **2**|65

दुकाल **6**|70;2 **7**|101;5 104ख

दुख **1**|1;4 2;3 5;2 6;3 7;2 24;3 35;5 43;2 59;1 63;4 68;1 73;1 76;1 118;1 142 155;1 164 167 170 189;2 206;2 260;3 274;4 308;2 **2**|12;2 16;1 23;3 33;1 40;3 42;3 45;1 48;2 55 66;3 67 67;2 68;3 71;2 78;2 80 92;2 96;1 99;1 102;3 105;4 130;2 134;2 143;3 144;2 146;3 150;3 150;4 163 164;4 165;4 184;4 212;1 218 219 223;1 225;1 239;2 240;1 249;3 251;4 255;4 256;3 262 275;2 282;2 307;2 314;1 326छ

3|5;5 5;9 41;3 44 45 **4**|6;7 7;1 7;9 17;2 26;6 **5**|1;1 10;3 13;3 14;5 15;3 32;1 35छ1 51;1 54;2 **6**|9;2 23;1 31क 40;5 55;3 59;3 75;4 99;4 99;5 105;2 105;3 111;10 113;6 **7**|2;6 6;1 13;1 13;2 15;3 21 35;2 38;1 41;3 43 62;3 64;2 74क 83;2 100क 109;4 112;1 114;1 120;5 121;14 121;2 121;7 121;8 125;4

दुखद **3**|43 **7**|78;1 93;3 121;18

दुखदाई **1**|170;3 238;1 **2**|12;4 **3**|24;4 **5**|36;5 **6**|119;6 **7**|39;1 44;1 121;16

दुखदाता 6|99;2

दुखप्रद 1|5;2

दुखरूप 7|73क

दुखरूपा 3|15;3

दुखहारी 1|140;4

दुखहू 2|153;4

दुखा 7|1;5

दुखारा 6|35;6

दुखारी 1|23;4 43;4 137;4 252;4 2|71;3 92;1 118;3 141;3 158;4 182;3 188;3 226;3 235;2 248;3 290;2 301 302;3 317;3 3|29;3 4|7;1 5|8;1 6|59;2 100;2 7|105;1 120;4

दुखारे 1|82;4 123;3 170;3 2|270;3 303;1

दुखित 1|60;1 76;1 96 160;4 247;3 2|109;4 130;4 146;1 159;2 177;4 204;1 244;3 248 6|61;2 73;3 86;3 7|105ख

दुखी 2|219 291;2 3|7;4 5|8 14;5 6|23;1 60;1 7|14;6 21;3 56;3 101;5 102;1

दुखु 1|46;4 49;4 54;2 60;1 61;4 62;2 63;3 91;1 96;3 97छ 108;2 280;2 2|19 20 21 22;1 25;3 32;2 40;2 42;3 45;4 62;2 63;4 64;4 71;1 76;2 81;4 85;1 88 91 126;2 153;4 176;3 201;1 211;2 212;4 244;2 246;3 247;2 309;4 313;4 318;3 319;1 6|110;4

दु:खौघ 7|108;8

दुगुन 5|2;4

दुघरी 2|272;3

दुचित 2|302;4

दुति 1|106;4 208;1 235;3 297;1 316;1 2|116;4 7|27;4 76;3

दुतिकारी 1|147;2

दुतिहीना 2|199;3

दुनी 7|101;5

दुबिद 6|43;1 50;1 98;2

दुबिध 2|302;3

दुभाषी 1|21;4

दुरंत 7|91ख

दुरइँ 2|193;1

दुरइ 2|264;1

दुरत 1|157;2 325;3 3|27;7

दुरतिक्रम 7|94;4

दुरबासा 2|218;3 265;2 3|33;4

दुरलभ 3|36;4

दुरहिं 1|347;2

दुराइ 2|85

दुराईं 2|311;3

दुराई 1|68;3 3|19;3

दुराउ 1|149 2|15

दुराऊ 1|53;3 56;1 168;2 216;2 2|47;4 3|42;2 5|52;1

दुराएँ 1|161;1 2|193;1 264;1

दुराए 2|120;3

दुराएहु 1|127;4

दुराधरष 1|86;2 7|91ख

दुराराध्य 1|70;2

दुराव 1|45 3|13;1

दुरावउँ 1|162;2 7|74;2

दुरावहिं 1|110;1

दुरावा 1|2;3 3|10;9 4|7;2

दुरासा 1|24;3

दुरि 6|76;6

दुरित 1|43;2

दुरे 1|84छ 239;2

दुरेउ 1|156;3

दुरेऊ 6|93;2

दुर्ग 5|3;5 33;3 6|39;5 42;1 45;4 49 64;1 7|91ख

दुर्गम 1|38;4 86;2 178;3 7|121;16

दुर्गा 7|91;4

दुर्घट 6|49;5

दुर्जन 4|17;2

दुर्बचन 1|138;2 6|90;5 91;1

दुर्बलता 7|122;5

दुर्बा 7|3;3

दुर्बाद 5|20 6|108

दुर्बादा 6|33;3 49;3 51;3 74;2

दुर्बासना **3**|44;2

दुर्बासा **3**|2;2

दुर्मद **6**|64;1 82;2

दुर्मुख **6**|62;6

दुर्लभ **1**|67;3 159;4 163;1 168;1 **2**|41;4 84;4 **3**|27;9 31;5 **6**|104 **7**|13;3 15;2 25;2 43;4 44;4 54;3 54;4 84;1 109;8 110;2 114ख 114;2 114;5 115;5 119;2 121;2 123;3 126

दुलह **1**|92;4

दुलहिनि **1**|92;3 135;2 289;2 304;1 325छ4 325;5 350ख 350;2

दुलहिनिन्ह **1**|326छ4 348;4

दुलार **2**|300;3 **5**|40

दुलारइ **1**|198;4

दुलारा **2**|261;1

दुलारीं **1**|354;2

दुलारे **2**|200;1

दुष्ट **2**|59 **3**|15;3 17;2 28;6 29;6 **5**|44;2 46;4 **6**|113;2 113;5 **7**|46;4 121;10

दुष्टता **7**|121;17

दुसरें **6**|43;4

दुसह **1**|42;2 59 74 274;4 280;2 308;2 **2**|12;4 20 45;1 49;1 51;1 57;4 71;2 78;2 84;2 134;2 164;4 182;3 247;2 251;4 262 262;1 **4**|1;5 **5**|12;1 **6**|99;4 **7**|6;1 109;4

दुस्तर **5**|50;3 **6**|115;3 **7**|91ख 118क

दुहि **2**|168;1 **3**|17;8 **7**|117;7

दुहूं **1**|7ख 39 209;1 286;3 308;3 317;4 323;4 327;4 357;1 **2**|117;2 242;1 314;3 **4**|26;2 **6**|11;3 87;4

दुहु **1**|237;2 317छ 320;4 **2**|245;1 280 280;1 281;3 290;4 301 309;3 315;2 320;2 320;3 **3**|43;5 **6**|32;2 79 81;2 114;3

दुहूँ **2**|55;1 190;3 318;3

दुहू **1**|23;1 **2**|314;2

दूखा **7**|2;3

दूजा **1**|102;2 186छ3 207;2 321;1 352;3 **2**|61;3 129;2 **3**|12;6 **6**|2;3 80;5 **7**|45;4 57;3 103;2 105;2 130;3

दूजी **2**|16;1 107;4 222;3

दूजें **1**|27; **2**|3;3

दूत **1**|287;1 290;1 291;2 291;4 293 293;3 **2**|157;1 270;2 **3**|37ख **4**|19;2 20;5 29;2 **5**|1;5 13;5 20;2 21 26;4 36;2 36;4 43;1 51;4 52;1 53;1 54;2 56;4 **6**|2;3 17;2 19;2 20;1 21;3 22;1 22;3 35;4 36;2 37;1 56 56;1 107;3

दूतन्ह **1**|293;4 294 **2**|270;3 272;1 **3**|19;4 19;7

दूतहि **6**|57;2

दूता **4**|19;3 28;4 **5**|4;4 24;4 **6**|30;4

दूतिन्ह **5**|36;2

दूतु **2**|31;4

दूध **2**|19;4 **3**|17;8 **7**|106;3

दूधमुख **1**|277;1

दून **5**|2;5

दूनउ **1**|122;3 198;2

दूना **2**|21;2 209;1 **4**|3;4 **5**|14;5

दूब **1**|296;4 346;2

दूबरि **2**|325;1

दूरि **1**|34;1 77 138;1 157;3 222 245 340;3 **2**|90;1 193;3 243;3 244;2 314;4 **3**|27;6 29;2 **4**|25;1 **5**|40;2 **7**|14;2 29;1 46;4 79;4

दूरिहि **5**|45;1 **6**|107;3

दूरी **1**|118;1 **3**|27;7 **4**|15;2 **7**|56;4 62;3 74;4 111;7

दूलह **1**|326छ4

दूलहु **1**|94;1 289;3 318छ 321छ 324छ3

दूषक **7**|101;5

दूषणापहं **3**|4;5

दूषन **1**|8;5 14घ 80;2 81;1 97छ 110;3 174 175;1 **2**|41;3 164;4 181;4 186;3 202;2 223;1 298 326छ **3**|18;1 19;1 19;7 20छ2 22;6 23;1 25 **5**|21;5 **6**|90;3 111;4 **7**|35;5 51;3 66;2 113;1

दूषनहि **6**|36

दूषनारि **6**|113;2

दूषनु **2**|49;1 223;3 273;1

दूषहिं **7**|100;2

दूषा **2**|209;3

दूसर **1**|55;2 70;3 122;4 301;4 **2**|7;4 29;1 32;2 43;1 50;2 75;2 95;3 150 188;4 299;4 322;2 **6**|84छ **7**|87;2 108ख

दूसरि **2**|50छ 130;3 **3**|35;4 **7**|86;4 99क

दृग **1**|1 2;1

दृढ़ाइ **2**|28;4 **4**|4

दृढ़ाई **1**|57;2 **2**|84;4 **3**|39;1 **5**|56;3

दृढ़ावा **6**|39;2 76;7

दृढ़ाहीं **3**|16;4

दृढ़ **1**|178क 188 196;2 **2**|201 **3**|10;3 10;4 16;5 23;3 36;1 36;4 46क **4**|10 **5**|48 **6**|80क 80;3 86;4 112;3 **7**|1;8 15;4 16 44;4 45;1 53 53;2 61 117ख 129

दृढ़ब्रत **2**|82;1

दृष्टि **1**|1;3 **4**|28

देंखु **6**|120;4

दे **5**|2;3 **6**|111;11 113छ 113;8

देइ **1**|2;7 7;1 133;1 155;3 178;1 182;4 208क 240;1 258;2 275;2 278;4 319;4 329 334;2 **2**|9;2 10;2 13;3 14;1 15;4 51;1 75छ 77;4 102 175;2 186;3 207;2 228;4 255;3 269;3 319;2 **3**|5;1 8;4 34;3 **4**|4 6;4 8;4 **5**|1;4 2 2;3 46;4 52 **6**|9;5 105 **7**|37;4 47;2 108ख 117;7 129;2

देइअ **2**|45 93;1 172;1 244 293;2 300 313

देइहहु **2**|179;1

देइहि **1**|12;4 **2**|19;3 63;3 **6**|3;2

देई **1**|247;2 303;1 327;3 **2**|23;2 30;4 35;2 38;3 79;1 98;2 160;4 252;3 273;1 307;4 **7**|88;3

देउँ **1**|101छ 208;2 276;2 **2**|15;2 27;2 31;4 33;4 34;4 60;3 97;4 177;4 181;2 199;3 **3**|11;12 31;5 **4**|27 **6**|57;4 107छ **7**|2;6 84;1 112;7

देउ **1**|102;2 220;4 **2**|1 18;4 24;3 167 267;4 300;4 313;4 314;2

देऊँ **2**|190;1 230;2

देऊ **2**|168;4

देख **1**|172;3 201;2 222;1 261;4 277;4 **2**|131;4 **3**|15;4 **6**|13;2

देखइ **1**|184;3 **3**|5;7 36;2

देखई **2**|25छ **6**|46

देखउँ **1**|166 279 **2**|20;3 153;1 **3**|25;4 **4**|28 **5**|21;1 25;1 **6**|57;3 67 **7**|75;2 75;4 79;4 81;4 82;2 124;2

देखत **1**|1 85छ 93 95छ 100;3 133 134 134;4 159;2 183;2 199;3 204;4 206;2 207;3 211छ1 223;2 256;4 269;1 280;4 325;2 348;3 **2**|14;2 106;2 113 115;3 122 124;3 143 164;1 176छ 204;3 214;3 215;1 223 226छ **3**|22;3 37;2 38;6 40;2 **4**|2;3 **6**|13क 26;2 30;4 34ख 36;3 56;2 66;5 81;1 104;1 **7**|2;1 13क 13;3 29;4 32;2 56;3 80ख 81ख 82;3

देखन **1**|61 95;2 215;2 218;3 220;1 221 228;4 229;1 229;3 234 240;2 335;1 345;2 **2**|108;3 121;3 147;3 151छ 160;3 249;3 **6**|4;2 108;5 115 **7**|11ग 32;1

देखनिहारे **1**|256;1 325;3 **2**|127;1

देखब **1**|206;4 310;3 **2**|145;4 180;1

देखराइ **2**|81

देखराई **4**|19;4

देखराए **4**|7;6

देखरायो **6**|74;4

देखरावा **1**|201 **2**|133;3

देखहिं **1**|85छ 115;2 146;3 224;4 241;3 246;4 301;2 321;4 **2**|109;4 115;2 120;4 134;4 157;3 **3**|20छ4 **4**|8;4 25;3 **6**|32क 53;4 73;3 101;4 109छ1 **7**|8ख 28;3 40;2 112ख 118;6

देखहीं **1**|319छ

देखहु **1**|53;3 57ख 78;4 266 **2**|14;2 25;2 120;2 254;4 **3**|37;5 **4**|16;1 **5**|22;4 **6**|11ख 40;1 77 89 **7**|114ख

देखा **1**|49;4 50;1 54;3 55;2 60;3 62 76;2 79;1 88 93;3 96;2 113;2 118;4 134;4 141;2 158;1 162;3 179;3 199;2 199;6 201;3 201;4 202;1 202;2 241;4 244;4 272;1 326;3 **2**|39;3 226;2 298;4 310;3 **3**|1;3 2;5 26;3 27;2 28;4 30;9 36;2 **4**|4;3 6;5 22;1 24;3 **5**|2;1 5;4 19;2 20;1 29;4 43;1 46;1 **6**|11ख 14;1 24;8 50;4 57;1 58 58;4 76;1 85;3 89;1 95;1 102;1 **7**|17;2 57;5 73;3 79;2 80क 82;4 99;3 100;1

देखाइ **1**|158 218 218;3 **2**|48;1 49;1 94;4 **3**|29क **4**|18 28;5 **6**|107;2

देखाई **1**|14;1 104;4 130 209;3 230;3 244;3 303;3 **2**|104;2 164;2 **3**|28;6 39;1 **6**|61;9 120;3

देखाउ **1**|270;2 **6**|90;5

देखाउब **2**|136;4

देखाऊ **2**|82;4 150;1 198;3

देखाए **1**|293;1 **2**|132;1 **6**|119ख

देखायउँ **6**|72;4

देखाव **1**|273;1

देखावइ **7**|72ख

देखावत **1**|225;4 **7**|4;1

देखावसि **6**|49;2

देखावहिं **1**|205;1 224;4 225;2 316;3 **5**|10 **7**|77;5 99ख

देखावहु **1**|276;3

देखावा **1**|303;3 **2**|48;1 89;3 225;3 **3**|10;9 28;7 **4**|24;4 **5**|2;5 9;2

देखावौं **2**|127

देखि **1**|8;7 28;2 49;3 55;3 74;4 81;4 86;2 86;4 87;1 87;2 90 92;3 94छ 95;2 96 104;2 108 114;3 123;3 125;1 125;3 126;3 131;1 132;4 135;1 145;1 149;1 150;1 156 157;1 157;4 158;4 161ख 164;2 170;3 172;1 177;1 179;2 181;1 181;3 184;2 195;2 195;4 196;1 201;4 202;3 205;4 207;3 214;3 215;4 217;1 218 219;1 222;1 225;3 228;2 230;3 232;2 233 234;1 234;2 237;4 244;2 245;1 248 248;2 250;1 252;4 260 262;1 264 266;1 268;1 268;2 269;4 273;2 276 277;3 282;1 287 293;1 293;3 302;1 305;4 306;3 308;2 308;4 309;1 311;2 312;1 313 313;3 314;2 314;4 315;4 318 320;2 322;3 323;2 324छ3 325छ1 330;2 333;4 336;1 345;1 348;4 349;2 349;4 352;1 353;4 354;3 355;2 356;4 357;4 359;1 360;1 360;2

2|1;4 12;1 12;3 13;2 16;4 21 25;3 30;1 37 38;2 38;3 39;2 39;4 45;4 46;4 54;3 58;1 58;4 60;2 68;1 73;3 82;2 83;4 94;2 99 105;4 106;1 110;1 112;2 114 114;2 114;4 116;2 120;3 122;1 123;4 124;2 125;1 126;1 127;4 134;3 135 138;2 142;4 148 159;3 164;1 165;2 181 188;2 191;4 193 193;3 195;2 196;2 199 203;4 215;3 215;4 216;4 217;4 220;3 221 223;2 224;3 225;4 226;1 232 234;4 236;2 237;2 238;3 243;2 248 248;3 257;1 262;1 270;2 270;3 271 275;3 276छ 281 281;1 281;3 294;1 297;1 299;2 301 301;4 304;2 307;1 312;4 317;3 326;2

3|3;3 3;4 7 7;4 8;2 9;3 10;10 10;5 10;7 10;8 12;2 17;10 17;2 18;4 18;7 19;5 20छ4 21;3 26छ 29;6 30;3 34;2 34;3 37ख 37;3 38;1 41;1 **4**|1;1 4;1 5;3 6;2 6;5 7;7 9;1 11;2 13 13;2 17;4 19 19;4 27;1 28;3 30;6

5|3 3;4 5 8 8;4 12;6 14;4 17 17;4 18;3 18;4 20;4 25;4 27;4 29 34;4 46;4 47;3 60;4 **6**|2;1 4;1 13ख 14;2 18;3 32;4 35;1 44;2 45 46 46;1 46;3 51;1 51;2 51;4 52;3 55;3 61;2 64;2 64;3 68;4 69;2 75;4 76;5 76;7 80;1 82 83 84;3 85छ 86 87 87;1 89छ 91छ 93;1 93छ 93;2 94;1 94;2 95 95छ 97;1 97छ 97;4 98;1 98;4 98;6 98;8 99छ 100 101ख 101छ1 103;4 103;5 104;2 109ख 109;3 112 113;6 114क 116;3 118;1 118;5 119;1

7|1ख 3ख 3ग 4क 8;3 9;5 11ख 11;4 12;4 17;4 19;3 20;3 26;2 27;1 29छ 32 33;3 42;3 50;2 56;5 63;1 63;3 64;1 69;1 77ख 82क 83;1 83क 85;3 88;4 105ख 105;3 108क 110ख 121;17 124ख 128;1

देखिअ **1**|23;2 89;1 144;2 210;5 240;1 289;3 292;2 **2**|92;4 93;1 265;4 **3**|35;3 37;4 **4**|21 **5**|19;1 **6**|4;4 12;4 62;4 **7**|41

देखिअत **4**|15;5 **5**|12;4 **6**|81;4

देखिअति **1**|327छ3

देखिअहिं **1**|21;2 229;3 **2**|237;1 **6**|50;3 **7**|41

देखिअहु **6**|49;3

देखिए **3**|39क

देखि देखि **1**|224 257 **2**|76 279;4 **7**|48;2

देखिन्ह **6**|41;2

देखिबे **1**|300

देखिहउँ **2**|53 68;4 **3**|26;4 **5**|42;3 42;4 **7**|19;4

देखिहहिं **2**|120;4

देखिहि **1**|95छ **2**|145;4

देखीं **1**|54 **2**|226;3 **6**|105;2

देखी **1**|50;3 78;1 115;1 134;2 136;4 139;1 161;3 202;2 210;6 212;3 215;4 218;1 228 240;4 241;2 261;1 261;2 264;2 291;1 303;4 307;3 309;2 310;3 314;4 317;4 349;2 **2**|15;3 18;3 34 42;3 73;3 85;1 87;1 115;1 129;2 130;4 138;1 183;2 212;4 244;3 259;1 260;3 286;1 286;2 287;1 292;3 294;3 308;2 312;2 313;3 **3**|9;2 19;2 30;1 30;5 41;1 41;3 **4**|5;2 17;2 26;6 27;3 **5**|1;2 3;3 3;5 8;2 13;1

29;2 35;1 **6**|11;1 19;4 22;3 35;7 36;7 67;4 89;3 89;4 120;3 **7**|39;2 83;4 91;1 109;2 113;2 117;4

देखु **1**|280;3 **2**|33;2 42;2 266;2 **3**|37;2 **4**|1;2 13 **5**|23;2 **6**|13;1 29 119;5 120;4 120;5 121ख **7**|120ख 123;4

देखू **2**|26;4

देखें **1**|21;3 232;3 249;1 357;4 **2**|67;2 88;3 178;2 182 **6**|52;3 97;3 **7**|105क

देखे **1**|54;4 55;1 82;4 241;4 242;3 248;4 270;1 315;2 320;3 **2**|80;1 120;4 123 135;2 199;2 206;2 223;2 224;4 239;2 271;1 312 **3**|19;2 **5**|5;3 45;1 51 **6**|82;4 96 96;2 **7**|3;4 5;1 38;1

देखेउँ **1**|159;3 211छ3 **2**|262;4 300;2 **3**|17;5 **5**|4;4 32;4 47 **6**|24;4 **7**|2;7 58;4 80क 80;2 81क 81;3 82;3 89;1 96;5

देखेउ **1**|56;2 63;2 98;4 227;2 242;4

देखेन्हि **1**|193;4

देखेसि **2**|142;3 **6**|76;6 81

देखेहु **6**|72;4

देखैं **3**|10;7

देखै **2**|313

देखौं **1**|206;4 **2**|32 **6**|63;4 108;1 116ख **7**|110;7 111;5

देत **1**|118;1 149;2 170 208;3 227 264;4 270;3 274;4 275;4 284;4 320;4 323छ2 343 348 349 349;4 352 352;2 360;4 **2**|122 176 207;2 296 **3**|26;3 28;5 29;9 **4**|7;3 10;2 **6**|76;1 **7**|44;3

देता **1**|295;4 335;4 **2**|136;4

देति **2**|22;2

देन **1**|99;4 293;4 **2**|8;3 9;1 10;1 27 30;3 40;4 49;2 54;4 55 180;3 **5**|57;4 **7**|84;2

देना **2**|30;3 **7**|39;4

देनी **1**|2;5 **2**|106;3 137;4 205;3 306;2 **7**|121;5

देब **2**|19 104;3 118;2 145 146;2 187;2 251;1 269 323;2

देबा **2**|102;4 146;3

देबि **1**|150;2 236;1 257;1 **2**|16;4 64;3 103;4 118;1 282;1 282;3 283 284;4 285;1 285;4 289;3 295;1 295;2

देबी **1**|294;2

देवँ **2**|269;2 294;3

देव **1**|6;3 **7**घ 44;2 55;2 68 82;3 82;4 85;3 99 99;3 170;3 182ख 183;2 183;4 187;4 188;1 210;3 251;4 264 272;1 282;4 284;1 293;3 306;1 313 314 317;4 320;2 320;4 321;4 323छ2 326छ1 327छ4 351;1 353;4 **2**|11;3 12;1 12;2 57;1 88;3 113;3 134;1 134;2 138 254;2 266;2 267;2 268;4 273;4 295;1 300 307 307;4 309;1 319;1 **3**|4;5 6;4 7;3 8;3 12;4 27;2 28;3 33 36;6 41;2 **4**|1;5 21;1 **5**|39;2 49;3 **6**|8;2 71;1 75;2 86;4 103;6 110;1 110;2 111;9 113;2 **7**|2;2 13;6 68;1 81;2 87;3 97;1 99;2 101ख 110;1

देवक **3**|10;1 **6**|63;3

देवगन **1**|317;4

देवतन्ह **1**|182;4 **6**|86;3

देवतन्हि **6**|97;3

देवतरु **1**|32;6 **2**|267;4

देवता **1**|276;4 **2**|199 213;4 **6**|110;6

देवधुनि **1**|40;2 **2**|250;4

देवन्ह **1**|88;2 89;3 182;3 187 285 315;2 **2**|133;3 **4**|12 **5**|2;1 **6**|73;7 89;1 95छ 110;2 **7**|11;1 29;2

देवन्हि **6**|77;2

देवपति **2**|266;2

देवबधू **1**|262;2

देवमायाँ **2**|85;3

देवमाया **2**|302

देवर **2**|99;1 103 103;2 117;3

देवरिषि **1**|68;2 68;4 125;1 125;4 330 **6**|71;5 74;5 **7**|59 59;2

देवसरि **2**|87;1 101;3 283;1 322;2

देवहित **1**|83;4

देवहूति **1**|142;3

देवा **1**|34;4 54;4 107;4 169;1 184;1 191;4 255;2 257;4 349;3 **2**|106;3 150;2 265;4 301;2 **3**|14;4 16;5 **4**|13;2 **7**|19;4 45;4 94;4

देवाइ **1**|294

देवाई **2**|19;1 96;3 152;4

देस **1**|153 158;1 183छ 183;3 185;3 290 **2**|45;3 105;2 257;4 272;2 314 **3**|21;3 **6**|70;2 105;4 **7**|127;3

देसा **1**|2;6 **7**|4;1

देसु **2**|122;3 304;3 315;4

देसू **1**|153;1 **2**|26;1 49;4 235;3

देह **1**|0;4 13;2 50 59;4 64;4 74;2 78; 122;3 152;1 162 188;2 207;3 208;2 210 232;3 **2**|24 65;4 70;3 127;3 152 176छ 178;3 208;4 216;2 242;3 325;1 **3**|27;1 31;4 32;1 36छ 45 **4**|11;1 23;3 **5**|3छ2 12;1 21;4 22;2 26;1 31;4 48;4 51 **6**|62;4 **7**|16;3 39 65 83;1 94;2 110;2 114;8

देहउँ **1**|54;1 136;2 **2**|146;4 **6**|78;3

देहजनित **4**|28;3

देहरीं **1**|21 **7**|27छ

देहा **1**|80;3 83;1 137;3 **3**|23;3 27;8 29;7 **5**|16;4 45;4

देहिं **1**|7;5 196 262;3 265;1 265;3 268;1 295;2 323 323छ1 329;3 351 351;4 358;1 **2**|47;1 48;2 51;2 86;2 108;4 117 119;1 129;4 157;4 196;3 202;2 212 245;1 250;2 263;4 312;4 **3**|7;2 46;3 **5**|25;4 55;3 **6**|5;4 18;5 42;3 45;1 45;3 81;4 121क **7**|7;1 9;3 23 118;6 120;6

देहि **1**|99छ 249;2 **2**|53;4 164;2 **3**|4;11 **5**|12;2 12;6 **6**|1 29;5 **7**|35;3

देहीं **1**|5;2 7;2 61;3 175;1 219;4 256;2 325;1 325;4 334;2 351;2 353;3 **2**|49;1 114;3 134;4 156;4 168;1 202;2 250;2 308;4 **3**|37;4 **5**|35;3 **6**|2;1 112;4 117;4 **7**|44;1 121;6

देही **1**|64;3 84;1 134;4 310;1 **3**|29;10 **7**|44;3 96;2 121;5

देहु **1**|3ख 14;4 76 101 132;3 150 189;4 207 207;5 240;4 330;4 **2**|8;3 22;3 27 29;1 30;2 33;3 44 50;1 107;4 127 127;2 132;4 165;4 177;3 183;4 273;4 292 **3**|11;13 11;14 13;2 13;7 19;3 42;1 **4**|10छ2 11;5 **5**|24 34;1 39;3 40 41 49;4 **6**|37 49;1 113 116;3 **7**|10;3 14क 34 35;1 49 63क 84ख 108ख

देहू **1**|72;1 146;2 332;4 336;3 **2**|2;4 3;4 28;2 30;3 49;3 108;2 177;4 178;4 296;3 **6**|58;2 **7**|84;4

देहेसु **4**|28;5

दै **2**|276छ **6**|66 82;1

दैअँ **2**|20 51;2 69;2

दैअहिं **2**|119;1

दैउ **1**|69;1 **2**|18;4 21;1 246;3 262

दैव **5**|51;1 51;2 **6**|60;2 61;5 99;4

दैवहि **1**|175;1

दैविक **7**|21;1

दैहउँ **6**|61;8 **7**|107;2

दैहिक **7**|21;1

दोइ **1**|3क

दोउ **1**|20 49;4 135 135;4 165;3 178;2 198;3 206;4 208ख 208;5 209;2 215;2 215;4 216 216;1 217;1 218 219 219;1 220;2 221 223 224 224;1 225 225;1 226;2 226;3 227;1 228;4 232 233;1 234;2 237;1 237;3 239;5 240;3 241;4 242;3 244 244;2 246;2 248;4 262;1 266;3 269;3 285;3 290 291 291;1 291;2 298;1 300 301;4 307;2 307;4 308;2 309 310 310;4 311 320;1 324छ3 359;2

2|23;3 25छ 29;4 31;4 34;2 52;1 55;3 76 76;4 81 82 82;1 83;1 87;1 94;4 112;1 112;2 114;2 116;4 123 129 130 132 135;2 137;2 150 150;4 157;2 163;4 164;2 167;1 171;2 187 188;4 221;2 221;3 225;3 228;3 230;2 238;1 241;1 243;2 245;2 252;3 256;2 268 276;4 277 311;1 312;3 318;4 319;3 326;2 **3**|25;4 34;4 **4**|2;1 **6**|1;3 87छ **7**|5 25;4 55;3

दोऊ **1**|20;1 25;1 122;2 134;1 139;3 145;1 195;1 196;2 208;5 221;2 243;1 244;3 266;2 293;3 **2**|111;1 207;1 271;3 287;1 **3**|15;2 23;3 37;1 **4**|1;5 8;3 **5**|40;2 **6**|23;2 109;2 **7**|116;2

दोए **1**|308;4 **2**|198;1

दोचु **2**|234;1

दोनउ **7**|26;2

दोना **1**|233;4 **2**|89;4 135;1

दोष **1**|1;4 2;1 4;2 4;6 6;1 6;2 6;5 7;1 7;2 9;5 14घ 24;3 29ग 35;5 66 69;2 73;1 130 153;4 162;2 275;3 336 **2**|60 102;3 177;4 209;3 232;3 251;4 276छ 299;2 **3**|4;2 **6**|23घ 111;6 **7**|41 57;1 73;2 104क 114;1

दोषउ **1**|69;2

दोषमय **1**|6

दोषा **1**|4;4 43;2

दोषु **1**|69;3 69;4 238;2 **2**|19;2 28;2 35 119;1 244 314;4

दोषू **1**|281;3 **2**|71;3 175;1 207;4 219;2 307;2

दोस 7|43

दोसक **2**|261;3

दोसा **2**|131;2 **3**|29;2

दोसु **1**|97;4 275;2 281 **2**|48;2 69;3 122;1 165;4 179 201;4 206 220;1 228;4 263;4 267;2 282;2

दोसू **1**|272;2 **2**|93;1 172;1

दोहा **1**|37;3

दोहाईं **2**|298;2

दोहाई **1**|153 **2**|104;3 186;2 230;4 250;2 259;2 301;1 **4**|3;2 **5**|11;3 16;2 **6**|41;4 44;1 46;2 75;7 79;7

द्रब्य **1**|288;3 297;3 323छ1 **7**|10ख

द्रव **3**|17;3

द्रवइ **7**|125;4

द्रवउँ **3**|16;1

द्रवउ **1**|0;2 112;2 186छ4

द्रवहिं **2**|220;4 281;3 **7**|90क 125;4

द्रुम **1**|65

द्रोहँ **7**|106;2

द्रोह **3**|2 **4**|17;4 **5**|39;4 **6**|78 110;2 **7**|40;3 40;4 100;1 105क 106;4 109;7

द्रोहा **2**|130;1

द्रोहिहि **7**|128;3

द्रोही **1**|238;1 272;3 **2**|164;3 205;1 **3**|2;3 33;4 **4**|17;3 **5**|48;1 **6**|2 2;4 27;1 **7**|39

द्वंद **6**|103छ1 113छ **7**|13;4 34;4

द्वंदजुद्ध **6**|89

द्वंद्वघनं **7**|14;10

द्वंद्वहर **3**|32छ3

द्वादस **1**|143

द्वापर **1**|27; **7**|40 102ख 103;2 104;2

द्वार **1**|21 214;1 290;1 295;4 358;3 358;4 **2**|9;1 37 80;1 147;3 **4**|6;2 **6**|43;2 77;1 **7**|27छ 118;6

द्वारपाल **1**|122;2

द्वारा **2**|37;3 **6**|78;2 **7**|43;4

द्वारें **1**|301;2

द्वारे **1**|344;2 **7**|9;1

द्वारेहिं **2**|159;2

द्विज **1**|123;1 166;3 168 173;4 183;3 186छ1 210;3 276;4 283;1 **2**|129;2 **4**|17;4 26 **5**|39;2 48 **7**|10;2 10;3 26;1 38;3 43;1 45;4 86;3 98;1 101;4 105क 105;3 107ख 109;3 109;6 110ग 110;2 112;2 121;12 126;3 127;3 127;4 128;3 128;4

द्विजन **1**|193;4

द्विजन्ह **7**|5;3 12;1 12;2 15;5 24;1 99;1 99ख

द्विजबर **7**|105;4 108क

द्विजभोजन **1**|181;4

द्विजराजू **2**|294;2

द्विजश्रापा **1**|166;2

द्विजामिष **6**|45;2

द्विबिद **5**|54

द्वेष **5**|47;2 **7**|101क

द्वै **4**|6;7

द्वैत **7**|111ख

द्वैतबुद्धि **7**|111ख

द्वौ **3**|3;2 3;3 12;2 12;5 18;5 19;3 22;4 33;2 **4**|6;1 7;14 13;3 28;1 **5**|29;4 45;1 60;1 **6**|5;1 33;1 44;1 45;4 46;3 50;1 54;1 55;2 72;1 79;6 94छ 98;5 103;3 116;4 119;6

ध

धंधक **1**|12;2

धकधकी **2**|241;4

धन **1**|4;3 32;1 32;6 198;1 208;2 262 306;3 309;1 **2**|144;4 170 305 **3**|17;8 21;4 35;3 **4**|14;3 **7**|97;2 99;4 127;4

धनद **1**|213;2 **2**|52;3 **7**|92;4

धनदु **1**|306;3 **2**|324;3

धनधारी **1**|182;5

धनवंत **7**|87;1 101;1 101;4

धनवाना **7**|92;4

धनवानू **2**|172;3

धनहीं **2**|191;2

धनहीन **7**|102;1

धनहीना **3**|5;4 **4**|16;4

धनिक **1**|213;2

धनी **1**|4;3 51छ 153;3 **2**|126छ 301छ **3**|20छ4 26;2 32;5 **6**|48;1 71छ 83छ 89छ **7**|5छ1

धनु **1**|18;5 84छ 97;2 221;3 223;3 239;3 250 251 253 256;2 257;1 258;2 259;4 260;1 261;3 261;4 263;3 268;4 271 271;4 272;1 273;4 282;1 284;4 286;3 286;4 291;3 292;3 293;1 357;2 **2**|30;4 35;4 65;2 88;3 92;4 99;1 115;4 130;3 131;3 131;4 151;2 208;1 229;4 239;3 239;4 240;4 324;3 **3**|18;6 24;4 30;6 **5**|48;2 48;4 **6**|23छ 69;3 82 82छ 92;5 93छ 98;5 101;1 **7**|5;1 12छ1 47;2

धनुपानी **1**|105;2 **4**|7;11 **7**|97;4

धनुमख **1**|224;1

धनुष **1**|84;2 204;4 225;3 239;2 244;1 245;2 262;4 270;2 272;1 282;4 **2**|133;1 190 **3**|1;4 19छ 20छ4 **4**|18;4 19 **6**|36;6 68;1 70;4

धनुषजग्य **1**|210;5 231;1

धनुषबिद्या **2**|41;2

धनुषमख **1**|240;2

धनुषु **1**|245;3 257;1 266;2

धनुहीं **1**|271;4

धनुही **1**|271

धनेसा **1**|4;3

धन्य **1**|104;2 112;3 207;2 291 352;3 **2**|46;1 113;1 120;4 122;3 136;1 136;2 138 185;2 194;1 205 210;3 210;4 223;2 284;3 309;1 **3**|7 26 46छ **4**|4;3 27;4 **6**|11क 24;1 64;4 76 **7**|1;6 4;4 12छ2 20;3 33;4 52;5 55;4 95;1 119ख 123क 127 127;3 127;4

धन्या **2**|138;2

धन्वी **3**|22;3 **6**|26;3 50;1

धरं **3**|4;3 **6**|111;7

धर **1**|17 20;4 233 **2**|119 **3**|11 18;3 20छ5 20छ1 26 **5**|42;4 **6**|40 42 49;5 71;2 71;3 103;2

धरइ **1**|73;2 231;3 355;3 **5**|21;4

धरई **2**|194;4 **4**|7;3 **6**|72;2 **7**|57;3

धरउँ **5**|48;4 **7**|109ग

धरऊँ **7**|110;1

धरकी **2**|241;4

धरत **1**|167;4 282;2 298;3 **2**|233;1 **5**|21;3

धरति **2**|123;3

धरन **6**|98;4 **7**|77;5 92;4

धरना **7**|79;3

धरनि **1**|18;3 109 167;4 184 260;1 **2**|34 65;2 88;3 92;4 153;3 170 233;1 250;4 305 **3**|27;7 **6**|27;2 32;2 34;5 41 65;4 71;3 76;3 83;4 84छ 103;2 103;3 104;1 **7**|83;1

धरनितल **2**|110 142;4

धरनिसुताँ **2**|286

धरनिहि **1**|187;5

धरनीं **5**|4;2 **7**|101ख

धरनी **1**|121;4 175;3 186छ1 298;3 344;4 355;3 **2**|35;4 58;3 117;2 289;1 **3**|22;2 29;11 **4**|1 16;4 **5**|59;1 **6**|2;2 25;4 47;4 82छ 104;3 113;3 **7**|23;3 35;3 125;3

धरनीधरं **3**|32छ3

धरनीधर **2**|306;1

धरम **1**|32;1 32;2 37;5 44 84;1 84;4 121;3 142;1 143;3 153;2 154 155;3 156;1 174;1 181;1 188;4 218;4 294;4 334;3 359;3 **2**|30 48;2 50;2 53;3 55;2 57;1 61 72;1 72;4 78;1 85;2 95;1 95;2 156;3 162;3 186;3 204 213;2 228;2 233;1 243;1 254;1 257;4 259;1 269;2 278;2 288;2 288;4 291 291;4 292 293;4 296;2 297;4 304;3 304;4 305 306;1 310;3 311;1 323;4 324;1 325;1 **5**|46;3 **6**|109;1 109;2 **7**|20 31;4 86;3

धरमक **2**|55;4

धरमबुकि **2**|251;3

धरमब्रतु **2**|171;3

धरममय **2**|171;2

धरमरुचि **1**|154;1 155;2 176;2

धरमवज **1**|12;2

धरमसील **1**|155;1 213;3 245;4 294;2 **2**|179;1

धरमहि **4**|15;2

धरमा **1**|2;6 **3**|36;1

धरमादिक **1**|309;1

धरमु **1**|77;1 293;4 **2**|55;2 55;3 61;3 95;2 95;3 131;3 168;1 172;2 177;2 186;4 203;4 207;2 216;3 291;1 293 315;2

धरमू **2**|204;4 253;3 305;2

धरषि **6**|35क

धरहिं **1**|49 114;4 117;1 118 183;2 250 **2**|141;3 150;4 **5**|10 **6**|41;4 81;3 96;2 **7**|73;1 107;3 114;6

धरहि **1**|184

धरहीं **1**|69;3 122;1 167;4 250;4 **2**|3;3 129;1 191;3 192;1 285;2 **7**|73;5 75;1

धरहु **1**|75;1 137;3 189;2 260;1 273;4 335;4 **2**|20;2 40 143;1 150;4 169 176;3 **3**|18 18;5 19छ **4**|29;1 **5**|40;1 51;3 **6**|32ख 33;1 101;8

धरहू **1**|109;1 137;1 **2**|35;4 165;3 308;3 **5**|23;1 36;3 **6**|1;4 14;4

धरा **1**|84छ 184;2 **3**|19छ **6**|24;8 70;4 75;1 100छ

धराई **1**|91;2 **2**|18;3

धरासुर **6**|86छ

धरि **1**|13;2 18;3 34 34;1 34;2 43ख 50 52 56;2 64;4 68;2 68;4 71;4 74;1 75 77;1 81;1 95;3 109 121;4 122;4 135;2 137 137;3 138;4 149;1 152;1 152;4 160;1 169 169;3 183छ 184;4 187 190;2 210 215 215;1 216;1 226;4 234;1 234;4 241 251;4 257 259;2 260;1 266;2 268 284;2 287;3 290;3 308;1 314 323 325;2 337;3 339;4 345;2 353;2 **2**|3;2 6 14;4 24 29;4 30 33 39;2 40;2 41;2 44;1 47;3 54;3 55;4 64;2 69;4 70 79;1 81;4 88;2 93 102;4 111 111;2 126छ 135;3 143;1 150;2 151;3 153;1 154;2 155;1 160 160;3 161;3 163;4 174;1 174;3 176 176;1 176;3 177;1 188;4 195;3 202;1 213;2 214;1 216;2 238;2 242;2 242;4 244;4 246;4 269 271;4 272;2 283 284;4 291;3 292;3 293;1 297;1 307;4 313;3 316;2 318 318;4 319;2 **3**|1;3 2;1 10 17;4 18;5 24;2 28;7 29;10 31;1 32;1 **4**|1;2 1;3 2;4 13;2 23;6 25 29;2 **5**|1;2 6;3 9;3 14 17 18 26 45;3 60;2 **6**|9;2 17क 18;1 32ख 40;3 41छ 47;4 55;4 57 60;2 62;4 67;1 74क 75;6 76;6 81छ2 85छ 103;4 104;4 109;1 109छ2 110;4 121;1 **7**|1क 5;1 5छ1 17क 20;3 41;2 51 57 72ख 75;4 121;12 121;6

धरिअ **1**|51;3 197;2 **2**|154;4 276 **5**|4

धरिहउँ **1**|187;1

धरिहहिं **1**|139;3

धरिही **4**|28;4 **5**|57;3

धरी **1**|85 124;2 162 188;2 211छ4 **2**|31;1 **5**|4;1 14;2 **6**|100;3 110;4

धरु **1**|21 **3**|20छ1 35;4 **5**|15 15;5 16;2 **6**|53;3 68;4 73;2 81छ2 101;3 **7**|86;1

धरें **1**|18;5 93छ 107;1 141;2 143;2 241;3 291;3 300;2 310;1 315;3 **2**|41;2 99;1 111;1 131;4 197;1 208;4 239 321 **3**|26 **5**|26;2 47;1 51 **6**|101;1 **7**|32;3 39 40;4 98क

धरे **1**|198;1 320छ 324;3 **2**|151;2 **3**|36छ **4**|23;3 **6**|32क 111;1 **7**|5;2 8;1 9;1

धरेउँ **7**|109च

धरेउ **1**|35;6 120;4 123;1 142;3 211छ4 275;1 **2**|74;1 95;2 286 **5**|5;2 **7**|72क

धरेऊ **1**|236;3 **2**|47;1 **7**|83;2

धरेन्हि **6**|76;2

धरेसि **6**|98;5

धरेहु **2**|17;2 127;3 **4**|12;5

धरै **1**|203;4 **7**|117ख 130छ2

धरौं **1**|253 258;3 **5**|3

धर्म **1**|77;3 106;1 116;4 183छ 183;3 184;2 184;3 207 **2**|248 **3**|0 5;4 5;5 5;7 5;9 6ख 6छ 6;2 11;8 16;1 16;4 34;2 35;3 44;3 45;5 **4**|9;3 15;5 **5**|37 39;2 **6**|17;2 22;2 22;3 22;4 24;1 37;4 38;5 **7**|5;3 20;1 21;2 24;1 38;3 41;1 48 49;1 54;1 90;2 97क 98;1 99;4 101ख 101;3 102;1 102;4 103ख 104;1 104;2 104;3 104;4 112;5 117;5 121ख 121;11 124;3 126;3 127;1 127;3

धर्ममय **6**|80;6 **7**|117;7

धर्मरत **7**|21;4 87;2

धर्मसील **7**|54;1 54;3

धर्मसीलता **6**|22;3 22;4

धर्मसीलन्ह **3**|39ख

धर्महीन **6**|38क

धर्मा **3**|21;4 **7**|49;1 87;2 104;2

धवल **1**|213 224;3 **2**|119;4 204;3 287;1 **7**|27;4

धवलिहउँ **2**|190;3

धसइ **6**|71;3 103;2

धाइ **2**|38;2 121;4 145 206;3 221 243;2 **3**|29ख **4**|29 **5**|3;4 **6**|24;8 **7**|5;2

धाईं **1**|85;1 193;1 194;2 **6**|104;1 **7**|3;2

धाई **1**|11;2 209;3 246;3 **2**|109;4 146;2 159;2 164;1 237;1 **3**|43;3 **5**|26;1 **6**|44;1 67;4 **7**|6;5 88;4

धाए **1**|175;2 220;1 298;2 335;1 **2**|70;1 110;1 157;2 **3**|3;3 12;5 18;2 19क 19छ 27;5 **4**|19;4 **5**|20;3 24;3 42;4 52;2 **6**|5;2 19;2 32;4 39;3 40;5 46;2 47;1 47;3 49;5 53;1 53;2 59;1 65;2 66 69;4 74ख 76;3 79छ 79;7 84;4 85;2 86;2 89;3 91;1 93छ 95 97;2 98;1 100छ 100;6 101;7 107;2 108;5 109;3 **7**|3;2 11;2 67;1 79;3

धाता **7**|106;2

धान **1**|263;2 **7**|101ख

धाम **1**|0;3 32;1 80 107 110 153;2 191 197 213 216 220 220;1 224;3 **2**|36;2 49 119;4 124;1 170 221 305 **3**|7;4 **3**|22;4 30 38क 41;2 **4**|11;1 **5**|46 **6**|11क 71 103 104छ 111;6 113;1 113छ 114;5 116घ 119क 121छ1 **7**|12ख 27;4 43;4 47;2 51 84ख 101;1 130छ2

धाम: **3**|11;8

धामदा **1**|35;2 **7**|4;4

धामहि **1**|351;3 **7**|30;1

धामा **1**|13;2 188;1 198;3 **3**|8;1 10;10 31;5 **6**|15;1 17;3 45;1 **7**|6;4 72;2

धामु **1**|97;2 **2**|35;4 65;2 88;3 92;4

धामू **1**|117;4

धायउँ **7**|82;2

धायउ **6**|51;1 82;1 83 92;5 93;1 95;1 98;6 121;5

धायल **6**|97;3

धायो **6**|74;3 94छ 94;2 97;4

धार **1**|41;2 95;4 **2**|31;1 132;3 **4**|6;4

धारा **1**|2;4 25;3 40;2 **2**|34;2 69;4 136;1 250;4 276;2 **3**|18;1 34;3 **5**|10;3 57;6 **6**|1;2 26;2 79;1 **7**|119;1

धारि **2**|317;2 **3**|43 **5**|50 **6**|113;2

धारिअ **1**|313;4 **2**|88;4 245;4 248;4 284 291;3 319;2

धारिनि **1**|98;2

धारी **1**|24;1 51;1 94;3 110;2 221;1 248;2 282;1 294;4 **2**|72;1 247;2 324;2 **3**|19;1 **5**|54;3 **6**|13;3 53;2 67;4 69;1 70;5 92;4 95;1 98;7

धारे **1**|354;1 358;4 **2**|44;1 76;4 251;1

धारेउ **2**|160;1

धाव **6**|71;3 103;2

धावइ **1**|183छ

धावत **3**|18 20छ6 26 **6**|58;4 **7**|6छ

धावन **2**|157 157;2 **6**|23;5 **7**|10ख

धावहिं **1**|206;2 **2**|86;1 **6**|39;4 40;5 41;3 50;3 53;4 68;4 73;3 93;4 96;3 101;3 **7**|3;4 77;5

धावहीं **3**|20छ2 **5**|35छ1 **6**|88छ 92;;1018

धावहु **2**|157;1 **6**|1;5 33;1

धावा **1**|179;4 182;5 203;4 210;2 **3**|2;1 10;2 27;6 29;5 29;8 29;9 **4**|6;2 7;14 11;1 **5**|10;4 19;2 **6**|43;3 70 70;4 70;5 71;2 76;2 76;5 90;1 100;5

धावौं **1**|253;4

धिग **2**|86;3 144;2 155;3 164;4 201;2 201;3 **3**|18;1 **6**|33क 84;2 100;4 111;9

धींग **1**|12;2

धीर **1**|51छ 68;4 75;1 85 145;2 180;3 182;1 184 189;2 192छ3 201;3 210 215 234;4 257 260;1 273 274;4 277;2 290;3 314 **2**|30 40;2 42;4 55;4 63;2 72;1 78;1 81;4 82;1 141;4 143;1 150;2 150;4 154;2 160;3 176 243;1 247;2 271;4 283 284;4 291 291;3 293;1 304;3 313;3 317;3 317;4 319;2 **3**|10 22;3 38;1 38;6 45;5 **5**|14 15 15;5 45;3 **6**|18 50 95छ **7**|54 115क

धीरज **1**|84;4 211छ2 **2**|150;4 161;3 165;3 234;3 276;1 **3**|5;4 **6**|80;3

धीरजहू **2**|153;4

धीरजु **1**|95;3 102;3 149;1 234;1 259;2 337;3 338;1 **2**|20;2 35;4 39;2 44;1 46;4 54;3 62;4 64;2 69;4 74;1 118;4 141;3 143;1 153;4 154;4 155;1 169 176;1 176;3 195;3 201छ 242;4 272;2 276 276;4 286 292;3 297;1 317;3 **3**|28;7 **4**|2;4 **5**|27 **7**|67;2

धीरता **1**|338;3

धीरन्ह **3**|39;1

धीरा **1**|51;4 157;4 193;2 258;3 **2**|151;3 202;1 246;4 324;1 **3**|6;5 31;1 **4**|5;4 29;1 **5**|16;2 51;3 **6**|60;2 96;2 100;3 104;4 **7**|71;3 120;9

धुआँ **3**|21;3

धुजा **3**|38;1

धुनइ **2**|46;4

धुनहिं **2**|99

धुना **6**|56;2

धुनि **1**|11;4 37;4 199;2 226 230;1 261;4 262;4 297;3 299;2 301;1 302;4 313;2 319;2 324 324छ1 326छ4 329;3 344;1 347;3 348;1 **2**|30 34 37;3 76;3 144;4 185;1 194;1 210;4 265;3 284;3 **3**|40;5 **4**|15;1 **6**|41;1 52;1 68;4 73;2 91छ 93;4 101;3 103;5 **7**|43

धुनी **1**|323;3

धुनेउ **2**|73

धुनेऊ **6**|62;3

धुन्यो **6**|65;4

धुरंधर **1**|143;3 153;2 188;4 **2**|30 78;1 150;2 176 259;1 317;3 **3**|6;2 **7**|5;3 24;1

धुर **2**|72;1 233;1 243;1 247;2 317;4 324;1

धुरीन **2**|50;2 53;3 99;1 254;1 304;3

धुरीना **2**|57;1 304;4

धूति **2**|206

धूप **1**|195;3 347;1 350;2

धूम **1**|7;6 117;2 347;1 **2**|285;2 **6**|53 **7**|106;5

धूमउ **1**|10;5

धूमकेतु **1**|180 **7**|91ख

धूरि **1**|117;2 175 203;5 339;4 **2**|111;2 226छ 229 318 **3**|18;5 **5**|18 **6**|52;2 53 87;3

धूरी **1**|34;1 223;3 352;3 357;2 **4**|15;2

धूसर **1**|203;5

धृत **6**|113;1 115;1 **7**|14;3 30;2

धृति **7**|117;7

धेनु **1**|14च101;4 121;4 183;3 184;4 192 193 208;2 285;1 294;2 326;2 330;4 331;1 333;4 337;4 **2**|2;45;2 45;1

131;1 146;2 170;4 **5**|3छ3 39;2 **7**|6;5 6छ 117;5 23;3

धेनुधूरि **1**|312

धेनुमति **1**|143;3

धोइ **2**|100छ **7**|130छ2

धोएँ **7**|49;3

धोए **1**|43;4 328;2 328;3

धोख **2**|191

धोखें **2**|144

धोती **1**|327;2

धोरी **1**|12;2 **2**|234;3

धौं **1**|240;1 267;4 **2**|50छ **5**|21;1 **6**|18;5

ध्यान **1**|34 111 118 234;1 322छ **3**|10;9 32छ4 40;5 **4**|10छ1 **5**|30 47;4 **6**|11क 85;4 117क **7**|42 57;3

ध्याना **1**|56;2 61;2 82;2 114;4

ध्यानु **1**|27;

ध्याव **6**|113;7

ध्यावहिं **1**|186छ2

ध्यावहीं **1**|51छ **7**|13;6

ध्रुवँ **1**|26;3

ध्रुव **1**|84;2 142;2 **2**|325;3

ध्वज **1**|194;1 199;2 289;1 296;4 299;2 **2**|6 **6**|79;1 **7**|13;4

न

नंचहिं 6|88;4

नंचहीं 3|20छ1

नंदिगावँ 2|324;1

नंदिनि 1|39;7

नंदीमुख 1|193

न 1|3;3 3;4 3;6 5;1 6;1 7;2 7;3 8;3 8;4 8;6 9;2 9;3 9;4 10;2 10;4 11;1 11;3 12;4 12;5 13;1 13;3 14ख 14ङ 15;3 16;1 17;2 18 21;3 21;4 22;1 25;2 26;4 27; 29क 29;3 29;4 33 33;4 34;1 35;1 36;3 38 38;2 38;3 39;1 39;2 39;3 39;4 42;4 43;1 43;4 45 45;4 48ख 49;1 49;3 49;4 50 50;1 50;4 51 51;2 51;3 52;3 53;1 54;1 55;2 55;4 56 56;1 56;2 57;4 58 58;1 58;2 59;3 61;4 62 62;2 62;3 62;4 63 63;1 63;2 63;3 64;2 68 68;1 68;2 68;4 69;3 69;4 70;1 70;4 71;1 71;2 71;3 72;1 72;4 73;4 74;1 75;1 77;1 78;3 79;1 80;3 80;4 81;2 81;3 82;4 83 85 85;4 86 86छ 88;1 89 91;3 93;1 95;4 96छ 97;2 97;3 98;4 99छ 100छ 100;2 100;4 101;4 102;2 102;4 103 103;2 104;2 104;3 105;1 105;2 109;2 110;1 113 113;2 113;4 114 115;3 117 118;1 118;2 121;1 123;1 123;3 123;4 124क 125 126;4 127;1 128;4 131;2 131;4 132 133;1 133;3 133;4 134;1 134;3 134;4 135;1 136;1 136;3 137;1 137;2 138;1 138;4 139;2 139;4 140 140;2 140;3 141;3 142 145 148;3 151;2 156 156;1 157;3 158;2 158;4 159क 160;3 161क 161ख 162 163 163;2 164;1 165 165;2 165;3 165;4 166 166;4 167;2 167;3 168;3 169;2 170 170;4 172 172;2 173;1 173;4 174 174;2 174;3 174;4 176;4 177;2 178क 180;4 181;1 182क 182;5 183 183छ 183;4 184छ 184;3 184;4 186छ1 186छ3 188;1 189 191;1 192छ3 192छ4 193;4 194;1 195 195;1 195;4 197;1 200 201;3 202;1 202;3 202;4 203;4 205 206;3 207;4 209;4 211छ3 213;1 216;3 217;1 217;2 218;1 218;3 218;4 220;4 221;1 222;2 223;3 228;2 229;4 230;3 231;3 231;4 232;4 233;3 234 235 236 236;2 239;1 242;2 242;4 244;2 244;4 249;4 250 250;4 251 251;1 252 252;1 252;2 252;3 253 253;1 253;2 254;4 255;1 256;1 256;3 258;1 258;2 259;1 259;3 260;1 261;4 262;4 264;2 264;3 265;4 267;4 268 270 270;2 271 271;3 271;4 272;2 273;3 274 274;4 275 275;3 275;4 276;4 277;1 277;4 279;2 279;4 280;1 281;2 281;3 282;1 282;3 284 284;2 286;2 289;2 290;3 291 291;1 292;1 292;3 293;3 294;3 298;3 299;4 300;1 301;1 301;3 302 302;4 303;1 305;1 307;1 307;2 307;3 308;2 309;1 310;1 310;2 311;1 311छ 311;3 311;4 314;4 315;4 316;2 316;4 317;1 318 318;4 319 319;4 320छ 320;2 321 321;1 323;1 323छ2 323;2 325;1 325;3 325;4 326 326;1 326;2 326;3 327छ3 329;2 331;4 332;2 332;4 333 333;2 336;1 336;4 337;4 338;1 338;4 340 340;2 341;4 342;2 343;2 344;3 345;2 345;4 346;1 346;4 348;2 349;4 352;3 352;4 353 355;3 356;2 360;1 360;4 360;5 361;3

2|1;3 3;3 4 4;3 4;4 5;4 9 11;4 12;3 13;3 13;4 14;2 14;3 15;1 16;4 17 19;1 19;4 20 20;1 20;3 20;4 21 21;1 21;3 22;1 22;4 23;1 23;4 24;4 25;1 27 27;3 28;1 28;2 30;1 30;2 31 32;1 33 33;1 33;3 34;1 35 35;1 36 36;1 36;3 37 37;4 38 38;2 38;3 39;2 40;2 40;4 42;1 42;2 42;3 42;4 43;1 43;3 44;3 45;4 46 46;3 47 47;4 48 48;1 49;3 49;4 50 51;1 51;2 52;3 53;2 54;2 55 55;1 57;4 58;2 59;2 59;3 60;1 62;4 63 64;2 66 66;3 67 67;1 67;3 68;1 69;1 69;2 69;3 70;2 71 72;2 75;4 76;3 77;1 78 78;1 78;3 78;4 79;1 79;2 79;3 79;4 80 81;2 81;3 82;4 83;4 84;2 85;2 86;3 86;4 90;4 91;2 91;4 92 92;2 93;1 95;1 95;3 96;1 96;3 96;4 97 97;1 98;1 98;3 99;2 99;4 100छ 100;2 100;3 101;1 102;3 102;4 103;3 106;4 107 107;4 110 112;4 114;3 116;1 116;4 118;1 120;1 120;3 120;4 121;2 121;3 126;1 126;4 127 127;1 128;3 130;1 131 133;2 133;4 136;4 138;4 139 139;3 139;4 140 142 142;3 143;2 143;3 144;2 144;3 145;2 145;3 145;4 146 148;1 149;4 151 152;2 152;3 152;4 155;2 155;3 158 158;1 158;4 160;3 161 161;4 162;1 162;2 163;1 164;2 165 165;1 165;2 166;1 166;2 166;3 166;4 168;3 169;2 172;2 172;3 173;2 173;3 174;4 175;3 177;3 177;4 182 182;2 182;3 183 183;3 184;3 185 185;1 185;4 186;2 186;3 187;4

189;2 189;3 189;4 190;1 190;4 191 191;1 192;1 192;3 193 194;3 195 195;1 197;3 198;3 199 199;1 200;1 200;2 200;4 201;1 201छ 204 204;4 206;4 207;1 207;4 208;1 208;4 209;1 209;2 209;4 210;2 211;1 211;2 211;3 212;1 216 217;3 218 218;2 219;2 220;4 221;1 222;2 222;3 223;1 225 226;4 227;1 227;4 228 228;4 229;1 229;4 231 231;4 232;2 233;1 233;2 236;1 238;4 239;1 240;3 241;3 242;4 244 246;1 247;4 248 250;2 251;1 251;2 252 252;2 252;3 252;4 253;1 253;4 254;3 255;2 256;4 257;2 258;1 258;3 259;2 260 260;1 260;3 260;4 261;1 261;3 262;1 262;3 265;4 267;2 267;3 267;4 268;1 269;2 269;4 271;1 271;2 271;3 271;4 272;3 275;2 276छ 276;2 276;4 277;3 277;4 279;3 280 280;4 282 282;2 283;1 285;4 286 287;4 288;3 289 289;1 289;4 291;1 293;1 293;4 294;2 295;2 295;3 296 299;2 299;3 301;2 301;3 302;1 302;2 302;4 303;4 304;1 304;2 305;4 306;4 311 313;2 314;3 315;1 315;3 316;1 317;2 320;1 321;4 323;2 324 325 325;1 326छ

3|0 2;3 5;3 5;9 6ख 6;4 8;3 9;1 10;1 10;3 10;4 10;5 10;9 11;12 13;1 13;4 14;2 15 16;2 16;6 17;3 17;4 18;4 19;1 19छ 19;6 20छ4 21क 21;2 23;3 24;3 25;4 26 26;3 26;4 27;1 27;6 28 28;4 28;5 29;12 29;6 29;9 30;2 30;7 33;4 34;1 34;5 36;3 38;1 38;4 39क 41;4 42;2 43;2 45 45;2 46छ 46;3 46;4

4|0क ख 2;3 3 5;1 6 6;1 6;2 7;1 7;12 7;2 7;3 8;2 9 9;4 9;5 10 11;1 12;3 12;4 14;1 15;5 16;4 17;1 17;3 18;1 19;3 21;2 21;3 22;2 24;2 24;4 26;2 26;3 26;4 27;2 28 28;2 29

5|2;3 3;2 3;5 4 5 5;4 6;2 7;2 7;4 8;1 10;1 10;5 12;3 12;4 12;5 14;4 15;3 19 19;5 20;3 20;4 21;2 22;3 23;2 24;3 24;4 25;3 26;4 27;3 29;1 30;3 31;3 31;4 32;2 32;3 33;1 33;5 34;2 35छ2 36 36;2 36;5 38;4 39;4 40 40;2 41;2 43;3 44;2 44;3 46 46;3 47;1 47;3 47;4 49;2 51;1 52 52;3 53 53;2 54;3 55;2 55;3 56;1 56क 57 57;3 58 59;4

6|0क 2;3 2;4 3;5 4;1 4;4 5;1 6;5 7;1 8 9 9;1 9;2 10 10;3 13क 13;2 14;1 15ख 16ख 18;3 18;4 19;4 21 21;1 21;3 22;1 22;3 23क 23ख 23;5 24;2 24;3 24;4 24;6 25;3 25;4 27;1 28;1 29;3 29;5 30;1 30;4 31;1 31;3 31;4 32;5 33;2 33;4 34;1 34क 34ख 34;2 34;3 34;4 34;6 34;7 35;1 35;2 35;5 35;6 36;1 37;3 37;4 38;4 40;5 41;3 43;2 44;4 45;3 46 48;4 49छ 49;2 50;3 50;4 51;2 52;2 52;4 57;3 58;1 58;4 59 60;2 61;2 61;3 61;4 63;1 63;2 64 64;1 65;3 65;5 67;3 71 71;1 71छ 72;4 72;6 73;2 73;3 74;1 74;5 75;3 75;7 76;1 76;2 76;4 76;5 78;1 78छ 78;3 78;5 79छ 80;2 80;5 80;6 82;2 84;1 85;4 86;1 88;2 89;3 90छ 92छ 93;2 95;4 96;2 98;1 98;4 99;3 99;5 99;7 100;2 101ख 101छ2 102;1 104;3 104;4 104;5 104;7 106;2 107छ 109छ1 109;2 111;8 112;4 114;5 116ग 117क 118ग

7|1;7 2क 2छ 3;4 5छ2 6ख 6;4 11;3 12;1 12क 12ग 13;3 14;5 14;7 15 16;4 17;1 17;2 17;4 20 20;4 21;3 22;1 22;3 24 26;4 28छ 29;1 29;4 30;4 31;3 33;1 33;2 36 39;1 40;1 40;3 41 41;4 42 42;1 43;2 43;4 44 44;1 44;2 45 45;2 45;3 46;1 46;3 47;2 48 48;4 49;3 52;1 52क 52;2 53;3 57;1 59;1 59;4 61 62;1 62;4 62;5 70;1 70क 70ख 70;2 70;4 71;1 71ख 71;2 71;3 72;1 72ख 73;3 74क 74ख 74;3 76;2 78;1 78ख 78;4 79;1 79;2 79;3 80क 81क 82ख 82;3 83;1 84;2 85;1 85क 86 86;4 87;2 88;1 89;2 89;3 89;4 90;1 90क 90;3 90;4 91;1 91;2 92छ 93;3 94क 95;3 96;2 96;3 96;5 97;2 99क 99;3 99;4 100ख 100;5 101;1 101ख 101;4 101;5 102;1 102;2 102;3 103;2 103;3 104क 104;4 105;2 106ख 106;4 106;7 106;8 107;2 108ग 108;7 108;8 109घ 109;3 110;1 110;4 111;4 112;5 112;6 112;7 112;8 113ख 113;7 114;1 115क 116;1 116क 116;4 117;1 117;3 117;4 118क 118;5 118;7 118;8 119क 119;3 119;5 120;4 120;5 120;9 121;11 121;6 122;10 122क 122;2 122;3 122;8 122;9 122ग 124;2 124;4 125ख 125;2 125;3 125;4 127;3 128;2 128;3 130क 130छ1 130;3

नइ **2**|267;3 **7**|15;5

नईं **2**|202;4

नई **1**|324छ4 326छ3 **2**|75छ **7**|15;3 122;5

नए **1**|325छ1 **2**|176छ **7**|8;6 32;1 42;2

नकुल **1**|303;2

नक्र **6**|4;3

नख **1**|1;3 106;4 188;2 199;1 199;3 219 234;2 244;1 277;3 311;4 315 333;3 **2**|58;3 101;3 115;4 163;4 281;3 **5**|35;5 **6**|53;2 74ख 79छ **7**|13;4 76;3 77;1 98;4

नखत **1**|239;1 239;2 255;1 314;4 **2**|325;2

न

नखतु **1**|312;3

नखन **2**|123;3

नखन्हि **6**|98;3 100छ

नगन **1**|67 95छ **5**|11;2 11;3

नगर **1**|39 95;1 99;1 129 130;1 130;4 167;2 175;3 175;4 179;3 183;3 194 212;2 213;1 217;3 218;3 224;3 229;3 270;3 289 290;1 299 309;2 314;3 318;3 319;4 324छ1 326छ4 327छ4 332;2 335;1 348;2 **2**|1;3 23;4 24;4 27;1 46;3 49;1 82 113;1 145 147;2 147;4 158;2 158;4 187 187;4 196;3 197;3 202;1 236;1 278;1 322;4 **4**|11;1 16 19 **5**|3 3छ3 5;1 5;2 25;3 25;4 26;1 26;3 **6**|18;4 23;4 49;5 77;4 106;2 107;2 **7**|0ख 3;1 4;1 4क 8ख 9;2 25;2 29;4 30 65;3 68;3

नगरबासिन्ह **1**|200;4 7|8;3

नगरु **1**|159;4 218 220;1 287;2 **2**|13;1 65 84;1 122;3 158;3 186;1 **5**|26;3 **6**|9;2 23क 23;3 56;2 **7**|27;1

नघुषु **2**|228

नचाव **1**|316 7|70;4

नचावइ **1**|200;3 202;2

नचावत **1**|316;3 **4**|7;12 11;4

नचावनिहारे **2**|127;1

नचावहिं **1**|105;3 302 **6**|5;4

नचावा 7|59;3 60;2 72;1 89;2

नट **1**|214;1 302 319 348;1 **2**|299;4 **3**|39;2 **4**|7;12 **6**|73;6 **7**|72ख 99;1 104;4

नटत **1**|227;3

नटी 7|72;1

नटु **2**|241;2

नतरु **2**|70 71;3 75;1 96;4 268 269;1 305;3 317;1

नति **1**|28;5 **2**|95 303;2

नतोऽहं 7|108;2 108;8

नतोऽहमुर्विजा **3**|4;11 छ

नद **2**|62;4 138;3 276;1

नदिहि **2**|221;2

नदीं **1**|38;5 85;1 94;2 **2**|1;2 62;4 138;3 **3**|14;1 **4**|14;3

नदी **1**|35;1 39;7 41;1 **2**|65;4 87;3 132;3 133;2 **6**|26;3 7|15;4

नदीस **6**|5

ननिअउरें **2**|18;1

नपुंसक 7|87क

नफीरि **6**|41;2 79;5

नबीन **1**|298 7|50

नबीना **1**|126;2 **2**|234;2 7|99;3

नबीने **6**|92;6

नभ **1**|8;1 32;6 85;2 91;4 101;3 102छ 117;2 145;3 246;4 261;3 262;2 318;3 319;4 324छ1 326छ4 327छ4 348;2 **2**|209;1 226छ 243;4 284;3 303 **3**|7;3 17;8 18;5 20छ6 29;12 **4**|13;4 14;1 **5**|34;4 41;5 49;5 **6**|4 12;2 12;4 22ख 51;2 52;1 53;4 58;4 71;4 73;2 77;1 81;1 87;3 88;4 92;7 92छ 93;4 95;4 102छ 102;4 108;7 109छ1 117;3 119;4 7|8ख 12छ1 12;2 27;4 90;2 91;3 91;4 122;8

नभग 7|70;1

नभगामी 7|94;2

नभगिरा **1**|57;3 7|114;4

नभगेस 7|21

नभचर **1**|3;2

नभबानी **1**|174;3 **7**|107;1 108क 109;1

नभु **1**|347;1 **5**|3;1

नमत **1**|113;2 186छ4 **6**|104छ **7**|5;3 15;5 30;3

नमामहे 7|13;1 13;2 13;5

नमामि **3**|4;1 4;11 4;6 **6**|104छ 111;4 111;5 111;6 113छ 121छ1 **7**|14;9 124;4 130छ1

नमामी **1**|17;5 161;3 7|124;4

नमामीशमीशान 7|108;1

नमि **3**|40

नमितमुख **2**|58;1

नम्र 7|105;3

नय **2**|70;4 255;2 263;1 278;2 297;4 304;3 **5**|24;1 46;3 56;1

नयऊ **1**|103;3

नयन **1**|0;3 2;1 4;6 37;1 49;3 55;3 55;4 72;3 87;2 87;3 92;2 93;4 96;4 97छ 115;2 118;4 132;2 144;2 148;3 185 192छ1 202;3 209;1 211छ1 218 229;1 230;2 232;3 234;2

243;1 252;4 258;1 266 267 268;3 272;1 278 291;2 300 310;4 316;2 317;1 317;2 319;1 325;1 327;4 335;2 335;4 341 343;4 355;4 **2**|11;1 27;4 30 32 44;1 47;2 52;2 54;2 57;1 59;1 59;4 68;4 70;1 94;2 99;2 110 111;3 113;3 114;2 114;4 115 115;2 120 120;2 125;1 125;3 135;3 136;2 148;1 149;1 150;1 156;4 169;3 171;4 198;3 201;1 245;3 246;2 260;2 288;1 293;1 306 316;4 **3**|3;4 6छ 9;4 11;4 16;6 31;4 32;1 45;1 **4**|5;1 9;1 10छ1 21;2 25;3 26;4 **5**|4;4 8 14;1 14;3 14;4 31;4 45;3 47 **6**|7 14;1 14;4 15;1 19;3 21 22;2 22;3 35क 49;2 53;1 67;3 86;5 100;3 102;5 108;1 112;1 112;2 113;5 114क 116;4 118ग 120क **7**|0घ 1ख 2;5 5;4 7;2 12छ2 17ख 18क 30;2 33;3 73;2 80;1 83;4 88;3 93;1 106;6 120;7

नयननि **2**|117;4 209

नयनन्ह **1**|343;1

नयनन्हि **1**|88 104;1 113;2 **2**|238;2 **5**|31;3 42 **7**|91;1 111;5

नयनवंत **2**|139;1

नयना **1**|206;4 **3**|11;10 **5**|32;1 **7**|88;2

नयनानंद **5**|45;1

नयनी **2**|117;2

नयसीला **6**|106;1

नयो **6**|84छ 106छ

नर **1**|7घ 8;7 16;1 20;3 24;1 28;3 28;4 34;4 38;1 39;4 44;2 49;4 50 68 69 79;2 85;3 92;2 103छ 106;1 107;4 114 119;2 130;1 152;2 155;1 161ख 172;2 182ख 182;6 187;1 187;2 194 204 213;3 229;3 240 240;3 241;4 248;2 249;1 252;4 255;3 260;2 262;4 265;1 265;3 270;3 278;3 285 309 309;2 311;3 314;3 323;3 335;1 337 343;4 347;3 351;3

2|1;2 8 23 26;2 46;4 51;2 52 63;1 63;2 76;2 83;3 84;1 86 87 89;1 101;2 109;4 110;1 111;4 114;1 115;2 116;2 118;3 119;1 121;3 127;3 145 147;4 158;4 168;3 184;2 187;1 188;1 196;3 197;3 199;3 202;1 208;3 217;2 221 251छ 262;1 273;1 273;2 274;2 276छ 277;4 280;1 285;4 301 322;4

3|1;1 6ख 6छ 19;1 25;4 35;3 36छ 37;1 39;2 45;2 **4**|1;5 2;4 12;3 21;3 26;6 30क 30छ **5**|3छ2 13;6 20;2 37;5 38;4 39;1 43 48 48;1 50;1 60;3 **6**|0ग 2 2;4 3;1 8;2 8;5 9;4 9;5 11क 12;5 25 26;2 29;1 33क 37;3 45;3 61;9 66;2 71 78;1 106छ 113;4

7|0क 3;2 4;3 6;3 8ख 9ख 9;5 10;2 12छ2 13;1 13;2 14;5 15;1 15;2 21;1 21;2 21;4 22;4 23;5 25 26;4 28छ 29;2 30 30;1 39 41;1 41;2 44 44;1 44;3 44;4 45 46;2 47 48;4 54;1 55;5 58 62क 69;1 72क 78क 80;4 81;1 81;3 87;3 88क 94;4 96ख 97;4 98;1 98क 99;1 99क 99;2 100;1 100ख 100;5 101ख 102;2 103;1 103क 103;2 106;2 109ग 110;1 112;5 120;6 121क 121;5 121;6 122;2 126 127 129;3 130छ2

नरक **1**|6;5 31;5 69 **2**|45;1 64 71;3 184;4 252;4 290;4 **3**|5;8 **5**|38 46;4 **6**|2 **7**|99;4 107;3 121;12 121;13 121;5

नरकहूं **1**|29;1

नरका **7**|100;2

नरकु **2**|92;4 131;4

नरकेसरी **1**|27;

नरतनु **1**|51;1 120;4

नरदेहा **1**|124;2

नरनाथ **1**|286;4 351

नरनायकु **2**|42;3

नरनाहँ **2**|9;1

नरनाहाँ **2**|77;3

नरनाहा **1**|248;4 267;2 313;1 **5**|43;3 **7**|18;3

नरनाहु **2**|152;1

नरनाहू **1**|217;3 222;1 249;2 331;2 354;1 **2**|2;1 27;4 44;2 77;1 79;4 81;4 122;2 153;3 176;2 179;1

नरपति **2**|25;1 39

नरपाल **2**|291

नरपालहि **2**|271;2

नरपालू **2**|29;3

नरबर **1**|231;4 **2**|72;1

नरबेष **1**|152;1

नरभूप **1**|52

नरराज **2**|126छ

नररूप **1**|0;5 **3**|23;3 25;2

नरलीला **3**|24;1 **6**|66;1

न

नरसृष्टि 1|142;1

नरहरि 1|122;4 2|265;3

नरहरी 5|4;1 6|110;4

नराः 3|4;7

नरा 7|102;5 108;9 122ग

नराणां 7|108;7

नरादरेण 3|4;12

नरेस 1|167 168;3 216;4 290 338 2|3;4 34;3 61 126;2 175;1 276

नरेसा 1|164;1 165;2 171;2 2|95;2

नरेसु 1|154 301 2|1 25;3 40

नरेसू 1|153;1 157;3 2|26;1 146;4 149;3 235;3

नर्तक 7|22

नर्तकी 7|116;2

नर्मद 3|11;8

नल 4|22 5|54 60;1 6|1 1;3 2;1 3;4 23;3 43;1 50;1 65;5 73;4 75 96छ 98;2 98;3 106;1 118ख 7|8;1

नलिन 1|106 2|246;4 301छ 6|114क 7|20;3

नलिनी 5|9;4

नव 1|37;5 59;1 65 74;2 86;3 147;2 227;3 233;2 282;4 297;1 332;2 360;1 2|1;1 51 63;4 209;1 294;3 325;1 3|16;4 36;3 40;4 4|15;1 5|5 15;1 58 6|53;4 109छ2 7|3;3 5;4 12छ2 15;4 42;3 51;2 76;3 110क 114;2 129;4

नव ग्रह 7|27;3

नवधा 3|35;4

नवनि 3|24;4

नव निधि 2|135;1

नवनीत 7|125;4

नवनीता 7|117;8 125;4

नवम 3|36;3

नवल 1|248;1 316;2 5|28;3 7|13;5

नवसधत 1|322छ

नवहिं 1|85;1 182;7 2|129;2 3|40 4|14;2

नवहि 3|26;2

नवहीं 2|108;2

नवावहिं 7|33;2

नस 6|15;4

नसाइ 1|29ग 29;2

नसाइहि 6|60;3

नसाई 1|90;4 2|24;4 50;4 263;4

नसाऊ 2|45;1 79;2

नसाए 1|16;2

नसाना 7|41;2 93;4

नसानी 7|31;2

नसायो 6|110;4

नसावन 1|35;5 43;3 50;2 211छ1 5|39;4 7|92;1

नसावनि 1|16;1 6|120;5 7|35;1 64;2

नसावहिं 7|100;4

नसावा 1|73;1 2|163;3 7|71;1 106;5

नसावै 7|122;9

नसाहिं 1|35;3 4|15क

नसाहीं 1|315;1 2|249;2 7|90;1 121;10 122;4

नस्वर 6|77

नहाइ 1|39;4 354 358 2|106;3 108 124;2 221;2 253;4 272;3 279;3 290;2

नहाई 2|279;3 7|122;6

नहाए 1|45;2 212;2 227;1 2|109 132 204;2 233;2 247;4 277;3 322;3 7|11;4

नहात 2|208;3

नहान 2|273;2

नहाना 2|278;4

नहानीं 2|197

नहाने 1|143;3 239;4 2|204;2 226;4 277

नहारू 2|36;4

नहावा 2|94;2

नहाहीं 1|41;3 45;1 2|249;2

नहाहू 2|53;1

नहिं 1|3;1 3क 9;2 9;4 9;6 12;3 12;5 14;4 21;2 22;4 25;4 27; 28;2 29;1 30क 33;2 35;2 38 39;3 49;1 52;3 55;2 58;1 59;2 60;4 62;1 62;4 69;4 79 80;4 85;3 86;3 90;4 92;4 93छ 93;2 94;1 94;2 100छ 106;1 110;1 111;2 112;3 113;1 113;2 113;3 114;4 115;2 115;4 116;1 116;2 116;3 117;1 118;4

121;4 127 128;1 129;1 131;1 132;1 132;3 133;2 136;4 138;1 138;3 145;2 148;1 149;3 149;4 156;3 158;4 165;3 166;3 166;4 173 174 174;3 174;4 177;1 180;2 180;3 181;3 183छ 183;4 184;1 184;3 186छ4 194;4 196;1 196;2 199;6 203;3 204;1 206 207;2 208;1 208;3 208;5 211छ1 231;4 235;4 242;3 243;2 247;1 256;2 258;1 260;4 265 266;2 272;3 274;4 276;1 278;1 279;1 281 283;3 288;1 301;4 310;2 326छ3 328;2 329;1 356

2|11;1 12;1 18;2 18;3 19;2 28;3 29;3 37;4 38;4 43;2 45;1 46;4 48;1 48;2 50;3 54 56 59;3 61;3 62;1 63;1 63;3 68;1 68;2 82;1 84;3 85;3 85;4 86;1 88 93;1 99;1 99;2 99;3 99;4 100;4 102 102;1 105;3 129;2 130;1 142 144;1 144;3 148;1 159;1 161;1 162;1 168;3 171;1 172;4 173;3 174;3 175;1 179 181;4 183;1 184;4 185;4 188;3 189;4 193;1 194;4 195;1 206 209;3 211;2 212;3 215;1 216;3 216;4 219;2 220;1 222;2 229;2 232;2 240;3 251;3 252 263;4 264;1 266;4 267;3 268;1 276;2 278;4 286;4 289;3 291;1 299;4 310;2 3

2;6 6;4 10;4 10;6 12;6 15;3 17;7 19;2 19;3 19;5 21;4 22 25;2 26;2 29;2 36छ 36;2 37;2 37;4 39;2 40;2 42;3 43;4 43;5 46;1 4

2;3 2;5 3;2 6;3 8;3 14 15;2 15;5 21;3 22;2 26;5 29;4 30;3 5

2;3 3छ1 7;2 9;4 9;5 12;1 13;2 15;4 16 16;1 16;2 21;1 22;5 23;2 26;2 27;3 32;3 33 36;1 38;4 39;1 44;1 47;4 48;3 48;4 49;2

6|2;2 21;5 24;2 27 28;4 29 29;2 30;2 31;1 32;5 33;2 34;7 36;1 36;5 36;7 46;3 53;2 54;2 57;4 59;2 61;1 61;3 67;3 80;2 83छ 85;1 85छ 90 90;4 94छ 104 104छ 104;2 106 107छ 109;3 112;3 113;6 114;3 117ख 118;5 121;6 7

1;5 1;6 1;7 2;5 4;2 5छ1 5;4 10;4 14;7 16;4 17;4 19;1 20 21;1 21;3 21;4 26 28 38;4 41;1 43;2 45;2 45;4 46;4 48;3 50;4 52ख 55;4 57;2 57;3 60;3 62;5 69;2 69;3 70;3 70;4 71;1 73ख 73;4 74;2 80क 85;2 85;4 88ख 88;2 89;4 90क 90;2 91;3 94;3 96;3 98;1 99;3 101;4 102;3 102;5 103क 103;4 105;2 106क 106ख 106;7 107;1 107;2 109घ 109;4 109;7 110;3 110;8 111;3 112;8 113;1 115;5 115;7 118;5 119;1 120;2 120;3 120;6 121ख 121;5 121;7 122;4 123ख 123;2 130;4

नहि **1**|115;1 175;4 **7**|104;4

नहीं **1**|97छ 153 **2**|107 209 **5**|4;2 **6**|111 **7**|14;6 71;2 101;2 101;3

नहुष **2**|61

ना **2**|209;1

नाइ **1**|13;5 28;1 29ग 34;2 55;4 81 90 127;1 208क 215 217;3 225 252 294 319 326छ1 331 **2**|57 69 75 77;1 82 85 104 108 137;2 182 202 206;3 216;1 240;4 255;2 270;4 **3**|4 7;1 24;3 46छ **4**|1;3 4;4 11;5 20;1 21;1 **5**|1;2 18;1 24;4 27 38;2 53;1 57;5 **6**|6 6;2 19 34क 75 82 116;1 **7**|2ख 2;8 17क 17ख 35 93क 111;4 112क 125क

नाइअ **5**|39;3

नाइहि **1**|165;1

नाईं **1**|56;1 69;4 136;3 208;3 255;4 279;3 282;2 299;4 355;4 **2**|3;2 57;1 74;3 80;3 91;3 150;3 240;1 **3**|10;3 13;5 14;3 28;5 28;6 31;2 **4**|2;4 9;3 11;4 **5**|38;3 44;4 **6**|37;4 82;4 104;4 **7**|2;8 28;1 74;4 96;5 99;1 105;3 106;8 115;5 117;2

नाई **1**|83;3 84;2 90;4 100;2 102;1 129;4 139;4 162;4 250;3 337;2 343;3 355;2 **2**|38;3 79;4 83;1 99;4 112;4 166;2 185;2 188;4 221;2 253;4 303;4 319;1 324;1 **3**|25;4 34;2 36;7 **4**|19;4 23;4 **5**|51;4 **6**|14;3 17;1 18;1 34;6 35;3 110;1 **7**|12;1 59;1 62;3 114;4

नाउँ **2**|110;2 132;3 193;4

नाऊँ **1**|26;3 188;4 **2**|17;2 233;4 **3**|13;8 **4**|6;1

नाऊ **1**|319

नाएँ **1**|281;2

नाए **1**|93;3 227;1 239;4 287;2 308;3 332;4 **2**|5;1 213;3 **5**|53;1 **6**|46;1 106;4 **7**|16;1 36;1

नाएसि **4**|25;4 **5**|17;3

नाक **1**|29;1 265;3 266;4 **3**|17 18;1 **6**|22;4 66;5

नाकनटीं **1**|309;2

नाकपति **2**|92

नाग **1**|7घ 34;4 61;1 68 107;4 182ख 191;4 220;3 265;1 267;1 270;3 286;4 **2**|6 113;1 134;1 187;2 285;4 **3**|19;2 23;1 **4**|10 **5**|3छ2

35छ1 54;4 6|12;1 74क 94;3 111;2 113;4 7|13;2 80;4 94;4

नागपास 5|20;1 6|73;7 7|58

नागमनि 1|219;3

नागर 1|28;3 241;1 285;2 302 348;1 2|70;4 304;3 3|11;7 5|38;4 56;1 6|3;4 111;1 7|34;2

नागरिपु 1|106;3

नागा 1|101;4 182;6 196;1 2|8;3 62;4 6|50;3 73;5

नाघइ 4|29;1

नाघउँ 4|30;4

नाघत 2|158;1 7|67;2

नाघहिं 6|28;1

नाघि 5|28;1 33;4 6|9;1 36;2 121;4

नाघेउ 7|67;3

नाघेहु 6|36;1

नाच 6|5;4 7|72;1

नाचई 6|24;1

नाचत 2|236;4 299;4 4|13

नाचहिं 1|86छ 93 262;2 265;2 309;2 347 349;3 6|101;2 109क 7|12छ1 77;4 99;1

नाचा 2|127;4 241;2 6|103;1 7|27;3

नाचि 6|24;1

नाची 2|34;3 6|52;1

नाचे 1|304;2

नाच्यो 6|94;4

नाठी 1|135;3

नात 2|24;3 56 97

नाता 3|35;2

नाती 1|181;2 6|20;2

नातें 1|222;4 2|74;4 6|21;1

नाते 2|65;2

नात्र 3|4;12

नाथ 1|45;4 46;1 47;1 68;4 71;1 77;1 77;2 87 88 89;2 101 107;4 108;2 109;1 109;3 110;4 111;2 116 120;2 120;4 130 132;4 149 149;1 150;2 150;4 160;1 160;2 165;4 166;3 167;3 186छ4 208;5 211छ3 214;4 216;1 216;2 217;2 218;3 240;1 253 253;4 271;1 277;1 279;1 279;2 292;2 294 332;4 352;3 360;3

2|3;4 4;1 5;4 9;3 29;1 65 65;2 65;4 66;3 67;4 71 72;2 88;3 94;3 100छ 102;3 102;4 104;2 109;1 115;1 134;2 135 136;1 136;4 140;4 154;3 191;1 192;1 201;4 203;3 213;2 213;3 226;2 227 229;4 237;1 240;1 242 248;3 256 258;1 259;2 260;3 268 268;3 270 278;3 290;2 298 300;4 307;3 313;3 314;3

3|4 6;5 8;2 12;2 12;4 13;2 30;2 31;1 31;4 42;4 45;3 4|3;1 4;1 4;2 5;1 6;1 7;8 9;3 10छ2 20;4 21;1

5|14;4 18;2 27;2 29 29;3 30;1 30;3 31;1 31;2 31;3 33;5 34;1 36;5 38 39;3 40;3 41;4 45;4 51;2 54;1 54;3 55;2 56;5 57;2 59;1 60;1 60;2 60;3

6|0ग 6;3 7 7;1 7;3 9;1 17ख 36;4 37 38;5 56;3 60क 65;1 75;2 75;3 80;2 85;1 85;2 102;3 104 104;3 110;4 111;1 113;2 115 116;4

7|1;5 1;6 2क 2छ 13;2 13;3 13;6 14;4 18;1 18;3 18;4 36 36;3 36;4 49 52ख 53;4 54 63क 70;1 70;2 71ख 78;2 91;1 94ख 94;3 94;4 96;5 108ख 108घ 115;7 121;1 121;2 123;1 123ख 123;2 125;2 129;4

नाथहि 1|209;4 4|2;4 5|25;1

नाथा 1|210;5 282;3 331;4 2|272;4 290;3 5|7;1 6|6;5 28;3 31;3 104;6

नाथु 5|27;3 6|104;7

नाथू 2|58;2

नाद 2|62;4 6|69;1 79;5

नादा 2|160;2

नादू 2|54;2 81;2

नाना 1|3;2 9;5 13;2 14;1 30;4 33;3 38;2 38;4 38;5 61;2 63;4 65 84;4 93;3 95;1 99;2 101;3 108;1 114;2 118;3 126;3 144;3 155;4 164;3 183;2 205 212;3 213 213;2 227;2 239;1 251;4 284;1 287;4 289;2 296;1 297;3 298;3 299;1 301;3 302;4 305;1 305;2 314;1 314;3 319;2 333;4 339;4 349;1 351;4 356;1

2|6;1 25;3 41;1 62;3 69;1 95;2 119;3 128;2 129;4 133;2 137;3 138;3 157;4 170;4 186;1 187;3 214;2 215;2 236;1 279;4 320;3 3|3;1 5;5 18;3 22;3 28;6 38;2 40;1 40;4 41 41;3 4|8;4 11;1 15;6 17;2 21 25;1 25;4

5|3छ2 3;4 13;2 18;3 34 35;2 38;3 40;3 47;1 48;2 54;2 54;3 55;1 58;4

6|4;3 8;3 11;4 19;3 27;3 34;6 35;5 42;4 46;2 46;4 51;3 51;4 52;1 53;1 54;3 67;4 72;5 73;1 73;6 75;3 79;1 79छ 80;5 81;1 82;3 88;4 92;2 98;7 102;4 104;2 110;4 117ख 118;1 120;1 121;2 7|7;3 9;2 9;3 15;2 15;5 17;3 19;4 23;2 25;2 26;4 27;2 28;2 29;1 31;4 41;2 49;1 57;4 59;1 61;3 64;1 68;1 73ख 74;3 76;1 80;4 81;2 82;3 84;1 96;4 100;5 114;1 118;6 120;7 121;16 124;1 126;3

नानाकार 6|91;1

नानाकारा 3|18;3

नानाबिधि 1|140;1 196;4

नानायुध 3|18;3 6|40

नाब 2|100;3

नाभि 1|147 199;2 6|103;1

नाभिकुंड 6|102;3

नाभी 7|76

नामः 3|11;8

नाम 1|2;2 7ख 10;1 19;1 19;2 19;3 19;4 20 21;1 21;2 21;3 21;4 22 22;1 22;2 22;4 23 23;3 23;4 24 24;2 24;3 24;4 25;1 25;4 26;1 26;2 26;4 27; 28;1 35;6 37;6 39;6 67;1 84 107 116;2 119;1 119;2 120घ 142;2 153;3 154;1 159;3 160 160;2 162 162;4 163 163;4 164;1 176;1 176;3 178;4 193;3 197 197;2 197;4 198;1 205 282;3 329;2 329;3 2|6;1 101;2 191;4 196;2 248;1 312;2 3|5ख 10;1

3|28;7 31;3 39;3 42क 42;4 4|2;1 10;2 28;3 29;2 30ख 5|2;1 4;1 6 7;4 11;1 12;5 20;2 30 39;4 54;4 6|0ग 21;1 21;2 55 64;2 73 90;2 119ख 121ख 7|13;3 14;9 34;3 38;3 46 51;5 56;1 58 91;2 92;1 103;4 106क 121;16 124क 130छ1

नामकरन 1|197;1

नामन्ह 3|42;4

नामा 1|35;4 75;4 138;3 153;3 158;4 176;2 178;1 197;3 269;1 2|250;2 3|22;4 27;8 6|45;1

नामानी 7|52;2

नामी 1|21;1

नामु 1|22;3 23 23;1 23;3 24;1 24;3 24;4 25 25;2 25;4 26 26;2 67;3 74;4 87 98;3 221;3 221;4 282;1 297;4 315;1 325छ3 2|3 12 117;3 194;4 263 271;1 326;1 7|2;4

नामू 1|26;3 53;4 112;2 2|193;3 243;3

नायउँ 7|110ख

नायउ 1|116 2|9;1 52;1 73;2 103;1 272;4 3|42ख 6|55 57;2 7|5;3 8क 10ख

नायकं 3|4;3

नायक 1|0;1 60;3 120ख 146;1 2|77;3 4|30;1 6|102;2 111;11 115;1 7|41;4

नायका 3|20छ3

नायो 6|106;1 119;1

नारकी 1|335;3 6|2;4

नारद 1|3;2 18;3 26;2 66;3 70 71;4 72;2 73;1 78; 78;3 79;2 80;4 81;3 89 97 97;1 98 98;1 124;3 127;1 127;3 128;4 129;2 129;4 131;3 132 133;4 135;1 138 139;1 139;2 187;3 229 236;4 312;4 3|2;5 41 41;3 41;4 42ख 42;3 43;1 45;2 46छ 6|63;3 105;1 7|42;2 50 51 58;2 64;4 66क 70;3 122;6

नारदहि 1|127 130 134;2 7|42;4 59;2

नारदहूँ 1|68;1

नारदादि 4|30छ 5|16;3 7|27;1

नारा 2|133;1

नाराच 3|20छ4 6|68 101;1

नाराचा 6|68;2 103;1

नारायन 1|20;3 4|1;5

नारि 1|16;1 46;4 51;3 53;3 57क 66;4 79 84 99;1 102;3 103छ 108 120;2 137;4 143;1 171;4 172;2 178;1 178;2 182ख 188 190;1 194 204 210 211छ2 213;3 221 240 241 247;1 285 289 302;3 309 309;2 311 311छ 314;3 317 318;4 319छ 322;3 327छ1 334;3 335;1 337 351;3

2|1;2 8 13;3 23 27;3 29 47;4 52 63;2 78;4 86 100;3 109;4 112;3 116;2 118;3 119;1 121;1 121;3 145 147;4 158;4 162;2 199;3 221 251छ 252;1 276छ 280;1 301 319;4 322;4 3|5क 5ख 5;3 5;5 5;8 5;9 19;3 22;4 22;5 23;3 29;4 36 36;3 37;2 37;5 38ख 43 44;1 44;3 44;4 4|2;1 7;14 9;5 21;2 24 28;4 30क

5|9;1 21 36;4 37;1 37;2 6|1;2 9 16;1 23;1 38;1 44;2 61;4 61;6 72;3 77 85छ 7|0क 3ग 3;2 6;3 8ख 9क 9ख 9;3 10;2 21;4 26;4 28छ 30 47 87क 88क 96ख 99;1 99क 99;2 100;3 101;2 102;5 115ख 116;2 127;3 130क

नारिचरित 2|27;4

नारिधरमु 1|102;2 339;1

नारिधर्म 3|5;2

नारि नारि 7|116;1

नारिन्ह 1|102;4 249;1 260;2

नारिबृंद 1|99;4

नारिमय 1|85छ

नारिहि 7|115क

नारीं 1|268;1 295;2 301;2 322;3 334;4 358;1 2|51;2 262;1 4|15;4 5|25;5

नारी 1|10;2 28;4 38;1 51;1 79;2 94;3 96;1 100;1 104;4 123;4 130;1 142;3 155;1 182;6 190;3 211छ4 224;4 229;3 240;3 248;2 252;4 255;3 262;4 265;3 270;3 278;3 303;2 311;3 323;3 329;3 343;4 347;3 348;4 360;3 2|26;2 46;4 65;4 76;2 83;3 84;1 89;1 105;2 110;1 111;4 114;1 115;2 120;2 172;4 184;2 187;1 188;1 196;3 197;3 202;1 273;1 273;2 274;2 277;4

3|5;4 17;3 17;4 35;2 38;6 44;1 4|6;6 9;4 18;2 5|23;2 28;1 59;3 6|12;5 20;4 42;2 105;2 7|21;2 22;4 81;3 97;4 98;1

नारे 2|62;4 276;1

नाल 1|253;4 292

नावँ 2|157;1

नाव 1|41;1 2|100छ 100;2 101;1 151;2 153;1 202;4 257;2 6|121;3 7|89ख

नावइ 4|7;7

नावउँ 7|110;5

नावत 1|50;3

नावरि 6|88;3

नावहिं 1|205;4 283 342 4|22;1 5|35;1 6|39;4 104;6 106

नावा 1|56;3 57;1 66;4 127;2 133;4 202;3 254;4 269;2 280;2 341;1 2|81;1 276;2 308;4 3|6;1 17;1 34;5 4|19;1 20;3 23;5 25;1 5|2;6 29;2 38;1 6|38;2 90;1 7|6;1 44;4 53;2 60;1 61;1 93;2 113;7

नास 1|165;3 166;1 166;2 166;4 174;2 208;4 2|29 5|37 6|99छ 7|31 57;1 74क 79;2 94;3 102;2 122;2

नासहिं 3|21;6 5|44;1 7|122;3

नासहि 6|90छ

नासा 1|24;3 147;1 197;4 199;4 239;2 243;3 327;5 2|129;1 161;3 277;1 3|18;3 22;1 22;5 24;1 29;5 4|17;4 5|52;3 6|5;5 35;4 66;5 67;2 7|55;4 77;2 90;4 118;1 119;4

नासिका 1|233;3 5|54;2 6|5;4 19;3 66;3

नासी 1|255;1 7|6;2 100;3

नासू 1|165;4

नाह 2|140;2 4|10छ2

नाहा 3|28;8 6|8;4 23;4 63;1

नाहिं 1|95 112 140 222 281;1 2|16;2 34;4 82;4 149 154;4 270 294 3|29;8 5|10;1 6|9 30;3 7|21 40 122;4

नाहिन 1|157;3 168;1 222;3 2|14;2 50;2 182;3 211;3 223;3 231;4 4|21;1 6|121ख 7|2;7

नाहीं 1|8;2 8;6 10;4 33;3 52;3 55;3 57;1 60;4 67;3 69;1 69;3 70;3 71;4 77;1 81;2 92;3 102;3 104;3 106;1 109;4 115;3 149;2 151;1 156;3 162;1 163;1 164;3 166;2 167;1 185;3 189;1 208;2 210;6 220;3 231;4 237;1 237;4 245;1 256;1 270;3 273;2 274;2 277;4 278;2 279;2 280;4 294;1 294;3 310;2 311;4 317;4

2|2;2 7;4 22;2 30;2 33;1 33;3 64;4 65;3 71;1 73;4 74;2 75;2 84;3 92;4 101;4 110;3 113;2 130;3 162;3 172;1 178;1 180;4 181;3 182;2 192;3 205;4 208;2 209;4 212;1 214;4 217;2 222;1 223;2 227;2 231;2 242;3 243;4 244;2 249;3 252;4 256;1 265;1 266;2 280;1 284;2 287;4 292;1 298;4 302;3 308;1 325;4

3|2;1 5;6 10;3 12;2 13;1 15;4 17;5 23;1 25;3 30;2 30;8 31;5 37;3 37;5 4|6;7 7;9 10;2 12;1 14;1 15;5 20;4 22;2 26;1 26;3 27;4 28 5|5;3 7;2 17;5 23;3 26;3 32;4 37;5 41;2 47;2 48;3 49;5 55;2

6|1;3 29;3 33;5 47;2 83;4 90;2 104;6 109;4 7|2;7 16;1 21;2 24;4 47;3 53;1 58;4 72;4 78;1 84;1 86;4 90;1 94;3 96;4 103;4 109;8 113;7 114;2 115;3 121;7 122;7 130छ3 130;2

नाहु 2|14;3

नाहू 1|97;4 2|145;1
निंदक 1|16;2 243;1 243;3 301;3 6|31;2 7|44 97;1 105;2 112;3 121;12 121;13
निंदत 1|64;3 7|27;4
निंदति 6|100;2
निंदरी 5|4;1
निंदहिं 2|86;3 202;3 274;1
निंदा 1|39;2 64;1 3|37;2 6|32;1 7|38 39;2 48;3 121;13 121;14
निअराइ 3|40
निअराएँ 4|14;2
निअराना 6|35;5
निअराने 2|189;1 235;1
निअराया 1|212;2 4|1;1
निअराई 1|138;4 2|158;2 277;1 3|13;9
निअरावा 4|28;2
निकंद 6|111;5
निकंदन 1|24;4
निकंदय 7|14;10
निकंदिनि 1|31;5 39;7
निकट 1|38;2 90;4 95;1 177;1 215;3 224;3 254;2 291;2 2|22;1 24 25;4 88;2 109;4 113;2 114;1 124;2 149;1 171;2 213;2 235;1 261 264;2 267 275;3 3|5;1 10;8 13 17;9 27;1 27;6 28;4 41;6 4|7;13 12;4 19;1 23;5 25;2 27;5 28;1 5|13;4 24;2 33;2 41;1 52;4 6|37;4 39;1 51;2 51;3 54;4 58;2 69;4 109छ2 116;1 121;5 7|4क 55;2 57;2 77क 120;2 120;3
निकर 1|0;5 24;4 147;1 183;2 330 2|63;2 230;3 3|9;4 12 18;2 30;2 30;5 37;3 44;4 4|13;1 5|3छ1 6;1 15 36 6|1;4 12;5 18;3 22ख 27;2 33ख 40;5 42;2 61 71;1 82छ 88छ 88;5 90;3 92छ 93छ 101छ2 7|27;3 55;2 68;1
निकरन्हि 6|88छ
निकसहिं 2|109;4 114;1
निकसि 1|299;1 2|80;1
निकसे 1|232
निकाईं 1|29ख
निकाई 1|213;1 2|135;2
नि:काम 3|16
निकाम 3|4;2 20छ1
निकामा 2|202;2
निकाय 1|51छ 180 3|9;2 6|9;4
निकाया 1|183;2 192छ3 225;2 3|13;3 15;1 5|21;2 6|52;4 79;2 7|80;2
निकारहिं 7|101;2
निकारि 6|85छ
निकासइ 1|183छ
निकासौं 2|26;1
निकिष्ट 3|5;7
निकेत 1|97 152;1 160 225;1 349 2|133 141 320 6|113;8
निकेता 1|169;4 171;4 228;3 335;4 353;2 2|128;2 184;4 5|14;5 6|117;4 7|68;2 105;3 115;6
निगम 1|12 51छ 103;4 118;2 146;3 167;3 203;4 216;1 349 2|72;1 72;3 77;4 95;3 126 237 258 293;4 3|27;6 5|40;3 6|15;2 101छ2 7|9;4 49;2 86;3 91;2 92छ 96ख 98;1 119;2 124;1
निगमहूँ 2|304;1
निगमागम 1|6;5 121;1 2|254;4 299;1 7|13;5 51;4 69;3 97;3
निगमादि 7|86;1
निगमु 1|341;4
निगूढ़ा 1|133;2
निग्रह 7|67;4
निघटत 2|147;4 325;2
निचाइहि 1|5
निचोरि 1|109 2|258
निछावरि 1|262 265;3 293;4 295 319 335 348;3 349;1 350;3 2|52;1 7|7;3 9;3
निजं 7|108;1
निज 1|2;6 3;2 3;5 5;1 5;4 8;2 8;6 8;7 13;4 23 23;1 25;3 28;2 28;4 29ग 30क 30;4 31;2 35;6 45;1 46;1 53;3 53;4 54;1 54;2 58;1 58;2 61;4 62;1 66;4 76 83 84 84;3 87 87;1 88 92 93;1 93;3 98छ 98;2 100;2 103;2 106;3 108;1 110 115 117;1 120घ 121 126;1 126;4 129;4 132;4 133;3 135;3 136;1 137 145;3 148;4 149;2 150

150;4 154 158;4 159;1 160;1 160;2 160;3 164;2 165 166 167;4 169;2 171;1 175;4 179 182क 182ख 184;4 187 188;1 188;3 189;2 191 191;4 192 192छ1 196;1 196;2 198;2 201 201;1 207;1 209 209;3 209;4 217;1 224;4 225;1 227;3 228 228;3 229;3 230;3 232;2 238;1 239;3 240 241 244;3 244;4 247;4 251;3 252;2 258;4 269;1 269;3 274;1 287;3 291;2 293;1 296 297;1 300;4 301;1 304;4 306;4 307;1 311;3 312;2 313 314;2 314;4 318;1 320छ 321;1 324;3 327छ3 327छ4 328;3 335;4 336छ 342;1 344;2 345;3 349;3 350;1 351;3 353 355;2 356;3 361छ 361;4

2|0 6 17 18;1 19;1 23;4 25 47;2 47;4 90;4 91;1 92;2 96;3 103;4 107;4 110 110;1 113;4 117;4 118;2 131 131;2 132;3 134 134;2 151;1 152;4 156 159;4 166;4 172;2 172;4 173;2 186;3 188;2 191;4 193;3 195;4 196;2 196;4 204;4 206;2 213;3 218;2 224;1 232;4 234;2 237;4 242;4 247;2 251छ 256 259;1 260;3 261;3 265;4 266;3 266;4 268;2 274;2 274;4 282;4 294;2 295;1 299;3 300;1 303;1 318;3 323;1

3|1;2 2;1 2;7 3;4 5;7 7;4 8;3 9;2 10 10;3 10;8 12;3 14;3 15;3 16;3 19ख 19;3 20छ3 20छ2 22;1 24;2 26छ 26;3 27 27;8 28;7 30;6 31;4 32 34;2 36;5 41;2 43;1 43;5 46;1 46छ

4|2;2 2;4 3;3 7;1 10;1 11;1 25;1 26 28;1 29;3 30;6 **5**|6 6;3 8 12;3 16;4 19;3 22;3 22;4 25;1 30 31;4 36;1 36;4 38;2 39ख 43 48;1 49क 49;4 50;1 57;5 57;6 60छ

6|3;3 6;1 6;2 8;1 11;2 12;2 12;5 14;1 14;3 15;2 17;2 20;4 21;1 21;3 24;1 24;6 25;2 28;4 29;1 29;3 29;5 32;3 42;3 43;2 45;1 51 54;3 55;2 58;3 61;7 64 64;2 70;3 71 72;2 72;6 74;4 78;3 79 79;5 80ग 81 82 83;3 89;1 89छ 97छ 98;8 100;1 100;4 101क 104छ 110;2 112;4 113;8 118;3

7|2छ 9;1 10;1 11ख 11;2 11;4 12ख 17;3 18ख 20 23;5 24;3 28;3 37;4 42;2 47;4 49;1 50;3 50;5 59;2 60;1 63ख 68;3 70;3 73;5 74ख 75;3 77;4 79;4 81;3 82;1 82;2 83क 83;2 84ख 86;1 86;4 89;3 90;4 91;1 91;2 92छ 93ख 95क 95;2 95;4 96;3 97क 100;4 108ख 110;7 111;5 112ख 113;2 113;6 113;8 114क 114;7 116;4 117;6 121;1 123क 123;4 125;4 125;5 127;3

निजतंत्र **1**|51छ

निजात्मक **7**|53;3

निजानंद **1**|144;3

निजाश्रम **7**|89;1

निजु **2**|72;3

निठुर **1**|113;4 **2**|68;3 119;2 **6**|61;7

निठुरता **2**|24

निठुराई **2**|31;1 41;2 **5**|14;2

निडर **1**|95

नित **1**|51छ 59;1 66;2 74;2 76;2 94 103;3 106;1 143;4 155;2 168 175;3 177;4 180;1 182;7 205;1 304;4 330;1 332;2 336;3 359 360;1 360;2 **2**|1;1 20;3 38;1 54;3 93;4 126 129;1 129;2 129;3 140;2 211 237 325 325;1 325;3 **3**|5;2 32छ2 32छ3 **4**|10छ1 **6**|104;3 104;6 106छ 111;5 121क **7**|13;5 13;6 15;4 15;5 42;2 42;3 61;4 76;2 104;1 105ख 106;6 106;8 114;2 121;15 122;5

नित नित **2**|75छ **6**|92

नितहिं **1**|180;4

नितहीं **7**|14;6 101;3

निति **1**|209;2 **2**|161;4 **6**|109;2 **7**|121;8

नित्य **1**|227;1 **2**|311;1 **4**|11;3 **7**|13;4 72;3

नित्यकरम **2**|274;1

नित्यक्रिया **1**|239;4

निदर **2**|288;4

निदरहिं **1**|283 345;3 **2**|128;4 251छ

निदरि **1**|283;3 298;3 301;1 **2**|179;4 230;4

निदरे **2**|200;2 229;2

निदाना **5**|12;6 40;3

निदानु **2**|36

निदानू **2**|54;4

निदेसा **7**|59;4

निदेसू **2**|306;1

निद्रा **1**|170;1

निधन **1**|82 166;2 **5**|19;2

निधरक **2**|41;1

निधान **1**|1 18;4 19;1 218 233 236छ 293;2 **2**|66 200 227 291 **5**|2 **6**|111;5 121छ1 **7**|34;3 47;1 92ख 113क 130छ3

निधाना **1**|44;1 153;2 161;1 176;3 314;3 327;4 **2**|187;3 257;4 264;2 **3**|11;13 **4**|1;2 30;2 **5**|17;1 **7**|92;4

निधानु **2**|58

निधानू **1**|27; **2**|41;3 156;3 298;1

निधि **1**|72;2 76;3 107 116 220;1 232;2 243 248;4 286;2 326छ3 341;1 350;2 **2**|118;4 **5**|17;2 **7**|39;2 55;5 93;3 97ख

निनारी **7**|81;3

निपट **1**|274;1 349;4 **2**|29;3 39 42;3 96;4 119;2 148;3 158;4 243;4 246;3 248;3 253;3 265;2 270;3 300;4 **3**|37क **5**|14;4

निपटहिं **1**|283;1

निपात **7**|14;4

निपातउँ **2**|230;4

निपाता **1**|122;4 **2**|35;1 **3**|7;3 22;1 33;3 **6**|5;5 43;4 95;1

निपाति **5**|18;4 19;4 **6**|83;1

निपुन **1**|99;4 142;4 204;3 **2**|27;4 131;1 234;2 **4**|16;4 **5**|11;1 17 46;3 **7**|127;2

निपुनता **1**|94छ

निपुनाई **1**|94;4 164;2 230;3 **6**|24;1 **7**|92;3 126;2

निफल **6**|91;3

निबहइ **5**|46;3

निबाहनिहारा **2**|24;2

निबाहा **2**|155;3 171;3 260;2

निबाहि **1**|227;1 **2**|311;1

निबाहीं **2**|4;2

निबाही **6**|90;4

निबाहु **1**|156

निबाहू **1**|7;3 20;1 157;3 **2**|24;3 314;2

निबाहें **2**|205;3

निबाहेउ **2**|202;3

निबाहेहु **2**|152;3

निबाहै **2**|10;2

निबिड़ **3**|44;4 **4**|15ख **6**|46 **7**|30;4

निबुकि **5**|25;5 **6**|66;3

निबृत्ति **7**|117;6

निबेदित **2**|129;1

निबेरि **7**|101;2

निबेरीं **1**|325;4

निबेरी **2**|94;4

निबेही **7**|71;1

निभ **6**|53;1

निमज्जत **2**|310;4

निमज्जन **2**|312;3

निमज्जनु **2**|216;1

निमज्जहिं **2**|224;1

निमि **1**|230;2

निमिराजु **2**|277

निमिष **1**|208;2 261;1 330;1 **3**|20छ3 38क **4**|18;1 **5**|31 44;4 **5**|26;3 **6**|46;6 89छ 100 116क **7**|8;6 123;3

निमेष **1**|225;2 258;4 270;4 **2**|158;2 **6**|0क 15;2 101छ1 118ग **7**|33;2

निमेषें **1**|232;3 249;1

नियम **1**|37;7 **2**|235;4 325;2 326छ **6**|80;5 **7**|38;4 49;1 117;5

नियोगा **2**|233;3

नियोगू **2**|245;4

निरंकुस **1**|274;1 **2**|119;2

निरंजन **1**|198 **3**|32छ4 **7**|34;3 72;3

निरंतर **1**|12 144;2 **2**|128;3 131 **3**|8 11;2 11;9 16;6 36;1 **5**|30;1 **6**|115;2 115;4 116ख **7**|2;2 14;10 14;8 35;4 49;2 53;1 57;5 62;2 88;1 126 130क

निरंबु **2**|247;4

निरखंति **6**|111;9 **7**|12छ2

निरख **7**|27

निरखत **1**|37;1 **3**|17;3 **6**|10;3 120;4

निरखहिं **1**|198;3 220;2 **2**|249;2 **7**|3ख

निरखि **1**|43;4 87छ 125 125;2 146 220;2 234 246;3 258;1 267 317;2 319छ 335;4 343;4 348;4 359;2 **2**|39;4 53;2 54 101;3 124 196;3 217;3 220;4 224;1 236 238;2 238;4 246;3 262;4 280;1 294;3 297 **3**|3 30 **4**|22;1 **5**|14;3 **7**|6;5 9क 68ख 79ख 115ख

निरखिहउँ **2**|68

निरखु **6**|28;4
निरखे **2**|209
निरगुन **1**|23 341;3
निरच्छर **7**|100;4
निरजोसु **2**|201;4
निरझर **2**|136;4
निरत **1**|12;5 **2**|219 **3**|16;3 36;1 **5**|48 **6**|92;2 **7**|20 21;1 42;4 124;3
निरदय **2**|173;2
निरनउ **2**|185;1
निरबहा **6**|63;3
निरबान **2**|204
निरबाहा **1**|76;3
निरभय **1**|278;3
निरमयउ **1**|14घ 71
निरमयऊ **1**|126;1
निरमल **1**|18;4 143;3
निरमोहा **7**|72;3
निरलेप **2**|317;4
निरवधि **2**|288 **7**|92;4 111;3
निरस **1**|2;3 **4**|10छ1
निरस्य **3**|4;8
निराकार **7**|72;3
निराकारमोंकारमूलं **7**|108;2
निराचार **7**|98;4 100;4
निरादर **2**|230;2 **7**|14;5 14;8 106;6 119;4
निरादरु **2**|43;3
निरामयं **6**|104छ
निरामिष **1**|5;1
निरावहिं **4**|15;4
निरास **3**|2;2
निरासा **1**|135;2 **2**|265;2
निरीस **2**|299;1
निरीहं **7**|108;1
निरीह **7**|72;4
निरीहमीश्वरं **3**|4;9
निरुअरई **7**|117;4
निरुआरा **7**|118;2
निरुआरे **7**|11;2
निरुपधि **1**|15;2 32;7
निरुपम **2**|288 **7**|92छ 92;4 116;3
निरुपाधि **2**|323
निरुपाधी **7**|116;3
निरूपउँ **7**|111;7
निरूपन **1**|23;4 37;7 44 163;3 **7**|111क
निरूपहिं **2**|93;4
निरूपा **1**|144;3 **7**|111;6
निरूपाधि **1**|144;3
निर्गता **7**|13;4
निर्गमहिं **2**|23
निर्गुणं **7**|108;1
निर्गुण **3**|11;6
निर्गुन **1**|79;3 110;2 198 205 **3**|32छ2 39क **4**|17;1 26;6 **6**|113;7 **7**|13;1 34;2 73ख 110;8 111;4 111;6 111;7
निर्झर **2**|308;2 **6**|87;5
निर्दंभ **7**|21;4
निर्दय **7**|39;3
निर्धन **1**|160
निर्नय **7**|41;1
निर्बहई **7**|119;1
निर्बहे **7**|13;2
निर्बान **3**|20क 26छ **7**|78क 128
निर्बानप्रद **7**|130छ3
निर्बिकार **7**|111;3
निर्बिघ्न **7**|119;1
निर्भय **1**|187;4 210;1 **3**|29;6 **6**|96छ
निर्भयकारी **1**|210;3
निर्भर **1**|300 **3**|6छ 10;5 **5**|17;2 **7**|82;2
निर्मम **7**|72;3
निर्मल **1**|211छ2 **3**|32;5 39;4 **4**|16;2 16;5 18;1 **5**|44;3 **6**|119;4 **7**|3;5 28 29छ 117;6
निर्मली **6**|109छ1

निर्मित 1|178;3 192 192छ3

निर्मूलनं 7|108;5

निर्मूला 1|183;3

निर्वाणरूपं 7|108;1

निर्विकल्पं 7|108;1

निलज 1|79;3 6|33;2 85;4

निलज्ज 5|9;5

निवसे 1|152;4

निवारक 7|35;3

निवारन 2|40;3 3|44 6|108;5

निवारा 2|297;1

निवारि 3|20छ3 4|7;2 6|93;3 118ग

निवारी 1|138;1

निवारे 6|51;3 83;2

निवारै 6|91;3

निवास 1|212 213 3|32;5 4|13;3 6|73 7|57 65;2

निवासा 1|130;2 327;5 3|24;1 5|6;1 7|94;1

निवासिनि 1|98;2

निवासी 1|80;2 2|108;3 113;2 206;1 278;1 6|12;1 7|55;2

निवासु 1|26 337 2|12;3 84 147 324;1

निवासू 1|105;4 213;4 2|74;2 98;3 132;2 139;2 179;2 188;4 295;4

निशेशं 3|11;4

निषंग 1|147;4 2|240;4 3|4;3 18छ 6|11;4 13ख 68 75;6 82 86छ 103;4 7|14;3

निषंगा 6|11;3 86;5

निषाद 2|88;1 99 111;3 142 142;3 191;2 195;2 196;2 202 234;4 242;1 250;4 262;3 6|121छ2 121;3

निषादनाथ 2|192;2 221;2

निषादनाथु 2|203;1 233;3

निषादपति 2|89;2 190

निषादहि 2|92;1 197;1 198;2 202;3

निषादा 2|144;1 147;1 189;1 250;3 7|20;1

निषादु 2|143 196;3 196;4 234

निषादू 2|90;3 96;2 142;3 143;1 198;4 201;4 321;1

निषेधमय 1|2;5

निष्केवल 6|117ख

निष्पापा 6|58;1

निसंका 7|112;1

निसंकी 2|299;1

निसंकू 2|119;2

निसचरन्हि 6|114;1

निसठ 5|54

निसरत 5|31;3

निसरि 6|67;2 69;3 92;4

निसरी 4|6;4

निसाँ 2|93;1

निसा 1|116;3 195 238;2 238;3 239;1 259;1 5|36;5 6|48;1 78;2 7|31;2 121;13

निसागम 2|301छ

निसाचर 1|18;1 42;3 122 135 139;4 173 176;1 176;3 181;2 183 206;2 210;2 210;3 221;2 356 3|20छ3 22;2 24;1 29;4 5|3छ3 15 24;3 25;5 36 36;1 43;3 44;4 6|5;4 19;1 31ख 40;1 40;4 42;2 48;3 67;3 69;1 71;4 79;1 80ग 81छ1 85 87;1 88छ 89;4 91;2 107;2 112;2 113;2 114;5 119;5 7|58

निसाचरपति 6|44;2

निसान 1|102छ 175;3 302 304 313;2 318छ 323;3 324 324छ1 339 343;4 344;1 353 2|236;3 3|20ख 6|39;5 41;1 79;4 109क 7|9ख 9;2

निसानहिं 1|313;4

निसाना 1|154;2 262;2 294;4 296;1 297;3 299;1 301;1 304;2 305;4 309;2 314;1 6|86;1

निसि 1|24;3 85;3 169;4 186छ2 200 226 226;1 255;1 309;4 2|22;4 37;4 38 64;1 67;3 91;1 108 153 187;1 188 198;4 208;2 209;2 215 226;1 251;3 252 277;1 290;1 295;4 311;1 326;3 3|6छ 12;4 28;4 4|15;3 17;2 17;3 21;2 5|3 8;4 12;3 15;1 30 6|12;2 15;2 31क 31ख 56;4 58;4 98छ 99;1 7|13;2 26;4

निसिचर 1|24;4 139;3 170;2 179;1 183;2 184;2 206;3 207;5 208;3 2|59 63;2 126छ 3|9 9;4 11;3 18;2 18;6 20छ2 20छ3 27;4

28;8 29;11 30;2 **4**|2;2 24;1 28;4 30छ **5**|3छ1 4;4 6;1 11 15 16;3 20;3 21;2 28;1 33;4 36;1 37;2 40;4 45;4 47;4 52;2 **6**|8;4 18;3 23;4 30;4 31;3 33ख 40;2 41 41;4 42;1 45;2 46;3 46;4 49छ 49;5 51 54;2 58 58;1 58;2 62;4 62;5 63;1 64;4 70;2 71 71;1 72;2 75;5 81;4 87;4 88 90;3 95;4 98 **7**|7;4 13;1 67ख 68;1 81;1

निसिचरि **5**|3;1

निसिचरिन्ह **5**|10;4

निसिचरीं **6**|108;3

निसिचरी **5**|4;1 **6**|107;2

निसित **3**|20छ1 **5**|10;3

निसिहि **6**|100;2

निसील **2**|299;1

निसेनी **6**|120;4 **7**|121;5

निसोच **2**|242;3

निसोतें **1**|28;6

निस्तरइ **4**|3;1

निस्तार **7**|1;7 102क

निस्तारा **6**|77;2

निहकाम **3**|11

निहार **6**|93;2

निहारई **2**|25छ

निहारहिं **7**|7;2 17;2

निहारा **1**|4;6 **2**|156;1 159;2

निहारि **1**|85;1 315 325 344 **2**|90;3 142 199;1 262;3 303 **3**|18छ **7**|75;3

निहारीं **2**|246;2

निहारी **1**|50;1 95;2 117;1 130;2 131;1 135;4 171;1 221;1 241;3 246;2 258;4 262;2 289;4 311;1 335;2 **2**|1;3 52;3 54;3 67;1 76;4 83;3 89;1 92;1 111;4 114;2 125;3 136;1 140;1 145;3 159;1 166;4 196;3 197;3 238;1 295;3 297;1 **3**|17;5 29;13 **6**|4;4 22;4 40;5 61;1 105;2 **7**|6;2 75;3 77;4

निहारें **2**|65;4

निहारे **1**|234;2 270;1 291;2 311;3 354;1 358;4 **2**|44;1 62;4 251;4 270;3 289;4 294;4 **6**|46;1

निहोर **1**|14ख **4**|26;3

निहोरउँ **6**|116ख

निहोरा **1**|5;1 278;4 **2**|101;2 152;4 **3**|8;3 12;2 **4**|22;3

निहोरी **2**|12;1 44;4 152;1 318;4

निहोरें **2**|190;3 **5**|48;4

निहोरे **2**|297;3 323;2

नींकें **1**|258;1

नींद **1**|39;1

नीक **1**|5;5 29ख 62;1 80;1 83;4 **2**|21;1 36;3 61;2 163;3 192;4 226;4 261;4 284;2 **3**|11;13 **6**|9;2 17;3 **7**|127;2

नीका **1**|8;6 142;1 216;3 223;1 **2**|5;2 18;4 55;4 131;1 177;1 180;3 181;2 266;4 268;3

नीकि **1**|134;2 **2**|72;1 **5**|43;4 51;1

नीकी **1**|9;3 29;2 147;2 351;1 **2**|317;1

नीकें **1**|236;2 276;1 291;2 325;5 **2**|18;2 177;3 254;4 264;3 291;2

नीके **1**|4;3 20;2 233;1 243;1 **2**|107;1 115;4 185;1

नीको **1**|19;4 29ख

नीच **1**|7;5 8;4 49;2 240 289;4 **2**|24;4 229 243;4 250;3 252 261;1 274;2 299;1 323;2 **3**|24;4 **5**|58 **7**|105क 106;5

नीचउ **7**|86;5

नीचहु **2**|285;2 **7**|95क

नीचा **2**|194;2 **3**|24;3 **6**|36;5

नीचि **2**|12;3 **7**|18;4

नीचु **1**|5 277;4 **2**|88;3

नीचू **1**|6;3 **2**|190;2 298;3

नीड़ **1**|346;3

नीति **1**|45 130;2 153;2 163 164;2 167;3 349 **2**|27;4 71;4 72;1 77;4 131;1 152;2 171;2 172;2 227;3 228;1 229;3 231;3 254;3 257;4 269;2 274;3 304;3 **3**|21;4 21;6 **4**|16;4 19;4 **5**|10;4 24;4 36;3 40;1 41;1 43;4 48 50;2 50;4 **6**|7;2 8 22;2 23ग 34ख 35;5 38;5 48;3 90छ **7**|38;4 86 95क 105ख 105;3 106;1 107;2 109घ 112;3 127;2 127;3 128;4

नीती **1**|155;2 218;4 **2**|9;3 72;4 **3**|17;1 46;1 **5**|35;3 41;3 58;1 **6**|9;5 **7**|16;4 21;1 25;2 106;7 121;4

नीद **1**|177;4 **2**|14;3 21;3 37;4 38 212;1 252 **3**|22 28;4

नीदउँ **1**|358;1

नीदबस **1**|357

नीर **1**|34 185 **2**|120 147;4 159 204;2 314;4 **4**|17;1 **5**|7 14 32;4 45;3 **6**|7 28;3 **7**|29छ 93;1

नीरज **1**|243;1 **2**|260;2 **6**|109छ2

नीरधर **1**|146

नीरनिधि **6**|5

नीरा **1**|143;3 **2**|246;4 **3**|16;6 39;4 **4**|26;4 **5**|49;4 **7**|3;5

नीरु **1**|104;1 319;1 **2**|146 220;4

नीरू **2**|326;1

नील **1**|0;3 146 156 199;1 209;1 233;1 **2**|237;2 246;4 **3**|8 **4**|23;1 **5**|54 60;1 **6**|2;1 3;4 43;1 50;1 56;3 75 96छ 98;3 109छ2 118ख **7**|51;1 56;4 77;3

नीलकंठं **7**|108;4

नीलकंठ **1**|106 **2**|137

नीलगिरि **6**|103छ2

नीलमनि **1**|288

नीलहि **6**|1 1;3 65;5

नीला **6**|23;3 73;4 98;2 106;1 **7**|8;1 62;1

नीलादि **7**|17क

नीलोत्पल **4**|30ख

नूतन **1**|66;2 94 106;1 168 180;1 304;4 330;1 332;2 **3**|5;2 **5**|12;6 28;2 **6**|92 92;6 **7**|109ग 125;1

नूपुर **1**|199;2 230;1 318;2 322छ **2**|58;3 **7**|76;4

नृत्य **3**|10;6 **6**|10;5 **7**|22 28;3 72ख

नृप **1**|11;1 13 40 108 130;4 131;3 142;2 145;3 149;4 150;1 150;2 153 153;4 154;1 154;3 154;4 155 155;2 156 156;1 156;3 157;1 157;4 158;1 158;2 158;3 159;1 160;1 160;3 160;4 161;1 162;4 163 163;4 165;1 166;3 167;1 167;2 168;4 170;1 170;2 170;4 171;1 172 172;1 173 174;2 175;3 175;4 176;3 189 189;4 190;2 193 195;3 196;4 197;2 198;1 207;5 208;4 216;3 232;1 239;1 241;3 244;4 245;1 250 250;1 251;2 266;2 271 280;4 287;1 290;1 291;2 302;1 306;1 309;1 312;1 325छ2 328;4 331;1 340;1 354 355;4 357;2 **2**|2 2;2 2;4 4 4;4 16;3 33 43 44;1 50;2 73 78;2 83;1 94 98;1 122;1 153 157;1 170;1 178;4 231;4 247;2 271;3 313;2 **4**|7;5 16 16;4 **5**|21;4 **6**|7;2 20;3 26;2 35;5 38;5 111;11 115;4 **7**|26 65;1 65;3 77;4 101;3 106;6 128;3

नृपकन्याँ **1**|134;4

नृपकुल **1**|216;1

नृपगृह **1**|214;2

नृपघाती **1**|280;1

नृपतनु **1**|135;2

नृपति **1**|108;4 158 158;1 238 308;2 361;2 **2**|25छ 148 172;2 202;3 **3**|22;2 37;5 **6**|36;4

नृपती **7**|40;2

नृपद्रोही **1**|276;3

नृपद्वारा **1**|193;4

नृपनय **2**|258

नृपनारी **3**|25;1

नृपनीति **2**|31 **4**|12;3 13;4 **7**|68;3

नृपन्ह **1**|239;3 245 251;3 255;1 267

नृपबालक **3**|19;1

नृपबाला **1**|130;3

नृपभूषन **1**|324छ3

नृपमंदिर **2**|76;1 **7**|76;1

नृपमदु **2**|232;2

नृपरिषि **1**|143;3

नृपलीला **1**|204;3

नृपसमाज **1**|135;2 317;4

नृपसुत **1**|229;2

नृपसुतहि **1**|50;4

नृपहिं **1**|168;1 **2**|48;2 271;4

नृपहि **1**|28;4 160;3 162;3 163;2 170;2 171;3 171;4 172;4 205;1 215;2 315;4 332;3 **2**|5;4 26;1 37;3 56;2 79;2 174;3 291;4 315;1 319;1

नृपाला **1**|28;4

नूपु **1**|215 249;4 270;3 332;1 352;4 **2**|17 24 25;4 34 49 71;3 92 148;1 154 154;2 172;1 175;1 190;2

नेईं **2**|29;5

नेकु **2**|198;3 **3**|30;7 **6**|19;4

नेग **1**|353;3

नेगसहित **1**|325;4

नेगी **1**|353;3 **6**|109;1

नेगु **1**|353;1

नेति **1**|12 51छ 144;3 203;4 216;1 341;4 **2**|93;4 126 **3**|27;6 **4**|10छ1 **6**|117क **7**|124;1

नेब **2**|19

नेम **1**|17;2 32;2 **2**|86 188 205;3 234;2 322 326;2 **3**|30;4 44;1 **5**|48 **6**|117ख **7**|14;8 16 121ख

नेमा **2**|324;2 **3**|5;5 16;5 46;2 **7**|8;3

नेमु **1**|76;2 **2**|216;3 236 309;2 312;1 326

नेरी **5**|53;2

नेवछावरि **1**|194;3

नेवत **1**|62;1 94;2

नेवता **2**|213;4

नेवते **1**|60

नेवाजा **2**|250;4

नेवाजी **2**|299;3

नेवाजू **1**|13;4

नेवाजे **1**|25;1

नेवारई **2**|25छ

नेवारे **1**|254;2 276;4

नेवारेउ **2**|156

नेवासी **2**|270;1

नेवासु **2**|166

नेह **1**|0;4 **2**|52;2 65;2 260;2 **3**|1 **5**|51 **7**|53 68क 114क 114;2 124ख

नेहरुआ **7**|121;18

नेहा **4**|7;3 **5**|45;4 **7**|61;4 96;1 122;7 129;4

नेहु **1**|76 **2**|139 140;2 166;4 247;2 250 251छ **7**|49 108ख

नेहू **1**|9;2 72;1 104;3 146;2 336;3 **2**|93;3 202;3 289;4 **3**|6;2 **7**|84;4

नै **1**|76;2

नैन **1**|228 326 357 **2**|112 116 159 210 226 260 **7**|70ख

नैना **1**|68;2 **5**|35;1

नैनी **1**|232;1

नैबेद **1**|350;2

नैबेद्य **1**|201;2

नैमिष **1**|143;1

नैव **7**|108;8

नैहर **2**|21;1 159;3

नो **3**|4;7 11;3 11;5

नोइ **7**|117;6

नौकारूढ़ **7**|73;3

नौमि **3**|11;2 11;4 11;6 32छ2 32छ3

नौमी **1**|34;3 191;1

न्याउ **4**|2;4

न्याय **7**|118ख

न्हाइ **2**|150 170;3 290;1 313;1

प

पंक **1**|337;1 **2**|146 **4**|16;4 **7**|28

पंकज **1**|17;2 34;1 101छ 107;4 199;1 211छ4 223;3 225 238;1 238;4 247;4 253;2 259;1 292 324छ1 328;3 **2**|84;4 88;3 151;3 191;2 195;4 204;1 291;1 297;4 **3**|6छ 7 10;5 16;5 32छ4 35 36छ 46छ **5**|23;1 33;1 35;1 56ख **6**|1;4 38;2 90;1 109छ2 111;11 121छ1 **7**|5;3 14;5 14;6 14;8 14;9 15;5 18;4 19;3 31;4 49;2 51;1 119क 122;7

पंकरुह **1**|43ख 119 143 341;2 **2**|307;3

पंख **2**|37;1 76;3 142;4 148;4 **3**|29;11 **4**|28;2 28;5 **6**|61;5 **7**|93;1

पंखन्ह **1**|78;3

पंगु 1|0;2
पंच 1|79;4 220;4 319;2 329;1 354 2|294 4|11;2 7|13;5 102;2 130छ2
पंचदस 1|317;1
पंचबटीं 3|21;2 7|66;1
पंचबटी 3|13;8 13;9 17;2
पंचम 3|36;1
पंचानन 3|33;3 6|19 115;2 7|23;1
पंजर 6|73;3
पंडित 1|28;3 2|143;1 150;2 175;3 3|0 43;5 7|21;4 49;4 51;3 87;1 98;2 124;3 127;1
पंथ 1|52 58;3 136;2 143;2 159क 2|87;4 98;4 136;1 145;3 147;1 216;3 3|8;2 10;6 12;3 16;3 33;3 4|5;2 14 16;2 5|38 56;2 6|4 56;2 113;4 7|13;2 33 97क 100ख 119;1
पंथकथा 1|42;2
पंथहिं 1|182;6
पंथाना 7|129;2
पंथु 2|104;2 112;3
पंनग 1|31;3
पंपा 3|36;6 39;3
पइ 5|58
पइठि 5|2;6
पइसार 5|3
पकवाना 1|333;2
पकवाने 1|305;1 329;1
पखवारा 4|6;3
पखाउज 6|10;5
पखारत 1|324छ2
पखारन 1|324छ1 324;4 2|100;4 101;4
पखारि 1|66;3 173;2 207;2 352;2 2|67;2 101 4|20;3 7|48;1
पखारिहौं 2|100छ
पखारू 2|101;1
पखारे 1|45;3 328;2 350;1 3|34;5 41;6
पग 1|242;1 265 298;3 352;3 357;2 2|46;2 64;3 69;2 73;2 136;3 211;4 212;4 225;2 244;4 246 246;1 246;2 285 289;4 315;3 319;3 3|28;5 5|36;3
पगहु 2|101;2
पगु 1|25;3 231;3 248;2 354;1 358;4 2|44;1 59;3 76;4 160;1 251;1 319;2 3|34;3 5|57;6
पचवै 7|119;5
पचार 6|51;2 80ग
पचारहिं 6|81;2
पचारहीं 6|41छ
पचारि 3|20छ3 6|42 46;3 95छ 98;7
पचारी 1|182;4 6|46;3 95;2 98;7 103;2
पचारे 6|95
पचारै 1|284;1 6|74;3
पचासक 2|109;2
पचि 1|288;2 2|18
पचि पचि 7|89ख
पचीसा 1|333;3
पच्छ 1|191;1 5|41;2 7|46;4 112;6 114ख
पच्छजुत 5|35;2
पच्छपात 7|116;1
पच्छहीन 6|70;6
पच्छिउ 2|264;2
पच्छिम 6|43;2 7|73;2
पच्छी 1|85;2 7|112;8
पछारहिं 6|81;3
पछारहु 6|34;5
पछारा 6|58;3 66;4
पछारि 6|74;4
पछारु 6|81छ2
पछारे 3|20छ2
पछारेसि 6|65;5
पछिताइ 2|63
पछिताई 1|157;4 2|144;4 145;4 7|43 113;3
पछिताउँ 2|182;4
पछिताऊँ 2|56;4
पछिताऊ 2|4;3 36;3
पछिताति 1|270;4
पछिताती 2|12;1

पछिताना **1**|11;4 **7**|93;2

पछितानि **2**|10;4 252;3

पछितानी **2**|207;3

पछितानें **1**|261;2

पछिताने **1**|317;2 **6**|60;1

पछिताब **1**|64;1

पछितावा **1**|49;1 260;3 **2**|147;1

पछिताहिं **2**|99 121 192;4

पछिताहीं **2**|4;4 76;3 110;3 119;1 223;2 231;2

पछिताहू **4**|25;3

पछितैहसि **2**|36;4

पछिले **2**|38;1 **7**|31

पट **1**|7क 92;1 147 148;3 209;1 213 233 244;1 289;1 296;1 296;4 319;2 349;1 **2**|6;2 79;1 119 129;1 239;3 240;4 251;3 **3**|29;13 32;1 **4**|5;3 **5**|24 **6**|117;3 118;1 **7**|32 109ग

पटकइ **6**|69 98;7

पटकत **6**|98;5

पटकहिं **6**|47;4

पटकि **6**|30 41छ 65;5 81;3

पटकेउ **6**|18;3

पटतर **1**|238;2 **2**|90;4 120;3 199;3

पटतरिअ **1**|220;4 247;2

पटतरौं **1**|230;4

पटल **1**|117;1 147;2 232 284;3 **6**|103छ2 115;1

पटली **3**|40;4

पटु **1**|41;1 **2**|25;3 320;2

पटोरे **1**|14;6 326;2

पठंति **3**|4;12

पठइ **2**|180;2 **7**|10ख 70;2

पठइअ **2**|9;3 268 **4**|30;1 **5**|24;5

पठइन्हि **5**|2;1

पठइब **2**|31;4

पठइहि **4**|28;4

पठईं **1**|333;3

पठई **1**|246 **5**|39ख **6**|55;4

पठउ **6**|9;5

पठए **1**|99 197;1 287;1 287;4 326छ3 328;1 330;4 **2**|18;1 89;1 111;4 119;2 171;2 253;4 271;4 272;4 279 **4**|1;3 **5**|18;3

पठएसि **5**|19;1

पठएहु **1**|77

पठन्ति **7**|108;9

पठयउ **2**|157;2 **5**|18;4

पठवउँ **7**|61;4

पठवत **6**|28;4

पठवन **7**|19;1

पठवहु **1**|83;3 287;1 **4**|19;2 **5**|36;4 52;2 **6**|85;2

पठवा **1**|239 **3**|2;5 **4**|8;4 **5**|44;3 **6**|23;5

पठवौं **6**|60;3

पठाइअ **6**|17;2

पठाइहि **4**|4;2

पठाईं **1**|305;2 306;4 **2**|281;1

पठाई **1**|228;1 334;1 **2**|109;4 292;2 **3**|17;9 **5**|11;3

पठाए **1**|65;1 82;1 89;4 175;2 216;4 239;5 287;3 305;3 336;3 **2**|9;1 100;1 166;3 **5**|51;4 **6**|2;3 53;1 85;2 **7**|67;1

पठायउँ **6**|30;1

पठायउ **6**|37;1

पठायो **6**|74;5 **7**|58;2

पठावउँ **6**|106;2

पठावा **1**|62;1 94;2 **3**|7;4 **4**|7;13 11;1 **5**|2;6 **6**|19;1 89;1

पठै **1**|312;4

पढ़ **1**|204;3

पढ़त **1**|331;4

पढ़न **1**|204;2

पढ़हिं **1**|319;3 323;4 324;4 **2**|37;3 **4**|15;1

पढ़ाइ **7**|110;4

पढ़ाए **1**|338;1

पढ़ाई **2**|27;3 **7**|110;4

पढ़ाव **7**|105;3

पढ़ावहिं **7**|28;4

पढ़ावा **7**|110;3

प

पढ़ि **2**|212;2

पढ़ें **3**|21;5

पढ़े 7|49;2

पतंग **1**|195;4 **3**|46ख **4**|15ख **5**|15 56ख **6**|29 7|14;2

पतंगा **1**|98;4 116;2 126;3 268;1

पतंति **3**|4;7

पताक **1**|194;1 289;1 296;4 299;2 344;3 **2**|6 6|79;1

पताका **1**|17;3 94छ **3**|38;1 **6**|80;3 92;1 **7**|9;1

पताला **6**|24;7 **7**|92;1

पतिं **3**|4;11 4;6

पति **1**|51छ 61;4 71;3 72;3 74;1 79;3 83;2 87छ 88;1 98छ 100छ 102;2 107;3 188 198;2 211छ4 247;3 334;3 **2**|21 58 58;1 65;2 91;4 97;2 103;2 117;4 172;4 180;2 199 305 **3**|4;6 5;10 5क 5;5 5;8 7;2 11;11 16;5 29;7 **4**|1 3;2 4;1 7;14 28;4 **5**|36;3 38;4 **6**|24;1 29;2 30;4 36;4 104;1 104;2 104;7 **7**|22;4 24;2 62ख 82;3 99;2

पतिआनि **2**|16

पतिआहु **2**|22

पतिआहू **2**|72;2 179;1

पतित पावन **7**|130छ1 130;4

पतिदेवता **1**|235 **2**|145;1

पतिन्ह **1**|336;4

पतिप्रिय **2**|118;1

पतिबचनु **1**|59;1

पतिब्रत **1**|67;3 **3**|5ख 5;9 **7**|127;3

पतिब्रता **3**|5;6

पतिहि **1**|71;1 140 **2**|25छ 97;4 **6**|6;2

पत्र **1**|175;2 287 **2**|317;4 **4**|13;1

पत्री **1**|91;3

पत्रिका **1**|290;3 293 295;1 **5**|56;4

पथ **1**|44;1 139;1 **2**|124;1 168;3 168;4 172 216;2 234;3 275;2 **5**|41;5 **6**|92छ **7**|20 24;1 46;1 62;2 98;4 100ख

पथि **2**|122;4

पथिक **1**|41;2 **2**|112;2 123 154;3 276;3 **3**|40;2 **4**|15;6 **7**|29छ

पथु **1**|56;4

पथ्य **2**|176;1

पदं **3**|4;12

पद **1**|0;5 1;1 1;3 2;1 7ग 9;2 9;3 13;5 14घ 14च16 17;1 17;3 17;5 18 18;2 18;4 34;1 34;2 37;7 43ख 44;1 44;3 45;2 46;2 55;4 57;1 60;2 65;3 66;3 66;4 68;3 74;1 76;2 91;3 93;3 93;4 99;1 100छ 101छ 102;2 104;3 107;4 109 113;2 114 115 118;3 119 119;4 124;1 125;2 129;4 139;1 139;4 143 145;1 146;1 148;1 148;4 149;1 151;3 155;2 159;3 164;3 165;1 166;3 167 172;4 173;2 177 177;2 184 186छ4 187 188 206;4 208क 209;3 211छ1 211छ3 211छ4 215 217;3 219;1 223;3 225 226;3 226;4 236;1 239 244;2 252 253 255;2 259;2 265;4 267;2 269;3 282;2 308;1 308;3 324छ1 324छ2 327;1 328;3 336;1 343;1 352;4 357 359;2

2|1 9;1 34;3 52;1 57 58;3 61;3 66;2 68;3 69 71;1 74 75छ 75;2 77;1 81;1 88;3 93;3 95 97 98;1 98;3 99;4 100छ 100;4 101 101;3 107;4 113;4 121;1 123;3 129;2 139 139;1 151 151;3 170;1 178;2 182 185 191;2 195 195;3 195;4 197;3 197;4 202 204 205;3 214;2 216;3 217;1 219;4 224;2 228;1 229;3 231 238;2 242;2 245;1 245;2 251;4 253 259;3 269;4 273;3 275;4 291;1 301;1 301;3 304;1 306 308;2 308;4 312;4 314;1 315;4 318 318;4 319 320 324;1 326

3|2;6 5;1 5;5 7;1 10 10;1 12;5 20क 21;1 24;2 26छ 26;4 27 30;2 33;4 34;2 34;5 35 36छ 36;7 42ख 46छ 46;2 **4**|1;4 4;4 7;7 7;9 10छ2 22;1 25;4 30छ **5**|7;2 8 12;3 17;3 29 29;2 30 35;1 39क 41;3 42 42;3 42;4 46;4 47 47;3 48 48;3 49;2 49;3 53;1 56ख 57;6 59;1 **6**|6 7 15;1 15ख 17;1 18 18;3 34;4 34;5 34;6 35;1 35क 38क 45;1 46;1 47;4 57 59;3 60क 60ख 74;5 80ख 80;2 81;3 82 86छ 98छ 98;7 99;3 100;5 106 110;5 111;11 113;6 117;1 121छ1 121छ2 121;3

7|2;8 5;3 8;3 8;4 10ख 13;4 14क 14;5 14;6 14;8 15 15;5 17क 18;2 18;4 19;3 19;4 38 38;3 45;4 47;1 48;1 49 49;2 49;4 52;3 61 61;1 62;3 68क 71ख 77क 78क 85ख 89;1 95;3 96;1 96क 103ख 103;2 106;1 106;6 108ख 111;4 112क 113;7 114क 114;2 114;4 115क 116ख 119;1 119क 119;2 122;7 124ख 125;2 126;1 128 128;4

पदचर **1**|298 304 **3**|38;4 **5**|3छ1 **6**|87छ

प

पदचारी 2|201;2

पदज 7|76;3

पदत्राना 2|62;3 119;3

पदबी 2|52;3

पदवी 7|106;5

पदांबुजं 3|4;1

पदाति 6|86;2

पदादपि 7|13;3

पदाब्ज 3|4;11

पदारथ 1|164;4 315;1 345 2|46;1 105;2 215;4

पदारबिंद 6|55 7|24

पदारबिंदु 7|1;6

पदिक 1|147;3 199;3

पदु 2|228;2 228;4

पदुम 1|1;1 2|69 81;1 98;3 100;4 113;4 151 224;2 242;2 251;4 301;1 317;4 318;4 5|55;2

पदुमराग 1|287

पन 1|57;3 57;4 58;4 77;3 89 90;3 129;3 152;3 222;1 249 249;4 250;3 2|264;3 266;4 267;3 299;4 3|8;3 9 5|9;3 10;2 43;4 6|34;4 35;4 35;7 94;1

पनच 2|133;2

पनव 1|299;1 313;2 344;1 6|79;4

पनवारे 1|328;4

पनस 3|10;8 40;3 6|90छ

पनहीं 2|191;2 211;4 311;2

पनही 2|234;1

पनारे 6|69;4 92;4

पनिघट 7|29;1

पनु 1|104;4 222;2 234;2 249;2 251;4 252;3 258;1 259;2 2|30;4 155;3 262;1 266;4 325;1

पन्नगारि 7|95क 116;1

पबारें 1|301;2

पबारे 6|32;3 92;5

पबारै 6|91;3

पबि 1|357;2 2|199 205;2 281;4 3|29;5 6|76;6

पबित्र 2|287;1 312;2

पबिपात 6|49छ 102छ

पर्यं 2|249;2

पय 1|6 10ख 57ख 356;1 2|133;1 139;3 169;3 188 225;3 232;4 281;4 7|23;3 88;4 115;1 117;7

पयद 2|52;2

पयनिधि 1|185;1

पयमुख 1|277;4

पयाग 2|210;3

पयागा 2|210;4

पयागू 2|286;3

पयादें 2|221;3 222 311;2 6|89;1 108;6

पयादेहिं 2|62;3 188;1 203;2 204;1

पयादेहि 2|112;3 203;3 262;3

पयान 2|79;3 5|35;3

पयाना 1|304;2 339;4 2|144;3 186;1 187;4 320;3 5|31;3 35;2

पयोद 6|46;5

पयोधि 1|31;5 2|63;3 139;3 154;3 217 232;4 238 307;1 5|60;2 6|5 28;2 79;3 7|67;2

पयोधी 7|67;3

पयोनिधि 1|27; 247;4 262;1 311 5|60;4 6|1;1 7|120क

परं 6|111;6

परंतु 1|150;3 167;1 222;2 2|289;3

पर 1|0;4 4;1 4;2 4;4 4;5 4;6 8;5 8;6 12;4 13;2 13;3 15 15;4 16;1 17;4 20 29क 46;1 54;1 65 66;1 72;1 76 77;2 78;3 84;1 87;1 93;1 104;1 105;3 106;1 108;1 109;4 117;1 120;3 120;4 136;4 137;1 138;4 146;2 161;3 162;2 163 167;4 179;4 183 210;4 220 254 258;4 259;3 271;4 273;3 277;1 279;3 281;3 285 303;4 316;4 319;4 347;2 350;1 360;4

2|15;1 15;3 18;3 21 28;4 30;4 31 34;3 40;3 47;1 49;3 109;2 118;1 130;4 139 161;1 172;1 173;2 180;3 181 206;4 208;3 219 227 232 239;3 240;3 259;1 259;3 259;4 260;3 263;4 264;4 286;3 302;1 315;1 3|1 1;2 6क 6;2 10;2 13;9 18छ 19क 19;7 20छ3 21;4 29;13 39;2 40 43;4 45;1 46;1 4|3;2 4;1 12;4 12;5 17;2 26;3 5|3;4 3;5 7 7;3 22;3 24 30;1 33 33;4 37;3 40;4 41;3

प

45;4 47;3 51 55 57;3 **6**|3;3 7;4 10 11;2 17क 22ख 41 41छ 43 49छ 51;1 53 55;2 59;4 64 66 74ख 74;5 78;1 82;1 86;1 94;4 97;1 97;3 98;4 99;4 103छ2 108;4 110;2 116;2 117;3 118;2 119;2

7|12;4 13;6 16;2 16;4 22;4 25;2 28;3 30 37;2 38;1 38;2 39 39;2 40;1 40;4 41;1 41;2 45;4 56;5 70;1 70;2 73;1 73;5 74;4 84;4 87;2 87;4 95;4 99;2 108ख 108च 108ग 109;2 109;3 118;8 121;10 121;17 121;7 121;8 121;9 123;2 124क 124;2 125;3 125;4 129;2 130छ3

परइ **1**|74;3 121;3 134;3 264;2 288;1 **2**|25;1 39;2 71;2 100;3 218;1 **3**|11;12 22 28;2 **6**|95;4 **7**|19ग 75क 117;4

परई **1**|35;4 **2**|33;2 194;4 **3**|5;8 **7**|99;4 106;6

परउँ **1**|81;4 **2**|21

पर घर **1**|97;2 355;4

परचारे **6**|35;1

परछिद्र **1**|2;3

परजरा **6**|27;4

परत **1**|57ख 166;1 328;1 **2**|44;1 234;3 289;4 317;2 **3**|20छ5 20छ4 21;1 **4**|14;3 **6**|50;3 95छ **7**|13;3 119;1

परति **1**|21;4 102;4

परतिय **1**|231;4

परतिहूं **5**|20;1

परतीति **1**|138;3 **7**|89;4

परतीती **1**|257;2 **4**|7;7 **7**|89;4

पर त्रिय **6**|22;3 **7**|100;1

परत्र **7**|43

परत्रिय **7**|112;2

परदखिना **2**|202;2

पर दारा **1**|184;1 **2**|168;2

परदोषा **3**|36;2

परद्रोह **6**|92;2 104छ 113;5 **7**|16;1

परद्रोही **1**|184;3 **7**|112;1

परधन **1**|184;1 **7**|39 40;4 98;3

परधनु **2**|168;2

परधानू **2**|291;1

परधामा **1**|50;4

परन **1**|328;4 **2**|126;3 133;4 141 250;1 320 321 324;1 **3**|13 20छ5 **6**|32;4 70;2

परनकुटी **2**|104;3 140;3 237;3

परनसाल **2**|65

परना **1**|74;4

परनामा **1**|14;2 50;4

परनारि **1**|231;3 **5**|38;3

परनारी **2**|130;3 **6**|30;3

परनिंदक **7**|102;5

पर निंदा **7**|121;11

परपंचु **2**|232;3

परपति **3**|5;7 5;8

परबंचनताति **7**|102;5

परब **1**|41;4 **2**|115 **6**|102;5

परबत **3**|29;5

परबस **1**|234;3 **2**|16;3 320;4 **4**|5;2 **7**|6छ 78;4

परभात **2**|186;1

परमं **6**|115;3

परम **1**|13 13;3 14;3 18 28;4 44;1 44;3 45;2 46;2 48;2 49 56 58;1 61 77;1 77;2 84;1 86;4 88 93 102;4 105;4 117;3 120ग 120;4 122;1 123;4 124;1 125;1 131 132 133 137;1 140;2 144;2 145;2 145;3 146;4 153;4 156;1 158;4 161;2 162;2 166;1 170;2 177;1 178;1 184छ 184;2 186छ4 187;3 192छ4 193;1 193;2 199 203;2 208;3 211छ3 211छ4 218;2 226;4 227 235;2 241 242;2 246;1 247;4 256 259;1 264;2 282;4 296;4 308 317;3 320छ 338;3 345 350;3

2|7 28;1 34 49;2 56;4 57;3 64;3 69;2 74;4 80 93;3 97;2 97;3 108;4 111;1 113;1 120;4 139;1 170;1 175;4 181;4 194 195;4 213;2 217;1 219;1 241;1 298;1 305;2 307;2 308;3 314;1 315;2 326;3 **3**|3 6;1 10;11 11;12 13;8 15;4 19;7 20छ4 21;2 22;3 26छ 26;4 27;2 28;1 29;11 36;5 38;6 41;1 41;2 45;5 **4**|7;10 11;3 13;4 16;1 19;2 27;4 30छ

5|3;6 7;4 8 9;3 12;6 14;4 16 16;4 17;4 22;2 25;4 26;1 33;2 34;1 35छ2 55;3 **6**|2;2 4;3 6;2 9;5 10 11;1 12;1 17;4 24;2 38ख 39;5 43;2 45;3 46;1 49;1 61;8 62;1 64;3 64;4 76;3 76;7 78छ 82;1 87छ 91;4 103छ1

106छ 108;5 110;6 114क 117;4 119;4 120;1 120;4 121छ1 121;5 121;6

7|2छ 2;4 5 6;1 16;2 17;2 29;1 29;4 32;1 33;3 41;3 42;4 53 55;4 59 62;2 64 64;1 64;3 68;4 72क 74;2 85;1 86;1 87क 95;1 95क 95ख 96;2 97;2 105;2 109;1 111;1 112;7 117;7 118;1 118;5 119;1 119;2 120;2 121;11 121;3 124;2 126;1 127;2 130छ3

परम गति **1**|267;2 **3**|5;9 **6**|45;3 **7**|21;2

परमातमा **1**|119;3 **7**|48;4

परमातुर **7**|60

परमात्मा **7**|112;3

परमानंद **1**|111;4 116;4 189 193;3 196;3 223 349;2 **7**|7 7;3 12छ1 34

परमानंदा **1**|186छ2

परमानु **6**|0क

परमायतनं **7**|14;10

परमारथ **1**|44;1 **2**|93;4 143;1 168;3 169;4 247;1 254;3 255;2 268;3 289;4 **3**|6;3 **4**|7;9 **7**|47;3 105;2

परमारथबादी **1**|108;3 144;2 **6**|105;1

परमारथी **2**|93;2 **6**|110;1

परमारथु **2**|92;4 93;3 111;1 239;2 278;1 315;2

परमिति **1**|31;7 **2**|48;2

परमीसा **7**|58;4

परलोक **1**|20;1 27; 32;3 **2**|218

परलोक **2**|263 **7**|41;2 43;4 45;1

परलोकहु **2**|182;3

परलोका **4**|23;3

परलोकु **2**|79;2 263;4

परलोकू **2**|211;3

परवाना **1**|169;3

परस **1**|3;5 35;1 118;4 265;4 **5**|60;1 **7**|44;2 90;4 112;1 121;6

परसत **1**|211छ1 344;4 **2**|25छ 71;4 121;2

परसति **1**|265

परसपर **1**|21;1 42 44;4 217;2 220;3 305 310;4 323छ2 340 342 353 358;1 **2**|7;3 11;2 24;2 76;2 108;2 119;1 122;2 185;3 206;1 214;1 275;3 **3**|20छ4 **6**|54;1 **7**|30;1

परसा **4**|8;3 23;5 **5**|1

परसि **1**|44;3 223;3 224 324छ2 **2**|113;4 139;1 242;2 **5**|42;3 **7**|13;4 113;8

परसु **1**|272 272;2 272;4 275;1 276;3 279 282;3 283;2 **3**|19छ 20छ3 **6**|26;2 40;4 73;1 80;4 **7**|37 37;4

परसुधर **1**|284;3

परसुधरहि **1**|271;3

परसुराम **1**|284;4 **2**|174;4 **6**|110;4

परसुरामु **1**|280

परसे **1**|148;4

परसेउ **3**|30 **4**|10;1

परस्पर **1**|41;2 295;3 311 325छ4 326छ3 333;1 337;4 **2**|265;2 **4**|26;1 **7**|21;1 23;1 73;3

परहिं **1**|21;3 69 192छ4 288;1 319;2 **2**|119;4 143;3 156;2 315;3 **3**|20छ1 **4**|14 **6**|44 87 **7**|41;4 100;2 112;3 121;13

परहित **2**|219 **3**|31;5 46;4 **5**|48 **6**|80;3 **7**|109;1

परहीं **1**|3;5 194;3 306;3 **2**|11;4 **4**|12;3 **6**|68;3 87;5 **7**|107;3

परहेलें **1**|159;2

परा **1**|78;3 84छ 263;2 313;4 **2**|82;4 **3**|15;3 29क 29;11 30;9 **4**|9;1 **5**|26;4 57;1 **6**|16;3 24;5 27;4 74;4 98छ

पराइ **1**|301;1 **2**|12;3 **6**|41 47 74ख 82;3

पराई **1**|64;2 158;1 179;2 181;3 203;4 **2**|85;1 144;4 **3**|27;6 **4**|6;4 **6**|42;2 65;5 76;2 78;3 96;3 **7**|39;2

पराएँ **1**|134;3

पराक्रम **6**|27

पराग **1**|37;3 325;5 **2**|301;1

परागा **1**|1;1 211छ3 **2**|98;3 113;4 242;2

पराधीन **1**|102;3 **2**|293 **3**|17;7

परानंद **7**|46

परान **6**|101;3

पराने **1**|95;3 285;4 **6**|82;4

पराभउ **1**|292;4

पराभव **1**|235;4

पराय 2|168;1
परायन 7|38;3 39;3 54 97;3 97;4 101;3 127 127;1
पराव 2|130;3
परावन 1|180;4
परावर 1|116
परावा 7|40;3
परास 3|40;3
पराहिं 6|67;2 7|77क
पराहीं 2|264;2 3|37;3 4|15;5
परि 2|98 117 147;1 151छ 151;4 163;2 244;4 285 3|21ख 7|69;4 97;3 117;2 125;4
परिअ 1|273;4
परिकर 1|219;2 250;3 3|27;4 6|86;5
परिखिअहिं 2|283;3 3|5;4
परिखेसु 4|6;3
परिखेहु 5|1;1
परिघ 3|19छ 6|40;4 42 73;1
परिचरजा 7|24;3
परिचारक 1|287;3 323छ1
परिचारिका 1|326छ3
परिचेहु 1|137;2
परिच्छा 1|77 7|113;1
परिछन 1|96;2 318छ
परिछनि 1|317 317छ 319;1 346 346;1 348
परिछाहीं 2|141;3 266;2 5|3;1 6|12;4 7|28;3
परिछि 1|349
परिछिन्न 7|111ख
परिजन 1|17;1 40 181;2 203;1 308 2|26;3 57;1 57;2 65 83;4 91;2 140;1 141;2 152;1 157;4 176;2 176;3 200;3 250;4 272;1 277;4 305;3 314;1 315;1 315;4 319;3 320;1 321;2 323;3 3|35;3 6|20;4 104;5 7|3क
परिजनन्हि 7|20;3
परिजनहि 2|58;4 286;1
परितापं 5|10;3
परिताप 1|43;3 258;4 2|66;3 7|107क 125;4
परितापा 1|63;3 254;3 2|86;4
परितापी 1|176;4 183;2 7|122;2
परितोष 2|60 7|113;3
परितोषत 1|27;
परितोषा 1|127;1
परितोषि 2|151छ
परितोषीं 2|118;2
परितोषी 1|171;3
परितोषु 1|102 281;1 2|104;4 177;3 244 287;1 302;4
परितोषू 2|71;3 126;2 166;1 175;1
परितोषे 1|342;3 2|80;2 137;1
परित्याग 1|61;4
परित्राता 1|163;1
परिधन 1|106;3 3|11;2
परिधाना 1|143;4
परिनाम 2|50 70;4 186;2 201छ 234 282 304;4 305
परिनामा 2|23;3 59;2 62;2 82;4 223;4
परिनामू 2|36;1 261;4
परिपाका 2|21;3
परिपाकू 2|261;3
परिपाटी 1|239;3
परिपालय 7|34;4
परिपूरन 1|101छ 326छ3 336 339;3 2|107;1 256;2 7|34
परिपूरन 2|170
परिपूरित 1|308;4 2|194;2
परिपोषे 1|352;2
परिवार 1|73;4 168 173 336छ 2|3;2 75छ 101 131;3 136;4 4|7;8 7|16;3 40;2
परिवारा 1|174;1 181;1 2|88;3 129;3 136;2 5|46;2 48;2 6|61;4 7|71;4 118;2
परिवारु 1|338 2|65;1 98;3 140;3 159;2 188;3 306;3
परिवारू 1|1;1 2|71;2 92;4 97;2 100;4 154;4 305;3 315;4
परिहर 1|80;3
परिहरइ 1|338;1 7|109ग

परिहरई **2**|172;4 **3**|17;9

परिहरऊँ **1**|80;4 252;3

परिहरहिं **2**|234;1

परिहरहि **2**|26;4 32

परिहरहीं **1**|4;4 306;3 **2**|58;3 **4**|12;3 **7**|115;1

परिहरही **6**|30;1

परिहरहु **1**|71 97छ **2**|143;1 175;2

परिहरहू **2**|161;2 165;3 174;1 175;1 **5**|36;3 **6**|14;4

परिहरि **1**|6 75;2 171;2 222;1 278 278;1 **2**|15 42;2 44 68;2 94;1 137;4 145;1 155 167 171;3 182;2 188 280;2 **3**|6ख **4**|7;8 16;5 **5**|38 39क 57;2 **6**|6;2 24;1 27;1 38क 49;1 105;4 **7**|13;3 87ख 87;4

परिहरिअ **1**|223;3 **2**|45 72;4 **7**|106;8

परिहरिहि **2**|49 146;4

परिहरिहु **3**|30;1

परिहरीं **1**|98छ 232;3 249;1

परिहरु **1**|74 **2**|32;2

परिहरे **1**|74;4

परिहरेउँ **2**|260;4

परिहरेउ **1**|16 **2**|174;2 264;3

परिहरेऊ **2**|38;4

परिहरेहिं **4**|7;4

परिहरै **1**|342;3

परिहहिं **6**|27;2

परिहास **1**|9;1 **2**|32;3 50;3

परिहासा **3**|22;5

परिहि **2**|229;2

परीं **1**|300;1 **2**|246;3 **5**|11;4

परी **1**|31;1 41;4 67 71;4 154;3 164;2 211छ4 **2**|37;4 38 164;1 **3**|22;2 34;4 **4**|5;2 **5**|22;1 **6**|12;3 41;4 104;1 121;4 **7**|39;2 106;6

परीछा **1**|52;1 55 56;1 **2**|15;3 **6**|102;2

परुष **3**|34;1 38ख **5**|9 **6**|10;2 **7**|38;4

परुषाच्छर **7**|102;4

परुसन **1**|99;4 173;3 329;2

परुसहु **1**|168;3

परुसि **1**|328

परें **2**|54;1

परे **1**|148;4 329;1 **2**|160;2 164;1 240;1 245;2 **3**|12;5 20छ2 **5**|29;4 **6**|13क 14;2 32;3 44;4 50 62;6 71;4 73;4 88;2 88;5 110;6 111;9 114;1 119;5 **7**|5;4 14;4 14;5 73क 108;7

परेउँ **1**|159;3 **4**|28;2 **7**|83;1

परेउ **1**|157;4 172;1 174;4 175;3 360;4 **2**|5;3 32;1 34 36 39 40 94 110 142;4 148;3 148;4 153 153;3 162;1 263;1 **3**|10;11 27;7 **4**|2;3 3;3 **5**|32 **6**|59;1 64;2 65;4 71;3 77;3 83;4 84;1 91;4 103;3 104;3 121;6 **7**|18;4 20;2 104ख

परेऊ **1**|120;1 **2**|38;4 47;1 **6**|71;1 93;2

परेशं **7**|108;5

परेस **1**|116;4

परेहु **6**|90;4 104;4

परै **1**|86छ 99छ 320छ 323छ2 **4**|3;1 **7**|101;5

परौं **1**|96छ **2**|45;1

पर्न **7**|13;5

पर्बत **1**|84छ **4**|1;1 **6**|41;3 49;5 87;4 **7**|120;7

पर्बताकारा **4**|30;3

पर्यो **6**|65;4 83छ 94छ **7**|2छ

पलँग **1**|356;1 356;3 **2**|59;3 90 **4**|20;3

पल **2**|214;4 244;2 248;3 280;4 **5**|45;2

पलक **1**|232;4 355;4 **2**|57;1 142;1 201;1 252;1 290;1 **7**|30;2

पलकन्हिहूँ **1**|232;3

पलटि **5**|26;4 **7**|44;1

पलनाँ **1**|201;1

पलना **1**|198;4

पलिअहिं **1**|5;1

पलुहइ **3**|44;3

पलोटत **1**|226;3 **2**|89

पलोटिहि **2**|67;3

पल्लव **1**|87;3 227;3 288 346;2 **2**|237;2 249;4 **3**|40;4 **4**|15;1 **5**|9;1 **7**|32;1

पल्लवत **7**|13;5

पल्लवित **1**|346 **2**|152

प

पवन 1|7क 7;5 182;5 288;3 4|10छ1 20;5 23;5 30;2 6|8;2 12ख 42;2 7|23;2

पवनकुमार 1|17 6|60ख

पवनकुमारा 5|2;2 6|1;1 7|19;5 32;1

पवनतनय 5|1;3 30;3 6|43;3

पवनसुत 1|26;3 4|4;1 19;1 24;4 5|2;1 2;4 2;5 7;1 8 8;3 16;5 27;1 30;3 6|1;2 24;3 32क 43 51;1 55 57;2 83 121;2 7|1क 26;2 33;1

पवनु 1|298;3

पवनू 1|42;2

पवित्र 1|123;2 7|55;1

पषान 1|80;3 301;2

पषाना 2|220;4

पसाउ 1|15 331

पसाऊ 1|15;4 89;2

पसारा 5|2;4 6|52;2

पसारि 1|311छ 6|70

पसारी 6|12;5 95;2 98;4 7|79;4

पसु 1|85;2 283;2 2|19;1 100;1 264;2 277;4 299;4 320;4 4|21;2 5|50;1 59;3 6|26;3 7|78क 81;1

पसेउ 2|20;1

पस्यंति 3|32;5

पस्यामि 6|107छ

पहर 2|38;1 203 278;3 312;4

पहार 2|34;1 63;1

पहारा 2|98;4 136;1 6|82;1

पहारू 1|273;1 2|66;2

पहिं 1|53 69;2 77 77;4 82;1 86;1 87छ 102छ 107;1 139;1 159ख 171;4 177;3 201;3 228;4 238;2 239 239;4 239;5 240;4 263;4 294;2 301;4 358 2|10;2 13;3 24;1 25;3 51;4 73;2 90;2 106;4 157;1 163;4 178;4 186;4 198;1 206;2 257;3 290;2 291;3 292;3 3|2;5 12;3 17;10 17;4 17;9 18;1 4|14;4 5|27 29;3 43;2 51;4 52;1 6|21;4 23क 38;5 52 62;3 64;3 66;4 77;3 97छ 98छ 99;1 104;1 105;3 106;4 108;1 114क 114;3 118;1 121;2 7|2ख 4ख 5छ1 58;1 59;4 60;1 60;4 88;2 125;2

पहिचानत 1|28;3

पहिचानहु 1|291;3

पहिचाना 1|158;4 2|19;1 3|27;9 4|2;5

पहिचानि 1|172 322;3 2|110 147;4 267 293 3|7;2 4|2;3

पहिचानी 1|28;5 307;2 2|24;1 250;3 274;3 3|29;4 5|6;2 13;1

पहिचानें 1|21;3 112;1 321;4

पहिचाने 1|6;1 222;2 232;2 321छ 2|33;4 48;2 110;2 240;2

पहिचानेहु 1|169

पहिरइ 7|109ग

पहिरहिं 1|11

पहिराइ 1|264;3 7|18ख

पहिराईं 1|353;2

पहिराई 1|199;6

पहिराए 1|351;3 3|1;2 5;2 6|108;4 7|15;5 17क 17;3 17;4

पहिरावनि 1|353;3

पहिरावहु 1|264;3

पहिरि 1|266;1 2|191;3 6|118;1

पहिरिअ 2|19;2

पहिरें 1|296;1 318;1

पहिरे 1|92;1 2|165

पहिलेहिं 1|183;1 226

पहूंचाईं 2|320;3

पहूंचाई 1|175;2 360;5 2|112;4 142;3 144;1 146;4

पहूंचाउ 2|149

पहूंचाए 7|19;3

पहूंचाएसि 1|171;4

पहूंचावन 1|102 339;2

पहूंचावहिं 1|337;4

पहूंचावा 6|62;2

पहूंची 1|343

पहूंचे 1|58;3 143;3 191 290;1 2|87;1 157 3|12;3

पहूंचैहउँ 1|169;4

पहुनई **1**|306;4

पहुनाई **1**|311;1 332;2 **2**|213 213;3 279;3

पाँच **2**|24;1 180;4 183;4 312

पाँचहि **2**|5;2

पाँचा **2**|206;1

पाँछि **2**|160;4

पाँति **1**|99;4 **2**|131;3 **3**|35;3

पाँती **3**|30;4 **7**|2;2

पाँवड़े **1**|306;3 319;2 320;4 328;1 349

पाँवर **1**|111;3 **7**|39

पाँवरीं **2**|316;2

पाँवरी **2**|325

पाँस **4**|21;3

पा **1**|81;4 127;1 273;4

पाइ **1**|7क 7;2 15;4 35;6 43ख 60;4 71;1 73 152;4 176;1 179 185;2 203 225 237;2 238;3 250 263;3 274 319 325छ2 326छ4 327छ2 331;3 337;2 339;4 343;4 345 351;3 353 358;4 360;5 **2**|2 18;1 23;3 24;4 42;2 76;1 81;1 81;4 82 108;3 109 111;3 114;2 126छ 139;1 196 197 202;1 221 228;1 231 235;1 235;3 236 242;1 245;4 253 278;4 285 302 307 316 323 323;1

3|5;10 22;3 30;7 40 **4**|15ख 15;5 15;6 16 16;3 17 **5**|21;2 35;2 38;2 39ख **6**|9 19;2 23क 47;3 60क 72;1 89;3 97;2 98;6 120;2 **7**|2;3 6ख 13;3 35 43;4 44 44;1 69ख 96;1 117ख 117;6 118;2 122;2

पाइअ **1**|35;4 185;1 **2**|61 121;3 154;4 190;2 **3**|39क **7**|120ख

पाइअहिं **2**|85;1

पाइए **7**|28छ

पाइक **1**|302;4

पाइब **7**|33;4

पाइबे **7**|120;6

पाइहहु **6**|116च

पाइहि **2**|21;3 124;1 175;1 207;1 **6**|3;1 28;2 75;3 **7**|109;3

पाइहैं **6**|106छ

पाइहौं **2**|151छ **3**|26छ

पाईं **1**|308;3 357;1

पाई **1**|3;3 3;5 8;7 11;1 48;2 52;2 65;3 98;3 122;3 139;4 149;3 155;1 171;1 175;4 178;2 179;2 203;2 209;2 211छ2 218;2 220;2 227;1 237;3 238;1 240;3 248;4 260;4 263;2 266;4 286;2 287;3 290;4 291;4 294;1 302;2 322;1 343;3 350;4 355;2 357;3 359;1

2|14;1 19;2 24;2 38;1 43;1 44;2 46;2 52;3 59;1 68;3 82;2 88;1 106;4 108;4 109;3 109;4 110;3 121;4 135;1 138;4 149;1 151;2 153;1 163;2 168;3 198;1 206;4 212;4 228;2 230;2 260;1 279;3 284;1 286;2 290;2 308;1 310;1 311;1 312;3 318;3 319;3 320;2 324;1 **3**|2;6 10;7 13;9 31;4 34;2 44;3 **4**|14;4 17;4 18;1 21;4 22;3 26;2 **5**|11;3 16;1 23;3 29;1 37;4 56;3 57;5 60;1 **6**|4;5 14;2 46;2 79;7 85;1 110;1 114;5

7|39;2 47;4 50;3 54;4 55;3 94;2 95;4 97;1 105;1 106;5 107;4 110;2 112;5 114;4 114;8 120;9 126;4 130छ1 130;4

पाउँ **7**|129;2

पाउ **2**|136;1 192;1 267;3 284

पाउब **1**|97छ **2**|62;2

पाऊ **1**|313;4 **2**|25;1 39;2 88;4 234;3 245;4 248;4 291;3 **3**|46;3

पाएँ **1**|22;2 66;2 79;4 134;3 156;4 226;4 321;4 **2**|112;3 116;3 152;2 210;1 228;4 262;3 283;3 **3**|12;1 21;5 **4**|14;2 22;4 **7**|106;3

पाए **1**|18;1 65;1 66;3 88;2 175;1 182;4 212;2 214;4 220;1 296;1 312;1 325 355;1 **2**|8;1 70;1 73;2 121;3 125;2 147;3 161;2 193;2 203;2 211;3 **6**|38;4 39;1 94;3 118;1 **7**|3;2 15;5 122;1

पाएहूं **3**|43;5

पाक **1**|201;2 **2**|27;2

पाकत **2**|253;1

पाकरि **2**|237;1 **7**|57;3

पाकरिपु **1**|347;2 **2**|302;1

पाकरी **7**|56;5

पाकी **7**|127;4

पाकें **2**|161;3

पाखंड **4**|14

पाख **1**|7ख **4**|19;3

पाखु **2**|19;2

पागी **1**|293;3 **5**|36;3

पागे **1**|146;4 **2**|184;1

पाचँ **7**|75;2

पाछ **7**|79क

पाछिल **1**|63;3 170;4 **2**|230;3 **7**|93;2

पाछिलि **3**|43;4

पाछें **1**|54;3 221;4 224;2 **2**|4;3 123;1 192;1 221;3 231;2 **3**|7;1 10;6 26 27;6 27;8 **4**|7;4 23;5 **5**|51;4 **6**|11;4 58;2 70;3 94;1

पाटंबर **7**|95ख

पाट **2**|6;2 **7**|95ख

पाटमय **1**|288

पाटमहिषी **1**|324;1

पाटल **3**|40;3 **6**|90छ

पाटे **6**|93;3

पाठ **2**|299;4

पाठक **2**|299;4

पाठीन **2**|193;2

पाठीनु **2**|35;1

पाणि **3**|11;2

पात **2**|45;1 114 211 251;1 **4**|15;2

पातक **2**|28;3 132;3 167;4 177;2 248;1 **4**|7;1 17;3

पातकमई **1**|324छ2

पातकिनि **2**|22

पातकी **2**|162

पातकु **2**|95;4

पाता **2**|119;4

पाताल **1**|265;3 **5**|1;4 **6**|15;1

पाती **1**|74;3 91;3 290;2 290;4 291;1 295;3 **5**|52;4 56;5

पात्र **7**|117;6

पात्रु **2**|208;2

पाथ **1**|10छ **2**|310;2

पाथा **1**|42;4

पाथु **2**|275

पाथोज **1**|101छ **4**|30छ

पाथोद **3**|32छ2

पाथोधि **5**|60;4 **6**|6;1

पादपं **3**|4;10

पादप **3**|29क **6**|1 74ख 82;1

पादपधारी **5**|35;5

पादारविन्दं **7**|108;7

पादुकन्हि **5**|42

पादुका **2**|323 **7**|65;4

पादोदक **7**|48;1

पान **1**|10ख 15;1 43;3 99छ 136;4 158 180;2 231 321 328;4 329 346;2 355;1 **2**|101 215;3 315 **3**|7 21;4 21;5 **4**|0ख **6**|101;2 **7**|52ख 128

पानहिन्ह **2**|262;3

पाना **1**|35;1 39;2 47;4 70;1 115;4 211छ3 **2**|6;1 **4**|24;2 25;1 **6**|64;1 **7**|88;4 122;9

पानि **1**|4 7ग 119 126;3 199;6 247;4 248;3 265 284 320छ 327छ3 341;2 **2**|25छ 101;3 197;4 237;4 242;4 307;3 **3**|3 20छ3 26छ 35;1 41 **5**|4;3 **6**|106;4 109छ2 118;3 **7**|36;3 77;1 79;3

पानिगहनु **1**|324छ3

पानिग्रहन **1**|101;2

पानीं **1**|334;1

पानी **1**|8;1 43;2 53;4 96;2 101;1 148;4 149;1 221;3 234;1 238;4 263;2 279;1 328;3 **2**|5;3 6;1 35;1 51;3 54;1 63;1 80;4 89;4 115;1 124;2 167;2 182;2 294;2 296;3 301;4 **3**|18;6 **4**|10;1 14;3 16;3 23;5 **6**|61;8 72;3

पाप **1**|6;3 15;1 27; 32;3 35;1 43;3 138;2 277 **2**|34;1 36;1 168;1 179;2 186;2 194;3 219;2 251;3 263 326;4 **3**|21क 44;4 **4**|9;4 **6**|32;1 97 **7**|97;4 100क 101;3

पापप्रिय **5**|45;4

पापमय **5**|43 **7**|39

पापवंत **5**|44;2

पापहि **1**|183

पापा **3**|33;4 **7**|103;4 109;2

पापिउ **4**|29;2

पापिन **2**|161;3

पापिनि **2**|13;4 73 159

पापिनिहि **2**|47;1

पापिष्ट **6**|113;5

पापिहि **6**|76;7

पापी **1**|126;4 135 176;4 183;2 206;3 277;3 **2**|145;3 149;4 **4**|9 **7**|107;4 122;2

पापु **1**|56 273;4

पापौघमय **6**|104छ

पायँ **2**|98 117 147;1 151छ 151;4 203;3

पाय **1**|278;1 324छ1 324;4 328;2 350;1 352;2 **2**|11;4 53 67;2 67;3 89 100छ 101;1 126;1 135 151छ 285;1 300;2 313

पायउँ **1**|208;1 **2**|3;3 160;3 **3**|2;7 29;2 **6**|72;4 **7**|64;1 82;2 89;1 114क 114ख 114;5

पायउ **1**|26;3 **2**|87;2 122;4 238;2 319;1 **7**|54

पायक **6**|63;2

पायन्ह **2**|94 111;2 204;1 **5**|42

पायहु **6**|20;2 **7**|94;2

पाया **1**|139;2

पायो **6**|48;4 73;7 84;3 94;2 106छ 107छ 107;4 110;4 112;3 113;5 121;4 **7**|130छ3

पार **1**|12;3 181;2 192 297 **2**|100;4 101 221;2 257;2 322;2 **4**|29;3 **5**|3;3 37;4 **6**|5;2 101छ2 106छ 115;3 **7**|25 53;2 58;4 67क 72;4 91;2 115;2

पारथिव **2**|103;1

पारबति **1**|112

पारबतिहि **1**|71

पारबतीं **1**|89;2

पारबती **1**|65;3 73 76;4 77 99;1 107;1 **2**|118;1

पारस **1**|3;5 350;4

पारसु **2**|111;1 210;1 238;2

पारहिं **1**|357;4 **6**|81;2 **7**|17;2

पारहि **1**|13 **2**|153;1 **5**|28;1 **6**|4

पारा **1**|59;1 210;2 274;3 300;4 317;1 349;1 **2**|44;3 49;4 202;5 261;1 **4**|6;2 30;1 **5**|35;4 43;1 **6**|28;2 56;2 **7**|52;1 71;4 94;1

पारावत **3**|38;3 **7**|28;3

पारिखि **2**|283;3

पारी **6**|70;5

पारु **1**|103 260;4 361छ **2**|100छ 101 307;4

पारू **2**|101;1 154;4

पारे **1**|199;4 **6**|92;5

पार्‍यो **6**|95;4 97छ

पाल **1**|32;5 153 **2**|208;4

पालइ **2**|282;1 315 **7**|95ख

पालउ **2**|161;4

पालक **1**|20;3 32;3 216;1 218;4 **2**|126छ 126;4 254;2 304;3 306;2 **3**|19;6 **6**|7;2 21 **7**|24;1

पालकिन्ह **1**|338

पालकीं **1**|338;4 **2**|186 203;1 320;2

पालकी **2**|319

पालत **2**|274;3 **5**|21;3

पालति **2**|126छ

पालन **1**|98;2 163;3 186छ1 **6**|15;3 **7**|92;3

पालने **1**|200;4

पालव **2**|47;3

पालहिं **2**|174

पालही **2**|50छ

पालहु **2**|175;1 315;3

पाला **2**|267;3

पालि **2**|46;2 176;3

पालित **5**|33;3

पालिबीं **1**|326छ3

पालिहिं **2**|315;2

पालिहि **1**|27; **2**|305 314;2

पालिहै **2**|299

पालु **2**|295;1

पालें **2**|315;3

पाले **6**|90;4

पालेहु **2**|152;2 315;4

पावँर **1**|284;2 **2**|67 180;1 194 **4**|21;2 **5**|43 **7**|14;4 62क 106;2

पावँरन्हि **1**|85छ

प

पावँरु **2**|184;3

पाव **1**|39;1 138;4 237 316 335;3 **2**|77 77;4 96;1 124;1 267 **3**|5;5 36;5 **4**|16;5 21;3 **5**|28;3 31;4 **6**|114;5 **7**|49;3 84क 89ख 91;3 112;2 118;3 120;4 120;8 121;12 122;10

पावइ **1**|183छ **2**|175;2 **6**|35;4 **7**|43 45 45;2 74क 90;2 92क 95;3 112;4 118क 123ख

पावई **3**|6छ **4**|30छ **7**|5छ2

पावउँ **1**|18;4 **6**|116ग **7**|110;5

पावक **1**|17 23;2 31;3 69;4 71;4 96छ 189 210;3 **2**|126;2 218;3 248;1 **3**|21क 24;1 29;9 36छ **4**|4 11;2 **5**|12;4 24 25;4 **6**|47;2 91;2 104छ 104;3 109;1 109छ1 109छ2 109;3 **7**|14;2 32;4 109;7

पावकमय **5**|12;5

पावकु **1**|266 **2**|47 47;1

पावत **1**|60 **2**|27 227;2 **7**|28;3

पावति **2**|257;2

पावन **1**|10;1 10छ 24;4 26;3 32;7 34 35;5 36 36;4 40;1 40;3 44;3 50;2 70;1 93छ 176 191;1 194;3 205;1 211छ1 211छ2 262;1 290;1 361;4 **2**|124;3 139;2 194 194;3 235;3 239;1 245 249;2 275 279;4 286;2 308;3 309 309;2 310;2 310;4 **3**|1;1 1;3 13;8 46क **4**|30छ **6**|7;4 48;3 78;1 111;2 116;2 121छ2 **7**|4;1 26;4 34;3 55;4 64;1 72क 92;1 96;1 112;4 120;7 123;4 130छ1 130;2

पावनकारी **5**|42;3

पावनताई **7**|66;1

पावनि **1**|16;1 31;6 35;2 42;1 112;4 125;1 212;1 217;2 296;3 361छ **2**|3;3 197;2 283;4 **6**|66;2 120;4 120;5 **7**|4;3 13;4 35;1 64;2 123;3

पावनिहार **1**|251

पावनी **1**|10छ **3**|32;5 **5**|35छ2 49;4 **7**|15;1

पावस **2**|54;1 251

पावहिं **1**|103 110;1 150;4 183;3 192छ4 206;2 231;4 304;4 322;3 350क **2**|11;1 42;1 86;1 105 122;1 238;2 **3**|0 16;3 20क 46क **6**|5;4 45;1 45;2 117क **7**|4;3 15;2 20 26;3 31 45;3 91;2 91;3 100क 102ख 103;2 107;3 121;14 122;2 126

पावहिगो **6**|33;4

पावहीं **1**|99छ 103छ 319छ 323छ1 361छ **2**|75छ 251छ **3**|32छ4 **4**|10छ1 **6**|92छ 101छ2 **7**|12छ1

पावहु **1**|274;4 **6**|33;1 57;4

पावहुगे **1**|137;3

पावा **1**|2;3 10;4 30;3 54;2 60;4 91;1 104;1 109;2 111;4 118;2 133;4 136;1 182;5 194;4 203;4 207;2 208;4 211छ4 230;3 237;4 246;3 292;4 303;2 341;1 350;3 350;4 **2**|45;4 79;3 90;4 95;3 101;3 102;3 105;3 106;1 111;1 133;3 147;2 156;1 163;3 182;4 210;2 239;2 246;3 247;2 250;3 269;4 308;4 313;4 **3**|2;1 6;1 7;4 10;2 10;9 11;14 17;1 27;6 41;1 **4**|7;13 18;2 20;4 **5**|2;6 8;1 22;1 27;3 34;2 44;3 51;1 **6**|2;4 9;2 22;4 44;2 91;4 110;5 **7**|6;1 43;4 44;4 53;2 53;4 55;1 62;4 72;1 106;5 109च 113;6 129;3

पावै **2**|126;1 301;2 **7**|122;9

पावौं **1**|132;3 218;3 253;2 **2**|168;2 307;4

पाषंड **1**|32क **3**|20छ6 **6**|95 101;1 **7**|71क 101क

पाषंडी **1**|114

पाषान **6**|3 101;7 **7**|42

पाषाना **6**|73;1

पास **1**|90 177 212 327 **3**|30;6 **5**|52;2 **6**|32क 32;3 45;1 73 73;6 85 98 **7**|27;2 60

पासा **1**|224;2 287;2 **2**|220;3 **3**|12;1 **5**|3;6 28;3 **6**|108;5 119;4 **7**|58;1 79;4 126;1

पासू **1**|17;2

पाहन **2**|22;1 60;1 100;3 205;2 **6**|3;5

पाहरू **2**|90;2 **5**|30

पाहि **1**|138;1 211छ2 **2**|240;1 **3**|2;7 **6**|70;2 82;4 96छ 110;6 **7**|14;1 14;4 51;5 108;8

पाहीं **1**|8;2 48;1 52;1 69;1 72;3 83;3 127;3 131;3 136;1 188;2 225;3 233;3 237;1 256;1 267;3 307;3 330;2 360;1 **2**|22;2 109;1 121;3 183;1 222;1 249;4 **3**|2;1 12;2 13;1 30;8 35;4 **4**|26;3 30;3 **5**|15;4 42;2 56;2 **7**|36;1 59;2 86;4 94;3 113;7

पाही **2**|295;1 **3**|2;5 **7**|18;4

पाहुन **2**|213;4

पाहुनि **2**|286;2

पाहुने **1**|335;2 353;4 **2**|251;1

पिंजरन्हि **1**|338;1

पिंजराँ **2**|215
पिअत **2**|87;4 111;3
पिअर **1**|327;4
पिअहिं **2**|142 **3**|39;4 **7**|29;1
पिआइअ **2**|180
पिआएँ **7**|106;3
पिआरा **1**|4;6 22;4 **2**|137;1 219;1 **4**|9;3
पिआरि **7**|101;3 130क
पिआरी **1**|67;2 236;1 334;2 **2**|15;3 58;4 **7**|116;2
पिआरे **1**|186छ4 **2**|54;3 **3**|6;3 **7**|8;5
पिआवा **1**|303;3
पिआस **1**|43;1
पिआसी **2**|118;2
पिआसे **1**|307;4 326 **2**|116;2 260
पिऊषा **1**|335;3
पिक **1**|3;1 37;8 86छ **2**|83 236;3 **3**|38;3
पिकबचनि **2**|25
पिकबयनी **2**|117;2
पिकादि **7**|29छ
पितर **1**|7घ 155;2 255;4 351;1 **2**|57;1 101 279
पितहि **1**|73;1 73;4 272 276;1 **2**|42;3 43;3 45;1 46;1 54;3 320;1 **6**|24;5 75;1 112;3 **7**|87;2
पितहु **2**|211;3
पिताँ **2**|53;3 **6**|112;1
पिता **1**|48;4 53;4 61 61;3 63;1 64;3 73;4 75;2 77;2 160;2 164;1 184;1 202;4 205;2 205;4 208;5 209;2 234;2 246;2 **2**|39;3 58 65;1 70 74;1 91;2 91;3 145;3 167;3 173;3 174;2 199;3 222 293;1 306;1 **3**|5;3 5;7 17;3 31 **4**|26;3 **6**|31क 48;3 61;3 72;3 106;2 **7**|40;3 47;2 87;1 99;4 101;2 110;3 110;4
पिताहूँ **1**|64;1 **7**|79;3
पितु **1**|8;5 15;2 16;4 27; 62;3 67;2 67;4 81 95;3 98छ 103;2 123;2 182;2 200;1 204;2 258;1 269;1 277;2 307;2 307;3 327 342;4 358;4 **2**|41 41;4 43;2 46;1 53 53;1 55;4 56;1 56;2 62;1 71;1 71;2 72;2 74;3 75छ 75;4 77;2 78;2 88;4 89;1 95 96;1 97;1 97;4 98;1 100;1 110;3 111;4 122;3 130 136 139 141;2 152;3 155;4 157;4 160 160;3 164;4 165 171;1 174 174;3 174;4 175;2 177 177;2 185 200;1 200;3 207;2 227;2 232;2 248;1 254;2 255;3 259;2 286 287;3 298;1 298;3 305;1 315;2 315;3 **3**|2;1 2;3 16;5 **4**|2;1 12;1 **5**|41;4 **6**|10;2 24;5 61;2 **7**|18;2 87;2 87;3 110;5
पितुगृह **2**|82;3
पितुबस **1**|234;4
पिन **7**|121;15
पिनाक **1**|253;3 283;4
पिनाकहि **1**|266;4
पिपासा **1**|209;4
पिपीलिकउ **1**|13
पिपीलिका **3**|1;3
पिय **1**|19;3 **2**|27 49 64;1 64;4 65;2 67;1 98;1 102;2 117;3 140;1 154;4 **6**|6;2 7;4 36;2 37 37;3 104छ
पियहि **1**|67;2 334;2 **6**|16;4
पियूष **1**|22 **2**|326छ **6**|102;3
पियूषा **2**|111;3 209;3 **7**|2;3
पियौं **6**|57;1
पिराने **1**|278;1
पिरीतें **2**|226;1
पिरीते **2**|17;3 155;4 248;2 **7**|2;6
पिरोजा **1**|288;2
पिसाच **1**|85;3 93छ 95छ 114 **2**|35 **3**|20छ4 20छ1 20छ2 **6**|52;1 68 88;1 88;4 101;1
पिसाचा **6**|68;2
पिसाचिनि **5**|10
पिसाची **6**|52;1
पिसुन **2**|168;1 173;1
पिसुनता **7**|112;5
पी **1**|15;2 **2**|18;2
पीछें **2**|143;3
पीटत **7**|37
पीटहिं **6**|44;2
पीठ **2**|59;3 324;1 **7**|122;8

पीठा **2**|98;1

पीठि **1**|357;2 **4**|4;3 23;2

पीठी **1**|231;4

पीड़हिं 7|121क

पीड़ा 7|41;1

पीड़ित **2**|235;2 7|102;2

पीढ़न्ह **1**|328;2

पीत **1**|147 199;6 209;1 219;2 233 233;1 243;4 244;1 327;2 327;3 **3**|32;1 7|12छ2 32 73;2 77;4

पीन **1**|93छ **2**|193;2 251 **6**|86छ

पीना **2**|325;1

पीपर **2**|45;1 7|56;5 57;3

पीयूसा **6**|26;3

पीर **1**|184 **2**|27;3 85;1 143;2 **3**|30 7|74क

पीरा **1**|97;2 121;4 129;1 145;2 **2**|162;1 **4**|8;3 **5**|15;2 60;3 7|21;3 41;2 107;3

पीवर **1**|156;4

पुंगव **1**|14;1

पुंज **1**|0;5 37;4 86छ 301;4 **2**|106;1 110;4 138 194;3 274;4 326;4 **4**|24 **5**|29 47 **6**|18 35क 54;4 80ख 84छ 89;2 106 113;6 115;3 7|14;3 19;5 32;2 38 45;3 64;2

पुंजा **2**|28;3 7|126;1

पुकार **6**|46

पुकारत **5**|18;3 52;3 **6**|70;1

पुकारहीं **6**|85छ

पुकारा **1**|185;1 276;3 **2**|163;2 **3**|22;6 27;7 **4**|6;2 **5**|26;2 51;2 **6**|104;2

पुकारि **1**|274;2 **3**|2;5 **6**|70

पुकारी **2**|142;4 160;2 **4**|5;3 **5**|11;4 **6**|18;3 53;2 77;4

पुकारे **1**|82;4 186छ4 276;4 **5**|18 18;1 28 7|12;2

पुकारेसि **6**|91;4

पुछिहहिं **2**|146;1

पुजाइ **1**|323छ2

पुजावहिं 7|100;4

पुजावहीं **1**|323छ1

पुट **2**|111;3 7|128

पुटन्हि 7|52ख

पुटीं **2**|250;1

पुतरि **2**|59;1

पुतोहू **2**|15;4

पुत्र **1**|177 **3**|5;7 17;3 7|105;3

पुत्रकाम **1**|189;3

पुत्रजन्म **1**|193;2

पुत्रबधू **2**|59;1 155;1

पुत्रवती **2**|75;1

पुत्रि **2**|82;2 287;1 **3**|29;5

पुनि **1**|4;5 11 14ख 15;1 18;5 30क 30;3 31;3 34;1 39;1 45;1 50;2 51;2 52 55;4 57ख 58;4 59;1 68;3 70;2 73;1 74;4 77;1 79;1 79;4 80;3 81 87 89;2 99;1 101छ 102;4 108;4 110;3 111 111;1 116;3 119 120क 122;4 124;3 126;3 135;1 136;1 139;4 142;3 143 144 144;1 148 150;4 151 152 152;3 159;1 160;2 160;3 162;4 167;1 168;4 177 177;3 178;2 179 182;1 182;4 190;2 192छ4 201;3 203;2 207;3 210;3 210;4 217;3 226;4 234;3 236छ 237 237;2 240;2 254;2 258 261;2 261;3 269;3 273;1 274;4 287;3 290;3 291;3 293;2 298;1 308;2 308;3 310;3 315;2 315;4 325छ1 326 326छ3 328;1 330;4 331;3 334;2 336;1 336छ 337;3 337;4 340;3 341;1 342;4 343;3 349;2 349;3 352 356;3 359;2

2|4;3 12;1 14 14;4 17;1 19;1 27;1 35;2 45;1 52;2 53 59;1 62;1 64;4 75छ 81;4 83;2 96;1 96;2 96;3 101 104;4 111;2 112;1 118;1 120;4 125 148;4 149;3 150;1 151छ 152;4 164 172;4 180 190;2 201छ 217;3 234 242;1 242;2 245;2 253;2 258;3 287;3 313 318;2 323;1 **3**|7;1 7;4 9;3 10;6 12;6 16;4 17;9 19ख 20छ6 25;2 27;6 29;10 33;2 34;5 37;4 39;3 41;2 41;4 43;1 44;3 45;2 **4**|2 2;4 6;2 7 8;4 9;1 9;2 12;3 25;2 25;3 25;4 26;3 26;4 **5**|1 2;6 4;3 5;4 8;2 8;3 10;4 12;2 16;5 18 18;4 20 23;3 24 25;4 26;4 27;3 27;4 30;4 32;4 33;2 35छ2 38;2 40;2 50;2 51;4 53;2 53;3 55 59;3 60;2

6|1;1 9;5 18;2 22ख 24;5 26;3 26;4 28;3 28;4 29;2 31क 33;2 34क 34;7 35;4 35;5 37;3 38ख 41 42;1 44;3 47;2 49 49;4 53;3 56;2 59;3 60ख 60;2 62;2 62;3 65;4 65;5 66;4 66;5 68 68;3 69;3 72;2 73;5 74;2

74;4 75;3 77;1 83;3 83;4 84;4 92;5 92;6 92;7 93 94छ 95छ 95;2 95;3 96;1 97 98;5 99छ 100;1 100छ 100;5 101छ2 101;4 106;1 107;1 107छ 107;2 108;4 116च 116ग 116;4 118;1 118;2 120क 120ख 120;3 120;4 120;5 121;2 121;4

7|2क 3;1 5 5;3 6;1 6ख 7 7;3 8क 8;4 10;1 10ख 11;2 11;4 12;3 13क 17;2 19;3 19;4 20;1 20;3 37;2 42;2 42;3 50;2 53;2 57 59 61;1 62;5 64 64;4 64;5 65 65;1 65;4 66;1 66क 66;2 66;3 66;4 67;2 68;2 80;1 82;1 82ख 82;3 86;3 86;4 89;1 93;2 96;4 105;1 106;4 106;6 107;3 108क 108ख 109ख 109ग 109;2 109;5 111;4 111;6 112;1 112क 112;6 113ख 113;2 113;3 113;5 114;4 114;7 116;2 117ग 118ख 121;1 121ख 121;15 124;1 125;5

पुनी **7**|21;4

पुनीतं **1**|186छ2

पुनीत **1**|13;4 15;1 35;1 39;7 45;3 56 66;1 76;4 109;4 125;1 140;2 143;1 152 153;1 156;2 188 199 229 231;2 239;4 282;4 291;1 294;2 324;4 327;2 328 343 350;1 358 358;3 361;2 361;4 **2**|4;4 9;4 80;2 132;3 179;4 198 233;2 248;1 326;3 **3**|6छ 13;8 **6**|116;3 **7**|2छ 42;2 55;4 103;4 115;4 126;1

पुनीता **1**|120;4 191;1 211छ4 246;1 304;1 313;2 323;1 **2**|58;1 141;4 285;1 320;1 **3**|30;4 **4**|28;4 **6**|109;1 120;3

पुन्य **1**|6;3 95छ 217;1 222 255;4 294;1 294;3 311 361;1 **2**|105;2 125 138 151;4 223;4 274;4 310 312;1 312;2 **5**|4;4 **6**|112;2 **7**|19;5 45;3 45;4 103;4 112;4 121;3 127;4

पुन्यथल **2**|310;2

पुन्यपुंज **2**|101;4 113;2 120;4

पुन्यमय **2**|113;1

पुन्यसिलोक **2**|263;3

पुरँ **2**|235

पुरंदर **1**|302;1 317;4 **7**|24;1

पुर **1**|16;1 25;3 39 80;2 93;1 94छ 94;4 95;1 98 99;2 120;3 125;4 130;1 154 172;2 175;4 180;2 183;3 185;1 194;1 205;3 205;4 212 212;3 213;3 214;2 224;1 224;4 236;2 255;3 265;1 265;3 268;1 278;3 285 289 289;3 290;1 292;1 299;1 306;4 309;4 311;1 311छ 327छ1 330;1 344;2 347;3 347;4 348;4 351;3 353

2|1;2 1;3 6;3 11;1 12;4 23 36;2 49 49;4 51;2 65;2 75छ 76;2 80 81;2 83;3 88;4 92;4 95;3 113;1 140;1 159;1 160;1 161;2 167;3 184;2 187;1 236;1 242 248;4 252;1 262;1 272;2 273 278;1 319;2 322;3 324;4

3|1;1 20छ2 **4**|6;2 6;5 12;4 18;2 19 19;4 27;4 **5**|3 3छ1 16;3 36;2 41;3 54;4 **6**|7;4 18;2 23;4 24;3 26 36;3 37 42;2 106छ **7**|0क 3ग 6छ 9ख 9;4 10;2 15;2 20;2 27;2 29 29;4 50;2 67;3 68;3 114;7

पुरइनि **1**|37;2 **3**|39क

पुरउब **1**|152;3

पुरउबि **2**|103;1

पुरजन **1**|308 309 312;2 336छ 358;3 **2**|89;3 152;1 158 200;1 200;3 220;4 244;3 245;4 251;4 257 274;1 275;1 279;4 290;2 314;1 319;3 323;3 **4**|11 **5**|36;2 **7**|43;2

पुरट **1**|213 346;3 **7**|27छ 76;4

पुरपसु **2**|83

पुरब **2**|23;2

पुरबसिन्ह **1**|130;4

पुरबासिन्ह **1**|220;1 240;3 241;4 348;3 **7**|3;2 65;1

पुरबासी **1**|193;1 333;1 339;2 **2**|3;1 91;2 156;3 **5**|25;3 **7**|6;2 20;3 43;1 65;3

पुरलोगन्ह **1**|175;1

पुरवहूं **1**|14;2

पुरवहु **1**|14छ 149;4 **2**|29;1

पुराइ **1**|296

पुराईं **1**|288;4 344;3 **7**|9;2

पुराकृत **1**|222

पुरातन **1**|163;2 229;4 **2**|141;1

पुरान **1**|7;6 10;1 12 45 46;1 51छ 116;1 155 **2**|95;3 132;3 167;2 237 **3**|44;1 **5**|40;3 41;1 **7**|33 34;3 37;3 41;1 45;1 49;2 51;4 69;3 84क 86 97;3 101;4 109ग 110;2 117;3 119;2 122;7 125ख

पुरानन्ह **7**|25;3 37;1

पुराना **1**|6;2 35;1 103;4 108;3 116;4 121;2 143;4 155;3 183छ 183;4 210;4 253;3 283;4

2|25;3 170;3 293;4 **3**|46;3 7|26;4 100;5 112;4 114;1 115;5 120;7 130;4

पुरानि **2**|226;4

पुरानीं **2**|278;2

पुरानी **1**|153;1 226;1 237;3 **2**|61;4 263;2

पुराने **2**|193;2

पुरारि **1**|32;4 236;1 250;2 311 345 **7**|88क

पुरारी **1**|10;1 64;3 107;4 123;4 124;4 138;4 220;4 315 **7**|52;5 54;1 108;6

पुरीं **7**|109;5

पुरी **1**|16;1 35;2 35;3 296;3 344 358;2 **7**|4;1 4;3 4;4 29;4 109;5

पुरु **1**|94 218;3

पुरुष **1**|8;6 84 85छ 94छ 99;1 116 294;1 329;3 **2**|65;4 120;2 142;1 184;4 283;3 319;4 **3**|5;6 17;3 17;4 17;5 19;3 22;2 36;3 40 **4**|1;2 **6**|34;7 **7**|29;1 87क 99;2 115क 115;8

पुरुषमय **1**|85छ

पुरुषसिंघ **1**|292;1

पुरुषसिंह **1**|208ख

पुरुषहिं **2**|141;3

पुरुषारथु **1**|103छ **2**|315;2

पुरुषु **2**|288

पुरोडास **3**|29;3

पुरोधा **2**|278;1 296;2

पुलक **1**|37 68;2 75;3 111;4 145 193;2 211छ1 217;3 228 255;3 284 290;2 298;1 300 305;4 307;4 311 314;2 315 324छ3 325छ1 346 348;3 **2**|70;1 112 114;2 135;3 152 194;2 210 226 229;3 281;3 301;3 326;1 **3**|6छ 6;5 10;8 16;6 45;1 **5**|6 32;4 **6**|35क 107छ 111 116ग **7**|2;1 5;2 13ख 33;3 50;4 69क

पुलकत **1**|50;2

पुलकहिं **1**|224

पुलकावलि **1**|262;2 318छ 344;2 **5**|14;1 **7**|5छ1

पुलकावली **1**|257 324छ1

पुलकाहीं **1**|41;3 254;2

पुलकि **1**|185 259 **2**|2 7;3 8;1 10;1 27;1 110 111;1 204;3 243;3 260;2 274;1 293;1 309;2 323;4 **6**|110 **7**|2छ

पुलकित **1**|202;3 215;4 315;2 **2**|52;2 90;3 118;3 **3**|3;3 **4**|2;3 **5**|45;3 **6**|17ख 59 114क 120क **7**|2;5 7 34;1 75ख 83;4 88;1

पुलके **1**|261;2 291;1 **2**|45 288;1 290;4

पुलकेउ **2**|171;4 205

पुलस्ति **5**|23;1 39ख **6**|20;2 24;8

पुलस्त्यकुल **1**|176

पुष्ट **1**|145;4

पुष्पक **1**|179;4 **6**|117;2 **7**|68;2

पुष्पकहि **7**|4ख

पुस्तक **1**|303;4

पुहुमि **2**|315;4

पूँछ **2**|19;1 149;3 **5**|24 25;3 25;4 26 50;1 **6**|95;2 95;3 101;8 **7**|78क

पूँछउँ **4**|30;5 **7**|110;8 115;4

पूँछत **2**|116;2 116;3 127 146;2 149;1 150;1 198;3 216;3 **5**|28;3 **7**|110ग

पूँछति **2**|17;1 159;3

पूँछन **7**|36;3

पूँछब **2**|206;4

पूँछहिं **2**|24;1 39;2 112 135;2 148;1

पूँछहीन **5**|25;1

पूँछहु **2**|17;2 19;1

पूँछा **2**|242;4

पूँछि **1**|228;1 **2**|158 **3**|41;6 **7**|32

पूँछिउँ **2**|45;4

पूँछिहहिं **2**|145

पूँछिहिं **2**|224;3

पूँछिहि **2**|146;3

पूँछिहु **5**|38;2 54;3 **7**|123;3

पूँछी **2**|38;4 40;2 88;2 159;4 195;2 **5**|6;3 29 29;2 53;2

पूँछें **2**|32;1

पूँछे **2**|73;3 239;2

पूँछेउँ **2**|21;4

पूँछेउ **2**|118;3 **5**|56;1

पूँछेहु **1**|112;4 **2**|39;1 127 **3**|13;5 13;7 **4**|23;1 **5**|54;1

पूग 7|92;1

पूगफल 1|344;4 346;2 2|6;3

पूछउँ 1|46;3 110;2 216;2 3|14;3 6|38;3

पूछत 1|130;4 269 290;4 3|30;4 4|1;3 7|36;1

पूछन 1|39;2 107;3 292;1

पूछहिं 1|95;3 228

पूछहु 3|36;6 4|2;4 6|8;4 7|60;4

पूछा 1|57;3 57;4 111;2 120;3 210;6 3|18;2 4|2;4 6|17;1

पूछि 1|313;4 3|12;6 7|63;4

पूछिअ 3|9;4

पूछिहि 2|146;1

पूछी 1|48;2 55 63;2 308;1 3|9;3 24 4|22;2

पूछें 2|38;3 227;4 4|25;1 6|18;5

पूछे 1|164;2

पूछेउ 1|61;3

पूछेसि 2|13;1 4|27;5

पूछेहु 3|13;2

पूजत 1|211छ4 320छ 2|7;1 325

पूजन 1|228;1 231;1 2|290;1 6|93छ

पूजनीय 2|74;4

पूजहिं 1|44;3 55;2 2|129;3 273;2

पूजहु 2|6;4

पूजां 7|108;8

पूजा 1|45;3 102;2 130;4 186छ3 197;2 201;1 201;2 207;2 217;4 228;3 237;2 306;2 321;1 323छ1 330;3 352;3 2|61;3 103;2 129;2 213;4 3|3;4 10 12;6 24 6|2;3 80;5 107;2 121;2 7|45;4 57;3 63;4 102ख 103;2 105;2 130;3

पूजि 1|236;1 236छ 326छ1 331;1 345 352;2 359;2 2|9;2 103;1 106;3 107;1 226;4 279

पूजिअ 3|34;1

पूजिअत 1|19;2

पूजिअहिं 1|7;3

पूजिहि 1|144;4 236;4 2|3;4 11;2 103

पूजीं 1|351;1 2|8;3

पूजी 2|16;1 107;4 222;3 6|121;4

पूजें 1|27;

पूजे 1|48;1 320 320छ 321छ 321;2 321;4 329 350;2 351;1 352;4 2|3;3

पूजेउँ 6|25;1 25;2

पूजेउ 1|100

पूजेहु 6|20;2

पूज्य 1|32;4 67;3 353;4 2|293;1 298;1 3|34;1 7|13;4 70;1 98क 124;2 127

पूत 2|15;4 21 30;1 56;4 176;1

पूतरि 2|23;2

पूतु 2|14;3

पूनु 2|219;2

पूप 7|77;5

पूय 6|52;2

पूर 1|8;7 6|9;1 37 7|23

पूरन 1|207;3 330;3 351;4 2|209;3 241;1 275 326छ 3|6छ 7|125;3

पूरनकाम 1|101छ 342;3 3|30;9 6|121छ1

पूरनकामा 1|323;2 3|31;5 5|27;2

पूरब 1|187;2 224;1 6|11ख 12;1

पूरहिं 5|55;3

पूरा 3|25;4 6|28;2 29;5

पूरि 1|193;3 255;3 354;1 3|18;5 6|53;4 82छ 101;3 7|21;2 31;1 102;4

पूरित 1|300 7|13ख

पूरी 1|188;3 326;1 357;2 2|8;2 6|103;5 7|122;4

पूरुब 1|98;1 107;2 7|96ख

पूरुष 6|90छ

पूरे 1|149;1 241;2 298;1 324;3 2|128;3

पूषन 1|20;3

पृथक 1|88;3 7|87;1

पृथुराज 1|4;5

पृष्ट 5|35छ2

पेखन 2|127;1

पेखा 2|294;4 4|24;3

पेखि 3|33;4 4|13 7|12;2

पेखिअ **1**|3;1
पेखी **2**|195;4 229;2 **4**|17;2
पेखु **1**|161ख
पेखें **2**|67;2
पेट **2**|251;3
पेटारी **2**|12
पेड़ **2**|161;4
पेड़ु **2**|47;3
पेन्हाई **7**|117;6
पेम **2**|208;2 210;1 210;3 219;3 225;2 232;4 234;2 238 240;4 245;2 246 250;3 260 262;1 264;1 264;3 277;3 285 286;2 286;3 291;1 324 325;3
पेमप्रिय **2**|212
पेममय **2**|294;4
पेमु **2**|216;3 220;3 220;4 236 246;1 287;1 293 309;2 326
पेलिहहिं **2**|289
पेली **2**|298;3 **3**|30;1
पै **1**|5 70;2 196;3 277;1 280;3 282;1 **2**|27 74;2 86;3 100छ 119;3 161;4 183;4 189;2 **5**|44;2 55;3 **6**|28;3
पैठ **1**|157;4 **2**|147;3 **4**|6;3
पैठत **2**|147;2 **6**|18;2 57
पैठहिं **1**|194;2
पैठा **5**|5;2
पैठारा **2**|158;2
पैठिहउँ **5**|2;3
पैठीं **1**|96;3
पैठे **2**|206;3 **4**|24;4 **6**|85;3
पैठेउ **5**|18;1
पैरत **1**|263;2
पैरि **7**|115;2
पैहउँ **7**|48
पैहहिं **1**|8 67;2 **5**|3छ3
पैहहु **4**|25;3 27
पोंछि **2**|165;2
पोच **1**|6;2 **2**|267 298;3 **5**|11
पोचा **6**|77;4
पोची **2**|12;3 268;2
पोचु **2**|282
पोचू **2**|182;3 211;2 323;2
पोत **7**|1क
पोतक **2**|132;3
पोषइ **2**|315
पोषक **1**|7ख **2**|173;2 **6**|31;2 **7**|102;5
पोषत **1**|43;2
पोषन **1**|197;4
पोषनिहारा **2**|17;4
पोषि **1**|340;1
पोषीं **2**|118;2
पोषे **1**|342;3
पोसें **4**|3;2
पोसो **1**|28;2
पोहहीं **6**|92;;1018
पोहिअहिं **1**|11
पौढ़ाए **1**|201;1 356;3
पौढ़े **1**|226;4
पौरुष **3**|18;1 **5**|60;4 **6**|79;5 84;2 **7**|67ख
प्रकार **1**|14;1 45;1 76;3 129 131;4 161;4 192छ3 199;5 212;1 242;4 282;4 **2**|69 75;3 174;1 228;3 273;2 278 **3**|10 12;6 13;2 20छ3 21ख 36;4 **4**|5;4 12;3 23;6 24;1 26;2 28;3 **5**|27;2 52;3 **6**|10;1 62;5 107;2 108;4 121;4 **7**|15;5 18ख 67ख 80;4
प्रकारा **1**|9;5 22;3 55;1 305;1 318;3 **2**|93;1 156;2 **7**|86;2
प्रकास **1**|7ख 116 **2**|156 **6**|32क 47;2 **7**|31 31;1 69ख 91क 120;2
प्रकासक **1**|117;3 117;4
प्रकासरूप **1**|116;3
प्रकासा **1**|34;3 197;4 198;4 209;4 239;2 242;2 **3**|36;1 **5**|3;6 9;4 **6**|47;3 **7**|118;7
प्रकासी **1**|255;1
प्रकासु **1**|231;1
प्रकासू **2**|74;2 295;4

प

प्रकासे **2**|325;2

प्रकास्य **1**|117;4

प्रकृति **1**|7;1 **5**|57;2 **6**|24;4 **7**|72;4

प्रकृष्टं **7**|108;5

प्रगट **1**|1;4 2;7 10;4 15;3 49;4 51;3 58;1 116 117;2 131;1 142;4 152;1 185;2 185;3 187;2 190;4 192छ1 192छ2 200;1 211छ1 211छ4 218;1 218;3 232 236;2 241;4 259;1 323छ2 **2**|34;1 50;3 98;2 120;1 162 173;3 204;3 209 230;3 241;2 243 265;3 **3**|14;2 32छ4 **4**|11;3 15ख 16;1 **5**|12;4 13;4 16;4 24;2 39;4 52;1 **6**|4;2 12;3 12;4 16क 52;1 74;2 76;6 95 96;1 101;1 102;4 108;7 109;1 **7**|59;1 97क 103ख 103;4 111;8 114;1 115ख 117क 120;6 122;10

प्रगटइ **1**|185;4 **3**|27;6

प्रगटउँ **1**|46;1

प्रगटत **1**|23;4 157;2 325;3 **3**|17;10 27;7

प्रगटसि **3**|30;8

प्रगटहिं **1**|347;2

प्रगटि **1**|54;2 56 230;3 306;4 323छ1 **2**|27;3 60 **4**|3;3 **6**|109;3

प्रगटीं **1**|65 **7**|23;4

प्रगटी **1**|239;3

प्रगटें **1**|166;2

प्रगटे **1**|14च76;3 146;4 189;3 191 194 **3**|10;7 **6**|96;1 **7**|6;3

प्रगटेउ **1**|16;3 17;1 83;4 132;2 **2**|238

प्रगटेसि **1**|86;3 **3**|27;8 **6**|58;3 101;7

प्रगटै **1**|71;4 **4**|7;2

प्रगल्भं **7**|108;5

प्रघोर **6**|83

प्रचंडं **7**|108;5

प्रचंड **1**|32क 128;4 **2**|55 **3**|20छ1 32छ2 **5**|49क **6**|41छ 68;4 83छ 88छ 92छ 93 95 95छ 98छ 101;1 109छ1 111;5 **7**|13;1 14;2 58;3 71क

प्रचंडा **6**|40;4 53;4 71;3 76;4 80;4 83;2 103;2 **7**|118;1

प्रचहि **2**|55

प्रचार **1**|35

प्रचारा **1**|2;4 51;2 **2**|34;2

प्रचारू **2**|163;3 288;2

प्रजंत **6**|71;1 **7**|113ख

प्रजंता **7**|91;3

प्रजउ **2**|250;4

प्रजहि **2**|152;2 180;2

प्रजा **1**|110 153 155;1 **2**|26;3 51;3 68;3 71;2 71;3 85;1 100;1 172;2 175;1 175;3 176;2 176;3 177;1 180;4 235;2 235;3 236;1 302;3 305;3 306;3 314;1 315;4 316;3 323;3 **4**|15;6 **7**|101;3

प्रजापति **1**|60;3

प्रजारी **5**|25;4

प्रजासन **7**|98;1

प्रजेस **1**|60;3

प्रजेसकुमारी **1**|60;1

प्रताप **1**|7;3 10;4 82;3 153;2 164;1 180;1 188;2 253 253;3 292;1 293;3 **2**|25;2 192;1 209;2 231;1 243 **3**|11;8 22;4 **5**|3;5 12;3 16 17;1 20;4 27;3 33;5 35छ1 47;2 59;4 60;1 **6**|1;1 1;3 1;5 3 12;1 18;1 19 31;4 34;4 36;5 39;3 39;5 41छ 42;1 44;1 51;4 60क 75;6 84छ 96छ 104;2 111;5 113;1 115;2 **7**|20;4 31 52क 60;1 91;1 93;1 103;4 114ख 115;8 124;1

प्रतापपुंज **1**|154;1

प्रतापभानु **1**|153;3 154;4 155;1 158;2 159;3

प्रतापरबि **1**|153 158;3

प्रतापा **6**|76;8 **7**|103;4

प्रतापी **1**|178ख **6**|25;4

प्रतापु **1**|103छ 239;3 245;2 266;4 274 274;2

प्रतापू **1**|15;3 19;3 24;3 26;2

प्रताम **7**|31;1

प्रति **1**|30;3 45;1 124;2 140;1 153;1 155;3 180;3 192छ3 201 205;1 280 289;3 298 332;2 **2**|20;3 223;4 252;1 **3**|14;1 **5**|5;3 32;3 **6**|14 102;1 **7**|12छ2 22;1 27 27;1 27छ 27;4 53;4 76;3 81;1 81;3 81;4 125;2

प्रतिउनर **6**|23छ **7**|111;7 112;7

प्रतिकूल **1**|277 **2**|48 169;2 **3**|5;10 **7**|96ख

प्रतिकूला **1**|183;3 **2**|32;4 158;3 201;2 **5**|12;4 **7**|122;8

प्रतिछाहीं **1**|325;2
प्रतिदिन **2**|251
प्रतिपच्छिन्ह **2**|105;3
प्रतिपाद्य 7|61;3
प्रतिपालइ **6**|23ब
प्रतिपालउँ **2**|100;4
प्रतिपालक **5**|50;2 7|30;1
प्रतिपालहिं 7|100;2
प्रतिपाला **1**|142;4 **2**|72;2
प्रतिपालि **2**|151छ
प्रतिपाली **2**|59;2 63;3
प्रतिबिंब **3**|24;2 **6**|109छ1 7|25;4 77;4
प्रतिबिंबु **2**|47;4
प्रतिभट **1**|180;2 182;5
प्रतिमा **1**|288;3 **6**|102छ 102;5
प्रतिलाभ **1**|180;1
प्रतीति **1**|23;2 33;3 56;2 80;4 162;2 164;2 223;3 231;3 245;1 259;2 343;2 **2**|7;3 17;2 19;1 31;3 42;3 49;4 72;3 162;2 227 289;3 321;3
प्रतीती **1**|119;4 **2**|90;2 302;1 **6**|66;3
प्रतोषीं **1**|357
प्रत्यूह 7|45;2 118ख
प्रथम **1**|12;2 13;5 17;2 19;2 27; 81;1 89;4 98;3 110;2 120;3 128;4 180;4 235 309;4 325छ2 **2**|7;1 8;1 17;3 40;2 42;1 45;4 84 150 171;3 187;3 188;4 244;4 251 258;2 294;3 302;2 **3**|19छ 35;4 **4**|28;1 29;4 **5**|49;3 51;4 **6**|1;1 9;5 23;3 68;1 108;7 112;3 7|12;3 31 31;2 56;1 74क 82;2 83;3 96क 96;3 106;6 127;4 128;1
प्रथमहिं **1**|94;4 104 170;3 183;1 261 **2**|214;4 **3**|9;1 16;3 27;8 **4**|12 **6**|35;6 63;2 92;1 7|17;3 64;4 106;5 113;4 121;2
प्रद **2**|204;3 **3**|15 **5**|23 **6**|113;6
प्रदच्छिन **2**|199;1 **4**|29
प्रदेस **2**|105;2 236;1
प्रदोष **6**|46;2 98;6
प्रधान **2**|91;4 219;2 7|103ख
प्रधाना **2**|133;3
प्रनत **1**|13;3 107 140;4 **2**|208;4 **3**|2;5 9;2 **5**|45;2 **6**|3;3 7;3 38;4 113;1 7|30;1 35;1 51;5 84ख 126;1
प्रनतपाल **1**|146;1 186छ1 **2**|267;3 298;1 **5**|22 49;3 **6**|20 102;2 7|13;1 37;3
प्रनतपालु **2**|314;2
प्रनतारति **1**|70;4 138;1 146;3 **5**|31;2 39;3 **6**|70;2 94;1 115;4 7|36;4 47;2
प्रनमामि 7|14;10
प्रनय **3**|21;6
प्रनवउँ **1**|4;5 14;3 15;2 16;1 17 17;1 17;2 18;3 105;4
प्रनाम **1**|8;1 16;4 112;3 331;1 **2**|108;4 197;3 238;1 240;4 241 242;2 243;2 270;3 274;1 323;2 **5**|1 6;3 51;4 **6**|107;3 119क 120क 120;3 7|106क
प्रनामा **1**|100;4 158;4 238;3 269;1 286;3 308;4 323;2 **2**|87;2 202;2 221;4 224;1 225;4 250;2 312;3 319;4 **5**|8;4 27;2 **6**|112;4 7|19;2
प्रनामु **1**|56;1 215;1 261;3 269;2 290;2 323;3 330;3 337;2 **2**|106;2 109;3 112;1 134;1 148 151;3 152 198 199;1 204;2 206;2 210 224;3 240;2 242;4 253 257;3 266 275;1 275;4 291;3 297 297;3 299;2 307;3 316 318 320;1 321;4 **5**|57;5
प्रनामू **1**|53;4 **2**|193;3 197;2 203;2 243;3
प्रपंच **1**|22;1 126;3 **2**|33;3 92 93;2 172 231;4 263 295 **6**|104;6 7|81;2 92;4
प्रपंचहि **2**|294
प्रपंचु **1**|6;2 73;2 **2**|18;3 261 282;3
प्रफुल्ल **3**|4;2
प्रफुल्लित **1**|145 284 295;2
प्रबंध **1**|9;5 14;4 33;1 37;1 140;2
प्रबरषन **4**|12;5 7|66ख
प्रबल **1**|25;4 140 266 **2**|47 171 295 **3**|38क 43 **4**|15क 21;1 **5**|35छ1 **6**|10 42;1 42;2 43;3 46;3 51 52;4 83;4 95 95;3 100 103;5 109;3 113;1 115;2 115;3 7|13;1 31;1 59;2 71;4 115;8 118;2 120;3
प्रबलता **1**|137
प्रबाहँ **2**|234;4 **6**|110;6
प्रबाह **1**|340;3

प्रबाहू **1**|39;5 **2**|44;2

प्रबिसहिं **2**|23 **4**|24;3 **6**|83;3

प्रबिसि **5**|5;1 **6**|69;3

प्रबिसे **6**|68 103;4

प्रबिसेउ **6**|13ख

प्रबीन **1**|298 **2**|80 314 **3**|3 **7**|122ख

प्रबीना **1**|54;3 126;2 128;2 168;1 286;4 303;4 **2**|33;2 299;4 304;4 **3**|30;5 34;1 44;4 45;5 **4**|26;5 **6**|10;5 **7**|62;2 111;5

प्रबीनू **1**|9;4

प्रबेस **1**|226;1 **2**|239;2 **6**|109छ1 **7**|67;1 67;2

प्रबेसा **6**|45;4

प्रबेसु **1**|154 347;4 **2**|147;3 203

प्रबोध **1**|31;1 51;2 63 **7**|105ख

प्रबोधक **1**|21;4

प्रबोधन **2**|60

प्रबोधहि **1**|73

प्रबोधा **1**|63;4 109;3 **2**|95;1

प्रबोधि **1**|138 **7**|10;1 88;3 109क

प्रबोधिसि **2**|20;2

प्रबोधीं **2**|309;4

प्रबोधी **2**|50 **7**|67;3

प्रबोधु **1**|280 **2**|18 69;1 99;3 212 244 244;4 263;2 316;1 320;2

प्रबोधू **2**|293;4

प्रबोधे **2**|323;1

प्रभंजन **5**|19;5 **6**|115;1 **7**|118;7

प्रभंजनसुत **6**|56;1

प्रभम **7**|10;1 11;1

प्रभा **2**|97;3 **7**|108;3

प्रभाउ **1**|13;1 15 15;3 19;4 23 49;3 53;1 54;2 54;4 84;3 149;3 223;2 225;4 235;4 238;4 255;4 277;1 283;3 284 **2**|103;3 125 215;1 217;4 231;1 243 305 310 **6**|94

प्रभाऊ **1**|2;7 3;3 19;2 22;4 26;4 53;3 56;1 168;2 217;1 321;3 361;1 **2**|12;2 91;3 98;2 106;1 173;3 204;3 251;3 266;2 312;2 **6**|112;2

प्रभाता **6**|60;3

प्रभावँ **5**|33

प्रभाव **3**|13;3 **6**|60;4 **7**|58;4 94क 97;4 104;1 104;3 109;5

प्रभावा **1**|46;1 **7**|60;2 97;3

प्रभुं **3**|4;9

प्रभु **1**|9;3 10छ 13;1 21;1 23;4 24;4 26;2 27; 29क 29;3 42;1 45 46 46;3 48क 49;1 49;3 52;4 53;1 53;4 54;3 54;4 57;1 57;4 58;2 59 59;3 61 62;3 62;4 63;3 77;2 77;3 77;4 87छ 88;4 89;3 93;3 100;2 105;2 106;2 107 108;1 108;3 109;3 110;3 111;1 111;2 117;1 119 119;1 120;2 120;3 121;4 123 124;2 132;2 132;3 133;1 137 138 139 140;1 140;4 141;2 142;3 142;4 144;2 144;4 145;3 146;4 148;4 149 149;1 150 150;3 150;4 151;2 160;2 162;1 165;4 166;4 167 177;3 184 185;1 185;2 185;3 185;4 190;4 191 192छ3 193;3 198;2 200;2 200;3 200;4 201;4 202 203;3 203;4 206;3 206;4 207 208क 209 209;2 210;4 210;5 210;6 211 211छ2 211छ3 212;2 216;2 217 218;1 218;3 226;4 227 230 235;1 238;4 239 239;2 239;3 239;4 241;2 241;4 242;1 253 259;4 261;2 262;1 265;4 277;1 285 286;3 308 316 321छ 327छ4 358;3 361;3

2|3;2 4;2 9;4 10;4 24;1 45 50छ 66;1 66;2 66;3 67 67;4 72 72;2 79 82;1 90;1 96;2 97;3 100;4 101;3 102 104 104;1 105;1 106;4 113;4 123;3 124;3 125 125;4 129;1 133 134 135 136 136;3 137;2 141;3 142;1 142;2 151;2 183;1 195 195;4 200;4 201छ 209;2 217;1 220;1 224;3 226छ 227;2 227;3 228;1 229;3 232 239;1 239;2 243;2 247 247;4 251;4 257;3 260;4 261 268;1 268;4 269 269;1 269;4 270;2 285;2 293;1 298;1 298;3 298;4 301;1 301;3 308;1 308;2 308;4 312;4 314;1 316;2 318;4 319 320 321 321;2 321;4 322;1 323 324;1 325

3|1;1 1;2 2 2;7 3 3;2 3;4 6छ 6;2 6;5 8 8;2 8;4 10 10;2 10;7 11 11;1 11;14 12;2 12;6 13 13;1 13;2 13;8 14 14;3 15;3 17;1 17;4 17;6 17;7 17;9 18छ 18;6 19;1 19छ 20छ4 20छ3 20छ4 21;1 21क 23;2 24;2 26;2 27 27;3 27;4 28;7 29;2 30;3 31;2 33;4 34 36;7 37;1 39;3 40;1 41 41;4 42ख 42;4 43;2 45;1 45;2

4|2 2;3 2;5 3;2 6;1 7;11 9 9;1 9;2 10छ1 10छ2 10;3 12;1 12;3 12;4 13;1 13;2 18;4 20;2 22;2 23;5 23;7 25 25;4 26 28;4 28;5 29 **5**|3;5 7;3 10;2 11;3 12;3 14;5

15;4 16 16;2 17;2 18 20;2 22 22;2 22;3 27;2 28 30;2 31 31;2 32 32;1 32;2 33 33;1 33;2 33;3 34;1 34;3 35;1 35;3 39ख 39;3 39;4 41 43;3 43;5 45 46;1 47;2 47;4 49;2 49;3 49;4 50 50;1 51 51;3 51;4 55 56ख 57;3 57;4 58;3 59;1 59;2 59;3 59;4 60;2

6|0ख 1;1 3 4;2 4;5 5;2 5;4 6;1 8 8;4 9;5 10;1 11ख 11;3 11;4 12क 12ख 12;2 12;5 13;3 13;4 15ख 15;4 17क 18;1 20 20;3 23;1 23क 24;1 24;2 30;2 32क 32;3 32;5 35;5 37;1 38क 39;3 39;5 45;1 45;3 46;1 51;3 55;3 60क 60ख 60;2 61 62;1 62;2 63;3 64;3 66;4 68 68;1 69;2 70;5 71;2 71;3 71;4 71;6 75;3 75;6 76;4 77;2 80ख 80ग 84छ 85;2 86छ 86;2 86;4 91;2 91;3 91;4 92 92;5 92;6 92;7 93;3 94;2 95;4 96;4 97;1 97छ 97;2 98 98छ 99;7 101ख 101छ1 102;2 103 103;2 103;5 105;3 105;4 106 106;3 106;4 107;1 107;3 108;7 109;1 109ख 109छ1 109;2 110;6 111;3 112 112;1 113;6 114क 114;2 114;3 115;5 116;1 116ग 116;2 116;3 117;1 117;2 118क 118;4 118;5 119;2 120ख 121;1 121छ2 121;2 121;3 121;4

7|0ख ग 1;6 1;7 2ख 2;3 2;7 3;2 3;5 4क 4ख 4;4 5 5;1 5छ1 5;3 6छ 6;2 7;2 8;3 8;6 10;1 11;3 11;4 12;1 12ग 13;1 13;6 14ख 15 17;1 17;2 17;3 17;4 18क 18;2 18;3 18;4 19क 19ख 19;3 20;3 22;2 24;1 25;1 32 33;2 33;3 34;1 35;1 35;5 36;2 36;4 37;2 47;3 47;4 49 49;2 50;3 50;5 51;5 52क 55;1 58;3 61;3 62;5 63क 64;2 64;5 65 65;2 65;3 65;4 66;1 66क 66ख 66;4 68ख 68;2 72;1 72क 72;4 73;1 74;1 75ख 75;3 77क 77ख 79;1 79ख 81क 82;2 83;2 83;4 84क 84ख 84;2 84;4 88;1 88;2 89;1 91;1 92;1 92छ 92;4 93ख 94ख 96क 96ख 108ख 108ग 111;8 114क 114;5 115;3 115;4 115;6 120;8 122ख 123;2 123;4 130छ3

प्रभुता **1**|13;1 60;4 **2**|9;4 **7**|22;1 70ख 83;2 83;3

प्रभुताई **1**|12;5 47;1 91;2 109;2 284;3 **2**|36;2 228;1 254;4 **3**|2;6 **5**|15;5 20;3 22;1 23;3 25;1 33;5 60;2 **6**|8;1 16;3 18;1 28;1 90;5 104;5 **7**|24;2 43;2 60;3 74;1 83;1 89;3 116;4 120;1 124;1

प्रभुन्ह **1**|89;2

प्रभुमय **7**|112ख

प्रभुहिं **6**|73;7

प्रभुहि **1**|16;1 22;4 55;2 164;4 195;2 217;3 224;4 241;3 245;1 258 262;3 281 **2**|75छ 88;2 90;3 101 102;1 135;3 135;4 142;3 253;4 266;3 **3**|26 27;5 27;7 29;3 35;1 36 41;4 **4**|3;1 7;7 **5**|2;2 27;3 60;4 **6**|4;4 9;2 28;4 70;6 89;1 112;4 121;6 **7**|7 30;5 36;1 37;2 74ख 103;1

प्रभो **6**|103छ1 111;1 **7**|14;1 108;6 108;7 108;8

प्रभोऽप्रमेय **3**|4;3

प्रमथ **6**|88;1

प्रमदा **3**|44

प्रमादू **2**|77;2

प्रमान **1**|75;2 252 253;4 **2**|53

प्रमाना **1**|124;1

प्रमुदित **1**|312;2 321छ 322;2 323;4 325;4 326छ1 345 351;4 354;4 **2**|1;4 23 109;3 121;4 140;1 196;4 206;1 213;3 251 270;1 292;2 310;2

प्रमोद **1**|39;5 323;3 346;1 350;3 **2**|226 256;2

प्रमोदु **1**|309;4 321 327छ3 349;1 355;2 **2**|11;1 46;1 52;3 220;2

प्रयांति **3**|4;8

प्रयाग **1**|2 **2**|106;1 108 108;3 203

प्रयागा **1**|44;1 **2**|208;3 272;3 **6**|120;4 **7**|65;2

प्रयागु **2**|223

प्रयान **5**|35छ2

प्रयास **1**|292 **4**|7;6 **5**|50 **6**|1;3 77;1 91;3 106छ **7**|33;4 102क 103क 109ख 126

प्रयासा **7**|4;3 46;1 55;5 119;4

प्रयोजन **1**|162;1

प्रलंब **1**|106;3 **3**|4;3 **5**|45;2

प्रलय **1**|163;3 **6**|15;3 49छ 79;4

प्रलयकाल **6**|87;1

प्रलयहूं **7**|94;3

प्रलाप **2**|86;4 **6**|61

प्रलापी **6**|25;4

प्रवान **1**|150;4 **2**|62;1 230 256 **5**|10;2 **6**|83;2

प्रवाना **1**|123;1 **2**|174;3 292;2 **7**|109;4

प्रसंग **1**|10क 10;5 35 124;4 127;4 140;2 140;4 169;1 174;4 **7**|4;2 56;1 66क

प्रसंगा **1**|7;5 37;8 112;4 116;2 288;3 **2**|87;3 **3**|35;4 **7**|56;2 57;4 65;1 73;4 106;7

प्रसंगु **1**|87 91;1 **2**|41;2 45;4 54

प्रसंगू **2**|211;4

प्रसंस **2**|9

प्रसंसक **1**|316;3

प्रसंसत **2**|301छ 309;2

प्रसंसन **2**|241;4

प्रसंसहिं **1**|84;1 142;2 262;3 **7**|96;2

प्रसंसा **1**|88;3 146;3 285;3 341;2 352;3 **2**|130;2 **3**|30;6 40;1 **6**|76;1

प्रसंसि **1**|120क 127;2 217;3 353;4 **7**|93क

प्रसंसी **1**|284;2 **2**|314;4

प्रसंसेउ **1**|160;1

प्रसन्न **1**|14;4 14छ 88;3 101 108;1 120;3 146;2 148 164;3 164;4 177;1 190;2 257;3 **2**|3;4 4;1 51;4 166;1 222;2 256;3 264; 267;1 269 269;1 307;2 **3**|11;12 41 41;2 43;1 **5**|28;2 30;1 33;3 **6**|119;4 **7**|0ख 23;5 35;1 63;1 83ख 84;4 104;1 108ख

प्रसव **1**|97;2 **2**|261;2

प्रसाद **1**|25;4 26;1 36;1 43ख 164;1 165;4 286;3 357;1 361छ **2**|4;2 129;1 283;1 306;1 308;3 **6**|16;3 74;5 **7**|68क 69;4 84क 85;3 85;4 89;1 93;4 96;5 113;6 113;8 114;2 114;5 115;3 125;5 129

प्रसादा **1**|120;2 **2**|250;3 279;1 **4**|7;10 **7**|20;1 110;6

प्रसादु **1**|236;3 295;4 **2**|102;4 301;2

प्रसादू **1**|26;2 **2**|307;2

प्रसन्नाननं **7**|108;4

प्रसिक **1**|98;3 103;4 116 **2**|293;4

प्रसिद्ध **6**|27 **7**|98;4 121;10

प्रसीद **3**|4;11 **7**|108;6 108;7

प्रसीदति **7**|108;9

प्रसूती **1**|1;2

प्रसून **1**|227;1 248;3 327छ4 339 353;4 **2**|220;2 241;4 249;4 284;3 **6**|103छ2

प्रस्थिति **5**|35छ2

प्रस्न **1**|33;1 41;1 47;2 111;3 112;4 114;3 215;2 **2**|107;1 **7**|36;3 55 95;1 95;2 114;8 121;1

प्रहरषे **7**|12;2

प्रहलाद **1**|27; 122;4

प्रहलादपति **6**|81छ2

प्रहलादा **2**|265;3

प्रहलादू **1**|26;2

प्रहस्त **6**|8

प्रहार **3**|20छ3 **4**|8;2 **5**|28;4 57;4 **6**|54;3 83 94छ 100छ **7**|106;6

प्रहारा **5**|41;3 **6**|65;3 83;3 84;1 87;4 98;2

प्राकृत **1**|11;4 14;3 28;5 247;1 **2**|127;3 318;1 **3**|30;3 **7**|72क 77ख

प्राकृतहु **2**|311

प्राची **1**|16;2 237;4

प्रात **1**|44;4 210;1 358;3 **2**|105;1 108 114 124;2 151;1 185;1 187;1 221;2 253;4 273;2 277 290;1 **5**|7;4 **6**|16क 17;1 49;3 85;2

प्रातकाल **1**|205;4 **2**|183;1 **7**|26;1

प्रातकृत **2**|105;1

प्रातक्रिया **1**|330;2 358 **2**|202

प्रातहीं **2**|224

प्राता **2**|31;4

प्रातु **2**|33

प्रान **1**|5;2 19;1 101 104;2 208;2 208;3 208;5 209;3 308;2 **2**|15;4 26;3 28;2 46;1 47;3 50छ 54;3 56;4 58;2 59;1 66 67 74;3 79;3 81;3 82;3 91;3 149 154;1 155;4 166;3 169;1 172;2 179;3 180;1 184;3 190;3 201;2 286;2 290 316;3 **3**|23;2 27;8 **4**|6 24;1 **5**|21;2 30 31;3 44;4 48 **6**|19;2 42;5 50;4 54;3 61;7 76 90 **7**|2क 38;2 47;1 66क 87;3 95ख

प्राननाथ **2**|64 65;3 99;1 103

प्राननाथु **2**|199;4

प्रानपति **1**|74;1 **2**|64;3 67;2 97;2 98;4 **6**|14;4 15ख 35;3

प्रानपिआरी **1**|71;2

प्रानपिआरे **2**|48;4 130;4 200;1

प्रानप्रिय **1**|290 336छ **2**|23;1 29;1 42;1 74;3 79;2 125;2 162;3 181;3 185;1 311 320;1 **3**|5ख **7**|38 86;5 87ख 128;4

प्रानप्रिया **2**|25;4

प्रानहु **1**|204 322;3 **2**|169;1

प्राना **1**|198;1 **2**|58;2 68;1 81;4 86;4 144;3 149;4 174;3 208;1 **3**|31;2 **4**|10;1 **5**|24;3 27;4 29;3 **6**|42;4 54;3 58;3 99;5 114;1 **7**|1;8 56;2

प्रानी **1**|113;3 117;1 184;2 216;4 **2**|310;4 **3**|16;3 17;8 **6**|31;2 **7**|38;2 45;3 54;3 86;5 97;4 103;1 120;8 121;13

प्राबिट **6**|46;5 79;2

प्रियं **7**|108;4

प्रिय **1**|10क 16 18 18;4 20;2 26;2 31;6 32;3 38 73;4 93;2 104;2 104;4 107;3 122;2 127;1 138;3 142;3 146;4 150;2 161;2 162;2 186छ1 188 190;1 193;1 197 198;4 199;5 204 208;2 208;3 216;4 229;4 242;1 247;3 278;2 291;4 293;3 295;3 311;1 317;1 335;2 339;1 353;4

2|3;2 5;3 7;3 7;4 10 14;3 14;4 15;4 16 16;2 17;3 20;2 22;4 24;2 28;1 46;1 49;2 49;3 56;4 57;1 59;1 60 60;4 65;1 68;3 71;3 72;4 74;4 75छ 76;1 76;4 77;2 80;1 84;4 86;3 88;1 97;2 98;3 99;1 105;2 115;1 118 120 123 130;2 131;2 131;3 135;4 140;2 140;3 150;3 154;3 155;1 159;4 168 172;2 174;3 180;1 184;1 184;3 188;3 200;1 201;4 205;4 208;1 217;3 224;4 246;2 251;1 259 277;4 286;1 292;2 293;1 302;1 311;4 321;2

3|5क 10;4 24;4 32छ3 36;4 42;2 45 **4**|3;4 7 21;4 **5**|21 22;2 37 48;4 49;1 **6**|2;3 9;4 12क 12;5 59;1 61;6 90 106;4 113 **7**|2क 2;4 4;2 4;4 8क 14;6 16;3 16;4 32;1 45;2 56;3 85ख 86 86;2 86;3 86;4 86;5 87क 87;3 94;1 96;2 109;3 113क 114क 121;13 130;1 130क 130;2

प्रियजन **2**|164;3

प्रियतम **1**|32;4 **2**|140;3 150;1 201;2 205;3 **7**|43;3

प्रियबादिनि **2**|15;1

प्रियब्रत **1**|142;2

प्रियसीला **1**|192छ4

प्रियहि **2**|87;3

प्रिया **1**|71 107;2 **2**|25;3 26;1 26;3 26;4 31;3 32 33;2 68;3 103;3 141;4 151;2 154 321;2 **3**|24;1 30;8 37;5 **4**|14;1 **5**|15;3 **6**|8;1 16;3

प्रियानुजं **3**|4;6

प्रीतम **3**|26छ

प्रीतमु **2**|146 201छ

प्रीता **5**|40;4

प्रीति **1**|9;3 20;2 21;1 23;2 28क 42 50;4 57ख 68;3 90 90;2 91;3 114;3 119;4 120;4 150;1 161;3 162;2 163 164;2 183 198;2 217;2 225;1 229 229;4 234 242;2 261;2 265 291;1 296;3 309;1 315;4 320छ 320;4 323छ2 325छ2 327छ2 336;1 337;4 340 352;4 354;4 360;5 **2**|2;2 15;3 31 31;3 37;2 49;4 59;1 72;3 97;1 115;1 123;4 129;2 171;4 193;1 196;2 197;3 199;1 209;2 219;4 227 238;1 241;1 254;3 263;1 274;3 281;4 289;3 303;2 304;3 305;1 306 317 318;1 320;1 320;2 321;3 325

3|1;1 10;11 10;7 12;5 13 13;6 16;3 21;6 28;6 29क 34;2 35;1 43;4 46;2 **4**|3;3 4 5;1 6;1 9;2 10 14;1 19;4 **5**|6;4 7;2 12;2 14;1 15;4 29 40;4 49;3 57 **6**|15ख 23ग 28;4 49;4 59 59;3 60ख 80;1 102;2 106छ 112;2 114क 116ग 119;1 121;6 **7**|14;6 15 15;5 16;2 17;4 19ख 23;1 37;2 38;3 46;4 49;2 50;5 55;4 65 70;1 74;2 83;4 87;2 89;4 95क 104;4 116ख 118;8 121;16 122;1 126;1 128;1 128;4 130छ3

प्रीतीं **1**|320;1

प्रीती **1**|28;3 56;4 76;2 153;4 155;2 185;2 257;2 **2**|90;2 194;1 208;2 252;1 **3**|45;1 46;1 **4**|4;4 7;7 12;1 **5**|7;3 41;3 58;1 **6**|3;3 9;5 **7**|8;3 16;4 21;1 25;2 89;4 106;7 121;4

प्रीते **1**|226;3

प्रेत **1**|7घ 85;3 93छ 95छ **2**|147 **3**|20छ1 20छ4

प्रेम **1**|16 31;7 32;2 36;3 39;5 56 61;4 77 87छ 101छ 102;3 104;2 111;4 116;1 119 145 146;4 185;3 185;4 188 192छ3 193;2 198 199 200 208;4 211छ1 215 218;4 226;3 228;4 236;3 254;2 255 257 259;4 262;1 264;3 291;3 293;3 295;2 306;2 308;3 308;4 314;2 323;3 324छ1 326 326छ1 326छ3 337;1 338;2 340;1 340;3 341;2 342;3 352;2 353 356;3

2|2 4;4 8;1 10 10;1 27;1 58;1 58;3 61;3 62;2 70;1 70;4 71 77;2 80;2 83;2 85;2 90;3 100 103;2 107;1 109;2 112 116;2

118;2 121 128;1 137;1 155;3 181;4 184;2 194;1 217 225;4 238;3 241;1 242;4 243;2 243;3 261 274 275;3 292;2 292;3 301;3 302;2 303;3 304;4 307;1 310;2 310;4 317;2 320;1 321;3 325;1 326छ

3|3;3 6छ 10;11 10;5 10;7 21;2 26;4 27;9 34 34;5 36;7 41;5 **5**|15;3 15;4 17;2 29;2 33;1 48 **6**|105;2 111 111;11 112;3 117ख 118ग 118;5 **7**|2;5 3क 5 5छ1 6छ 14;5 14;8 16 17ख 17;2 19;1 34 35 42;1 47;4 49;3 51 57;4 60;1 61;1 65;3 82;2 93;2 103;3 110;4 113;1 114;4 124ख 125क

प्रेमबस **1**|224 225;1 232;4 332 336;4 340;2 342 **2**|45;1 85;1

प्रेमबिबस **1**|336;1 337 338 345;4

प्रेममय **1**|235;2 **2**|97;4

प्रेमरस **2**|52;2

प्रेमसुख **1**|196;3

प्रेमहिं **2**|293;4

प्रेमा **3**|5;5 16;5 46;2 **7**|8;3 95;3

प्रेमाकुल **5**|32 **6**|118;3 121;5 **7**|83;2

प्रेमातुर **7**|6;2

प्रेमु **1**|76;2 81;4 102;4 264;2 284 321 323छ2 327छ3 330;2 349;1 355;2 **2**|18;3 24;1 52;3 111;1 137;1 171;3 181 193 205;2 225 228;1 304;2 312;1 **5**|14;5 49;2

प्रेरइ **7**|118;4

प्रेरक **2**|44 **3**|15 32छ2 **7**|113;1

प्रेरा **3**|21;3 **7**|44;3

प्रेरि **1**|56;3 77 93;2 136;4 177;4

प्रेरित **1**|178ख **3**|2;1 15;3 28;3 **4**|11;5 **5**|25 53;3 59;2 **6**|118क **7**|4ख 17;4 78;1 79;1 81ख 109ख

प्रेरी **1**|129;4

प्रेरें **1**|31;2

प्रेरे **1**|179;1 **6**|32;5 40;2 46;5 79;2 **7**|104;1

प्रेरेउ **3**|43;1 **7**|4क

प्रोंक्त **7**|108;9

प्रौढ़ **3**|43;4 **7**|110;3

प्रौढ़ि **1**|23;2

फ

फंद **1**|289;1 **2**|26 **7**|34;4

फंदा **2**|92;3

फटिक **3**|1;2 **4**|13;3 **5**|29;4 **7**|27छ

फनि **1**|3;5 151;3 335;4 **2**|99;2 201;1 **6**|61;5 71;3

फनिकु **2**|33;1

फनिक **2**|44;2 143;4

फनिकन्ह **1**|358;2

फनिबर **3**|10;10

फनीस **6**|102 **7**|22;3

फर **1**|210;2 **2**|140;3 **3**|25;3 **6**|58

फरइ **2**|261;2 **5**|58 **6**|16ख

फरकइ **2**|20;3

फरकत **1**|136;1 252;4 **7**|0घ

फरकन **1**|236

फरकहिं **1**|231;2 **2**|7;2 225;1

फरकि **4**|6;7 **5**|35;3

फरकेउ **6**|100;3

फरत **2**|29;4

फरसा **2**|191;3

फरहार **2**|279

फरहिं **7**|23;1

फरहीं **2**|189;4

फराक **7**|29;1

फरे **6**|5;3

फल **1**|2 2;3 2;7 3;1 3;4 27; 32;7 37;7 41;4 65 70;4 74;2 135 137;3 139;2 144;1 156;1 209 220;2 222;3 227;3 236;1 287 303 305;2 310;1 325 325छ1 **2**|0 3 6;1 23;3 29 57;3 62 66;2 77;4 88;1 89 89;4 106 107;1 107;2 120;1 124;2 125;2 135;1 139;1 161;2 188 189;4 193;1 201;2 210;3 211 212 213;3 215;2 222 237;2 248;3 249;4 250 250;1 268;3 278 279;4 280;4 282;2 301;2

3|2;7 3;4 10;8 13;3 13;4 16;4 21;5 23 34 36;5 40 **4**|13;1 25;1 25;2 **5**|1;1 3;4 17 17;4 18;1 18;2 22;2 28;4 29;1 35 58;2 **6**|5;2 5;3 34;2 44;4 90छ **7**|3;3 13;5 14;5 22;3 41;3 44;1 49;2 95;3 106;1 120;9 126;4

फलइ **1**|168;2 **6**|90छ

फलत **1**|212 **2**|59;2

फलनि **6**|65;3

फलहिं **2**|137;3

फलि **2**|311;4

फलित **2**|1;4

फलु **1**|19;4 59;2 64;1 65;1 96छ 109;2 246;3 327छ2 335;4 343;4 **2**|7;4 11;1 18;4 21;3 33;4 46;2 61 75;2 77 77;4 109;4 114;2 129 156;1 163;3 210;3 219;2 221 224;3 230;2 236 256;4 **3**|29;2 **4**|23;3 **5**|26;3 **6**|33;4 113;5

फहराहीं **1**|302;4

फाटी **6**|97;1

फाबी **2**|17;1 25;4

फारहिं **6**|81छ2

फिरइ **1**|134 182;5 231;1 234 **2**|82;3 **7**|108ग

फिरउँ **4**|2;5 **7**|56;3 80ख 81ख 110क 110;6

फिरत **1**|25;4 49;4 86;3 141;2 156;3 158;1 159;3 203;2 **2**|119;1 138;1 201;2 312;1 **3**|27;4 **6**|5;4 **7**|13;4 44;3

फिरत फिरत **7**|82;1

फिरती **2**|102;4 **4**|30;1

फिरब **2**|62;1 112;4 280;1 292;2

फिरहिं **1**|133 196;3 **2**|24;2 82;1 83;2 85;2 109;4 121;4 211;4 253;2 312;4 **3**|30;2 **4**|2;2 **5**|8;1 **6**|34;5 67;3 **7**|75क 115;1

फिरहीं **3**|19;5 **6**|98;4

फिरहु **1**|53;4 159;2 **2**|97;2 **4**|1;4 **6**|81

फिरा **2**|20;2 **3**|2;2 29;10 **6**|35;2 66;5

फिराए **5**|52;2

फिरायो **6**|74;4

फिरि **1**|29;3 39;2 54;3 79;1 178क 179;3 230;2 270;1 303;3 337;4 **2**|18;4 36;2 36;4 43 44;2 73;2 83;2 95;4 96;4 97;4 143;3 151छ 165;1 212;3 225;4 273;4 313;2 **3**|10;6 17;9 19;6 29;6 **4**|12;5 28;2 **5**|2;2 13;4 53 **6**|9 23क 55;2 73;3 95;3 **7**|19ख 22;2 118क

फिरिअ **1**|340;3 **2**|82;2 118;1

फिरि फिरि **1**|102छ 303;3 342 **3**|13;7 26 **7**|19;1 77क

फिरिहहिं **1**|43;4

फिरिहि **2**|68;4

फिरीं **6**|72;1

फिरी **1**|153 234;4 **2**|17;1 320;1 **5**|11;3

फिरें **2**|17;3 268;3 **3**|20छ2

फिरे **1**|187;4 309;3 340;2 343;3 360;5 **2**|108;4 109 147;1 319;3 320 321;1 **3**|20छ3 28;1 36छ **6**|46;2 46;3 76;5 97;1 97;2 101छ2

फिरेउँ **2**|153;2 **4**|6;6 **7**|81क

फिरेउ **1**|157;4 174;4 280;1 **2**|99;4 133;1 142;3 144;1

फिरेहु **2**|81

फिरै **1**|340;2

फीका **1**|8;6

फीकी **1**|9;3

फुंकरत **3**|20छ1

फुर **1**|15 **2**|15;1 174;2 175;1 256 258;2 261 **7**|38;4

फुरि **2**|16;2 17;3 20;3 34;3 222;3 256;1

फुरे **6**|96छ

फुलवाईं **1**|231;1

फुलवाई **1**|215;2 228;4

फुलाई **6**|9;3

फुलाउब **2**|35;3

फुलाए **7**|93;1

फूँक **2**|232;2

फूँकि **1**|273;1

फूट **2**|163;3

फूटहिं **6**|44 82;2

फूटि **4**|15;4

फूटे **6**|25;3

फूल **1**|37;7 219;4 228;1 285 287 **2**|6;1 201;2 205 212 215;2 278 308 **5**|3;4

फूलइ **6**|16ख

फूलत **1**|212 **2**|59;2 **7**|13;5

फूलहिं **2**|137;3 **7**|23;1 28;1 122;8

फूला **1**|3;4 280;2 319;3 323;3 346;2 **2**|29;4 53;2 194;1 216;4 229;3 238;3 243;4 **7**|3;3 122;8

फूलि **2**|311;4

फूली **1**|135;1 **6**|38;1

फूलें **4**|16;1 17;1

फूले **1**|196;3 **2**|124;4 **3**|38;2

फेन **1**|356;1 **2**|91;1 **6**|87

फेनु **2**|281;4

फेनू **1**|167;4

फेर **7**|0ख

फेरत **2**|239;4 250;2 **6**|71छ 103छ2

फेरति **2**|234;3

फेरन **6**|86छ

फेरहिं **1**|299;1 **2**|112

फेरा **2**|6;3

फेरि **2**|12 94;4 149;2 295;1 **5**|25;4 **6**|41;4 42;3 91;2

फेरिअ **2**|82;1

फेरिअहिं **2**|256;2 268

फेरीं **1**|325;4

फेरी **1**|177;4 **2**|94;4 **7**|113;2

फेरु **2**|50छ

फेरू **1**|292;4 **2**|295;2

फेरे **1**|340;1 **2**|85;2 118 319;4 321;1 **6**|67;3 97;2

फोर **2**|281;4

फोरा **6**|36;6

फोरि **6**|41;3

फोरी **1**|253;3

फोरै **2**|16;1

फौज **6**|67;4 79;6

ब

बँधब **1**|279;3

बँधायउ **6**|9;3

बँधाइअ **5**|60;2

बँधाए **1**|304;3

बँधान **1**|302

बँधायउ **6**|37;1

बँधाया **4**|21;3

बँधायो **6**|6;1 73;7 **7**|58;2

बँधावा **5**|20;2

बँधे **1**|332;3

बँयो **7**|117;2

बँसूला **2**|212;2

बंका **1**|178;4 **5**|33;3 **6**|18;1

बंगा **6**|26;3

बंचक **1**|7;3 12;2 **2**|168;4 172;4 **3**|5;8

बंचित **1**|204;1 **2**|195

बंचेहु **1**|137;3

बंदइ **1**|281;3

बंदउँ **1**|0;5 1;1 2;2 3क 4;4 5;2 7ग 14घ 14च14ङ 14;2 15;1 16 16;1 16;2 17;3 18 18;1 18;2 18;5 19;1 109 112;2 **7**|125;2

बंदत **1**|54;4 352 **4**|25

बंदन **2**|275;4 **6**|112;1

बंदनवार **7**|9;1

बंदनिवारे **1**|289;1 347;2

बंदनीय **1**|2;3

बंदनु **1**|60;2

बंदर **5**|24;5 55;2 **6**|20;1 44;1 73;4 82;1 85;2 98;6

बंदि **1**|4;1 14छ 151;2 160;1 219;1 235;2 239 255;2 255;4 287;4 300;3 327छ1 348;1 351;1 358;3 358;4 **2**|57 76;1 79 185;2 195;3 202 213;1 214;2 226छ 229;3 246;2 273;3 290;2 318;4 319 319;3 320 **3**|26;2 28;8 **4**|20;2 **5**|57;6 60;4 **6**|17क 18;1 60क 60;4 73;4 80;1 121;3 **7**|89;1

बंदिअ **1**|10क

बंदिगन **1**|194;3

बंदिगृह **2**|19

बंदित **1**|146;1 **6**|109छ1 **7**|35;4

बंदिता **7**|13;4 24;5

बंदी **1**|249 262 265;2 297;3 324 **2**|105 **3**|38;4 **7**|12ख

बंदीखाना **6**|90;2

बंदीजन **1**|249;4 309;3

बंदुउँ **1**|7घ

बंदे **1**|99;1 215;1 308;3 326छ1 **2**|242;1 245;1

बंध **1**|288;2 **2**|288;2 **3**|15 **5**|20;2 **6**|4 73

बंधन **1**|200;2 **5**|20;2 20;3 **6**|114;4 **7**|58 58;3 68ख 121;9

बंधाना **6**|5;5

बंधु **1**|40 42 49;3 54;3 141;2 154;1 175;3 176;2 178;2 205;1 219 221 223 226;3 227 228;4 237 238;3 239;4 244 246;2 247;3 278;4 281;1 281;2 282 290 307;4 310 312;1 316;3 326छ2 335 338;2 **2**|7;4 10;4 43;2 55;2 70;3 74;3 79 88;1 128;4 139 141;4 173;1 221;3 223;1 226;4 227;2 240;2 259 259;4 268 297;1 304 314 316;1 **3**|6;3 16;5 **4**|6;2 7;14 8;2 12;1 27;6 28;1 **5**|19;2 31;2 48;2 **6**|12;5 27 61;2 61;3 61;5 63;2 64;5 65;1 72;2 82छ 84छ 105;3 107छ 110;2 115;4 **7**|1;7 47;1

बंधुबर **1**|216

बंधो **7**|18;1

बंध्या **7**|122;8

बंस **1**|187;1 274;1 282;1 286 316;3 **2**|9 10;4 278;1 **5**|45;4 **6**|21;3 64;5 **7**|12छ2 112;2

बंसी **6**|88;3

बएँ **5**|58;2

बए **7**|101ख

बक **1**|9;1 **2**|281 **3**|40;2 **4**|24;3 **6**|85;4

बकउ **1**|3;1

बकता **1**|30ख 30;3 118;3 **7**|98ख

बकुल **1**|344;4 **3**|40;3

बकसीस **1**|306;2

बकहिं **1**|281;2

बकिहि **2**|20;2

बक्र **1**|281;3 **6**|23छ **7**|70ख

बक्रगति **2**|42

बखान **1**|14क **6**|25

बखानउँ **3**|13;7

बखानहिं **5**|52;1 **7**|26;1

बखानहीं **6**|79छ **7**|92छ

बखानहु **7**|121;3

बखाना **1**|14;1 17;5 37;7 76;1 94;1 101;4 111;3 133;4 142;4 180;3 185;4 297;2 301;3 307;1 333;2 344;3 **2**|11;1 69;1 86;4 95;3 138;3 220;4 236;1 **3**|16;1 **4**|20;2 **6**|104;2 **7**|4;2 9;4 65;2 66;2 68;1 82;3 88;2 98;3

बखानि **2**|110 **3**|34 **6**|79

बखानिहैं **4**|30छ

बखानीं **1**|295;1

बखानी **1**|21;4 30;1 33;1 36;3 45;3 47;4 48;2 53;3 61;3 65;2 75;3 85;4 88;2 99;3 100;4 103;2 105;2 111;1 120ख 122;2 130;3 153;1 160;2 162;4 163;3 167;3 229;1 238;2 242;2 247;1 309;1 324;1 346;4 361;1 361;4 **2**|23;1 48;3 63;1 69;3 125;4 132;3 139;4 153;4 156;2 171;4 187;4 215;1 231;1 233;2 241;1 289;1 321;2 **3**|5;2 16;3 24;2 41;5 **5**|41;1 58;2 **6**|15;2 48;4 72;3 **7**|4;4 31;2 52;4 64;4 68;4 86;1 113;6 117;1 121;1 126;4

बखानें **7**|112;3

बखाने **1**|6;1 12;3 14;3 29;4 69;2 131;1 140;2 155;3 225;1 298;3 301;4 305;1 329;1 **2**|277;2 299;2 **6**|60;1 117;1

बग **1**|38;2 41

बगध्यानी **1**|162;3

बगमेल **1**|305 **3**|18 37क

बगरे **7**|102;5

बच 1|186छ3 2|227;2 6|59;3 61;3 109;4 7|22;4 38;2 87;4 113;2 114;3

बचउँ 1|276;3 278;4

बचन 1|0;5 4;6 9;4 18;5 38;4 48;4 53 59;4 63 72;2 72;3 73;3 77;1 77;4 78; 78;2 79;3 80;2 80;4 89;4 90 93 93;1 93;2 95;3 97छ 98 99छ 102;2 110;1 115 115;3 115;4 119 120;4 123;1 127;1 128 128;1 132 136;3 139;1 144;4 145 146;4 149;1 150;1 160;4 161ख 165;4 168;2 177;2 181;2 185;2 185;4 186 187;3 192छ4 200;3 202;3 203;3 207;4 208;1 211छ1 216;3 218;4 220;3 223;4 229 229;4 230 236;4 239;4 240 249 251;1 251;3 252 252;4 254;1 254;4 255 255;1 257;2 259 259;2 261छ 267;4 270;1 270;2 271;3 275;1 276 276;3 277;3 280;2 284 284;3 285;2 287;3 290 291;2 291;4 293;3 294 311छ 336;4 340;3 340;4 341;2 342;3 355;4 356;1 356;4

2|4;3 5;1 6 8;1 9 10 14;4 16 21 21;2 29;2 30;4 31;3 33;2 34 34;2 35 40;2 41;1 41;3 41;4 42 43;2 43;4 45;3 49;2 52;3 53 53;2 54;1 54;3 55;4 56;4 57;4 60 64;1 67 68;1 68;3 69;3 71;4 72 72; 73;3 75;3 76;4 79;3 80;1 83;1 85;2 90;3 93;3 94;3 97;2 101;3 104;1 104;2 107 107;2 108;1 108;2 110;4 115;1 116;3 117;2 118 118;2 120 123;4 125 125;3 126 128;1 130;2 131;4 132;1 135;4 136 137;1 151;3 152 152;4 153;2 153;3 154 154;2 159 160;4 164 165;2 166 167;1 167;4 168 169 169;4 171;2 174;3 175;1 175;2 176 176;4 184;1 188;4 198;4 199;2 202;1 205 205;3 210;4 212;4 213;1 213;2 218;1 220;4 222;3 225;2 231;3 235;1 238;1 239;2 240;2 249;1 251छ 251;4 254;2 255 257;1 257;4 258;1 259;2 260;1 263;2 264; 264;4 269;2 270;1 276;1 277;1 281;1 285;1 291;4 292;1 294;1 297;3 298;3 303;2 303;4 304 304;4 308;4 309;1 314 317 317;3 321;3 324;3

3|3;4 5;5 6;3 10;1 11;11 14;3 16 16;5 17;4 19;4 21;3 23;3 28;3 28;6 28;8 30;1 31;1 33 34;3 34;5 38ख 41 45;1 4|2;1 5 7;12 7;4 7;8 9;2 14;2 20;4 22 23;2 26;4 27 27;3 28;5 5|1;1 2;2 6;3 9 10;4 11;4 12;3 13 13;2 14;4 15;5 17;3 22;1 24;3 25;2 31;1 31;2 32 32;1 33;3 34;3 36;3 38;2 40;1 43;5 46;1 46;2 49;1 50;2 51;1 52;2 52;4 55;4 56;2 56;3 56;4 57;2 59

6|0ख 3;3 6;2 8 9;3 9;4 9;5 10;2 12ख 14 14;2 16;1 21;2 21;4 22;2 23;3 23;4 23छ 24;5 27;4 30;1 30;2 38;1 42;5 48;3 49;1 49;4 58;1 59;1 59;2 59;4 61;1 61;3 62 64 65;1 70;3 78छ 80ख 83 84;4 86;4 89 90 90;5 99छ 99;4 102;3 105;1 106 106;2 106;4 107;4 108;7 109;1 110;1 112;2 113 116क 116;4 117;1 118;2 118;3 118;4 118;5 7|2क 2छ 2;3 2;4 5छ2 6छ 8;6 10;3 10;4 11;2 13;6 16;2 17;1 17ख 18क 20;1 20;2 33;3 34;1 36;4 38;4 39;4 42;1 43;1 45;1 45;4 47;1 47;4 63ख 63;4 65;1 68;4 77;2 83क 84;2 85;1 85ख 87;2 88;4 93;1 93क 94;3 96;1 98ख 109क 109;4 109;6 110क 110ख 110ग 112;6 112;7 115;3 115;6 121;7 122;3 124ख 126;2

बचनहि 2|174;2

बचना 1|119;4 151;1 224;4 225;2 4|2;3 5|25;2 6|2;1 106;3

बचनामृत 7|88;1

बचनु 1|49;1 68;2 71;4 88;1 230;3 273;4 279;1 2|22;4 28 28;2 30;2 35;4 40 44 61;2 69;1 70;4 145;4 174;2 256 5|14;4

बचाइ 5|56;5

बचाना 1|77;3

बचारू 2|6;4

बचावन 5|56;5

बचावा 1|157;2

बच्छ 1|337;4 2|68 165;3 3|43;3 7|6छ 6;5 117;6

बच्छल 5|43;5

बच्छु 2|146;2

बछल 1|146;4 7|11;3

बछलता 1|218;2 7|83;4

बजनिआ 1|351;4

बजाइ 1|294;4 314;1 339 347 353 2|46 3|20छ1 6|49

बजाईं 1|89;3 248;3 7|12;4

बजाई 1|154;3 175;3 246;1 302;2 343;4 2|31;4 6|103;4

बजाउ 2|192;2

बजाज 7|28छ

बजारु 1|213;1 344;3

बजारू 1|296;4 7|28;4

ब

बजावत **6**|33;2

बजावन **1**|266;1

बजावहिं **1**|306;1 **6**|39;5 71;5 77;2 88;4

बजावहु **1**|193;3 **6**|86;1

बजावा 7|98;2

बज्र **1**|4;6 **2**|49;4 **4**|8;2 **6**|82;2 84;1

बज्रन्हि 7|27छ

बज्रपात **6**|87;4

बज्राघात **6**|64;1

बज्रु **2**|145

बट **1**|58;4 106;1 **2**|94;2 114 115;2 151;1 237;4 277 321;2 **6**|93छ **7**|56;5 63;2 110ख

बटछाहीं **1**|52;1

बटाऊ **2**|124;1

बटु **1**|2;6 44;3 **2**|108;3 109 109;3 124;2 172;4 206;1 224;2 237;2 286;3 **4**|1;2 15;1 **6**|121;1

बटोरा **1**|25;2

बटोरि **2**|228;3

बटोरी **5**|48;3

बटोहीं **2**|123;4

बड़ **1**|8 16;4 21;2 23 23;1 23;3 25 32ख 45;4 53 56 60 60;4 66;3 90;3 95छ 118;3 126;4 139;2 151;3 156;3 157;4 177;3 215;1 223;2 238;2 248 258;2 260;4 276;1 276;2 277;3 278;2 278;3 281;3 282;3 283;3 294;3 310;4 343;4 350ख 352;1 **2**|13;4 21 22 31 38;1 42;4 46;4 53;3 71;3 73;1 75;2 86;2 96;2 108;2 149;4 158;1 177 181;4 185;3 191 199;4 206;4 213;4 243;4 265 272 277;2 308;1 314;4 319;1 321;1 **5**|24;1 **6**|23घ 23ब 51 **7**|98;3 121;2 130;4

बड़धपनु **1**|10;4

बड़भागिनि **2**|214;1

बड़भागी **1**|152;2 211छ1 **2**|41;4 56;3 174;1 259;3 324;4 **3**|10;11 **4**|23;4 26;7 27;4 **5**|6;4 **6**|11;4 22;4 **7**|1;6 50;4 85;2 125;3

बड़वानल **6**|1;1

बड़वानलहि **5**|33

बड़ाइ **1**|326छ1

बड़ाईं **2**|199;4

बड़ाई **1**|26;4 42;3 180;1 198;2 240;1 266;4 306;2 321;1 330;4 340;4 342;1 343;1 354;4 355;2 **2**|24;2 25;2 36;2 103;4 106;2 110;1 112;1 113;4 131;3 138;4 173 179;4 181;1 195;1 196;4 200;4 207;1 207;2 208;4 212;4 257;2 259;4 272;2 277;1 283;2 292;2 299;1 303;2 309;4 319;1 **3**|13;7 35;3 **4**|7;8 **5**|25;1 41;4 56;3 59;4 **6**|31;1 35;6 72;4 114;2 **7**|16;2 37;2 40;1 70;2 106;5 126;3

बड़ीं **2**|300;2

बड़ी **1**|131;1

बड़ें **1**|310;4 **2**|190;2 300;2

बड़े **1**|1;3 159;3 167;4 203;1 326छ2 330;1 **2**|324 **7**|33;4 43;4

बड़ेरे **2**|255;3 287;2 319;4

बड़ेहि **2**|10;4

बड़ि **1**|29;1 149;2 173;3 179;2 234;4 238;2 251 259;2 283;4 307;3 340;3 **2**|11 13;4 16;4 23;1 26 53;1 55;3 56;1 64;3 73;1 76;3 103;4 192;4 217;2 244;2 251;2 276;2 282;1 293;3 295;3 300 303;4 306;3 311 318;1 323 **5**|33;4 37;2 **6**|31;4

बढ़इ **1**|238;1

बढ़ई **2**|212;2

बढ़उ **2**|205;1

बढ़त **1**|262;2 276 **2**|5;4 7 140;2 297;1 325;1

बढ़हिं **1**|8;7 **6**|102;1

बढ़हूं **1**|309;4

बढ़ाइ **2**|27;4 56 190 **3**|13

बढ़ाइअ **6**|9

बढ़ाई **2**|59;1 **6**|103;3 **7**|23;1 46;2 59;1

बढ़ावइ **2**|191;1

बढ़ावन **1**|43;3

बढ़ावनिहारी **1**|126;2

बढ़ावा **1**|182;1 **4**|6;5 **5**|2;5 **6**|78;3 **7**|93;2

बढ़ावै **1**|52;4

बढ़ि **5**|25 **6**|18;2

बढ़ी **1**|257;2 337;4

बढ़ें **2**|205;2

बढ़े **6**|97

बढ़्यो **1**|99छ 7|3ग

बतकही **1**|9;1 231 **4**|21 **6**|16;4 17;4 **7**|47;4 66;3

बतबढ़ाव **6**|30;1

बतासा **1**|74;3 7|118;7

बदंति **6**|111;8

बद **6**|23;1 **7**|34;3 119;2

बदत **6**|101छ1

बदति **1**|87छ 96

बदन **1**|0;1 4;4 100छ 100;4 128 134;4 135;4 147;1 218 219;3 237;4 350;4 358;1 358;4 **2**|68;4 70;1 76;2 94;3 115 259;4 293;3 297;3 **3**|10;5 **5**|2;3 2;6 54;3 **6**|31;4 71;4 94छ **7**|37 75;3

बदनु **1**|316;2 327;4 **2**|2;3 39;4 52;3 54;3 65;4 117;3 140;1 156;1 **3**|10;12 **4**|22;1 **5**|2;4 2;5 **6**|70

बदर **2**|125;4 182;1

बदरीबन **4**|25

बदले **7**|121;6

बदहिं **1**|262

बदहि **6**|24

बदि **1**|283 **2**|314;1

बध **1**|207;5 **2**|167;3 **3**|2 19;3 22;4 **4**|19;3 **5**|19;1 20 44;1 **6**|18;4 23ग 29;1 77;3 **7**|51;3 65 66;2 68;1

बधउँ **1**|272;3 **6**|31;3

बधजोगू **1**|275;2

बधब **3**|20छ3 26;3 **4**|7;7

बधाई **1**|40;4

बधाए **1**|296;1 351;3 **2**|1;1

बधाव **1**|194

बधावा **1**|172;3 **2**|7;2 11;4 13;1 27;1

बधि **1**|49;3 **3**|27;3 28;1 **5**|33;4 **6**|24;3 33;1 36 **7**|66;4

बधिक **2**|246;3 264;2 **4**|30ख

बधिका **3**|42;4

बधिर **3**|5;4 19छ **6**|21 68;1 **7**|70ख 99;3

बधिहि **3**|26छ

बधु **1**|279;3

बधुन्ह **1**|61;1 325 330;2 348 349 349;2 352 358;2

बधू **1**|322;2 347 354;2 355;4 **4**|9;4 **6**|88;4

बधूटिन्ह **1**|327

बधूटीं **1**|265;2

बधें **1**|273;4 **4**|9;4 **6**|23घ **6**|30;2 31;1 **6**|75;7

बधे **4**|26;3 **5**|21;5

बधेउ **1**|29;3 **3**|25

बधेहु **6**|90;3

बध्यो **6**|49;2

बन **1**|1 17 31 32;4 35;4 37 38;5 40;3 48;4 86छ 86;4 94छ 94;2 109;2 110;4 143;1 153;4 156;2 156;3 157;3 159क 159;2 191;2 205;1 212 212;4 285;1 293;1

2|11 29;3 33 41 42;1 47;2 50छ 51 54;4 55;3 56;1 56;4 58;2 59 59;4 60;1 60;2 60;3 63;2 63;3 63;4 66;3 67;4 68;2 71;2 73;1 74;2 74;4 75छ 75;2 75;4 78;2 79 79;2 81;3 82;2 88 89;1 98 104 104;3 106;2 111;4 112;4 113 119;2 120;3 124;3 124;4 136;1 136;3 137;4 142;2 143;3 151;4 153 158;1 158;3 163 164;4 176;2 177 182;4 184 188;1 189;2 196 200;2 207;3 210;2 211;4 215;2 224;3 235;1 235;3 236;1 239;1 249;3 249;4 251 251;1 262;2 263;1 263;2 268 269;1 279;1 279;2 280;3 280;4 282 284;1 289;2 292;2 302;3 306;1 308;2 311;2 312;1 315;1

3|1;1 6;1 7;2 8;1 9;3 13;8 14;1 14;2 19;5 22;2 27;1 28;3 29;13 30;2 33;2 37;1 **4**|1;4 1;5 2;1 5 13;1 13;3 23 **5**|3छ2 3;3 8;3 15;2 21;1 28 **6**|6 12;1 24;3 26 48ख 61;3 98;4 115;3 119ख 120;1 **7**|6छ 13;4 14;4 23;2 29;4 30;2 56;3 66;1 67;3 110;5

बनइ **1**|208;3 213;1 303;1 356;2 **2**|199;1 296 **3**|40;2 **4**|3;2 **7**|12क 28छ 82;3 117;1

बनई **2**|240;3

बनगवनू **1**|42;2

बनचर **1**|188;2 **2**|137;1 276;3 278

बनचारी **2**|321;1 **6**|92;4

बनज **1**|40 285;1 **2**|60;3 159;2 325;2

बनत **1**|49;1 **2**|265;1

बनदेबीं **2**|66;1

बनदेव **2**|56;2 66;1 318;4

बनदेवा **2**|312;4

बनदेवी **2**|56;2

बननिधि **6**|5

बनबास **2**|224;4 228;2 290;2 **6**|31क

बनबासी **2**|29;2 224;2 250;1 270;1

बनबासू **2**|22;3 56;2 78;4 119;3 149;4 179;2 271;2 280;2

बनभूमि **2**|98;4

बनमाला **1**|147;3 192छ1 **3**|34;4

बनरन्ह **6**|40;1

बनसी **3**|44;4

बनहिं **1**|349;4 **2**|187;2 **3**|23

बनहि **1**|285;4 **2**|46;2 57;2 110;3 149;2 166;3 292;2 **3**|7;1

बनहीं **2**|211;4

बना **1**|167;3 344;3 **2**|230;3 **5**|3छ1 **6**|52;3

बनाइ **1**|16;2 131;3 296 316छ 319छ **2**|76;2 82 **4**|12 **6**|1 101;7 **7**|11क 27 27छ 117ख

बनाईं **1**|243;4 330;4 **7**|28;1

बनाई **1**|33;1 61;1 133;2 140;2 154;3 171;4 173;1 186छ3 189;4 224;1 260;4 287;3 288;1 296;3 299;4 300;4 310;4 318;4 322;4 324;1 334;1 340;4 **2**|16;2 19;3 31;1 37;2 79;4 151;2 163;1 170;2 180;4 191;4 211;1 237;4 252;1 266;1 **3**|18;2 23;4 27;1 **4**|7;4 **5**|12;2 **6**|14;2 **7**|11;1 27;3 76;4 117;7

बनाऊ **1**|302;1

बनाएँ **1**|161;1 318;2 321;4 **4**|9;1

बनाए **1**|155;4 224;3 248;2 288;2 289;1 299;2 304;3 316;1 346;3 350;1 **2**|94;2 120;1 203;3 **3**|1;2 **7**|9;1 17;3

बनाएन्हि **2**|196

बनाया **6**|57;1

बनाव **1**|95;1 133;3 178क 305;4

बनावन **2**|6;4 186

बनावा **1**|49;1 100;2 194;1 201;2 227;4 316;4 **2**|13;1 151;1 170;1 **4**|10;3 **5**|5;4 9;1 34;3 **6**|4;1 39;2

बनावै **2**|120;3

बनि **2**|102;3

बनिक **1**|3;6 213;2 **2**|86;2 99;4 **4**|16 **7**|28छ

बनिता **1**|94छ 322 **2**|79

बनितादिक **2**|215;4

बनिस **5**|2;4

बनिहि **2**|85;4 **3**|41;4 **4**|10;3 22;4

बनी **1**|94;1 195;2 214;1 303;1 324;2 **2**|217 **5**|38;1 **7**|5छ1

बनु **1**|24;4 **2**|28 49;3 55 56;3 65 69;2 78;3 81 84;1 94;4 121;2 122;3 125;4 137;3 139;2 140;2 146;2 154;1 159;2 160 180;2 285;3 308;3

बने **1**|348;2 **2**|123;1 **3**|7;1 38;2 **6**|71छ 103छ2

बनैं **1**|222;4

बनै **1**|93छ 100छ **5**|3छ1 **7**|122;3

बपु **1**|87 98;2 110;2 122;4 **2**|222;1 **6**|110;4 **7**|75;4

बपुरा **7**|62ख

बपुरे **2**|26;2

बपुष **6**|98;3 104;2 **7**|50;4 75;3

बबूरहिं **1**|96छ

बबूरही **4**|10छ1

बमत **5**|4;2

बमन **2**|324;4

बय **1**|220 229;1 291;3 298;4 316छ **2**|56;2 222;1 323;2

बयऊ **2**|19;3

बयदेही **3**|5;3

बयन **1**|326छ2

बयना **7**|88;2

बयबिरिध **2**|110;2

बयर **1**|14क 62;1 160;4 **6**|27;2 45;2

बयरु **1**|66;1 170;4 182;1 **2**|236;2 **3**|25;2 25;3 **5**|22;5 39;3 **6**|6;3 15ख 49;1 78;3 90 90;4 **7**|20;4 23;1 39;3

बयस **1**|215;3

बयसु **2**|172;3

बयानी **2**|215;4

बयारि **2**|67;3 137;4 **3**|38;5

बयारी **1**|126;2 303;2 **2**|62;2 249;3 **6**|119;4 **7**|118;6

बयाहु **1**|361;2

बयो **6**|33क

बरं **7**|14;3

बर **1**|8;6 10;2 11 11;5 13 19 25 25;1 25;3 32;6 35;6 36 36;2 37;1 41;2 66;3 69;2 70;3 70;4 75;1 81;2 87;1 92;3 93;1 94;3 96;2 119 128;2 143;1 145;2 146;2 147 148 151;1 155;3 156;2 164;4 172 174;2 177 177;1 177;3 178;1 182ख 187;2 198;4 209;1 211छ3 213;2 214 219;4 221;4 227;2 240;2 241;1 244;1 244;3 249 255;3 289 289;1 290;3 294;4 298;2 302 303;2 304 304;3 304;4 305;2 312;3 315;2 315;4 316 316;3 317 317;1 318 318;1 318छ 318;4 321;3 321;4 322छ 322;3 323छ2 324छ3 325छ4 327छ3 330;2 331;1 337;1 342;3 342;4 343 343;2 344;1 348;1 348;4 350ख 350;2 352;4 355;1 356;2 357 358;3

2|17;4 23;3 25छ 29;1 32;2 34;2 41;2 103;2 105;3 107;4 114;4 115 116 121;1 132 137;3 144;4 157;2 162;1 163 197;4 216 220 220;2 **3**|7;1 7;2 8;4 9;1 11;12 12;6 13;5 32 38;1 38;3 42;1 42;3 **4**|10छ2 11;3 24 **5**|4;3 10;3 23;2 **6**|20;2 40;4 48;3 57;1 74;5 80;4 101छ1 113;1 115;1 **7**|5छ1 5;4 11क 12छ2 13;6 14क 23;4 27;2 29;2 35 49 57;4 77;2 83ख 84;4 89;1 108क 108ख 114ख 114;5

बरइ **1**|131;2 250;2

बरई **1**|230;4 266;2 **3**|17;9

बरउँ **1**|81;3

बरजउँ **1**|166;1

बरजन **5**|28;4

बरजहु **7**|43;3

बरजि **1**|128;4 **2**|152;4

बरजित **1**|153;4 155;1

बरजे **2**|96;2

बरजोर **2**|299

बरजोरा **6**|30;3

बरत **2**|163;2 **6**|101;4

बरतोरू **2**|27;2

बरदान **2**|22;3 27

बरदानमिदं **6**|111;11

बरदाना **1**|91;1 351;1 **2**|40;4 **7**|85;1

बरदानु **2**|204

बरदानू **1**|14;4 **2**|8;3

बरदायक **1**|257;4

बरदायनी **1**|236;1

बरन **1**|19 20 20;1 20;2 315;4 **2**|115;3 115;4 220 222;1 **4**|21 30;4 **5**|34 54;3 **6**|46;4 79;1 **7**|29;2 73;2 98;1 100क

बरनइ **1**|4;4

बरनई **1**|324छ2

बरनउँ **1**|2;1 15;4 29ग 34;2 105;4 **2**|0

बरनत **1**|14ङ 20;2 58;3 93छ 100छ 196;1 213;1 229;3 267;3 303;1 361;1 **2**|155;3 289;1 303;2 318;1 325;4 **5**|3छ1 53;1 **6**|105 **7**|22;2 28छ 47;4 59 66;4 68;3 77;5

बरनन **7**|66ख

बरननि **1**|20

बरनब **1**|37;1 42;2

बरन बरन **1**|212;4 227;2 298;2 318;1 **6**|79;2

बरनहिं **1**|44 **2**|173;4 **7**|8;3 12क

बरनहि **1**|13;4

बरनहु **1**|109 111;1

बरना **1**|5;2 17;2 66;4 102;4 328;2 **3**|38;4 **4**|2;3 **7**|65;3 66;3 96;3

बरनाधम **7**|100;3

बरनाश्रम **7**|20 102;4

बरनि **1**|10;5 36;3 42;4 94 94;2 100;2 148;1 176;4 177;1 178क 183 228;2 230 268 286;2 289;2 302;4 311;4 323;1 325;1 325छ1 329;2 331;4 336;1 345;4 348;2 356;2 361;3 **2**|10;1 54 57;4 76;3 114;3 116;1 133;4 139;4 144;1 209;4 249;4 279;3 289;2 **3**|14;2 27;1 38;4 40;2 **4**|6;1 29 **5**|5 36;2 54;3 **6**|4;1 72;6 104;5 **7**|12;1 14ख 22;3 29 29;4 51 52;2 65 76;2 80क 100;5

बरनिअ **1**|247;2 263;3

बरनिसि **7**|67ख

बरनी 1|2;5 58;1 76;4 85;2 118;4 121;4 124;2 127;2 243;2 274;3 295;3 326;1 354;4 355;3 359;3 2|35;4 58;3 120;2 160;4 171;1 171;3 221;1 248;1 272;1 321;3 4|27;6 5|30;3 6|2;2 3;5 7|15;3 32;4 65;4 129;1

बरने 1|14;2

बरनेउँ 1|69;1

बरनैं 5|13;3 35;4

बरनै 1|100;3 103 111 141;4 199;4 274;3 289;2 297 300;4 317;1 7|52;1 71;4

बरन्ह 1|325छ4

बरबरनी 2|117;2 289;1

बरबस 1|96छ 143;1 216;3 251;2 2|64;2 100;1 143;2 150;3 240 243;3

बरबानी 2|263;1

बररै 1|279;2

बरष 1|74;2 144 145;1 169;3 2|53 88 158;2 6|0क 52;1 7|75;2 80ख 104ख

बरषइ 4|15;5 6|52;2

बरषई 6|97छ

बरषत 2|301छ 308

बरषन 3|19क

बरषहिं 1|36;2 191;4 223 246;4 285 302;2 314;1 318छ 319;3 324 339 347 347;1 347;3 349;3 2|1;1 113 205 238;3 3|20ख 27 4|14;2 6|16ख 71;5 86 102छ 103छ1 103;6 109क 7|101ख

बरषहि 1|317छ

बरषहीं 1|325छ4

बरषहु 6|117;3

बरषाँ 4|16;1

बरषा 1|19 42;3 261;2 2|23;3 211 3|44;2 4|12;4 13;4 16;1 18;1

बरषासन 2|80;2

बरषि 1|89;3 102छ 248;3 306;1 320;2 327छ4 353;4 2|101;4 220;2 241;4 311;4 321;4 5|23;3 6|52;2 77;2 93;2 114क 114;3 117;3

बरषी 5|34;4

बरषे 1|315;4 2|210;4 270;1 6|97;1 108;7

बरषेउ 7|2;1

बरषै 6|101;4

बरसइ 1|11;5

बरहि 1|97;1 316 327छ1

बराई 2|136;3

बराएँ 2|123;3

बरात 1|92;4 93;1 95;1 95छ 294;4 299 302;3 304 304;2 306;4 309;1 309;3 309;4 317छ 321;3 326छ1 326;4 334;1 343;4

बरातहि 1|96;1

बराता 1|92;4 94;1 298;1 302;2 303;1 305;4 333;1 344;2

बरातिन्ह 1|304;4 305;4 323;1 339;3

बराती 1|40;4 99;3 307;1 312;2 313;3 321;2 328;1 332;3 333;2 348;2 351;2

बराबरि 1|277;1 7|87;4

बरासन 1|325छ1 331;1 7|100;5

बराहँ 2|297;2

बराह 1|122;4 157;1

बराहा 2|236;2

बराहु 1|156

बराहू 1|156;3 157;3

बरि 5|48;3

बरिआईं 1|7;1 154;3 225;4 2|309;1 4|6;5 7|59;3 119;2

बरिआई 1|83;3 165;3 6|25;3

बरिआता 1|95;4

बरिआरा 1|165;2 292;3

बरिबंड 3|25

बरिबंडा 1|176;1

बरिष 2|134;2

बरिस 1|232;1 2|5;3 29;2

बरिसहिं 1|255;2 262;3 264 323;3 326छ4 327छ1 2|194;1 216;4 243;4

बरिसा 5|15;2

बरिसि 1|309;2

बरिहि 1|133;3 134;2

बरीं 1|182ख

बरी 1|265;3

बरीसा **2**|196;3 **4**|12;4

बरु **1**|65;3 69;1 71;2 71;3 71;4 79;4 80;1 80;2 80;3 89;1 95;4 96छ 96;4 101 145;3 150;2 151;4 211छ4 222;1 222;3 223;4 228;3 236छ 236;4 249;3 304;1 319छ 324;4 325;5 **2**|21;1 28;2 30;3 33;1 45;1 48 48;1 50;2 100छ 102 169;2 224;2 232;1 **3**|11;14 **5**|46;4 **6**|56 78;3 **7**|35;1 122;10 122क 122;8 122;9

बरुकु **2**|47;4

बरुन **1**|182;5 **3**|30;6 **6**|8;2 104;4

बरूथ **4**|21 **5**|16;1 34 **6**|37;2 74क 101;7 **7**|51;2

बरूथन्हि **5**|3छ1

बरूथा **1**|181;3 186छ3 191;3 314;1 **3**|18;2 38;4 **5**|49;1 **6**|1;5 42;1 70;1

बरे **1**|172

बरेषी **1**|81;2

बरेहु **1**|168

बरै **1**|131;4

बरोरू **2**|26;2

बर्ग **7**|116;2

बर्बर **6**|25

बर्षा **7**|66ख

बलं **6**|111;5

बल **1**|8;2 13;5 14;1 14ख 31;2 82;3 119;1 123;4 130;2 132;4 139;3 155;1 160;3 180;1 188;2 209;4 216 239;3 243 253 278;3 311छ 316छ 342;2 **2**|17 18;2 35;2 132;3 192;1 234;3

3|1;3 2;6 11;8 15;3 18;1 19;6 22 22;4 27;5 28;5 29;7 35;3 37;1 38ख 38;6 43;5 44;4 **4**|1;1 1;2 6;2 7;13 7;14 7;3 7;5 7;7 8 8;4 9;5 10छ2 10;2 23;6 29;3 29;4 30;2 30;6 **5**|1;3 2 2;1 2;6 12;3 16 17 17;1 18 21 21;1 21;2 21;3 31 34 35;2 36;2 41;2 53 54;4 55;1 56;1 56;3 60;2 60;4

6|6;3 6;4 8;2 12;1 17;2 17;3 18 18;2 22क 28;2 29;2 30;3 31ख 31;4 33;2 34;6 35;1 35क 36;3 36;5 36;6 37;2 37;4 38;3 39 40 44;4 45 46;2 47 50 50;1 54;2 56;1 57;3 60ख 65 67 71छ 72;1 72;3 72;4 73;3 74;1 74;4 75;2 75;5 78;3 78;5 79;5 80;3 81छ1 81;2 83छ 84;2 86 88छ 92;1 94छ 95 95छ 95;4 97छ 101क 101;6 102;3 104;3 104;5 106छ 113;4 118;2 **7**|18;3 51;2 51;3 59 67ख 72;2 91क 94क 118;4 122;5 124;1

बलकल **2**|62 65 165 239;4

बलकावा **7**|71;1

बलधामा **1**|176;2

बलबीरा **1**|154;1 **6**|60;2

बलमप्रमेयमनादिमजमब्यक्तमेकमगोचरं **3**|32छ2

बलरासि **5**|54

बलवंत **3**|19;5 **6**|81छ1 100छ **7**|62;5

बलवंता **3**|23;1 **6**|43;1

बलवान **1**|122 127 **2**|200 **6**|48क 118ख

बलवाना **1**|56;3 153;2 180;3 182;1 284;1 **2**|81;4 **4**|30;2 **5**|16;3 19;1 **6**|16;1 34;6 43;2 65;2 66;4 80;2 92;5 98;7

बलसाली **5**|21;5 **6**|70;3

बलसींव **4**|5

बलसींवा **1**|233;4

बलसीला **6**|23;3 25;1 73;4 98;2

बलहीन **1**|181 238 **3**|37क

बलहीना **6**|23;1

बलाक **1**|38;3 347;1

बलाहक **6**|87;2 102छ **7**|51;2

बलि **1**|267;1 283;2 336छ 357;1 **2**|30;4 43;3 53;1 55;4 56 57;2 74 94 95;2 165;3 176;3 188;3 **4**|29 **6**|6;4 24;7 29;4

बलित **2**|137;3

बलिपसु **2**|22;1

बलिभागा **2**|8;3

बलिहारी **2**|52;4 **3**|22;5 **5**|14;2

बली **6**|78;4

बलीमुख **6**|46;4 47 47;3 65;5 70;1 81;4

बलु **1**|51 53;3 182;1 245;2 250;4 266;4 274;2 293;1 **2**|14;1 19;4 156;2 229;3 241;2 325;1 **5**|54;4 **6**|89;3 97;2

बल्लभ **6**|42;4 **7**|37

बल्लभहि **2**|283

बवा **2**|16;3

बसंत **1**|37;6 126;1 227;2 **2**|215;4 **3**|37;5 **6**|79;3 **7**|28;1

बसंता **3**|44;1

बस **1**|1;2 3;5 7;1 23;1 26;3 49 56;1 62;4 84 84;3 85;2 88;4 98;4 114;4 115;3 116;1 128;2 136;3 144;4 146;2 154;4 156;3 157;2 158;1 163;4 165;2 166 168;4 169;1 170;4 172 173;4 176 178ख 185;1 198 199 200 200;2 210 222;2 222;4 236;3 255 256 257;1 261 267;4 268;3 271 277 283 310 318छ 327छ2 327छ3 334;3 355 360;2

2|3;3 12;2 14;3 16 17 19;1 20;3 21;1 21;4 24;3 25;1 25छ 26;3 36;1 45 46;3 51;4 53;4 58;3 61 62;2 70;4 71 73;4 75 75;3 76 77;3 79;1 80;2 83;2 84;4 85;2 85;3 90;3 97 112 121 121;1 141 145;1 150;3 153;2 172 178;4 180 181 181;4 182;3 188;1 207;3 209 210;1 215;4 217 219;3 223 225;2 228;1 240;2 246 246;3 252;2 258;4 260 265;2 265;4 270;1 282;3 286 289 292 292;3 294 294;4 297;1 298;3 302;3 310;3 319;1 321;3

3|2 5;6 15;1 15;3 16;6 23;4 29;4 31;5 32;5 33 37;4 37;5 45;3 **4**|0क 2;5 6;7 10छ1 10छ2 28;6 **5**|48;4 **6**|8;2 16;3 16;4 20;3 29 51 73;6 84 99छ 102;3 104;6 118ग 121छ2 **7**|13;2 40;3 41;2 60;2 73;1 73;3 73;5 97;3 99क 100ख 104ख 105क 108ग 117;5 120;4 120;5 121क

बसइ **1**|130;1 153;1 158;3 289 361;3 **2**|25;1 212;3 **5**|48;4 **7**|57;1 63;1 116;3 120;1 120;3

बसई **2**|123;2

बसउ **1**|80;4 **2**|273;4 **3**|32;5

बसकरी **3**|26छ

बसत **1**|97;1 142 161;4 **2**|324;4 **5**|47;1 **7**|114;5

बसति **5**|47;2 **6**|12क 99;7

बसतु **3**|11;9

बसन **1**|10;2 101;4 193 219;2 304;4 305;2 306;3 316;1 319छ 326;2 327छ1 328;1 331;3 333;4 340;1 351;2 **2**|6;2 8;1 52;1 62 91;1 91;2 119 163 163;1 165 170 178;2 211 221;3 239;4 251;2 324;2 324;3 **3**|5;2 **5**|23;2 25;3 **6**|117;2 **7**|11क 17;3 18ख 20;1 32;3 50;3

बसब **2**|287;4 **7**|113ख

बसबर्ती **1**|182;6

बससि **7**|34;4

बसहँ **1**|92;3 95;4 333;3

बसह **1**|315;2 **2**|320;4

बसहिं **1**|17 44;1 58 99;3 103;3 105 130;1 143;2 148;1 206;1 **2**|110;2 113;1 137;2 142;2 174 223;4 225;3 **3**|13;4 **6**|38;5 **7**|29;3 38;4 57;5 97;4

बसहीं **2**|132;4 326;1

बसहूं **2**|50;2 124;1 **3**|42क **6**|107

बसहु **1**|151;4 159क 236;2 **2**|128 128;2 128;4 129 129;3 130 130;1 130;3 131 131;2 257 **3**|8 11 13;5 **4**|5 **5**|46;3 **6**|34;2 115;2 115;4

बसाइ **1**|10;5 **2**|71 82;4 161

बसाई **1**|64;2 175;4 184छ **2**|99;4 163;1 206;4 **7**|37;4

बसाए **1**|16;2 **2**|113;1 323;3

बसि **1**|110;4 **2**|53 124;2 189;1 211 224 326;1 **3**|3;1 21;2 **5**|41;3 **7**|34;4 57;2

बसिअ **2**|280;3

बसिष्ट **1**|197 208;4 293 320छ 352;1 359;3 **2**|156 **7**|5;1 8;4 10ख 10;2 10;3 12;3 26;1 48;1 50;1

बसिष्टु **1**|359;2 359;3

बसिष्ठँ **2**|270;2

बसिष्ठ **1**|189;2 189;3 189;4 193;4 301 302;1 308;3 322;1 325छ2 325;5 342;4 **2**|80;1 169;4 171;2 243;4 276

बसिष्ठु **2**|9;1

बसिहहिं **2**|285;4 **7**|85;3

बसिहि **2**|36;2 60;2 184;4 **7**|113;8

बसी **2**|36;1 **5**|40;4

बसीठ **6**|9;5 28;4

बसीठीं **3**|38;5 **6**|30;1

बसीठी **7**|67क

बसुधा **1**|20;4 **6**|79;4

बसुधातल **1**|31;4

बसुधाहूँ **2**|209;3

बसे **1**|333;2 **2**|226;1 322;4 **6**|98छ **7**|65;2

ब

बसेउँ **7**|104ख

बसेउ **1**|78;

बसेऊ **6**|14;3

बसेरा **2**|38;2 **6**|12;5

बसेरें **1**|4;1

बस्तु **1**|10;5 101;4 213;2 300;3 300;4 305;2 306;1 326;3 333;4 350;3 **2**|6;2 **3**|42;2 **7**|28छ

बस्य **1**|182क **4**|21;2 **6**|8;3 113;4 **7**|46;2 78;2 78;3 92ख

बह **1**|125;1 167;4 185 191;2 303;2 **2**|215;4 **3**|6;5 16;6 **4**|15क 26;4 **6**|87 102छ **7**|4;3 23;2 28 28;2

बहइ **1**|280;1 **2**|137;4 216 **3**|40;4 **7**|3;5

बहई **1**|69;4 **2**|90;3

बहत **2**|311;3

बहति **6**|87छ

बहसि **5**|10;3

बहहिं **6**|29 88;3 **7**|23;4

बहहीं **1**|66;1

बहहू **6**|37;3

बहाई **1**|171;3 **7**|46;4

बहिनी **3**|17;2

बही **1**|211छ1 **5**|49;3

बहु **1**|8;7 13;1 34 38;5 51 55;2 57;4 62 63;4 65 76;2 76;3 86छ 87छ 93छ 93;4 94;4 97छ 101छ 102;1 104;1 109;3 110;4 120क 126;3 130;1 133;3 137 142;4 145;1 145;2 149;3 156;2 160;1 161;4 173;1 182ख 184;1 195;3 199;5 202;1 203;2 208;5 210;4 233;3 242;1 262;3 263;1 271;4 274;3 293;1 300;3 313;2 317छ 320;3 325;2 326;2 328;1 329;3 331;2 333;2 345;3 352;3 360;5

2|6;2 8;2 99;3 109;3 129;4 132;4 155;2 169;4 170;2 178;3 212;4 216;1 249;4 250;2 265;3 272;2 281;4 316;1 325 **3**|10;9 12;6 13 19क 20छ1 20छ6 20छ2 21ख 22 26;1 27;4 29क 30;4 32;1 32छ4 33;3 36;1 36छ 38;2 40;1 41;5

4|3;1 8 12;2 12;3 23;6 24 24;1 27;1 27;2 28;3 **5**|3 3छ1 9;1 9;2 10 10;4 18;1 19;5 23 25;3 26;1 27 34;4 35छ1 42;2 52;3 **6**|2;3 5;4 15;4 16क 19;2 20;2 26;2 27;3 28 28;2 42 50;3 52;2 59;2 61;9 69;3 71;5 72;2 72;3 73;1 77;4 79;1 79;2 81;4 86;2 87 87;2 88 88;3 89छ 89;4 92;6 93छ 95;4 96;4 97;1 97छ 99;5 99;6 100;2 100;5 101ख 101;2 102;4 103छ1 105;3 107;2 108;3 108;4 108;7 109;3 116;2 121;4

7|9;2 10क 12छ2 14;5 15;5 18ख 19;3 27छ 27;3 27;4 28;1 28;3 29छ 29;3 30;5 32;4 37;1 40 45;2 58;3 59;3 61;2 62;2 65;3 65;4 69;3 75;1 75;4 76;3 80;2 83;4 84;3 88;3 93;3 96;5 97क 101;1 104ख 104;2 106;1 112;7 117;3 118;4 121क 121;12 121;15

बहुकालीना **7**|32;2

बहुत **1**|8;6 63;1 66;4 91;1 142 158;2 169;4 171;3 179 192छ3 238;1 275;2 285;3 293;1 297;4 305;3 317;3 323;1 326छ3 332;3 346;4 353;1 **2**|7;3 14;3 31 33;3 40;3 60;4 66;4 78;1 78;2 82;2 95;4 102 102;3 116;1 120;3 120;4 151;1 155;4 169;3 180;1 248;4 256;3 290;3 300 313;4 319;1 **3**|12;1 17;4 41;5 **4**|5;2 13;1 **5**|17;2 24;3 25;1 53 **6**|17;4 23;5 34;3 49;3 72;4 76;7 84;1 97 100;1 **7**|2;1 6क 10;1 22;1 46;2 95;2 96;3 102क 104;2 104;3 111;8

बहुतक **4**|24;3 **6**|68;3 68;4 **7**|3ख

बहुतन **7**|31;1

बहुताई **1**|321;1 **3**|33;2 44;3 **6**|4;2 **7**|121;17

बहुते **1**|128;3

बहुतेन्ह **7**|31;1

बहुतेरे **1**|55;2 138;2 214;2 339;1 **2**|66;3 **6**|78;1

बहुधा **7**|102;1

बहुबरन **1**|37;8 212;4 224;3

बहुबाहू **3**|29;8

बहुबिधि **1**|73;4 76;4 126;3 132;2 138 140;3 183छ 189;2 191;4 202;4 203;1 206 208क 208;4 305;2 337;1 339;1 354;4 **2**|17;2 21;2 23;2 57;3 59;2 83;2 85;2 117 277;3 **4**|20;4 27;6 **5**|3छ2 **7**|6छ 73;4 122;8

बहुभाँती **1**|37;4 40;4

बहुमाना **1**|103;1

बहुरंग **1**|37;3 40 288;3 **2**|249 **7**|56

बहुरंगा **1**|126;1 227;4

बहुरहिं **2**|253;2 289;2

बहुरि **1**|4;1 4;5 29ग 30;2 55;4 56;3 82;1 91;1 99 100;3 102छ 102;2 110 135 141;4 178;3 201;2 201;3 202;3 218;1 234;1 237;4 258;1 269 277;3 278 287;2 290 321;1 325;5 328;3 337;2 342;4 353;3 361;1 **2**|41 46;2 55;3 57;4 68 68;4 111;2 117;3 123;2 157;1 160;3 165;1 171;4 183;4 214 222;4 227;1 242;1 247;4 262;3 265;2 **3**|3;1 11;11 17;9 **4**|1;1 10;3 **5**|29;3 45;2 **6**|35ख 41छ 89 101;5 105;3 117;2 120;3 **7**|64;4 65;1 66;2 66;4 67;3

बहुरिअ **2**|269;1

बहुरि बहुरि **1**|334;4 340;2 **7**|26;3

बहुरूप **5**|3छ1

बहुरे **1**|361;2

बहूटिन्ह **1**|354;1

बहूता **4**|19;3 **5**|4;4 24;4 **6**|30;4

बहे **2**|23;1

बहोर **1**|13;4

बहोरि **1**|16;1 39;2 53;4 71;3 98छ 162 165 171 174;2 234 269;2 325;3 326छ2 333 337;2 340;3 **2**|8;3 112;4 135;4 175 176;4 196;2 258 258;4 273;1 318;4 **3**|4 5;1 **5**|19;5 26 **6**|1;2 8;3 24;8 76;4 84छ 84;2 92;6 98छ 101;6 110 **7**|67;1 68;3 79ख 82;4 93क 118;5

बहोरी **1**|151;2 235;2 325;3 337;2 337;4 352;4 **2**|9;2 12;4 27;4 36;4 80;3 103;2 112;1 118;1 128;1 135;4 151;4 154;4 195;3 213;1 227;1 244;4 258;4 268;4 273;3 282;1 307;3 318;4 323;3 **3**|29;12 **5**|40;2 53;4 **6**|1;4 6;1 60;4 98;5 121;3 **7**|68;2 70;1 82;4 83;4 118;8

बाँए **2**|192;2

बाँकी **1**|219;4 **2**|117;3 143;2 281;4

बाँकुरा **6**|18;1 19;4 43

बाँकुरे **6**|37;2 96छ

बाँके **2**|158;1 **6**|37;2 39;1

बाँचत **1**|290;2

बाँचा **1**|175;4 275;2

बाँची **1**|290;3 **6**|29;1 89;4

बाँच्यो **6**|94;4

बाँझ **1**|97;2 **2**|75;1

बाँझा **2**|164;2

बाँटि **1**|179;4 189;4

बाँटी **2**|306;3

बाँध **5**|48;3

बाँधत **3**|18छ **4**|29

बाँधहु **1**|266;2

बाँधा **3**|27;4 **6**|3;4 28;1

बाँधि **1**|160;1 250;3 **2**|144;4 191;2 230;1 **5**|24 43;4 52;1 52;2 54;2 **6**|4;1 6;4 24;7 **7**|67क

बाँधी **1**|182;2

बाँधें **1**|244;1 **1**|268;4 **1**|299;1 **2**|239;3 **6**|86;4

बाँधे **3**|39;4 **5**|22;3 **7**|28

बाँधेउँ **5**|22;3

बाँधेउ **7**|58

बाँधेसि **1**|171;4 **5**|20;1

बाँधेसु **5**|19;1

बाँध्यों **6**|119क

बाँध्यो **6**|5

बाँभन **2**|147;2

बाँस **2**|191;3

बाँह **4**|10छ2 20;1

बाइ **6**|101;3

बाउ **1**|280;2 **2**|67;2 200;2

बाउर **1**|96;4 97;4 **2**|293;3

बाऊ **1**|191;2 **3**|40;4

बाएँ **1**|4;1 **2**|300;1

बाग **1**|37 94छ 212 227;4 **2**|41;3 196 **5**|3छ2 57;1 **6**|57;1

बागन्ह **2**|83;4

बागहीं **6**|90छ

बागा **1**|40;3 155;4 **2**|106;2 158;3 312;1 324;4 **5**|18;1

बागीसा **1**|75;2 **2**|103;4 **7**|58;4

बागु **1**|227 227;2 229;1

बागुर **2**|75

बाघ **1**|38;4 **2**|62;4 136;3 236;2

बाघउ **6**|7;1

बाचत **1**|91;3

बाचाल **1**|0;2

बाचाला 7|97;2

बाचि **1**|91;4 295;1

बाची **1**|290

बाचु **5**|52;4

बाज **1**|172;3 194 268;2 **2**|7;2 13;1 241;3 **6**|79;5 103छ1

बाज: **3**|11;3

बाजत **1**|297;3

बाजन **1**|91;4 101;3 348;2 351;3

बाजने **1**|263;1 265;1 286;1 302;3 317छ 318;3 339;3 346;2 348;2 **2**|11;1

बाजहिं **1**|92;3 101;3 263;1 302;3 317छ 318;2 318;3 344;1 **2**|11;1 236;3 **3**|20ख **5**|25;4 **6**|10;5 13;4 41;1 41;2 79;4 109क **7**|9ख 12छ1

बाजहीं **1**|317छ 322छ

बाजा **1**|92;3 193;3 **5**|19;4 **6**|76;4 78;4

बाजार **7**|28छ

बाजि **1**|156;2 157 157;3 171;4 172;2 214;1 261छ 298;2 301;1 316 316छ 316;3 316;4 317;1 339;3 340;1 **2**|142 143;4 157;2 170;4 186;1 203;3 228;4 320;3 320;4 **5**|3छ1 **6**|78छ 92;3 **7**|10क 29;1

बाजिमेध **7**|24;1

बाजी **1**|157;1 191;4 301;3 **3**|38;3

बाजु **2**|28

बाजू **2**|230;3

बाजे **1**|91;4 102छ 154;2 262;2 265;1 286;1 302;3 313;2 339;3 344;1 346;2 **6**|78;4 **7**|9;2

बाट **1**|287;2 344;2 **2**|11;2 100;3 159;1 **5**|30 **6**|73;3

बाटा **3**|7;2 **6**|41;3 67;2

बाटिकाँ **2**|59

बाटिका **1**|37 155;4 212 **2**|215;2 **5**|3छ2 18;2 **7**|28;1

बाढ़इ **1**|8;7 12;3 234 **7**|79;2 122;5

बाढ़ा **1**|135;4 276;2 283;3 **2**|195;3 **6**|72;1 74;2

बाढ़ी **1**|104;1 **2**|34;1 **3**|35;1 **4**|7;7 **5**|14;1 25;3 56;4 **6**|93;1 112;2 **7**|110;7

बाढ़े **1**|184;1 276;4 340;3 **2**|135;3 260;2 **7**|5;4

बाढ़ेउ **4**|29

बाढ़ **2**|18 **4**|15;6

बाढ़त **1**|180;1 **2**|286;3

बाढ़हिं **1**|121;3 **7**|31

बाढ़ि **1**|8;7 **6**|98;1 99;1

बात **1**|55 62;4 83;2 95छ 114;4 270;4 290;3 310;4 **2**|16;2 16;4 18;1 18;4 20;3 22;2 28;4 32;2 34;3 42;3 45;4 46;3 47;1 48;4 50छ 76;2 95 160;1 179;3 180 180;4 211 216 217 217;2 244;2 256;1 259 266;1 305;3 311 **3**|24 37ख **5**|32;2 39ख 53;4 **6**|18;2 31;4 102छ **7**|3;1 99क 115;4 118;4 120;2 121;15

बातन्ह **5**|56क

बातहिं **6**|18;2

बाता **1**|8;5 73;4 95;4 312;4 333;1 **2**|26;4 85;4 253;3 256;1 270;3 293;3 **3**|17;6 22;1 31;3 33;3 35;2 43;4 **4**|1;5 23;7 26;1 **5**|2;1 38;2 45;3 53;2 **6**|5;5 61;2 **7**|83;1 106;2

बाति **2**|59;3

बाती **7**|117ग 120;2

बातुल **1**|115;4

बातें **1**|225;4 **2**|122;2

बाद **4**|14

बादले **6**|49छ

बादहिं **7**|99ख

बादि **1**|14;4 313 **2**|75;1 93;1 97 119 119;3 120;1 162 174;1 178;2 178;3 181;1 201;4 205;4 314;1

बादी **2**|282;3 **3**|6;3

बाधक **2**|264;2 **4**|7;9

बाधा **1**|137;2 181;4 **4**|17;1 **5**|21;2 31;3

बाधिनि **2**|51;1

बाधी **1**|125;2 **7**|118;5

बान **1**|204;4 205;2 209;3 210;2 252 256;2 273;4 282;1 **2**|90;1 151;2 205;3 **3**|11 20छ1 20छ5 20छ1 26 **4**|6 **5**|9;4 15 16;1 27;3 36 58;1 **6**|11;4 13क 13;4 36;5 49;1 50;2 52 52;4 68;4 73;2 76;8 79छ 83;2 84छ 84;4

87;3 87;4 87;5 91;2 91;4 92;1 92;4 93;2 99छ 102;3

बानन्ह **6**|83;3

बानर **1**|177;2 187 **4**|19;2 21 22 22;1 22;3 **5**|11;2 25;1 26;2 34 35;4 37;5 45;1 49;1 52;2 **6**|21;2 33;4 34;2 42;1 48;1 50;3 61 74क 85छ 88छ 96 96;2 101;4 111;9 117;1 118;3 118;5 **7**|8;1

बानरराज **6**|98;2

बानरहि **5**|13;6

बानसम **2**|49;2 79;3

बाना **1**|157;1 273;2 **2**|131;4 **3**|38;2 **4**|18;4 **5**|1;4 **6**|11;3 60;4 70;3 73;1 76;6 86;4 **7**|16;4 130;4

बानि **1**|160 **2**|205;3 304;4 308;1 **3**|10;4 **5**|14;3

बानीं **1**|223;4 228;2 297;2 318;4 **2**|245;1 **3**|2;7

बानी **1**|3;6 10;3 13;4 16;4 19;3 25;3 41;2 45;3 47;2 53;3 61;4 67;1 68;4 72;4 75;1 77;2 88;2 89;3 90;2 97;3 98;1 99;4 104;2 105;3 107;3 115;2 118;3 119;3 121;2 124;3 134;3 141;4 145;3 149;1 156;1 159;1 162;3 166;1 167;3 173;4 186छ3 193;1 195;4 208;1 211छ2 216;4 221;1 223;2 229;1 238;4 240;2 245;3 248;1 253;1 254;3 256;3 262;4 266;3 273;1 278 278;3 279;1 295;2 321;3 322;2 323छ2 324;4 326;4 334;3 336;2 337;1 341;4 348;1 360;4 361;4

2|4;1 5;3 6;1 17;3 20;1 24;1 25;4 27;1 31;2 35;1 41;1 53;3 54;1 58;1 60;4 61;4 62;1 73;1 74;1 78;4 79;1 80;4 90;1 92;2 96;2 99;2 103;2 114;4 115;1 117;1 118;3 121;1 126;4 128;1 139;4 143;2 145;1 148;1 150;2 152;2 176छ 176;4 177;2 188;2 198;2 203;4 204;4 214;1 216;3 220;2 222;3 231;1 232 233;2 241;1 247;3 250;3 255;2 259;1 274;1 274;3 283;4 285;2 294;2 296;3 300;4 307;1 310;4 **3**|5;2 6;2 13;2 17;6 18;6 24;4 29;4 41;5 43;1 **4**|7;11 10;1 27;5

5|10;1 12;2 17;1 24;1 34;1 36;2 37;1 41;1 49;2 57;2 **6**|6;2 9;4 15;2 22;2 26;1 33;4 70;1 74;1 106छ 107छ 109;2 114;2 116;1 **7**|2;1 4;4 36;2 43;2 52;4 60;4 61;1 69क 83क 86;1 86;5 97;1 114;3 115;3 125;1

बानु **1**|250;1

बानैत **3**|38;2

बापिका **1**|86;4 **7**|29;4

बापीं **1**|155;4 212;3 **5**|3छ2 **7**|29छ

बापुरे **7**|122;2

बापुरो **1**|237 253;3

बापू **2**|293;1

बाम **1**|107;2 148;1 148;2 175 233;4 236 244;1 278 280;1 282 303;1 303;4 324;2 **2**|20;4 55;1 91;4 165;4 168;4 176;3 201छ 202;2 253;3 276छ 280;2 290 293;3 304;2 **5**|35;3 56;5 **6**|11;3 70;5 100;3 109छ2 **7**|11ख

बामदेउ **1**|330 359;4 **2**|169;4

बामदेव **1**|320 361;1 **2**|319;3 **7**|5;1

बामन **6**|110;4

बामहि **2**|201;4

बामा **1**|322;3 **2**|59;2 62;2 82;4 183;3

बामू **2**|36;1

बायन **1**|137;3

बायस **1**|5;1 12;1 **3**|1;3 2;1 **7**|53 63;3 68क 68;3 75;4 85;1 112;7 121;12

बारंबार **3**|34 **7**|111क

बार **1**|29;3 34;3 45;2 48;1 51 72;4 81;3 98;4 106;2 123;1 128;2 131;1 155 156;2 179;4 189;1 190 201;1 206 245;4 272;4 274;3 295;3 303 310 315 338;4 350;2 **2**|11;4 16;1 20 53;1 69 69;4 76 80;4 102;4 **3**|1;2 10 14;3 19;5 41;5 46छ **4**|18;1 **5**|9;3 20;1 35छ2 **6**|25;2 28 29;4 66 76;8 92;6 99;5 101ख **7**|0च 43;1 48;1 59;3 60;2 75ख 101;5 106;1 106क 118;8

बारक **2**|217;2 **7**|88ख 130छ1

बारन **6**|111;1

बार बार **1**|127;4 194;3 202 211छ4 226;3 257;4 265;2 275;1 282 308;1 322;4 331 334;4 337;3 340;2 342;3 343;1 354;2 **2**|12;3 23;1 25 52;2 67;3 116;3 151 151;3 152;4 283;3 287 320;3 **3**|36;7 **4**|7;7 **5**|1;3 17;3 33;1 39क **6**|8;4 30;2 51;2 106 112;4 **7**|2;6 7;2 12;3 14क 19क 19;2 35 42;2 50;5 64;2

बारय **6**|115;3

बारहबाटा **2**|212;3

बारहिं **1**|31;1 72;4 215;2 295;3 310 315 338;4 349;1 350;2 **2**|11;4 44;3 69 69;4 76 80;4 156;2 203;3 **3**|10 46छ **4**|30;4 **5**|35छ2

41;3 49;2 57;6 **6**|61;4 76;3 87;4 **7**|0घ 7;4 42;1 101;5 125;2

बारहीं **3**|20छ3

बारा **1**|31;1 124;3 145;1 181;1 207;4 215;2 251;1 349;1 **2**|5;4 11;2 44;3 62;1 101;2 156;2 203;3 **3**|17;2 **4**|5;2 27;2 30;1 30;4 **5**|41;3 49;2 57;6 **6**|1;1 26;2 34;2 58;3 61;4 65;3 76;3 82;1 87;4 **7**|7;4 32;1 42;1 119;1 122;8 123:3 125;2

बारि **1**|6 11;5 37;1 40 43;4 74;3 78;3 97छ 117 135;4 144 144;1 215;4 261;1 262;1 290;2 311 348;3 **2**|33;1 44;2 62;2 103;2 141;2 142 154 161;4 164 169;1 197;3 202;2 220 281;3 **3**|3;3 **4**|10छ1 **6**|101छ1 114क 118ग **7**|49;3 111;3 122क

बारिचर **2**|169;1

बारिचरकेतू **1**|84;3

बारिज **1**|0;3 **2**|317;3 **7**|110;7

बारिद **1**|199;1 295;2 **3**|35;3 **4**|13 **5**|15;2 **6**|13;2 86;5 **7**|23

बारिदनाद **1**|180;4

बारिधर **6**|70;2

बारिधि **1**|14ङ 119;2 186छ4 361छ **2**|7 34;2 220 **5**|3;3 58;1 **6**|5;5 9;1 115;3 **7**|35;2 44;4

बारिनिधि **2**|86;2 **7**|67;4

बारी **1**|36;2 43;4 72;3 96;4 102;2 319 347;3 **2**|1;1 17;4 58;4 64;2 65;4 118;3 149;1 154;1 188;1 232;4 238;1 249;3 277;4 283;1 293;1 301;3 302;3 317;3 **3**|32;1 39;4 **4**|5;1 26;2 **5**|14;4 28;3 31;1 **6**|1;1 4;4 59;2 102;5 119;4 **7**|20;2 23;4

बारीस **6**|5 9;3 **7**|5छ2

बारीसा **6**|28;1

बारुनि **1**|70;1

बारुनी **1**|14च247;3 **2**|180

बारू **1**|312;3

बारें **1**|177;2

बारे **1**|291;2 **7**|7;4 77;2

बारेहि **1**|198;2

बाल **1**|14;4 95 198;1 201;3 203;3 204 221;2 240;3 256;2 263 272;3 275;2 275;3 327;2 337;4 344;4 **2**|24;1 94 114;1 117;2 286;4 300;1 303;4 **3**|11;4 18 20छ2 **7**|3;4 74क 76 77;1

बालक **1**|8;5 95;3 192छ4 193;4 201;4 216;1 219;1 224;4 225;4 256;1 266;2 271 277;1 279;1 293;3 294;4 336;3 **2**|84 89;1 111;4 121 136 167;3 **3**|19;6 22;3 43;3 43;4 **6**|21;3 24;7 42;2 **7**|6छ 18;3 28;4 32;2 73;3 75;3

बालकन्ह **7**|110;2

बालकन्हि **7**|28;2 99;4

बालकरूप **7**|113;4

बालकहू **1**|281

बालकु **1**|272;3 274;1 275;2 279;2 280;3

बालकेलि **2**|282;1

बालचरित **1**|40 110;3 200 203;1 204;1 **7**|64 75;2 75;4

बालपतंग **1**|254

बालपन **1**|30क

बालबचन **1**|8;4

बालबिधु **1**|106

बालबिनय **1**|3ख 14ग

बालबिनोद **7**|76;2 81;4 89;1

बालमीक **1**|3;2 **7**|65;2

बालमीकि **1**|330 **2**|124;3 125;3 128;1 194;4

बालरूप **1**|112;2

बाला **1**|131;4

बालि **2**|261;2 **4**|1;3 6;1 6;2 6;4 7;10 7;14 7;6 7;7 8 10 10;1 11;1 12;2 **5**|22;1 **6**|21;2 21;3 21;4 24 24;6 33क 34;3 35;5 36 90;3 **7**|66क

बालिकुमार **4**|19 **6**|38ख **7**|67क

बालिकुमारा **6**|17;2 23;3 35;1

बालितनय **6**|17;3 19;4 32;5 35क 38;3 98;2 **7**|18ख

बालिसुत **6**|18;1 43 97छ **7**|19ख

बालिहि **4**|6 **6**|24;7

बालीं **4**|6;3

बाली **1**|29;3 **4**|6;2 6;5 7 8;1 18;3 **5**|21;5 **6**|29;4 **7**|18;1

बालु **6**|101;4

बालू **6**|81;4

बावरी **2**|201छ

बास **1**|65;4 99छ 118;4 304;3 307;1 343 **2**|119;4 196 202;1 214;4 216;4 220;4 221;4 235;3 236;1 **3**|13;9 **4**|12 **5**|46;2 46;4 **6**|2 15क 22ख 99छ 119ख **7**|14ख 66ख

बासन **2**|251;2 324;2

बासना **1**|351;1 **2**|25छ **5**|49;3 **7**|30;5 110;3

बासर **1**|186छ2 **2**|21;3 212;1 224 248;2 251;3 252;1 273;2 280;1 322;3

बासरु **2**|277;4 322;2

बासव **2**|141

बासा **1**|24;1 125;4 152;4 178;4 **3**|14;1 **5**|6;1 **7**|4;3 66;1

बासिन्ह **1**|200;1 **7**|26

बासी **1**|8;1 120;3 186छ2 192छ3 204 246;2 259;3 310;2 **2**|278;1 **3**|11;9 20छ2 **5**|50;2 60;3 **6**|17;2 **7**|4;4 72;4

बासु **1**|217;4 294 **2**|88 124;3 126;3 136;2 150

बासुदेव **1**|143 156;1

बासू **1**|352;4 354;3 **2**|105;1 188;4 221;1 256;4 322;2

बाहँ **3**|22;1

बाहँबल **2**|25;1

बाहन **1**|91 92;4 93;3 95;1 95;2 300;2 **2**|119;3 170;4 186;1 187;3 221;3 320;3 **3**|18;3 **6**|79;1 87छ

बाहनी **6**|55;2

बाहाँ **2**|77;3

बाहिज **3**|30;1 **7**|105;3

बाहिनी **6**|79;3

बाहु **1**|147;4 209;1 219;3 243 268;4 327;2 **3**|4;3 11;4 32छ2 34;4 **6**|15;3 22क 53;1 60ख 70;5 92;6 101छ2 103;1 **7**|77;1

बाहुबल **1**|154 179 182ख 260;4 **2**|285;4

बाहुबलु **1**|250 261 **2**|231;1

बाहू **1**|93;4 **2**|196;4 225;1 **6**|28;4 92;7 100;3

बाहेर **1**|111 214;2 299 299;1 **2**|82 196;1 **4**|27;1 **5**|2;6 **6**|85छ **7**|29;4 50;2 82क

बाहेरहूं **1**|21

बिंग्य **1**|93;2 99छ

बिंजन **1**|173;1 329;2 329;3 **7**|84;3

बिंदक **7**|105;2 112;3

बिंदु **2**|128;4 199;2 **6**|71छ

बिंधि **2**|138;4 297;1 **7**|109ख

बिंध्याचल **1**|156;2

बिआधि **1**|171;2

बिआनी **2**|75;1

बिआहँ **1**|310;4

बिआह **1**|223;1 331;4

बिआहबि **1**|245

बिआहा **1**|245;3 **2**|10;3

बिआहि **1**|350क

बिआही **6**|36;6

बिआहु **1**|314 325;2

बिआहू **1**|296;2 310;3 314;2

बिआहेसि **1**|178;2

बिकट **1**|95छ 96;2 179;2 220;4 233;2 243;3 356 **3**|19छ 20छ4 **5**|3छ3 35छ1 **6**|1;5 49छ 68 68;2 100छ **7**|77;3 104;4

बिकटानन **5**|54;3

बिकटासि **5**|54

बिकरारा **3**|18;1

बिकल **1**|49;4 73;4 96 97;3 102;3 109;2 135;3 136;3 173;4 174;2 184छ 260 261;1 261छ 268;1 269;1 333;1 334;1 338;2 **2**|29;2 37;1 38;4 39;2 42;3 44;2 46;4 61;3 64;2 68;1 69;1 76;2 77;1 79;4 83;2 84;1 86;2 96;2 99;2 100;1 111;4 121;1 141;3 142;3 143;3 143;4 144;2 145 145;2 147 147;1 147;4 148;1 149;3 151;3 154;1 155;2 155;3 156;2 156;3 161;1 163 164;1 167;1 184;2 220;1 226छ 242 247;1 247;2 247;3 249;1 252 262;1 263;1 272;1 276;4 283;4 286 286;1 286;4 290;2 292;3 294;3 295;4 301छ

3|2;5 10;10 17;2 17;3 20छ2 30;3 37क **4**|8;2 9;1 11;2 16;4 **5**|4;4 **6**|43;2 43;4 59;2 61 67;4 69;4 70;1 71;3 73;4 82 82छ 83छ 96 97;4 98छ 99 101;4 102छ 104;1 **7**|68ख 82क 118;7

बिकलई 6|94;2

बिकलतर 6|74ख 84छ

बिकलता 6|6;1

बिकलाई 2|148;2 6|61;3

बिकसे 1|86छ 212;4 254 3|40;1 7|31;4

बिकाइ 1|57ख

बिकार 1|6 104 2|75;3 93;4 127;3 3|45;4 7|13;6 130छ2

बिकासा 2|277;1 5|9;4

बिकासी 2|325;3

बिकासे 2|325;2

बिक्रम 6|25;2

बिखंडन 6|115;5

बिख्यात 1|178;4 2|194

बिख्याता 1|122;4 123;2 143;1 5|17;3 6|50;1 7|37;3

बिगत 1|75 176;4 186छ2 198 226 237;3 238;3 286;2 2|41;3 127;3 172 190 249 3|30 45 4|16;1 5|33;3 6|45 47;3 59;4 74क 98 101छ2 7|31;4 32;3 38;3 83;3 112ख 124ख

बिगतबैर 2|138;1

बिगतभय 2|308;3

बिगतमोह 1|139;1

बिगतश्रम 2|107;2 6|46;1 48;1

बिगता 7|102;4

बिगरहिं 4|15;4

बिगरिहि 2|211;3

बिगसत 7|9क

बिगसित 4|24

बिगारा 1|97;1 279;2 2|49;4

बिगारी 1|270;4 2|76;2

बिगारेउ 2|160;1

बिगोई 2|23;4 51;2

बिगोए 1|43;4 2|158;4

बिगोवा 7|96;3

बिग्यान 1|18;3 37;5 111;1 161;1 176;3 2|156 3|38क 45;2 4|30;2 6|80;4 7|49;4 53 72;2 85;4 90;2 94;1 118;7

बिग्यानकर 6|121छ2

बिग्यानघन 3|32छ3

बिग्यानमय 7|117क

बिग्यानरूप 7|123;2

बिग्यानरूपिनी 7|117ख

बिग्याना 1|84;4 116;3 3|11;13 16;2 46;3 7|31;4 84;1 95;3 104;1 115;8

बिग्यानी 1|90;1 237;3 7|46;3 54;3 86;3 103;1 111;1 116;4 124;3

बिग्रह 7|46;3

बिग्रहु 2|192;3

बिघटन 1|239;3

बिघन 2|11;3

बिघ 1|39;3 6|34ख 7|118;3 118;5

बिच 1|21;4 40;2 40;3 194;4 233;1 243;4 288;2 2|123;1 123;2 123;3 252 3|7;2 6|86;4 103छ2

बिचच्छन 7|37;2

बिचरंति 7|14;8

बिचर 1|203;3

बिचरत 1|48;4 175;1 3|22;3 38;5 7|76;2

बिचरनि 1|199;6

बिचरहिं 1|75 2|119;3 138;1

बिचरहु 1|138;4 4|1;4

बिचल 6|42;3

बिचलत 6|46;5 81

बिचलाइ 6|47 100छ

बिचलि 6|96छ

बिचार 1|2;4 23 32;3 33 37;4 77;2 83 112 142;4 173 249;2 250;2 2|189;1 254;4 317 4|4;4 5|3 9;1 12 13;2 29;1 32;4 6|39;2 49;4 56 100 121ख 7|0घ 2;7 58;3 60;2 82;4 102;3 117;8 122;6

बिचारत 1|48क 56;3

बिचारति 7|7;4

बिचारहिं 4|26;1

बिचारहीं **1**|261छ

बिचारहु **1**|314 **6**|36;4

बिचारा **1**|40;2 80;1 81;1 84;2 170;4 185;1 189;4 206;3 **2**|5;4 **4**|5;2 19;1 **5**|19 36;1 43;1 53;4 **6**|8;5 18;5 37;4 39;1 48;2 64;3 75;2 88 90;3 **7**|48

बिचारि **1**|9 36 46 57;2 60;3 66 71;3 72;2 91;2 97;3 115 130 131;3 140 163 174;3 230 245;2 276;3 278;4 293;4 353;3 **2**|8 12;3 12;4 31 32 42;2 48;1 50;1 56 57;2 60;3 79;3 93;1 172;1 186;3 189 201 258;1 265;2 271;3 286 306;3 315;3 **3**|5;7 38ख 41;4 43;5 **4**|27;4 **5**|22;4 23;2 50 56;4 **6**|6;1 15ख 17ख 24;4 27;4 30;1 31;3 60;4 61;4 74;1 77 100;3 **7**|18;3 41;3 83;3 84;3 85ख 87ख 90ख 104क 116;4 119क 119;4 120;10 120ख 122ख 130क

बिचारी **1**|11;3 37;5 46;1 52;2 61;4 73;1 102;3 108;2 110;2 129;2 131;4 184छ 184;4 192छ1 198;1 208;1 223;4 246;2 282;1 283;4 **2**|40;2 45;3 63;4 71;4 77;4 130;2 136;2 141;3 150;4 160;1 192;3 247;2 257;4 271;4 **3**|17;4 26;1 27;5 **5**|1;5 7;1 43;4 **6**|22;4 69;1 **7**|83;3 116;2 121;2 123;4

बिचारु **1**|10क 25;2 49;1 52 52;2 237;4 250;4 338;4 **2**|2 13;2 84;3 172;1 174 258 258;3 266;4 314;3

बिचारू **1**|11;5 312;3 **2**|154;3 177;2 186;1 227;3 260;1 269;2 277;4 310;3

बिचारे **1**|38;3 115;4 **2**|276;3 **5**|37;2

बिचारेहु **4**|23;2

बिचित्र **1**|10;2 33;1 37;6 40;3 49 93 94;1 122;1 140;1 141;1 155;4 213;1 227;4 287 287;3 289;2 296;4 299;2 306;3 314;3 320छ 326;2 **2**|77 170;1 236;1 312;2 **3**|27;1 **5**|3छ1 5;3 **6**|10;4 79;3 **7**|9;1 12छ2 57;4 69;3 80;2 81क

बिचित्रा **2**|282;1

बिछुरत **1**|5;2 16 **2**|144;2 146 149;4 179;2 **5**|31;3

बिछोही **6**|99;3

बिछोहू **6**|61;3

बिछोहे **2**|302;2

बिजई **1**|122 122;4 **5**|30;2 **7**|25;4

बिजय **1**|122;2 154;3 230;1 251 251;2 264;1 357;3 **5**|56;4 **6**|80;5 84 121क

बिटप **1**|87;1 106;1 106;2 114;1 126;1 227;2 **2**|46;4 83;4 92;1 105;1 124;4 137;3 138 147;2 190;4 216;4 236;4 237;1 238;1 249;4 277 279;2 311;4 **3**|33;3 38;1 38;2 40 40;3 **4**|8;4 15;1 **5**|12;5 18;2 18;4 **6**|1;5 5;3 19;3 34;7 65;2 98;2 100;6 101छ2 **7**|13;5 23;3 56;5 107;4 125;3

बिटपायुध **6**|53;2

बिटपु **2**|229;3

बिडंब **7**|101;3

बिडंबना **7**|70क

बिडरि **1**|95;2

बिडारी **6**|67;4

बिढ़इ **2**|161;1

बित **6**|61;4 **7**|71;3

बितान **1**|287;3 287;4 **3**|38;1

बिताना **1**|37;7 94;1 227;2 289;2 297;2 314;3 344;3 **2**|6;3 137;3 215;2

बितानु **1**|289;3

बिथकहिं **1**|213;4

बिथकि **2**|284;4

बिथा **6**|100;1

बिथुरे **6**|12;2

बिद **2**|304;4

बिदरेउ **2**|146

बिदा **1**|48;3 62 102 103;1 217;4 225;4 332;1 334 335;1 336;3 337;2 360;3 **2**|46;2 73;1 73;4 77;1 102 104;4 109 134 137;2 147;1 185;2 272;4 287 316 319 319;2 319;4 321;1 **3**|3;2 **5**|2;6 8;3 **7**|18ख

बिदारत **6**|98;3

बिदारन **6**|103छ1

बिदारहिं **6**|81छ2 81;3

बिदारि **6**|100छ

बिदारी **6**|12;1 98;3

बिदारे **3**|20छ2

बिदारेसि **3**|29;10

बिदित **1**|7;4 9 24 35;2 46;4 47;1 49;3 107;4 122;3 153;1 188;4 189;2 250;1 271 272;3 276;1 283;3 286 286;4 336छ **2**|6;3 28;3 91;3 103;3 170;1 175;2 204;3 218;3 252;4 267;3 291;2 292;4 299;1 305;2 310;2 **5**|37;1 **6**|25;4 104;5 109छ2 **7**|4;2 51;4 121;11 121;3 123;4

बिदिसि **3**|10;6 **6**|82छ 91;1 93;3

बिदिसिहु **1**|185;3

बिदुष **1**|309;3

बिदुषन्ह **1**|242;1

बिदूषक **1**|302;4 **2**|168;1 **7**|40;4

बिदूषहिं **1**|279;2

बिदेस **2**|14;3 **7**|104ख

बिदेहँ **1**|333

बिदेह **1**|212;2 242;2 249 269 286;2 291;4 312 332;3 335;1 340;4 **2**|270;3 276 276छ 286;4 294;3

बिदेहकुमारी **1**|230;4

बिदेहपुर **1**|337

बिदेहु **1**|215;4 266;3 324छ4 **2**|277;3

बिदेहू **1**|17;1 217;2 **2**|195;2 234;4 257;1 271;1 309;2

बिद्यमान **1**|253;1 274 **2**|296;4

बिद्या **1**|9;4 204;2 204;3 209;4 311छ 357;1 **2**|276;2 **3**|15;2 21;5 **4**|14;2 **7**|79;1 106;3 126;3

बिद्यानिधि **1**|209;4

बिद्रुम **7**|27छ

बिधंस **1**|64 65;1 **6**|75;4 85छ 85;2

बिधंसा **6**|76;1

बिधंसि **6**|24;3 85

बिधवन्ह **7**|99;3

बिधवपन **2**|180;2

बिधवा **3**|5;10

बिधातहि **2**|49;1 202;2

बिधाताँ **1**|59;2 **2**|201;3

बिधाता **1**|7;1 16;4 73;2 97;3 163;1 166;3 175 177;1 204;1 222;3 231;2 280;3 312;4 **2**|119;4 143;1 146;1 165;4 167;4 232;3 253;3 255;3 282;2 293;3 **5**|46;4 **7**|60;2 81;1

बिधात्री **1**|54

बिधान **1**|100;1 346;2

बिधाना **1**|9;5 37;7 101;3 300;2 346;4 **2**|6;3 11;1 97;1 170;3 215;2

बिधानु **1**|324छ3

बिधि **1**|2;5 3;5 3;6 6;2 7ख 11;2 12 12;4 14च15;2 19;1 27; 29ग 30;4 33;1 34;1 35 35;3 44 48क 49;1 49;2 52;3 54;4 55 59;2 60;1 60;3 61;2 63;4 68 70;2 75;3 76;2 82 82;4 83;4 86 87छ 88;4 89;3 89;4 93 94छ 95 96छ 96;4 97;4 101;1 101;3 102;1 102;3 103;3 108;1 109;1 118;1 118;3 120क 120ग 123;2 126;3 131;4 132 132;4 133;1 140;1 142;4 144 145;1 146;1 155;3 161;1 164;3 165;2 166 169;1 169;3 171;2 173;1 178;3 181;4 182;2 183;3 186छ4 190;3 192छ2 192छ3 195 196;4 200;1 200;4 202;2 205 205;3 213;1 217;4 220;4 222;2 222;4 242;4 247 249;1 249;2 252;2 256 256;3 258;3 266;4 270;4 279;3 280;1 287;4 291;4 295 302;1 304;2 309;4 310;3 310;4 312;1 312;3 313;4 315;2 317 317;2 317;3 319;1 319;2 319;4 321;3 323 323;4 324;1 324छ3 325छ3 325;4 326;1 326छ2 329;2 329;4 331;2 331;4 333;4 335;2 335;4 340;4 348 350;2 351;1 352;1 352;2 352;3 353;1 354 354;1 355;3 356;4 359;3 360;1

2|1;3 3;1 3;2 4;1 6;4 8 8;3 10;2 11;2 13;2 14;2 15;4 16;3 18 19;3 23;2 30;1 36 36;1 37;2 42;1 47;1 47;4 48;1 50;4 51;2 55;1 58;2 59;2 61;2 63;1 64;3 68;4 69;1 69;3 70;2 71;2 73;4 76;2 81;1 82;3 82;4 84;2 86;3 86;4 89;2 90 91;4 96;1 96;4 102;3 106 106;3 111 112 118;4 119;1 119;3 119;4 120 120;1 120;2 120;3 121;3 122 127;1 129;4 132;1 137;2 137;3 139;4 141;1 142;2 146 147;1 156;4 157 157;4 158;2 160;1 161 162 162;2 165;4 166;1 167 170;3 171 173;2 173;4 175;4 176;3 181;1 181;2 182;1 195 197 197;2 200 201छ 201;4 202;4 205;4 206;4 214 220;3 222;4 223 223;3 224;4 231 231;4 236;3 237;3 241;3 242;3 244;4 252;3 252;4 253;1 254;3 255;1 255;4 261;1 263;2 266 266;1 266;3 267;2 268;1 268;3 269;1 274;1 276छ 279;4 280;1 280;2 281;1 281;4 282;1 282;3 287;2 288;3 290 295;3 295;4 298;4 305;4 310;3 312;1 314;3 319;1 326;2

3|5;6 6;5 8;4 10;2 11;1 13 17;1 17;4 22;5 25;1 27;7 28;6 29क 29ख 29;13 30;8 35;1 39;4 41 **4**|4;3 4;4 5;4 7;5 8;4 11;1 19;1 20;5 21 21;4 27;1 27;2 **5**|3छ1 3;2 7;4 8;1 8;2 9;2 10;4 11;3 12;4 27 27;4 29;1 33;3 35 37;3 43;1 50;3 59 60;2 **6**|8;3 8;4 11क 11;4 12;4 16क 16;3 20;4 29;1 32;4 35;5 38;4 39;1 40;2 49छ 51;4 54;3 59;3 61;8 61;9 62;2 67;3 67;4 72;5 77 80;2 88;4 92;2 99छ 99;2 99;3 99;4 99;5 99;6 100;5 101;6 104;2 104;6 105;3 107;4 108;3 110 116;4 118क 120ख 121;2

7|6;4 9ख 12;4 13;5 14ख 15;2 15;5 16;2 17;2 24;3 24;4 26;4 28;3 28;4 29;2 30 31;4 36;1 37;1 42;2 47;2 48;4 51 51;4 55;3 57;4 60;3 60;4 64 65 65;4 66;3 66;4 67;1 67क 67;4 68;1 68;3 69;2 69;3 70;1 74;1 77;5 80क 80ख 82;2 83;4 87;3 88;3 92;3 93क 96;2 103ख 104;2 105;4 109घ 112;6 113;3 114;1 117क 118;8 121;19 122;1 122;4 123क

बिधितासू **2**|139;2

बिधिबत **4**|11;4

बिधिवत **1**|65;1 324छ4 **2**|170;3 **6**|2;3 105;4

बिधिहिं **2**|180;4

बिधिहि **1**|91;3 97छ 267;4 287;4 311छ 314;4 **2**|44;3 **7**|25;3

बिधिहूं **2**|162;2

बिधुंतुद **6**|92;;1018

बिधु **1**|8;7 20;3 147;1 156;3 232 238;2 241;2 250;1 258 286;2 314;4 316;2 **2**|7 58 64 65;4 68;4 115 117;3 123;2 140;1 156;1 169;1 209;1 210;1 303 325;3 **6**|12क **7**|23 115ख

बिधुबदन **1**|357;4

बिधुबदनीं **1**|297;1 318;1 **2**|8;4

बिधुबदनी **1**|10;2

बिन **1**|265;3

बिनई **5**|30;2 **7**|25;4

बिनतहि **2**|19

बिनती **1**|4 12;4 76 82;1 87छ 137 151;2 177;2 191 206;4 211छ3 244;3 257;4 321;3 326छ3 336;4 342;4 **2**|5;3 44;4 58;3 66;4 83;1 94 96;1 97;1 134;2 151छ 152;1 268;4 **3**|4 11;1 41 **4**|20;1 20;2 20;3 **5**|22;4 **6**|1;4 14;4 71;5 110 116;1 **7**|13क 38;3 48;2 61;1 108क 114;4

बिनय **1**|8;2 28;3 42;3 43;1 59;4 89;3 91;3 103;1 109 132;2 164;3 189;1 202 204;3 236;3 239;5 249;1 281;1 285;2 293;1 306;1 307;3 311छ 320छ 321;1 324छ4 326छ1 331;2 336छ 340 340;1 340;4 342;4 343;1 343;3 352;4 353;1 360;2

2|11;4 12;1 34;3 43 80;2 82;1 95 97;4 98 103;2 103;4 104;2 109 116;3 118;1 129;2 147;1 151;4 154;4 177;4 183;4 195;3 196;2 197;1 200;4 216;1 250;2 258 263;1 283;2 285 285;1 295;2 300;4 301;4 303;2 314;4 319;1 319;4 323;2 **3**|46;3 **4**|10छ2 25;4 **5**|4;3 12;5 24;4 39क 50;4 57 58 58;1 **6**|111 114क 116;1 118क **7**|13ख 19;3 19;4 26;3 35;3 42;1 69क 83;4 107ख 126;3

बिनवउँ **1**|4;5 17;5 34;1 88;4 109;3 127;4 **7**|64;2

बिनवत **2**|242;4

बिनवति **1**|257;2

बिनवहिं **2**|273;3

बिनसइ **4**|15ख

बिनसाइ **2**|231

बिनहिं **1**|59 62;4 77;2 162;1 250;2 294;2 **2**|61 **5**|31;5 **7**|4;3 33;4 55;5 103क 126

बिना **1**|10;2 **4**|26;5 **5**|60 **6**|111;9 **7**|45 84;3 89;4 90;2 122;7

बिनासन **7**|14;2

बिनासि **7**|121;10

बिनिंदक **1**|147 147;1 316;1

बिनीत **1**|97छ 146;4 188 218;2 225 240 279;1 294;4 308 328 357 **2**|45;3 54;1 72 112 135;4 **4**|20;4 **5**|59 **7**|2छ 17ख 18क 52;4 93क 110ग 127

बिनीता **1**|120;4 182;7 **2**|285;1 **3**|5;1 **5**|14;4 20;4 **6**|108;3 **7**|24;2 64;3

बिनु **1**|3;4 4;1 6;1 10;2 11;3 13 13;1 14ख 18;2 21;3 25;4 38;3 57;3 62;2 62;3 70;4 76;3 78;3 81;2 87 93;4 104;3 104;4 112;1 118;1 118;3 118;4 142 151;3 157 165;3 171;2 206;3 210;2 223;3 229;1 239;2 245;2 245;3 249;2 251;2 252;3 261;1 272;2 272;4 275;4 292 321;4 322;3 326छ2 357;4

2|4;4 17;4 32;1 33;1 35;1 37;1 49 50छ 51;3 55 62;3 64 65;2 65;3 65;4 76;3 84;3 91;2 96;4 97 98;3 119;3 123 126;2 138;4 142;4 143;4 154;1 155;4 178;2 178;3 179;3 181;3 182 183;1 186;2 192;1 192;4 211;4 218;1 227;4 233;1 252;2 261;3 262;3 271;2 275;2 277;3 277;4 278;3 280;1 290;4 291 291;2 299 305;3 305;4 311;2 314;1 316;1 322;2 324;4 **3**|5;8 5;9 17 18;1 20छ6 21;4 21;5 21;6 23;1 25;3 30;7 33;1 35;3 46क **4**|6;5 7;6 15;2 16;5 22;4 24;2 26;1 27;2

5|1 7;2 23;2 23;3 36;5 39;3 42;2 50 50;1 57 **6**|3;2 18;5 22;4 23क 58 61;5 66;5 68;4 75;7 77;1 88छ 88;5 91;3 102;5 106छ 111;6 **7**|13;3 28छ 44;3 45;3 47;2 49;3 61 62;1 71ख 78क 78ख 78;4 79;1 89क 89ख 89;3 89;4 90;1 90क 90;2 90;3 90;4 93;3 95;3 96;3 99क 101;5 102क 104क 109ख 111ख 112;3 112;4 114;2 115;2 119क 119;3 119;4 120;4 120;6 120;9 121;9 122क 124;4 125ख 130छ2

बिनु गुर **7**|89क

बिनोद **1**|198 327छ3 360;1 **6**|16क 117क

बिनोदु **1**|99छ 350ख 355;2

बिपति **1**|18;5 41;4 83 184 186छ3 **2**|11 19;3 23;3 29;5 34;2 38;2 63;1 78;3 92;3 96 130;4 153;4 200;2 306;3 **3**|29;3 **4**|7;3 12;3 **5**|12;1 31;5 32;1 32;2 40;3 **6**|86;3 **7**|6छ 6;2 34;4 104ख 121;8 121;9 125;1

बिपती **7**|40;2

बिपदा **7**|14;7

बिपनि **1**|59

बिपरीत **1**|52;3 93 **2**|282;1 **6**|99;3 111;10

बिपरीता **1**|184;3 **2**|57;3 **5**|15;1 37;3 40;4

बिपिन **1**|49;4 53;4 74;1 125;2 141;2 156;3 158;1 158;3 206;1 **2**|12;1 53 58 60 63;1 63;4 78;3 96;3 122 137;2 138;2 166;1 201;2 235;3 249 **3**|27;4 37क 37;2 44;1 **5**|15;2 17;4 33;4 36;5 **6**|36;3 61;2 115;1 **7**|9;4 65;2 80;4 110;5

बिपुल **1**|40 93;4 94छ 103;3 121;1 139;3 157;3 212 214;2 251;4 261;1 272;4 297;3 345 348;2 359;3 **2**|51;3 84;1 124;4 138;4 145;3 153 231;1 236;1 278 **3**|9;3 20छ4 20छ2 27 **5**|35 54;4 **6**|22क 34;6 52;1 68;2 72;3 79;1 81;4 84;2 87;3 101;7 103छ2 **7**|12छ1 24;3 51;3 56 60;2 87;1 91क

बिपुलाई **5**|56;1 **6**|4;5

बिप्र **1**|14छ 121;4 122;3 139;2 165;2 165;3 166 169;1 170;3 172 173 173;2 174;1 174;3 174;4 183;4 192 199;3 207;1 208;1 210;4 265;2. 276;3 282;2 282;4 283 283;1 283;3 285;1 286 294;2 303;4 308;3 309;3 313;2 319छ 321;4 322;2 323 323छ1 330;4 332 339;3 354 357 358;4 360;5

2|3;2 7;1 8;2 79 80;1 126;2 129;4 131;1 144 157;4 172;2 172;3 187;3 253 **3**|16;3 34;1 46;2 **4**|1;3 2;2 11 **5**|6;3 44;1 58;4 **6**|80;5 90;1 119;1 **7**|1क 10;4 22;4 40;3 40;4 45;4 99क 99;2 100;4 105;2 105;3 108क 109;1 109;6 109;7

बिप्रकाजु **1**|221

बिप्रकुल **1**|165;1

बिप्रतिय **2**|245;1

बिप्रन्ह **1**|100;2 165;2 193 203;2 210;4 312 345 **2**|203;1 **6**|120ख **7**|10;3 12;3 12;4 100;4

बिप्रबंस **1**|284;3

बिप्रबधू **1**|353;2 **2**|49;2

बिप्रबर **1**|281 282 295;4 300;2 **2**|125;1 **7**|99ख

बिप्रबृंद **1**|173;3 215;1

बिप्रबेष **1**|133 134;1

बिप्रभवन **1**|155;4

बिप्रश्राप **1**|174 175;4

बिप्रहु **1**|174;3

बिफल **6**|92;2

बिबर **4**|24;3 24;4 25;3 **7**|67;1

बिबरन **2**|29;3 38;4 145;3 163 314;4

बिबराए **7**|11;4

बिबर्ध **6**|92

बिबस **1**|104;2 115;4 133;2 148;4 218;4 228;4 264;3 291;3 318;4 346;1 **2**|44;3 48;2 55;3 81;2 88;2 160;2 220;1 238;3 266;2 272 282;2 301;3 316;2 **3**|18;4 29;12 **6**|10;3 37;3 38क 104;7 **7**|99;1 115ख

बिबसहूं **1**|119;2

बिबाकी **1**|24;2

बिबाहँ **1**|70;2 361;3

बिबाह **1**|40;4 41;3 42;2 99 101;1 103छ 323 **3**|43;2 7|64

बिबाहहु **1**|76

बिबाहीं **1**|98;3 110;3

बिबाही **1**|79;4

बिबाहु **1**|69;2 71;2 83;3 88 95छ 96छ 103छ 286;4 325छ1 361

बिबाहू **1**|71;3 101;3 222;1 249;2 252;2 286;4 353;4 354;3

बिबिध **1**|9;5 37;7 54;4 58;3 82;4 87छ 91 94;1 95 101;3 102 103;3 121;4 126;1 129 140;2 155;3 167;1 173;2 175;3 177;1 207;2 212;2 226;2 300;4 311;1 316;1 318;3 329;2 333;2 344 346;2 **2**|6;3 8;2 11;1 91;1 119 143;2 163;1 215;2 237;4 **3**|10 20ख 21क 29;2 36छ 38;1 38;2 **4**|15;6 **5**|21;4 **6**|49छ 62;3 76;6 81छ2 87छ 118क 120ख **7**|28;1 31;3 62;2 81;4 103;1 105;4 125;2

बिबिधायुध **6**|49;5

बिबिधि **1**|12;4 99;4 **2**|236;3 **6**|77 79;1 **7**|9ख 12;4 17;2 23;4 64 67ख 76 77;5 86;2 93क 109घ 111क 111;4 113;3 113;7 118क

बिबुध **1**|14छ 31;5 32;2 181;3 213;4 265;2 302;2 314;1 321छ 324 347 **2**|12;3 87;3 137;4 138;2 232 294;2 295;1 295;2 295;4 301छ 317;2 321;4

बिबुधगन **2**|113

बिबुधतरु **1**|149;3

बिबुधनदी **3**|2;4

बिबेक **1**|2;1 3;4 7;1 9 9;6 31;2 31;3 43;3 45 52;2 69 77;3 84;4 97;3 150 151;2 **2**|172 182;1 220 235 235;3 292;2 297 297;2 297;4 315 324 **3**|21;5 27;5 46;3 **4**|30;2 **5**|24;1 **6**|80;3 109;2 121क **7**|15;4 35;3 84;1 95;3 100ख 109;8 118ख 126;3

बिबेकनिधि **2**|283

बिबेकमय **2**|60 167;1

बिबेका **1**|111;2 115;3 163;3 176;4 **2**|278;2 **4**|13;4 15;1 **5**|11;1 7|15;1 31;4

बिबेकी **1**|45;2 156;1 **2**|97;3 144

बिबेकु **1**|46 84छ 215 **2**|32 93;3 150;4

बिबेकू **1**|23;2 27;

बिभंजन **6**|111;3

बिभंजनि **1**|31;3

बिभंजय **7**|34;4

बिभंजि **6**|84छ 92;1 **7**|13;1

बिभ **1**|2;1

बिभव **1**|130;2 235;4 307;1 313 319;3 321;1 **2**|3;3 214 **5**|42;2

बिभाग **1**|44 **6**|109छ2

बिभागा **1**|6;5 40;3 86;4 101;4 111;1 125;2 **2**|232;3 279;1 312;1 **7**|23;5 85;4

बिभाती **1**|15;5

बिभिचारी **3**|17;8

बिभीषन **1**|25;1 29;4 176;3 177 **5**|6;3 7;3 8;2 8;3 11;3 26;3 40;1 41;1 42;2 51;4 53;2 56;4 **6**|13;1 13;2 39;2 64;4 65;1 67 73;5 75;2 75;5 80;1 80ख 85;1 93 94;1 94;2 102;1 102;3 105;3 106;1 106छ 106;2 106;4 107;4 108;2 108;3 111;4 117;1 117;2 117;3 118ख 118;2 **7**|67;4 68;1

बिभीषनहि **5**|49ख

बिभीषनांगद **7**|12छ1

बिभीषनु **5**|6;1 24;3 38;1 40;2 42;1 43;1 49क 49;2 **6**|45;1 50;2 64;2 94 94छ 95;1 95;2 105;2 116;1

बिभुं **6**|111;5

बिभु **1**|109;1

बिभुन **1**|325छ4

बिभूति **1**|92;1 **2**|214;3 324 **5**|56;4 **6**|121क

बिभूती **1**|1;2 5;4 332;1 **2**|1;3 12;3 288;4 325;4

बिभूषन **1**|20;3 95;4 147;4 291 316;1 318;1 327;2 **2**|37;4 41;3 148;3 163;1 **5**|40;1 **6**|65;1 111;4 **7**|76 77;1 99;3 113;1

बिभेदकरी **6**|111;10

बिभेदा **6**|38;5 **7**|32;3

बिभो **6**|103छ1 111;1 111;9 **7**|14;1

बिमद **7**|38;1

बिमन **7**|13;3

बिमल **1**|1;2 1;4 2;1 7;2 9 9;1 11 14क 14ख 17;3 20;3 33 35;1 35;3 39;5 39;6 43;3 45 51छ 111;2 120ख 125;2 191;3

224;1 227;4 232 312 316;2 348;1 **2**|0 10;4 65 65;4 102 103;2 105 128 207;1 209;1 215;2 288;4 297;2 297;4 303 304 310;4 316;4 325;2 325;4 **3**|42क **5**|23;1 **6**|24;6 37 77;2 117;1 **7**|26;3 52;3 57;5 86;1 103क 117;8 122;6

बिमलता **1**|324छ1

बिमात्र **1**|176;2

बिमान **1**|91 **3**|20ख **6**|77;1 109क 114क 117;2 117;3 119;1 120;1 121;3 **7**|3ख 4क 11ग

बिमानन्हि **1**|314;1

बिमाना **1**|61;2 191;3 246;4 **2**|214;2 **6**|81;1

बिमानु **2**|170;1 **6**|119;2 119;3 120;2

बिमुक्त **7**|15;3 124;3

बिमुख **1**|59;2 65;2 106;1 114 200;2 267;2 **2**|4;4 75;1 143;1 168;3 178 182;1 228 252;4 256;1 267;4 307;2 **3**|0 2;1 2;4 19;6 **5**|23;3 **6**|2;4 31;2 35;3 38क 42;4 48;4 59;3 78 78;3 94;4 104;5 104;6 **7**|54;1 96;2 96;3 115क 122;10 122;9

बिमूढ़ **1**|30ख **3**|0

बिमूढ़ा **2**|192;4 **6**|31;1

बिमोचन **2**|226;3 **6**|61;9 **7**|51;1

बिमोचनि **1**|297;1 **2**|288;2

बिमोचहीं **1**|97छ

बिमोह **1**|49 109;4 116;2 130;2 **2**|202;3 **7**|59;3

बिमोहई **1**|316छ

बिमोहन **1**|297;2

बिमोहनसीला **1**|113;4

बिमोहनि **1**|235;4 **7**|73;1

बिमोहा **7**|83;3

बिमोहे **2**|302;2

बियोग **1**|49;4 **2**|51;3 64;4 66;3 67 84;1 92;3 100;1 154;3 158;4 184;1 226;2 242 321;2 **5**|15;1 **7**|0क 6;2 56;3 100क 102;4

बियोगन्हि **7**|14;5

बियोगभव **7**|6छ

बियोगा **2**|150;3 317;1 **7**|5;1

बियोगि **2**|143;3

बियोगी **1**|22;1 85;4 **7**|122;1 **2**|93;2

बियोगु **2**|68;1 86;3 86;4

बियोगू **2**|318;1

बिरंचि **1**|22;1 61;1 82;4 88;3 92;4 94;4 99;3 100;2 128;1 144;3 161;2 184 184छ 185 187 191;3 223;4 230;3 251 287 304;2 311;3 320;3 334;4 355;3 357;4 **2**|1;3 60;1 122;4 181;1 317;4 **3**|8;1 33 **5**|4;3 21;3 47 **6**|16ख 20;2 22;1 29;2 48ख 51 63;3 96;4 121छ1 **7**|27छ 42;3 60;1 62ख 70;3 86;5 93;3 122ख

बिरक्त **1**|85;4 **7**|54;2 54;3 86;3 115क

बिरचति **5**|21;2

बिरचि **1**|16;4 172;1 230;3 **2**|168;4

बिरची **2**|237;3 **7**|27छ

बिरचे **1**|36 287;4

बिरचेउ **1**|35;5 129

बिरजं **6**|111;5

बिरज **1**|50 **3**|11;9 32छ4 **7**|58;4 72;4

बिरत **7**|15;3

बिरति **1**|22;1 131;1 163;3 **2**|178;2 215;1 274;1 278;2 325;4 326 **3**|0 10;3 11;13 13;6 16;1 36;1 39;1 46;3 **4**|13 13;4 **5**|24;1 58;2 **6**|80;4 **7**|15;1 15;4 35;3 38;3 53 84;1 94;1 95;3 100ख 120ख

बिरती **7**|101;1

बिरथ **3**|29;10 **5**|19;3 **6**|80;1

बिरद **1**|299;1

बिरदु **7**|18;2

बिरदैत **6**|79;2

बिरलेन्ह **7**|122;1

बिरवँ **2**|5;3

बिरव **1**|344;1

बिरहँ **1**|46;4 98छ 108 137;4 337 **2**|34;4 80 155 180;1 199;3 211;4 322;1 **6**|23;1 100;2 **7**|2;2

बिरह **1**|49;4 76;1 327छ3 **2**|80;1 143;2 143;4 156;1 176छ 213 220 321;1 **3**|37क **4**|23;6 **5**|10;3 14;1 31;4 **6**|31क 99;5 100;1 100;3 109;2 **7**|1क 5छ2 6;1 9क 65;1 66;3 66;4

बिरहवंत **3**|41;3 **6**|12;5

बिरहाकुल **5**|12;6 14;4

बिरहागी **2**|84;2 174;2 **5**|31;4

बिरहित **2**|124;4

बिरहिनि **1**|238;1

बिरही **3**|30;8 37;1

बिरहु **2**|144;1 238 **5**|12;1 **7**|4ख

बिराग **1**|32;2 37;4 43;3 44 119;3 129;1 142 206;4 251;2 **2**|92;2 172 276;1 317 **3**|14;4 17;1 32छ4 46क **4**|7;11 **7**|31;4 54;1 89क 113क 115;8 117;8 120;7 121;5 122;5 126;2

बिरागरूप **1**|216;2

बिरागा **1**|6;5 37;5 75;4 84;4 111;1 183छ **2**|93;2 **3**|16;4 **7**|62;1 85;4

बिरागी **1**|185;4 186छ2 226;2 338;3 **2**|110;4 169;1 **3**|15;4 **6**|7;3 74;1 **7**|38;1 98;4

बिरागु **2**|235;3 292;1 **7**|27;1

बिरागू **2**|107;3

बिरागे **2**|292;1

बिराज **6**|71छ 83छ 101;8 **7**|26

बिराजत **1**|20 241;2 **2**|123;1

बिराजति **1**|2;5 358;2

बिराजते **7**|12छ1

बिराजहिं **6**|54;1 **7**|27;4

बिराजहीं **1**|324छ1 325छ4

बिराजा **1**|86;3 92;3 268;2 329;4 346;3 **2**|2;1 148;2 256;3 **3**|14;2 **4**|15;3 30;4 **5**|28;2

बिराजी **1**|300;1 **6**|79;3

बिराजे **1**|25;1 298;2 316;4 319;3 320;1

बिराटमय **1**|242;1

बिराध **3**|7;3 **6**|36 90;3 **7**|51;3 65

बिरिद **1**|25;1 297;3 316;3 **2**|144;4

बिरिदावलि **1**|265;2 340;2 **2**|299

बिरिदावली **1**|249;4

बिरिदु **5**|27;2

बिरुज **7**|21;3 122;5

बिरुद **1**|262

बिरुद्ध **6**|44;1 91छ 94छ

बिरुद्धा **6**|67;1

बिरुद्धे **6**|81;4 94;3

बिरोध **1**|62;3 83 84;2 166;3 **5**|24;4 56क **6**|6;5 8 14;4 21;5 23ग 48ख 63;3 84 **7**|98;1 102;2 104;3 107;2 112ख

बिरोधा **5**|57;2 **6**|37;3

बिरोधि **3**|25;4

बिरोधी **2**|162 168;1 173;1 **6**|31;2 **7**|40;2 99;2

बिरोधु **2**|18

बिरोधू **2**|55;2 293;4

बिरोधें **3**|26;2

बिलंब **1**|188;1 313;1 **7**|10;4

बिलंबा **1**|81;4

बिलंबु **1**|99छ 225;3 234;4 **2**|4 101;1 115;2 **4**|24;4 **5**|16;1 34;4 **6**|0ख

बिलख **2**|70;1

बिलखाइ **1**|255 **2**|289 **6**|35ख

बिलखान **6**|62

बिलखानी **2**|13;3

बिलखाने **1**|333;1

बिलखाहिं **2**|214;2

बिलखाहीं **2**|39;4 150;4 321;2

बिलखि **2**|171

बिलखेउ **1**|336;4

बिलग **1**|57ख 92 116;2 **3**|38;2

बिलगाइ **1**|232 **7**|111;5

बिलगाई **1**|337;4 **7**|37;3

बिलगाउ **1**|271;3

बिलगाए **1**|6;2

बिलगाति **1**|20;2

बिलगान **2**|67

बिलगाना **1**|68;1

बिलगाने **1**|93;1

बिलगाहीं **1**|5;3

बिलगु **2**|97 116;4

बिलपत **2**|37;3 155;2 156;4 166 247;3 **3**|30;8

बिलपति **3**|31;2

बिलपहिं **2**|51;2 156;3 167;1

बिलपाता **3**|18;1 **4**|5;2

बिलपि **2**|57;3

बिलसत **2**|325;2

बिलाई **3**|24;4

बिलाप **2**|57;4 153;4 156;2 169;3 **3**|21क 29;12 29;2 29;3 **4**|11;1 **6**|72;2 99;6 100;2

बिलापु **1**|96

बिलास **1**|37;2 148;2 200;3 233;3 306 327छ2 **2**|93;2 98;1 **3**|28;2 **6**|10 15;1 **7**|15;3 72;1 92छ

बिलासा **1**|103;3 130;2 224;2 **5**|57;1 **6**|13;1 35;4 **7**|91;4

बिलासिनि **1**|345;3

बिलासु **2**|7 140 324;4

बिलासू **1**|213;4 **2**|119;3 140;4

बिलाहिं **4**|15क

बिलाहीं **7**|121;10

बिलीना **2**|199;3

बिलोएँ **7**|49;3

बिलोक **1**|172;3 232;1 **3**|10;12 **6**|18;5

बिलोकइ **4**|9;4

बिलोकउँ **3**|41;4

बिलोकत **1**|17;1 156;4 157;1 216;3 263;4 293;2 299;3 **2**|88;2 103;3 140;4 145;4 296 312;3 **3**|33;2 **4**|7;1 **5**|20;4 43 **6**|111 **7**|25;1

बिलोकति **1**|102छ 229 **7**|7 **2**|117;2

बिलोकन **1**|246;4 248 314;2 **2**|202;1

बिलोकनि **1**|327छ3 **6**|70;6 **7**|19;2 51;1

बिलोकय **7**|14;10

बिलोकहिं **1**|39;3 85छ 241 242;2 **2**|87;3 113;3 121;4 135;3 312;4 **6**|4;4 **7**|7;2

बिलोकहु **1**|135;3 358;2 **4**|10छ2

बिलोका **1**|87;3 **2**|215;1 **6**|70;6 105;4

बिलोकि **1**|15;3 63;2 64 72;3 86;1 97;3 99 106;2 131 131;1 132;2 135;4 150;2 154;2 157;4 158 177;3 181;2 213;4 227 231;2 233;3 238;3 243;3 251;3 257;2 259;4 264 269 273 275;2 289;4 290;1 302;2 307;1 315;4 316छ 316;4 318छ 318;2 319;3 320छ 321छ 322;1 324छ3 324;4 327छ1 327छ4 338;3 339;3 350ख 359;1 **2**|1;4 2;3 11 26 37;2 56;2 70;3 117;2 133;3 142;3 151;3 161;1 179;3 214;2 220 241;4 249;2 264;2 276;3 303;3 311;4 317 321;4 **3**|6;5 12;5 12;7 17;6 18 19;1 20छ4 27;4 27;5 35;1 36छ 40;1 **4**|29;1 **5**|3;1 20 28;2 32 **6**|5;1 11ख 33;2 59;2 69;4 70;1 75;1 89छ 98छ 102छ 105;3 112;1 113 121छ1 121;6 **7**|6;2 12;1 12;3 18;4 27;3 33;1 75;2 80;1 107क 111;6 114;7 116;4

बिलोकिअ **1**|253;4

बिलोकिहउँ **3**|26 **5**|42

बिलोकी **1**|50;4 135;1 148;3 164;4 213;4 273;3 **2**|66;2 106;3 139;1 140;2 313;2 **3**|17;3 **5**|45;2 **7**|6;3 83;2

बिलोकु **1**|272;4 **5**|9;3 **6**|22क 83;1

बिलोकें **1**|281 **2**|216;4

बिलोके **1**|61;2 228;4 260 270 307 **6**|52;4 **7**|13;2

बिलोकेउँ **2**|300;2 **6**|29;1

बिलोकेउ **1**|55;4

बिलोचन **1**|1;4 2;1 20;1 211छ2 215;4 221;3 230;2 242 257 290;2 311 340;3 348;3 **2**|44;2 58;4 64;2 114;2 118;3 141;2 142;1 199;2 202;2 225;1 238;1 281;3 301;3 **5**|7 14 **6**|115;4 **7**|30;2

बिलोचनन्हि **2**|297

बिश्राम **1**|31;3 106;2 191 **2**|108 248 **3**|16 **5**|1 46 **6**|78 113;1 119ख **7**|82ख 89ख

बिश्रामगृहँ **1**|355

बिश्रामा **1**|35;4 138;3 188;1 191;1 197;3 238;3 **2**|221;4 **5**|8;1 **6**|15;1 35;3 **7**|115;4

बिश्रामु **1**|217 **2**|198 201 272;3 **7**|90क 130छ3

बिष **1**|14च136 136;4 247;3 278;4 **2**|59 130;3 169;1 184;1 189;4 **3**|2;3 **6**|12;5 **7**|44;1

बिषइक **1**|117;2 151;3 **7**|73;4

बिषइन्ह **7**|53;2

बिषई **1**|38;2 **2**|228;1 277;2 **7**|15;3

बिषतूल **2**|48

बिषम **1**|38;5 39;1 87;2 **2**|25छ 51;3 67 75 86;4 153;3 184;1 219;3 262;4 267;2 276;2 326छ **4**|0ख **7**|6छ 13;2 130क

बिषमता **7**|20;4

बिषमबान 1|83;4

बिषमु 2|78;3

बिषयँ 4|19;2 7|44;1

बिषय 1|32;5 35;4 38;2 115;1 117;3 142 161;3 341 2|50;2 60;1 84;4 93;2 140 140;4 172;2 179;4 3|16;4 33;2 4|20;4 21;2 6|92 115;3 7|38;1 44;1 46;4 54;1 73;1 118;6 118;7 118;8 121;16 121;6 122;2 122;3 122;5

बिषया 7|14;4 101;1

बिषयाबस 7|115क

बिषहु 2|282;3

बिषाद 1|4;1 47 56;4 98 116;4 2|38;2 51;4 66;3 68;2 81;2 119;1 158 190 276;2 286;1 5|13;1 20 60छ 6|62;3 98;4 99छ 101छ1 108 118क 7|121;17

बिषादबस 2|99 143

बिषादहि 2|202;3

बिषादा 1|120;2 2|144;1 147;1 160;2 265;3 279;1 3|37;1 4|7;10 7|58;3 65;1 130;1

बिषादु 1|254;4 257;2 270 2|46;4 76;3 92;1 144;1 174;1 176;1 234

बिषादू 2|54;2 81;2 90;3 142;3 143;1 198;4 201;4 245;3 307;2 309;3 321;1

बिषान 7|78क

बिषाना 5|50;1 7|122;9

बिषु 1|237 2|42;2 47;2 49;1 262;4

बिष्टा 6|52;2

बिष्नु 1|51;1 54;4 61;1 73;2 80 88;3 92 92;4 93;1 99;3 139;3 144;3 163;1 165;2 220;4 5|56क 6|31;2 7|81;1 92;3 105क 115ख

बिष्नुभगत 1|124;3 176;3 4|13

बिसद 1|2;3 10ख 14ङ 29ग 34;2 42;3 105;4 109 121 121;1 244 312;2 2|91;1 7|52;1 68;3 77;2 117ख

बिसमउ 2|10;2 15 77;2 165

बिसमय 1|137;1 177;3 284;4 2|12;2 214 215;4 320 4|29;3 5|13;4 6|53;4 84;3 110;5 7|113;3

बिसमयवंत 1|202;3

बिसमित 1|73;3

बिसर 7|110;1

बिसरा 1|233 4|23 6|93;1

बिसराइ 1|14क

बिसराइयो 6|121छ2

बिसराईं 1|62;1

बिसराई 2|241;1 7|23;1 43;3 83;1

बिसराते 3|38;3

बिसरायउ 7|1;5

बिसरावहिं 7|27;1

बिसरावहीं 2|75छ

बिसरि 2|28;1 56 68;3 5|52;1 7|17;1

बिसरी 1|74;2 2|176छ 6|50;4

बिसरे 2|240 240;1 7|2;3 16;1

बिसरेउ 2|160

बिसारउ 2|205;2

बिसारद 1|18;3 2|288;3 3|45;2 7|122;6

बिसारहिं 2|215;1

बिसारा 4|19;1

बिसारि 3|36 5|22

बिसारीं 1|345;4

बिसारी 1|85;2 131;1 207;3 240;3 265;3 2|110;1 114;1 140;1 164;1 3|21;3 4|18;2 5|8;1 14;4 6|110;6 7|42;4 123;1

बिसारे 1|325;3

बिसारेउ 4|2

बिसारेहु 3|29;1

बिसाल 1|94;2 106 131 151 156 156;4 199;3 214;1 224;3 243 243;3 244 249 268;2 327;2 2|115 237;2 3|10;11 13;3 18छ 32;1 32छ2 38;1 5|3छ2 3;4 16 19;3 26;1 46;1 54;3 6|2;1 16;2 41;2 58 79छ 113;5 7|12छ2 77;1

बिसाला 1|38;4 47;3 76;3 82;3 106;1 132;4 189;1 192छ1 209;1 219;3 224;2 245;2 268;4 312;2 2|133;4 237;1 297;2 3|34;4 4|6;7 8;4 5|31;5 54;4 55;3 6|4;3 36;5 53;1 78;5 116;4 7|56;5 80;3 97;2 98;4 109;7 112;8 121;3 121;8

बिसिख 1|87;2 3|18छ 20छ3 5|58;1 58;3 6|38;1 71;1 76;5 91

बिसिखि **3**|20छ1

बिसुक **2**|170;4 7|69;4

बिसुद्ध 7|84क

बिसूरति **1**|235;1 **2**|281;4

बिसेष **1**|21;3 **2**|270 7|53;1 128;4

बिसेषा **1**|50;1 53;1 56;4 96;2 134;4 179;3 201;4 244;4 **2**|310;3 **5**|2;1 29;4 43;1 46;1 **6**|14;1 24;8 85;3 89;1 102;1 **7**|17;2 40;4 57;5 79;2 82;4

बिसेषि **1**|20;3 22;4 32ख 260 **2**|14 29;2 37 41 158;3 181 199

बिसेषी **1**|50;3 81;2 87;2 115;1 134;2 136;4 139;1 161;3 210;6 212;3 215;4 218;1 261;2 291;1 303;4 307;3 309;2 310;3 314;4 317;4 **2**|15;3 18;3 42;3 73;3 85;1 87;1 115;1 129;2 130;4 138;1 183;2 212;4 229;2 259;1 260;3 286;1 287;1 292;3 294;3 308;2 312;2 313;3 **3**|9;2 30;1 41;3 **4**|26;6 27;3 **5**|1;2 3;5 29;2 **6**|11;1 19;4 35;7 36;7 89;3 **7**|39;2 83;4 91;1 109;2 113;2 117;4

बिसेषें **1**|21;3

बिसोक **1**|16;2 255;2 **7**|102;4

बिसोका **1**|27;

बिसोकी **1**|119;1 **2**|139;1 **7**|6;3

बिस्तर **1**|76;4

बिस्तरिहहिं **6**|66;2

बिस्तार **1**|33 129 224;1 **6**|100

बिस्तारक **7**|35;3

बिस्तारय **7**|35;2

बिस्तारहिं **1**|121

बिस्तारा **1**|84;3 122;4 **5**|2;4 **7**|80;4 90;3

बिस्तारी **1**|47;1 141;1 **6**|89;3

बिस्तार्‌यो **6**|116;2

बिस्व **1**|6 9 16;3 31;5 139;3 153;1 154 176;4 180;3 182क 197;4 208ख 215;3 230;1 230;3 235;4 242 264;1 272;3 277 291 297;2 324छ 357;3 **2**|92;1 125;4 168;1 182;1 207;3 212;1 219;2 310;3 **5**|39;4 **6**|35;4 67;3 73 99;2 110;2 **7**|87;4 121;11

बिस्वनाथ **1**|58;3 104;3 107;4 **7**|54;4

बिस्वबास **1**|146;4

बिस्वमोहनी **1**|130;2

बिस्वरूप **1**|13;2 **4**|22;2 **6**|14

बिस्वामित्र **1**|206;1 209;2 214;4 215;2 215;3 254;3 307;3

बिस्वामित्रु **1**|269;3 360;2

बिस्वास **1**|2;6 8 90 161;3 **2**|29 **3**|36छ 42;3 **5**|13 **7**|13;3 90क 103क 112;7 113;2 126

बिस्वासा **1**|79;3 162;3 **3**|36;1 **7**|46;2 55;5 90;4 117;6 120;8 122;3

बिस्वासु **2**|325;3 **6**|14

बिस्वासू **1**|173;4

बिस्वेस 7|129

बिहँसत 7|80;1

बिहँसतहीं 7|82क

बिहँसा **6**|16;1 69;4 90

बिहँसि **4**|7;11 **6**|5;1 6;1 19;1 21;4 38;2 40;1 90;5

बिहँसे **6**|12ख 38ख **7**|79;2 82क

बिहंग **1**|40 212 **2**|37;1 249 **7**|60;4 63;2 85;3 114;6

बिहंगपति 7|55 59;3 60 69क

बिहंगबर 7|62;2 79;2 115;7 125;5

बिहंगा **1**|37;8 212;4 288;3 **2**|98;4 140;3 7|57;4 73;4 120;10

बिहग **1**|37;6 114;1 120ख 227;3 234 **2**|63;2 76;3 113 132;2 136;1 137 138 142;4 153 215;2 236;1 249 264;2

बिहगेस 7|96क 104ख 118क

बिहबल **2**|225;2

बिहर **6**|22;1

बिहरत **2**|199 249

बिहरति **6**|33;2

बिहरनसीला **2**|63;4

बिहरहिं **1**|204;4 **2**|251

बिहरावा **5**|22;1

बिहसा **5**|20 37;1 56;2

बिहसि **1**|51 53;3 67;1 80;2 83 92 107;3 124क 128;3 203;5 216;3 273;1 280;2 **2**|26 26;4 27;3 27;4 109;1 **3**|18;7 23 28;2

5|22;1 24;1 24;5 37;3 51;3 53;2 56;5 **6**|2;1 14;2

बिहसी **1**|234;3

बिहसे **1**|78; 93;3 245;3 265 278 280;4 **2**|100 **3**|12;2

बिहाइ **1**|59 149;4 271;3 305 **2**|10;4 84 173;1 236;2 302 **3**|46छ **6**|15ख

बिहाई **1**|11;2 61;1 228;4 246;3 263;2 **2**|75;3 84;4 97;3 139;3 181;3 268;2 300;4 301;2 315;3 **3**|6;4 **4**|23;3 **7**|55;2 115;2 119;3

बिहात **1**|261;1

बिहान **1**|159क **2**|96

बिहाना **1**|116;3 172;1 **2**|187;1 **6**|38;1 72;5

बिहानी **2**|156;4 253;4

बिहाने **2**|189;1

बिहार **1**|103;3

बिहारा **2**|219;3

बिहारिनि **1**|235;4

बिहारी **1**|112;2 **7**|77;4

बिहारु **1**|31 37

बिहारू **2**|132;2

बिहाल **6**|113;3 **7**|102;3

बिहाला **4**|6;6 **5**|26;1 **6**|51;1

बिहालू **2**|322;1

बिहित **1**|319;1

बिहीन **1**|111;3 252;2 **2**|65;2 86 98;1 154;1 156;4 167;2 **7**|90;1 90;4

बिहीना **1**|21;2 93;4 115;2 **2**|33;1 86;3 96;4 144;2 172;2

बीच **1**|5;2 233;1 243;4 304;3 343 **2**|123;1 123;3 160;1 220;4 **3**|7;2 28;4 **4**|5;1 **6**|85छ 86;4 87;1 **7**|79क

बीचहिं **1**|136;2 188;3

बीचा **1**|194;4

बीचि **1**|18 37;2 262;2 **2**|7 **7**|111;3

बीचु **2**|18;1 252;3 261;1

बीछी **2**|46;3 180 262;4

बीज **1**|32;2 **5**|58;2

बीजु **2**|19;3 23;3

बीता **1**|270;4 **2**|57;3 242;3 **5**|12;6

बीति **1**|312;2 **2**|169;3 278;3 **5**|8;4 31 57 **7**|15

बीती **1**|76;2 119;4 **2**|85;4 208;2 252;1 284;4 290;1 311;1 **3**|14;1 17;1 **4**|4;1 26;1 **6**|66;3

बीतें **1**|60;1 203;1 **2**|22;4 226;1 **5**|11 **6**|116ग **7**|1;8

बीते **1**|144 161;4 197;1 332;3 **2**|17;3 155;4 248;2 280;1 **3**|21;1 **4**|17;4 **6**|7;1 **7**|2;6 82;1 114;5 129

बीतेउ **2**|277;4

बीथिन्ह **1**|194;4 196;3 204;4 **2**|6;3

बीथीं **1**|296 **5**|3छ1 **7**|9;2 28;4

बीन **7**|50

बीनती **6**|121छ1

बीना **1**|128;2 **2**|37;3 **3**|41;4 **6**|10;5

बीर **1**|122;4 176;1 180;3 208ख 241;3 251;4 252;2 268 292;3 293;3 294;4 299;1 300 **2**|99;1 150 150;2 191 230;1 **3**|20छ2 20छ1 29;1 **5**|35 **6**|18 23;5 28;2 29;2 37;2 39;4 40 42;5 49 50 54;1 61 64 68;3 76;5 78;4 79 79;3 79;5 80क 80;2 81;4 83छ 87 87;5 89 101;5 116ग

बीरघातिनी **6**|54;4

बीरता **1**|251;2 266;4

बीरबर **7**|67क

बीरब्रती **1**|274;4

बीरभद्रु **1**|65;1

बीररस **6**|71;6

बीरा **1**|153;2 188;2 233;1 241;1 **2**|105;3 114;2 225;3 **4**|1;4 25;3 26;4 28;1 **5**|3;3 16;4 50;3 **6**|29;5 62;6 69;1 72;5 98;6 **7**|8;1

बीरासन **2**|90;1 **6**|11;4

बीरु **1**|282;1 **2**|144;4

बीरू **2**|41;2

बीस **1**|176;1 **6**|21 28;2 29;4 81 **7**|13;5 14;2

बीसहूं **6**|33क 98छ

बीसा **5**|11;2 **6**|10;3 **7**|114;5

बीहा **6**|34;4

बुंद **6**|87;3

बुकि **1**|108 121;2 180;1 **2**|23;1 259;4 288;3 **5**|2 2;1 16 17 56;3 **7**|18;3

बुकिपर - **2**|126

बुझाइ **1**|46;3 82 109;1 181;4 256;1 **2**|43;3 54 193;3 **5**|26 **6**|17;4 **7**|115;4

बुझाई **1**|192छ3 210;5 264;3 **3**|15;1 17;10 18;2 **4**|1;2 2;2 6;3 **5**|6;3 **6**|8;3 121;1 **7**|37;3 54;4 62;3 94;2 118;7 120;1

बुझाए **1**|95

बुझाव **7**|106;5

बुझावहिं **7**|118;4

बुझावा **1**|39;2 **5**|10;4 **7**|120;2

बुढ़ाई **4**|16;1

बुताई **1**|246;1

बुद्धि **1**|0;1 36 39;5 134;3 323छ2 **6**|15क 37;4 74;1 75;5 **7**|117क 117ख 118;2 118;5 118;7 118;8

बुद्धिहि **7**|118;4

बुध **1**|10;3 11;2 13;4 14छ 14;4 31;3 69;3 116;1 118 258;2 **2**|123;2 127;4 207;1 231;2 256;1 271;3 276;2 288;3 **4**|14;2 15;4 **5**|41;1 **7**|90;3 104;3 106;7

बुधि **1**|8;2 31;2 266;4 **2**|241;1 281;4 **3**|27;5 28;5 44;4 **4**|30;2 **5**|2;6 56;1 **6**|6;3 17;2 17;3 31;4 80;4 95;4

बुलाई **7**|10;2 11;1

बूँद **4**|14;2

बूझ **1**|275 **6**|55;3

बूझउँ **7**|93ख 110;6

बूझत **1**|333;1 **2**|110;2 224;4 312;2 **7**|5छ2 36;2

बूझब **2**|270;4 293;3

बूझहिं **2**|121;4 **7**|3;4 26;3

बूझा **1**|104 **2**|148;1 183;1 **3**|10;6 **6**|8;4 62;4

बूझि **1**|286 331;3 **2**|47;1 192 271 271;4 **6**|57;1 **7**|7;1

बूझिअ **1**|59;2 **2**|255 **5**|32;1

बूझिऐ **5**|43;3

बूझी **2**|270;3 **6**|121छ1 **7**|2;6 5;2

बूझें **2**|192;4

बूझे **2**|271;3

बूझेसि **5**|37;4

बूझेहु **6**|21;4

बूड़ **1**|261 299;4 **2**|86;2

बूड़त **2**|149;1 184 286;4 **5**|14;1 **7**|5छ2

बूड़हिं **2**|232;1 **6**|3;4

बूड़े **6**|26;2 28;2

बूड़ि **6**|22;3

बूड़िहि **2**|154;4

बूढ़ **4**|28 **6**|49;2 74;3

बूढ़ा **2**|192;4 **6**|23;2 31;1

बूढ़ें **2**|192;3

बूतें **1**|23;1

बृंद **1**|34 194 194;2 212;2 219;1 223 308;3 322 326छ1 **2**|80;1 138;1 187;3 **3**|9;3 14;2 23 32छ4 36;4 **4**|0ख **5**|3;4 5 10 **6**|29 44;2 79छ 93छ 103 104 104;1 111;5 113छ **7**|3क 8ख 11ग 12छ1 14;2 29;3 40 51;2 101;5

बृंदन्हि **6**|93छ

बृंदा **1**|300;2 331;3 **3**|9;2 12;7 37;2 44;3 **6**|4;2 53;4 103;6 **7**|23;2

बृंदारका **1**|326छ4

बृक **1**|204 **2**|39 62;4 84 114;1 121 **7**|3;4

बृकु **6**|70;1

बृथा **6**|8;1 27;2

बृद्ध **1**|322;2 **2**|71;1 **3**|5;4 **7**|63;2

बृनांत **4**|25;1 **6**|62;3

बृनि **7**|118;1

बृष **2**|236;2

बृषकेतु **1**|35 102 103छ 120;4 152

बृषकेतू **1**|53;4 58;3 64;4 72;2 88;4 141;4

बृषभ **1**|243 268;4 300;3

बृषली **7**|100;4

बृष्टि **1**|91;4 **2**|52 **4**|16;5 **5**|49;5 **6**|13;1 46;6 73;1 87;3 103 119;3 **7**|8ख 11;1

बेग **1**|299;4 **2**|82 157;2 158;1 **6**|78;4

बेगरन **2**|217

बेगहु **2**|191;1

बेगारी **2**|47;1

ब

बेगि **1**|59 59;4 91;2 129;3 132;4 180;3 212;2 249;2 270;2 279;3 280;4 294 298;1 322;1 **2**|4 5 6;4 11;1 26;4 31;4 39;1 50;4 53;1 62;1 68;2 68;3 73;1 85;1 94;4 101;1 150;1 157;1 187;2 270;2 271;4 284 **3**|16;1 21;6 28;2 30;8 39क **4**|23;6 **5**|12;1 24;3 31 34 59;4 **6**|17;1 33;1 48;2 71;6 75;3 85;2 108;3 116ख **7**|5छ2 59;4 116क

बेगिअ **2**|5;4

बेगिहिं **2**|46;2

बेगिहीं **5**|37

बेगी **6**|109;1

बेचक **7**|98;1

बेचहिं **2**|168;1

बेटा **6**|18;2 21;2

बेत **6**|16ख

बेतपानि **6**|108;5

बेतस **2**|325;2

बेताल **3**|20छ1 **6**|101;1

बेताला **1**|85;3 **6**|88;1 **7**|81;1

बेद **1**|3;3 6;2 7;4 12;1 13;1 14ङ 19;1 24 25;1 28;3 35;1 37;7 39;6 50 59;3 80;1 100;1 103 108;3 111;3 115;2 118 121;2 144;3 155;3 183छ 183;3 183;4 186छ4 188;4 192छ3 197;4 198;1 286 297;3 302;1 313;2 319;1 323 324 324छ3 324;4 326छ4 348;1 350;2 352;1 355;3 **2**|6;3 120;2 136 168;1 170;1 170;3 172;2 175;2 194;2 196;1 204;3 207;2 218;3 223;3 228 231;2 248;1 252;4 267;3 277;2 304;4 315;2 **3**|16;1 36;1 46;3 **4**|7;12 15;1 **5**|39;2 **6**|14 15;2 111;8 117क **7**|12ख 12;2 20 25;3 34;3 37;1 40;4 41;1 48;3 96;3 115;5 120;7 125ख 126;4

बेदतन्व **1**|45;4

बेदधुनि **1**|195;4 265;2

बेदन्ह **7**|13क

बेद पुरान **1**|27; 36;2 142;2 192छ2 205;3 **2**|28;3 105 219;4 **3**|5;6 **6**|48;4 **7**|4;2 26;1 48;3 89क 116;1

बेदबिद **2**|144

बेदबिधि **1**|91;2 153

बेदमंत्र **1**|101;2

बेदसिरा **1**|73

बेदहि **7**|101;4

बेदहूं **2**|259;3

बेदा **1**|116;1 **2**|93;4 **6**|38;5 **7**|32;3 111;3

बेदिका **1**|224;1 **2**|237;4

बेदी **1**|100;1 **2**|239;3

बेदु **1**|235;4 **2**|168;1 207;1

बेधि **1**|11

बेधिअ **1**|258;3

बेधे **6**|93छ

बेन **2**|228

बेनि **2**|205

बेनी **1**|2;5 **2**|106;3 306;2 **5**|8;4 **6**|120;4

बेनु **1**|288;1 **2**|37;3 47;2 164;4

बेनुमूल **6**|10;2

बेयो **6**|84छ

बेर **7**|18;1

बेरा **2**|257;2

बेरागा **7**|56;3

बेरिआँ **1**|234;3

बेरे **7**|8;5

बेरो **7**|44;4

बेल **1**|74;3

बेला **1**|312

बेलि **1**|227;2 **2**|46;4 83;4 137;3 138 163 189;4 236;4 249;4 279;2 **7**|13;5

बेली **2**|1;4

बेष **1**|7;3 12;1 54 54;4 55;2 67 92;2 93छ 96;2 169;2 216;1 220;4 318;4 319छ 321;4 322;3 323 345;3 **2**|29;2 63;1 123;1 133 133;4 168;4 211;4 221;3 252;1 262;2 281;4 286;1 287;1 **3**|7;1 **4**|2;3 **6**|57;2 76;6 116ख **7**|12ख 72ख 88क 98क

बेषा **1**|53;1 54;3 55;2 56;4 93;3 241;4 **3**|1;3 27;2 28;4

बेषु **1**|98छ 98;4 135;4 169 169;3 221;4 268 269;1 281 289 316छ 316;4 318 **2**|79;4 88 110;4 222;2 270;3

बेसर **1**|300;3

बेसा **1**|187;1

बेसाहि **2**|30;1

बेहड़ **2**|136;3

बेहालू **2**|37;1

बेहू **2**|262;3

बैंकुंठ **1**|88;2 80;2 185;1 **3**|9;1 **7**|4;2 125क

बैकुंठा **6**|26;4

बैखानस **2**|173;1 206;1 224;2

बैठ **1**|52;1 160;1 170;1 181;1 **2**|38;3 155;1 179;3 **4**|5;2 9;1 **5**|38;2 **6**|8;3 10;4 19 38;1 59;4 84;4 **7**|17;4 107;4 111क

बैठत **2**|253;4

बैठन **2**|247;1 **3**|2;3 **7**|32

बैठहिं **1**|224;2 224;3 **2**|11;3 113;4 **6**|34क 34;6 86;1 **7**|10;3 26;1

बैठहि **2**|162;4

बैठाइ **3**|28

बैठाई **2**|88;2 **3**|5;1

बैठाए **1**|130;4 173;2 203;5 215;3 319;4 359;2 **2**|242;2 301;4 **4**|20;3

बैठारा **1**|215;2

बैठारि **1**|319छ **2**|145 **6**|121छ1

बैठारीं **1**|354;2

बैठारी **1**|72;3 96;4 **2**|34;3 149;1 **5**|46;2 **6**|38;2 106;3

बैठारे **1**|45;3 240 244 254;2 291;2 328;2 350;1 **2**|44;1 76;4 77;3 165;2 171;2 323 **3**|12;6 34;5 41;6 **7**|16;2 33;3

बैठारेउ **2**|143;2

बैठारेन्हि **1**|207;1

बैठावा **5**|33;2 **6**|49;4

बैठि **1**|110;4 **2**|41;1 41;2 47;3 56;4 57 58;1 67;2 90;1 147;2 237 312;3 321;2 **4**|24 28;6 **7**|26;3 30;1 100;5 118;2

बैठिअ **1**|278;1

बैठीं **1**|55;3 107;2 **5**|13;4 **6**|103छ2

बैठी **1**|68;3 99;4

बैठु **2**|36;3

बैठें **1**|224;4 **6**|40;2 **7**|20;4

बैठे **1**|58;4 83;2 106;3 107;1 128;3 133;3 134;1 135;1 185;1 199;1 213;2 217 225 239 251;3 325छ1 325;5 359;1 **2**|171;2 206;3 226छ 253 257;3 277 **3**|1;2 8;4 12 29;13 41;1 41;2 **4**|26;5 **5**|29;4 51;4 **6**|62;1 119;2 **7**|1ख 12;1 28छ 43;1 50;3 118;6

बैठेउ **2**|90;2 **5**|37;4 **6**|35;3

बैठेहिं **2**|169;3 **5**|8;4

बैठै **1**|100;2

बैतरनी **3**|2;4

बैद **1**|32;2 133;1 **3**|26;2 **5**|37 **6**|55;4 62;1 62;2 **7**|122;3

बैदिक **1**|320;1 **7**|105;2

बैदेहि **1**|252;2 361छ **3**|29;2 **6**|113;8

बैदेहीं **1**|236;2 **2**|175;3 **5**|35;3

बैदेही **1**|49;3 238;2 247;3 250;2 257;2 261;1 289;2 310;1 338;1 345;2 **2**|64;2 74;1 91;4 97;2 103;3 131;2 143;4 146;2 148;4 149;2 155;1 224;3 275;2 280;2 286;1 **3**|12;4 27;3 **4**|2;2 **5**|5;4 9;3 15;4 39;3 57;4 **6**|49;1 86;3 99;7 100;1 108;4 109;3 121;6 **7**|7;1 16;3 67;3

बैन **1**|126 228 357 **2**|100 112 136 159 174 210 226 260

बैनतेय **1**|267;1 **6**|26;4 **7**|13ख 60;4

बैना **1**|71;1

बैभव **1**|139;3 **2**|98;1 **7**|14;7

बैर **2**|124;4 219;1 249 264;1 **7**|46;3

बैराग्य **1**|107 **2**|321

बैरिउ **2**|200;4

बैरिनिहि **2**|16

बैरी **1**|160;3 181;3 279 **4**|9;3

बैरु **2**|193;1 219;1 293;4 **3**|23;2

बैसा **3**|10;8 **6**|62;4 76;1

बैसें **6**|19;2

बैसे **6**|41;1

बोध **3**|4;5 45;4 46;3

बोधमयं **6**|111;3

बोधा **1**|136;3 **3**|26;1 **6**|37;3 **7**|107;1

बोधु **1**|109;2

बोरति **2**|276;1

बोरहिं **6**|3;4

बोरहु **2**|189

बोरा **6**|22;1

बोरि **1**|160 **2**|176 **5**|24 **7**|17ख

बोरी **1**|330;3 340;4 **2**|128;1

बोरौं **6**|34;1

बोल **1**|203;3 **2**|13;4

बोलत **1**|271 278;2 280;2 **2**|279;2 303;2 **3**|40;1 **6**|33;4 83 **7**|28;2

बोलन **1**|203;4 358;3

बोलनि **1**|42 **2**|200;4 251छ **7**|19;2

बोलब **2**|293;3

बोलसि **1**|283;3

बोलहिं **1**|93 115;4 **2**|137 158;3 225;2 276छ **5**|37 **6**|52;1 78छ 82छ 101;3 102छ 102;4 **7**|38;4 39;4

बोलहु **2**|30;2

बोला **1**|162;3 165 168;1 171;1 181;2 199;5 243;2 **2**|45;1 **3**|28;3 **4**|7;8 9;2 **5**|9 14;4 17;3 24;1 24;5 33;3 38;2 **6**|19;1 48;3 78;2 **7**|17;4

बोलाइ **1**|99 169 193;3 239 246 255 269;2 293 328;1 353;3 **2**|68 80;3 90;2 157;1 157;2 203;1 **3**|18;5 **6**|78;2

बोलाईं **1**|62;1 100;3 190;1 306;4 322;2 324;2 353;2 355;4

बोलाई **1**|91;2 103;1 174;1 205;1 225;1 278;2 287;1 290;1 295;1 298;1 299;4 330;4 **2**|39;1 88;1 198;2 207;2 253;4 272;2 **3**|40;2 **4**|12;3 **5**|10;4 36;4 **6**|17;1 40;1 **7**|106;1 113;3

बोलाउब **1**|310

बोलाएँ **1**|62;4 294;2

बोलाए **1**|173;2 208;5 239;5 249;4 287;2 295;4 298;2 313;1 322;1 332;4 **2**|5;1 9;1 80;1 109;2 169;4 171;1 187;1 213;2 270;2 323;3 **4**|11 19;3 22 **5**|34 52;4 **6**|39;1 121;3 **7**|8;4 16;1 43;1

बोलायो **6**|106;1

बोलावन **1**|75;2

बोलावहिं **7**|99;4

बोलावा **1**|189;3 275;1 **4**|23;5 **5**|34;3 **6**|38;2

बोलि **1**|60 66;4 92 96;3 100;1 102;1 125;3 197;1 239;5 267;4 272;3 287;1 287;3 287;4 317छ 326छ3 328;4 331;3 336;4 339;3 351;2 354 **2**|9;3 11;4 39;2 77;1 81;3 104;4 114;3 143 171;2 311;4 323 323;1 323;2 **3**|19;1 **4**|26;4 **5**|11;1 11;3 56;5 **6**|0ख 1;4 2;3 5;5 19;1 19;2 39;3 47;1 106;4 108;2 **7**|20;1

बोलीं **1**|63 72;4 90;1 107;3 119 **5**|12;1

बोली **1**|61;4 97;3 149;1 192छ4 221;1 223;1 234;1 235;2 236;3 256;3 276;2 **2**|17;2 27;4 28;4 38;4 43;1 52;3 55;4 58;4 74;1 79;1 117;2 154;2 159 188;2 222;3 295;2 **3**|17;4 21;3 **5**|36;3 **6**|6;2 99;2 107;1 109;1 **7**|52;4 129;4

बोलु **6**|21;1 26;1

बोलें **1**|62;2

बोले **1**|45;3 47;1 51 53;3 71;4 77;4 78;1 81;4 87छ 88;4 89;4 99;3 120क 128 128;3 132;4 135;3 136;3 139;2 145 148 150;1 151;1 173 218;2 230 238;4 249 251;3 252 254;1 254;3 259 266;3 270 270;2 271;1 271;3 272;2 273 273;1 276 278;4 279;1 280 282 284 294;1 326छ2 326;4 330;3 336;2 340;4 341;2 359;4

2|9;2 10;1 31;2 41;3 45;3 61;1 70;4 80;3 92;2 101;1 125;3 126;4 151;3 167;2 186;3 191 206;4 210 213;1 229;3 248;2 254;1 257;4 259 259;2 263;2 266 270;4 290;2 293;1 296;2 296;3 297 304;4 307;3 308;1 314 323;4 **3**|6;2 17;6 19;1 19;4 23 41 42;3 43;1 45;2 **4**|7;11 21;4 **5**|46;2 50;2 51;3 57 **6**|1;3 2;1 12ख 38;2 60;2 61;1 67 75;3 75;6 89 113 118;2 118;3 **7**|43;1 55;3 60;3 83क 85;1 113;5

बोलेउँ **7**|84;3

बोलेउ **1**|159;1 160 160;2 161;4 162;4 167;3 177;2 215 **2**|4;1 **5**|13;2 **6**|23ब 33;2 49;3 **7**|2;1 17ख 63;4 70;1 93क 95;1 112;6 115;3 115;6 121;1 124ख

बोलेसि **3**|22

बोलेहूं **1**|62;3

बोलेहु **3**|28;6

बोल्लहिं **6**|88छ 88;5

बोहित **1**|14ङ **6**|3;4 **7**|125;2

बोहितु **1**|260;4 **2**|257;2

बौंड़ 2|5;4
बौर 1|288
बौरा 2|271;1
बौराइ 2|228;4
बौराएँ 1|79;4
बौरानी 1|141;2
बौरायहु 1|136;4
बौराह 1|95;4 96छ
बौराहा 7|70;4
बौरे 1|97;1
ब्यग्र 3|24
ब्यजन 1|350;2 7|12छ1
ब्यथा 2|81;4
ब्यरथ 2|172;1
ब्यर्थ 1|97;4 246;1 273;4 6|21;3 7|109;3
ब्यलीक 7|51;4
ब्यवहरिआ 1|276;2
ब्यवहारा 1|99;2
ब्यवहारु 1|136 286
ब्यवहारू 1|319;1 323;4 2|87;4 92;4 288;1
ब्यसन 7|32;3
ब्यसनी 3|17;8
ब्याकुल 1|85;3 133;1 157 338;1 339;2 2|35;1 70;1 71;4 76;4 84;2 142 142;4 147;4 148 154;1 160;2 166 176छ 213 245;2 276छ 3|2;2 19छ 21ख 4|11;1 12;2 19 6|35;7 42 62;3 65;4 73;4 74;2 77;4 84छ 100छ 101ख 7|59;2 69;2 79ख
ब्याकुलता 1|259;2
ब्याज 1|238;2 239;3 276;2 3|5;2
ब्याध 1|29;3 3|29;12 4|9;3 6|90;3 7|130छ1
ब्याधि 2|34 51;1 7|74क 121क
ब्याधिन्ह 7|121;15
ब्याधू 1|5;4
ब्याप 5|47;3 7|79;1
ब्यापइ 7|79;1 104;4
ब्यापक 1|13;2 50 51छ 109;1 116;4 185;3 186छ2 198 205 3|11;9 32छ4 4|22;2 5|39;1 6|55;3 73 7|58;4 72;2
ब्यापकमेकमनादि 6|111;4
ब्यापकु 1|23;3 341;3
ब्यापत 7|94क
ब्यापहिं 1|39;3 7|104;4 120;4
ब्यापा 1|63;3 265;3 2|57;4 153;3 7|21;1
ब्यापि 2|46;3 7|57;2 71क 101क
ब्यापित 7|82;4
ब्यापिहहिं 7|85क
ब्यापिहि 1|87 7|88;1 109;4 113ख 114;1
ब्यापी 1|126;4 206;3 277;3 2|145;3 7|59;3 71;2 78;1 89;2 107;4
ब्यापेउ 1|98 269
ब्यापै 1|202
ब्याप्य 7|72;2
ब्याल 1|32;5 95छ 95;4 2|63;2 3|20छ1 5|16 6|56;4 73;6 91 7|30;3 109ख
ब्यालसम 1|175
ब्यालहि 1|259;4 2|271;2
ब्याला 1|38;4 85;3 92;1 5|55;3 6|4;3 83;3 7|81;1
ब्यालारि 7|102क
ब्याली 1|79;3
ब्यालू 2|154;1
ब्यास 1|14;1 7|123;1
ब्याह 1|316;1 320;3 325छ2 326;1 327;3 361छ
ब्याहि 1|325छ2 325छ3 357;3 361;3 2|1;1
ब्याहिअहूं 1|311छ
ब्याहु 1|245;3 304;2 360
ब्याहू 1|42;1
ब्याहे 1|326;1
ब्योम 1|61;2 265;1 302;3 3|42क
ब्रत 1|17;2 32;2 84;4 123 129;1 294;4 2|86 88 188 324;2 326छ 326;2 3|5;5 8;4 24;1 30;4 46;2 6|117ख 7|8;3 22;4 48 95;3 100;5 101ख 109;6 117;5 126;3 130;3

ब्रतधारी 1|104;4 6|22;3 7|54;1

ब्रतु 1|59;4 76;3 2|172;4 216;3 247;4 293

ब्रन 4|12;2 7|74;4 304;1

ब्रह्म 1|2;4 6;4 20;2 23;1 23;2 23;3 25 44 50 51छ 75;1 108 108;3 110;2 116;4 120;3 141;1 144;1 150;3 178;1 185;4 198 216;1 217;2 304;1 2|93;4 123;1 194;4 3|7;2 13;6 13;7 15;4 32छ4 39क 4|6 17;1 26;6 26;7 28;4 5|4;3 19 39;1 6|27;1 55;3 83छ 83;4 104छ 110;3 113;7 7|13क 13;6 35 42;4 47 48;4 54;3 58;4 72;4 85क 93;2 99क 99ख 108;1 110घ 110;8 111;2 120क 122;6

ब्रह्मकुल 1|165;3 3|33;4

ब्रह्मगिरा 1|74;4 7|114;3

ब्रह्मग्यान 7|111;1

ब्रह्मचरज 1|129;1

ब्रह्मचर्ज 1|84;4

ब्रह्मचारी 1|272;3

ब्रह्मड 1|201 7|101क

ब्रह्मडा 6|103;5

ब्रह्मधाम 3|2;2

ब्रह्मन्यदेव 1|209;2

ब्रह्मपर 7|42 54;3

ब्रह्मपुर 3|46छ

ब्रह्मबान 5|20;1

ब्रह्मबानी 1|187;4

ब्रह्मबिचारू 2|178;2 288;2

ब्रह्मभवन 1|71;1

ब्रह्ममय 1|85छ 2|197;3

ब्रह्मलोक 7|42;3 79क

ब्रह्मसभाँ 1|62;2

ब्रह्मसर 3|2;1 5|19

ब्रह्मसुख 1|26;1

ब्रह्मसुखहि 1|22;1 216;3 7|88ख

ब्रह्मसुखु 2|225

ब्रह्मसृष्टि 1|182;6

ब्रह्माँ 1|177;3 184छ 187;5 188;1 5|21;2 7|11ग

ब्रह्मांड 1|85छ 192छ3 253;2 3|13;3 6|83छ 86छ 7|80ख 80;2 81;4 82;1

ब्रह्मांडु 1|259

ब्रह्मादि 1|150;3 313 319छ 344 6|81;1 104छ 113छ 7|24;5

ब्रह्मादिक 1|66;2 88;2 262;3 314;1

ब्रह्मानंद 1|193;2 194;1 2|106;4 7|15 32;2

ब्रह्मानंदु 1|309;4

ब्रह्मानी 1|148;2

ब्रह्मु 1|318छ 341;3

ब्रात 7|101;5

ब्राता 5|39;2 6|62;2 7|93;3

ब्रीड़ा 7|58;2 77;5

भ

भँडारू 2|105;2 186;1

भंग 1|262;4 5|24;5 52;2 6|40;5 66;1 7|66क

भंगा 1|268;1 2|105;4 276;1 7|33;4 56;2 61;2 65;1

भंगू 2|222;4 260;4

भंजनं 3|4;4

भंजन 1|18;5 24;3 48;4 70;4 119;4 124ख 139 186छ3 2|326;4 3|11;5 11;6 23;2 31;1 45;3 4|1 5|39;2 39;3 45 6|30;3 94;1 111;3 113छ 7|30;4 30;5 34;3 43;1 51;2 130;1

भंजनि 1|31;4

भंजनिहारा 1|271;1

भंजब 1|257;1

भंजहु 1|254;3

भंजा 5|21;4

भंजि 6|36;6 83;3

भंजिहि 1|184

भंजी 7|66;1

भंजेउ 1|24;3 262;4 265;3 283;3 286;3 292 6|43;4 54;2

भंजेहूं 1|245;2

भइँ 1|252;4 2|154;1 4|16;4

भइ 1|39;5 119;4 186 286;2 2|23;3 34;1 47;2 53;1 55;2 55;3 64;1 68;1 69;1 76;3 92;1 100;3 103;2 145;2 148;1 152 155;2 162;1 164;2 192;2 193 205;3 207;3 216;4 231;1 258;4 284;3 292;4 311;2 312 317;1 317;2 3|13 17;2 18;1 25;4 29;10 35;1 36छ 36;4 4|7;7 26;2 28;5 5|13;6 25;2 27;4 53 6|4 55;2 66;5 72 99;1 7|3;5 23;3 108क 109;1 114;3 118;7

भइउँ 2|12;1 97 6|58;1 7|129

भइन्ह 2|223;2

भइसि 2|23;1 201;2

भइहु 2|19;4

भईँ 1|55;3 96 124;3 190;3 337;3 2|187;4 5|25;5 7|6छ 9क

भई 1|87छ 99;2 187;5 211छ1 211छ4 236;3 318छ 321छ 328;1 2|34;1 117;4 161 283;4 3|17;10 19;1 28;7 30 4|8;4 5|49;5 6|21;2 54;4 72;1 93;1 94;2 98;1 100;2 7|3;5 66;3 107;1 125;1

भएँ 1|245;1 280;3 341 2|82;4 86;1 169;2 182;1 247 3|43;4 4|15;4 17;1 6|57;3 78;3 85;1 100;5 7|9क 110;3

भए 1|14;3 26;4 27; 49;2 50;4 53;1 60;3 73;4 75;1 77;4 82;2 82;3 84 85छ 85;2 85;4 86;2 87छ 87;4 88;3 95;2 122 123;1 133;2 138 139;4 145;4 152;3 153;2 163;1 176 176;3 189 190 192छ1 202;3 203;1 204;2 207;3 215;4 230;2 237;2 238 244;2 248;4 251;2 251;3 252;4 254;2 254;4 255;2 255;3 262;1 263;3 265;1 276;1 283;2 298;4 299;1 303 310;2 314;4 321छ 323;2 325छ1 325;3 326छ2 332 338;2 339;4 340;3 342 346;1 348;3

2|2;4 3;1 7;3 10;3 45;4 46;4 71;4 73;1 80;1 102;1 107;2 108;4 114;2 118;3 118;4 120;1 126;1 134;2 135 136;1 139;1 142 144;3 160;2 164;1 170;4 176छ 184;2 188;4 194;4 196;3 209 217;1 219;3 221;2 226छ 226;3 248;2 251 255;2 255;3 256;3 257;1 260;2 270;3 290;3 292;3 294;4 301;3 307;3 317 3|9;2 12;1 14;1 19छ 20छ2 22;3 29;3 30;3 4|13;1 15;1 26;4 29;4 5|15;1 28;3 35;2 42;1

6|3;4 4;2 4;4 35;7 41छ 42;4 46;1 48;1 49छ 52;3 52;4 59;2 60;1 61 71;6 73;4 73;6 74क 88छ 88;3 89 91छ 92;6 96;4 101;1 101;4 101;5 102छ 102;4 105;2 113;2 114;4 116;4 7|5;4 8;5 8;6 10;2 13क 17;1 19ख 20;4 25;4 33;1 40;2 50;2 97क 97ख 100क 101;3 102;3 110ग 110;5 111;7 125;2

भएसि 3|28;8 6|27;1 33;3 34;3 49;2

भक्त 3|4;1 11;7 6|64;2 7|75;1

भक्ति 1|2;4 77;3 3|4;11 4;12 16;4 6|111;9 113छ 113;8 7|13;3 45;2 45;3 100ख

भक्त्या 7|108;9

भगत 1|12;2 17;3 18;3 18;5 22;3 24;1 26;2 30;2 36;4 51छ 76;1 104;3 106;4 116;1 118 122;1 123;1 144;4 146;4 150;3 150;4 152;1 152;4 168;2 189;2 205 218;2 239;2 2|10;4 93 127;2 131;2 141;4 190;4 209;3 218 218;3 219 219;3 265;2 3|16;1 42क 46छ 5|22;4 46;2 6|2;4 61;9 7|11;3 16;2 18;2 19;1 43;1 62क 72क 83;4 84ख 85ख 87;2 113;6 114;3 114;6 119;4

भगतन 1|13;3

भगति 1|9;4 11;2 19 20;3 22 27; 28;5 29;2 31;7 36;3 37;7 40;2 44 51;4 56;4 57;2 76;2 88;4 104;4 111;1 138;4 143;2 150 185;2 186छ3 188;4 189;3 198 202;2 209 210;4 211छ2 225;3 360 2|92;2 102 108;1 172;3 208 223;1 234;3 239 243;4 244;4 247 258;4 265;2 266;1 283;2 301छ 303;1 303;3 321 325;4

3|6छ 8;4 9;1 10;3 10;7 11;13 12;3 13;6 14;4 16;1 16;2 16;3 17;1 26छ 32 35 35;2 35;3 35;4 36;4 42क 43;5 46क 4|7;9 11;3 13;4 16;5 25;4 5|17;1 24;1 34;1 34;2 49;4 6|2;4 3;2 26;4 110;6 112;3 112;4 7|14क 15;3 15;4 21;2 34 35;1 35;3 38;2 45 45;1 46;1 46;4 49;3 52;3 53 54;4 62;2 63;1 79;2 84क 84ख 84;2 84;3 85;2 85;3 85;4 86;5 89;1 89क 89;4 90क 95;4 96;2 106;1 108ख 109;5 111;5 112;4 113;7 113;8 114ख 114;8 115;1 115;2 115;5 116ख 116;2 116;3 116;4 119;3 119;4 119;5 120;1 120;10 120क 120ख 120;3 120;5 120;8 120;9 121;5 122;4 122;6 122;7 125;1 126 126;4 127;4 129 129;2

भगतिमय 2|294;4

भगतिवंत 7|86;5

भगतिहि 7|115;6 115;7 116;3

भगतु 2|75;1

भगवंत **1**|44 177 **2**|77 **3**|23;2 **4**|3 **5**|32 **6**|45 **7**|19ख 34;1 91ख

भगवंतहि **3**|41;3

भगवंता **1**|186छ1 **3**|23;1 **5**|39;1 **7**|36;3 72;2 78;4

भगवान **1**|46;2 81 118 **4**|2 **5**|23 **6**|15क 48क 104 121क **7**|4क 9ख 18ख 62ख 72क 92ख 108ग 110घ

भगवाना **1**|13;2 53;2 57;3 70;2 76;1 86;2 114;2 116;3 123;1 124;1 129;2 142;4 144;3 146;4 152;3 201;1 209;2 253;3 **2**|244;1 **3**|10;1 24;3 **5**|5;2 43;5 **6**|70;3 73;6 107;1 **7**|6;4 48;3 61;3 65;2 82;3 92;2 113;2

भगवानु **1**|259;3

भगवानू **2**|254;1

भगान **2**|230

भगिनि **3**|19;3 22;5 **6**|22;4

भगिनीं **1**|63;1

भगिनी **1**|325छ3 **2**|65;1 **3**|17;6 **4**|9;4

भगीरथ **2**|209;4

भच्छक **3**|13;4 **6**|56;4 84;3 **7**|35;4

भच्छन **4**|27;2

भच्छहीं **5**|3छ3

भच्छाभच्छ **7**|98क

भजंति **3**|4;7 4;8

भजंतीह **7**|108;7

भज **7**|87क 103;3

भजइ **2**|195 **7**|57;2 127;2 128;2

भजई **1**|222;2

भजत **1**|200;3 **5**|46 **7**|119;2

भजन **1**|13;1 225;4 **2**|4;4 243 **3**|13;3 16;5 36;1 **4**|3;2 **5**|32;2 **7**|45 78क 79;1 84;3 89;3 90;1 90;4 96;3 104क 110;1 110;5 114ख 122क 123;4

भजनु **3**|16 23;3 39;3 **4**|7;11 **5**|34;2 44;2 **6**|7;2 80;4 **7**|57;3

भजन्ति **7**|122ग

भजसि **4**|0ख **6**|0क 27;1

भजहिं **2**|167 168;3 **3**|6ख 13;6 43;2 45;2 **5**|38 50;1 **6**|3 45;3 71 74;1 **7**|41;3 41;4 62ख 99;2 106;2 119ख 121;6 122ख

भजहि **3**|46ख **7**|130;4

भजहीं **3**|43;5

भजहु **5**|22;4 23 38 39क 39;3 **6**|7 7;3 44;4 49;1 63;1 **7**|30;1 30;4 74ख 90ख 119क

भजामहे **7**|13;4

भजामि **3**|4;1 4;10 **7**|108;4

भजि **2**|206;3 **6**|37 41छ 56;3 93छ 100छ **7**|130छ1

भजिअ **1**|140 200;3 **4**|23;3 **6**|6 **7**|92ख 96;1 104क 112;5 123;1

भजी **3**|6;4

भजु **1**|115 124ख 211 **6**|27;4 **7**|86;1 87ख

भजें **5**|41;4 **7**|130;4

भजे **3**|4;6 **6**|96;2 98;5 **7**|14;9

भजेसु **7**|88;1

भजऽहं **7**|108;1 108;5

भजेहु **6**|64 64;5 104छ **7**|16

भजै **7**|87;4

भट **1**|4;2 179;1 179;2 180;4 214 250 252;2 252;3 284;1 356 **2**|192 192;1 235;4 **3**|18;4 19छ 20छ6 20छ2 20छ4 38;2 **5**|3छ3 16;3 18;1 18;3 19;2 35छ1 54;4 **6**|4;1 18;3 23छ 34;6 41 41;3 46;2 46;3 47;4 49छ 62;6 65;5 68;2 69;2 78छ 81छ1 81;3 81;4 85;2 88;2 88;3 88;4 90;2 96छ 97छ 98;1 98;7 100;6 101ख **7**|71क

भटन्ह **3**|20छ1 **6**|88छ

भटन्हि **6**|41;1

भटभेरे **7**|120;6

भटमानी **1**|250;3 273;1 292;3

भट्टा **6**|87;1

भड़िहाईं **3**|28;5

भदेस **1**|10;5

भदेसा **1**|14;5

भदेसू **2**|296;4

भनंता **1**|192छ2

भनई **2**|240;3

भनिति **1**|8;6 9 9;2 10क 10छ 10;2 10;5 14;4 14;5 15 15;5 28;5

भनी **1**|327छ4

भनु **6**|9;3

भने **7**|13;5

भन्यो **6**|95छ

भभरि **2**|230

भयँ **1**|126;4 135;4 **3**|13;4 28 **4**|20;1

भयं **6**|111;3

भयंकर **1**|38;5 134;4 176;4 **3**|17;10 18;6 **5**|16;4 **6**|14;1 15;1 86;1 87छ

भयंकरा **1**|95छ

भयंकरु **2**|28 62;2 147

भय **1**|17;4 24;3 31;4 45;4 56;1 61;4 86;2 95;3 96;2 109;2 184छ 184;3 186छ3 189;2 200;2 202;4 208ख 211छ2 218;1 234;4 269;1 283 327छ3 **2**|25;1 66;3 158 231;1 276;2 295 302;3 **3**|2;1 2;2 5;8 21;1 28;6 29क 32छ2 37;3 37;5 **4**|6;6 8 18 19;2 19;4 27;5 **5**|3;4 9;2 17;5 22;4 37 37;1 44;3 45;2 47;3 48;3 57 **6**|6;1 8;1 8;2 8;5 14;2 16;2 16;4 20;4 23क 32;2 35;7 43;1 44;2 54;4 65;5 73;7 93;4 109;3 **7**|15;1 20 38;1 43;3 52;5 90;4 100क 104;2 112;8 122;1

भयउँ **1**|120;2 330;3 **2**|88;3 164;4 196;1 **4**|28 29;4 **5**|17;3 **6**|64 97;3 **7**|56;3 63क 79ख 82;4 96;5 97;1 106;3 109ख 112क 125;1

भयउ **1**|16;4 17;3 19;3 35 39;5 46;4 47 49;2 51;2 56;4 63;3 63;4 64;4 74 74;4 75;4 81;4 82;3 86;1 87;2 87;3 87;4 96;2 96;3 98;4 101;3 125;2 127;1 135;2 141;1 141;4 142;2 153 157 159;4 163;2 171;1 173;4 176;1 176;2 178;2 179;3 192छ2 215;4 234;3 234;4 280;1 286;4 294;3 302;3 310;2 313;4 314;4 341 354;2 354;3 359;4 361;3

2|4;4 9;4 14;2 19;2 27;1 29 29;3 32;4 36;1 37;3 40;4 48;2 54;4 57;3 59;2 73;1 76;4 81;2 85;1 86;1 86;2 88 90;3 92;1 96;2 99;2 105;1 137;3 142;3 143 145;3 147 149;4 150 153 154;1 155;3 173;3 187;1 198;4 201;3 204;1 213;1 216 221;1 223 248;2 249;1 259;2 262;3 270 270;4 273;1 286;3 287;1 291;3 294 307;2 307;3 309;1 310;3 311;1 **4**|7;8 13;3 26;3 29;1 30;3

5|14 25;4 26 30;2 35;4 37;3 42;2 53;4 57;6 60;4 **6**|1;2 3;4 14;1 18;4 22ख 32;1 35;2 35;6 40;1 42;2 46 46;6 47;2 49;4 49;5 54;2 54;3 63 64;4 68;1 71;3 72;5 76;6 76;7 77;3 78;2 80;1 82;3 86;1 96;1 98;7 100;3 100;5 102;1 102;5 **7**|1;5 31;1 56;3 59;1 64;1 64;3 67;2 68क 68ख 69;1 74;1 75ख 77ख 114क 117;2 117;3

भयऊँ **1**|167;2 **7**|80;1

भयऊ **1**|71;1 86;1 106;2 124;1 130;4 133;1 156;2 159;1 163;4 177;3 190;2 190;4 261;3 284;4 347;1 361;2 **2**|10;2 19;3 25;3 87;4 153;2 174;4 210;3 322;2 **3**|3;2 9;1 12;3 27;1 29;13 **4**|1;3 15;2 29;3 **5**|2;4 13;4 16;5 20;1 41;5 **6**|16;4 58;4 98;3 121;2 **7**|60;1 63;1 69;4 109;5 114;4 125;5

भयकर **3**|20छ1

भयकारी **3**|18;4 **5**|54;3 **6**|87;5

भयदायक **3**|24;4

भयभीता **1**|182;7 201;3

भयहारी **5**|43;4 46;2

भयहु **2**|74 **5**|14;1 **6**|10;2 64;4

भयाकुल **6**|97छ **7**|14;1

भयातुर **1**|186छ4

भयातुरे **6**|96छ

भयानक **1**|241;3 **2**|157;3

भयावन **2**|38;2 **6**|96;3

भयावनि **1**|356;4 **2**|83;3

भयावनी **6**|87छ

भयावनु **2**|158;3

भयावने **6**|78छ

भयावहा **3**|19छ

भयो **1**|26 324छ3 **6**|82छ 97छ 98छ

भर **1**|31;5 305;4 **2**|163;2 203;4 226

भरई **7**|50;4 106;6

भरत **1**|17;2 17;5 41 42;4 197;4 198;2 291;1 298;1 298;2 298;4 308;4 342;4

2|7;3 7;4 11;1 13;3 15 18;2 21;4 31 31;4 32 32;2 36;1 43;1 48;3 48;4 49 125 141;2 152;2 157 157;1 157;2 157;3 158 158;2 158;3 159 159;2 159;4 163;4 164 166 167;1 167;2 168 169 169;4 170 170;1

170;3 171 171;1 171;2 173;3 176;4 184 184;1 184;3 185;2 186 186;1 187 187;1 188;1 189;3 190;1 190;2 192;4 193 195;2 196;2 197;1 197;2 197;4 198 198;1 198;2 198;4 202;3 202;5 203 203;2 203;4 204;1 204;3 205 205;3 205;4 206;1 206;4 207 208 208;2 208;4 210;2 210;3 212;4 213;1 213;2 213;3 214 215;1 217 217;1 217;2 218;4 219 219;4 220;1 220;2 220;3 222 223 223;1 224 225 226;2 227;1 227;2 229;1 229;2 229;4 231;4 232 232;2 232;4 233;1 234;4 235;1 235;2 236 237;1 238;1 238;3 238;4 239;1 239;2 240 240;2 240;4 241 241;3 241;4 242;2 245 254;1 255;2 257 257;1 257;2 258 258;3 258;4 259 259;1 259;2 259;3 259;4 263;1 263;2 264;1 265 265;3 266;1 266;2 266;3 270;1 271 271;2 271;4 272;1 272;2 282 283;2 283;3 284;2 287 288 288;1 288;2 288;3 288;4 289 289;1 289;2 289;3 289;4 290;1 292;3 292;4 294;1 295;1 295;2 295;3 295;4 296 296;1 296;2 297;1 297;2 297;4 301छ 301;4 303 303;1 303;2 304;1 304;4 308 308;4 309 309;1 309;2 309;3 309;4 310;1 311 311;1 312 313;1 313;2 313;3 314;4 316;2 316;3 316;4 317 317;2 318;1 318;3 319 320;3 321;2 322;1 323;1 323;2 324;4 325;2 325;4 326 326छ 326;2 326;3

3|1;1 **4**|21;4 **6**|58 59;1 60ख 116क 121छ2 **7**|0घ 1क 2क 2ख 2छ 2;5 3;1 3क 3;2 5 5;1 5;3 6;1 8;3 11;3 17;3 19;1 19;3 20;2 26;2 36;3 36;4 38;2 50;3 65;3 65;4

भरतकूप **2**|310;4

भरतमातु **2**|14

भरतहिं **2**|301छ

भरतहि **1**|29;4 325छ2 **2**|29;1 50;1 55 160 164;1 184;2 185;2 192;3 193;3 195;3 216 217;3 222;4 223;2 224;3 225;1 228;4 230;2 230;4 231 232;2 253;4 259;1 265;4 266;2 273;4 304;2 307;2 322;4 **6**|121;1 **7**|5छ2 36;4

भरतहूं **2**|167;2

भरतहु **7**|8;5

भरतागवन **7**|65;3

भरतादि **7**|12छ1

भरतादिक **7**|50;1 81;4

भरतानुज **7**|6;1

भरतारा **1**|78;4

भरतु **1**|290;4 311;3 **2**|13 18;1 19 30;1 31;3 42;1 48 49;3 55;3 71;1 160;2 164;1 165;2 167;1 169;3 171;2 176 176छ 185;1 186;4 189;2 189;4 192;3 194;1 197 210;4 213 215 217;3 227;3 228;1 232;3 233;2 233;3 238 248;3 252 256;4 257;3 259;4 266 271 284;1 288 289;2 289;3 290;2 293;1 294;2 294;4 297 302 312;1 312;2 318;2 324 326;1 **5**|42 **7**|11;2

भरद्वाज **1**|30;1 30;3 44;1 44;3 45;2 104;1 124ख 127 141;4 152 175 **2**|106;4 107;2 108;3 206;2 **6**|121;2

भरन **1**|197;4

भरनी **1**|31;3

भरब **2**|21;1

भरहिं **2**|128;3 **4**|14;4

भरहीं **1**|277;2 312;1 **2**|141;2 **7**|7;3 9;3 26;2

भरा **1**|278;4 296;2 **2**|105;2 242;4 **6**|70;4 71;2 84;1

भरायो **6**|117;2

भरावा **6**|28;3

भरि **1**|45;1 45;2 50;1 69 85छ 89;1 101;3 101;4 146;3 168;4 188;3 194;2 206;4 211छ3 211छ4 217 246;2 252;1 258;1 262;4 266 290;2 300 300;3 305;1 325छ1 325;5 327 335;2 342;1 346 351;2 354;1 357;2 359 **2**|32 34;4 88;1 101;3 113;3 115;1 120 136;2 148;4 149;1 157;1 159 161;3 194;2 196;4 205;2 211;3 214;3 246;4 256;4 293;1 306;3 313;4 315;3 317;2 **3**|3 19;2 31;4 32;1 45;1 **4**|5;1 14;3 26;2 27;2 **5**|2;4 31;1 32;1 55;3 58;4 **6**|2 7 59;2 63;4 81छ2 104;3 105;2 114क 116घ **7**|20;2 100;2 102;4 107;3 111;6 117ख 123;3

भरिता **1**|39;6

भरि भरि **1**|305;3 333;3 333;4 **2**|89;4 135;1 193;2 202;2 249;2 250;1 278 279 **6**|53 88;4 118ग **7**|3;3

भरीं **1**|350;3

भरी **2**|34;1 38;4 246

भरें **1**|93छ 203;5

भरे **1**|68;2 72;3 96;4 102;2 257 261छ 261;4 305;1 323छ1 **2**|53;2 64;1 86;4 198;4 226 226;3 **5**|7 14 14;4 **7**|13;2

भरेउ **1**|36;5 **2**|163;2 **6**|1;2

भरेऊ 1|236;3 6|71;1

भरैं 1|324छ3

भरै 7|99;4

भरोस 1|8;2 10;4 187;5 2|129;2 183 283;2 305;2 3|6ख 10;1 10;3 36;3 5|7;2 16;5 60छ 7|1;8 14;7 87ख 103;3

भरोसा 2|131;2 3|43;2 5|51;2 6|49;4

भरोसें 4|3;2

भरोसो 2|314;3 321;4

भर्ता 3|5;3 6|7;2

भर्‍यो 6|94छ

भल 1|5;4 7;2 39;4 79;4 89;1 107;1 137;1 159;4 163;4 211छ3 222;3 249;3 268;2 269;4 278;2 2|5;4 33;4 48;1 89;2 92;3 110;3 122;2 133;1 136;2 166;4 175;4 177;3 178;4 182;4 183;4 184 186;4 192;2 207 207;1 217;4 230;3 231;2 231;4 261;4 265 267 267;4 278;4 280;1 282 284;2 287;4 289;2 292;1 298 298;3 300;1 305 313;1 314;1 315;2 323;2 3|25;3 5|24;4 38;4 46;4 59;3 6|23ग 63;1 7|44;2 106;7

भलाइहि 1|5

भलाईं 1|7;1 2|267;4 298 300;3 315;2

भलाई 1|3;3 52;3 2|61;2 159;4 174;3 181;3 186;2 205;2 229;2 259;4 283;2 309;4 4|7;4 5|36;2 36;4 41;4 6|78;3

भलि 1|10छ 10;5 14;5 42 57ख 57;2 62;4 178;2 244;4 256;1 2|11;2 33;4 75;1 76;2 102;3 114 177;2 5|31;5

भली 1|64;1 109;2 181 310;3 318छ 319;1 352;2 353;4 6|109छ2

भले 1|102छ 137;3 246;4 326छ4 6|93छ

भलेउ 1|6;2 7;1 2|16;1

भलेहिं 1|63;1 83;4 160;1 214;4 287;1 294 332;4 2|191;1 213;3 261;4 5|41;4 7|122;4

भलेहि 1|137;1

भलो 1|5

भवँर 1|40;4 147 2|34;2 276;2

भवँरु 2|53;2

भवंत 7|14;6

भव 1|1;1 1;4 2;1 10छ 14ङ 24;3 28;4 31;2 32;2 43;2 43;4 79 100;4 119;2 122;1 124ख 152;2 186छ3 186छ4 200;2 211छ2 211छ3 235;4 245;2 2|123 167;4 180;1 217;1 277;1 288;2 314;1 326 326;4 3|10;5 10;7 11;3 11;5 23;2 31;1 32छ2 45;3 4|1 30क 5|20;2 45 47;3 60 6|73 110;6 111;1 111;6 111;9 114;4 115;3 120;5 7|13;2 13;3 14;5 14;9 15;1 18;4 30;4 33 33;2 33;4 34;4 35;1 35;2 41;2 41;4 43;1 44;4 52;5 55;5 56;1 58 70;3 77;3 90;4 91क 93;3 103;1 103क 103;2 103;4 112;3 115;7 118;1 119क 122क 124क 126;1 130;1 130क

भवकूपा 1|192छ4 3|15;3

भवचापा 1|254;3

भवतब्यता 1|159ख 2|25छ

भवताप 7|14;1

भवदंघ्रि 7|14;5

भवन 1|10;1 11;2 48;3 57;2 61 63;1 77 79 80 95;3 96;3 98छ 99;3 102;1 102छ 103;1 112;2 137;3 142 145;4 172;1 175;2 195;4 196;1 208क 220;2 235;2 289;3 294 296 297 297;2 312;2 345;4 352;4 355;2 357;3 2|24;2 38;3 47;1 60;4 61;2 63;4 70;3 71;1 90;4 111 132;1 147;3 159;2 186;1 326;1 3|19;3 22 26;1 4|12;5 5|5;4 10 12;3 14;2 34;4 48;2 60छ 6|6;2 10;2 10;3 14;3 24;8 35ख 44;1 55;4 61;4 83छ 85;3 100;1 105 117;2 7|8ख 9ख 10;1 16;3 18;3 20;1 27छ 35 92ख 113क

भवननि 7|28;3

भवनिधि 6|66;2 7|129;3

भवनु 1|66;4 79;1 79;2 80;4 97;1 108;2 297;4 345;1 2|147 6|44;2 55;1

भवसंभव 4|23;3

भव सागर 1|14च3|11;7 4|29;2 6|0ग 3;2 7|44 53;2

भवसिंधु 1|25;2 2|101;2

भवहि 1|101;1

भवाँई 6|18;3

भवांबुनाथ 3|4;2

भवानि 1|100 100छ 120ख 4|0क

भवानिहि 1|90 236छ

भवानी 1|15;2 19;3 33;1 43क 47;4 48;1 51;3 58;2 62;2 63;1 67;1 72;4 73;3 75;1

80;2 81;4 89;4 90;1 97;3 98;1 99;3 100;4 101;1 102;4 103;2 107;1 114;4 119;3 122;2 140;4 141;2 184;2 200;1 235;2 236;3 247;3 257;3 318;3 **2**|285;2 **3**|2;7 10;5 24;4 **5**|20;2 34;1 42;1 57;6 **6**|45;3 70;1 74;1 **7**|10;1 32;4 52;4 61;1 62;5 64;4 68;4 115;3 126;4

भवानीपतिं 7|108;5

भवार्णवे **3**|4;7

भसुंड 7|76;1

भसुंडि 7|115;3

भाँग **1**|26

भाँड़े **1**|12;1

भाँति **1**|10;2 13;1 23 33;1 33;3 33;4 62;4 64;1 65 72;2 77;2 87छ 92;4 97छ 99;2 101छ 102 109;2 109;3 118;4 132;3 145;2 160;1 175;3 181 194;1 207;2 208;5 211छ4 213 214 214;3 224;3 229;1 236छ 250;4 258;3 263;3 274;3 288;4 293;1 300;1 300;3 302;1 305;1 305;3 306;3 311;1 316;1 316;4 317छ 320;3 323;1 323छ2 325छ1 326;2 329;1 329;2 330;4 332;1 332;2 332;3 333;2 334;1 340 341;2 342;1 344 353;4 355;4 359

2|8;2 9;2 25छ 41 50छ 52 53;3 55;1 61;1 67;1 74;1 75;4 78;2 80;4 89;3 108;1 119 122;4 125;4 131;2 132;2 136;3 137 143;4 144 152;1 152;3 153;1 161;3 167;1 169;4 170;4 173 174;3 176;2 205;2 212;4 258;3 261;4 284;1 286;1 296;4 300;1 305;2 313;4 325 **3**|10;9 19क 22 26;3 38;2 41;5

4|25;4 **5**|1;4 30;4 44 59;2 **6**|51;3 52;1 59;2 77;4 79;1 100;1 121छ2 **7**|2;1 7;3 7;4 9;2 19;4 25;2 28;1 48;3 55;1 59;1 61;2 61;3 80;4 82ख 87;3 92छ 106;1 111;4 113;7 119;3 122;3 123;4

भाँतिहिं **1**|101छ **2**|194;2

भाँती **1**|28;2 57;4 195;2 197;1 307;1 312;2 313;3 321;2 328;1 329;3 333;2 338;2 349;1 360;5 **2**|1;2 6;2 7;4 13;2 34;4 60;2 97;1 99;3 148;3 155;2 159;3 169;3 196;1 200;2 201;1 241;3 249;4 275;3 316;1 **3**|30;4 **4**|7;11 27;1 **5**|46;3 50;3 **6**|9;1 20;2 24;2 34;7 72;2 100;2 116;2 **7**|58;3 67;1 76;1 81;2 115;8

भाँवरीं **1**|325;4

भा **1**|68;3 89 120ग 134;4 142 183छ 189;4 195 275;2 280;1 318 325छ1 **2**|13 13;1 42;4 73;4 94;1 104;1 165;4 166;3 185;1 185;3 195;2 197;2 202;4 202;5 208 215 216 220;2 227;2 227;3 228 234;4 261;1 264; 271;2 286;1 307;2 **3**|2;2 41;3 **4**|8;3 14;3 27;3 **5**|7;2 8 12;4 26;1 29;2 30;2 **6**|19;4 43;3 69;1 74;2 80;1 85;3 88 **7**|55;3 56;2

भाइ **1**|218 225 232 311छ 328;3 335;1 358 **2**|36;2 82 89 123 125 132 161 185 187 190;2 200;1 203;1 275;1 317;2 **3**|20छ2 **6**|61;6 **7**|5

भाइन्ह **1**|237;2 334 336;2 337;2 350क 351;1 356;3 **2**|242;1 273 275;4 **7**|19;3

भाइहि **1**|153;4 **2**|198;2

भाइहु **2**|191 191;1

भाईं **1**|286;3 308;3 357;1 **2**|245;1 315;2 320;3

भाई **1**|8;7 13;5 39;4 49;4 52;2 93;1 104;4 111;3 114;3 122;3 132;1 162;4 170;3 177;1 187;3 198;2 199;6 203;1 204;4 206;4 209;2 215;2 220;2 224;1 225;1 226;2 227;1 237;1 237;3 239;5 240;3 241;4 244;2 245;2 248;4 252;1 252;3 266;3 269;3 290;4 307;2 308;2 310;4 316;2 343;1 357;3 360;5

2|10;3 15;2 47;4 65;1 71;1 73;1 82;1 83;1 87;1 94;4 112;1 121;4 137;2 141;2 152;3 157;2 157;4 163;2 163;4 164;2 165;1 166;2 167;1 171;2 181;1 188;4 196;2 198;1 214;1 221;2 228;3 230;2 231;3 232;2 233;3 238;1 241;1 242;1 243;2 252;3 256;2 259;2 269;1 306;3 311;1 312;3 318;4 319;3 323;1 **3**|3;2 12;2 12;5 15;2 16;1 18;5 19;2 19;3 25;4 27;4 33;2 34;4 **4**|2;1 6;1 7;4 13;3 21;4 22;4 23;3 **5**|1;1 9;1 13;4 24;4 29;4 43;2 60;1

6|1;3 5;1 9;3 12;2 20;1 21;1 33;1 57;3 61;3 61;8 62;4 63;4 75;4 75;5 79;6 96;3 119;6 **7**|3;4 11;3 25;1 26;2 33;1 37;4 41;1 42;1 43;3 44;1 45;1 46;2 50;3 61;4 76;2 85;3 106;5 109;6 112;5 117;7 118;4 121;16 129;4

भाउ **1**|321;1 326छ1 **2**|189;2 238;4 257 271;4 304;1

भाऊ **1**|39;4 242;4 360;2 **2**|269;4 283;1 291;1 **7**|121;1

भाएँ **1**|62;4 117;2 **2**|112;3

भाए **1**|128;1 304;4 **2**|4;3 43;4 132;1 213;2 257;3 **3**|3;4 10;8 11;11 34;3 **5**|1;1 3;4 30;4 **6**|3;3 46;1 71;6 **7**|10;3 17;4 50;1 56;4 86;2

भाखे **1**|200;2

भाग **1**|1;3 8 60 107;2 125 148;1 159;3 189;4 190;1 190;2 310;4 **2**|2;2 74 75 75;2 135 190;2 196;4 251;1 251छ 251;4 274;4 **6**|12;4 34ख **7**|33;4 43;4 61 94ख

भागत **6**|47;4

भागन **6**|43;1

भागभाजन **2**|88;3

भागहीं **6**|82छ

भागा **1**|63;2 84;4 157;2 183छ 196;1 256;4 **2**|62;4 93;3 113;4 153;4 244;3 **3**|1;4 **4**|6;2 8;2 **5**|13;3 **6**|26;2 120;4 **7**|29;4

भागि **1**|96;3 157;4 **3**|20छ2 **6**|50;4 70;1 98;3 101;4 **7**|77;5 79;4

भागी **1**|15;6 338;3 **2**|12;2 84;2 164;4 **7**|110;3

भागु **2**|223 265 280

भागू **1**|267;1 **2**|259;3 300;2

भागे **1**|95;2 135;4 **2**|226छ **5**|28;4 **6**|32;4 70;1 76;2 96;2 97;4

भागेउ **1**|84छ

भागौं **4**|1;3

भाग्य **1**|160;1 215;1 313 321;1 342;2 352;1 **2**|110;1 206;2 **7**|11;3

भाग्यभाजनु **1**|324छ2

भाग्यवंत **3**|12;6

भाजत **7**|77क

भाजन **1**|305;1 **2**|79;1 144;3 164;3 174 234;2 310;1 324 **6**|24;6 **7**|74;2

भाजनु **1**|240;1 **2**|48;2 74

भाजहिं **6**|68;4 78छ

भाजहीं **1**|324छ1

भाजि **1**|203 **3**|2;1 **6**|32;2 85;4 90;4

भाजी **1**|157;1 **3**|27;5

भाजे **6**|47;3

भाट **1**|249;4 319 354;4 **2**|37;3

भाटा **1**|214;1

भाथ **1**|253

भाथा **1**|209;1 219;2 291;3 **2**|99;1 230;1 **5**|47;1 **6**|68;1

भाथीं **2**|191;2

भाथी **2**|90;2

भादव **1**|19

भानस **3**|26;2

भानी **1**|292;3

भानु **1**|19;1 69;3 117 117;1 195;2 239;2 274;1 299;2 334 **2**|17;4 50छ 58 74;2 97;3 199;4 **4**|23;2 **5**|9 **7**|121;13

भानुः **3**|11;3

भानुकुल **1**|253;2 304;3 **2**|41;3 58 87 122;1 156;3 199;4 254;1 **5**|7;1 **6**|0ग **7**|4;1

भानुकुलनाथा **2**|68;2

भानुकुलनायक **2**|132;1

भानुकुलभूषन **1**|326छ3 **6**|108;2

भानुकुलभूषनहि **1**|233

भानुकोटिप्रकाशं **7**|108;5

भानुप्रतापहि **1**|171;4

भानुप्रतापा **1**|166;2

भानुबंस **2**|255;3

भानुहि **7**|30;4

भानू **1**|253;2 285;1 **2**|41;3 156;3 254;1 **5**|15;1

भाबी **2**|17;1 25;4

भामा **1**|100;4

भामिनि **1**|297;1 347;2 355;1 **2**|19;4 21;4 25छ 26;3 27;1 61;2 **3**|35;2 36;4

भामिनीं **1**|322छ

भामिनी **2**|50छ **3**|36;5 **6**|119;3 **7**|3;3

भायँ **1**|28;1 242;3 **2**|48;3 129;4 241 244;1

भायउँ **6**|64;3

भायऊ **5**|60छ

भायप **1**|42 **2**|152;3 223;1 283;2 301छ

भायो **6**|64;2

भारं **3**|11;6

भार **1**|31;5 139 184;3 **2**|163 170;2 193;2 263 278 279 **4**|1 **5**|35छ2 **6**|29 56 60;4 111;3 113;3 **7**|13;1 51;3 92;4

भारती **1**|345;3 **2**|297;4

भारन **3**|40

भारहि 7|30;5

भारा **1**|59;1 206;3 **2**|88;1 **3**|23;2 41;3 **5**|10;3 **6**|6;4 15;4 104;3

भारी **1**|22;3 47;1 52;2 60;1 61;4 78;1 83;2 87;4 96;3 108;2 120;1 124;4 129;2 135;4 137;4 178;3 182;4 190;3 204;3 239;1 240;4 241;3 248;1 251;2 262;2 262;4 270;3 278;3 298;4 323;3 356;4

2|1;1 31;1 42;3 55;4 62;2 63;4 68;1 69;1 71;4 76;4 83;3 84;1 92;1 97;4 112;3 125;3 128;4 130;3 142;4 154;1 160;2 164;1 173;2 184;2 187;1 202;1 284;2 293;1 295;3 297;1 301;3 306;3 **3**|21;3 29;3 35;1 38;6 **4**|6;4 6;6 7;1 29;4 **5**|1;3 17;4 18;2 27;2 28;1 60;4 **6**|1;1 14;1 18;3 32;2 40;1 42;2 44;4 62;6 69;2 77;4 87;5 95;1 98;4 99;5 100;2 100;6 102;5 103;2 105;2 **7**|20;2 55;1 69;1 83;3 94;4 114;8 120;4 121;18 121;2

भारु **2**|88 266;3

भारू **2**|65;3 71;2 87;4 177;2 178;2 190;4 240;3 260;1 326;4

भारे **1**|179;1 250;1 **2**|62;3 303;1 **5**|47;3 60;1 **6**|46;4 69;2 119;5 **7**|7;4

भाल **1**|32;5 106 233;2 243;3 268;2 327;5 **6**|92;4 **7**|77;3

भाला **6**|29;1 83;3

भालु **1**|25;2 28क **2**|62;4 **5**|34 35 35;1 35;4 35;5 50 53;3 54;3 55 **6**|1;4 1;5 5;2 8;5 27;3 32क 33;1 33;4 39 39;4 40;3 41छ 41;2 42 46;2 47 47;3 47;4 50;4 52;4 62;2 65;3 67;2 69;4 70;1 71छ 71;4 72;5 78;2 79छ 79;6 80ग 81छ1 82छ 82;3 88 89छ 95छ 96;1 96छ 96;2 97;2 98 98;1 98छ 98;7 100छ 101छ2 101;4 103 103;3 108;5 108;7 109ख 114;1 114;3 117;1 118;1 118क

भालुपति **6**|98छ 98;8

भालू **6**|81;4 83;1

भावँती **1**|147;2

भावँरि **1**|325;1

भावँरीं **1**|324छ4

भाव **1**|5;5 9;5 148 164;3 217;2 249;3 **2**|53;1 98;1 108;1 280;2 **3**|4;10 **4**|23;2 **5**|34;2 44;2 46;3 **6**|45;2 113;7 **7**|72ख 84;1 87क 92ख 92छ 117;6 119क 120;8 128

भावइ **1**|137;1 **2**|173;1 **6**|117;4

भावई **7**|105ख

भावगम्यं **7**|108;5

भावत **2**|15;2 29;1 **7**|84;4

भावति **1**|243;2 **7**|77;4

भावते **1**|243;1 **2**|115;4

भावन **1**|35;5 44;3 **3**|1;1

भावना **1**|241;2

भावनि **7**|123;3

भावनी **1**|10छ **5**|49;4

भावप्रिय **1**|336

भावहिं **1**|311;4

भावा **1**|62;1 73;1 125;1 196;4 211छ4 246;3 252;1 326;4 **2**|11;4 79;3 165;4 269;4 **3**|11;14 34;2 **5**|33;1 41;2 43;4 44;3 46;1 50;1 51;1 58;3 **6**|4;1 **7**|40;3 98;2 110;3 113;4

भाविउ **1**|70;3

भावी **1**|56;3 62;4 170;4 173;4 174 **2**|19;1 171 207;3

भाषउँ **7**|116;1

भाषाँ **1**|14;3

भाषा **1**|9;2 13;1 15 35;6 68;2 144;4 166;3 188;3 197;2 **2**|30;4 157;1 186;4 258;3 285;4 310;2 **4**|5;1 29;3 **6**|24;4 117;2 **7**|62;5 113;5

भाषाबद्ध **1**|31;1

भाषि **6**|118क **7**|109क

भाषी **1**|77;4 340;2 **2**|19;4 216;1 229;3 **6**|56;1 **7**|19;3 128;1

भार्षे **2**|258;2

भाषे **1**|128;4 131;3 **7**|41;4

भाषेउँ **7**|123ख

भाषौं **7**|43;3

भास **1**|117 117;4

भासा **1**|242;2

भिंडिपाल 6|40;4
भिखारि 1|160 161;2 2|92 4|16
भिखारी 1|79;2 3|17;8
भिनुसार 2|202;4 215
भिनुसारा 2|37;3 94;1 6|49;4 78;2
भिन्न 1|18 5|5;4 6|71;2 7|5छ2 12ख 81;1 81क 81;3
भिन्नमभिन्न 6|111;8
भिन्नसेतु 7|100क
भिरउँ 6|25;3
भिरत 3|20छ4 6|94
भिरहिं 5|3छ2 6|42 54;1 81;2
भिरहि 6|23;1
भिरे 4|8;1 5|19;4 6|46;3 53;2 79 94छ
भिरेउ 6|95;3
भिल्ल 2|250;1 321;1
भिल्लनि 2|251छ
भिल्लिनि 2|28
भीख 1|79 2|204;4
भीतर 1|21 85छ 332 352;4 2|257;3 3|13;4 5|28;4
भीता 1|184;3 265;4
भीति 1|78;3 2|235;2 253;1 7|27छ
भीतीं 1|235;2
भीम 1|32;2 6|66;5
भीमरूप 1|183;2
भीर 1|214;1 240;4 269 301;2 352;1 2|23 31;3 37 76;3 3|3;1 5|45 6|4 7|130क
भीरहि 7|30;4
भीरा 1|97;2 2|79;2 3|10;7 31;1 39;4 45;3 6|5;1 11;1 7|41;2
भीरु 1|270 2|63;2 4|7 5|56;3 6|23;2
भुअंग 2|25छ
भुअंगिनि 1|31;4
भुअंगू 2|40;1
भुअन 2|120;2 211;3 259;2 6|99छ 7|22;1
भुआल 1|16 151 264 2|21;4 80;4
भुआला 1|217;4 248;3 269;1 2|35;3
भुआलु 2|3;1 235
भुआलू 2|37;1 154;1 155;1 199;4 322;1
भुइँ 2|23;3
भुजंग 1|112;1
भुजंगा 1|92;2 7|108;3
भुज 1|82;3 106;3 139;3 192छ1 199;3 220;4 233;4 239;3 272;4 2|115 317;2 3|9 10;11 11;8 18छ 20छ5 20छ6 20छ1 32;1 4|9;5 20;3 30;6 5|10;2 11;2 31 41;2 45;2 46;1 6|8;2 10;3 25;1 25;2 26;1 28;2 34;4 38;3 44;4 45 71छ 78;3 78;5 92;7 95छ 97;2 98;1 99;1 101ख 103;1 103;4 104;6 7|0घ 12छ2 51;3 79ख 79;4
भुजग 1|106;4 3|18छ
भुजगराज 1|109;4
भुजदंड 6|32;2 86छ 103छ2 111;5 113;1
भुजदंडा 1|147;4 176;1 6|68;3 103;5
भुजन्हि 6|92;5
भुजबल 1|153;3 154;4 272;4 3|22;3 6|29;4 104;4 7|13;1
भुजबलु 1|250;1
भुजबल्ली 1|327छ3
भुजहि 7|79क
भुजाँ 6|81
भुजा 1|165;3 249 2|237;1 299;4 4|6;7 6|19;3 53;3 70;5 70;6 81;3 88;1 92;6 97 98;4 98;5 7|14;2 79;4
भुबि 1|139 252;3
भुलाई 1|157;4 159;3
भुलान 7|108ग
भुलाना 1|195;4 4|2;5
भुलानी 1|148;4 173;4
भुलाने 1|131;1 4|24;2
भुलाब 1|165
भुलावा 1|170;2
भुलाहु 1|314
भुवन 1|51छ 101;3 213;4 225;2 257;1 261छ 261;4 262;4 289;4 296;2 316छ 325छ1 357;2

2|1;1 98;2 173;3 190;3 194 196;1 **4**|1 6;6 **5**|38;4 **7**|81क 81ख 81;3

भुवनेस्वर **5**|39;1 **6**|55;3

भुसुंड **7**|68;4

भुसुंडा **7**|63;1

भुसुंडि **1**|120ख 146;3 **5**|48;1 **7**|52;3 93;1 124;1 124ख

भूँखा **5**|22;2

भूँजब **2**|49

भू **6**|91छ 96छ

भूख **1**|246;1 **2**|21;3 212;1 252

भूखा **1**|335;3 **2**|111;3 **5**|17;4 **7**|88;3

भूखी **2**|51;1

भूखे **2**|50;2 179;4

भूत **1**|85;3 93 95छ 115;4 **3**|20छ1 **6**|78 88;1 88;4 101;1 **7**|81;1 126;3

भूतगन **2**|167

भूतद्रोह **5**|38;4

भूतमय **7**|110;8

भूतल **1**|1 **2**|238;4 240;1 **6**|32;3 65;4

भूता **2**|83;4

भूति **1**|3;3 10छ 14;5 106;4 268;2 **2**|72;4

भूतिमय **2**|306;2

भूधर **1**|65;4 **2**|1;1 **5**|1;3 **6**|53;2 65;2 71;4 79छ 86छ 91छ 98;7 100छ 100;6 103;3 **7**|34;2 80;3

भूधराकार **5**|16;4 **6**|65;1

भूपँ **2**|162;2

भूप **1**|131;3 154;3 155;1 155;3 156;1 157;2 157;4 160;3 164;3 168;4 169;1 169;4 170;1 170;3 173;4 174;3 175;2 176;2 194;2 196;4 197;1 206 207 208क 214;1 227;2 245;3 246;4 250;3 251;1 254;1 255;1 256;2 256;3 263;3 266;1 266;3 267;4 268 270;3 272;4 290;1 292;2 293 293;2 295;1 297;2 298;1 301;4 305;2 306;4 307 311 311;2 329 335;2 339;1 345;1 352;2 353;2 354;3 354;4 356;1 359;1

2|5 5;1 6;2 10;1 14;3 18;1 22;3 23 27;3 28 29;2 37;2 38;3 39;4 40;4 46;3 48;1 76;3 95;2 96;3 97;1 147;3 149;1 171;3 173;3 174;3 209;4 211;4 255;3 270;3 276;4 278;4 286;3 289 294;2 315;2 320;3 **3**|10;9 37;4 **6**|7;3 28;3 38;4 79;6 90;4 111;4 113;7 **7**|13;1 22;1 23;4 28छ 35;3 47 72क 98;1

भूपकिसोर **1**|234;1 279

भूपगृहँ **1**|130;4

भूपतहि **2**|36;1

भूपतिं **3**|4;11

भूपति **1**|32;3 130 158 161;3 164;3 168;1 172;3 174 189;1 197;2 203;5 222;2 251;4 284;1 294 301;2 321;2 325छ3 340;3 345;4 351;2 352;3 353;4 358;4 360 360;2 **2**|22;4 81;3 89;2 90;4 160;1 166;4 174;1 262;1 282;4

भूपतिमनि **1**|330;1

भूपतिहि **2**|55

भूपबरं **6**|111;7

भूपबर **1**|295;3 **7**|51;3

भूपमनि **1**|353;3

भूपरूप **2**|34;2

भूपसुत **1**|220;1 **3**|23;3

भूपहि **2**|18;3 79;3

भूपा **1**|141;1 187;2 328;1 **6**|89;2 **7**|48;4

भूपाल **2**|58 288;1

भूपाला **5**|39;1 **6**|36;5

भूपु **2**|38;1 **7**|127;3

भूमि **1**|17;4 36;2 133;2 155;1 184छ 186 187;4 188;1 208;2 224;1 252;1 272;4 **2**|25;3 62 93 113;4 136;1 179;4 264;1 279;1 311;2 312;1 **3**|40 **4**|1;4 14 14;2 14;3 17 24;3 28;2 **5**|57;1 **6**|12;3 14;1 18;3 34ख 42;4 50 66;4 71;1 71छ 71;4 74;4 84;1 91;4 92छ 93;2 97छ 97;4 103;3 104;3 114;1 **7**|4क 5;4 22;1 80;3

भूमितल **2**|148;3 156;2 160;2

भूमिधर **2**|62;3

भूमिनागु **1**|355;3

भूमिपति **2**|76;4

भूमिसुर **2**|6;4 170 228 313;1

भूरि **1**|1 32;7 214 222 319छ **2**|2;2 8;1 59 74 113;4 214;3 226छ 241 314;3 **3**|29;2 **5**|18 **7**|14;2 102;1

भूरिभाग **2**|208;1

भूरी **1**|42;1 199;3 223;3 326;1 352;3 **2**|102;3 324;3 **3**|27;7 **7**|56;4 62;3 74;4 111;7

भूर्ज **7**|121;8

भूल **1**|287

भूलहिं **1**|161ख

भूला **2**|53;2 229;3 238;3 **3**|39;2

भूलि **3**|46;3 **6**|111;9 **7**|14;4

भूलिहु **1**|79;4

भूली **1**|135;1 **6**|38;1

भूलें **2**|267;2

भूले **1**|196;3 304;4 **2**|124;4

भूलेहूं **7**|39;1

भूष **1**|325;5

भूषन **1**|19;4 93छ 95छ 106;4 109;4 147;3 192छ1 199;3 233;2 241;4 248;2 299;2 305;2 319छ 327छ1 340;1 349;1 351;2 353;2 **2**|8;1 25;3 26 26;4 52;1 65;3 79;1 119 129;1 165 170 178;2 188 196;1 221;3 298 322 324;3 **3**|1;2 5;2 19;1 32;1 **5**|23;2 **6**|39;2 64;4 108;4 117;3 118;1 **7**|11क 11;4 12छ2 17;3 20;1 35;5 48;4 98क 102;1 130छ2

भूषनधारी **1**|8;5 298;4

भूषित **1**|9;4 316 355;1 **5**|23;2

भूसुर **1**|173;4 214 339;2 351 352;1 **2**|93 126;2 323;2 **3**|33 **7**|3क 51;2

भूसूर **1**|297;3

भृंग **1**|254 288;3 **2**|249 **3**|7 25;4 32छ4 **5**|56ख **7**|14;9 56

भृंगा **1**|126;1 212;4 227;4 **3**|40;1

भृंगिहि **1**|93;2

भृंगुबंसमनि **1**|273

भृगु **1**|64

भृकुटि **1**|147;2 148;2 200;3 219;4 233;2 327;5 **3**|28;2 **5**|20;4 **6**|15;1 35;4 66;1 **7**|77;3

भृकुटी **1**|243;3 267 268;3

भृगुकुल **1**|268;1

भृगुकुलकेतू **1**|271;4

भृगुनाथ **1**|41;2 283

भृगुनायकु **1**|293;1

भृगुपति **1**|260;3 269;1 270;4 278;3 281;2 282 285;4

भृगुबर **1**|276 276;3

भृगुसुत **1**|273;3

भेंट **1**|169;4 305;2 **2**|7;3 88;1 88;2 135;3 193 193;1 **3**|10;12 13 **5**|53 **7**|65;4

भेंटत **1**|29;4 **2**|194;1 317;2

भेंटति **2**|246

भेंटहु **2**|57;2

भेंटा **2**|243;3

भेंटि **2**|159;2 287 318 318;2 319 **7**|5;2

भेंटीं **2**|320;1

भेंटी **2**|244;4 245;2

भेंटु **6**|63;4

भेंटे **1**|308;2 341;1 **2**|241 243;2 **7**|5 6;1

भेंटेउ **2**|165;1 196;4 241 242;1 **4**|4;4 **6**|62;2 **7**|2;5

भे **1**|26;2 232 360;3 **2**|76;1 85;3 162;4 170 182;3 185;1 197;1 200;1 227;1 242;3 247;2 248;1 256;2 265;2 271;1 272;1 279;1 298

भेई **2**|244;4

भेउ **1**|133

भेऊ **2**|168;4

भेक **1**|31;4 38;2 **5**|36

भेका **3**|44;2

भेट **1**|57;1

भेटहिं **1**|334;4 337;3

भेटा **4**|24;1 **6**|18;2 21;2

भेटि **1**|102;4

भेटीं **2**|244 **7**|6छ

भेटे **5**|29

भेटेउ **6**|62;1 **7**|6क

भेद **1**|7ख 9;5 307;1 **2**|250;2 **3**|9;1 14 15;2 **4**|6;5 **5**|9;2 43;4 44;3 **6**|21;5 112;3 **7**|22 37;3 78;3 78;4 79ख 79;2 116ख 118;1

भेदा **1**|116;1 **2**|222;2 **7**|85;4 111;3 115;7

भेदु **1**|21;2 68;1

भेरि **1**|263;1 344;1 **3**|38;5 **6**|41;2 79;5

भेरी **6**|39;5

भेषज **1**|7क **4**|30क **6**|10;3 **7**|121ख 124क

भै **1**|195;1

भैंसा **6**|76;1

भै **1**|57;2 65;2 74;4 101;3 102;3 142;1 145;3 155;1 162 173;3 174;2 189;1 232;3 240;4 257;2 258;3 282;1 306;2 315;4 355;1 **2**|160;1 183;2 **6**|87;3 87;4 114;3

भैआ **2**|53;1

भैया **1**|291;2

भोग **1**|17;1 32;7 103;3 151 306 **2**|65;3 84;4 92;2 92;3 119;3 179;4 188 214;3 322 324;3 **6**|42;4 **7**|24;1 102;2 118;8 121;12

भोगा **2**|150;3 178;3 215;4 **7**|25;2

भोगावति **1**|178;4

भोगी **1**|26;1 87;4 118;3 **3**|33;1 **6**|45;2

भोगु **2**|77 199;3

भोगू **1**|74;1 **2**|60;2 67;4 161;1 173;1

भोजन **1**|168;3 173;2 174;3 201;2 203 203;3 205;2 207;2 209 329;2 333;2 354 **2**|10;3 129;1 188 322;2 **7**|26;2 39;4 119;5

भोजनु **1**|74;3 99छ 217 237;3 329;4

भोर **1**|330;1 **2**|28;1 313;1

भोरहिं **2**|272;3

भोरा **1**|5;1

भोरि **1**|9;2 108 171

भोरी **1**|211छ3 232;3 258;3 321छ **2**|60;1 61;3 145;2 282;1 295;3 318;1 **6**|6;1 **7**|113;1 118;8

भोरु **2**|37;1 38 247 311;1 **6**|100;5

भोरू **2**|86;1

भोरें **1**|133;3 138;3 223;3 272;1 283;3 342;3 **2**|36;1 53;4 98;1 99;1 **3**|42;3 **4**|3;1 **6**|29;2

भोरे **2**|255;2 **3**|11;11

भोरेहूं **2**|289

भौंह **2**|117;3 भौंहें **1**|252;4

भौतिक **7**|21;1

भौम **1**|34;3

भ्रमि भ्रमि **7**|96;4

भ्रम **1**|31;2 31;4 47;1 52;2 53;1 98;4 108;2 112 112;1 115 116;2 117 117;1 118;2 119;3 119;4 134;3 141;3 172 285;1 **2**|92;3 93;3 276;2 295 **3**|14 45;2 **4**|8;3 17 **5**|22;4 **6**|37;4 45;3 115;2 **7**|36;2 55;4 59;1 64;1 69;1 73ख 73;2 74ख 79;2 85क 94ख 115;3 118;1

भ्रमत **7**|13;2 44;2 82;1

भ्रमति **1**|108

भ्रमहिं **7**|73;3

भ्रमहीं **2**|24;3

भ्रमाहीं **1**|115;3

भ्रमित **7**|82;4

भ्रमु **2**|99;1

भ्रष्ट **1**|183छ **7**|107;2

भ्राजत **7**|76 77;3

भ्राजहिं **7**|27छ 27;4

भ्राजहीं **6**|103छ2

भ्राजा **1**|147;3 268;2 301;4 **2**|235;3 **4**|15;6

भ्रात **1**|224 **2**|130 **6**|116क

भ्रातन्ह **7**|25;2 25;4 32;1 36;1

भ्रातहि **5**|56;1

भ्राता **1**|54;2 180;2 204;2 215;4 217 217;1 219;1 221;4 231;2 242;3 277;3 285;3 291;1 298;1 308;4 341;1 358;4 **2**|31;4 89 92;2 112;2 135;2 159;4 194;2 208;1 217;3 245;2 256;2 308;3 **3**|2;4 5;3 5;7 17;3 17;6 18;1 22;4 28;2 37ख **4**|8;3 26;1 **5**|8;2 38;1 39;2 45;1 45;4 **6**|48क 50;1 61;4 62;2 84;3 **7**|2;6 20;2 37;3 41;3 50;1 81;4

भ्राताद्रोही **6**|50;2

भ्रू **7**|72;1 108;4

म

मंगन 1|231;4 7|15;5

मंगल 1|1;2 2;5 3;4 10;1 10छ 10;5 15;4 24;1 26;1 28;1 32;1 35;3 41;4 66;2 91 91;4 94छ 94;3 99;2 103छ 112;2 141 194;2 236 263;1 286;1 288;3 289;1 296;3 297;2 297;3 297;4 301;2 303;1 303;3 304;1 305;3 312;3 313;1 313;2 316;1 317 317छ 318;4 319;1 319छ 319;2 323छ1 323;3 324 324;3 324;4 326छ4 327 327छ1 327छ2 330;1 339;2 339;4 344 345;1 346;2 346;4 347 350;2 358;1 359 360;1 361छ 361;4

2|1;1 4;3 5;4 6;1 6;2 7;1 7;2 8;1 8;4 9;3 13;1 27;2 32;2 37;4 45 53;4 87;2 94;1 104;1 125;3 126;2 151;4 193;2 194;1 195;4 200 201छ 216;4 225;1 234 236;4 254;2 255;1 259;2 269;4 280;3 301 308;3 326;3 5|37;1 7|3;3 7;2 9;1 10ख 15;4

मंगलकारी 1|36;2 2|52;4

मंगलगान 1|355;1

मंगलचार 1|263

मंगलदाता 2|217;3

मंगलदायकु 2|137;3

मंगलन्हि 1|346

मंगलमय 1|2;4 42;2 213;3 296 296;3 303 327;5 2|139;2 5|35;3

मंगलमूरति 2|249;2

मंगलमूल 2|2;3

मंगलरूप 4|13;3

मंगलायतन 1|361

मंगलु 1|325छ1 2|7

मंच 1|224;2 254

मंचन्ह 1|244

मंचु 1|244

मंजरि 1|346;3

मंजीर 1|322छ

मंजु 1|1;2 7;6 14घ 14ग 14छ 20;4 37;2 212;4 244;1 255;3 337;3 2|6;4 58;4 62;3 66;1 90 117;4 124;4 133;4 137;3 236;3 237;2 239 259;2 294;1 297;4 326;3

मंजुतर 2|137;4

मंजुल 1|1;2 2;1 37;4 39;6 86छ 236 297;2 327छ1 346;3 347 347;2 356;4 2|13;1 27;1 41;3 117;1 311;3 7|56

मंडनं 3|4;4

मंडन 3|32छ2 6|111;11 115;5 7|14;3 35;3 51;4

मंडप 1|100छ 289;2 319;2 325छ4

मंडपहिं 1|319;4 320;4 322;4 323;4

मंडपु 1|320छ 326;1

मंडल 1|154;4 256;4 258 261;3 3|18;5 6|115;5 7|14;3

मंडलिहि 1|341;1 2|210

मंडली 1|224;2 2|239 5|46;3

मंडलीक 1|182क

मंडित 7|127;1

मंत्र 1|15;3 32;5 143 168;2 170;4 182क 256 2|184;1 3|2;1 13;2 23;3 32छ3 36;1 5|24;4 51;1 6|11;3 17;2 17;3 39;2 58;2 64;3 75;2 76;7 7|12;2 105;4

मंत्रराजु 2|129;3

मंत्री 1|308 2|5;3 142;3 245 303;1 6|23;2 48;3

मंत्रु 2|84;4 184

मंत्रिन्ह 4|5;2 6;5 6|8 8;4

मंत्रिहि 2|95;1 150;1

मंथरा 2|12 13;1 20;3 160;1

मंद 1|28;6 69;3 137;1 191;2 260;2 274;1 2|144;3 3|40;4 45;2 4|0ख 2 5|10 41;4 6|78;1 94;3 7|121;6

मंदमति 1|64;3 100छ 2|12 91 3|1;3 1;4 6|33;3 71 100;4 7|40;4 44

मंदरं 3|4;2

मंदर 1|186छ4 256;2 2|138;3 139;4 6|45;4 70;6 73;4 115;3 7|120क

मंदरु 1|247;4 2|72;2 238

मंदा 2|92;3 3|44;3 7|23;2 48;3

मंदाकिनि **2**|132;3 138;3 280;3

मंदाकिनीं **2**|233;2

मंदाकिनी **1**|31

मंदि **2**|261;2

मंदिर **1**|190;4 195;3 213;3 236छ 287;2 304;4 334 **2**|5;1 129 130 **4**|20;3 24 **5**|5;3 5;4 26;1 **6**|10;4 57;1 111;7 115;2 116;3 **7**|3;1 10;2 25;4 29;2 33;2 34;2 38 42;2 99;2 105;4 106क 107;1 108क

मंदिरन्ह **6**|41छ

मंदिरायत **7**|27छ

मंदेहि **1**|137;1

मंदोदरि **1**|178;1 **6**|102;5 103;4 **7**|68;1

मंदोदरीं **6**|8;3 35ख

मंदोदरी **5**|9;2 36;2 37;3 **6**|6;1 13;3 14;3 16;4 77;4 91छ 104;1 105 105;1

मइकें **2**|96

मइत्री **7**|66;1

मकरंद **1**|37;3 231 **2**|53;2 **7**|51;1

मकरंदा **7**|23;2

मकरंदु **1**|324छ2

मकर **1**|45;1 45;2 147;3 **5**|50;3 58;4 **6**|4;3 47;4

मकरगत **1**|44;2

मकरीं **6**|57

मकु **2**|28;2 232;1 232;2

मख **1**|27; 60 64 64;4 83;1 169;1 181;4 183छ 210;1 216 221;2 357;1 **3**|25;3 **6**|75;1 75;2 85छ 117ख **7**|46;1 56;2 95;3 96;4 101ख 102ख 126;3

मखसाला **1**|225;3

मग **1**|6;4 12;1 13;5 36;4 54;2 55;3 94;1 129 157;3 210;6 221 232;4 296;2 343 **2**|39;2 62;3 67;1 99;1 109;1 112;2 113 113;1 113;2 114;4 119;3 122 122;4 123;3 143;3 151;4 188;3 217;1 220;3 223 225;2 234;2 238;3 255;1 262;4 272;3 322;1 **3**|7;3 10;8 **6**|12;4 57;1 102;5 **7**|106;6

मगता **7**|102;3

मगन **1**|25;4 50;4 82;2 111 111;1 189 193;1 194;1 196;3 200 207;3 215 249;3 295;2 323;3 325;3 349;2 **2**|8;2 10 114;2 123;4 135;4 144;1 171;4 208;3 210;3 210;4 220 225;4 231;1 232;1 232;4 238;3 240;1 242;3 250;3 252 252;1 263;1 274 284;3 286;4 303;3 317 **3**|10;11 10;5 34;5 **4**|26;4 **5**|6 15;4 17;2 33;1 **6**|4;4 63 105;2 118;5 **7**|1क 7 8;6 15 17;1 19ख 33;1 88क 110;4 114;4

मगनु **2**|197;2

मगबासी **2**|221

मगहँ **2**|43;4

मगाइ **7**|10ख

मगाईं **1**|331;1 338;4 **2**|320;2

मगाई **2**|151;2

मगाए **2**|125;2 **7**|17;3

मगावत **7**|50;2

मगावा **2**|94;2 151;1

मगु **2**|109;2 118;3 118;4 121;1 123 123;3 135;2 216 216;4 217;3 278;1 **6**|18;5

मघवा **2**|301

मघवान **2**|302;4

मघा **6**|73;2

मचलाई **5**|56;3

मची **1**|194;4

मच्छर **5**|47;1 **7**|71;2

मजूरी **2**|102;3

मज्जन **1**|3;1 15;1 35;1 39;1 39;2 43;3 44;4 158 206 **6**|57;4 108;3 **7**|4;3 11क 11;4 26;1 49;1 63;2

मज्जनु **1**|39;3 228;3 **2**|87;4 103;1 197 197;3 273;2 280;3 **3**|41;1 **4**|25;2 **6**|93छ 116;3 120ख

मज्जहिं **1**|2 34 44;2 44;4 **6**|88;1 **7**|29;2

मज्जा **6**|87

मज्जि **1**|45;1

मझारी **1**|178;3 **5**|26;4 **6**|14;1 18;4 44;4

मत **1**|23;1 27; 39;6 73;1 83;4 121;2 **2**|5;2 18;1 167 167;4 169;2 182;2 207 208;4 263;3 265 269;4 284;1 289;4 296;3 **3**|36छ **5**|37;4 58;3 60छ **6**|9;2 10;1 10;3 17;1 **7**|45 69;3 110;8 111;4 111;6 111;7 116;1 122;7

मतवारे **1**|86;2 115;4

मति **1**|3;3 8;3 8;4 9;2 9;3 11;4 12;4 12;5 14ख 18;4 28;4 29;2 31;1 35;1 36;1 43क 47 97;3 108 108;2 114;3 118;2 120घ 135;3 141;3 171 172;4 173;4 177;4 188;4 192छ3 192छ4 193;2 196;2 211छ3 249;2 258;3 284;3 289;2 323;1 **2**|12 12;3 17;1 44 55;2 61;3 85;3 101;3 116;1 145;2 162;2 206 241;2 244;4 257;1 258;4 268;2 275;3 282;1 283;2 286;4 288 288;3 295;1 295;2 295;3 297;2 303;1 303;4 304;1 309;3 318;1

3|1;1 4 11;1 15;1 **4**|3 7;2 29;1 **5**|38;2 56;2 **6**|2;4 8 10;1 12;2 17;2 22;1 24;5 29;2 35;5 51 111;10 116;2 **7**|52;1 54 55;4 57;5 63;1 71;3 73;1 82;4 91;1 91;2 92छ 95;1 96;5 97क 102;1 105क 107;4 113;1 113;2 115क 122;4 127;4 128;1

मतिधीर **1**|185 208ख 262 **4**|23;1 **6**|80क **7**|52ख 82क 90ख 125क

मतिधीरा **1**|53;1 57;2 129;1 143;2 188;2 **3**|36;6 **5**|3;3 **7**|114;3 121;2

मतिभ्रम **1**|201;4 **5**|24;2 **6**|16;4

मतिमंद **1**|49 103 **2**|26 51;1 **3**|2;6 35;2 **6**|3 26;4 29 29;5 45;3 121छ2 **7**|73;4 130छ3

मतु **2**|95;1

मतें **2**|24;4

मते **1**|172;4 **2**|233

मत्सर **3**|44;2 **7**|31;3 121;19

मत्सरा: **3**|4;7

मथत **1**|136;4

मथन **6**|28;4 **7**|51;5

मथहिं **6**|45;4

मथा **6**|37;2

मथानी **7**|117;8

मथि **2**|238 **6**|26 **7**|117;8 120क

मथें **7**|122क

मथै **1**|247;4 **7**|117;8

मद **1**|35;3 38;5 43;3 60;4 75 86;2 89;1 115;4 122;3 124ख 128 152;2 181;2 182;5 269;4 285;1 **2**|130;1 **3**|11;7 16;6 21;6 39;2 43 44;2 46ख 46;3 **4**|15;4 16;2 18;3 20;4 **5**|21;4 23;2 38 39क 47;1 48;2 **6**|16क 34ख 35;5 37;3 63 67;3 110;5 111;7 115;2 **7**|14;3 24;4 31;3 34;4 39;3 46 51;4 54;4 70ख 71;1 73क 87;4 92ख 97;2 101क 112ख 120ख 121;18

मदन **1**|85;1 85;3 86छ 86;2 89;1 91;1 126;1 126;3 127;1 199;4 230;1 325;2 345;1 345;3 346;3 **2**|115;3 123;2 **3**|37क **5**|45;3

मदनारी **7**|55;1

मदनु **1**|87;1 87;3 **2**|133

मदपान **2**|144

मदहीना **3**|45;5

मदा **7**|14;7

मदादि **3**|4;2

मदादिक **7**|117क

मदिरा **6**|64;1

मदु **1**|221;3 266 306;3 318;1 341;3 **2**|75;3 91;1

मधु **1**|34;3 191;1 **2**|13;2 22;2 76;2 123;2 250;1 **4**|13;1 **5**|3;3 28;4 **6**|6;4 48क **7**|23;3

मधुकर **1**|10;3 20;4 40 239;1 **2**|137;4 **3**|30;5 37क 38;5 **4**|13;2 17;2 30छ **7**|28;2

मधुकरा **1**|86छ **6**|98छ

मधुकरु **1**|100छ

मधुप **1**|17;2 66;1 147;3 148;1 211छ3 231 324छ2 327;1 **2**|124;4 **3**|14;2 30;5 **4**|13;1 **6**|98;4 **7**|29छ 51;1

मधुपर्क **1**|323छ1

मधुबन **5**|28;4 29;1

मधुर **1**|9;3 20;1 36;2 89;4 99छ 136;3 199;5 201;4 215;4 225;2 225;4 291;2 318छ 329;3 337;3 **2**|40;2 50 52;3 53;1 54;1 58;3 78 89;4 92;2 117;2 118;2 125;2 128;1 151;3 222;3 326;3 **3**|14;2 40;1 **4**|25;2 **5**|13;2 17 **6**|5;3 13;4 **7**|3ख 13;5 28;2 39;4 56 63;4 76;4

मधुरता **1**|36;3 **7**|120क

मधुर मधुर **6**|13;1

मध्य **1**|100छ 174;2 227;4 235;4 261;4 264;1 322 **2**|123;2 192 237;2 239 319;4 **6**|35;2 101छ1 **7**|54;2 61;3

मध्यदिवस **1**|191;1

मध्यम **1**|240 **2**|92;3 274;2

मन **1**|1;2 2 4;2 8;3 8;4 8;5 10छ 10;4 12;5 16;4 17;2 18;5 20;4 22 23;2 24;4 25;2

27; 31;1 32;4 32;6 32;7 33;3 35;4 35;7 37;1 39;4 40;3 41;3 43क 44;3 47;2 48ख 51छ 51;2 52;1 52;3 56;2 57;1 58 59;3 59;4 62;1 67 68;3 70;4 72;3 75;4 79;2 83 83;3 85 86छ 86;3 86;4 87;1 87;2 90;2 93;2 94छ 100;4 105;1 109;2 109;3 109;4 110;1 111 111;3 112 115;1 121;2 124;4 125;1 125;2 125;4 126 127;1 127;2 127;3 128;1 129;1 129;2 131;3 133;3 134;3 136;1 136;3 137;2 139;1 140 141 143 146;2 146;3 148 148;1 150;4 151;1 156;1 158;2 162;3 163;1 164;2 164;3 166;2 166;4 168;2 172;2 174;4 177;3 182;5 184 184छ 185 185;4 186छ3 188;1 189;1 190;2 191;2 192छ1 193;2 193;3 195;2 196 196;3 196;4 199;2 199;3 200;3 201;3 203;3 204;1 205;3 205;4 206;1 206;3 207 207;4 211छ2 211छ3 211छ4 212;4 213;1 216;3 216;4 217;2 218;2 225;3 228;1 228;3 230 231 231;3 232;4 234;3 236छ 236;4 237;4 245;1 246;1 249;1 250;3 250;4 254;2 255;3 257;3 258;4 259;2 261;3 264;2 265 266;1 267 267;3 270;3 270;4 277;2 277;4 280;4 281;2 284;4 285;3 299;3 300;1 304;4 307;3 311;4 315;2 316;2 318 319;1 320छ 321छ 322छ 323छ1 323छ2 323;2 324छ1 324छ2 325छ1 327;1 327छ4 330;2 333;4 335 335;4 336;3 341;2 341;4 343;2 348;2 352;2 352;4 359;3 360 361;1

2|2 3 3;4 4;2 4;3 8;1 10;4 13;4 15;2 17 21;2 26 30;1 33 33;1 41;3 42;2 44;3 45;1 53;1 53;4 61;1 64;4 67;2 71;1 72;4 73;3 74 75;3 76;1 76;2 84;3 87;4 92;4 93;3 98;1 99;1 102;2 106;4 107 109 109;1 109;2 110;2 110;4 114;4 115;2 116;1 117;1 118 118;4 119;1 120;2 123;2 124;4 128;1 129 129;3 130 130;3 130;4 131 131;4 132;1 136 138;4 139;4 145;1 145;3 149;4 150;4 152;2 153;3 154;3 157 158 158;3 159 160;4 162;1 166;1 167;4 168 172;1 177;2 178;1 183;1 185;1 188;1 189;2 195;3 196;4 198;3 200;4 201 205;4 208;2 212;1 213;2 217;2 220;2 222;3 224;2 226 226;3 227;2 228;3 233;4 234;2 236;3 240;1 240;3 241;1 242;3 242;4 246;1 252;4 253;4 256;3 257;3 260;4 264;4 265;1 266;1 266;2 266;4 267;1 268;1 269 269;1 269;4 270;1 273;1 275;2 277 277;2 280;1 281;1 284;1 284;2 285;2 287;4 288;1 289;2 292;1 295 298;4 301छ 302;3 305;1 307;2 308;1 310;4 311;2 312;2 312;3 313;1 316;1 317 317;3 317;4 320;4 321;3 321;4 322;1 324;3 326छ

3|2;2 3;1 3;4 5;1 5;5 5;6 6क 6छ 8;3 10;1 10;3 10;8 11;11 15;1 15;2 16 16;4 16;5 20छ3 23;3 24 26छ 26;4 27;8 28;3 28;8 30;2 30;7 31;5 32छ3 32;5 33 34;2 35;4 36 37;2 38;1 38क 39;1 41;3 42ख 46ख

4|0ख 1;3 4;4 5;4 6;7 7;10 7;3 7;4 7;7 7;8 10छ1 14;1 15;1 17;2 20;4 21;4 23 23;2 24;2 26;1 27;3 27;4 29;1 29;3

5|3 3छ2 3;4 6 6;1 7;2 8 9;4 11 13 13;2 13;3 13;4 16;5 17;1 17;5 19 20;4 25;2 29;1 29;4 30;4 31;2 32;1 32;3 32;4 33;2 35छ1 37;1 42 42;2 44;3 45;3 46 46;1 47;2 48;3 49;4 50;1 51;1 51;2 51;3 56;2 57;1 58;3 60;3

6|0क 1;3 4;1 4;4 9;1 9;4 12;1 14;4 15क 16;4 17;3 19 19;4 21;5 25;4 29;2 30;2 34ख 35;2 36;1 37;3 41;1 43;3 46;1 49;2 54;3 56 58 58;3 59;2 59;3 60;1 60ख 60;2 60;4 64 64;2 64;3 66;5 67;3 69;1 71;6 75;1 76;7 78 78;2 79छ 79;2 80;1 80;5 85छ 85;4 87 89छ 89;2 95छ 99छ 99;2 100;2 100;3 105 105;2 107छ 108;5 109;1 109;4 110;5 111;6 112 112;3 114;4 115;2 115;3 116घ 117;4 119;1 119;4 121ख 121;5

7|0ख घ ग 1क 1;5 2;1 3क 5छ2 6ख 7 12;1 12छ2 13;6 16;1 17;4 19;2 20;1 22;4 24;2 25 27 27;3 31;1 33;1 34 35;2 35;4 36;3 38;2 44;1 45;2 45;4 46;1 50;1 52ख 53;2 55 56;3 56;4 56;5 59;1 59;2 59;3 60;2 63;1 64 64;3 64;5 68;4 69क 73ख 75;1 78;1 82;4 83;3 84;1 84;2 84;4 85ख 86;1 87;2 87;4 88;1 88;2 90;4 93;1 94;3 95;2 96;1 97;1 97;2 98ख 104;1 104क 104;3 109;5 109;8 110;3 111क 111;3 111;5 112;6 113;2 114;2 114;3 117;6 120;8 121;17 121;7 122;5 123;3 126;2 127;1 128;1 128;2 129;3 130;4

मनकाम **2**|105

मनकामना **2**|103

मनजात **3**|37ख **7**|14;4

मनतेउँ **6**|61;3

मनभावति **2**|26;4

मनभावती **1**|308;3

मनभावतो **7**|23;3

मनभावा **2**|27;1

मनसहिं **1**|316

मनसहूं **2**|289

मनसा **1**|230;1 **6**|92;2

मनसि **3**|11;9

मनसिज **1**|85 86;4 130;1 258 **7**|30;3

मनसिजु **1**|316छ

मनहिं **1**|100;4 145;2 218;1 261;3 323;2 350ख 360 361;1 **2**|30;1 **6**|100;2

मनहि **1**|14;1 137;1 **2**|214;3 **3**|17;3 **5**|8;4 48;3 56क **7**|22 59;1

मनहीं **1**|93;2 257;3 316;2 **2**|224;2 311;2

मनहूं **1**|15;5 47;2 119 156;3 179 195;3 220;1 230;2 241;1 241;3 250 265;4 267 268;3 283;3 286;2 289;1 295;2 300;1 303;1 307;4 325;2 333;1 347;1 347;2 358;1 **2**|2;4 22;2 26 29;3 31;1 33;2 35;1 35;2 36 39 40;1 41;1 41;2 44;2 46 54;2 58;3 73;2 75 76;2 83;4 84;1 86 86;2 106 107;1 111;1 116;2 137;4 140;1 143;3 144;4 145;3 153;3 158;4 159;3 161;1 165;1 191;3 193 218 220;3 230;1 234;3 236;2 236;3 246;3 249;1 263;1 275 276;3 286;3 287;3 289;4 294;3 **3**|18छ 20छ2 30;8 37ख **5**|11;3 15;1 35;2 **6**|23छ 46;5 87;2 87;3 88;2 93 93छ 98छ **7**|17ख 25;4 27;4 28छ 39;2 82;1

मनहूँ 7|80क

मना **5**|60छ 7|130छ1

मनाइ **1**|326छ1 **2**|1 157

मनाई **2**|81;1 157;4

मनाए **1**|260;2

मनाग **1**|145;2

मनाव **1**|257 257;3 **2**|37;1 44;3

मनावउँ **1**|18;4

मनावत 7|25;3

मनावन **2**|192;3 222

मनावहिं **2**|11;1 11;3

मनि **1**|1;3 1;4 3;5 3;6 11;1 37;2 65 101;4 135;3 136 146 147;3 151;3 178क 182क 193 195;3 212;3 213 216;4 217 227;4 233;4 243 253;1 262 291 292 296;4 297 299;2 316छ 319छ 324;3 325 325;2 326;1 327छ1 327छ3 327;4 327;5 328;4 331;3 333;4 335;4 349;1 351;2 356;1 **2**|3 6;4 27;3 33;1 44;2 58 90 98;1 99;2 102;2 143;4 154;1 184;4 199 201;1 271;2 283;3 **3**|10;10 27;1 **5**|3छ1 58;4 **6**|14 61;5 66 71;3 117;2 117;3 117;4 **7**|18ख 23;4 27छ 27;2 27;4 35;3 44;2 56;5 76;1 76;4 112;1 112क 120;1 120;4 120;5 120;6 120;8 121;6 130क

मनिआरा **1**|191;2

मनिगन **1**|348;3 **2**|1;2 6;2

मनिदीप **1**|21

मनिन्ह **1**|287

मनिभवन **1**|178;3

मनिमंदिर **1**|356;2

मनिमय **1**|213;1 288;1 288;4 289;2 344;4 347;2 **2**|8;2 90;4

मनिहार **1**|199;3

मनिहीन **2**|40;1

मनु **1**|7;1 47;3 74;2 78;2 78;3 80 82;2 100छ 142;1 142;4 143;2 145 145;1 148;3 151;2 214;3 215 216;2 219;1 228;2 231;2 231;3 231;4 232;1 233;3 234;2 236छ 236;4 243;2 251;1 258;1 278;4 287 316 326 342;3 345;1 347;1 **2**|0 14;2 14;4 26;2 28;3 39;2 45;1 51 53 53;2 73;2 78;3 96 105;4 109;4 115;2 115;3 120;3 125;3 131;1 133;3 140;2 144;3 159;3 182;4 197;2 214;3 229;4 234;1 237;2 241;3 264; 268;4 286;3 325;1 **3**|17;5 **5**|15;3 15;4 **6**|65;3 **7**|81;1 82ख 110क

मनुज **1**|49;1 139 139;3 177;2 182;6 187;1 192 251;4 324छ3 338;2 **2**|93 **3**|13;5 19;6 25 **4**|1 28;4 **5**|50;2 **6**|9;3 14;4 15क 26;3 31ख 33;4 61;1 62;6 63;2 101;2 104छ 104;7 **7**|8;1 40 75;1 86;2 93;2 114;6

मनुजचरित **3**|30;9

मनुजतनु **6**|113छ

मनुजरूप **1**|196;2

मनुजा 7|102;3

मनुजाद **6**|40;5 45;2 91छ **7**|39

मनुजादा **6**|33;3

मनुसाई **5**|33;4 **6**|31;1 36;1 72;4 90;5

मनोगति **2**|302;3

मनोज **1**|50;2 147;2 324छ1 327;1 350;1 **2**|66;1 91;1 117;1 **3**|4;5 30;6 38;4 39;2 7|57;1

मनोभवँ **1**|289;1

मनोभव **1**|86छ 126;4 129;1

मनोभूत 7|108;3

मनोमल 1|43;1 7|129;1 130छ2

मनोरथ 1|8;3 14छ 14;2 74 149;4 206 237;2 312;1 343;2 2|1;4 28 29;1 103;1 225;2 281;1 316;1 3|10;2 4|30क 5|42;2 6|91;3 115;3 7|71;3 121;16

मनोरथु 1|236;2 2|23;2 29;4 32;1 69;2 308;1

मनोरम 1|37;2

मनोहर 1|15;1 20;1 35;3 36 36;1 36;2 37;4 61;4 147 198;4 203;2 215;4 219;2 224 225;2 227;2 228;2 243;1 243;3 248;1 251 286;1 289;2 291;2 297;3 301;3 316;3 325;1 326 326छ2 327;2 327;5 349;4 355;1 2|26;4 64;1 68;4 89;2 116;1 239;1 3|13;8 17;3 39;4 40;4 4|1;5 13;2 5|13;1 6|6;2 89;2 103छ2 111;7 119;2 7|4;1 8;1 27छ 28 28;2 29;1 33;3 74;2 77;1 77;2 130छ2

मनोहरता 1|241;1

मनोहरताई 1|40;4 323;1 345;1 355;2 2|279;3

मनोहरायत 6|86छ 7|29छ

मनौ 3|17

मन्मथ 1|90;4

मन्मथारी 7|108;6

मम 1|0;3 10क 51;4 71;2 76 98;1 101 107;4 108;2 112 115 116 125;3 125;4 129;3 137;3 137;4 138;2 149;3 151;3 151;4 166;1 167;2 192छ2 192छ3 211छ3 211छ4 216;4 2|71;1 125 225 233;4 3|8 10;5 11 11;10 11;8 11;9 16;1 16;4 16;6 17;5 25;4 26 26;1 29;7 30;1 30;2 31;4 31;5 32छ4 32;5 35 35;4 36;1 36;3 36;5 45 46;2 46;4 4|3;4 7;12 9;5 10छ2 10;3 12;5 28;5
5|9;3 10;1 10;3 12;2 12;5 14;3 15;3 15;5 27;2 32;1 41;3 43;4 47 48 48;3 48;4 52 57;2 60;3 6|2 2;4 3;1 3;2 9;4 15ख 17;3 20;1 22क 22ख 27 28;2 28;4 29;2 30;1 31क 34;5 35;1 54;3 60;3 61;2 61;3 61;5 84;2 99छ 99;5 108;6 109;4 113;8 114;1 115;4 116घ 7|2क 2छ 4;3 4;4 8क 8;5 16;3 16;4 18;3 20;1 20;2 38 38;2 38;3 43;2 43;3 45;1 46 48;2 56;2 60;3 61;1 62;3 69;1 75;3 83क 83;2 83;4 85ख 85;4 86;1 86;2 86;5 87ख 93;4 105ख 106;3 109;4 109;5 109;6 109;7 110ग 111;4 111;5 113;2 113;3 113;8 114;3 115;3 121;1 124;4 125;5 129;4

ममता 1|13;3 16;1 152;2 164;2 271;4 341;3 2|277;1 289;3 3|44;3 45;1 4|16;3 5|24 37;3 47;2 48;3 58;2 6|7;3 37;3 111;7 7|14;3 30;3 38 43;2 46 71;1 74;4 92ख 95;4 100;1 102;1 117क 121;17 123;2

ममताहन 7|51;5

मयँ 1|178;2

मयंक 1|147;1 219;3 6|11ख

मयंका 5|23;1

मयंद 5|54 6|75

मय 1|178;1 178;3 264;1 3|36;2 6|34;2 101;8

मयतनयाँ 5|10;4

मयत्री 3|46;2 4|4;2 7|38;3

मयन 1|0;4 2|140;4

मयनाँ 1|101छ

मयना 1|98;1 99;1 324;2

मयम 3|5;7

मयसुत 4|6;1

मयसुता 6|8;1

मयूखन्हि 7|23

मर 6|102;2

मरइ 1|123;3 6|74;5 76;5 99;6 102;1

मरई 6|99;3 7|109;7 121;9

मरऊँ 4|27;2

मरकट 4|4;2 7;12 7|117;2

मरकत 1|288 288;2 315;4 2|116;4 3|18छ 7|27छ 76;3

मरजाद 1|84 100;4 2|228;2

मरजादाँ 7|23;5

मरजादा 1|64;2 5|59;3

मरत 1|46;2 65;3 119;1 2|317;1 3|20छ4 31;3 6|98;1 101ख 103;2 7|109;4

मरती 6|58;3 76;8 7|18;1

मरतेउँ 6|49;2

मरन 1|49;1 139;4 164 181;4 2|95;4 156;1 160 160;3 162;2 211;3 247;2 262;1 3|20छ3 4|24;2 26;3 27;3 6|31;4 42;5 52;3 77;1 93;1 7|68;1

मरनसीलु 1|335;3

मरना **3**|26;3 **7**|65;3 96;3

मरनिहार **1**|275;2

मरनु **1**|59 64 84;2 86;3 **2**|21;1 33 82;4 86;3 92;3 156;1 171 190;2

मरब **2**|282;4

मरम **1**|123 186छ1 195 **2**|25छ 35 192 **3**|28;3 7|6;4 12ग 121;3

मरमु **1**|48ख 58 78;2 104 244;4 **2**|28;1 38 100;2 127;1 160;4 186;4 208;3 252;2 302;4 **3**|24;3 **5**|2;6 4;2 **6**|13क 18;4 47;1 51;2 56;1 56;2 **7**|62;4 66;2 79;3

मरहिं **1**|177;2 206;3 **7**|121क

मरहीं **6**|118;5

मरहु **1**|246;1 246;3 **6**|22;3

मराएँ **4**|22;4

मराएन्हि **1**|79;4

मरायल **6**|97;3

मरालं **3**|11;4

मराल **1**|14ग 32;7 256;2 263 **2**|236;3 281 **3**|38;3 **6**|22ख **7**|57

मरालन्हि **1**|221;2

मराला **1**|3;1 12;1 37;4 **2**|72;2 **7**|57;5

मरालीं **2**|246;3

मराली **2**|20;2 63;3 297;4

मरि **1**|273;2

मरिअ **2**|273 **3**|25;2 **7**|89ख

मरिहउँ **1**|136;2

मरिहहिं **6**|99

मरिहि **6**|85;1 99छ 99;2

मरु **1**|6;4 **2**|250;4 **6**|33;2

मरुत **1**|157;1 **5**|25 **6**|14;1 78;4 79;2 79;4 **7**|44;4 91क 106;6 117;7

मरुतसुत **6**|76;3

मरुभूमि **2**|223;4

मरे **6**|37

मरै **2**|166;4 190;1 **7**|101;5

मरोरी **6**|98;5

मरौं **3**|26;3 **6**|56

मर्कट **1**|134;4 **5**|18 35छ1 37;2 **6**|1;5 4;1 41छ 46;2 49छ 69;2 79छ 81छ1 89छ 93छ 95छ 96छ 100 100छ 101;4 103;3 **7**|99;1

मर्कटहीन **6**|33;1

मर्दइ **5**|19;3

मर्दन **1**|0;4 **6**|113;2 **7**|91;4

मर्दहिं **6**|42;1 44 81छ1 88छ 96छ

मर्दहु **6**|79;6

मर्दा **6**|67;2

मर्दि **5**|18;2 55;4 **6**|81;2

मर्देसि **5**|18

मर्दै **6**|44;4 82;3

मर्म **3**|39क

मर्मी **3**|26;2 **7**|120;7

मर्‌यो **3**|20छ4

मल **1**|0;2 1;2 10छ 11;3 12;1 15;6 27; 30ख 36;3 141 324छ1 **3**|6ख 11;8 **6**|33;3 56 114;5 120;3 **7**|49;3 51;5 96ख 102क 105क 107;4 117क 129;1 130छ2

मलय **1**|10क **7**|37;4

मलहर **5**|60छ

मलहि **7**|49;3

मलाकर **6**|71

मलान **2**|53

मलाना **2**|154;2

मलायतन **6**|121ख

मलायन **7**|39;3

मलिन **1**|7;2 9;1 109;2 115;2 265;1 **2**|14;4 73;3 163 225 226;3 234;1 267;1 293;3 301छ **6**|110;5 **7**|73;1

मलिनमिति **1**|28;6

मलीन **1**|28;3 237 238 278;4 292;1 **2**|17 154 277 295 301 302;1 **6**|59;2 99;2 116;2 **7**|14;6 101;4 105;1

मलीना **1**|27; **2**|94;3 148;3 321;3 325;1 **6**|23;1

मलीनी **2**|223;3 **7**|71;3

मलीने **2**|76;2 118;4

मलेछ **3**|29;4

मल्लजुद्ध **6**|94छ

मष्ट 1|278;2 5|37;4

मसक 2|232;2 4|17;4 5|4;1 6|118;5 7|30;5 91;3 122ख

मसकहि 7|122ख

मसखरी 7|98;3

मसान 1|10छ 2|83;4

मसानु 2|36

मसि 1|7;6 31;6 235;2 266;4 2|162;4

महँ 1|10;1 12;2 17;1 25 190;4 292;3 2|41 112;3 135;2 202;5 231;4 253;3 3|12 15;1 29;13 35;2 43 4|1;5 15ख 22;4 29 5|6;4 54;4 55;2 6|12;3 34;1 46;6 50;4 61 7|1क 2;1 3;1 54;1 54;2 61;2 64 75क 82;4 83;3 86;3 87;4 129;2

महत 7|113;2

महतारीं 1|295;2 334;4 337;3 345;4 2|175;3 244;3 262;1

महतारी 1|73;3 102;3 192छ1 202;3 270;4 349;2 2|8;2 15;3 18;1 40;2 42;3 52;3 54;3 55;4 58;4 69;1 145;3 146;1 154;2 160;3 166;4 188;3 285;1 290;2 3|43;3 7|12;3

महाँ 6|90छ

महा 1|39;3 63;3 88;1 100छ 103छ 153;2 241;3 273;1 283;2 292 301;2 320;1 325छ1 326छ1 327छ4 335 348;2 2|153;4 257;1 276छ 301 3|1;3 30;8 4|8;1 5|4;2 24;1 6|13ख 23;3 39 45;1 56;4 57;3 62;5 70;3 80क 88;1 93;1 99छ 100 111;2 111;5 115;1 7|14;2 14;3 14;9 22;3 39;4 41;2 94;3 107;4

महाकपटी 1|171;3

महाकाल 7|108;2

महागद 7|14;9

महाग्यानी 7|55;2

महाछबि 1|244;1 264;1 327;3

महाजन 1|287;2 340;1 2|169;4 171;1 253

महातप 1|187;2

महातम 2|106;2

महादानि 1|148

महादेव 1|47;4 80

महाद्रुमायुध 6|79छ

महाधुनि 4|8;1 5|18;4 28;1

महान 6|15क

महानदु 1|40;1

महानल 6|27;4

महानाद 6|69

महानिधि 1|209;2

महाप्रमोदु 1|330;2

महाबन 1|157;4

महाबल 1|123;3 4|7;6 5|35;1 6|69;1 71;1 7|7;4

महाबीर 1|17;5 122 6|6;4 46;4

महाबृष्टि 4|15;4

महाभट 1|250;1 5|19;3

महामंत्र 1|19;2

महामंद 3|36

महामन 1|256

महामनि 1|32;5 305;2 327छ1

महामरजाद 1|338;3

महामाया 1|140

महामुनि 1|85;4 158;4 206;1 214;4 273 2|132 156;4 3|3;2 7|53;1

महामुनिन्ह 1|101;1

महामुनिराऊ 1|360;2

महामोद 1|315;2

महामोह 1|0;5 115;4 2|326;3 7|59;4

महामोहु 1|47;3

महाराज 1|340;4 2|150;2 291;4 7|10;4 15;1

महारिषि 7|114ख

महासिंधु 7|115;2

महासुख 1|244;4

महासैल 6|51;1

महिं 6|57;3 7|6;4

महि 1|36;4 74;3 75 84छ 138;4 157;1 164 187 202;1 206;3 212;1 254;1 258 261छ 262;1 265;3 270;1 270;2 294;1 2|38;4 67;3 82;4 91;3 91;4 92;1 117 119;4 121;2 163;2 190;4 193;4 200 211 216;4 240;4 243;3 246;4 252;3 270;4 272;4 279;3 281;3 311;3 324;2 3|9 11;6 20छ5 20छ4 23;2 29;10 36 4|0क 9;1 15;3 15;6 16;1 26

5|18;2 35छ1 35;5 **6**|6;4 9 13क 14;3 30 32;2 33;1 33;5 41छ 52;1 59;1 62;6 67;2 68;3 69 70;5 71;6 74;4 77;3 81छ2 81;2 81;4 86छ 87;5 88;5 91;1 91छ 92;3 92;5 93;3 94छ 95छ 97;2 98छ 98;5 98;7 101छ2 103;1 111;3 115;5 119;5 **7**|5;1 14;2 14;3 23 27;3 30;5 51;3 52;2 81;2 90;2 127;1

महिदेव **1**|6;4 166;4 175;1 295;4 **2**|319;2

महिदेवन्ह **1**|272;4 331;2

महिदेवन्हि **1**|212;2

महिदेवा **1**|155;2 315;3

महिप **1**|245;4 255;1 331;2 **2**|3 41;1 254;4

महिपाल **1**|28;5 244 249 292 305;3 325 330;4 **7**|14;10

महिपाला **1**|130;3 154;4 161;4 165;3 173;3 189;1 224;2 312;2 **2**|272;3

महिपालु **2**|13 235

महिभारा **1**|48;4 73;2 88;1

महिमा **1**|3;1 3;6 16;4 19;2 35;1 37;1 46;3 73 107;4 108 118;4 172;2 235 239;3 253;3 306;4 307;2 341;4 **2**|87;3 132 139;2 195 195;1 218;3 257;1 286;4 289;1 301छ 303;3 303;4 310 **3**|11;1 13;3 **4**|27;6 **5**|19 **6**|2;2 3;5 16;1 83छ 96;4 113;3 **7**|22;2 37;1 48;3 91;1 91;2 91;3 97;2 114;8 124;1

महिमाही **2**|288;3

महिष **2**|236;2 **5**|3छ3 **6**|63 64;1

महिषीं **1**|333;4

महिषेसा **1**|4;3

महिषेसु **1**|47;3

महिसुर **1**|273;3 319;3 **2**|167;3 204;2 245 278;1 292;3 303;1 322;1

महिसुरन्ह **1**|174;4

महीं **2**|262;2

मही **1**|252;2 **3**|32छ2 **6**|102छ **7**|14;8

महीधर **1**|156 **6**|49छ 69;2 98;2

महीधरु **2**|126छ

महीप **1**|134 163;4 250;4 268;2 270;1 283;2 285;4 290;2 **2**|31;2 284;1

महीपकुमारा **1**|272;4

महीपति **1**|291 302;2 339;4 347;4 **2**|5;1 167;3 272;1

महीपन्ह **1**|260;2 268;1

महीपा **1**|214;2 **2**|283;3

महीस **1**|157;2 163 167;3 320 340;3 342

महीसकिसोर **1**|272

महीसा **1**|160;1 165;1 308;1 **2**|319;2

महीसु **1**|331;3 343;3 352 359;3 **2**|38

महीसुर **1**|2;2 176

महूं **1**|12;3 59;3 69 84छ 84;3 85 96छ 98 117 125;4 129 171 173;2 180;4 225;2 235 241;2 242 253;1 294;1 307 323छ1 327छ3 328 328;3 357;2 **2**|35;2 47;3 110;2 117;1 128;1 190;4 227;3 233 244;2 249;1 287;3 301छ **3**|16 20क 20छ3 20छ3 22;6 24;1 27;8 28;8 36;3 38क **4**|14;4 18;1 19;3 **5**|3;1 5;4 6;1 7;1 8;4 9;1 10;5 20;4 23;1 27;3 37;1 44;4 **6**|2 9;1 12;2 12;3 16;4 19 24 30;2 37;2 43;4 60;1 60ख 68 69;3 85छ 89छ 91;2 93;2 97;1 99 100 101छ1 107छ 107;2 108;7 109छ1 119;1 **7**|45;4 54;3 60;2 61;3 68ख 71क 80ख 86;3 88क 98ख 99;4 103ख 107;4

महूंअनुमानी **1**|172;2

महूंसहज **1**|322

महु **6**|103;4

महूँ **2**|260

महेश **3**|4;4

महेस **1**|12 15;2 15;3 25 35;6 40;4 48;2 53 55 57;2 89 90;4 95 111 124क 127;3 134;1 235;3 257;3 285;3 341;2 355;3 **2**|157;4 **6**|105;1 109छ1 **7**|12क 60;3 63ख 106ख

महेसहि **1**|324छ4 **2**|44;4

महेसा **1**|101;2 165;2

महेसु **1**|51 56 61;1 61;3 64;3 93;2 96;3 **2**|1 285;2

महेसू **1**|19;2 70;2 72;1 81;3

महोख **3**|38;3

महोत्सव **1**|34;4 196;1 **7**|75;2 82;2

महोदर **6**|62;6

माँसु **1**|173;2

माँसू 1|173;4
मांडवी 1|325छ2
मांस 6|40;5
माई 1|202;4 311;1 2|14;1 16;2 18;2 5|2;3
माख 6|24
माखा 1|87;1 2|30;1 6|24;4
माखी 1|4;2 2|19;4 76;2
माखे 1|250;3 252;4 266;1 2|230
माखै 1|252;2
माग 1|133;1 2|273
मागउँ 1|211छ3 342;3 2|29;1 197;4 204;4 3|13;5 42;1 42;3 5|40 7|14क 49 84;4
मागऊँ 4|10छ2
मागत 1|149;3 337;2 360;3 2|73;4 162;1 267 5|56;2 7|14;1
मागध 1|194;3 214;1 262 300;3 309;3 327छ1 348;1
मागधन्हि 1|358;3
मागने 1|340;1
मागसि 7|85;1
मागहिं 1|351;1 2|129 157;4 197;3 224;2
मागहीं 7|13;6
मागहु 1|145;2 148 177;1 208;2 2|22;3 73;1 3|11;12
मागा 1|65;3 150;2 228;3 255;2 332;1 2|32;2 77;1 121;3 230;1 4|5;3 5|2;6 49;4 6|57;4 7|12;1
मागि 1|48;3 79 151;4 164;4 205;4 309;3 353;1 2|28;2 30;3 233;3 325 3|32 4|23;4 6|52 7|11;4
मागिहु 2|28;1
मागी 2|42;2 46;2 100;2 246;1 3|42;2 4|11;3 6|40;4 7|85;2
मागु 1|145;3 149;4 150;2 164;3 177 2|15;2 26;4 27 32 34;4 35;2 7|83ख 84;1 108क
मागें 1|76 2|86;3 7|23 23;3
मागे 2|193;1
मागेउँ 2|40;4
मागेउ 1|177 2|190 316 6|63
मागेसि 1|177;4
मागेहु 2|22;4 7|85;3
मागौं 1|132;1
माघ 1|44;2 45;1
माची 1|16;2 320;4 359;4
माछी 6|101क
माजहि 2|54;2
माजा 2|153;3
माझ 1|171;4 2|47;1 205;3 312 3|10;12 10;8 20छ3 21ख 4|8 6|23;1 34;4 37;2 69;1 69;3 76;8 94छ 94;4 95;1 98;8 7|80;2 107;1
माझा 2|164;2
मात 1|346
मातन्ह 7|6ख
मातलि 6|89;1 110;1
मातहिं 2|231;4
मातहि 1|201
माताँ 2|165;2
माता 1|8;5 16;4 27; 63;1 67;2 73;4 95;3 97;3 123;2 192छ4 200 200;1 204;2 221;4 235;3 276;1 346;1 356;4 358;4 2|45;4 52;2 53;4 56;1 146;1 159;4 167;4 200;3 248;3 255;3 3|28;2 43;4 5|2;1 8;2 15;5 16 17;3 17;5 6|61;2 99;2 7|18;2 110;5
माती 2|275;3
मातु 1|15;2 67;4 72 72;4 73;1 73;4 77;2 81 97छ 97;4 99;3 100छ 102छ 103;2 107;1 151;2 184;1 192छ3 198;4 199;5 201;2 205;2 205;4 234;4 235 255 272 277;2 318 324;1 336;3 348 350क 350;3 351;2 357 2|1;4 11 12;1 13;3 18;1 18;2 32;4 40;3 41;4 42;2 43;2 43;4 45;1 46;1 46;2 51;4 52;1 53;2 53;3 54;1 56 56;1 56;2 56;4 57;4 60 60;4 61;1 61;3 61;4 65;1 68;3 70 71;1 71;2 72;2 73;1 73;2 73;3 74;1 74;3 75 75छ 75;4 80 89;1 91;2 98;3 100;1 103;1 111;4 122;3 125 130 139 141;2 152;2 152;3 157;4 163;1 164 164;1 164;2 164;3 165;2 167;2 167;3 168 169;3 170;1 174;4 176छ 176;3 176;4 177;1 177;2 178;1 181 184;2 184;3 185 186;4 188;2 197 198;1 198;2 200;1 201छ 202 202;4 203;1 206 211;2 212;2 233 233;3 233;4 234;3 242 244 245 253;1 253;2 254;2 261;2 267;2 281;1 281;4 282;4 284;4 286

287;3 298;1 306;1 309;4 315;3 315;4 319 320;1 320;2 323;1 324;1

3|2;3 5;3 16;5 **4**|3;2 12;1 **5**|12;1 12;2 13;5 14;5 16;2 17;4 26;2 27;1 **6**|48;3 60;1 107छ 107;4 **7**|0ग 6छ 6;5 7 11ख 40;3 47;2 74;4 79;3 88;3 88;4 99;4 101;2

माते **3**|38;3 **6**|81;2

मात्र **1**|282;3

माथ **1**|84छ 116 283 **2**|34 34;4 104 193;4 **3**|24;3 42ख **4**|1;3 **5**|49ख **6**|6 82 **7**|8क 17क

माथा **1**|13;5 28;1 34;2 205;4 215;1 282;3 **2**|9;1 52;1 73;2 103;1 240;4 265;3 270;4 272;4 **4**|4;4 11;5 22;1 25;4 **5**|1;2 39;3 53;1 **6**|57;2 104;6 **7**|2;8 5;3

माथें **2**|29;4 258;2

माथे **1**|276;2 327;5 **2**|315;1 **6**|86;4

माधव **1**|44;3 **2**|105;2

माधुरी **1**|42

मान **1**|62;3 124ख 128 183;4 321;3 339;3 **2**|80;2 96 130;1 **3**|15;4 17;8 21;5 46;3 **5**|22;4 39क 56ख 58 **6**|26 30;1 35;5 37;3 64;4 113;6 **7**|1;7 13;3 14;7 14;9 24;4 31;3 71;1 74ख 92ख 98;1 101क 101;4 121;18

मानइ **7**|24;4

मानउँ **3**|13;7 35;2 **5**|19

मानत **2**|219;1 250;3 265;4 **5**|57 **7**|102;3

मानति **2**|113;4

मानद **3**|45;5

मानप्रद **7**|34;3 38;2

मानप्रिय **2**|172;3

मानब **2**|97 116;4 229;4

मानस **1**|14ग 32;7 35 35;6 38 38;1 39;5 40;3 43;4 146;3 285;3 341;2 **2**|63;3 128 222;2 259;1 281 297;4 301छ 304 **3**|8;1 11;4 **7**|14;9 35;4 53;4 57;3 103;4 104;2 120;4 121;14 121;4 122;1

मानसि **4**|3;4 **7**|112;7

मानसिक **1**|321छ

मानहँ **6**|73;2

मानहिं **1**|148;3 184;1 **2**|120;4 **6**|46;3 **7**|40;3 42;3 101;2

मानहीं **6**|79छ **7**|92छ

मानहूं **1**|145;4 193;2 230;1 297;4 337 350;4 **2**|25छ 30;4 34;1 38;2 38;4 40;1 83;3 147 153 159;2 163 166 237;3 238;2 247;3 295;4 **3**|10;12 12 37;2 37;4 38;3 **4**|30;4 **5**|12;5 19;4 55;4 **6**|35;3 62;4 70;6 79छ 87;3 92;7 102 109छ2 **7**|40;2

मानहु **1**|80;1 **2**|165;3 175;2 **4**|26;6 **5**|14;5 17;5 40;4 54;1 **6**|7;4 10;1 36;4 58;1 108;6

माना **1**|37;1 38;5 54;1 62;2 86;2 91;1 172;1 185;4 198;1 202;4 208;4 211छ3 214;3 293;4 317;3 **2**|268;4 **3**|17;5 28;8 **4**|9;2 15;4 19;2 23;6 **5**|10;5 31;3 40;1 47;1 58;4 **6**|8;1 17;3 55;3 71;4 75;3 86;1 104;7 105;1 **7**|69;1 93;2 115;6

मानि **1**|126 173;4 **2**|20;2 21;2 56 61;2 63 233 258;2 303;4 **4**|2;1 **6**|111;10 **7**|14;8 126

मानिअहिं **2**|74;4

मानिए **6**|21;1

मानिक **1**|1;4 11;1 288;2 316छ

मानिबी **1**|336छ

मानिहहिं **1**|33

मानिहि **2**|175;4

मानी **1**|16;3 30;1 33;4 48;2 79;3 89;3 151;4 170;1 198;2 200;1 234;4 240;2 252;2 255;1 320;2 **2**|141;1 176;1 182;2 183;4 222;3 234;1 253;2 298;4 315;4 322;4 **4**|8 18;4 27;5 **6**|89;4 105;4 **7**|2;1 22;2 106;4

मानु **1**|297;1 **5**|10;1

मानुष **2**|100;2 264;2 **5**|3छ3 39;2 **7**|43;4

माने **1**|155;3 326;3 **6**|96छ

मानेउ **2**|300;1

मानेहि **6**|36;5

मानेहु **2**|22;4

मानै **2**|284;1 **7**|43;3

मान्य **7**|98ख

मान्यता **1**|306;2

मापा **2**|153;3

मापी **2**|54;2

मामभिरक्षय **6**|115;1

मामवलोकय **7**|51;1

मायँ **2**|165;1

माय **2**|69;2 293;1

मायाँ **1**|126;1 **4**|3;1 **5**|59;2 **7**|89;2

माया **1**|6;4 51छ 53;3 81 97;2 117;4 128;4 129;4 132;4 133;2 136;3 137 138;1 138;4 140 152;2 169;2 171 181;1 183;2 192 192छ2 192छ3 200;2 202 202;2 225;2 **2**|33;3 123;1 126छ 130;1 218;1 252;2 254;3 295 295;1 295;3 **3**|7;2 13;3 14;4 15 15;1 15;2 20छ4 39;2 43;1 **4**|2;5 11;2 14;3 21;1 23;3 **5**|3;1 13;2 19;5 21;2 43;3 **6**|15;3 16;2 46;5 51 51;4 52;3 52;4 57;1 73;3 74क 79;2 88 89छ 89;3 89;4 97;1 100 101छ1 101छ2 **7**|13;2 25 41 44;3 54;4 57;1 58;4 59 59;2 60;2 62क 62ख 62;5 63;1 66;3 70;2 71क 71;2 71;4 72;1 78;1 78;2 78;3 78;4 82;3 83;2 85क 86;2 87;4 89;2 92;4 104;1 104क 104;4 108ग 115ख 116;2 116;3 116;4 118क 118;3 125;1

मायाकृत **4**|7;9

मायाछन्न **3**|39क

मायाधीस **1**|117;4

मायानाथ **3**|20छ4

मायापति **2**|218;1 **6**|57;2

मायाबस **7**|73;4 111ख 117;2

मायामय **1**|173;1 **6**|72

मायामृग **3**|27;6

मायारहित **1**|186छ2

मायारूपी **3**|43

मायावी **4**|6;1 **6**|75;2

मायिक **2**|247;1

मार **1**|83 84;2 127;3 128 243;2 269;4 **2**|133;2 180 **6**|92 99;5 111;7

मारइ **3**|23;1 **6**|73;2

मारउँ **1**|281;2 **2**|230;4 **6**|50;2

मारग **1**|188;2 356;4 **2**|62;3 67;1 112;3 118;1 120 311;3 **6**|93;4 **7**|45;1 61;2 98;2 100;2 129;2

मारगन **6**|91

मारगु **1**|261छ **2**|121;2

मारत **1**|156;2 **4**|26;3 **6**|100छ

मारतहूँ **1**|273;4

मारन **5**|10;4 24;3 52;3 **6**|98;7

मारबि **5**|10;5

मारव **1**|6;4

मारसि **2**|34;4 36;4 **5**|19;1 **6**|83;1

मारहिं **1**|205;1 **4**|7 **5**|22;2 25;3 **6**|24;7 81छ1 81;3

मारहीं **6**|85छ

मारहूं **2**|100छ

मारहु **3**|18;5 **6**|32ख 36;4 101;8

मारा **1**|25;3 46;4 90;3 103;4 110;4 122;4 123;3 210;2 210;3 **2**|159;2 163;2 **3**|22;6 25;3 27;7 **4**|6;3 8 9;3 9;5 18;3 **5**|20;1 22;3 41;4 **6**|6;4 34;3 35;6 36;3 37;4 64;3 66;4 74;5 76;3 76;5 83;3 83;4 84;1 85;4 90;3 98;2 **7**|7;4 109;7 122;8

मारादि **7**|101क

मारि **1**|121 158;3 210;3 **2**|85;4 301 **3**|29;10 **4**|6;5 8;1 **5**|3;3 16;3 19;4 **6**|9 26 42 53;3 73;5 92;3 98;5 100छ 114;2 **7**|120ख

मारिअ **5**|24;4

मारिस **6**|27;2

मारिसि **6**|74;4

मारिहउँ **1**|181 **4**|6 **6**|79;6

मारिहि **4**|6;4 26;2 **5**|11

मारीं **2**|244;3

मारी **1**|356;4 **2**|26;2 174;4 185;3 189;3 235;2 **4**|30;5 **5**|11;2 **6**|32;2 57 89;3 98;3 99;5

मारीच **1**|206;2 210;2 221;3 356 **3**|23;4 24 26;2 27;1 **7**|66;3

मारीचहि **1**|49;2

मारीचा **3**|24;3 **6**|36;5

मारु **6**|52;1 73;2 81छ2 101;3

मारुत **1**|12;5 86छ **2**|249;1 **4**|15क **6**|15;2 32;2 46;5 91छ **7**|2;4 28;2 50;4

मारुतसुत **4**|19;2 **5**|3;3 **6**|57;1 65;4 66;2 73;4 95;4 108;2 **7**|36;1 50;4

मारुति **6**|76;4 98;2 106;1 **7**|66क

मारु मारु **6**|53;3 68;4

मारू **1**|86;1 247;4 **6**|53;3 79;5

मारें **1**|177;2 275;4 **2**|39;2 159;3 167;3 229 229;4 320;4 **3**|25;2

मारे **1**|170;3 205;2 221;2 271;3 356 **2**|25;2 161;4 **3**|20क 20छ3 20छ2 **5**|4;4 21;2 22;3 **6**|6;4 47 48क 48;2 62;5 83;3 92;4 114;1 119;5 **7**|8;4

मारेउँ **4**|8;3

मारेउ **6**|12;3 58 65;4 113;2

मारेसि **2**|30 145;3 147;2 **4**|6;6 **5**|18 18;1 **6**|43;4 50 91;4 95;1 98;8

मारेहु **4**|9;3 **6**|75;4 75;5 90;3

मारौं **3**|13;2

मार्‌यो **6**|36 65;3 97छ 116;2 118;2

माल **1**|32;7 233;4 236;3 243 264;3 268;4 347;1 **4**|10 **5**|3छ2 **7**|18ख

माला **1**|37;4 92;2 219;3 245;2 262;3 296;4 **2**|280;3 **4**|8;4 **6**|13;2 15;1

मालिका **6**|93छ

माली **1**|37

मालीगन **1**|228;1

माल्यवंत **5**|40;1 40;2 **6**|48;3

मास **1**|19 177;4 191;1 195 195;4 **4**|6;4 22;4 **5**|10;5 11 27;3 **7**|15

मासा **1**|34;3 180;2

मासु **1**|312;3

माहँ **2**|316;1

माहिं **1**|58 112 140 **2**|33 158 **3**|39ख **5**|31;4 **6**|116च **7**|21 40 98क 104क

माहि **6**|105

माहीं **1**|5;3 10;4 12;5 25;2 33;3 48;1 55;3 57;1 60;4 67;3 70;3 71;4 72;3 81;2 83;3 94;2 98;3 102;3 109;4 119;3 125;4 127;3 131;3 136;1 146;2 148;1 149;2 151;1 156;3 162;1 163;1 164;3 166;2 167;1 185;3 188;2 189;1 210;6 220;3 225;3 231;4 237;4 245;1 249;1 250;4 254;2 258;4 267;3 270;3 274;2 277;4 280;4 294;3 307;3 310;2 315;1 325;2 330;1 330;2 356;2

2|2;2 4;2 7;4 30;2 33;1 38;2 42;2 44;3 61;1 64;4 65;3 67;2 71;1 81;3 84;3 92;4 110;2 113;1 115;2 119;1 120;1 121;3 129;3 138;2 150;4 162;3 172;1 178;1 180;4 181;3 182;2 183;1 185;2 188;1 189;2 205;4 208;2 212;1 214;4 217;2 227;2 233;4 242;3 243;4 252;4 265;1 280;1 284;2 287;4 289;2 292;1 298;4 308;1 312;1 313;1 322;1

3|5;6 10;3 15;4 16;4 17;5 23;1 25;3 30;2 30;7 31;5 35;4 37;5 **4**|6;7 7;9 12;1 14;1 20;4 22;2 24;3 26;1 27;4 30;3 **5**|5;3 7;2 15;4 17;5 26;3 32;4 37;5 41;2 42;2 47;2 48;3 49;5 55;2 56;2 **6**|1;3 12;4 29;3 33;5 47;4 83;4 88;3 90;2 109;4 **7**|2;7 15;2 16;1 21;2 24;4 47;3 53;3 57;2 58;4 59;2 71;4 80;1 84;1 96;4 103;4 104;3 109;8 114;2 115;3 120;3 120;5 121;7 130;2

माही **1**|208;2 **2**|130;3

माहुर **2**|22;2 35;2 160;4 167;3

माहुरु **1**|6;3 **2**|298;3

माहूँ **2**|252;2

मिटइ **1**|7;2 53;2 56;4 174 **2**|87;4 212;3 **5**|19 **7**|79;1 118;2

मिटति **1**|141;3

मिटहिं **1**|1;4 22;3 43;3 97;4 128 **2**|93 **4**|23;3 **7**|90;1 96क

मिटा **1**|98 120;1 257;2 **2**|49;1 51;4 118;4 307;2 **3**|33;4 **6**|58;1 **7**|118;7

मिटि **1**|118;2 119;4 **7**|120;3

मिटिहहिं **2**|263

मिटिहिं **1**|138;2

मिटिहि **1**|47 72;1 151;2 **2**|36;3 212;4 225;1 234 269 **5**|12;4 **7**|59;4 109;4

मिटी **1**|285 338;3 **2**|220;2 267;1

मिटे **1**|84;3 **2**|102;3 239;2 251;4 **5**|47;3

मिटेउ **2**|268;1

मिटै **1**|47;1 109;1 284;4 **2**|97;2 169;2

मितप्रद **3**|5;3

मितभोगी **3**|45;4

मिताई **2**|251;1 **3**|36;6 **4**|7;2 **5**|5;1 **6**|20;1 21;1 **7**|66क

मिति **1**|33;3 183

मित्र **1**|62;3 170;2 **2**|3;1 192 **3**|2;4 5;4 **4**|7;1 7;3 7;5 7;9

मित्रक **4**|7;1

मित्रहि **1**|171;1

मिथिला **2**|270 301छ

मिथिलापति **1**|214;4 **2**|278;1

मिथिलेस **2**|284 305;4 309;1

मिथिलेसकुमारी **4**|5;1

मिथिलेसकिसोरी **2**|82;1

मिथिलेसहि **2**|271;2

मिथिलेसि **2**|283

मिथिलेसु **2**|274

मिथिलेसू **2**|290;3 296;4 303;3 315;1

मिथ्या **7**|43 71ख

मिथ्याबादी **7**|73;3

मिथ्यारंभ **7**|98;2

मिल **4**|27;2 **5**|12;3 **7**|90;3

मिलइ **1**|7;5 131;4 159ख 259;3 **2**|232;3 **3**|16;2 **4**|15;2 24;1 24;2 **6**|61;4

मिलई **2**|232;1

मिलएसि **5**|18

मिलत **1**|5;2 305 320;1 337;4 **2**|111;1 194;2 276;1 **3**|10;12 **5**|57;3 **7**|2क 2;5 5छ1 6क

मिलति **1**|102;4

मिलतेउँ **7**|69;2

मिलतेहु **1**|81;1

मिलन **1**|43ख 68;3 87 143;3 195;2 207;1 214 305 **2**|88;1 150;3 193;2 238;2 275;3 **3**|12;4 **5**|43;2 **7**|65;2 66क 68;2 121;7

मिलनि **1**|42 340 **2**|200;4 240 241;1 241;4 251छ

मिलनी **7**|19;2

मिलनु **2**|41

मिलब **1**|165 171;3

मिलव **6**|67;2

मिलवहिं **5**|55;4

मिलहिं **1**|75;2 337;4 **2**|62 112;2 154;4 158 224;2 **5**|7;2 **6**|16ख **7**|45;3 62;1 69;4

मिलहु **5**|52

मिला **1**|158;2 **3**|7;3 **4**|15;3 **5**|24;1 54;1 **7**|67;1 67;4

मिलाउब **1**|80;2

मिलि **1**|8;2 15;5 102छ 102;4 157;1 170;4 177;3 184छ 194;2 268;1 286;1 297;1 309 342;4 345;3 **2**|24;1 66;3 192 195;2 206;1 240;3 241 244;2 244;3 245;4 254 267;3 275;4 287 294 314;3 319 320;1 320;3 **4**|23;1 26;1 **5**|4 46;2 **6**|34;3 42;3 106;2 **7**|5;3 6ख

मिलिअ **2**|192;3

मिलित **2**|98;1

मिलिहहिं **1**|74 181 **2**|225;1 **3**|10;3 **6**|100;3 **7**|1;8

मिलिहिं **1**|72;1

मिलिहि **1**|67 69;1 71;3 222;3 236छ 236;4 **4**|5;1 5;4 **5**|12;4

मिलीं **1**|63;1 318;4 **6**|93छ

मिली **1**|40;1 40;3 63;1 **2**|246;1 246;4 276;3 286;1 **3**|5;1 **7**|7;1

मिलु **5**|41;3

मिलें **1**|70;1 **4**|15;1 17 28;4

मिले **1**|128;3 136;2 269;3 276;4 308 308;4 320;1 342 **2**|197;2 243 **5**|28;3 **7**|2;6 5 5छ1 6ख 6;3 6;4

मिलेउ **1**|40;1 161क 171;1 **2**|111;3 196;2 **4**|4;4 7;14 **5**|29;2

मिलेऊ **5**|29;3

मिलेहि **2**|47;1

मिलेहु **4**|7;10 **7**|61;2

मिलै **5**|7;4

मिलौं **3**|8;3

मिस **1**|61;3 206;4 224 234 **2**|34;3 229;3 253;1 261;1 326छ **6**|80ख **7**|70;2

मीचु **1**|5 277;4 **2**|34;3 40;1 252;3

मीचू **1**|6;3 **2**|190;2 298;3

मीजत **6**|31;3

मीजहिं **2**|76;3 121 **5**|55;3 **6**|101;6

मीजहीं **6**|81छ1

मीजि **2**|144;4 **6**|67;2

मीठ **2**|17

मीठी **1**|290;3

मीत **1**|4 308 **2**|80;2 83;4 167;3 **7**|47;3

मीतु **2**|105;2

मीन **1**|22 37;4 258 326 **2**|33;1 54;2 153;3 154 161;4 193;2 289;1 **3**|39ख **4**|17;1 **5**|28;3 **6**|110;4

मीनगन **1**|334;1 **2**|147;4 294;3

मीनहि **2**|252

मीना **1**|27; 151;3 303;4 **2**|57;1 86;3 96;4 234;2 321;3 **3**|30;5 44;4 **4**|16;4 **7**|111;5

मीनु **2**|70;2

मीला **6**|66;1 **7**|110;2

मूंह **1**|274;3 **2**|145;2 162;4

मुंड **3**|20छ6 **6**|44 68;4 88छ 88;5

मुंडमय **2**|192;1

मुंडित **5**|11;2

मुई **7**|100;3

मुएँ **1**|261;1

मुए **2**|301

मुएहि **6**|31;1

मुएहूं **1**|86छ 86;4 **2**|36;3

मुकता **2**|261;2

मुकुंद **6**|103 103छ1 **7**|13;4

मुकुंदा **1**|186छ2 **6**|103;6

मुकुट **1**|92;1 106 147;3 291 **2**|98;1 115 151;1 **3**|11;2 34;4 **6**|13क 14;2 32;3 32;4 38;4 103छ2 **7**|1ख

मुकुटमनि **1**|20

मुकुटांगदादि **7**|12छ2

मुकुटु **2**|2;3

मुकुत **1**|26;4 123;1 139;4 **3**|31;3 **6**|114;5

मुकुता **1**|11;1 288;2 327;5

मुकुतामनि **1**|11;5

मुकताहल **2**|128

मुकुताहल **6**|12;2

मुकुति **1**|19;2 31;6 32;1 **7**|119;2

मुकुर **1**|1;2 115;1 115;2 135;3 **2**|294;2

मुकुरु **2**|0 2;3 294;2

मुक्त **3**|36 **6**|114;4

मुक्तये **3**|4;8

मुक्ति **4**|0क **6**|3;1 **7**|119;4

मुख **1**|73;4 93छ 93;4 95छ 99छ 104;2 135;3 156;3 173;4 202;3 203 207;3 208;1 211छ1 220;4 230;2 231 235;3 237 237;4 238;2 242;1 243;1 259;1 285;3 311;4 313 321 321;2 331;4 349;3 360;4 **2**|1;3 35;1 46 51;4 52;2 115;3 163;3 166;1 171;1 222;2 297;4 306 307;2 **3**|6छ 7 30 31;3 32छ2 34;5 36छ 46छ **4**|2;3 9;2 **5**|2;4 28;2 30;3 32 57;1 **6**|5;5 12;4 19;3 21;3 29;3 30;3 34;1 59;2 62;4 67;2 71;1 71छ 71;2 72;2 99;2 101;3 117;4 **7**|2छ 7;2 16;2 25;1 36;2 50;5 63ख 80;1 82क 83;1 88;3 115ख

मुखछबि **1**|233;3 **2**|325;1

मुखनि **1**|3;2

मुखर **1**|195;4 247;3 **2**|58;3 172;3 **3**|38;5 40;1 **4**|17;2 **7**|28;2 76;4

मुखहिं **6**|39;5

मुखागर **5**|52

मुखिआ **2**|315 **6**|45;1

मुखु **2**|104;1 116 229;2 294;2 296 315

मुख्य **1**|62

मुठभेरी **2**|133;2

मुठिकन्ह **6**|53;3

मुठिका **4**|8;1 **5**|4;2 19;4 **6**|65;4 84;1

मुड़ाइ **7**|100;3

मुण्डमालं **7**|108;4

मुद **1**|2;4 2;5 3;4 15;4 24;1 42;2 **2**|52;4 53;4 87;2 190;3 236;4 280;3 326;3

मुदरी **2**|102;2 **5**|13;1

मुदा **3**|4;8 **6**|111;4 116;3 121छ2 **7**|14;7

मुदित **1**|2 8;5 41;3 214 215;1 217;2 228;1 228;3 236छ 244;4 254;2 262;4 287;1 290;2 295;2 298;2 305;4 306;1 308;3 309;2 317 317;4 319 319;1 320 322;1 322;4 323छ1 324;3 325 325छ1 325छ4 327छ4 329 331;2 334 335 336;3 339 339;4 343;4 344;2 346 346;2 346;4 347 347;4 348 348;2 348;4 349;2 351;2 351;3 354;3 358;4 359;3 360 **2**|1;4 2 5;1 5;3 52;1 53;4 54;3 66;2 67;2 73;1 76;1 87;4 88;1 101 102;2 104;1 106;3 108 108;4 109;2 111;3 112;1 115;2 117;4 124;4 134;1 134;3 138;1 138;4 159;2

159;3 160;4 177;2 197;3 213 221 235;1 236;3 243 245;1 258;2 273;1 288;1 308;4 312;2 312;4 316;4 321;4

मुदितौं **7**|117;8

मुदिता **3**|46;2

मुदितायन **7**|38;3

मुदु **1**|159;1 **6**|108;1

मुद्गर **6**|40;4

मुद्रिका **1**|327;3 **5**|12 13;1 13;5

मुधा **2**|285;4 **6**|37;3 111;7 **7**|78;4 94;3

मुनिंदा **1**|64;1

मुनि **1**|14घ 18;3 25;3 26;1 34;4 35;5 44;1 44;4 45 45;2 45;3 47 48;3 50;3 51छ 51;4 60 61;2 66;4 67;1 68 68;1 71;1 73 75;1 78;1 78;4 81 81;4 90 91;4 94छ 100 104;1 104;2 105;1 108;3 111;1 114;4 116;1 118 121;2 124;2 124;4 125;3 126 127;2 127;4 128;1 128;3 129;1 129;3 130;4 131;1 132;2 133;1 133;2 133;3 133;4 134;1 134;3 135 135;1 135;3 135;4 136;3 138;1 138;2 138;4 139;4 140 140;4 142;3 143;2 143;3 146;2 148;1 153;1 159;4 164;4 165 172;2 172;4 176;1 184छ 184;4 186छ3 186छ4 187;1 189;3 191;4 192छ1 196;1 197;1 197;2 198;1 199;2 206;2 207;1 207;3 207;4 208ख 208;2 208;4 208;5 209;3 210;1 210;3 210;5 210;6 211छ3 212;1 212;2 215 216;3 217;1 219;1 220;3 221;2 222;2 226;1 226;3 229;2 236;1 237;2 238;3 239 239;5 240;2 244 244;2 244;4 248;4 254;2 255;2 261छ 270;3 271;1 271;3 272;2 272;3 274;3 276;1 277 277;2 279;4 280;3 282 282;2 283;4 286;4 291;3 291;4 295;4 299;3 307 313;4 316छ 320छ 322;1 322छ 323छ1 323;3 324छ2 324छ3 324;4 326छ1 327;1 341;1 341;2 357;1 357;2 359;2 359;3 360;4 361;1

2|3;4 4;3 9 77;3 79;1 79;4 88 100;3 105;4 106;4 107;1 108;1 108;2 108;3 109;1 109;2 109;3 119 124 124;1 124;3 125;1 125;2 126;1 126;2 126;4 128;1 132;1 133 134;3 134;4 136 137;2 156 157;2 169;4 171;4 187;2 206;2 206;4 210 210;3 210;4 211;1 211;4 212;4 213;1 214;2 215 215;1 220;3 224;1 226छ 236;1 239 239;3 247 253;2 256;4 257;1 257;3 258;1 258;3 259 260;1 261 262;2 263;2 270;2 274;1 276छ 277;1 277;3 278;3 279;3 284;3 285;4 286;4 290;4 292;1 292;3 293;2 294;2 296 301छ 305;4 308;3 308;4 309;1 310,1 312;1 312;3 315;1 315;4 318;4 319;2 322;1 323;4 326छ

3|0 1;1 3;3 4 6;1 6;2 6;5 7;1 7;4 8;1 8;4 9;1 9;2 9;4 10 10;1 10;10 10;12 10;5 10;7 10;8 11;1 11;11 11;12 12 12;2 12;3 12;5 12;6 12;7 13;1 13;2 13;9 14;1 14;3 19;2 19;6 20छ4 21;1 21;2 22;3 22;4 25;3 27;9 32छ4 34;3 38क 40;5 41;2 42ख 42;2 43;2 44 44;1 45;1 45;2 45;3 46;4 **4**|10छ1 10;2 12;1 13;2 18;4 20;4 21;2 24;1 28;3 28;5 30छ **5**|3छ2 30;1 32;3 35छ1 39ख 47;4 57;6 **6**|22;1 24;8 58;1 58;2 63;3 71;4 71;6 73 81;1 94;3 96;4 101ख 102;2 103;6 105;1 109छ1 113;4 114;2 115;5 117क 119;6 121छ2 121;2 121;3 **7**|2;2 5;3 8;4 8;5 10क 10;3 11ग 12;1 12छ1 12;2 12;3 13;4 14;7 14;9 15;5 27 29छ 29;3 30;5 32 32;3 33;1 34;1 35;4 41;4 42;2 42;3 42;4 43;1 45;4 48;1 48;2 50 50;1 51 51;2 51;4 55;2 58;2 62ख 69;3 73ख 80;4 84;1 84क 85;2 91;2 110ख 110ग 110;8 111;1 111क 111;4 111;6 111;7 112क 112;6 113;1 113;2 113;3 113;4 113;5 113;7 114ख 114;3 114;4 115ख 115;5 116;4 122;6 126

मुनिकुल **1**|216;1

मुनिगन **2**|41 237 242;1 264;2 303;3 317;4

मुनिचीरं **3**|11;2

मुनिचीरा **1**|106;3

मुनि जन **2**|275;4 302

मुनितनु **1**|268

मुनितिय **2**|140;3

मुनितियन्ह **2**|246;1

मुनिद्रोही **1**|210;2 **3**|13;2

मुनिनाथ **2**|171 242 260;2

मुनिनाथा **1**|128;2 215;1 **2**|125;4 247;1

मुनिनायक **1**|279;3 353;1 **2**|3;1 **6**|120;1 **7**|5;1 70;3

मुनिनायकहि **1**|214

मुनिन्ह **1**|13;5 65;4 76;1 82;1 99 143;4 255;2 325;4 **3**|3;2 9 9;3 13;9 40;3 **6**|120;2 **7**|29;3 61;3 66;1

मुनिपट **1**|143;4 **2**|115;4 324;2

मुनिपतिनी **7**|13;4

मुनिबधू **1**|221

मुनिबनिता **1**|324छ2

मुनिबर **1**|18;3 44;3 66 90;1 91;2 101;2 206;3 207;2 210;5 226;2 237;3 308;3 330 **2**|6 125;2 132;1 132;4 140;3 170;4 171;1 171;3 206;2 212 213;2 214 214;1 217;3 221;3 243;2 246;1 247;4 255;2 270;3 272;4 **3**|3 7 9;2 9;3 10;11 11;11 13;8 38ख 42;2 **6**|2;3 3;3 7;3 58;1 105;1 114;5 **7**|10;4 22;3 27;3 32;4 33;3

मुनिबरन्ह **1**|260;3 324;2 **2**|276

मुनिबरहि **1**|30;1

मुनिबरु **2**|254;1 257;4

मुनिबर्ज **1**|43ख 48;2

मुनिबसन **1**|268;4

मुनिबृंद **1**|105 214;4 240;2 330;4 **2**|134

मुनिबृंदा **1**|45;1 186छ2 **2**|134;3

मुनिबेष **2**|33 239;4

मुनिबेषा **1**|141;2 158;1

मुनिराई **1**|323;4

मुनिराउ **2**|243

मुनिराऊ **2**|10;1 171;4 187;3 291;3

मुनिराज **1**|331 **2**|5 213 326;2

मुनिराजा **1**|330;3

मुनिराय **2**|126;1

मुनिराया **1**|46;3 139;2 278;1 **7**|5;2

मुनिहि **1**|51;4 126;4 127;2 134;3 138 139;1 207;1 210;6 217;3 218;1 227;1 244;3 275 308;1 **2**|108 185;2 213;4 216;1 257;3 **3**|10;12 10;9 **6**|57;1

मुनिहु **2**|247;4 **7**|122;2

मुनींद्र **3**|4;4 **6**|111;2

मुनीस **1**|45;2 54;3 64 68 141 160;2 326छ4 327छ4 343;2 **2**|6;1 7;1 106 108;2 245;4 **7**|92छ 111;1 111;5 115;7

मुनीसन्ह **1**|33;4 100;3 140;2

मुनीसहि **2**|193;3

मुनीसा **1**|18;3 81;1 90;3 104;2 105;2 159;3 262;3 265;1 281;4 **2**|193;3 **7**|27;1 33;4 111;4 113;8

मुनीसु **1**|218;4 273;1 352

मुनीस्वर **7**|110;5

मुरछा **6**|75;1

मुरा **6**|19;4

मुरि **3**|20छ2

मुरुछा **2**|43 81;3 **3**|29;10 **5**|19;4 **6**|54;4 66;2 66;3 83;4 84;2 94;2 98

मुरुछि **2**|82;4 **6**|59;1

मुरुछित **1**|87छ **2**|79;4 164;1 **5**|20;1 **6**|65 77;3 98छ 98;6 104;1

मुरे **1**|84छ **6**|67;3

मुर्‍यो **6**|65;3

मुष्टि **4**|8;2 **5**|28;4 **6**|83

मुसुकाइ **1**|90;1 **2**|41;3 **3**|31;3 **5**|59 **6**|32ख

मुसुकाई **1**|47;1 135;3 218;2 **2**|101;1 **3**|17;4 19;4 **4**|21;4 **5**|57;1 **6**|34;3

मुसुकाता **1**|63;1

मुसुकान **6**|13;4

मुसुकाना **1**|192छ3 **5**|25;2 **6**|86;4

मुसुकानि **2**|14

मुसुकानी **1**|141;4 201;4 236;3 **2**|117;1

मुसुकाने **1**|93;1 239;4 245;4 271;3 277;3 291;4 **2**|128;1 218;1 **3**|13;2 **6**|52;3

मुसुकाहिं **1**|95 216;4 281;2 350ख

मुसुकाहीं **1**|92;3 93;2 135;1 218;1 **7**|80;1

मुहँ **1**|31;6 266;4 **2**|162;1

मुह **2**|17 163;2 **6**|49;1

मुहु **2**|27;4 36;3 146;4 **6**|61;6

मूक **1**|0;2 350;4 **2**|54 245;3

मूठि **2**|31;1

मूड़ **7**|100;3

मूढ़ **1**|28;3 49;3 124क 151;3 161ख 173 250 266;1 270;2 **2**|42;1 228;1 **3**|1;4 26;1 **4**|9;5 18;3 **5**|24;3 25;2 41;2 52 56;3 **6**|2;4 21;1 27;2 31ख 34;3 51;4 83छ 93;1 98;1 **7**|73क 102;1 112;7 119;5

मूढ़ता **6**|56;4

मूढ़ा **1**|47;2 133;2

मूदहिं **1**|293;4

मूदहु **4**|25;3

मूदि **1**|55;3 64;2 202;3 **2**|29;4 48;4 **4**|25;3

मूदें **1**|280;4

मूदे **2**|246;2 288;1

मूदेउँ **7**|80;1

मूर **2**|99;4

मूरख **3**|1

मूरति **1**|16;3 77;4 215;4 235;1 236;3 241 241;2 241;3 243;1 280;2 310;1 324छ4 327छ3 335;4 337;3 **2**|2;1 67;3 125;3 184;2 200;2 281;4 **6**|12क

मूरतिमंत **1**|78;1 **2**|206;2

मूरि **1**|31;4 **2**|59 100;2 318

मूरिमय **1**|1;1

मूरी **7**|122;4 129;1

मूरुख **4**|22;1 **6**|16ख

मूल **1**|27; 39 39;7 40;3 74;2 144;1 171;3 209 236 247 277 312 312;3 315;1 339;4 341 **2**|4;3 6;1 9;3 62 65 66;2 88;1 89 89;4 92;4 107;1 107;2 120;1 124;2 125;2 126;2 135;1 140;3 193;1 193;2 195;4 201;2 207 212 213;3 248;3 250;1 255;1 265 278 279;4 280;4 308 **3**|3;4 4;7 23 34 44 **4**|13;1 **5**|1;1 23;3 **6**|5;2 **7**|74;3 96ख 118;1 119;4

मूलक **1**|253;3 **6**|25;3

मूला **1**|3;4 15;4 39;6 113;2 323;3 346;2 **2**|34;2 87;2 104;1 194;1 201;2 207;3 212;2 216;4 236;4 243;4 248;1 249;1 259;2 262;2 300;2 **7**|3;3 121;15

मूलु **2**|38;4

मूषक **7**|121;9

मृग **1**|18;2 43;4 49;3 66;1 156;2 157;2 157;3 205;1 205;2 210;6 232;1 234 297;1 305;2 338;2 **2**|56;2 65 84;1 113 116;2 117;2 123;4 124;4 132;2 136;1 138 138;1 142;2 143;3 158;4 193;1 215;2 226छ 236;1 238;3 249 264;2 279;2 308;2 311;4 312;1 321;3 **3**|14;2 19;5 25;1 27;2 27;4 27;5 30;5 33;3 37;2 37;3 39;4 **4**|13;2 **5**|3;4 **6**|99;4 **7**|14;4 23;1 23;2

मृगछाला **1**|268;4 **6**|11;2

मृगजल **7**|122;9

मृगजलु **1**|246;3

मृगजूथ **7**|30;3

मृगनयनी **7**|115ख

मृगनायक **6**|69;1

मृगनैनी **3**|30;5

मृगन्ह **1**|173;2 **2**|277;4

मृगपति **6**|11ख 23ग 37;2

मृगमद **1**|194;4

मृगमाला **1**|303;3

मृगया **1**|156;2 205;1 **3**|19;5

मृगराऊ **2**|106;1

मृगराज **1**|125 **3**|18छ **6**|79छ

मृगराजः **3**|11;3

मृगराजु **1**|254;4

मृगराजू **2**|230;3 326;4

मृगरूपा **2**|210;1

मृगलोचनि **1**|318;1 **2**|63;2 **6**|16;4 **7**|70ख

मृगसावकनयनीं **2**|8;4

मृगाधीशचर्माम्बरं **7**|108;4

मृगिन्ह **2**|51;1

मृगीं **3**|37;3

मृगी **1**|229 **2**|17;1 54;2 73;3 116;2 **3**|29;12

मृगु **2**|26 75

मृतक **1**|145;4 308;2 **4**|11;4 **6**|53 66;3

मृत्यु **3**|2;3 18;4 **4**|26;2 **5**|24;2 41;1 53;2 **6**|42;3

मृदंग **1**|263;1 302 **6**|13;4

मृदु **1**|2;1 45;3 53 53;3 67;1 72;4 97;3 99;4 128 149;1 151;1 160;2 167;3 195;4 215;3 221;1 223;1 223;2 223;4 224;4 225;2 225;4 228 235;2 238;4 240 243;2 256;3 273;1 279;1 284;3 326;4 334;3 355;4 356;4

2|4;1 6;1 22;2 24;1 25;4 27;1 29;2 33;2 40;2 41;1 41;3 53;3 57;4 58;1 61;4 62;3 64;1 67;3 72 74;1 78 78;4 79;1 80;4 85;2 89;4 90;1 91;1 92;2 107;2 112 115;1 116;3 118;3 121;1 137;1 143;2 150;2 154 164 165;2 176;4 188;2 198;2 200;2 203;4 205;3 216;3 216;4 245;1 250;3 259;2 294;1 296;3 297;3 306;4 311;2 311;3 **3**|5;2 6;3

17;6 21;2 41;5 43;1 **4**|7;4 **5**|14;3 14;4 45;3 **6**|116;1 116;4 **7**|6छ 10;4 16;2 52;4 61;1 63ख 76;3 83क 88;4 93क 110ग 115;3

मृदुगात **1**|258;2

मृदुचित **6**|45;2

मृदुताहीं **2**|311;4

मृदुल **1**|146;4 160 **2**|89;4 114 121;2 **4**|1;5 **5**|42;3 53;4 **6**|11;2 61;2 118;2 **7**|1;7 76;3

मृदुलाई **7**|124;2

मृनाल **1**|255;4

मृषा **1**|51;2 56;2 59;1 68;2 117 132 138;2 **4**|7;12 **5**|56;3 **6**|36;4 56;3 **7**|16;4 117;2

मे **3**|4;11 **7**|122ग

मेकल **1**|31;7

मेकलसुता **2**|138;2

मेखला **7**|22;1

मेघ **2**|1;1 **3**|7;3 **4**|13;4 15क **6**|73;2

मेघडंबर **6**|13;3

मेघनाद **1**|182;1 **5**|19;1 **6**|34क 43;2 43;3 49 50 51;1 54 54;1 72 72;3 74;4 75;1 75;2

मेघहिं **2**|232;1

मेचक **1**|219 347;1 **7**|77;3

मेचकताई **6**|12;2

मेट **2**|298;4

मेटत **1**|32;5 **2**|264;4

मेटनिहार **1**|68

मेटब **2**|68;3

मेटहु **1**|254;3 **2**|40

मेटा **2**|217;1

मेटाई **2**|228;2

मेटि **1**|70;3 77;1 **2**|99;4 319 **4**|22;4

मेटे **1**|308;2 **7**|6;1

मेडुकन्हि **6**|23ग

मेदिनि **2**|192;1

मेधा **1**|36;4

मेरु **1**|12;5 182;3 253;3 **2**|72;2 138;3 232;2 **4**|7;1 **6**|41;1 119;3 **7**|110ख

मेरुसम **1**|175

मेरू **1**|292;4

मेरें **1**|31;2

मेरे **1**|14;2 138;2 208;5 **5**|59;1 **6**|40;2 **7**|7;4 8;5 70;1

मेरो **7**|44;4

मेलहीं **6**|81छ2

मेला **2**|302;2 **6**|94;1

मेलि **6**|117;4 **7**|99;1

मेलिहि **1**|245;2

मेली **1**|66;4 264;4 **4**|8;4

मेले **1**|207;3 269;3

मेलेउ **1**|135;2

मेलै **1**|131

मेवा **1**|333;2

मेष **6**|70;1

मैं **1**|150;1

मैं **1**|5;1 12;3 13;5 30क 30ख 31;1 33;1 47;2 51;4 54;1 57क 59;1 59;4 61 65;2 69;1 69;2 71;1 72 75;3 80;4 81;1 81;4 84;1 90;2 97;1 103छ 104 105;1 109;2 111;2 120घ 120;3 121;3 129;3 132;4 133;1 138;2 140;4 141 151 151;1 152;3 159;3 161क 164;3 166;1 168 168;2 168;3 169 169;2 169;3 169;4 171;3 177;1 177;3 185;2 185;3 187;2 188;3 197;2 202;4 206;1 206;4 207;5 209;2 211छ2 211छ3 218;3 221;1 252;2 273;2 275;2 275;3 276;2 278;1 279;2 279;4 283;1 283;2 283;4 311;3 330;3 342;2 355;3 360;3 361;4

2|15;3 16;2 17;2 21;3 31 31;4 32;1 43;1 56;4 59;1 60;3 62;1 64;4 67;4 69;2 71 71;2 72;2 88;3 95;3 96;4 98 98;1 100;2 102;3 102;4 103;4 104;3 127 139;4 145 145;4 146;1 146;2 153;2 155;3 160;1 163;3 164;4 166;4 168;2 178;1 179;3 182;2 183 183;2 183;3 190;2 195;4 201;3 241;3 260;2 260;3 260;4 261;2 264;3 268 269;3 283;1 293;3 298;2 298;4 300;4

3|1;1 2;6 6छ 6;4 8;2 10;6 11;11 11;12 11;14 14;3 15;1 16;1 16;6 17;7 19;6 23;2 24;1 25;4 31 33;4 35;1 35;2 39;3 43;2 44 45;3 **4**|2 2;4 2;5 3 3;2 5;2 6;1 6;2 6;6 7;5 8;2 9 9;3 18;3 21;2 22;1 25;2 27 28 28;2 29;4 30;1 30;5 **5**|2;2 2;6 7 7;4 10;5 11;4 13;5 16;2 17;3 21 22;1

22;3 24;2 25;1 25;2 31;3 32;4 39ख 41 41;2 42;4 45;4 46;3 47;3 47;4 55;2 56;3 59;4 60;2

6|17;4 20;1 21;2 22;2 24;2 24;4 24;6 28;3 30;1 30;4 34;1 34;2 34;4 34;5 42;4 56;4 57;3 60;2 63;4 67 76;7 78;3 83;1 88 90;2 97;3 106;2 107छ 115 118;2

7|2;4 2;7 15;3 33;4 37;1 41;3 46;2 48 48;3 48;4 52;1 52;5 53;4 56;1 57;5 58;1 61;1 62;3 62;4 62;5 63क 68;4 69;1 75;2 79क 79;4 80ख 81क 82;2 82;4 89;1 89;2 91;1 94;3 95;2 95;4 96;4 97;3 100;1 104ख 105क 105;3 106;3 106;8 109ख 109घ 109;2 110घ 110;2 110;5 111क 111;4 111;7 112क 112;6 112;8 113;4 113;6 113;7 114;8 121;4 122;1 123क 123;4 125;1 128;1 129 129;1 130;2

मैआ **2**|53;1

मैथिली **6**|109छ1

मैन **1**|126

मैनाँ **1**|96;1

मैना **1**|68;2 71;1 96;3

मैनाक **3**|29;7 **5**|1;5

मैला **4**|1;3

मो **1**|3;6 17;4 76 108;1 120;3 161;3 165;4 207;2 279;3 341 **2**|15;3 65;3 67;4 70;3 125 162 181 181;3 182;1 258;2 260;3 295;2 **3**|6;2 10;2 17;4 26 **4**|4;4 **5**|14;1 15;1 27;4 **6**|23;1 59;4 109;4 116;2 **7**|5छ1 60 70;2 82ख 84;4 102;5 108ख 123;2 124;2 124;4 125;2 130क

मोचत **2**|317;3

मोचति **2**|58;4 164

मोचनं **3**|4;2 32छ2

मोचन **1**|2;1 89;1 122;3 146;3 211छ2 211छ3 219;3 221;3 269;4 **3**|10;5 **5**|45;2 **6**|63;4 115;4 **7**|33;2 77;3

मोचनि **1**|318;1 **6**|16;4 **7**|56;1

मोचहिं **2**|142

मोच्छ **3**|15 **4**|26 **6**|112;3 112;4 **7**|43;4 83ख 119;3

मोच्छप्रद **3**|16;1

मोट **2**|25;3

मोती **1**|199;1 327;4

मोतें **1**|28;6 **3**|36;2

मोद **1**|1;2 277;2 327 346;1 354;2 359 360;1 **2**|1;1 4;3 106;4 200 255;1

मोदक **2**|190;3

मोदकन्हि **1**|246;1

मोदु **1**|330;2 350ख **2**|5;4 118;4 185;1 195;3

मोपर **1**|14ग

मोर **1**|47;1 58;1 83;1 97;1 108;1 119;1 149;4 165;4 167;2 171;2 184छ 185;4 201;4 214;3 231;2 236;2 259;2 272 281;1 283;1 283;3 284;4 342;2 **2**|14;2 17;2 21 22;4 23;1 26;2 29;4 33 33;1 33;4 35 36;1 36;3 41 44 53;3 61;2 64;3 69;2 80;4 82;4 83 98 152;1 152;3 155;3 166;4 167 167;4 175;2 177 177;3 178;1 178;3 178;4 179 180;3 181;4 182;2 182;4 183;4 208;4 251 255 256;4 260;2 260;4 261;1 261;3 267;2 288;2 296;3 296;4 298 300;3 305;2 314;3 315;2

3|15;1 17;6 19;4 29;8 38;3 41;3 42;2 43;5 **4**|2;4 8;2 13 19;2 22;3 **5**|4;2 4;4 22;4 27;2 31;3 36;3 40 41;2 44;2 49;5 53 57;4 **6**|7;4 27 36;4 48;3 56;4 97;3 99;3 116क **7**|2;4 16;4 28;3 36;4 46;2 68क 87;4 94ख 109;3

मोरपंख **1**|113;2 233;1

मोरा **1**|9;1 88;1 132;4 166;4 168;2 216;2 227;3 249;4 260;1 271;2 272;2 347;3 **2**|31;2 168;2 185;1 203;4 229;4 236;4 261;4 266;4 283;4 297;3 300;1 306;4 **4**|14;1 **5**|4;2 9;3 10;2 15;3 32;3 **6**|10;1 20;3 49;3 58;1 61;7 94;1 **7**|39;4 107;2

मोरि **1**|8;3 8;4 9 12;2 14छ 15;5 28;2 29;1 29;2 108 136;2 152;2 162 **2**|42;4 82;2 95 98 100;3 177;4 180;4 181 186;2 195 288;3 300 315;1 **3**|4 11;1 16 21ख 29;3 37;2 **4**|9 18;2 **5**|33;5 59;4 **6**|3;2 16;3 72;4 111;10 **7**|16;2 19क 45 45;1 52;1 79ख 86;4 107ख

मोरी **1**|9;2 12;4 12;5 43;1 59;4 114;3 151;2 211छ3 257;4 **2**|12;4 20;3 27;4 29;1 44;4 61;3 64;3 68;4 103;1 104;2 116;1 151;4 152;1 154;4 258;4 268;4 313;3 **3**|11;1 **4**|16;5 **5**|12;1 53;4 **6**|1;4 2;4 14;4 **7**|1;7 48;2 82;4 109;8 113;1

मोरें **1**|10;4 23;1 31;1 45;4 56;2 59;4 105;1 109;3 132;1 133;3 138;3 149;4 151;2 159;2 162;2 164;2 164;4 189;1 193;3 342;2 343;2 **2**|3;4 13;4 15;4 26;3 31;3 72;3 96;1 98;1 99;1 102;4 190;3 195;4 205;1 234;1 258;4 263;3 269;2 284;2 **3**|36;4 42;3 43;4 **4**|3;1 7;5 19;3 **5**|6;4 44;2 48;4 49;1 **6**|8;2 16;3 29;2 59;3 60;4 97;4 **7**|16;4 18;2 56;3 59;4 85;3 94;3 109;5 113;8 120;8

मोरे **1**|9;6 14;6 280;1 **2**|80 117;3 274;4 **3**|10;3 11;11 23;1 **5**|16;4 22;5 **6**|2;2 **7**|1;8 56;4

मोरेहूं **1**|62;1

मोरेहु **1**|52;3

मोई **2**|85;3

मोल **1**|23;4 326;2 **2**|30;1 250;2

मोला **1**|233;3

मोसो **1**|28;2

मोहँ **1**|135;3 173;4 **2**|101;3 **7**|96;3 96;5

मोह **1**|1;3 2;2 25;4 31;2 32;5 38;5 43;3 52;2 75 97;2 109;1 112 114 114;4 116;3 117;1 117;4 120;1 124;4 128 128;4 129;1 134;3 140 186छ2 207 221;1 261 285;1 **2**|20;3 92;4 93;1 93;3 153;3 172 228;1 235 277;1 282;3 286;4 298;3 **3**|0 2 11;3 14 38;1 43 44;1 **4**|15;4 20;4 **5**|39क 47;1 48;2 **6**|16;1 20;3 29 34;7 56;4 115;1 121छ2 **7**|14;3 15;4 30;3 31;3 36 40;3 41;2 46 48;2 52क 57;1 58;4 60;3 61 62क 62;3 62;5 63;1 64;1 64;4 68ख 69;2 70;2 70;3 70;4 72;4 73;1 73;3 73;4 74;1 77ख 81ख 82;4 93;2 93;4 94ख 100;1 100ख 101क 105क 115;3 116;1 116क 117;4 118;2 120ख 120;2 121;13 121;15 125;2

मोहइ **7**|62ख

मोहई **3**|32छ4 **5**|35छ2 **7**|12छ2

मोहनी **1**|229;3

मोहपर **1**|199

मोहबस **1**|248;4 **2**|178 **4**|2 **6**|78 **7**|59;1 97ख

मोहमय **1**|285

मोहमूल **5**|23

मोहहिं **1**|140;4 **2**|127;4

मोहहीं **1**|94छ **5**|3छ2 **7**|29छ

मोहा **1**|117;2 204;4 228;2 289;4 345;1 **2**|105;4 115;3 130;1 237;2 **4**|3;1 16;2 18;3 **5**|23;2 45;3 **6**|57;2 118;4 **7**|56;5 123;2

मोहापहारी **7**|108;6

मोहि **1**|8;2 12;4 13;5 14ख 14;5 15 15;4 29;1 45;4 52;1 57;1 58;2 59;2 61;3 72 76 83 108;1 109;1 109;3 114;3 114;4 120;1 120;2 120;4 124;4 131;4 133;3 137;3 148 149;2 150;2 160;2 161क 162;2 162;4 163 167 168;3 169 169;4 184;3 199;6 202 208;3 209;2 231;3 233;3 247;1 258;3 259;3 273;1 274;2 275;1 275;2 281;4 286;3 336छ 340;4 342;1 343;3 352;3

2|3;3 4;2 15 18;2 18;4 19;2 20 22;2 25 28;1 30 32;2 32;4 33;3 40;3 40;4 42;1 42;3 42;4 45;4 49;3 53;3 54;4 55 56;3 60;4 63;3 64;3 66;4 67;1 67;4 72;1 74 77;2 88;4 98;3 98;4 99;1 100छ 100;4 102;4 103;4 104;3 127 140;4 145 145;4 146 149 149;4 151;3 151 152;4 162 164;3 164;4 165;4 166;4 167 167;4 168;4 177 177;1 177;4 178 178;4 179;1 179;2 180;3 180;4 181;1 181;3 182;3 183 183;1 183;2 183;4 191 201;3 211;2 211;3 212;3 233 248;3 253;1 253;3 255 261;1 261;4 264;3 264;4 267;3 268 269;2 269;4 282 283;3 284;2 289;4 293 293;2 295;3 298;2 305;2 306;3 307;4 313;4 314;3

3|3;1 8;3 10;3 11;13 11;14 12;1 12;6 13;2 13;5 13;7 14;4 16;3 16;5 22;2 23;1 25;3 26;1 26छ 26;3 30;2 33 33;4 36;2 37क 37;4 37;5 42;2 43;1 43;2 43;5 **4**|2 3;4 5 6;3 6;4 6;5 6;6 7 9;3 10छ1 21;1 21;4 22;4 27 27;1 29;1 **5**|1 1;1 1;2 2;2 2;3 2;6 4;1 4;3 6;4 7;1 7;2 7;3 11 12;5 17;4 17;5 22;2 22;3 27;1 27;3 31;1 38;2 41;4 43;4 44;1 44;3 47;4 59;3

6|2;3 2;4 8;1 9;4 16;2 17ख 20 21;1 23ख 24 24;3 28;3 34;1 45;2 57;3 59;3 61;2 61;8 63;1 63;2 63;3 63;4 64 64;3 80ख 83;1 90 99;4 106छ 113 113;6 113;7 113;8 116क 116घ 116;4 116ख 118;3

7|1;5 1;6 1;8 2;4 2;6 2;8 4;4 5छ2 8;5 16 16;3 18;1 18;2 19;2 36 36;4 37;3 41;3 41;4 43;3 45;2 53 54;4 55;1 58;2 60;2 68ख 74;2 77ख 77;5 78;1 79क 79;2 79;3 80;1 82;1 82क 83ख 83;2 83;3 84ख 85क 85ख 85;3 86;2 86;4 86;5 87क 87ख 87;4 88;3 89;2 93ख 93;3 93;4 94क 94;2 95;1 95;2 95;4 96;2 96;3 96;5 105ख 105;3 105;4 106;1 106;4 106;8 107क 109क 109;3

110;1 110घ 110ग 110;3 110;4 110;8 111;1 111;4 113;2 113;3 113;4 113;5 113;7 114क 114;4 114;5 121;1 123क 123;2 123;4 124क 125;5 130क

मोही **1**|46;3 59;2 121;3 127;4 132;3 149;4 151;3 162;2 163;4 168;1 184;3 207;5 271;1 272;3 276;3 277;4 283;1 **2**|3;2 15;1 17;1 18;4 26;3 30;1 34;4 45;1 61;4 67;3 160;3 161;4 162;4 164;3 205;1 260;4 **3**|11;12 13;2 29;6 **4**|26;3 28;3 30;5 **5**|9;5 21;1 24;2 48;1 **6**|24;5 31;3 38;3 49;2 61;5 74;3 75;4 84;2 100;4 **7**|2;7 48;4 59;3 61;2 64;2 69;2 70;2 74;1 77;4 86;1 88;1 107;2 115;4

मोहु **1**|98;4 341;3 **2**|314;3

मोहू **1**|8;2 46;1 360;4 **2**|69;3 75;3 94;1 169;2 220;1 306;2 **5**|7

मोहे **1**|100;3 199;2 248;2 299;3 317;2

मोहेहु **3**|43;1

मौन **2**|16;2 293;3

मौनु **2**|160

मौर **1**|327छ1

मौरु **1**|92;1 327;5

मौलि **1**|167;4 **3**|20छ6 **7**|35;3

य

यसहत **3**|37क

यह **1**|28;5 29ख 30;2 33;2 34;3 38;1 39;4 59;4 62;1 63;3 64;3 65;2 68;1 70 73;1 76 77;1 89;1 98 103छ 124;4 127;4 140;4 144;4 146;2 152 152;2 158;3 166;1 166;2 184;2 188;3 189;4 192छ3 192छ4 196;1 196;3 200;1 202;4 204;3 206;1 220;4 221;1 222 222;1 223;2 223;3 231;1 245;4 281;4 312;4 313;4 331 **2**|2 4;2 15;2 18;4 21;4 23;4 24;3 26 48;4 51;2 56 87;4 88;1 108;3 135;1 174;1 177;3 180;4 194;3 201 201;4 202;1 204 206;4 208 208;1 208;4 217;2 218;3 223;4 226;4 227;3 229;1 244;2 250 251;2 251;3 267;3 268;3 277;1 284;1 285;4 311 314;4 **3**|13;5 17;4 19;1 24;3 31;1 41;4 43;5 44

4|1;3 8;2 10छ2 12;1 18;4 21;3 22;2 23;3 **5**|1;2 11;4 13;5 15;3 26;2 34;2 35;3 39ख 51;1 52;4 56;5 58;3 60छ 60;2 **6**|1;1 2;2 3;3 3;5 10;1 35;5 36;2 55;2 56 58;1 59;3 62;3 70;2 79;7 82;4 104;6 110;2 110;5 113;2 114;2 121ख 121छ2 **7**|4;1 4;2 6;4 9;5 13;6 15;1 16;4 22;1 22;2 22;3 31 32;3 35;1 37 41 44;2 45;1 49;2 52;1 53;4 55;1 71;4 83;1 87;4 89;2 91;1 94;2 109;3 113;5 114क 114;3 116;1 116क 117;1 118;3 121;4 122क 122;3 126 128 128;2 128;4 129;3 130;1 130छ2 130;2

यहउ **2**|207;1 261;1

यहु **1**|227 252;1 274;1 275;2 325छ1 **2**|3;3 4;2 9;4 10;4 21;3 49;3 75छ 146 146;3 166;3 167;4 168;2 168;4 169;2 212;3 213;2 252;4

या **6**|57;3

याकें **6**|102;3

याको **6**|33;4

यान **3**|27;6 **6**|99 **7**|103;1

याना **7**|113;4

यावद् **7**|108;7

यूथः **3**|11;5

ये **3**|4;12 4;7 **7**|108;9

येऽतिदुस्तरं **7**|122ग

योगं **7**|108;8

र

रँए **3**|46छ

रँग **3**|46छ

रंक **1**|6;4 8;3 158;3 220;1 237 350;4 **2**|52;3 **2**|111;1 135;1 **3**|45;2

रंकन्ह **2**|114;3 117;4

र

रंकहि **2**|26;1

रंका **1**|12;4 **2**|238;2 245;2

रंकु **2**|92 267

रंग **1**|244;3 262;3 **2**|166;1 **6**|67;1 **7**|17;3 27;2 27;3 29छ

रंगभूमि **1**|240;3 248;2

रंग रंग **7**|27;2

रंगा **3**|40;1 **6**|64;1 81;1 **7**|75;4

रंच **2**|229;1

रंजनं **3**|4;4 32छ3

रंजन **1**|70;4 139 186छ3 **2**|326;4 **3**|11;5 23;2 **5**|39;2 **6**|111;3 113छ 115;1 115;5 **7**|30;5 51;2 130;1

रंजनि **1**|31;3

रंतिदेव **2**|95;2

रंध्र **1**|113;1 145;4

रंभादिक **1**|126;2

रउरें **2**|18;1

रउरे **2**|285;3

रउरेहि **2**|16;1

रखवार **1**|84छ 126;4

रखवारा **1**|165;2 **2**|306;1 **5**|53;4

रखवारी **1**|210;1 357;1 **2**|185;3 **3**|27;5 43;3 **5**|17;4 **6**|22;3

रखवारे **1**|38;1 221;2 **2**|186;4 272;2 **5**|3 18;1 28;4 **6**|36;3

रखि **2**|121;3 284;1

रखिहउँ **1**|169;3 **5**|44;4

रखिहहिं **1**|28क **2**|70;3

रगर **1**|81;3

रघुकुल **1**|98;4 187;3 210;5 216;4 253;1 319छ 361;1 **2**|10 28;2 30;2 37;2 52;1 64 122 134;3 229 **3**|13;9 29;1 **6**|59 115;1 **7**|2;2 9;4 35;4 48;4

रघुकुलकेतू **1**|285;4 **2**|126;4

रघुकुलचंदु **1**|350क

रघुकुलतिलक **2**|153;1 **3**|29;4 **6**|70;5

रघुकुलदीपहि **2**|39;4

रघुकुलनाथा **2**|103;1 **7**|5;3

रघुकुलनायक **7**|85;1

रघुकुलभानु **1**|276

रघुकुलमनि **1**|116 188;4 347;4 **2**|104;2

रघुकुलमनी **1**|51छ 317छ

रघुचंदु **2**|239

रघुनंद **7**|14;10

रघुनंदन **1**|24;4 **2**|73;2 91 99;3 127;2 129 155;4 251;3 275;4

रघुनंदनहि **2**|247 272

रघुनंदनु **2**|134;3 141;4 262

रघुनंदू **2**|263;2

रघुनाथ **1**|10छ 24 38 108;1 124ख 200;1 **2**|34 44;3 84 85;1 86;1 93;3 96;2 104 118 141;1 146;3 162;3 182 190;3 199;4 218;2 224 226;1 234;3 245 247;2 270;2 278;3 296;1 296;3 **3**|9;3 10;8 21;1 27 33;1 42ख **4**|7 7;6 20 30क **5**|49ख **6**|6 37 90;1 101;6 104 **7**|8क 17क 43;1 47;4 58;2 116क 126;4 130क

रघुनाथहि **1**|28;1 **2**|89;3 **3**|43;1 **5**|57;4 **6**|7 89;3

रघुनाथा **1**|105;4 205;4 207;5 342;2 **2**|9;1 59;4 70;3 166;2 221;4 224;1 233;1 240;4 262;2 275;1 **4**|4;4 7;13 11;5 25;4 **5**|1;2 39;3 47;1 55;3 **6**|106;2 118;4 **7**|91;2

रघुनाथु **2**|149;2 275

रघुनायकं **6**|113छ

रघुनायक **1**|18;5 34;4 75;4 82;2 194;3 211छ1 238;3 307;2 **2**|128;4

रघुनायकु **2**|137;3

रघुनायक **3**|1 1;4 26;3 42;1 **5**|14;3 17;2 22 23 27;1 28;3 42;2 50;4 57;5 60 **6**|27;3 34;1 47;1 59;1 63;2 69;3 92;3 102 111;1 **7**|35;2 47 48;1 70;1 89;2 93;4 94;1 110;2 123ख

रघुनायकहि **7**|19क 119ख

रघुपति **1**|8;3 10;1 12;5 13;5 14;1 14;2 16;3 17;3 18;2 19 37;1 43ख 47;1 48;3 49 55;1 55;2 59;1 104;4 105;1 108;3 110;2 111 112;4 119;4 124क 128;4 200;2 211छ2 215;3 232;3 254;2 259;2 276;4 284;3 343;1 **2**|45;1 68 68;1 75;1 77;3 85;1 98;3 166;2 175 176;2 186;2 243;4 265;2 320;2 **3**|1;3 3;1

11;11 25;3 26;3 27;3 30;1 34;2 35;2 45;1 4|3;3 7;13 11;5 18 21;4 27;6 5|1;4 1;5 8;4 10;3 14 15 15;5 17 29 29;3 31;1 34;2 34;3 45;1 58;3 60छ

6|1;2 3;3 26;4 30;4 46;1 51;3 56;3 59;4 64;2 64;3 66;1 71छ 73;5 75 75;3 75;7 85 87;4 91छ 93;2 96;1 97 97;2 99;3 99;5 102छ 105 107;3 109ख 110;1 112;3 114;4 118;1 7|1ख 2;5 2;8 3ग 7;2 8;4 9क 15;2 16;1 17;4 18क 19;4 20;3 22;1 28;4 30;1 32;3 33;1 35;1 42;2 52;2 53 53;3 55;4 57 62;1 62;4 64;3 65;4 68;1 68क 68;2 70;2 73;1 74;1 74ख 78;1 88;4 91;3 95;3 97;2 103;2 104;4 109;5 110क 111;1 114;6 116क 122;4 122;7 123;2 124;2 128;1 129;2 130;2

रघुपतिहि 1|246;2 258;4 2|41;2 169;1 5|30;3 6|6;3 36;4 85;1 105;2 7|73क

रघुपतिही 6|36;1

रघुपतिहु 1|272;2

रघुबंस 1|48;4 217 285;1 292 2|47;2 296;2 6|14 66 111;4 7|112क 113;1 130क 130छ2

रघुबंसतिलक 2|56;3

रघुबंसभूषन 7|2छ

रघुबंसमनि 1|110 259 265 2|39 89 200 251छ 6|20 93छ

रघुबंसिन्ह 1|231;3 253;1

रघुबंसी 1|284;2

रघुबर 1|9;3 14ग 14ङ 19;1 20 29ग 31;7 40;4 55;3 109 119;1 226;3 254 259;3 261 264 344 2|0 42 54;1 68 73;1 84;2 89;3 106;1 108;1 118;3 124 126;4 133;1 133;3 142 143;2 153;1 155 155;4 164;4 182;4 183;1 198 207 208;2 208;3 209;1 218 220 226;1 232 237;3 238;2 241;3 241;4 244 264; 271;2 274;3 275;2 286;4 289;3 307;1 317 318;1 318;2 321;4 7|130छ2

रघुबरहि 2|9 96;4 134;4 139;1 222 310

रघुबीर 1|29;4 31 56;1 85 112;4 210 214;3 234 252 257 296;2 298;1 310;3 314 321;3 326;1 353;4 361 361छ 2|24;2 51 60;4 75छ 77;1 80;1 84;3 86;3 91;4 94;1 103;3 104;3 108;2 111 124;2 135;2 144;2 165 179;3 183 195 195;1 208;4 238 292;4 309;4 3|2 2;4 6छ 7;3 8;1 9;4 13;1 14;2 19ख 20छ1 27;2 30 4|3;2 6;6 8;2 12;2 18;4 23;4 30छ 5|1;3 3छ3 7 7;3 9;4 11;3 16;1 35छ2 41 45 57;3 6|1;5 3 7;3 15ख 20;1 30;1 39;4 42;1 68 75;6 75;7 79;7 82छ 82;4 84छ 84;3 86;4 92;4 92;5 92छ 93;4 94छ 95 101छ1 103;5 106;4 108;6 109;4 119;2 119;5 121क 7|2छ 6;3 13ख 14;9 52ख 71ख 75ख 81ख 82क 90ख 115क 125;1 125क 130क

रघुबीरहि 1|248 2|142;1 200;1 5|38 6|89;4 7|7;3 30;4 116;2

रघुबीरा 1|51;4 57;2 2|79;2 151;3 202;1 3|10;7 28;1 36;6 45;3 4|5;4 7;6 5|16;2 51;3 6|5;1 11;1 80;1 91;2 96;2 100;3 7|33;3 66;4 67;4 92;2 96;1 114;6 123;4 127;2

रघुबीरू 2|144;2 326;1

रघुराई 1|49;4 100;2 118;2 200;3 204;2 210;1 211छ2 337;2 2|28;4 81;1 82;1 85;3 88;2 104;3 105;1 109;3 114;1 124;2 125;3 131;3 135;2 151;2 178;3 208;4 233;3 256;2 269;1 278;3 290;2 3|2;6 11;13 13;7 17;10 31;4 36;6 4|8;4 22;2 23;4 25;2 5|13;2 14;2 16;1 33;5 43;2 51;3 6|4;2 5;1 7;1 12;3 17;1 27;1 61;9 119;1 121;6 7|3;1 3;4 11;3 12;2 37;1 49;3 67;3 76;2 124;2

रघुराउ 2|261 301छ 310

रघुराऊ 2|12;2 91;3 183;3 211;2 232;4 245;4 253;2 255;1 258;1 266;2 274;3 290;4 301;4

रघुराजु 2|2;1 277 297

रघुराजू 1|13;4 2|225;4 239;3 304;3 316;2

रघुराथा 6|68;1

रघुराया 1|210;4 239;3 2|130;1 3|7;3 9;3 10;2 29;1 41;1 43;1 4|1;1 11;2 21;3 5|30;1 46;4 6|7;4 110;2 118;2 7|111;5 116;3

रघुसिंघ 1|234;2

रचइ 1|73;2 97;3 225;2 2|232;3 3|15;3

रचनाँ 1|320छ

रचना 1|77;3 119;4 129 151;1 224;4 225;2 244;4 285;2 287 293;3 296;3 314;3 345;1 4|2;3 5|25;2 6|2;1 106;3 7|80;2

रचहिं 1|34;4 6|1

रचहु 1|168;4 287;3 2|6;3 6;4 294

रचा 3|17;4 24;3

रचि 1|35;6 52;4 188;3 199;5 223;4 248;2 288;2 298;2 356;3 2|18 18;3 122;4 126;3 170;2 250;1 295 3|8;4 5|13;2 6|11;2 7|9;2

रचित **1**|119;2 178;3 **2**|90;4 **3**|27;1 **4**|11;2 **7**|27;2 27;3 27;4 76;4

रचि रचि **2**|119;4

रचिसि **6**|57;1

रचीं **1**|334;4 346;4 **2**|60;1

रची **1**|296;3 324;1 **2**|37;2 **7**|27छ

रचु **5**|12;2

रचे **1**|224;2 288;2 289;1 296 344 **2**|119;3 133;4 **7**|27छ 27;2

रचेउ **1**|94;1 223;4 251 297;2 **2**|214;2

रचेन्हि **1**|170;4

रचेसि **1**|86;3

रचैं **5**|25;2

रच्छ **7**|13;2

रच्छक **1**|179;1 **5**|18;2 39;2 **6**|82छ 108;5 **7**|35;4

रच्छहीं **5**|3छ3

रच्छा **1**|64 **5**|30;4

रज **1**|2;1 7;5 210 282;2 301;2 308;1 **2**|0 3;3 100;2 139;1 199;1 229;3 238;2 **3**|14;4 **4**|7;1 **6**|69;2 83छ 102छ **7**|13;4 52;2 104;2 106;6

रजत **1**|117

रजधानी **1**|25;3 151;4 179;3 **2**|183;4 235;4 273;3 315;4 322;4 **7**|97;2

रजनि **1**|226;1

रजनिचर **1**|7घ

रजनीं **2**|287;4

रजनी **1**|1;4 358;2 **2**|226;2 **3**|42क 44;4 **7**|14;3

रजनीचर **1**|179;4 181;3 **2**|63;1 **3**|19;1 **5**|17;4 18;3 36;4 **6**|47;3 67;4 72;5 114;3 **7**|14;2

रजनीचरा **1**|95छ **3**|19छ **6**|100छ

रजनीसा **7**|80;3

रजहिं **2**|315;4

रजाइ **2**|191;1 254 254;4 268;3 282;3 289 298;4 307

रजाई **2**|39;4 46;2 99;4 104;3 174;3 269;3 313;4 318;4

रजायस **2**|266;4

रजायसु **1**|355;2 359;1 361;2 **2**|3;4 38;1 82 101;3 111 174;1 181;2 230;1 278;4 296;4 300;1 324;1

रजु **1**|112;1 247;4 332;3 **6**|80;3 **7**|117;8

रजोगुन **7**|104;3

रट **2**|37;1

रटत **4**|17;3

रटति **3**|29ख

रटनि **2**|205;2 **6**|24;2

रटहिं **2**|158;2

रटहु **7**|2;2

रटि **2**|38

रत **1**|129;1 **2**|43;2 72;4 94;1 162;3 172 228;1 292 304;1 **3**|22;4 24;3 46;4 **4**|13 28;6 **5**|58;2 **6**|56 78 104छ 110;2 110;5 110;6 113;5 114;5 **7**|21;2 22;4 29;3 39 40;2 41;2 46 47;2 54 54;1 54;4 73क 96ख 98;1 98;2 99;2 111;1 112ख 121;13 121;6 127;4 128;4

रतन **1**|23;4 **2**|316;3

रतनदीप **1**|356;2

रतनारे **1**|233;2

रता **7**|102;1

रति **1**|3ख 9;3 33;4 37;7 87 87छ 88;2 89;1 91;1 104;3 106;1 130;1 151;3 198;2 200;1 247;3 297;1 318;1 325;2 **2**|75छ 91;1 123;2 129 133 204 205;1 239;4 **3**|0 5;8 10;1 13;7 14 16;4 22;5 35;4 **4**|18;4 **5**|11;1 **6**|12;4 78 109छ1 **7**|6क 22;2 24 25;1 25;3 42 49;4 96क 104;2 104;3 110;8 125;1 128

रतिनाथ **1**|84छ 213;3 **2**|25;2

रतिपति **2**|90;4

रतिप्रद **6**|121छ2

रत्न **7**|23;5

रथ **1**|101;4 195 196;4 214;1 299 299;2 301 301;1 301;4 304 326;2 333;3 339;3 **2**|6 81 83;1 86;1 142;3 143;2 143;3 145;4 187;2 187;3 188;2 188;3 188;4 203;3 228;4 272;2 275;1 **3**|28 38;4 **5**|3छ1 **6**|43;4 51;2 54;2 72 72;4 78छ 78;4 79;1 80क 80;2 80;3 80;6 81 82;2 84छ 86;2 87छ 87;2 89;1 89;2 90;1 92;1 92;2 93;2 95;1 98छ 100;5 **7**|10क 50;2

रथन्ह **1**|299;3

रथहि **2**|144;1

रथांग **2**|83

रथारूढ़ **6**|89;3

रथी **1**|299;4 **6**|80;1

रथु **2**|81;4 82 85 85;4 94;3 99 143;2 147;1 147;3 147;4

रद **1**|147;1 **2**|48;4

रदपट **1**|252;4

रन **1**|25;3 46;4 82 124;1 180;4 182;2 182;5 221;2 231;4 274 276;4 284;1 284;2 299;1 **2**|190;3 191;2 229;3 230;4 **3**|19;7 20छ2 23;3 **5**|55;2 **6**|18;1 37;2 42;4 43 47;3 50;4 52;4 57;3 64;1 67;1 67;3 73;7 75;4 78;2 81;1 82;2 85;4 90;4 95छ 96छ 103;2 104;4 107छ 119;5 **7**|2;3 8;4 58;2 68ख

रनधीर **6**|40 64 **7**|14;9

रनधीरहि **7**|7;3 30;2

रनधीरा **1**|153;2 154;1 241;3 251;4 **2**|105;3 **4**|7;6 **5**|49;4 60;3 **6**|62;6 65;1 72;5 75;6 98;6 **7**|127;2

रनभूमि **6**|100;4

रनिवास **1**|295;1

रनिवासहिं **1**|318;4

रनिवासा **1**|359;3

रनिवासु **1**|327छ2 335 337 354;1 **2**|7 147 166 284;4

रनिवासू **1**|336;4 352;4 354;3 **2**|281;2

रबि **1**|0;5 24;3 43;4 44;2 69;4 115 159;1 170 182;5 195 202;1 239;3 256;4 261छ 264 292;1 292;2 301;3 319छ 323छ2 327;2 **2**|37 37;2 59;4 122 154;2 209;2 244;2 254;3 277;1 **3**|11;1 **4**|28;1 28;2 **5**|16;1 47;2 **6**|79;4 97;1 102;5 111;8 **7**|12;1 23 27;4 30;2 31 72;4 78ख 80;3 91क 92छ

रबिकुल **2**|58 154;2 159;1 274 296;1

रबिकुलनंदन **1**|331;3

रबितनुजा **2**|112;1

रबिनंदनि **1**|2;5

रबिबंस **2**|232;3

रबिमनि **3**|17;3

रबिहि **2**|267;2 **3**|17;3 18 **7**|122;9

रम **1**|80

रमन **1**|0;4 103 **2**|273;3 **7**|34;2

रमा **1**|31;5 136 136;2 138;1 317;2 318;3 322;4 **2**|273;3 324;4 **3**|32;5 **6**|107छ 111;6 **7**|11ख 24;5

रमानाथ **7**|29

रमानिकेता **1**|128;3

रमानिवास **6**|113छ 113;8 **7**|28छ 83क

रमानिवासा **3**|12;1

रमापति **1**|124;4 125;2 126;4 284;4 317;2 **4**|13;3

रमापती **6**|121छ1

रमारमनं **7**|14;1

रमासम **1**|247;3

रमेउ **2**|133;3

रमेस **7**|13;4 14;1

रम्य **1**|44;3 105;4 178;4 227 **6**|2;2 11;1 111;11 **7**|0ख 29छ

रम्यता **1**|212;3

रव **1**|86छ 157;1 261छ 297;2 301;1 **3**|40;5 **4**|17;2 **6**|13;4 53;4 76;3 78छ 79;4 97छ 103;2 **7**|29छ 56

रवकारी **7**|76;4

रवन **7**|92ख

रवनि **1**|279

रवनी **1**|182;3

रस **1**|9;2 9;5 10;4 22 37;5 37;7 38;2 61;4 69;3 111 118;3 119 146;4 198;1 208;4 211छ3 212;4 278;4 293;3 327छ2 329;3 **2**|46 50;2 59;4 92;2 103;2 124;4 128;1 176छ 176;4 179;4 208 222;4 229;3 230;1 275 284;3 326 **4**|16;3 **5**|36;3 **6**|26;3 61 81;2 **7**|12क 17ख 47;4 53;1 65;1 90;3 125;1

रसना **1**|325छ1 **2**|25छ **6**|33;4 33;5 **7**|88;2

रसभंग **6**|13ख

रसा **2**|179;1

रसातल **2**|179;1

रसाल **1**|87;1 **2**|6;3 63;4 237;1 **6**|90छ

र

रसाला **1**|60;3 262;3 344;4 **3**|40;3 41;2 **7**|56;5 89;1

रसिक **1**|9;2 **2**|59;4 **7**|69ख

रसु **1**|57ख 241;3 268 **2**|304;4 317;2 **5**|15;4

रसू **2**|318;2

रसोईं **1**|173;4

रसोई **1**|168;3 173;1

रहँसि **2**|4;1

रहँसेउ **2**|7

रह **1**|17;4 172;4 259;1 352;4 **2**|152;1 264;1 **3**|5;8 28;5 **4**|1;1 14;1 28;6 **5**|8;3 **7**|23;3 24;2 62;1 78;3 112;2 122;6

रहइ **1**|49;1 62 62;2 **2**|24;4 131;3 166;1 **4**|3;2 **6**|55;4 **7**|112;3

रहई **1**|118;1 341;4 **3**|5;7 **4**|4;1 28;6 **5**|3;1 **7**|106;6

रहउँ **1**|81;3 162;1 **4**|6;7 **7**|75;2 80ख

रहउ **1**|71;2 252;1 252;3 **2**|4;3 **4**|18;2 **7**|124क

रहऊँ **2**|59;3 **3**|45;3 **7**|114;7

रहत **1**|327;1 **2**|14;2 66 78;1 81;3 216;4 269;2 **5**|15;4 **6**|11क

रहति **1**|29;3 50;4 **2**|140;2 **3**|29ख **5**|30;4

रहन **2**|185;4 **7**|19;2

रहनि **1**|150 **2**|314;2 325;4 **5**|7;1 **7**|65;4

रहब **1**|360;4 **2**|16;2 104;3 136;2 273;1

रहसि **5**|36;3

रहसी **2**|17;1 43;1

रहस्य **1**|111;2 196;1 **7**|74;2 85;4 93;4 114;1 116क

रहहिं **1**|161;1 179;1 213;2 **2**|2;2 25;1 44 128;3 151छ 166;2 214;3 **3**|6क 38;6 **4**|26 **5**|36;1 **6**|52;4 **7**|1;8 15;4 23;1 25;2 30 112;1 112;3

रहहीं **1**|66;1 360;2 **2**|48;3 210;2 **3**|14;2 **5**|40;3 **6**|16;1 18;4 **7**|9;5 23;5 25;1 25;3

रहहूं **6**|107

रहहु **1**|171;2 **2**|19;4 63;4 71;3 71;4 131;3 **3**|8;3

रहहू **2**|61;2 **5**|37;4

रहा **1**|13;1 59;2 101;3 136;3 172 176;2 217 242;4 276;1 286;4 325छ1 326;1 354;1 **2**|17;3 244;1 276;4 **3**|18;5 19छ **4**|29;4 **5**|9;1 25;3 57;6 **6**|18;2 21;2 23क 24 36;3 43;2 82;2 95;2 104;5 111;4 113;6 **7**|0क 17;4 21;2 56;1

रहि **1**|81;2 264;2 290;3 **2**|54 104;2 153;2 **6**|101;3 **7**|82;1 101;1 119;3

रहिअ **1**|214;3 **2**|229;4 271;3 **7**|106;8

रहिअहु **2**|246

रहिउँ **3**|17;5

रहित **1**|9 10;3 14घ 15;6 38 80;2 104 116;2 118;3 120;3 160 164 176;4 185;4 211 **2**|12;2 74;3 93;4 97;3 140;1 145;4 148;2 155;3 **3**|22;2 45 46;4 **5**|50;2 **7**|47;3

रहिहउँ **2**|66;2 **4**|12;4

रहिहहिं **2**|49

रहिहि **1**|95छ 174;2 223;3 **2**|96 103 144;2

रहिहु **1**|141;2 **7**|60

रहीं **1**|89;4 349;4 **2**|170;1 **7**|29

रही **1**|87छ 211छ1 227;2 228;4 241;2 262;4 324छ2 336;1 337;1 357;2 **2**|122;4 161;4 303 320;2 **4**|6;1 **5**|8;2 23;3 49;3 **6**|9;2 20;1 29;4 53;4 81छ2 83छ **7**|102;4

रहु **2**|14;4 185;3 **3**|28;7 **6**|74;2 **7**|107;4

रहें **2**|284;2 **5**|59;2

रहे **1**|48;3 55;4 73 85छ 90;1 95;3 131;1 133 143;4 144 145;1 145;2 148;3 176;3 179;1 188;3 210;1 210;4 215;2 230;4 241;4 269;4 290;4 338;3 **2**|123 137;3 139;3 150 160 179;3 226छ 240;3 259;4 270;2 316;4 322;3 **3**|12;7 13 40 **4**|13;2 15;6 17 26;4 **5**|15;2 18;1 19;3 42 **6**|36;5 54 62;4 73;2 81;1 82छ 92;7 96छ 96;4 98 110 **7**|13;3 13;5 14;2 17;1 32;4 33;2 57;2 101क

रहेउँ **1**|30क **2**|31 262;3 **3**|8;1 8;2 **4**|5;2 6;4 29;4 **6**|83;1 **7**|60 89;1 97;2 106क 114ख

रहेउ **2**|44;2 **4**|30;2 **5**|45;2 **7**|1;5 31;1 71क

रहेऊँ **1**|185;2

रहेऊ **1**|77;3 151;4 183;1 **2**|35;2 278;3 284;4

रहेसि **6**|84;2 **7**|107;4

रहेहु **2**|82;3 **3**|18;6 **6**|75;5 **7**|20;2

रहैं **1**|323छ1

रहै **1**|183छ 192छ3 **2**|60;4 80;4 145;1

रहौं **1**|61;3 **2**|127 323;4

रह्या **1**|99छ 101छ 190;2

रह्यो **6**|53

राँधा **1**|173;2

राँय **2**|78;1

राउ **1**|16;3 154;2 158;4 165;4 174;4 214 215;1 217;4 222;2 287;1 293;4 308;1 309;3 326छ4 329;4 331 332 336;3 340;3 351;4 360;3 360;4 **2**|4;1 17 25 27:1 28;1 30;1 31;2 35 35;1 36 42;4 44;1 44;3 45;1 71;1 76 76;4 125 146;3 149;1 149;4 155 155;2 161;1 207;2 256;3 267 285;2 290;3 297;3 303;1 309;2

राउतहि **2**|191;4

राउर **1**|218;3 342;2 **2**|3 17 21;3 23;4 30;1 33 38;2 126;1 131 131;4 135 153 220;1 259;3 270;4 291;2 293;3 296;4 314;1

राउरि **2**|33;3 100छ 255;4 258;2 264;1 267;3 296;4 299;1

राऊ **1**|8;3 170;4 188;4 207;4 217;1 291;3 302;1 361;1 **2**|1;4 21;4 25;1 39;2 42;4 51;4 82;4 149;3 150;1 152;3 162;3 201;1 248;4 287;4 289;2 292;4 294;1 **5**|57;3 **6**|112;2

राका **2**|325;3 **3**|42क - **7**|3ग

राकापति **7**|78ख

राकेस **1**|4;2 32ख 245;1 274;1 **7**|9क

राकेसु **1**|262;2

राख **1**|280;3 **6**|99;5

राखइ **1**|166;3 **3**|43;3

राखउँ **2**|55;2 61;4 **7**|116;1

राखत **3**|29;13 **4**|23;7

राखन **2**|78;1 **3**|25;3

राखब **2**|152;3 229;1

राखहिं **1**|121 332;1 **2**|86;4 185;3 **7**|74;3

राखहूं **2**|57;1

राखहु **1**|111;2 218;4 **3**|31;3 **4**|10;1 **5**|40 **7**|18;3

राखा **1**|13;1 35;6 52;4 68;2 166;3 174;1 188;3 194;4 197 197;2 **2**|30;4 157;1 186;4 219;2 258;3 285;4 300;3 310;2 **3**|2;1 **4**|5;1 26;3 29;3 **6**|36;6 117;2 **7**|62;5 113;5

राखि **1**|235;1 338;1 351;3 353;1 **2**|28;1 52;2 55;1 147;3 155;3 186;4 188;2 233;3 240;3 272;2 293 305;4 **3**|2;3 24;2 29;10 29ख **5**|5;1 43;2 **6**|27;1 60क 77;1 118क **7**|88;4 109क 114;7 125क

राखिअ **2**|66 309 **3**|37;5 **5**|43;4

राखिसि **3**|29क

राखिहि **2**|68;1

राखिहैं **5**|22

राखीं **1**|306;1 **2**|313;3

राखी **1**|77;4 340;2 **2**|170;1 174;4 216;1 219;4 229;3 244;1 258;4 262;1 264;1 **6**|56;1 108;7 **7**|19;3 109घ 128;1

राखु **2**|34;4 **4**|10छ1 **6**|56;3

राखें **2**|2;2 68;1 254 258;2

राखे **1**|25;1 26;3 45;2 85 128;4 131;3 200;2 **2**|90;2 128;3 199;2 214;3 215 243;1 **3**|10;11 41;5 **5**|29;3 **7**|41;4

राखेउँ **3**|31;2 **7**|123ख

राखेउ **1**|17;1 216 **2**|264;3 266;4 **3**|8;3 **4**|12 **6**|24;7

राखेसि **1**|171 182क **2**|89;4

राखेहु **1**|77;3 355;4 **2**|308;4 **6**|29;4 **7**|109;8

राखै **2**|51;4

राखौं **3**|31;4 **5**|27;4

राखेउ **5**|49क

राग **1**|302;3 344;1 **2**|130;1 219;2 **5**|47;2 **6**|79;5 **7**|14;7

रागा **2**|324;4

रागु **2**|75;3

राचा **1**|236;4 259;2

राचेउ **1**|236छ

राच्छस **6**|54;3 57;2

राच्छसी **5**|11;1

राछस **5**|57;6

राज **1**|42;3 110;3 110;4 142;4 ·143;1 153;3 153;4 164 182क 241;2 242 250;2 301;4 309 320;1 326छ2 335;4 354;4 **2**|5 8 19;2 32 50;2 71;3 112;2 161;2 174;1 178 214;2

222;4 225;4 228;4 271;2 276;4 290;1 290;4 305 322;3 325 **3**|21;4 **4**|6;5 11;5 18;2 **5**|37 53;3 **6**|6 42;3 106छ **7**|16;3 20;4 21 21;1 22 22;3 23 28;4 65;1 68;1

राजकुअँर **1**|241;1 256;2 316;3 **2**|116;4

राजकुअँरि **1**|134;2

राजकुमारा **1**|298;4 **2**|119;2

राजकुमारि **1**|130 **2**|61;1

राजकुमारी **1**|136;2 138;1 **2**|116;3 **3**|5;3 **6**|99;6

राजकुमारू **2**|161;3

राजगृह **2**|166

राजघाट **7**|29;2

राजत **1**|242 258 297;3 **2**|133 239;3 321 **6**|119;3

राजति **1**|358;2 **6**|109छ2

राजदुआर **1**|348

राजधरम **2**|316;1

राजन **1**|293;2 294;3 326छ2 **2**|3

राजनय **2**|288;2

राजनीति **2**|189;3 **3**|28;6 **4**|23;7

राजपदु **2**|152;2 174;2

राजमद **2**|229;1

राजमदु **2**|231 231;3

राजमराल **1**|134

राजमराला **3**|8;1

राजसभाँ **1**|29;4 **2**|2;1 171;2

राजसमाज **1**|317छ **2**|221;3

राजसमाजहि **1**|266;3

राजसुख **1**|160;4

राजहिं **1**|190;4 295;2 **7**|27छ

राजहि **1**|158;2 161;4 336छ **2**|18;3 38 40;3 275;4

राजहीं **1**|325छ4 **6**|81छ1 103छ2

राजाँ **1**|244;4

राजा **1**|18;1 25;3 44;4 130;1 133;3 143;2 156;2 157 158;3 160;3 164;1 166;1 169;3 171 172;3 176;1 193;3 203;3 205;4 207;1 208;1 251;3 271;3 295;1 313;4 339;2 **2**|7;1 127;3 148;2 250;4 254;1 256;3 273 273;3 292;3 **3**|17;7 21;5 **4**|30;4 **5**|5;1 29;1 **6**|20;2 **7**|29

राजि **1**|86;3 **6**|15;4

राजिव **3**|11;10 **5**|32;1 35;1 **6**|61;9

राजिवनयन **1**|18;5

राजिवनेन **2**|124

राजिवनैन **6**|67

राजिवनैना **4**|30;6

राजी **1**|300;1

राजीव **1**|148;1 211छ2 316;2 **3**|11;4 32छ2 **6**|71छ 113;5 115;4 **7**|5छ1 5;4 18क 76;3

राजु **1**|48;4 **2**|11 22;3 23;4 31 31;4 49 51 51;2 54;4 55 175;2 175;4 177 178;2 179;1 189;3 207;2 207;4 222 235 247;3 273 324;3 **4**|11 **5**|23;1 49क **6**|7;3 107छ 107;4 116च **7**|112;3

राजू **1**|270;2 **2**|42;1 53;3 65;2 187;2 228;3 285;3 313;1 322;4 **3**|30;7 **4**|12;5

राजे **1**|265;1 327;3

राता **1**|7;1 204;1 **6**|85;4 **7**|127;1

राति **1**|354 **2**|11;4 20;3 138 150;3 157;3 201छ 202;4 **3**|22 **4**|6;2 **6**|61;1 **7**|78ख

रातिहिं **2**|221;1

राती **1**|6;3 108;4 195;2 197;1 **2**|7;4 13;2 16;2 155;2 169;3 201;1 212;1 **3**|8;2 21;4 **4**|7;11 12;2 **5**|27;4 46;3 **6**|72;2 100;2 **7**|2;2 106;4 120;2

राते **1**|268;3

रानि **2**|13 13;4 14;4 16 19;1 22;1 23;1 25छ 43;1 170;1 207;3 252;3 271;2 284;1 287 287;4

रानिन्ह **1**|260;3 267;4 295;4 334;4 352 352;3

रानिहि **2**|122;1 223;3

रानीं **1**|334;1 354;4 358;2 **2**|196;2 247;1

रानी **1**|16;3 40 145;3 172;2 190;4 193;1 242;2 256;3 257;1 263;2 267;3 295;2 317छ 319;1 322;2 322;4 324;3 337;1 337;3 346;4 352;1 355;4 360;4 **2**|13;3 16;3 17;3 20;2 21;2 39;1 55;3 110;3 125;4 148;1 153;4 156;2 187;4 235;4 247;3 256;3 273;3 282;4 283;4 284;3 289;1 309;4 **5**|9;2

राम **1**|1;4 2;1 2;4 3;4 7;5 9;2 9;4 10क 10ख 10;4 10;5 11;3 12;2 12;5 13;5 14;5

15;6 16 16;4 17 17;1 17;2 17;5 18 18;1
18;2 19;1 20;2 22 22;3 23 23;3 24;1
24;2 24;3 25 25;1 25;2 25;3 26 27; 28;1
28क 28ख 28;2 28;6 29;1 29क 29ख 29;2
29;4 30ख 30;2 32;1 32क 32;2 33 33;3 34
34;2 34;3 34;4 35;2 36;2 36;4 37;2 38;3
39;3 39;4 39;6 40;1 40;2 41;2 41;3 41;4
42;2 42;3 43;2 44;1 46 46;3 46;4 47;2
47;3 48;2 52;4 53 54;1 54;2 55;2 55;4
75;4 76;2 76;4 104 104;3 105;2 108;3
109;2 109;4 110 110;3 111;2 112 113;3
113;4 114;2 114;4 115 115;2 116;3 116;4
117;2 117;3 119;3 120;1 120ग 120;3 121
121;2 122;1 124;1 124ख 124;2 128;1 138
141 148;2 152 190 196;3 197 197;3 198;2
200;1 201;4 204 205;2 207;3 208;3 210;2
212;1 212;3 218;2 218;4 220;2 221;4 222;1
225;1 225;2 234;2 237;1 245 245;1 245;2
249;1 249;2 252 254;3 255;2 255;3 257;1
259;4 260 260;4 261छ 261;4 262;4 263;4
264;2 264;4 265;3 265;4 267;4 271;2 272;1
277;3 278 279;4 280 281;4 282 282;3
283;4 284 284;4 290;1 292 293;1 294;3
295;3 296;3 297 304;1 310;3 311;1 311;2
312;2 314;2 315 316छ 317;1 317;2 318
319 319;2 321छ 323छ2 323;2 324;3 325छ1
325;2 325;4 328;3 331;4 335;4 336 336;1
337;1 337;2 341;2 345;2 345;4 346;1 349;2
351;1 353 355 357 359;4 360 360;2 361
361छ 361;2 361;4

2|1;4 2;1 2;4 3;1 5 7;1 7;2 8 8;2 8;3 9
10;1 10;2 12;2 13;1 15;2 15;4 18;1 18;3
18;4 19 22;4 24;1 24;2 26;3 28;4 32;1
32;3 33;1 33;2 34;4 36;2 37;4 39;3 40;2
40;3 43 43;1 43;2 46;3 48 49 49;3 50;1
50;4 51;3 53;2 54 55;4 57;4 58;4 69;1
70;3 70;4 73 74 74;2 74;4 75;1 75छ 75;2
76;1 78;1 78;3 79;3 81;1 81;2 84;1 84;3
84;4 85 85;2 85;4 86 86;2 87;1 89;1
89;3 91;3 92;1 93;3 93;4 94;1 94;2 94;3
95;1 96;3 99 99;3 99;4 100;1 100छ 101;3
104;4 107;2 107;3 108 108;4 109;1 109;2
110;1 110;4 111 111;1 111;3 111;4 112;1
113;2 113;3 113;4 114;2 115;1 116;1 122;4
123;3 123;4 124;1 124;3 125;1 125;2 126
126छ 127;4 128 128;1 128;2 129 129;2
129;3 130;3 130;4 131;2 131;4 132;1 132;4
133;3 134;1 134;4 135;4 137;1 138;1 139
140;1 140;2 142;2 143;3 145;4 146;2 146;4
148;4 149;2 149;3 151;2 152;4 153;2 154;2
154;3 155 155;1 155;3 156;1 158;4 159;4
160 161 162 165;2 166;1 166;4 168 169;1
171;4 173 174;2 175;3 175;4 178 178;2
178;4 179;2 179;4 180;2 181 181;1 182;4
184;1 184;2 184;3 185 186;4 187 188
188;1 188;2 190 190;2 190;4 191;2 192;1
193;4 194;2 194;3 196;1 197;4 198;1 199;4
200;3 200;4 201;1 201छ 201;4 203 204
205;1 205;4 206;2 207;3 208 208;1 208;2
208;4 209 209;3 210;1 210;2 211;3 211;4
212;3 212;4 213 214;1 216 216;3 216;4
217;2 217;3 218;2 218;3 218;4 219 219;4
220;1 221;4 222;4 223;1 224 224;1 224;2
224;3 224;4 228;2 229 229;2 230;2 230;4
231;3 232 233;2 234;1 235;3 235;4 236
238;2 240 241 244;1 244;2 244;3 244;4
247;4 248 248;2 249;1 249;3 250;2 250;3
250;4 251छ 252;2 252;4 253;1 253;2 254
254;2 254;3 254;4 255;1 256;1 257;3 257;4
258;3 259;1 259;4 260;1 265;1 265;4 266;2
266;4 273 274;4 275;2 277;1 277;2 277;3
279;1 279;3 280 280;1 280;2 280;3 280;4
281;4 283;1 284;4 285;1 285;4 286;2 286;3
289 289;4 290 290;1 290;4 291;1 291;4
292 293 294;4 295;4 296 296;3 297;1
298;4 302;2 304;1 304;2 308 309;1 309;2
309;3 309;4 311 311;1 311;2 311;4 313;2
313;3 316 317;1 317;2 318;4 319;1 321;3
322 322;1 322;4 324 324;1 324;4 325;1
325;3 326 326;1 326छ 326;4 **3**|0 1;2 2;1
2;3 2;5 3;1 3;4 5ख 6क 6;3 7 7;1 9;1
10;1 10;10 10;12 10;3 10;9 11 11;10
11;11 11;4 11;6

3|12;4 13;9 14;1 17;10 17;9 18;5 18;7 19क
19;4 20छ4 22;4 23;4 24;2 26;4 27;7 29;11
29;9 30 30;9 31 31;1 31;3 32 32छ2 32छ3
32;5 34 34;3 36छ 37;1 39;1 39;2 41;1
41;3 41;5 42;4 43;1 45;2 46क 46ख

4|2;1 4;3 5;1 5;3 7;10 7;9 8 9 9;2 10
10;1 10छ2 10;2 11;1 11;5 12 12;1 19;1
21;1 22;1 22;2 22;3 23 23;3 25 26;3
26;6 27;4 29;1 29;2 30;3

5|1 2 2;2 4;4 5;2 6 8 8;1 11;1 13;5 14;5
15;1 15;5 16;1 16;2 23 23;1 23;3 27
29;2 29;4 34;2 35;1 35छ1 35;2 36 39;1
39;3 40 45;2 46 47 47;3 49;1 49;5 51;1
52;1 53;1 54;1 54;2 54;3 55 55;1 56;1
56क 56ख 57 57;2 57;5 57;6 60;3 60;4

6|0क ख 1;3 1;4 3 3;3 3;4 5;3 13ख 14;4
15क 17क 18 19 21;5 23घ 26;3 27;1 27;2
27;4 30;4 32;1 33ख 34;2 34;4 35क 35;2
35;4 37;3 38;2 39 39;1 39;4 41छ 41;4
42;1 44;1 45;1 45;2 46;1 48;1 48;4 52
52;3 53;2 55 55;2 56 56;1 57;2 57;3 59
59;3 60;4 61;1 62;1 63 63;1 64 64;5

67;4 70;2 70;3 71;6 72;1 74;1 74;5 78 79छ 80ख 81;1 81छ2 81;2 82 84 86;3 88छ 89 89छ 90 91 91;4 92;6 94;1 94;4 100;1 100;2 101छ2 101;6 102;1 103छ1 104छ 104;5 104;6 108;1 108;4 109छ2 109;3 111;1 111;4 111;5 112;4 113;1 113छ 114;5 115;4 117;1 117ख 118क 118ग 118;5 120क 120;3 121छ1 121छ2

7|0क 1क 1;6 1;8 2क 2ख 2;6 4ख 4;4 6क 9क 10;4 11;1 11ख 11;2 11;4 12;1 13;2 13;4 14;1 14ख 15;3 15;5 17क 19;1 19ग 19;2 20;4 21 21;1 21;2 22;3 24 25;1 25;2 26 26;1 26;3 26;4 27 28;4 30 30;3 31;1 32 32;4 34;4 36;1 42;2 47;1 47;2 48;1 48;2 49 50 50;4 51 52;1 52क 52;2 52;4 52;5 53 53;1 53;2 54 54;4 55;5 57;4 58 59 59;2 60;3 61 61;3 61;4 62;2 63;2 65;1 66ख 68क 68ख 68;3 68;4 69;4 71ख 72क 73;5 74;2 74;3 75;1 79क 79;2 79;4 80;1 81क 81;4 82ख 82;3 83;3 84ख 89;1 89;3 90;1 90क 90ख 92छ 93;2 93;4 94;2 95;4 96;1 96;2 96;3 97;3 103क 103;3 104;1 104क 106;1 109;5 110;1 110क 110;3 110;6 110;7 111;5 112क 112ख 113क 113;2 113;4 113;6 113;7 113;8 114;1 114क 114;2 114;7 114;8 115;4 116ख 116;3 119क 119;2 120;1 120;10 120;5 120;6 120;7 120;8 120;9 122;10 122;3 122;6 122;7 122;9 123;1 123क 123;3 124;1 124ख 124;4 125;1 125;3 126;1 126;4 127;1 128 128;3 129 129;1 129;4 130क 130छ1 130छ2 130छ3 130;2 130;3 130;4

राम: **3**|11;8

रामकथा **1**|31 31;3 31;4 47;3 47;4 109;4 113 114;1 120;4

रामकृपाँ **2**|317;2

रामगुर **2**|279

रामघाट **2**|197;2

रामचंद **2**|1;3

रामचंदु **2**|91;4

रामचंद्र **1**|140;3 321 **2**|115;3 197;3 **4**|23;2 **5**|13;3 28;2 **6**|44;3 **7**|10;3 22 23 24;3 78क

रामचरन **1**|3ख

रामचरित **1**|11 15;4 25 32;1 32ख 111;4 **7**|64;4 76;1 113;6

रामचरितमानस **1**|35;4 35;5 35;6 36;1 120ख **7**|113;5

रामधाम **2**|9;1

राम नाम **1**|10;2 10;3 19 21 27; 46;1 60;2 114;2 **2**|195;1 **3**|42क **5**|13;1 23;2

रामप्रिय **2**|193;3 **5**|17;1

रामप्रिया **2**|140

रामबनु **2**|138;2

रामभगत **1**|32;6 47;2 57;3

रामभगति **1**|40;1 66;2

रामभद्र **2**|196;4

राममंत्र **7**|113;3

राममनामयं **6**|107छ

राममय **1**|7ग 8;1

राममातु **2**|32;1 33;4

राममायहि **1**|56;3

राम राम **1**|108;4 **2**|34 37;1 86;1 142;4 148;4 155 194;3 **3**|20क **4**|5;3 **5**|6;2 **6**|58;3 59;1 **7**|1ख

रामरूप **1**|262;2

रामसखहि **2**|195;2

रामसखाँ **2**|225;3 322;2

रामसखा **2**|216;2 221;2 243;3

रामहिं **6**|57;3

रामहि **1**|31;6 50;1 59;3 104;3 104;4 112;3 227 232;4 242;3 244;4 248;4 255 257;2 263;4 266 269;4 278;4 309;1 315;4 317;3 317;4 324छ4 326 327छ2 336छ 340;2 343;4 348;3 351;3 353;2 355;2 **2**|1 5;2 7;4 14;1 15;3 17;3 19;3 22;3 27;2 31 37;1 39;1 39;2 43 43;4 44 44;2 50छ 113;3 114;4 137;1 140 160;3 169;2 187;2 189;3 189;4 192;3 201;4 205;4 207;4 219;1 227;2 234;1 274;1 292;2 303;2 **3**|6ख **5**|9 **6**|6 44;4 74;1 79 109छ2 **7**|6क 30;1 60;1 103;3 106;2 112;5 122ख 130;3

रामही **1**|311;3

रामा **1**|198;3 281;1 286;3 308;4 **2**|87;2 183;3 225;4 319;4 **3**|8;1 27;8 **4**|7;15 **6**|35;3 **7**|6;4 19;2 72;2 75;3

रामाकार **6**|114;4

रामानुज **4**|20 **5**|56;5 **6**|36;1 76 76;2

रामायन **1**|14घ 33;3

र

रामायुध **5**|5

रामु **1**|25;3 26;4 46;3 51छ 53;2 53;3 54;2 57;1 76;3 105;3 108;4 216 216;4 221;3 226 230;1 234;4 237;2 255;4 260;1 260;2 267;3 269;4 279;1 281;2 289;3 290;3 291 293;2 297;4 300 302;2 309 310;1 315;1 316;4 317;1 317;2 319;4 325छ1 334 336;2 342;3 350ख 356;3 359;1 359;2 360;5 361;3

2|1;1 2;3 3;2 4 4;1 4;4 9;2 11 11;3 13 15;4 17;3 29;2 31;3 32;3 33 33;4 39;4 41;3 44;1 45;1 47;3 48;4 50;2 51;4 55;3 74;1 74;2 74;3 75;2 75;4 76;4 77;3 79;4 80;4 81;3 82;4 83;1 83;2 84;3 87;3 91;1 91;2 94;4 102;1 107;2 108;1 110;2 113 121 121;3 123;1 124;1 139;3 141 141;2 143;4 148 149 150;1 154;4 155;1 162;4 164;2 165;1 166;3 174;2 177 181;3 182;2 182;3 183;4 184 188;1 194 198;4 201 203;3 205;1 210 217 217;2 218;4 219;3 220;3 222;1 225;1 226;2 229;2 233;4 237 240;4 243;1 254;1 256 256;3 265;4 270;3 273;3 273;4 274;4 275;4 280;1 280;2 282 285;3 289;1 289;3 291;3 294 297;3 313;1 314 316;4 320;4

3|3;3 27;5 27;8 32छ2 **4**|7;11 7;12 11;4 12;5 30छ **5**|6;4 41 41;4 **6**|11क 12ख 33;4 34;5 38ख 76 93छ 99 101;7 103;2 117;4 119;3 120;1 **7**|32;1 90क 91;4 92क 92छ 97;4

रामु रामु **2**|38

रामू **1**|26;3 112;2 117;4 **2**|197;2 203;2 261;4

रामेस्वर **6**|3;1

रायँ **1**|190;1 306;2 324;3 338;3 **2**|2;3 30 110;3 174;2 179;2 264;3 292;2 **6**|121छ1

राय **1**|348;3 **2**|10;2 39;1 117;4 181;2 284;1 296;4

रायमुनीं **6**|103छ2

राया **1**|128;3 169;2 **3**|13;9 **7**|80;2

रारि **6**|9

रारी **1**|42;3 **2**|190;3 191;2 192;3

रावन **1**|7;3 49;1 110;4 122 124;1 176;1 179;3 182क 182;3 184;3 211छ2 256;2 **3**|17 17;2 21;3 28 28;3 28;7 29;8 **4**|28;6 **5**|18;3 21;2 22;4 25;2 33;3 38;1 39;4 42;2 49क 51;4 52;4 53;1 54;2 55 56;5 **6**|8;1 10;4 13ख 18;2 19;4 23;4 23;5 24 24;6 25 25;1 25;4 27;1 27;4 28 29;3 32;4 34;3 35;6 41;4 44 44;1 48;3 54;3 57;3 63 64;3 64;4 78;1 79छ 82;2 83छ 83;2 85;1 85;3 88 89;3 90;2 90;4 91;3 92;3 92;4 95छ 95;2 96;3 97 98;7 100 101छ2 104;1 111;2 114;5 116;2 119;6 **7**|64;4 68;1

रावनहिं **6**|42;3

रावनहि **1**|178;2 **4**|30;5 **5**|4;3 35;4 49ख **6**|5;5 19;1 35ख 40;3 79 94 98 99 **7**|67;3

रावनारि **3**|46क **6**|113;3 121छ2 **7**|51;3

रावनु **1**|25;3 46;4 250;1 **5**|9;1 9;2 **6**|38;3 56;1 80;1 95छ 97;1 100छ 100;4 102;3 118;2

रावरी **1**|29ख **2**|201छ

रावरें **1**|326छ2

रावरो **1**|236छ

रासभ **3**|29;3

रासि **1**|0;1 193;4 323;1 **2**|58;1 59;1 106;4 117;4 144;4 **3**|22;5 **6**|33;3 **7**|77;4 117क

रासिन्ह **6**|53

रासिहि **7**|30;5

रासी **1**|23;3 26;1 31;7 46;2 80;2 246;2 310;2 339;2 **2**|237;3 **3**|30;9 **5**|60;3 **6**|12;1 17;2 **7**|4;4 55;2 65;3 111;3 117;1 124;4

राहु **1**|4;2 170 238;1 **6**|12;3 22क 92;;1018

राहू **1**|7;3 156;3 250;1 281;3 **2**|55;1 209;2 **3**|28;3 **6**|32;5 92;7

रिकि **1**|94

रिच्छेस **6**|39;2

रिछेसा **4**|29;4

रिझाइ **5**|56क

रिझाई **6**|24;1

रिझाएँ **1**|162;1

रितु **1**|19 37;6 42;1 227;2 312;3 **2**|23;3 52 136;2 215;4 **3**|44;3 **4**|12;4 16;1 16;3 17 18;1 **6**|5;3

रितुराज **2**|133

रितुराजा **1**|86;3

रितुराजू **1**|42;2

रिद्धि **7**|118;4

रिधि **1**|345;1 **2**|1;2 213;4 214;1 **7**|83ख

रिन **2**|229;1

रिनु **1**|276;1

रिपु **1**|14क 170 170;4 171;2 171;3 175;4 181;3 197;4 211छ2 231;4 271;2 274 **2**|17;3 229;1 **3**|2;4 17;6 19;5 19;7 20क 20छ4 20छ3 20छ4 21;1 21क 43;5 **4**|6;2 6;6 **5**|5;1 40;2 40;4 41;2 43;1 52;1 53 56;3 **6**|1;2 8;4 10 16;2 17;4 23छ 28;4 34ख 35क 35;5 39;1 44;4 45 47 67;4 68;1 76;5 76;7 78;3 80क 80;6 84;4 93;3 96छ 98;1 98;3 99;1 99छ 102;1 106छ **7**|2;3 120ख

रिपुदमनु **2**|13

रिपुदल **3**|18;7 **6**|107छ

रिपुदवनु **2**|318;2

रिपुदवनू **2**|243;1

रिपुरूप **7**|101;3

रिपुसूदन **1**|17;5

रिपुसूदनहि **1**|325छ3 342 **2**|241

रिपुसूदनु **2**|71;1

रिपुहन **2**|163;4

रिपुहि **5**|32;2

रिपुहीन **1**|164

रिषयँ **2**|253;4

रिषय **1**|44;4 78; 186छ4 217 320

रिषि **1**|24;2 48;1 2 51;4 97 209;4 **2**|109;3 206;4 214 216;1 243;3 278;4 291;3 **3**|2;2 9;2 12;1 12;5 **5**|23;1 57;6 60;1 **7**|64 113;1 113;2

रिषिधरम **2**|324;2

रिषिनायकु **2**|308;4

रिषिनारी **5**|42;3

रिषिन्ह **1**|78;1 212;2 **2**|275;4 **6**|120;2

रिषिपतिनी **3**|5;1

रिषिबधू **3**|5;2

रिषिराई **1**|133;2

रिषिराऊ **2**|312;2

रिषिहि **1**|128;3 189;3 208क

रिषीसा **1**|75;2

रिष्टपुष्ट **1**|93;4

रिष्यमूक **4**|1;1

रिस **1**|87;1 109;1 157;2 158;3 268;3 270;2 271;4 273;3 274;4 277;3 278;3 279;3 279;4 280;1 281;4 282;1 283;4 **2**|25;2 31;1 32 32;2 32;3 51;1 163;1 163;2 230;3 **5**|56;4 **6**|31;3 34;1 51;1 70;4 84;1 93;1 94छ 98;1

रिसाइ **1**|271;1 271;4 **6**|32ख 74ख

रिसाई **5**|41;1 **6**|10;1

रिसाते **1**|268;3

रिसान **6**|56 74;4

रिसाना **3**|28;8 **5**|19;1 **6**|42;3

रिसानि **2**|25छ

रिसानी **1**|41;2 **2**|25;4

रिसाने **1**|278;1

रिसाहिं **2**|218;2

रिसौंहें **1**|252;4

रीछ **1**|18;1

रीछपति **4**|30;2 **6**|118ख

रीछा **6**|50;4 114;4 118;5

रीझत **1**|28;6 29;2

रीझहु **1**|342;2

रीझिहि **1**|134;2

रीझेउँ **7**|85;3

रीझै **1**|131

रीति **1**|4 57ख 302;1 309;1 320छ 322;2 323छ2 325छ2 325;4 327छ2 349 350ख 354;4 360;5 **2**|15;2 28;2 260;4 267;3 299;1 306 **7**|116;1

रीतीं **1**|320;1

रीती **1**|28;3 185;2 **2**|194;1 302;1 305;1 **3**|16;3 45;1 **4**|4;4 12;1 **5**|7;3 46;3 **6**|3;3 **7**|8;3

रीते **1**|82;3

रुंड **2**|192;1 **3**|20छ6 **6**|53;4 68;4 88छ 88;5 103;1

रुख **1**|58;2 244;4 334;3 **2**|2;2 25;1 39;1 43;1 54 59;4 78;1 118;3 126छ 153;1 196 218;2 244;1 254 258;2 260;1 278;4 287;4 290;2 293 313;3 318;3 **6**|109;3 118;5 **7**|6छ 19;3

रुचि **1**|8;4 23;2 28क 36;5 109;4 150;2 151;1 225;1 241 298;2 331;3 353;3 **2**|82;3 107;2

181;2 204 214;4 219;4 253;2 258;4 280;1 288;4 289;2 301;1 302;3 303;4 313;3 314;2

रुचिर **1**|86;3 147;3 151;1 188;3 209;1 219 219;3 224;1 226;1 243;4 289;1 301 301;4 329;3 356;3 **2**|126;3 133 214;2 **3**|7;4 17;4 24;1 27;2 27;4 41;1 **4**|2;3 12 24 **5**|35छ2 **6**|11;2 71;6 108;4 109छ2 114क 115;1 119;3 **7**|4;1 11;1 27छ 27;2 28छ 28;4 29;1 30;2 57;1 76 76;2 76;3 95ख 129;2

रुचिरताँ **1**|320छ

रुचिरता **1**|327;5

रुचिराई **7**|29;4

रुचिराकर **7**|120;7

रुज **1**|1;1 133;1 141;3 **3**|21क **7**|100क

रुजा **7**|14;2

रुदन **1**|193;1 **6**|1;2 77;4 105;2 **7**|77क

रुदनु **2**|156;3

रुदहिं **6**|102छ

रुद्र **1**|133 **4**|6 **6**|27;1 **7**|92;3

रुद्रहि **1**|86;2 96;2 136;4

रुद्राष्टकमिदं **7**|108;9

रुधिर **2**|163;3 **3**|1;4 **4**|6;4 **5**|4;2 **6**|52;2 53 76;1 87छ 92;4 92;5 93छ 98;4 102छ 103छ2

रुधिरोपल **6**|46;6

रूँधहु **2**|17;4

रूख **1**|128 227;3 **2**|119;2

रूखा **5**|17;4 22;2 **6**|26;3 **7**|88;3

रूखी **2**|51;1

रूखे **2**|50;2 179;4

रूचइ **2**|191;2

रूठा **6**|99;4

रूपं **3**|11;6

रूप **1**|21;1 21;2 21;3 21;4 48क 52 55;2 76;3 111;4 115;2 120घ 130;2 131 131;1 132;3 133;3 134;1 136;1 146;3 148;3 183;2 184;4 192छ1 193;4 198;3 199;6 201 204;4 205 216 220;2 221;1 229;3 231 232;2 241;3 246;4 247;1 248;2 269;4 289;3 314;3 315 316छ 317;1 323;1 325छ3 335 335;2 341;1 349;4 360 **2**|58 58;1 59;1 89;1 114;2 115;2 128;4 149;3 156;3 200;3 276;4 **3**|2;1 4;11 7;4 10;9 13;7 17;10 17;4 18;3 22;5 24;2 28;7 30;4 32छ2 **4**|1;2 1;3 1;4 3 **5**|2;5 3 3छ2 4;1 5;2 6;3 8;3 10 16;5 26 26;2 47;4 58;4 **6**|4;4 11क 15क 16;2 55;4 63 77 96;1 109छ2 118क 121;1 **7**|1क 6;3 11ख 13;1 17क 25;4 30;1 32;3 47 63ख 72;2 73ख 77;4 81;4 90;3 91;2 120;2

रूपमय **1**|247;4

रूपा **1**|22;1 172;1 187;2 192छ4 325;2 **2**|93;4 **3**|32;1 **4**|17;2 **7**|48;4 81;3 116;1

रूपु **1**|96;4 100;3 130;2 249;1 **2**|1;4 73 111;3 111;4 156;2 222;1

रूरी **1**|42;1 188;3 199;3 **2**|8;2 250;1

रूरे **1**|241;2 324;3 **2**|128;3

रेंगाई **6**|79;6

रे **1**|271 272;2 **6**|21;1 25 26 26;3 31;4 33;3 83;1 94;3 **7**|107;1

रेख **1**|12;2 67 147 199;2 219;4 235 **2**|19;4 21;4 123;3 199;1 **6**|36;1

रेखा **1**|76;2 199;2 **2**|190;4 **3**|30;9 **7**|76

रेखें **1**|243;4

रेत **6**|87छ

रेता **2**|102;1

रेनु **1**|14च343;1 **2**|3;3 **4**|16;4 **5**|5;2 **6**|79;4

रेनू **1**|146;1 167;4 **2**|197;4

रे रे **3**|29;6

रैनि **2**|156;4 253;4

रोइ **2**|94 **3**|21ख

रोई **1**|184;4 **2**|27;3

रोकन **6**|56;2

रोकहिं **7**|7;2

रोकहु **2**|190;1

रोकि **1**|274;4 **2**|64;2

रोकी **1**|50;4 148;3 213;4 259;1 273;3 **3**|17;3 **5**|45;2 **7**|33;1 83;2

रोकें **2**|216;4

रोके **6**|52;4

रोग **1**|32;2 **6**|120;5 **7**|14;5 14;9 20 102;2 120;4 121ख 121;4 122;1 122;4 129;1

रोगबस **3**|5;4 **6**|31;2

रोगसम **2**|65;3

रोगा **7**|121;14 122;3

रोगीं **1**|350;3

रोगी **1**|133;1 **7**|122;1

रोगू **2**|217;1

रोचन **7**|3;3

रोदति **1**|87छ 96

रोदन **1**|192छ4 **3**|21क

रोपहु **2**|6;3

रोपा **6**|6;2 34;4 **7**|112;6

रोपि **2**|267;3 **7**|71ख

रोपी **2**|299;4 **6**|82;2

रोपे **1**|344;4

रोम **2**|6;2 **6**|15;4 **7**|5;4 22;1

रोम रोम **1**|192छ3 201

रोमावलि **1**|104;1 **6**|112;2

रोमावली **6**|19;3

रोवइ **7**|74क

रोवत **6**|104;1 104;2

रोवनिहारा **6**|104;5

रोवहिं **2**|153;4 156;2 256;3 276;4 **6**|42;2 72;3 102;4

रोवा **4**|11;3

रोष **1**|4;3 251;3 **2**|31;1 34;1 218;3 **3**|29;9 **6**|23घ 24;4 **7**|66ख 106ख

रोषा **1**|127;1 **6**|103;1

रोषु **1**|46;4 266 274;2 **2**|32;3 75;3

रोषू **1**|281;3 **2**|126;2 166;1 219;2

रोसा **3**|29;2 **5**|51;2

रोसु **1**|281

रोसू **1**|272;2 **2**|93;1 172;1

रोहिनि **2**|123;2

रौताई **2**|35;3

रौरव **3**|5;8 **7**|107;3 121;13

रौरिहि **2**|3;2

रौरें **2**|290;3

ल

लँगूर **6**|101;8

लंक **2**|81;2 **6**|43;3

लंकपति **6**|16क

लंकहि **5**|4;1

लंकाँ **5**|53;1 **6**|55;4 **7**|67;2

लंका **1**|178;4 **4**|28;6 **5**|3;5 4;3 6;1 11;2 11;3 23;1 26;4 33;3 36;1 53;3 55;4 **6**|5;3 10;4 13;2 17;3 18;4 34;1 34;2 36;2 39;1 39;5 40;1 45;4 74;5 77;1 84छ 85;3 107;1

लंकापति **5**|50;3 **7**|7;4 8;1 17;4

लंकिनी **5**|4;1

लंकेस **3**|22;1 **5**|19;1 19;3 21;1 46;2 49;1 50;4 **6**|11;3 42;3 90;1 101ख 113;4

लंकेसा **7**|4;1

लंगूर **6**|58;3 87;3

लंपट **1**|115;1 184;1 **2**|168;2 **7**|40;2 100;1

लइ **2**|196;4 198;4 278 **5**|25;1 **6**|62;2

लईं **1**|325छ2

लएँ **4**|26;1

लए **1**|326छ2

लकुट **2**|240;1 **3**|10;11

लखइ **1**|134;1 229;4 **2**|22;1

लखन **1**|20;2 218;1 230;1 240;1 254;1 259 266 271;3 272;1 274;3 275;1 276 276;1 277 281;3 295;3 308;4 311;2 342 359;4 **2**|10 13;4 73;3 73;4 84;3 85 87;2 89;1 90;2 90;3 92;2 96;2 96;3 99;4 100 102 102;1 105;1 107;2 108 110;1 111;2 111;4 112;1 112;2 113;3 114;1 114;2 115;4 116;1 118 118;3 122;4 123;4 128;2 133 133;1 133;3 141 141;1 142;4 146;1 146;4 148;4 149;3 151;2 152;4 155;4 159;4 161 163;2 165;1 171;4 173 178;2 180;2 182;4 193 196;3 200;1 203;2 208;2 210;2 211;4 216;3 224;4 226;4 227;3 231;1 231;3 231;4 232;2 233;2 237;4 239;1 239;2 240;2 240;3 242;1

245 247;3 256;2 262;2 280;2 317;1 320 320;4 321;2 326;1

लखनहिं **1**|278;2

लखनहि **1**|311;1 325छ3 **2**|106;2 142;1 318

लखनहु **2**|243

लखनु **1**|216 218;3 226 226;4 237;2 238;4 252;4 254;2 263;4 267;4 269;4 273;1 276;4 277;3 280;4 290;3 291 293;2 300 311;4 **2**|13 19 49 71;4 76;1 82;4 90;1 94;4 100छ 117;3 123;1 124;1 126छ 139 139;3 139;4 141;1 141;3 141;4 142;1 143;4 146;2 149 149;2 150;1 154;4 155;1 164;2 166;2 166;3 196;3 198;4 221;4 222;1 224;3 230 233;4 262 282 284;1 289;2

लखब **2**|193;1

लखहिं **1**|4;2 7क **2**|27;3

लखहु **2**|14;3

लखा **1**|134;4 261;4 **2**|252;2

लखाऊ **1**|169;2 **2**|271;4

लखाए **1**|232;2

लखि **1**|7;3 14ग 133;4 255 261;2 264;2 264;3 288;1 304;4 311;3 323छ2 325छ4 334;3 335 336छ **2**|3;4 7 39 69;1 73 83;2 104;4 111;3 139 141;3 141;4 143;1 147;4 163;2 163;4 176;3 185;1 206;4 215;3 230 240 242;3 243 250 251छ 252;3 259;4 260;1 268;1 269;3 278;4 282;4 284;3 284;4 285;1 287;4 289;2 289;4 290;4 292;1 293;3 302;4 303;1 304;3 312;1 **7**|41;4 72;1 122;1

लखीं **2**|118;2

लखी **1**|234;3 **2**|31;2 34;3 39;1 78;1

लखे **1**|321छ **6**|109छ1

लखेउ **1**|259 **2**|73;4 227;3 239;1 **7**|12ग

लगत **1**|11;4 357;2 **2**|78

लगन **1**|91;2 91;4 99 190 309;4 312;3 **2**|11;2 18;3 52;4

लगहिं **1**|289;4

लगाइ **1**|97छ 295;3 336;4 **2**|68 164 **5**|24 **7**|5 5छ1 43

लगाइअ **1**|97;4

लगाईं **7**|28;1

लगाई **2**|167;1 **5**|12;2 **7**|29;3

लगाए **1**|307;4 **2**|52;2 237;4

लगामु **1**|316छ

लगावत **2**|44;3

लगावति **2**|161;1

लगावहिं **1**|183;3 **2**|122;1

लगावा **4**|20;3 **5**|33;2 46;1 **6**|85;4

लगि **1**|4;4 26;4 52;1 81;3 86;1 87;1 90;1 94;2 124;2 124;3 131;1 137;2 140;3 155 161क 168 182;6 216;4 **2**|20 36;4 65;2 66 69;4 72;3 92;3 92;4 96 97 99;1 100छ 107 112;4 117 120;2 121;4 138;2 179;2 179;4 182;3 212;3 229;4 250 254;4 260 313 313;4 322 **3**|8;3 12;7 15;2 17;5 19ख 24;1 **4**|11;3 30;3 **5**|1;1 1;2 4;2 20;2 46 47;1 47;2 **6**|11;3 50;2 55;3 58 73;7 91 94;4 102 **7**|49;1 79क 121;19 126;4

लगि लगि **2**|265;3

लगिहहु **2**|50;3

लगीं **1**|99;4 **2**|49;2 281;3

लगी **7**|101;3

लगें **1**|167;2 257;4 **7**|79ख

लगे **1**|52;4 60 60;3 64 82;2 91 99;2 141;4 219;1 226;2 228;1 236 237;3 248;4 251;1 252 269;1 313 316छ 327;4 328;4 329;2 344;4 351;3 **2**|8 54;1 60 68;3 84 86 90;1 141;4 163;4 215;1 220;2 234 245;2 275;4 278;2 279 288;1 318;3 **3**|20छ4 20छ5 22;6 **6**|55;2 68;2 78;2 86छ 98;7 101;3 103;1 **7**|12ग 50 82ख 88;3

लघु **1**|8;3 13 94छ 94;2 94;4 142;2 170 176;2 221;4 223;2 240 243;1 247;1 256 256;3 256;4 259;4 278;4 282;3 283;4 289;4 313;3 314;2 323;1 325छ3 334;1 349;4 **2**|15;2 45;4 117;3 133;4 163;2 165;1 166;2 181;1 194;2 196;2 200;1 203;1 214;1 215;1 217;3 223;3 233;3 242;1 256;3 259;4 304 304;1 319;4 323;1 **3**|17;6 **5**|2;5 3 5;2 16 16;5 26 57;1 **6**|1;1 23;5 25 25;4 36;1 55;4 **7**|75;4 102;2

लघुता **1**|43;1 **6**|23घ **7**|92छ

लघुन्ह **1**|167;4

लघुबयस **2**|110;4

लघुरूप **5**|25;4

लच्छ **1**|331;1 **2**|41;1 **7**|44;2

लच्छन **1**|67;2 104;3 131;1 131;3 159;2 197 **3**|45;3 **7**|21;3 37;2 37;3 38;4 49;4

लच्छा **6**|68;2

लच्छि **1**|6;4 148;2 247 289

लच्छिनिवासा **1**|135;2

लछिमन **1**|17;3 53;1 197 198;2 212;1 278 **2**|70;1 211;3 241 **3**|14;3 17 17;1 17;6 17;9 21;1 23 27;8 28;1 28;2 28;3 29;2 30;4 37;2 38;6 41;6 **4**|2;1 3;4 5;1 7;15 11 13 16;1 18;4 19;4 20;1 20;3 20;4 **5**|51;1 52;4 53;1 58;1 58;3 **6**|11;2 11;4 39 52 54;1 54;4 55;3 62;1 73;5 75;4 76;5 76;7 77;3 82 83;2 84;3 89छ 89;4 93;4 96;2 99;4 101;5 105;3 109;1 109;2 109;3 119;5 **7**|1;6 5 6;1 6ख 7 17;4 65;1 66;2

लछिमनहि **3**|27;4 **6**|61;1

लछिमनहूँ **3**|24;3

लछिमनु **1**|55;3 221;4 **5**|44;4

लजाइ **1**|250

लजाई **2**|269;3 324;3

लजाएँ **1**|254;4 318;2

लजाए **1**|227;3 **2**|157;2

लजानीं **1**|297;2

लजानी **1**|266;3 **7**|10;1

लजाने **6**|42;5

लजावन **1**|316;2 327;1

लजावनिहारे **2**|117;1

लजाहीं **1**|233;3 243;3 **2**|326;2

लटत **6**|49छ

लड़ाइ **1**|326छ1

लता **1**|37;7 85;1 232;2 **3**|30;4 33;3 38;1 **6**|19;3 **7**|23;3 28;1

लताभवन **1**|232

लपट **5**|26;1

लपटाइ **1**|203

लपटाई **3**|34;4

लपटानी **1**|102;4 **2**|57;3 **4**|14;3

लपटाने **7**|100;1

लपेटि **2**|230;3 **6**|58;3

लपेटे **2**|100

लबार **6**|34;4 **7**|98ख

लबारा **6**|34;3

लय **1**|22;2 98;2 **2**|282;3 **3**|28;2 **7**|94;4 110;3

लयऊ **1**|163;4 261;3 **3**|9;1 **5**|16;5 27;1

लयलीन **1**|316 **4**|23 **6**|11क

लयलीना **2**|172;2 **7**|32;2

लरत **3**|18छ **6**|23ख 46;3 46;4 46;5 80ग 95छ 95;3 96छ

लरहिं **1**|284;1 **3**|20छ1 **6**|72;6

लरहीं **3**|19;5 **6**|68;3 95;4

लराईं **1**|154;3

लराई **1**|82;4 175;3 181;3 271;2 **4**|7;10 8;4 **5**|22;1 **6**|41;4 43;2 66;1 76;6 **7**|67ख

लरि **3**|20छ4

लरिकनीं **1**|355;4

लरिकन्ह **1**|95छ 360;4

लरिकहि **1**|282;1

लरिका **1**|277;2 355

लरिकाइहि **2**|274;3

लरिकाईं **1**|271;4 **5**|60;1

लरिकाई **2**|10;3 45;3 152;4 **7**|75क 82ख

लरिबे **1**|182;1

ललकि **1**|248;4 **2**|242;1

ललचाने **1**|232;2

ललना **1**|198;4 322

ललाट **1**|92;2 147;2

ललाम **1**|316छ

ललामा **1**|178;1

ललित **1**|43;1 147;2 305;1 316छ **2**|64;1 133;4 **3**|24;1 **7**|5छ1 28;1 76;4 77;2 88;4 114;1

लव **1**|225;2 258;4 **5**|4 **6**|0क **7**|25;3

लवन **2**|63;3 **4**|26;5 **7**|84;3

लवलेस **2**|66;3 **5**|21 **7**|88ख 106ख 120;5 130छ3

लवलेसा **1**|116;3

लवलेसू **2**|303;3

लवा **1**|268;2 **2**|230;3

लवाइ **1**|217;3 246 267;3 327छ3 349 **2**|197 275;4

लवाई **1**|291;4 306;2 322;4 337;4 **2**|146;2 148;2 **5**|16;2 **7**|6;5

लसई **2**|123;2

लसत **1**|288 **2**|115 239

लसद्भालबालेन्दु 7|108;3

लस्यो **6**|86छ

लह **6**|35;3 **7**|90क 122;8

लहइ **1**|5 **2**|9;4 129;1 **3**|5क **4**|17;3 **7**|82ख

लहई **1**|267;2 **2**|207;2 **3**|5;9 **5**|59;2 **7**|54;2 119;1 120;6

लहऊँ **1**|12;3 **2**|95;4 **7**|114;7

लहकौरि **1**|327छ2

लहत **1**|5;4

लहब **1**|64;1 **2**|175;3

लहरि **7**|93;3

लहलहात **6**|91

लहहिं **1**|2 11;1 231;4 **2**|4;2 75;4 141;4 274;2 **7**|15;1 15;3 31;3

लहहीं **1**|11;2 46;2 150;4 309;4 **2**|126;2 141;1 169;2 195;1 217;3 224;3 252;4 302;4 **3**|14;2 **7**|23;5 85;2

लहहूं **2**|248

लह्यो **1**|361छ

लहि **1**|270;2 **2**|108;4 114;3 134;1 170 252;2 **7**|96;2

लहिअ **1**|70;4 **2**|16;3 **7**|89क

लही **1**|320 320छ 320;2 324छ2 **2**|5;4 116;4 179;4 246;1 **6**|101छ1 103छ1 **7**|5छ1

लहे **2**|246;2 316;4 **7**|6छ 13;4

लहेउँ **1**|331;2 **2**|307;3 **7**|115;4

लहेउ **1**|46;4 263;2 291;1 350;3 **2**|70 144;2 196;4 233;2 286;4 **7**|88ख

लहेऊ **1**|244;4

लहैं **1**|324छ2 327छ2

लहै **1**|192छ3 335;3 **7**|92छ 121क

लाइ **1**|102;2 141 208;5 308;2 308;4 338;3 355 **2**|52;1 69;4 72 76 78;2 118 134;4 159;3 193 194;3 206;3 286;2 300;1 316 **3**|37;4 **4**|5;3 **5**|31;1 42 **6**|59 62;2 121छ1 **7**|55 117क 128;2

लाइअ **2**|5;4 **7**|78ख

लाइयो **6**|121छ2

लाइहौं **3**|26छ

लाईं **1**|334;4 338;4

लाई **1**|8;4 35;7 39;4 47;3 72;4 205;3 206;1 266;4 308;1 343;1 359;1 **2**|44;2 57;4 59;1 116;1 131;3 146;4 149;1 162;4 193;4 199;1 242;1 243;2 287;3 **3**|10;11 12;5 15;1 41;5 **4**|21;4 **5**|13;3 37;3 **6**|21;4 61;6 73;2 87;4 121;6 **7**|11;1 24;2 64;5 75;1 88;4 95;2 126;2

लाउब **1**|5;1

लाएँ **1**|22;2 117;2 226;4 **2**|123;3

लाए **1**|299;2 308;3 **2**|106;4 165;1 169;3 240 245;3 318;2 **3**|3;3 11;11 21;1 **5**|30;4 42;4 **6**|109;3 **7**|5;4

लाख **1**|8;1 333;3 **2**|171;1 196;3

लाग **1**|8;6 34;1 51 94छ 142 143 149;2 163;4 173;3 209;4 313;3 **2**|6 29;4 30;2 36;3 147 161;3 200;2 271;1 273;2 315;4 **5**|25 56;5 **6**|8;1 51;4 57;2 72;1 82;3 84 91;1 101;4 113;4 **7**|64;3 70ख 71;3 86 110क

लागइ **1**|94;4 **2**|63;1

लागई **1**|96छ

लागउँ **5**|39क

लागत **1**|45;4 204 **2**|261;4 284;2 **3**|20छ5 **4**|13;4 **6**|10;3 25;3 59;1 68;4 70;4 87;5 94छ 98छ 99छ 99;6

लागति **2**|83;3

लागहिं **1**|242;1 **2**|37;3 43;4 49;2 116;3 131;2 **5**|44;1 **6**|73;5 82;2 92;;1018

लागहीं **6**|82छ 90छ

लागहु **7**|8;4 130क

लागा **1**|39;1 74;2 150;2 157;2 163;2 182;6 256;4 **2**|16;1 32;2 38;1 78;3 98;3 101;4 111;2 120;3 140;2 153;4 158;3 202;4 272;3 **4**|6;2 8;2 21;2 **5**|6;1 13;3 18;1 39;4 **6**|50;3 66;2 73;5 76;8 84;2 100;4 102;5

लागि **1**|58;4 84;1 97;1 98छ 125;2 159;2 167 186छ2 187;1 189;1 206 216;4 229;4 248 275;1 **2**|13;2 20;2 21 45;4 49;4 64;3 72;1 81;3 93 109;2 145;2 159;1 246 302 **3**|2;5 5;9 9;3 31;2 **4**|12;1 24;2 26 30;6 **5**|2;6 3छ3 17;4 20;3 36 52;4 **6**|24;7 24;8 61;2 94;2 114;1 **7**|7;1 8;5 16;3 59;2 74ख 88क 99क 120;5

लागिअ **6**|39;1

लागिहि **1**|9;3 10क **2**|33;3 50;3 62;1 67;3

लागीं **1**|74;1 220;2 247;1 324छ4 327छ2 336;1 346;1 349;4 **2**|8;1 **5**|13;3 **6**|108

लागी **1**|13;3 83;2 112;4 115;1 123;1 192छ2 211छ1 220;1 226;2 293;3 299 341;3 **2**|12;2 36;4 46;2 69;2 78;1 164;3 166;1 174;1 174;2 182;4 201;3 222;4 246;1 264;3 **3**|8;3 10;11 21क 42;2 **4**|11;3 28;3 **5**|22;2 31;4 36;3 **6**|5;3 7;3 54;4 75;1 83छ **7**|27;1 73;4 88;3 110;3 115;1 119;5 121;8

लागू **2**|197;1 216;2

लागें **3**|26;3 **4**|9;1 **6**|27;2 33;4 54;4

लागे **1**|60;2 87;2 95;2 99;4 144;1 146;4 201 210;1 227;2 238;3 246;4 266;1 292;1 293;4 296;1 296;2 314;2 317;1 320;2 324छ1 324;4 329;1 330;1 348;2 358;3 359;2 **2**|79;3 81;3 83;2 114;4 180;1 184;1 193;1 238;4 241;4 243;2 251छ 251;4 262 274;4 275;3 279;4 290;1 309;3 **3**|9;3 19क **5**|25;2 28;4 33;2 35 52;3 54;2 **6**|10;4 32;4 43;1 44;4 49;1 49;4 72;5 90 102;4 **7**|0च 16;3 111;2

लागेउँ **7**|84;2

लागेउ **2**|35 **6**|73;1

लागेसि **5**|24;2 **6**|74;3

लागै **2**|5;2 **3**|11;13

लाघवँ **1**|261;3 **3**|17 **6**|66;4

लाज **1**|86;3 97;2 125 248 259;1 266;3 336;1 **2**|166;4 269;3 305 305;1 **3**|17;9 **5**|9;5 **6**|24;4 29;2 36;7 75;1 118;5

लाजवंत **6**|29;3

लाजहिं **1**|146 318;2

लाजहीं **1**|322छ

लाजा **1**|45;4 346;3 **2**|276;4 **3**|21;5 **5**|22;3 **6**|24;1 28;4 33;2

लाजे **1**|316;4 319;3 320;1 333;4 **7**|11;4

लाटी **2**|145;2

लात **2**|163;2 **6**|18;3 44;4 64;3 97छ 98छ

लातन्ह **6**|53;3 81छ1 85छ 98;3

लातन्हि **6**|76;2

लातहूं **2**|229

लाता **6**|43;4 85;4 95;1 98;8

लाधे **1**|310;1

लाभ **1**|4;1 211छ3 359;1 **2**|52;4 73;1 107;4 256;3 **6**|26;4 102;1 **7**|46;1 48;4 125ख

लाभु **1**|115;2 252;1 258;1 272;1 310;4 325;1 341 350;4 **2**|70 92 150;3 171 **7**|112;4

लायउ **6**|61;1 **7**|18क

लायक **1**|18;5 60;3 92;3 300;3 **2**|3;1 186;4 191;4 **3**|19;3 **4**|30;1 **6**|34;1

लायो **6**|64;2 112;3

लालची **1**|48ख

लालचु **1**|267;2 307;3

लालन **2**|200;1

लालसाँ **1**|249;3

लालसा **1**|104;1 149;2 218;1 325;3 345;2 **2**|4;2 37;4 110;2 224 275;2 314;2 **7**|110;7

लाला **2**|237;2 **6**|53;1

लाली **2**|59;2

लालु **2**|68

लावउँ **1**|207;4

लावक **3**|38;4

लावन्यनिधि **1**|106

लावहिं **1**|191;4 349;3 **2**|238;2 **7**|3;4 33;2

लावहु **2**|191

लावा **1**|275;1 **2**|29;3 111;1 182;4 **4**|3;3 **5**|47;4 **6**|59;2 **7**|71;2

लाहु **1**|20;1 32ख **2**|2;4 89;2 114;3 182;4 307;3

लाहू **1**|7;4 310;3 317;3 331;2 **2**|4;2 74;4 95;4 108;4 122;2 134;1 181;4 185;4 196;4 273;4 282;2 314;1

लिंग **6**|2;3

लिएँ **1**|288;3 301;2 306 346 **2**|275 **7**|14;8

ल

लिए **1**|60 91;2 103;1 174;1 239;5 240;4 290;1 295 298;1 299;4 308;1 308;4 331;3 354;2 359;1 **2**|44;2 88;1 118 123;4 164 167;1 240 243;2 245 272;2 316 **3**|10;11 12;2 12;5 41;5 **4**|4;3 **6**|1;4 47;1 65;2 108;2 **7**|10;2 50;1 88;4

लिएहिं **1**|323छ1

लिखत **2**|55;1 **5**|35छ2

लिखन **2**|281;3

लिखा **1**|68 97छ 97;4 252;2 **6**|29;2

लिखि **1**|9;6 235;2 **2**|55;1 84;1 **3**|10;12

लिखिअ **1**|7;6

लिखित **6**|89छ

लिखे **1**|260 **2**|135;3 303;2 **6**|29;1 **7**|27

लिय **1**|25 **2**|152

लियउ **6**|107;1

लियो **6**|100छ 121छ1 121;6 **7**|5छ2 20;1

लिलार **1**|68 97छ **5**|38;3 **6**|98;3

लीक **1**|180;4

लीका **1**|142;1 **2**|131;1 **3**|38;6 **6**|38;3

लीजिऐ **4**|10छ2

लीधि **6**|1;1

लीन **1**|22 **3**|9;1 36छ **5**|8 **7**|54;3

लीनी **1**|172;4 **3**|18;3

लीन्ह **1**|48;4 49;2 53;4 111 139 158;1 192 297 326;3 342;1 **2**|43 104;4 111;2 149;1 178;1 180;2 189;2 193 198;2 204;2 242;1 **3**|23;2 **4**|1 12;3 **6**|59 70;5 **7**|106;1 112;8 113;3

लीन्हा **1**|98;4 209;3 261;3 306;2 353;1 **2**|2;3 26;1 194;3 198;1 247;4 305;4 **3**|8;4 **4**|24;4 **5**|2;5 **6**|12;4 58;4 71;2 93;3 **7**|1;6 48;1

लीन्हि **1**|55 56;1 102;2 137 338;3 352;3 **2**|30 286;2 287;3 **7**|101;1

लीन्हिसि **3**|28

लीन्हीं **1**|353;3 **2**|316;2

लीन्ही **1**|96;3 102;1 182;2 235;2 290;2 336;4 **2**|69;4 78;2 162;2 **3**|31;1 **4**|11;2 **5**|31;1 56;5 **7**|113;1

लीन्हें **1**|189;3 **2**|214;3 216;2 **3**|29;4 38;5 **4**|26;5

लीन्हे **1**|100;1 257;1 292;2 328;4 339;3 351;2 **2**|52;1 104;4 206;3 292;4 311;3 **6**|39;3 98;5 106;4 119;1

लीन्हेउ **4**|19;2

लीन्हेसि **1**|179 **4**|6;6 11;3

लीलहिं **4**|30;4 **6**|1

लीलहि **7**|128;2

लीलाँ **6**|36

लीला **1**|36;3 80;1 98;2 105;1 110;4 113;4 141;3 **3**|16;4 46;4 **6**|25;1 **7**|22;3 73;1 75;1 75ख 77ख 110;2

लीलातनु **1**|144;4

लुकाइ **6**|23क

लुकाई **3**|10;7 **5**|9;1

लुकाने **1**|255;1 268;2 **7**|31;2

लुगाई **1**|204;4

लुठत **2**|243;3

लुधत **7**|97क

लुनिअ **2**|16;3

लुबुध **1**|17;2

लुभाने **7**|119;4

लूक **6**|32;4 32;5

लूटन **1**|220;1 **2**|135;1

लूटीं **2**|117;4

लेइ **1**|125 **2**|13;3 71;2 76 101 101;3 102 144;1 148;3 153;2 159;2 230;3 **5**|7;4 **6**|69;2 **7**|117;8

लेइअ **2**|66;4 194;2

लेइहि **2**|30;3 31;2

लेई **1**|247;2 303;1 327;3 **2**|40;1 98;2

लेउँ **2**|13;2 192 **6**|90;4 **7**|48;4

लेउ **2**|137;1

लेऊँ **2**|190;1 230;2

लेखई **2**|25छ

लेखउँ **7**|124;2

लेखति **2**|58;3

लेखहिं **2**|134;4

लेखहीं **1**|319छ

लेखा **1**|113;2 326;3 342;1 **2**|39;3 190;4 200;4 294;4 **3**|36;2 **4**|4;3 22;1 **7**|73;3 99;3

लेखिअ **3**|37;4

लेखी **1**|349;2 **2**|195;4

लेखें **1**|357;4 **2**|88;3 178;2 223;2 **6**|52;3 97;3

लेखे **1**|12;5 **2**|120;4 199;2 206;2 224;4 **5**|37;5 **7**|71;4

लेखौं **7**|110;7

लेत **1**|25;2 233;3 261;4 307 315;1 **2**|118;4 148;4 **3**|40;2 **4**|7;3

लेति **1**|72;4 147

लेन **1**|95;1 227;1 228;1 304 310 313;3 **2**|124 272;4 **3**|23 **5**|43;4 44;3 **6**|23;5 55

लेना **6**|55;4 **7**|39;4

लेब **1**|310;3

लेबा **2**|102;4 146;3

लेवाई **2**|39;4 196;4

लेस **1**|153

लेसा **3**|28;5 **4**|29;4

लेसु **2**|55 261;3 275;2

लेसै **7**|117क

लेहउँ **1**|187;1

लेहहिं **2**|70;3

लेहिं **1**|205;1 225;1 295;3 323 323छ1 **2**|42;2 51;3 72;2 120 161;3 220;3 251;2 **4**|24;1 **6**|1 **7**|27 40;1 99;1

लेहि **2**|102;2

लेहीं **1**|5;2 7;2 219;4 256;2 325;1 334;2 351;2 353;3 **2**|134;4 139;4 168;1 202;2 250;2 **3**|37;4 **6**|2;1 112;4 117;4 **7**|44;1 121;6

लेहु **1**|36;1 77 97छ 97;4 135 246;2 266;2 335;2 **2**|22;3 27 33;3 114;3 187;2 212 250 **3**|18;5 **6**|37

लेहू **1**|52;1 234;1 284;4 **2**|2;4 28;2 30;3 50;2 56;3 74;4 177;4 **6**|44;4 58;2

लै **1**|95;3 96;1 100;3 102;1 102छ 125 134 135;2 159;1 159ख 171 179;2 179;4 200;4 207;1 210;2 213;2 217;4 218;3 231;1 248;1 253;4 269;3 358;2 **2**|11;4 81;4 89;3 94;3 251छ **3**|18;6 21;1 27;7 27;8 29;13 31;2 34;5 **4**|7;13 18 20;2 20;3 24;4 27 **5**|16;3 18;4 20;1 41;5 **6**|2;3 19;2 24;8 30 30;3 32;3 55;3 76;2 84छ 88;1 89;1 103;1 107;1 108;2 117;2 121;1 **7**|23;2 65;4

लै लै **1**|154;4 297;4 329;3 **2**|191;4

लोई **1**|194;1

लोक **1**|16;2 20;1 25;1 27; 32;3 35;2 39;6 75 82;3 103;2 107;3 112;4 128;1 162;1 182;4 190;3 191 191;1 197;3 211छ4 219;1 238;4 289;3 292;3 314;2 324छ3 327छ4 333 348;1 350ख 352;1 359;4 361;2 **2**|174;4 194;2 196;1 207;2 218 223;3 228 230 263 271;1 304;4 315;2 **3**|17;5 **5**|57;3 60;2 **6**|3;1 14 15;1 26;4 50;1 86;5 120;4 **7**|36;1 55;4 71;3 80;2 81;1 100;4

लोकउ **2**|207;1

लोकप **2**|2;2 103;3 140;4 **5**|37;2 **6**|90;2

लोकपति **1**|82;3 319;3 333 343;2 **2**|215;1 230 **3**|13;5

लोकपाल **1**|326;3 **6**|20;2 22क **7**|80;3

लोकमत **2**|258

लोकमान्यता **1**|161क

लोकहि **1**|187

लोकहूं **1**|3;3 7;4 28;3 **2**|218;3 252;4 259;3 267;3

लोका **1**|27; 85;3 184छ **2**|215;1 295;4 **3**|2;2 **7**|31;1

लोकु **2**|207;1 **2**|263;4

लोके **7**|108;7

लोग **1**|7क 32;7 99;1 204;4 224;3 244;2 254;1 260 262 262;1 270 276;4 296;2 309;4 311;1 348;2 361;2 **2**|1;3 4;2 11;2 39;4 51;4 79;4 80;1 83;2 84;2 84 85;2 85;3 86;1 121 122;2 184;1 187;4 188 188;2 194;1 195;1 204;2 205;1 215;3 242 244;1 245 248 248;3 250;2 251 255;2 277;3 279;3 280 301छ 302;2 303;1 316 317;1 320;4 322 **3**|33;2 46क **4**|11;1 **5**|26;1 **6**|24;1 77;4 121;3 **7**|0क 4क 6;2 14;4 14;5 15;4 20 97ख 100क 101;5 102ख 102;4

लोगन्ह **1**|240;4 258;4 296 296;1 312;4 343 **2**|13;1 122 198;1 223 256;3 276

लोगन्हि **2**|118;3

लोगा **1**|205;3 **2**|215;4 233;3 294;3 310;4 **7**|5;1 25;2 121;14

लोगाईं **1**|194;2 **2**|11;2 51;4 122;2

लोगु 2|88;4 202;4

लोगू 1|71;3 222;4 229;3 249;3 275;2 2|50;4 63;3 91;4 188;3 245;4 318;1 326;2

लोचनं 3|4;2 32छ2

लोचन 1|37 48ख 50;1 89;1 102;2 106 111;4 113;2 117;2 146;3 192छ1 211छ3 215;3 219;1 219;3 220;2 229;4 232;2 232;4 233;2 241;4 242;1 244;2 246;2 248;4 254 258 259;1 269;4 310;3 315 317;3 321 338;2 346;3 350;4 359;1 2|4;2 29;4 36;3 45;1 46 64;1 73;2 90;3 106 114;3 122;2 128;3 134;1 142 145;2 149;2 152 164 176छ 198;4 218;1 220;4 226;3 249;2 295;2 317;3 326;1 3|3 6;5 7 10;5 12;5 21;2 26छ 31;4 34;4 4|3;3 10;3 26;2 5|30 31;1 32;4 45;2 6|33क 59 59;2 61;9 63;4 71छ 105;2 107छ 109;2 111 111;7 118ग 7|2;1 5छ1 20;2 33;2 50;4 51;1 69क 75;3 77;3 111;6

लोभा 1|199;3 207;3 219;1 2|115;2 4|13;1 5|3;3 6|42;5

लोभाई 1|213;1 227;2 7|75;2

लोभाए 1|145;2

लोभादि 3|43

लोभान 1|231

लोभामरष 7|38;1

लोभिहि 7|128;2 130क

लोभी 1|267;2 2|168;2 3|17;8 5|48;4 58;2

लोभु 1|48ख 2|31

लोमस 7|110ख

लोयन 2|89;2 108;4 246;4

लोल 1|258 5|35छ1

लोचनाभिरामा 6|56;3 86;5

लोचनि 1|297;1

लोन 2|30;4

लोना 1|233;4 358;1

लोनाई 1|237;1

लोनु 2|161;1

लोने 2|200;1

लोपेउ 2|310;2

लोभ 1|32;3 180;1 325;5 2|130;1 268;2 3|11;7 38क 38ख 39;2 4|21;3 5|38 38;4 47;1 6|15;3 102;1 110;5 7|14;7 30;3 39;3 40;2 70क 73क 97ख 99क 99;2 118;4 120ख 120;2 121;15

लोभइ 7|40;1

लोभहि 4|16;2

लोला 1|243;2

लोलुप 1|125;4 267;2 2|179;4 7|100;4

लोलुपचारा 2|168;2

लोलुपता 7|102;4

लोवा 1|303;3

लोह 2|179 190;1 251छ

लौं 7|101;2

लौका 2|251छ

लौकिक 1|320;1 327छ2 2|87;4 6|109छ1

ल्याइ 1|322छ 326छ4

ल्याईं 1|324;2

ल्याए 1|82;1 313;1 320;4 6|108;4

ल्यायो 6|84;3

व

वंदितं 3|4;5

वंश 3|4;4

वचांसि 7|122ग

वजा 6|80;3

वत्सलं 3|4;1

वदामि 7|122ग

वरूथ 3|11;3

वरूथः 3|11;5

वर्म 3|11;8

वल्लभं 3|4;10

वह 1|195;1 7|12क

वा 7|14;7 87क 108;7

वारहिं **1**|319छ
वारि **1**|327छ1
वारिअहिं **1**|220
वासिन: **3**|4;8
विक्रमं **3**|4;3
विग्रहं **3**|4;5
वितर्क **3**|4;7
विनिवितं **7**|122ग
विपिन **3**|11;3
विपुल **3**|11;8
विप्रेण **7**|108;9
विभंजन **3**|11;8
विभुं **3**|4;9 **7**|108;1
विविक्त **3**|4;8
विशालं **3**|11;4 **7**|108;4
विशुद्ध **3**|4;5
विषम **3**|11;6
विषाद: **3**|11;5
वीचि **3**|4;7
वृंद **3**|4;4
वेदस्वरूपं **7**|108;1
वैभवं **3**|4;3
वैरि **3**|4;5
व्यापकं **7**|108;1
व्रजंति **3**|4;12

श

शं **3**|11;8
शंकरं **7**|108;4
शंभु **7**|108;8
शंभो **7**|108;8
शची **3**|4;6
शमन **3**|11;5
शम्भु: **7**|108;9
शर **3**|11;2
शरीरं **3**|11;2 **7**|108;3
शान्ति **7**|108;7
शाश्वतं **3**|4;9
शील **3**|4;1
शूल **7**|108;5
शूलपाणिं **7**|108;5
श्याम **3**|4;2 11;2
श्रका **2**|105;2 247
श्रद्धा **1**|37;6 38 **3**|46;2 **7**|90;2 117;5 122;4
श्रम **1**|11;3 13 14;4 25;4 43;2 59 159;1 239;2 275;4 **2**|67;1 67;2 85;3 87;4 120;3 123 132;4 138;4 213 275;2 **3**|5;9 21;5 **4**|16 **5**|26 37;5 **6**|3;2 45 47;3 57;1 59;4 71छ 72;1 94;2 102;1 116;3 **7**|13;3 50;3 114;2 115;1 130छ2
श्रमबिंदु **1**|233;2
श्रमहारी **5**|1;5
श्रमित **1**|170;1 355 **2**|91;2 115;2 124;2 **3**|2;2 **6**|89 95;1
श्रमु **1**|25;2 **2**|99;1 114 119;4
श्रवन **1**|35;4 36;4 61;2 64;2 87;1 113;1 145 145;4 166;1 183छ 199;5 233;2 **2**|2;4 120;2 125;3 128;2 137 145;2 148;1 157 159 **3**|8;1 10;2 19ख 46;1 **5**|12;2 13;3 21;1 37;1 45 53 54;2 55;2 **6**|5;5 8 13;3 15;2 24;6 25;4 38ख 49 50;2 58 71;1 91 102 106 **7**|2;1 52ख 53;2 77;3 126;1 126;2 128
श्रवनन्हि **6**|67;2
श्रवनपूर **6**|14;3
श्रवनवंत **7**|53;3
श्रवनादिक **3**|16;4
श्रवनामृत **5**|13;4 49;2
श्राप **1**|122;3 123 124;1 124;3 124;4 125;2 136;2 137 137;3 138;2 139;2 165;3 166;4 174;2 174;3 176 210 211छ3 **7**|109;3 112;8
श्रापु **1**|317;3

श्रियमूला **2**|53;2

श्री **1**|54;2 130;2 324छं4 **3**|6;4 7;2 11;9 13;5 18;6 **6**|3 35;2 109छं2 117;4 119;2 **7**|0ग 12छं2 24;4 70ख 108;3 130छं2

श्रीकंता **1**|192छं2 **7**|78;4

श्रीखंड **6**|109छं1 109;4 **7**|37

श्रीगुर **1**|1;3

श्रीगुरु **2**|0

श्रीनिवास **1**|128;2

श्रीनिवासपुर **1**|129

श्रीपति **1**|51;1 64;2 80;2 129;4

श्रीफल **3**|30;7

श्रीबत्स **1**|147;3

श्रीभगवंत **7**|113ख

श्रीभगवान **1**|71 128

श्रीभगवाना **1**|186छं4

श्रीमुख **2**|106;2 321;3 **7**|37;2 42;1

श्रीरंग **7**|14क

श्रीरघुनाथ **1**|111;4 **6**|77;2 121ख

श्रीरघुनायक **3**|21;2

श्रीरघुपति **7**|93;1

श्रीरघुपतिहि **5**|60छ

श्रीरघुबीर **3**|20छं3 **6**|21;5 94 95छ **7**|5;1 25;3 64 66;3 127

श्रीरघुबीरु **1**|270

श्रीरघुराई **7**|128;4

श्रीरघुवीरं **3**|11;2

श्रीरमनं **6**|111;7 **7**|14;10

श्रीराम **3**|8 20छं1 29ख **6**|71 101छं2 113;7 **7**|12ख 34 64;2

श्रीसहित **3**|26छ

श्रीहत **1**|251;3 263;3 **2**|158;3 199;3

श्रुत **1**|114;3

श्रुतकीरति **1**|325छं2 325छं3

श्रुति **1**|10;1 22;4 34;3 45 84;1 84;3 100छ 101;1 106;2 109 114;2 114;4 121 142;1 144;4 155 161;2 173;1 186छं4 192छं2 199;6 204;1 204;3 243;2 300;2 **2**|61 126छ 126;4 167;2 254;2 **3**|3;1 5क 5;7 16;3 18;3 22;5 31;3 32छं4 42;4 44;1 46;4 **4**|7;3 10छं1 **5**|41;1 59;4 **6**|31;2 66;5 109छं2 113;7 **7**|12क 21;1 24;1 33 35;4 37;3 45;1 49;1 52;1 54;2 84क 86 95क 98;1 98;4 99;2 100ख 100;2 109घ 110;2 112;4 117;3 117;5 121;11 121;13 121;3 122;7 123;1 126;4 127;2 129;1 130;4

श्रुतिधारी **7**|86;3

श्रुतिपंथु **2**|168;4

श्रुतिमाथा **1**|128;2

श्रुतिमारग **7**|107;2

श्रेनीं **1**|44;2

श्रेनी **1**|232;1 **2**|137;4 **3**|30;5 **5**|8;4

श्रोता **1**|30ख 30;3 39 **7**|69ख

ष

षट **1**|144 177;4 180;2 **3**|45;4 **7**|13;5 15

षटबदन **1**|103;4

षडानन **1**|235;3

षन्मुख **1**|103छ 103;4

षोड़स **7**|78ख

स

सँकेला **2**|302;2

सँकेलि **2**|237;3

सँकोच **2**|94;4 252

सँकोची **2**|12;3 217 268;2 270;2 313;2

सँकोचु **2**|250 259

सँकोचू **2**|40;4 206;4 213;1 264;4 323;2

सँग **1**|48;3 95छ 157;2 184छ 205;1 205;2 229;2 **2**|39;4 66;1 67;4 75;4 103;2 112;4 114;4 166;1 245;1 **3**|9;3 29ख 38;5 **4**|6;2 **7**|23;1 112;2

सँगु **2**|49

सँघाती **1**|20;2

सँघारा **1**|210;3

सँघारि **4**|30छ

सँजोइल **2**|190;1

सँजोऊ **2**|191;1

सँजोग **3**|17;4

सँजोगू **1**|222;4

सँजोवन **2**|193;1

सँदेस **2**|146;1 150;1

सँदेसु **2**|96;3 97;1 151 152;2

सँदेसू **2**|82;2 96;3 146;4 153;2

सँदेहा **1**|62;3

सँभार **1**|271 **2**|80;3

सँभारन **6**|55;2

सँभारा **1**|170;4 **2**|202;5 297;1 **4**|11;1 **6**|104;2

सँभारि **1**|96 160;4 **2**|44;1 164 286 **6**|26;1 32;3 84;1

सँभारी **2**|68;1 160;3 305;3 322;3 **5**|1;3

सँभारें **2**|30;2

सँभारे **1**|38;1 255;4

सँभारेहु **6**|67

सँवरी **1**|270;4

सँवारन **1**|91 296;2 **3**|27;3

सँवारब **1**|169;3

सँवारहिं **7**|101;1

सँवारहु **1**|287;2

सँवारा **1**|92;1 178;3 **2**|156;1 **7**|43;4

सँवारि **1**|317 322;4 325छ2 344 **2**|89;4 **7**|117ग

सँवारीं **1**|300;1

सँवारी **1**|10;2 96;1 100;1 213;1 223;4 224;1 **2**|18;1 160;1 324;2 **3**|22;5

सँवारें **1**|152;1

सँवारे **1**|199;5 289;1 311;3 328;4 333;3 344;2 347;2 **2**|90;4 187;2 272;2 **6**|32;3 **7**|9;1 10क

सँवारेहु **2**|22 **4**|23;2

संक **3**|30;7 **4**|7;3 **6**|79छ

संकट **1**|24;1 **2**|40 55;3 61 95;2 131;1 292 **3**|28;2 **5**|27;2 **6**|95छ

संकटु **2**|306;3

संकठ **6**|54;3

संकर **1**|33;1 48ख 54;1 56;2 57;1 58;2 58;4 59;2 60;2 63;3 64;1 65;1 69;2 76;2 77;3 77;4 83;3 87छ 88 88;2 98छ 101छ 101;2 102;2 110;4 120क 138;3 141;4 211छ3 223;1 252;1 260;1 261 **2**|168;4 **3**|8;1 **4**|0ख 10;2 **5**|33;2 **6**|2;4 3;2 75;7 113छ 121छ1 **7**|5;3 35;4 45 60;4 93;3 100क 108घ

संकर **4**|17;3

संकरप्रिय **6**|2

संकरप्रिया **1**|98छ

संकरहि **1**|43क 76;3 98;3 127;3 136

संकरु **1**|50;3 57;2 72;2 102छ 317;1 **2**|31;3 230;4 262;3

संकलप **1**|168 168;4

संकल्पु **1**|57;1

संका **5**|20;4

संकाश **7**|108;3

संकित **2**|75

संकुल **1**|191;3 214;1 **2**|277;4 **3**|33;3 **4**|14 15;6 17 **5**|50;3 **6**|103छ1 121;5 **7**|8ख 23;5 105क

संकुले **3**|4;7

संकोच **1**|61;4 **4**|16;4

संकोचु **1**|53

संख **1**|263;1 302;2 313;2 344;1 **2**|37;3

संग **1**|5;3 10क 19;3 48;1 62 96;1 102 134 136;2 154;2 186छ3 196;2 214 217 219;1 228;2 248;1 263 266;4 302;1 311;2 313;4 315;3 324;2 339;2 343;1 358;4 360;5 **2**|10;3 56;3 66;4 73;4 74;4 76;1 81;4 104;4 109;3 109;4 140;1 143 166;2 166;3 189;2 203;2 227;1 280;2 **3**|12;2 21;5 22;4 37;4 **4**|2;1 7;13 20;2 26 30छ 30;6 **5**|9;1 13;6 18;4 41;5 42;4 46;4 **6**|20;4 75 75;4 91;2 98;7

108;2 **7**|1;6 3;4 5;1 26;1 32;1 33 39;1 40;3 50;1 65;3 75क

संगति **1**|10छ **5**|13;6 **7**|39;1 123;3 128;3

संगम **1**|85;1 **2**|302;3

संगमु **2**|105;4

संगा **1**|7;5 49;2 98;4 212;1 316;3 **2**|98;4 138;1 140;3 197;2 222;2 236;2 **3**|7;4 8;4 26;4 35;4 **5**|19;3 **6**|64;1 81;1 **7**|75;4 106;7

संगिनि **5**|12;1

संगु **1**|228;4 260;4

संगू **2**|260;4

संग्रह **1**|6;1

संग्राम **1**|123;3 216 **3**|20छ2 20छ4 **5**|55 **6**|36;6 55;1 71छ 88छ 93छ 103छ1

संग्रामा **1**|153;3 281;1 **4**|7;15 **6**|36;2

संघटु **1**|222

संघरषन **7**|111;8

संघाता **1**|7;6

संघार **6**|88 **7**|67ख

संघारा **1**|73;2 163;2 **5**|20;1 **6**|48;2

संघारे **1**|179;1 **5**|4;4 18;3 **6**|6;4 62;5

संघारेहु **6**|90;3

संचहिं **6**|88;4

संचहीं **3**|20छ1

संछेप **1**|65;2 **7**|121;4

संछेपहिं **1**|103छ **7**|121;2

संजम **1**|84;4 **2**|10;2 325;2 **3**|46;2 **7**|122;3 126;3

संजातं **5**|10;3

संजुक्त **7**|13;1

संजुग **1**|84छ **6**|78;3 90;2 97;2

संजुत **1**|44 **3**|39ख **4**|7;11 **6**|12;5 **7**|26;2 100ख

संजोग **7**|117;4

संजोगा **1**|205;3 **7**|122;3

संत **1**|2;4 3क 3ख 5;2 6 10;3 14च27; 31;5 32;1 45 46;1 47;4 64;2 70;1 84;1 113;2 121;2 155;2 161;2 170;3 192 254 279;2 **2**|127;3 **3**|4;4 5;6 11;3 16;2 16;5 32छ3 36;2 39;4 **4**|7;3 7;9 14;2 16;2 17;3 **5**|38 41;4 48;4 **6**|7;2 31;2 34ख 116घ **7**|14;6 14;8 16;1 30;2 33 37;3 37;4 38;4 40;3 41;4 51;4 69;4 98;2 99;2 101;4 109;6 112;4 115;5 116;1 119;2 120क 120;9 121;11 121;13 121;3 121;7 121;8 123क 125ख 125;3 125;4 130;4

संतत **1**|4;5 46;2 51छ 67;2 75;1 84;1 167;4 213;2 334;2 350;3 **2**|126;4 **3**|6;2 11;8 13;7 32;5 40;4 **4**|12;5 26;7 **5**|60छ **6**|3;3 10 14;2 31;2 110;6 **7**|30 38;4 85ख 88क 108ग 121क 121;11 130;3

संततमनिंदिता **7**|24;5

संतन **1**|191;2

संतन्ह **1**|38 **3**|35;4 45;3 **7**|37;1 37;3 92क

संतसंमत **1**|114;3

संतसभा **1**|37;6 39 115;1

संता **1**|140;3 192छ2 213;3 **3**|2;5 13;6 34;1 44;1 **5**|7;2 **7**|45;3

संताप **1**|32;3 184;4 **2**|326;4

संतापु **1**|56

संतापू **2**|180;2 313;4

संतोष **1**|136;1 **5**|17;1 **6**|80;4 **7**|31;4 46;1 89ख 90;1

संतोषा **3**|36;2 **4**|16;2 **6**|120;2

संतोषि **1**|102छ

संतोषु **1**|101छ 274;4 307;3

संतोषू **2**|207;4 307;2

संतोषे **1**|196 **2**|80;2

संदनु **2**|193;4

संदेस **7**|2;7

संदेसु **1**|295;1 **5**|14 15;4 52 **6**|108;2

संदेसू **2**|149;3

संदेह **1**|31;2 112 186 208;4 **3**|45 **7**|36 53 60;1 61;1 68क 114क 124ख

संदेहा **1**|161;2 **5**|16;4 **6**|80;1 **7**|61;4 69;3 129;4 130;1

संदेहु **1**|50;3 77 **2**|27 222;2

संदेहू **1**|52;1 68;3 222;3 259;3 284;4 **2**|32;4 56;3 268;1

संदोह **1**|199 **7**|36 46 52क 68ख 77ख 108;6

स

संदोहा **7**|72;3 83;3

संधान **6**|76;8

संधाना **1**|157;1 **3**|1;4 **6**|13;4 92;5

संधानि **3**|20छ4 26छ **6**|82छ 93छ 97छ

संधाने **1**|87;1 **6**|50;2 70;4 82;4

संधानेउ **5**|58;3

संधिहिं **1**|238;1

संध्या **1**|195;2 237;3 **2**|89;3 **6**|55;2

संध्याबंदनु **1**|226;1

संन्यासी **1**|251;2 **7**|29;3 100;3 124;3

संपन्न **1**|67;2 **2**|235;4 **4**|15;3 **7**|23;3

संपति **1**|31;7 65;4 82;3 149;3 180;1 190;3 195;1 227;3 294;2 **2**|1;2 92;3 130;4 158;4 185 186;2 215 235;3 245;2 **4**|7;8 15;3 17;2 **5**|23;3 40;3 49ख **6**|35;3 78 **7**|9;4 15;2 15;3 16;3 39;2 100;3 105;1

संपदा **1**|136;4 267;1 289;4 304;3 306 333 345;1 353;1 354;4 360;3 **2**|235 **5**|49ख **6**|94;4 116;3 **7**|22;3 26 28छ 29 121;10

संपनि **1**|94

संपाति **4**|27;6

संपाती **2**|148;4 **4**|27;1 **7**|67;1

संपादन **7**|130;1

संपुट **1**|326छ1 **2**|316;3

संबंध **1**|326छ2

संबत **1**|34;2 45;1 60;1 74;2 74;3 144 168;4 174;2 **2**|280;4

संबतु **7**|102;2

संबल **1**|38

संबाद **1**|30;1 36 43ख 47 98 120ग **5**|34;2 **7**|66क

संबादा **3**|37;1 **7**|55;3 65;1 130;1

संबादु **2**|296;2 308

संबादू **2**|96;2 309;3

संबुक **1**|38;2 **2**|261;2

संभव **1**|64;3 98;2 **6**|111;6 **7**|6;1 35;2 49;1 85क 86;2 106;5 115;7

संभारि **5**|4;3 **6**|68;3 94छ 95छ 97छ

संभारी **5**|27;2 **6**|21;1 **7**|18;2

संभार्यो **6**|95;4

संभावित **2**|95;4

संभु **1**|1;2 26;1 30;2 35;5 36;1 46;2 47 48;1 48;2 50;1 50;3 52;3 56;3 57क 58;4 60;1 60;2 62;4 63;2 64 64;2 65;2 70;2 73;2 75;3 81;1 81;3 82 82;2 83 83;2 86;1 87;2 90;1 91;2 92;1 98;2 100 102;1 103छ 103;2 104;1 106;3 107;1 123;3 127 128;1 134;3 144;3 153;1 163;2 204;1 246;2 251;1 280 292;3 315;2 324छ2 347;4 357 **2**|85 127;1 **4**|0क **5**|36;5 48;1 **6**|2;2 22ख 96;4 103;5 111;11 114क 116;1 **7**|13ख 105;1 105;2 105;4 109क 110;6 113;6 123;3 130;1

संभुगिरा **1**|51;2

संभुचाप **1**|258;3 260;4

संभुधनु **1**|262;4 271;1

संभुहि **6**|119क

संभूत **1**|82

संभ्रम **1**|193;1 **2**|274

संमत **1**|281;1 **2**|41 48;3 61 144 168;2 175;2 177;1 207;1 207;2 248;2 254 266;3 293 **5**|28;4 41;1 **7**|95क 100ख

संया **6**|10;3

संयुता: **3**|4;12

संशयं **3**|4;12

संशय **3**|11;5

संसउ **1**|45;4 109;3 120;1 257;1 260;2 **2**|252;4

संसयं **6**|107छ

संसय **1**|2;2 33;4 34;1 47;4 51;2 51;3 52;3 67;4 69;1 70 98छ 100 114;1 115 119;3 149;3 150;4 151;1 164;3 **2**|94;4 181;4 **4**|17 26;3 29;3 30;1 **5**|60छ **6**|10;2 33;5 47;2 57;3 99छ 115;1 **7**|30;4 59;2 60;4 61;2 64;1 69;1 69;4 70;2 73;5 84;1 90ख 93;3 94;3 103;4 114;4 115;3 122ख 125;5

संसर्गा **7**|46;4

संसार **1**|271 **3**|5ख 45 **6**|80क 90छ 106छ **7**|13;1 13;5 70क 71क

संसारपारं **7**|108;2

संसारा **1**|12;5 35;2 46;4 55;1 67;3 84;3 123;2 139;4 163;2 183छ 256;4 276;1 **2**|23;1 24;2 41;4 **7**|86;2 90;3 123;3

संसारी **7**|117;3

संसारू **1**|86;1 177;4 **2**|65;3

संसृत **7**|41;3 74;3 78;1

संसृति **2**|87 **3**|32;5 **6**|115;3 **7**|35;3 45;3 118क 119;4 129;1

संहुर्ता **6**|7;2 **7**|92;3

स: **1**|299;4 **3**|19क **6**|14;1 51;3 53;1 73;1 92;2

सई **2**|189;1 322;3

सक **1**|94छ 180 242;4 245;1 **2**|47 55;1 140;4 **3**|14;2 17;3 46छ **4**|28;2 **5**|3;2 35छ2 56;1 **6**|4;5 27;1 55;1 71छ 102छ 114;2 **7**|115क

सकइ **1**|35;1 85;2 117 126;4 173;1 184;3 195;1 200;2 292;4 331;4 354;2 **2**|18;3 20;1 38;4 55;1 59;4 77;1 99;2 106;1 143;2 202;3 225 231;1 255;4 259;3 283 295;3 **3**|2;3 **5**|13;2 33 **6**|54;2 80क **7**|22;3 116;4 119;3

सकउँ **1**|217;1 253;3 **2**|21 26;2

सकत **1**|53;1 252 307;3 **2**|70;2 **5**|32;3 **6**|109;2

सकति **1**|292;3 **2**|303;4 **6**|84;4

सकरुन **6**|70;3

सकर्म **4**|15क

सकलंक **1**|237

सकलंकू **2**|119;2

सकल **1**|0;2 1;1 2;2 2;5 7ग 9;4 11;1 14छ 14;2 16;2 22 23;4 24;4 27; 30;1 31;3 31;7 32;2 32;7 34;3 35;3 39 39;3 43;2 44;2 55;1 60 61;1 62;1 63 64;1 64;4 65;1 65;2 65;4 66;1 67;1 67;3 68;2 73;2 75 80 80;2 81 82;1 84 84;3 86 87;2 88 91 92 93;2 94;2 94;3 96 97छ 98 98;3 99;3 100;1 100;3 101 101;2 101;3 102छ 103;1 103;4 105 107 107;3 107;4 108;3 110;4 112;4 117;3 118;3 119;3 126;2 129;2 131;2 140;4 143;4 146;1 150;3 153;4 154;3 154;4 155;3 159;1 169;1 175;3 176 179;4 181;3 182;4 182;7 184;3 186छ3 186छ4 187;4 189 189;4 190 190;3 191;2 191;3 193;1 194;4 196 197 200;4 204;3 206;4 210;6 213;2 213;4 215;3 219 227;1 229 239;1 240;3 240;4 246 246;2 247;1 248;2 248;3 249 249;1 250;3 254;1 255;3 256;2 256;3 256;4 257;1 258;3 259;3 261 261छ 264 268;2 269;1 270;3 271 287;2 291;1 292;3 295;1 297 297;1 298;2 298;3 299;3 300;2 300;4 303;1 304;4 306 306;1 307;1 310;2 311छ 312 312;1 312;2 312;4 313;1 314;3 315;1 315;3 316छ 316;2 317 317;4 318;1 318छ 318;2 318;4 320;3 321 321;2 321;3 322;3 324छ1 325 325छ3 326;1 326छ1 326छ3 327छ3 327;4 329 331;2 333;3 334;4 340;1 340;2 341;4 344;2 344;3 345;3 346;4 347;3 349;4 351;1 351;3 351;4 352;2 357;3 360;3

2|2;1 3;1 3;3 6;1 6;3 11 11;1 11;3 18;2 25;1 26;3 36;2 37;4 39;2 41;4 46;4 48;2 65;4 67;1 74;3 75;2 75;3 80 80;1 84;1 86;1 87;2 90 93;4 94;2 94;4 96 101;4 105;3 106;3 107;3 109;1 109;2 110;3 122;4 129;4 133;2 134;4 135;4 136;2 137;1 138;2 138;3 150;4 151छ 152;1 152;2 154;1 154;3 156;4 159;4 160;1 161;2 162;2 167;2 169;4 171;1 175;3 176छ 183;2 184;2 185;2 185;3 187 187;3 188;3 189;4 190;1 191;2 191;4 196 196;2 197;4 198;2 201;1 203;1 204;1 204;3 207 207;3 209;4 212;1 222;3 226;1 226;3 228;1 230;3 232 233;1 235;4 239;1 242 244;3 246;2 246;4 247;3 248;1 249;3 255;4 262;2 265 268;2 268;3 274;2 276छ 277;4 281;1 281;3 282;2 290;4 296 306;1 306;2 307;1 308 310 311;4 312 313;3 315 318 323;1 325;4 326;4

3|3;2 6ख 6;3 8;2 9 9;2 9;4 11;13 13;5 13;9 14 20छ3 22;6 25;1 29;9 30;7 36छ 36;4 39;2 41;2 42;4 43;2 44;3 **4**|0ख 4;3 6;6 11;5 16;1 19;4 21 23 23;1 23;3 25;3 27;5 30क **5**|4 8;3 10;4 11 15;1 20;4 21;5 28;3 29;3 29;4 35;1 35;3 49;1 50 51 52;1 54;4 59;3 60 60छ 60;4

6|1;4 2;3 5;2 5;4 8;2 14;3 16;2 17;2 20;4 29;5 35;1 35;3 36;3 39;3 40;3 42;5 47;1 50;1 52;3 53;2 62;2 71;5 73;4 77;4 78;4 79;7 82;4 83;2 85;3 89 89छ 91;3 95छ 96 96छ 96;3 97छ 98 98;6 101;5 101;6 106 107 108;3 108;5 112;2 113;2 114;1 114;4 117;1 119;1 119ख 120;2

7|0ख 2;6 2;8 3;2 3;5 5;3 6;3 8;3 8;4 9;2 10;3 12;4 21;2 23;4 23;5 25;2 26;2 27;1 28;4 35;2 36;1 36;2 41;1 43;2 45;3 47;3 49;4 50;2 50;3 55;4 56;2 57;5 61;4 63;3 66;1 67;1 68क 74;3 77;2 78ख 81;2 83ख 83;2 84;2 90ख 91क 91;2 92;2 94;2 94;4 96ख 99;1 110;2 110;3 114क 114;8 115;6 116;4 120;3 121;15 122;1 129

सकसि **6**|34;5

स

सकहिं 1|26;4 70;3 100छ 105;2 199;6 232;4 235 239;1 311;3 318 336;4 341;4 355;3 361;3 2|12;3 40;4 139;3 158 200;4 260;1 276;2 289;1 3|19;1 46;4 4|7;15 26;4 5|29;1 55 56;1 6|18;3 34;7 104;3 118ग 7|11;3 17;1 26 88;2

सकहीं 1|267;4

सकहु 1|136;4 332;4 2|40 3|42;2 6|61;2

सकाई 7|119;3

सकाना 1|284;2

सकानी 1|267;3

सकाम 7|15;2

सकिअ 1|333 6|6;3

सकिलि 1|36;4

सकिहि 2|96;3

सकी 2|68;1 286

सकुच 1|100छ 149;4 225 325छ4 325;3 2|79;1 102;1 183;3 195;3 201 206;3 234;2 264; 269 269;4 287;3 297;1 299;3 316;2 319 3|30;7 6|24

सकुचउँ 2|256;1

सकुचत 1|343;2 2|303;2 7|36;3

सकुचति 1|326 2|117;2 121;2

सकुचन्ह 1|307;3

सकुचब 2|136;4

सकुचमय 1|336;2

सकुचहिं 1|100छ 289

सकुचाइ 2|270;4

सकुचाई 1|78;2 149;3 290;4 2|147;2 238;1 259;4 4|7;10 6|35;2 7|116;4

सकुचाउँ 2|127

सकुचात 2|215;3

सकुचाना 6|21;2

सकुचानि 1|248 2|288

सकुचानी 1|3;6 195;2 232;4 234;4 2|303;4 318;2 7|6क

सकुचाने 1|254;1 255;1 268;2 333;1 2|108;1 231;3 7|31;2

सकुचाहिं 1|350ख

सकुचाहीं 1|218;1 249;1 2|61;1 73;4 110;2 116;2 233;4 312;1 313;1 325;4 326;2 3|46;1 7|36;1

सकुचि 1|141;4 218;2 230;2 234;2 278 2|96;3 117;2 128;1 287;4 311;2 313;2 5|49ख

सकुचिहि 2|145;4

सकुची 1|259;2 2|117;1

सकुचे 1|238 264 2|290;4 296 301छ

सकुचेउ 2|25;1

सकुचै 1|326

सकुन 1|346;3

सकुनाधम 7|123;4

सकुल 1|25;3 6|116;2

सकृत 1|8;7 324छ1 2|281 299;2 7|54;2

सके 1|252;1 2|84;2 6|50;3 7|33;1 106ख

सकेउ 2|261;1

सकेली 2|298;3

सकै 2|276छ

सकोच 1|218;3 247 2|117;2 209 260 274;3 292 294 300;4 308;1 314;4 318;2

सकोचा 1|57;3

सकोचु 1|264;2 2|272

सकोचू 2|227;2 266;3

सकोप 1|173 254;1 267 5|57 6|26;1 31;3 33;2 49;3 70;3 98;5 7|111क

सकोपा 7|112;6

सकोपि 6|32ख

सकोरी 1|29;1

सकोहा 1|182;3

सक्ति 1|98;2 187;3 3|19छ 20छ3 6|54;4 73;1 80;4 83छ 87छ 91;2 93 94;1 94;2 7|12छ1 13;1

सक्तिन्ह 1|55;1

सक्र 1|4;5 179;1 7|91;4

सक्रनिवासा 1|178;4

सक्रसुत 5|27;3

सक्रहि 6|114;2

सवरि 6|27

सवेध **1**|63 **3**|29;11

सखन्ह 7|11;1

सखर **1**|14घ

सखहि **1**|171;1 **2**|106;2 111 198;3 216;3 238;3

सखाँ **2**|105;1

सखा **1**|15;2 86छ 205;1 205;2 **2**|24;1 74;3 81;4 88;4 91;2 91;3 93;3 94;1 104 130 149 149;2 150;1 151;2 193;4 198;3 199;2 202;1 238;1 239;1 240;1 **4**|5 7;12 7;5 18 **5**|7 43;3 43;4 44;4 46;3 48;1 49;5 51;1 **6**|21;4 80क 80;2 80;6 108;6 116ख 117;3 **7**|8;4 8;5 16 16;1 20;2 116ख

सखि **1**|220;3 221;4 222 222;1 222;2 222;4 223;1 223;2 229;4 256;1 256;3 311 311;2 **2**|20;4 89;1 111;4 121;3 222;1 222;2 223;1 282;4

सखिन्ह **1**|228 228;3 232;2 232;4 233 234;3 248 248;2 255 263;2 264;1 322;2 337 337;4 **2**|50

सखीं **1**|68;2 68;4 100;3 102छ 134 229;2 231;1 246 248;1 263 264;3 265;4 267;3 269;3 322छ 326छ4 327छ3 334;3 349;3 **2**|1;4

सखी **1**|68;3 220;4 221;1 228;2 228;4 233;4 256;3 257;2 **2**|283;1

सगरे 7|102;5

सगर्भ **1**|72;2

सगलानि **1**|26;3

सगाईं **2**|314;1

सगाई **2**|72;3

सगुण **3**|11;6

सगुन **1**|21;4 23;1 36;3 91 110;2 115;3 116;1 116;2 146;3 299 303 303;1 304;1 304;2 305;3 312 313;2 339;2 339;4 345;1 346;4 347 **2**|7;2 7;3 7;4 192;3 193;2 219;3 225;1 234 **3**|11;10 13;7 32छ2 **4**|17;1 26 26;7 **5**|35;2 35;3 35;4 48 **6**|74;1 78 78छ 100;3 113;7 115;2 119;4 **7**|0ख घ 1;8 9ख 13;1 13;6 73ख 110घ 110;8 111;4 111;6 111;7 112;6

सगुनरूप **3**|8

सगुनहि **1**|116;1

सगुनिअन्ह **2**|192;2

सगुनु **2**|232;3

सगुनोपासक **6**|112;4

सगे **1**|242;1

सघट **1**|303;2

सघन **1**|37;2 **2**|237;2 239;1 **3**|39क

सचकित **2**|226छ

सचर **2**|238;4

सचराचर **1**|146;1 **2**|126छ 181;3 **3**|14;3 36;3 39;1 **4**|3 **5**|49;3 **6**|15क **7**|21 78;2 80;4 128;2

सचान **2**|29;3

सचिउ **2**|38;4

सचिवँ **2**|44;1 76;4 85 87;2 148

सचिव **1**|28क 32;3 154;1 155;2 159;3 176;2 214 214;2 258;2 309;3 313;1 332 332;4 338;4 339;2 **2**|3;1 5;1 5;3 5;4 37 39;4 43 78;4 85;4 87;1 96;2 97;4 105;2 142;3 143 144 145;1 147 147;2 148;2 149;2 150;2 153;2 169;4 171;1 175 176;2 176;4 177;1 184;2 187;1 187;2 233;3 235;3 242 248;3 253 271;3 272;1 275;1 293;2 302 309;3 315;4 316;2 318;3 319;3 322;4 323;1 **3**|19;1 **4**|1;1 **5**|36;4 37 37;4 40;1 41;5 56;4 56;5 **6**|0ख 8;4 9;1 17;1 39;1 48;2

सचिवन **6**|9;2

सचिवन्ह **5**|24;3

सचिवसुत **2**|54 221;4

सचिवहि **2**|87;3 90;1

सचिवागवन **7**|65;3

सची **1**|318;3 **2**|141 215;3

सचु **1**|99छ 134;3 226;4 287;3 321;4

सचेत **2**|302

सचेतन **1**|85;2

सचेता **1**|15;5 117;3

सचेतू **2**|179;3

सच्चरित **7**|28छ

सच्चिदानंद **1**|13;2 50;2 50;4 116;3 **7**|25 47 72;2

सच्चिदानंदमय **2**|87

सच्चिदानंदा **1**|144;1 186छ2

स

सच्चिदानंदु **2**|239

सज **2**|182;1

सजइ **2**|255;4

सजग **1**|260;1 **2**|22 189 **3**|18;6

सजत **2**|19;2

सजति **2**|26

सजन **1**|242;1 340 346;1 **2**|8 8;1 65;1 186

सजनी **1**|358;2

सजल **1**|315 **2**|54;2 110 114;2 145;2 152 171;4 199;2 210 288;1 **5**|14;1 23;3 **6**|14;4 59 107छ 109;2 116;4 120क **7**|17ख 18क 69क 83;4 88;3

सजहिं **1**|346;4 **2**|23

सजहि **2**|26;4 27;2

सजहु **1**|294;4 **2**|6 191;1

सजाई **2**|19;3 31;4

सजि **1**|95;1 175;2 297;1 304 317 322छ 338;4 **2**|17;2 79 90;1 159;2 187;4 193;2 214;4 319 **6**|89छ 96 **7**|9;1

सजीव **1**|84 **6**|71;2

सजीवन **7**|122;4 129;1

सजीवनि **1**|31;4 **2**|59

सजें **1**|318;1 345;3 **7**|9;3

सजे **1**|99;2 **7**|11क 12छ2

सजेउ **2**|10;1

सज्जन **1**|8;4 8;7 11 30;1 32ख 34 79;2 121;4 139 167 **3**|36;1 **4**|14;4 **5**|6;1 6;2 48;4 **7**|26;1 38 43;1 46;4 49;1 51;2 69ख 88ख 95क 120;7 120;9 130;1

सज्जनानन्ददाता **7**|108;6

सठ **1**|3;5 28क 125 211 272;2 280 **3**|1;3 10;2 26;2 **4**|7;2 7;5 9;4 10छ1 **5**|4;2 9;5 10;2 21;1 21;2 25;1 37;1 40;2 41;2 41;3 43;4 53;3 54 56क 56;5 57;4 58;1 60छ **6**|9;1 10;1 21;5 22क 25;1 25;2 26 26;3 28;1 28;4 29;2 30 30;2 34;5 35;2 40;2 40;5 62 74;3 84 85;4 94;3 94;4 100;4 **7**|44;1 73;5 100;4 107;2 107;3 112;8 115;2 123;2 130छ1

सठताई **7**|46;4

सठन्ह **5**|21;4

सठन्हि **2**|326छ

सठही **7**|128;2

सठहु **6**|88;2 97;3

सठु **2**|179;3 183 184;4

सड़सिन्ह **6**|23छ

सत **1**|23;3 25 33;3 74;2 81;3 105;2 129 130;2 138;3 143;4 146 164 168 170;3 172 210;2 220 253;4 318 350क 355;3 **2**|18 26;3 32;1 56;1 61;4 66;2 139;3 166;4 184;4 200;4 **3**|2;4 5;8 5;9 20छ6 22;5 25;3 39;3 **4**|29;1 **5**|2;5 54;3 56;1 **6**|4;3 10 54 68;3 70;4 75;7 83;2 83;3 83;4 84छ 91;4 101छ2 **7**|1;7 11;3 11;4 52;1 75;3 80ख 82;1 91क 91ख 91;4 92;1 92छ 92;2 92;3 92;4 100;2 123;3 128;3 130छ2

सतकर्मा **3**|21;4

सतगुन **4**|7;3

सतरूपहि **1**|150;2

सतरूपा **1**|142;1 148;3

सतसंग **1**|3;3 3;4 39;4 **3**|10;4 46ख **5**|4 **7**|14क 45;3 61 65

सतसंगत **1**|3;4

सतसंगति **1**|3;1 3;5 **7**|45;3

सतसंगा **3**|13;6 **7**|33;4 61;2 120;10 127;4

सतसमाज **1**|113

सतां **3**|4;6

सतानंद **1**|239 263;4 309;3 313;1 332;3

सतानंदु **1**|239;5 322;1

सतावन **6**|75;2

सतावहिं **1**|207;5

सतासी **1**|60;1

सति **2**|269;4 271;4 283;1 304;1

सतिभाउ **1**|149 161;4 **2**|149 261

सतिभाऊ **1**|216;2 **2**|42;4 211;2

सतिभाएँ **1**|4;1

सतिभाय **2**|284

सतिहि **1**|56;3 57;1 58;3 63;2 63;4

सतीं **1**|50;3 54;2 56;1 56;2 57क 57;4 60;2 61;2 63;2 65;3 83;1 98छ

स

सती **1**|42;4 48;1 48ख 50;2 51;3 52;2 52;4 53 53;2 53;3 54 55;3 56;4 57;3 58 59;1 61;4 64 75;4 79;4 98;3 104;4 123;4 141;2 251;1 **7**|55;4 56;1 101;2

सत्य **1**|9;6 16 55 59;4 68;1 73;1 75;1 78;2 78;3 80;3 90;3 98;1 108;1 112;1 117;4 144;4 152;3 165;3 166;1 166;3 168;1 187;3 236;4 259;3 283 333;1 **2**|15 19;2 30;3 31;2 31;3 43;2 47;4 88;4 91;4 95;3 105;2 130;2 162;4 171;3 229;3 235;1 258;3 264;1 264;3 271;1 282;4 287;3 296;3 301;1 304;3 **3**|44;4 **4**|7;12 27;3 28;5 **5**|2;3 11;4 12;2 12;5 13;5 57;2 **6**|5 16;1 21 23क 23ख 23;4 24 24;3 38;3 58;1 80;3 90;5 109छ2 116क **7**|2क 86;1 86;4 87ख 109;6 112;7 117;8

सत्यकेतु **1**|153;1 164;1 175;4

सत्यता **1**|117;4

सत्यधाम **1**|46 57;4

सत्यब्रत **2**|207;2 292

सत्यमूल **2**|28;3

सत्यलोक **1**|138

सत्यसंकल्प **5**|41

सत्यसंध **2**|30;2 35;4 82;1 220;1 254;2 264; 305;1 **3**|27;3 **6**|68;2

सत्यसार **3**|45;4

सत्रु **4**|7;9

सत्रुघुन **2**|163;1

सत्रुसूदनु **1**|311;4

सत्रुहन **1**|197;4 198;2 **2**|173 **7**|5 26;2

सत्व **7**|104;1 104;2

सदगुन **1**|31;7 **4**|14;4 **6**|107 **7**|2छ

सदगुनाकर **7**|13;6

सदगुर **1**|32;2 **4**|17 **7**|44;4 122;3

सदग्रंथ **1**|84छ **4**|14 **7**|33 97क

सदन **1**|0;1 7;5 213 214;2 220 344;2 **2**|9;3 84;4 128;4 130;4 131;3 133;4 134;2 161;2 183;3 185 302;3

सदनु **1**|217;4 **2**|90;4 239;1

सदय **2**|85;1

सदल **6**|116;2

सदा **1**|0;3 4;6 7ग 17;4 29ख 38;1 42;4 51;4 65 67;2 75;1 75;4 78;4 85;4 90;2 98;2 102;2 105;4 136 137;2 155;2 161;1 165;2 167;4 185;2 212;4 236;2 236;4 360;4 361 **2**|28;2 47;3 49;3 55;1 62 117 150;2 168 183 209;1 209;2 219;4 283;3 285;2

3|1 4;8 11 11;3 11;5 11;7 13;4 16 32;5 43;3 44;2 46ख 46;4 **4**|7;3 **5**|3;2 7;3 15;4 30;1 41;2 49;4 **6**|11क 16;1 31;2 61;2 73;6 97;3 103छ1 110;1 110;3 110;5 111;1 111;11 111;3 111;4 111;8 121छ2 **7**|14क 14;6 14;7 16 20 20;2 23;1 23;3 24;2 24;3 28;1 28;2 30;5 32;2 34;4 39;1 39;2 44;3 46;3 46;4 50 63ख 64;2 92ख 94;4 105;2 108;6 108;8 113क 113;8 114;6 116ख 116;3 124क 125;5

सदाई **7**|46;1 118;8

सदाचार **1**|84;4

सदासिव **2**|44;4

सदैव **1**|296;3 324छ1

सदोस **2**|183

सद्य **1**|2;7 93छ **5**|48;2 **6**|101;2

सधत **1**|37;1 75;2 97 144 154;4 297;1 **7**|22;1 121;1 129;2

सधतरिषि **1**|77;4 82;1 82;2 89;4

सधतरिषिन्ह **1**|91;3

सधताबरन **7**|79ख

सन **1**|3;6 30क 30;3 35;6 45 48;3 56;1 56;4 57क 62;2 65;3 69;2 78;2 80 82 82;4 97;4 123;3 131;3 132;1 141 149 165;3 183;1 184;1 204;1 210;1 230 230;1 231 234;1 244;4 249;1 255;2 269 282 282;4 309;4 312 312;4 320 326छ1 327छ2 341;1 342;4 **2**|19;2 22;3 46;2 48;3 50;2 53;3 58;2 70;3 73;1 80;2 80;4 85;4 90;3 95;4 97;4 98 109;1 131 151 151;3 157;2 161 175;4 189 190;1 193 199;2 218;1 237;1 245;4 248;2 259 276 284;1 295;2 302;4 309 321;2 **3**|1 3;2 6;1 11;6 13;1 17;10 18;5 19;4 19;5 23 25;3 28;1 31 36;3 41;2 42ख 42;2 46;1 **4**|4;2 4;4 7;10 9 13;4 **5**|6;2 12;1 19;4 22;1 36;2 36;3 39ख 50;4 52 56;3 57;2 58;1 58;2 **6**|10;1 15ख 17;3 17;4 18;4 23;1 23ख 23ग 28;4 32ख 48;2 53;2 60;2 67;2 71;2 81;2 81;3 99;2 100;4 109;2 117क 120;2 **7**|10क 19ख 20;4 55 55;2 68;4 77;5

82ख 92क 95क 99ख 100;4 106;7 107;3 112ख 115;5 121;9

सनकादि **1**|18;3 26;1 **7**|27;1 32;4 35 123;3

सनकादिक **7**|32;2 36;1 42;4 122;6

सनकादी **3**|6;3 **6**|105;1 **7**|70;3

सनकारे **2**|196

सनमान **1**|326छ3 **4**|19;3

सनमानहिं **1**|28;5 322;4 **2**|234;1 274;2

सनमाना **1**|125;3 309;3 351;4

सनमानि **1**|325छ3 326छ1 **2**|134 226छ 299 301;4 318;4 319;4 321;1

सनमानीं **2**|245;1

सनमानी **1**|63;1 207;1 321;3 326;4 337;1 355;4 **2**|129;4 198;2 281;2 287

सनमानु **2**|125;1

सनमानू **1**|7;4 14;4

सनमाने **1**|29;4 222;2 340 342;4 353;4 **2**|9;2 10 135;4 191;4 204;2 226;4 231;3 296;1 319;2

सनमुख **1**|60;2 180;4 181;3 211छ1 234;2 303;3 303;4 **2**|42;1 97 183;2 185 190;1 260 267;4 307;2 326छ **3**|20छ3 **5**|32;3 44;1 44;2 **6**|7;1

सनरि **1**|159;4

सनाथ **2**|109;4 134;2 135 268 **4**|7 **6**|113;2 **7**|9ख

सनाथा **1**|207;5 **4**|22;1 **6**|118;4

सनाला **1**|264;4

सनाह **1**|266;1

सनाहु **2**|190

सनीरा **2**|70;1

सनेम **2**|310;4

सनेमा **2**|323;4

सनेहँ **1**|25;4 96;4 232;3 290;4 **2**|24 72 72;2 116;2 184;2 197;1 198 234;2 242;3 247;1 258;3 269;3 272;1 283;4 284 284;3 287;3 292;1 297 300;1 301छ 301;2 301;4 303;1 314;1 319 320;3

सनेह **1**|15;5 21;3 28;6 31 37 71;4 72;3 161;4 167;4 186 200 225;1 235;1 255 290 310 326छ2 332;3 334;3 336;2 337;3 340;4 342;2 **2**|9 28;4 44;2 45 53;2 53;4 55;2 59;2 60;4 66 69;1 70;4 72;3 73;4 76 77;3 78;4 79;2 88;2 104;4 111;4 121;1 122;2 135;4 149;1 152 171;4 175;4 176छ 176;4 178;4 181 183;3 184;1 186 198;3 209 221 222;4 225;2 226 226;1 227 238;3 240;2 241;3 243;3 245;3 250;3 260 276छ 277;1 277;2 283;4 284;2 285;1 286 286;3 286;4 289 289;3 291;3 291;4 294 294;3 298;4 304;3 307;1 308;1 316;2 316;3 321;2 326;4 **7**|8;3

सनेहमय **1**|254;3 **2**|117;1 159 255 274;1

सनेहसानी **1**|337;1

सनेहा **1**|82;2 94;3 **3**|27;8 **6**|80;1

सनेही **2**|64;2 74;1 97;2 111;3 122;4 148;4 149;2 155;1 218;4 **3**|26;4 29;2 **5**|9;3 39;3 **6**|49;1 108;4 **7**|16;3 44;3

सनेहु **1**|3ख 62;2 96 150 236छ 242;3 267;3 291;1 328;2 332;1 336;1 336छ **2**|15;3 24;2 27;4 40 43;1 44 56 69;1 73 85;3 131 139;4 141;2 165;1 185;2 188;2 193;1 195;3 206;1 207 208;3 222;1 238;4 251छ 260;3 266;4 281;3 292 297;1 301;3 312;4 318;2

सनेहू **1**|17;1 27; 59;4 68;3 217;2 259;3 332;4 **2**|3;4 9;4 32;4 40;3 49;3 75;2 107;4 195;2 197;4 202;3 208;4 224;2 234;4 257;1 262;3 268;1 309;2

सन्तापनाशं **7**|108;7

सन्मुख **1**|87छ **3**|11;1 12 **6**|5;3 9 42;5 49 50;3 67;1 71;2 78;2 79;6 82;1 84;4 86;2 87;1 90;1 93 94 94;1 104;4 118ग **7**|3क 17;2 44;4 72;4 107ख

सन्यपात **6**|33;3 **7**|71;1 121;16

सपच्छ **3**|18;2 **6**|50;3 79छ 92;1

सपच्छा **6**|68;2

सपथ **1**|253 **2**|15 19;1 22;4 26 26;3 28;4 32;1 42;4 43;1 61;4 96;3 100छ 152;4 211;1 230 232;2 259;2 269;4 283;1 296 296;4 **5**|13;5 54;2 **6**|69

सपदि **1**|136;1 **5**|10;1 43;1 **6**|47;2 74;5 85;1 **7**|112;8

सपन **1**|72 73;3 112;1 **2**|93;1 226;2 226;3 226;4

सपना **2**|157;3 **3**|39;3 **5**|11;1 11;4

सपनें **1**|25;4 29;1 118;1 **2**|92 299;3 **4**|7;10 **5**|11;2

सपने **2**|301;1

सपनेहूं **1**|14ङ 15 29;4 80;4 102;3 104;3 106;1 112 115;1 181;1 183;4 199;6 231;3 **2**|15;1 48 75;3 98;3 105;3 107 124;1 139 169;2 186;3 214;4 251;3 256;1 261;3 289;4 315;1 **3**|5;6 10;1 28;2 36;2 **4**|18;3 **5**|32;1 46 **6**|2;4 56;4 78 **7**|16;1 21;2 36 47;3 73;4 87;2 88ख 90;1 90क 116क 120;5

सपरन **1**|288;1

सपरब **1**|288;1

सपरिजन **2**|96;2 214

सपेम **2**|217 222;1 222;4 240;2 241 265;4

सपेमा **2**|323;4

सपेला **6**|51;4

सप्रीति **1**|4

सप्रीती **1**|25;4 218;4 220;3 **2**|9;3 85;4 284;4 290;1 311;1

सप्रेम **1**|24;1 141;4 221;1 225 226;4 331;1 354;2 356;4 360;2 360;5 361 **2**|7;3 10;4 85;2 89;1 90;3 109;1 111;1 112;2 117 117;2 132;1 195;3 201 201;4 221;4 240;4 281;1 289;2 307;3 313;3 318 **3**|6;2 **5**|13 43;1 52;1 **6**|110 **7**|83क 92छ 93क 95;2 107ख 113;7 121;1

सप्रेमा **2**|195;2 324;2

सप्रेमु **1**|342;4

सफल **1**|257;3 344;4 349;2 **2**|6;3 69;2 84;1 103;4 107;3 132;4 134;4 136;1 204;4 236;4 279;2 **7**|110;7

सफूला **2**|236;4 279;2

सब **1**|2;2 2;6 3;4 5;5 6;2 7ग 7;4 8 8;1 8;2 9 9;4 10ख 10;2 10;3 12;3 13;1 14;3 14;5 15 15;2 16;3 18;1 18;2 18;5 20 20;1 28;2 28;4 32ख 33;1 34;1 35 35;3 37;5 41 41;3 44;2 45;1 45;2 50;3 51;3 53;2 54;4 55 60 60;3 63;2 63;4 64;1 64;3 65 65;1 66;1 66;3 67;2 67;4 69;2 69;4 70;2 72;2 73;3 74 77;2 82 82;3 82;4 83 85 85;1 85छ 85;3 86;2 86;4 88;2 88;3 91;4 92 92;4 93 93छ 93;3 94छ 94;2 94;4 95 95;2 95;3 98 99;1 99;3 101;1 101छ 102छ 102;4 103;1 103;2 106;1 111;1 111;4 112;2 113 113;1 117;3 118;4 119;1 119;4 120;3 122;2 123;3 127;2 128;4 130 130;3 130;4 131;3 133 134 135;2 137;2 140;3 141;3 142;4 149;1 151;1 153;2 154;2 155 155;1 155;2 155;4 156;2 161;1 161;4 162;1 164;1 169 169;3 170;3 171;1 172;4 173;4 174;3 174;4 175;1 175;2 175;4 176;4 177;4 179;1 179;3 180;1 180;3 181;1 181;4 182;5 183;1 183छ 183;2 183;3 184छ 184;2 185;1 185;4 186छ2 186छ4 187;3 188 188;1 188;2 188;3 189;2 190;3 190;4 192छ2 193 193;1 194 194;1 194;4 202;2 203;1 204 204;2 204;4 206;1 208;3 212;1 213;3 214;1 214;2 214;3 215;1 215;4 217;4 218 220;1 221 222;3 222;4 223;4 224 224;3 224;4 225;1 228 228;2 229;1 229;2 229;3 230;3 230;4 234;3 236;1 239;1 239;2 239;3 240;2 240;3 240;4 242;3 244 244;2 244;3 245;1 248;4 249;3 250;1 251;2 252;4 254 254;1 254;2 255;3 256;1 260 260;2 260;4 261;2 262 262;1 265;1 267;1 268 268;1 269;1 270 270;1 271;3 272;1 276;3 276;4 281;3 282;4 285 285;2 286;4 288;1 288;3 293 295;1 296;1 298 298;4 300 302;1 303 303;2 304;1 304;2 304;4 305;1 306 306;3 306;4 307;1 309;4 310;2 311;1 311;2 311;4 312;1 313;1 314 314;4 316;1 316;4 318;1 318छ 318;4 319;1 320 320;1 320छ 321;2 322छ 323 323;1 323;4 324;1 324छ2 325;1 325छ2 325छ3 325छ4 325;3 325;4 326छ1 326छ2 326;4 327 327छ1 327छ2 327;3 328 328;2 328;4 330;4 331;2 332;1 333;1 334;1 335 335;4 336छ 336;4 337 337;3 338;4 339;3 340 340;1 341;1 343;1 343;3 343;4 344 345;2 346;1 346;4 349 350;3 351 351;3 352 352;1 353;1 353;2 353;3 354;1 354;3 354;4 355;1 355;4 356;4 357 357;1 357;3 358 358;4 359;1 359;4 360;5 361;3

2|1 1;2 1;3 1;4 2;1 2;2 3 3;1 3;2 4;1 4;2 6;4 8 8;1 10;2 10;3 12;2 14;2 15;3 16;1 22;3 23 24;4 28;3 33;4 35;1 36;2 41;3 42;1 43;4 44 45;1 46;3 47;4 49;1 52 53;3 55;1 55;4 57;1 57;3 60;2 61 61;2 62 66;3 67;3 70;3 71;2 71;3 73;3 74;1 74;4 75;4 80 80;3 80;4 83;2 84 84;1 84;2 86;4 87;2 89;3 90 92;1 93;2 96;1 97;2 98;4 100छ 103 103;3 104;4 105 105;1 107;4 108;2 108;3 108;4 109;3 112;2 114;1 114;2 115;3 116;1 116;3 117;4 118 118;2 119;1 122;4 125;4 126;1 130 130;2 130;3 131;1 131;2 131;3 132;2 132;3 132;4 133;4 134;1 135 135;4 136;2 136;3 138 138;1 138;3 142 146;1 148;1 150;3 151छ 152;1 153;4 155;2 156;2 158;4 159;4 160;4 164;4 165;4 166;1 169;3 170;1 170;3 170;4

171;2 171;3 173;2 173;4 174;1 174;3 174;4 175;4 176;2 179;1 179;3 180;3 180;4 181;2 181;4 183;2 184;1 185;1 186 186;2 187;1 187;4 188;1 189 189;1 191;1 191;4 192 194;2 196;1 197 197;1 200;2 200;3 202;4 203;4 204;2 205;2 205;4 206;4 208 208;2 209;2 210;2 212;3 212;4 214;2 214;3 214;4 215;1 215;4 216;2 217;1 221 222;4 223;2 224 224;3 225;1 225;2 225;4 226छ 227 230 231;3 233;2 233;3 234;1 234;2 235;1 236;4 237 237;2 242 242;3 244 244;2 245;1 245;2 247;1 247;3 248;3 248;4 251 251छ 252;2 252;4 253 254 254;4 255 255;1 255;2 255;3 256;3 257 257;3 258;2 258;3 259 261;4 262;2 263 263;1 265;1 265;4 266 267 267;3 268;1 269;2 270 270;2 271;1 272;1 273;4 274 274;4 277 277;3 278;2 279 279;2 279;3 280 281 281;2 281;3 281;4 283;4 284;3 285;4 288;4 289;2 291;2 291;4 292 293 294;3 294;4 296;1 296;4 297;3 298;4 299;3 300;3 301 301छ 302;2 303;1 305 305;2 307 309;1 309;3 310;1 311 311;2 312;2 313;2 314;1 314;2 314;3 315;3 317;1 318;3 318;4 319 319;4 320;1 320;2 320;4 322 322;1 322;2 322;3 326;2

3|2;2 2;4 5;3 5;6 6;4 8;4 11;9 12 12;7 14;4 15;1 15;2 15;4 16;5 17;7 18;2 18;4 19;2 19;7 20ख 21;1 22;6 24;2 27;3 28;3 30 33 33;3 36छ 36;3 36;6 36;7 37;2 38;3 39;1 39ख 39;3 40 44 44;1 44;4 **4**|3;4 4 4;1 5;1 5;4 7;11 7;12 7;5 7;8 7;9 8;3 11;1 11;4 12;1 16;5 19;3 20;5 22 22;1 23;1 23;3 23;7 24;1 24;2 24;4 25;2 26 26;1 26;3 26;4 26;5 26;7 27;3 29;3 30;1 **5**|5;1 6 8;2 9;2 11;2 11;4 13;3 16;3 18;3 20;3 22;2 23;2 25;4 26;4 27;2 28 28;2 28;4 29 33;5 36;1 37;4 38 40;3 42;1 43;2 46;3 48;3 50;2 50;3 52;2 52;4 55 55;1 55;3 55;4 57;2 59;1 59;2

6|1;3 3;3 4;2 4;4 5;3 5;5 7;1 7;3 8 8;2 9;3 13क 13ख 14;1 16;1 16;3 17;1 17ख 17;3 18;5 20;2 20;3 21;5 22क 22;2 23ख 28;1 32ख 33;1 34;5 35;2 35;7 38;1 38ख 39;1 39;3 39;4 40;2 40;3 42 42;3 46;4 47;1 48;2 50 51;2 51;3 52;3 52;4 60;1 61;8 62;5 62;6 67;3 68 74;1 74क 75;4 76;1 76;8 77 77;2 77;4 78;4 79;5 85;1 85;2 89 90;5 91छ 92;2 96;4 97;1 98 99;1 99छ 99;3 101छ2 103 103;4 104;6 105 105;2 105;4 106;2 106;4 107;4 108 108;3 108;5 109;4 110 111;8 111;9 113;4 114क 114;3 114;4 116क 116घ 116;4 118;1 118क 118;3 118;4 120;1 121छ2

7|0ख ग 2ख 2;3 3;1 3;2 4क 4;2 4;4 5;1 6ख 6छ 6;2 6;5 7;2 8;1 8;3 8;4 8;5 8;6 10;2 10;3 11ख 11ग 12;3 13क 13;3 14ख 14;8 15 15;4 15;5 16 16;1 16;4 17;1 17क 18;4 19;3 19;5 20;4 21;1 21;3 21;4 22;4 25;1 25;4 26;1 26;4 28छ 29 29;2 30 32;1 35;5 36;1 38;4 39;3 42;1 42;3 43;1 43;4 46;3 46;4 47;2 47;4 49;2 50;3 51;4 52;1 52;3 54;3 54;4 55 58;1 61;2 62;3 63;1 64;1 66;2 66;3 67;2 67;3 68;3 68;4 69;4 70;1 71;4 72;1 72;4 74;1 75ख 76;1 78;3 79क 80क 81;2 82;4 84;1 84;3 85क 85;2 85;3 86;1 86;2 86;5 87ख 87;2 87;3 87;4 89;2 91;1 94ख 95;2 95;3 95;4 96;5 97क 97ख 97;4 98;1 98;2 99;2 100क 100;5 101;5 102;3 102;4 103;1 103;3 104;1 104क 104;2 106;6 112;1 113;6 114;2 114;4 114;8 115;8 116;2 117क 120;4 120;8 120;9 121;14 121;16 121;2 122;1 122;3 122;7 123;1 123क 123;4 125;1 125;5 126;4 129;4

सबइ **1**|341 **2**|4;2 72;3 262;4 300

सबद **1**|319;2 **5**|28;1

सबदरसी **1**|53;2 59 **3**|9;4 **7**|72;3

सबनि **2**|246 **7**|7;1 47;1

सबन्ह **7**|125;3

सबन्हि **1**|196 287;2 **2**|109;2 135;2 158;4 **4**|25;1 **5**|1;2 29;2 **6**|105;1 118;2 119ख **7**|9;1 16;1 23;1 24;4

सबन्हौ **5**|11;1

सबर **2**|194

सबरिहि **7**|66;4

सबरी **1**|24 **2**|17;1 **3**|34;3 34;4

सबरूप **6**|111;8

सबल **1**|13;4 181;3 **3**|19क **6**|46;4 79छ

सबहिं **1**|99;2 133;4 240;2 286;1 293;4 314;2 **2**|78;3 84;3 161;3 212;4 224;4 250;2 306;3 314;4 **3**|3;1 **6**|71;4 **7**|9;1 28;1

सबहि **1**|2;6 10क 14;3 18;3 28;5 29ग 72;2 73 84;2 87 91;4 96;1 100;1 125;4 216;4 299 302;1 308 320 321छ 323;2 328;4 331;1 335;4 341;1 342;1 351;1 354;1 355;4 **2**|3;2 18;4 41 57;2 67;1 71;2 79 81;1 87;2 108;1 110;3 145 156 176 176छ 182 184 190 200;3 202;5 221;1 240 247;1 268

278;4 289;1 300;1 302 305 313;4 **3**|38;5 46;1 **4**|7;12 10;2 11;4 22;3 27;2 **5**|24 41;5 57;1 **6**|11ख 18;1 50;2 50;4 **7**|6;3 6;4 38;2 45

सबहीं **1**|226;1 325छ1 327छ4 329;4 **2**|173;2 **5**|7;4 24;4 **6**|106;4

सबही **1**|4;3 29ख 34;1 79;2 98;1 182;2 182;6 223;1 236;2 348 **2**|39;3 56;4 74;3 166;2 175;2 177;1 185;1 198;1 215;3 246;2 268;3 274;2 280;3 282;3 290;3 291;2 304;2 305;2 **4**|30;1 **6**|48;1 117;3 **7**|85;4 112;7

सबाल **1**|303;2

सबिकारा **1**|90;1

सबिधि **2**|204;2

सबिनय **2**|31;2

सबिबेका **1**|41;1

सबिष **6**|99;5

सबिषाद **2**|110;3

सबिषादा **2**|189;1

सबीज **2**|184;1

सबु **1**|25;1 28ख 45;4 48क 51;2 56;2 57क 66;4 69;2 71 71;3 74;1 83;2 83;4 84;4 86;1 91;1 120;1 141 216 223;2 231;2 237;1 244;3 244;4 259;4 261;4 295;1 299;4 306;2 311 323छ2 326;3 331 334;1 338 361;2 **2**|2;3 3;3 6 22 23;4 31;4 32;1 32;3 36;1 40;1 40;3 41;2 43;2 49;3 49;4 65;2 70;2 77;4 79 88;4 92;2 93;1 95;1 100;2 100;4 111;1 125 127;4 129 147 154;4 165;2 166;3 169 170;4 178;3 182;1 182;4 186;4 187;2 188;3 197;2 201;3 202;4 202;5 207;2 221;3 223;3 231;2 244;1 246;3 247 260;1 262;1 262;4 268;4 269 269;2 272 272;3 273 273;2 278;3 284;4 286;1 287;1 296;1 296;3 305;3 305;4 313;1 322;1 322;2 322;4 326;2 **5**|2 30;2 **6**|9;1 90;4 119;2 **7**|81क 95ख

सबुइ **2**|4 62 84;3 181;4

सबेग **2**|243;1

सभ **1**|292;3 **5**|35छ1 **7**|36;2

सभयँ **2**|308;1

सभय **1**|84;4 186 225 226;4 257;2 258;2 270 **2**|13 25;3 73;4 230 241;4 249;1 265;1 **3**|2;6 17;10 20छ4 28;7 **5**|37;1 48;1 57;1 59;1 **6**|71;1 75;4 102छ 104;6

सभहि **1**|63 189

सभाँ **1**|127;2 181;1 291;1 292;4 **2**|239 260;2 261 263;1 277;2 309;1 **5**|20;3 37;3 37;4 **6**|8;3 8;4 16क 19 19;4 36;5 38;1 **7**|26;1

सभा **1**|258;3 276;3 290;3 293;4 359;1 **2**|257;1 263;4 270;2 274 278;2 296 297;1 301;4 303;1 307;1 313;2 317;3 **3**|21ख **5**|20;3 41 **6**|13ख 14;2 18 34;4 37;2

सभासद **1**|64;1 332 **2**|210;4 253 254;1 309;3 **3**|22;1 **6**|19;4 32;2

सभीत **1**|53 126 138;1 139;1 184;2 202;2 229 264;4 **2**|38;4 72 **4**|1;2 6;7 **5**|25;5 37;2 44;4 56;4 **6**|18;5 52;3

सभीता **1**|55;3 234;3 **2**|123;3 **3**|28;1 29;12 **5**|20;4

समं **3**|4;10

सम **1**|0;4 3क 3;5 4;3 4;5 5;3 7ख 8;7 14;5 18 19;3 20;2 20;4 23;2 31;5 37;6 37;7 44;1 58 69;2 101 104;2 104;4 105;3 106;4 112;3 113 120;1 130;2 132;1 145 156 161क 161ख 161;2 172;4 180;3 207;2 237;4 241;4 242;2 247;2 258;4 261;1 261;3 270;4 271 271;2 273;4 276 277;2 277;4 282 291 305;1 310;1 310;2 317;4 320;2 320;3 321;1 321;2 321;4 322;4 328;3 331;1 342;4 352;3

2|2;2 2;3 3;3 15;3 23;1 28;3 35;4 39;3 43 43;3 46;1 54;1 55;3 64;4 65 66;1 67;3 83;3 95;4 96;1 98;3 101;4 109 118;1 133;2 140 140;2 140;3 140;4 150;4 152;2 156 158;2 159 191;3 196;3 199;2 205;4 208;2 209;4 211;1 219;2 219;3 221;1 222;1 222;3 224;4 227;3 243;4 245;1 252;1 254;3 256;3 259;2 274;4 280;4 281;2 282;1 283;4 288 290;1 293;1 301;2 309;4 313;2 317;1 319;2 320;3 325;2 326छ

3|2 5;9 11;6 12;6 15;4 17;4 19ख 23;1 26 32;5 36;2 43;4 44;4 46;1 46ख **4**|6;6 7;1 7;4 7;5 8;2 9;4 10छ2 10;2 12;1 20;4 27;4 **5**|5;2 9 10;2 12;2 12;6 15 15;1 15;2 31 36;5 55;1 58;2 **6**|3;4 11;1 16ख 26;1 27;3 31;2 34क 43;3 49;1 54 69;2 70;2 72;5 76;6 80;5 85छ 89;2 90;2 95;3 100;2 104 106छ 109छ1 116क **7**|2;1 4;2 12;1 14;7 14;8 20;2 38 38;1 38;2 38;4 41;1 46;4 48 50;4 77;2 77;3 85;2 86;4 86;5 87;2 91ख 92;1 92छ 92;2 92;3 92;4 93;2 93;3 95ख 95;3 96;2 103क 112;5 117;7 121;11 121;5 121;7 121;8 124;2 125ख 125;3 130क 130छ3 130;2

समउ **1**|313;4 322;1 324;2 345;4 347;4 355;2 **2**|17;3 40;2 42;2 61;1 67;2 69;1 208 286 292;3 301;3 304;3 305;1 318;2

समझउँ 7|110;3

समझें **2**|261;3

समता **1**|237 **2**|289;3 **6**|80;3 **7**|35;2 90;2 102;4 104;1 117ख

समतूल **1**|247

समतूला **1**|113;2

समदरसी **4**|3;4 7 **5**|48;3 **7**|32;3

समदि **1**|354;1

समधी **1**|304;1 320;3 321;2 326छ3 340

समनं **6**|111;7 **7**|14;1

समन **1**|1;1 2;6 27; 32;3 41 43;2 **2**|291 326;4 **3**|2;3 6क 32;5 **4**|7;10 **5**|60छ **7**|91क 92;1 130;1

समनि **2**|267 **7**|129;1

समबल **1**|284;1 **6**|46;4

समयँ **1**|154 195;4 319;3 **2**|227;4 234;4 283;3

समय **1**|42;1 47 49;2 50;1 85;2 99 152;4 158;2 172;4 195;1 227;1 230 254;3 261;2 289;4 323 323छ1 327छ4 329;4 339;3 **2**|2;1 15 24 29 35;3 43 45 57 62 69;2 77;2 121;1 132;1 147;2 154;2 156 176छ 195;2 221;1 225 225;3 227;3 254;1 271;1 274 281;1 281;2 287 296;2 **3**|27;5 **4**|16;3 **5**|6;1 56;4 **6**|10;3 63;3 71;5 79;4 **7**|32;2 58;1 63;3

समर **1**|40;1 103;4 122;4 123;3 139;4 154;2 158;1 164 170;3 179;1 180;3 182;1 245;4 266;3 274 283;2 284;2 350;4 356 **2**|144;4 189;4 190;2 229;2 230;2 **3**|19;6 20छ1 21;1 **5**|16;4 22;1 **6**|9 27;3 28;3 33;5 36;1 42;4 56;4 62;6 71;6 72;1 72;6 79;2 81छ2 81;2 93;2 101छ2 107;4 116;3 121क **7**|8;5 68;1

समरथ **1**|27; 57;3 69;4 70;2 107 **2**|121;4 291 298;2

समरथु **2**|276छ

समरपीं **1**|101;1

समरपी **1**|324छ4 336छ

समरभूमि **1**|131;2

समरामहे **7**|13;3

समरारूढ़ा **6**|23;2

समरु **1**|281 281;2

समरूप **6**|110;3

समर्थ **3**|17;7 **7**|119ख

समर्पि **1**|209 **6**|6 **7**|103;1

समर्पी **6**|109छ2

समर्पे **3**|21;4

समसीला **1**|30;3

समस्त **1**|35;2 104 341 **3**|4;5 **7**|57;2 68;4

समा **6**|90छ 107छ

समाइ **1**|189 319 353 **2**|46 47 193 **6**|59 **7**|80क

समाई **1**|308;2 **2**|138;4 165;1 257;2 320;2 **6**|67;1 **7**|42;1

समाऊ **2**|187;3

समागम **1**|105;1 **7**|51;4 123क 125ख

समाचार **1**|65;1 66;3 88;2 97 175;1 214;4 220;1 270;1 296;1 **2**|39;1 57 70;1 122;1 134;3 147;3 189;1 224;3 226छ **5**|43;2 **6**|19;1 38ख 39;1 47;1 107;1 121;1 **7**|3;1 3;2

समाज **1**|2 2;2 2;6 14;4 15;5 31;5 39 41;2 92 92;4 93;3 94;3 95 95;2 134;1 143;4 185;2 241;2 242 250;2 253;1 258;2 269;3 309 315;3 319;3 329 357;2 **2**|161;2 190;4 213 220 225;1 226;2 247;4 257;3 272;1 273 275;3 277 280 280;1 287;2 290;1 290;3 293;3 294;1 296;2 299;2 299;3 300;2 300;4 301 301छ 304 306;1 307;1 309;3 311;2 319;1 325;3 **4**|11 **7**|12क 22 26 44

समाजहि **2**|275;4

समाजा **1**|18;1 41;4 44;4 130;1 133;3 143;2 147;3 156;2 176;1 195;1 203;3 207;1 251;3 271;3 313;4 329;4 339;2 347;4 **2**|2;1 42;1 216;1 273;4 276;4 290;4 292;3 318;3 **4**|15;3 **5**|29;1 **7**|63;3 72;1

समाजु **1**|248 261 300;4 301;4 322;4 334;1 354;3 355;2 **2**|4 23;4 28 79 150;2 178;2 191;4 211;1 214;4 215;1 218 236;1 236;4 264; 268;4 272 297 298;3 305;1

समाजू **1**|2;4 42;2 313;3 320;3 **2**|4;1 10;1 19;2 65;2 68;2 84;3 86;2 134;2 154;3 187;2 204;1 214;2 225;4 228;3 230;3 235;1 239;3 247;3 249;1 271;3 293;2 294;2 304;3 313;1 316;2 326;4

समात **1**|145 156;3 291;1 **5**|49;2 **7**|2क
समाता **7**|2;5
समाति **1**|340 **2**|325
समाती **1**|91;3
समाधान **2**|227;3
समाधानु **2**|39;3 323;3
समाधि **1**|58;4 60;1 83;2 86 87;2 **7**|42;4 121क
समाधी **1**|125;2 **2**|307;1
समान **1**|3क 17;3 29क 69 112;3 113;3 138;3 149 294;3 310;1 325;3 **2**|42 51 64 113;2 162 179;2 184;3 227 228 229 298;2 302;1 304 **3**|6;4 15;4 20छ5 26;1 **4**|8;1 21;3 **5**|3छ2 4;1 9 32;3 48 55;1 **6**|2;3 23ग 29;3 34;2 79छ 81छ1 91;1 103;5 113;6 **7**|3ग 92छ 111ख 130क 130छ3
समाना **1**|4;5 11;4 30;4 37;6 38;2 47;4 113;1 113;3 154;1 169;3 185;3 193;2 213;2 272;1 356;1 **2**|41;1 47;3 49;3 56;1 66;3 95;3 128;2 131;4 149;4 166;4 172;2 182;1 194;4 208;1 215;2 232;2 254;1 279;4 **3**|2;3 3;1 13;4 22;3 29;6 **4**|7;1 30;2 **5**|12;6 16;3 48;2 55;1 **6**|8;1 19;3 32;1 38;1 64;1 71;4 80;5 109;4 **7**|1;8 16;4 87;3 92;2 109;6 112;4 115;5 125;4
समानी **1**|337;1 **2**|287;3 **3**|24;2
समाने **6**|70;4
समास **6**|60;1 **7**|123;1
समाहीं **1**|348;2 **6**|69;3
समिटि **2**|192 **4**|14;4
समिटे **1**|292;2
समिधि **1**|283;2
समीती **1**|153;4
समीप **1**|55 90;4 107;2 125;1 145;1 158;3 224;2 228;2 237;1 246;3 248;4 250;4 255 260;2 264;2 278 309;1 343 **2**|2;4 40;1 53;1 61;1 116;2 188;2 225;3 233;3 237;3 243;1 280;3 301;4 309 319;3 **3**|40;3 **5**|51;3 **6**|38;2 59;1 74;5 121छ1 **7**|4;3 16;2 77क 117क
समीपा **1**|214;2 **2**|296;1 **7**|118;4
समीर **1**|106;2 144 212;4 **2**|158;1 276;1 279;2 311;3 **5**|49क 59;1 **7**|71;2 81ख 118;8
समीरकुमारा **7**|67;2
समीरा **4**|11;2 **5**|15;2 31;4 **6**|104;4 **7**|3;5 90;4 120;9
समीहा **6**|15;3
समुझ **3**|5;9
समुझइ **2**|131;2 **7**|62;5
समुझत **1**|12;5 21;1 21;4 58;1 150;4 258;1 **2**|177;3 234;3 288;4 **4**|7;10 30छ **5**|36;4 **6**|16;4 **7**|1;5 22;2 58;2 58;3 83;1 117;1 118ख
समुझनि **2**|325;4
समुझब **1**|68;1 **2**|323;4
समुझहिं **1**|2 30;4 117;1
समुझहु **5**|57;2
समुझाइ **1**|73 120;4 189 **3**|14 14;4 22 **5**|24 27 **6**|35ख **7**|18ख
समुझाईं **1**|334;4 339;1 **2**|167;2 **6**|77 **7**|3;2
समुझाई **1**|73;4 102;1 202;4 205;3 332;3 **2**|57;4 68;3 78;3 278;2 284;1 **3**|22;1 27;4 **4**|4;3 11;5 22;3 **5**|51;3 **6**|100;1 **7**|121;4
समुझाउ **4**|20;2
समुझाए **1**|314 **2**|72 78;2 80;1 85;2 167;1 241;4 247;4 277;3 318;2 **3**|30;4 **6**|39;3 47;1 **7**|65;4
समुझाएसि **5**|12;3
समुझाएहु **2**|61;4 **4**|23;6 **5**|27;3
समुझायउँ **3**|13;1
समुझायउ **1**|189;2 **6**|72;3
समुझायो **6**|105;3
समुझाव **2**|201;4
समुझावउँ **7**|82ख
समुझावत **1**|338;4
समुझावति **2**|161;1
समुझावहिं **2**|83;2
समुझावा **1**|62;4 76;4 98;1 172;4 187;5 208;4 315;2 **2**|81;1 **3**|34;2 **4**|7;14 18 19;1 20;4 **5**|9;2 **6**|100;5 **7**|59;1 62;4 111;4 113;7
समुझावौं **7**|61;2
समुझि **1**|7ख 12;4 15;5 29;1 31;1 56;1 58;2 58;4 63;3 63;4 87;4 89;3 95 109;3 121;3

134;3 160;4 273;3 **2**|18;4 26;4 33;2 50छ 55;3 61;1 64;4 70;4 73 94;1 118;4 154;3 165;3 174;1 188;1 195 206 227;2 227;4 229;2 231;2 233 233;4 254 255;1 261;1 262;2 271;3 292;3 326;2 **3**|5;7 11;12 22;2 34;3 **4**|14 **6**|13;4 16;3 18;4 24;5 29 29;2 30;2 34;4 36;1 **7**|19ग 60;1 93;2 106;7 107ख

समुझिअ **2**|33 299;3

समुझिहहिं **1**|21;2

समुझी **1**|30क 133;2

समुझु **5**|9;4 39;4 **6**|31ख 84;3

समुझें **7**|71ख

समुझे **1**|71;1

समुझै **7**|1;7

समुझौं **1**|30ख

समुदाइ **4**|17 **7**|78ख

समुदाई **1**|91;4 174;1 187;4 300;4 343;4 **2**|65;1 214;1 **3**|40;2 44;2 **4**|15;1 17;4 20;5 **6**|4;1 22;1 42;2 87;4 102;1 103;3 **7**|10;2 12;2 120;3 126;2

समुद्र **1**|246;3 305 **2**|47 128;2 276छ **6**|34;1

समुहाई **6**|65;5

समुहानी **1**|40;2

समुहाहीं **2**|194;3

समूला **2**|29;4

समूलें **2**|267;2

समूह **1**|181;2 191 195;3 207;5 **3**|6छ 9;3 12 **6**|41;4 50;3 86;2

समूहा **4**|19;2 **6**|1;5

समेटा **2**|243;3

समेटि **1**|324;1

समेत **1**|39;2 44;4 53;4 57;3 61;1 86 90;2 97 103;3 141;2 143;1 157 158 160 171;3 172 174;1 175;3 178ख 186 187;3 195 207;5 212;2 212;3 222;2 225;1 227 233;4 240;2 244 247 250;2 254;2 255 269;1 293;4 306;2 307 309;2 315 317;2 322;2 323छ2 325 325छ2 326छ2 328;1 338;2 339;2 341;4 348 349;2 352 354 356;3 359;2 360;3 361;2 **2**|74 76;4 79 122 123 132 133 137;2 141 150 181;3 194;3 220 225;3 226;4 239;1 240;1 247 248;4 275;4 280;4 285 296 320 321 **3**|8 12;4 26छ 27;8 30;3 33

5|21;3 21;4 27;1 31;2 44 **6**|9;3 30 33;5 49;4 55;4 65 75;5 89छ 92;5 101;5 103छ2 107 109ख 113;8 119;2 **7**|3क 6;1 10ख 12छ1 12;2 30;4 63;4 103;3

समेता **1**|15;5 50;2 88;3 117;3 128;3 169;4 171;4 214;4 228;3 295;4 323;2 330;2 353;2 354;2 **2**|11;3 102;1 128;2 136;4 184;4 230;4 246;1 320;4 **3**|13;5 **5**|14;5 **6**|60;3 107;3 117;4 **7**|19;1 68;2 105;3

समेति **7**|67;4

समेते **1**|18;2 **7**|87;3

सम्यक **7**|54;2 107;1

सम्हारा **1**|58;4

सय **1**|29;3 258;4 **2**|140;4 196;3 266;1

सयगुन **1**|360;2

सयन **1**|0;3 69;3 169;4 170;1 171;4 226;2 226;3 304;4 355 356;3 **2**|10;3 25;3 62 89 91;1 92;1 140;4 148;3 215;2 **3**|17;10 **4**|1;2 **5**|5;4 **6**|14;3

सयननि **2**|117;4

सयनहिं **1**|254;2 276;4

सयल **2**|211 **3**|18छ

सयान **1**|154;1 **7**|98;3

सयानप **1**|256;3 **2**|283;4

सयाना **1**|154;1 160;3 **5**|40;1 **7**|85;1 127;2

सयानि **2**|36 287

सयानीं **1**|228;2 269;3

सयानी **1**|59;3 67;1 68;4 121;2 186छ3 221;1 223;2 229;2 232;4 234;1 248;1 318;3 322;2 334;3 335;2 **2**|55;3 62;1 78;4 145;1 222;3 295;2 **5**|9;2 12;2 **7**|21;4 118;5

सयाने **1**|12;3 14;3 95;3 99;1 140;2 245;4 338;4 **2**|33;4 48;2 78;1 110;2 227;3 254 277;2 **7**|41;3 100;1 119;4

सर **1**|8;7 11;3 17 35;4 36 38;2 38;3 39;2 39;3 39;4 87;1 103;1 147;4 157 157;1 210;3 212;3 214;2 219;2 221;4 228;2 228;3 244;1 268;4 283;1 298;4 324छ1 **2**|25;2 41;1 54;1 90;2 98;4 113;3 124;3 128;4 133;2 136;4 138;3 154;1 158;3 196 279;1 308;2 **3**|8;4 18;6 19;1 19छ 20छ4 20छ3 23;2 25;3 26छ 26;3 27;4 27;7 32छ2 **4**|8 9;1 16;2

16;3 17;1 18;3 21;2 23 24 **5**|3छ2 3छ3 42;4 56;1 60;3 **6**|0क 13ख 22ख 23छ 27;2 33क 36 40 50 50;3 57 57;1 57;4 68;2 68;4 69;3 70;4 71छ 73;3 73;5 76;4 76;8 82छ 83;3 83;4 86छ 87छ 88छ 89छ 91;1 91;2 91;3 92;5 92छ 93;3 96 97 97छ 99;3 99;5 99;6 101छ2 102 102छ 103;1 103छ2 103;2 103;4 111;7 113;1 119;4 **7**|9क 14;2 30;2 56;5 64;4 70ख 80;4 81;2 94;2 113;6

सरई **1**|266;2

सरऊ **1**|206 7|26;1

सरग **1**|6;5

सरगु **2**|92;4 131;4

सरजिस **7**|23;5

सरजु **1**|40;1 **2**|170;2

सरजू **1**|16;1 34 39;6 **7**|3;5 4;3 28 81;3

सरद **1**|32;6 42;3 106;4 147;1 232;3 243;1 316;2 **2**|52 64;1 65;4 78 115 116 226 325;2 **3**|12 30;6 44;2 **4**|16;1 16;3 17 **6**|46;5 **7**|66ख

सरदातप **1**|120;1 **4**|17;3

सरन **1**|25;1 186छ3 **2**|130;2 183;2 234;1 265;1 299;2 **3**|2;7 29;1 **4**|17;1 **5**|22 39;4 41 44;1 45 48;1 56क **6**|103छ1 110;6 113छ **7**|18;2 18;3 51;2 124;4

सरनहिं **1**|211छ2

सरना **3**|26;3

सरनाईं **5**|44;4

सरनागत **2**|295;1 298;2 **4**|6 **5**|43 43;4 43;5 51 **7**|14;1

सरनि **2**|124;4 249

सरन्हि **1**|86छ **6**|69;2 71;2 73;5 93छ 98;5

सरपि **1**|328

सरबग्य **1**|53;2 **2**|256 257;4 **6**|102;2

सरबरु **1**|158

सरबस **1**|198;1 **2**|256;1

सरबसु **2**|26;3 304;4 316;1

सरभंग **3**|7 **7**|65

सरभंगा **3**|7;4 8;4

सरल **1**|3ख 13;4 14क 160;4 204;1 237;1 288;1 **2**|17 42 55;4 70;4 116;3 122;2 126;4 162;3 165;1 167;2 168 176छ 176;4 177;3 183;3 227 244;4 252;3 274;3 284;3 296;3 298;1 **3**|36;3 46;1 **5**|34;1 **7**|46;1 55;3 64;3 94;1

सरलचित **2**|181

सरलता **7**|38;3

सरव **1**|302;4

सरस **1**|1;1 8;6 86छ 104;1 302;3 344;1 **2**|240;2 277;2 310;3 314;1 **3**|5;2 40;5

सरसइ **1**|2;4 **2**|138;2

सरसिज **1**|227;4 333;1 **2**|107;4 154;1 **3**|34;4 40;1 **6**|56;1

सरसी **2**|257;2

सरसीरुह **1**|219;3 358;1 **3**|44;3 **6**|63;4

सरहना **2**|201छ

सरहि **3**|36;6

सराध **1**|193

सराधा **1**|181;4

सरानल **5**|56ख

सराप **1**|135;4

सराफ **7**|28छ

सरासन **1**|250;1 273;2 **2**|90;1 **3**|19ख 26 27;5 **5**|58;1 **6**|11;4 52 70;3 71छ 75;6 92;3 93;1 102

सरासनु **1**|251;1 280 292;3 **2**|230;1 **6**|71;1

सरासुर **1**|292;4

सराह **1**|332;1 360;2

सराहइ **2**|20;2

सराहत **1**|28;4 230;3 237;1 360 **2**|108;4 176छ 185;2 208;2 232 269;3 274;2 287;4 294;1 301छ 309;4 **6**|60ख

सराहन **1**|313 **2**|220;2 222;4 238;4 251छ 251;4 274;4 288;1 309;3 326;2 **6**|84;2

सराहसि **2**|32;4

सराहहिं **1**|325छ4 **2**|86;3 113;2 113;3 202;3 244;3 306 **5**|51 **7**|8;3 42;4

सराहा **1**|76;3 **2**|171;3 236;2

सराहि **1**|9;4 315;4 **2**|30;3 184;2 194;1 202;3 210;4 222;3 243;4 270;1 308 313;2

सराहिअ **1**|5

स

सराहिअत **2**|324

सराही **1**|29;2 160;1 349;3 **2**|49;2 184;2 276;4 295;1

सराहू **6**|28;4

सराहे **7**|50;2

सराहेहु **6**|23;5

सरि **1**|5;4 8;7 16;1 40;3 41;2 125;2 184;3 **2**|128;2 287;2 308;2 **6**|87;5 88;3 93छ 103;3 119;4 **7**|35;3 80;4 81;2

सरित **1**|10छ 13 41;1 42;1 157 202;1 212;3 214;2 358 **2**|83;4 98;4 113;3 128;4 132 158;1 225;3 233;3 237;3 275 276छ 302;3 **4**|16;3 **5**|49;3 **7**|56;3

सरितन्ह **5**|23;3

सरितन्हि **1**|304;3

सरिता **1**|31;2 39;6 66;1 94छ 294;1 **2**|158;3 279;1 **3**|7;2 **4**|14;4 16;2 23 **6**|15;4 87छ **7**|23;4 29;3 125;3

सरिताऽमृतधारा **1**|191;2

सरिबरि **1**|282;3

सरिस **1**|10;3 14ङ 20;3 21;1 32ख 57ख 79;2 147;4 150;1 214;2 237;4 276 294;3 298;4 304;1 304;3 310;3 320छ 329;1 330;1 **2**|7;4 24;2 45;1 50;4 65;3 66;2 97;4 105;2 130;2 137;4 155;2 164;3 166;4 173 211;3 218;4 222 222;1 224 238;2 252;1 266;1 267;4 280;2 290;4 292;4 298 298;2 302;4 304;2 314 **4**|0ख **5**|36 41;4 **6**|10 11ख 28 32क 106;2 114;5 **7**|2;7 41;1 91;1 91ख 91;4 92;1 112;5 128;3

सरिसा **5**|15;2

सरीर **1**|18;1 34 68;2 123;1 141;2 143;4 157;2 257 268;2 269 277;4 285;2 300 308;2 **2**|109 120 135;3 163 178;3 204;3 260;2 301;3 321 **3**|10;8 **6**|35क 67;2 70;4 111;9 116ग **7**|13ख 41;2 54 75ख 121;12

सरीरन्हि **5**|3छ3

सरीरहि **2**|142;1

सरीरही **4**|10छ1

सरीरा **1**|74;4 106;3 121;4 143;2 145;2 193;2 199;1 211छ1 233;1 241;1 241;3 251;4 318;1 348;3 **2**|114;2 190;2 **3**|6;5 16;6 **4**|1;4 8;3 11;2 29;1 **5**|16;4 31;4 **6**|29;5 65;1 **7**|8;1 21;3 33;3 71;3 96;1 107;3 **114;6** 121;2

सरीरु **1**|107;1 327;1 **2**|146 198;3

सरीरू **2**|41;2 144;2

सरीसा **2**|231;4

सरु **1**|84छ 227;4 **2**|30;2 239;3

सरुज **2**|119;2 178;3

सरुष **1**|282 **2**|40;1

सरूप **1**|40;2 134;4 146;2 268 297;1 **2**|126 221 **6**|113;7 **7**|93;4

सरूपा **1**|23;1 **3**|36;5

सरूपु **1**|58;4

सरेन **7**|14;4

सरोज **1**|18;2 45;3 96;4 134 231 233;2 238;3 239;4 248;3 254 259;2 264;1 269;3 324छ1 339;4 **2**|0 12;1 67;1 101;4 124;4 237;4 **3**|29;1 30 32छ2 34;5 45 **5**|7;2 10;2 42;4 **6**|25;2 92;4 **7**|14क 17;2 49;4 83;2 114;4

सरोजा **1**|288;2

सरोबर **1**|307;4 **3**|39;3 **7**|66;4

सरोरुह **1**|0;3 146 226;2 **2**|56;2 116 176छ 226 249 **3**|4 11;3 13;6 41 **4**|23;5 **7**|5;2 33;2

सरोवर **2**|83;4

सरोष **1**|273 293;1 **2**|25छ 191 229;2 230 276छ

सरोषा **1**|4;4

सरोहरु **2**|210

सर्प **3**|11;5 **6**|87छ **7**|93;3 107;4

सर्पराज **5**|35छ2

सर्ब **1**|7च 69;3 120;3 165;4 209 256 294;4 **2**|293 **4**|23;2 **5**|50;2 **7**|34;4 87क 110;8

सर्बगत **7**|16 34;4

सर्बग्य **1**|46 51;1 51;2 57क 66 72;4 107 145;3 **2**|211;2 227;4 298;1 **5**|50;2 **6**|17;2 38;4 **7**|12ग 18;1 49;4 87;2 94;1 **108क** **110च** 121;4 127;1

सर्बत्र **1**|66 185;3

सर्बदा **1**|98छ 103छ 361छ

सर्बपर **3**|15

सर्बरीनाथ **2**|116

सर्बरूप **5**|50;2

सर्बस **1**|194;4 208;2

सर्बसु **4**|6;6 **6**|42;4

सर्बहित **7**|16

सर्बा **1**|61;1 184छ **6**|77;1

सर्वदा **7**|108;8

सर्वनाथं **7**|108;4

सर्वभूताधिवासं **7**|108;7

सलज्ज **6**|29;3

सलभ **1**|266 **3**|29;9 **6**|86;2 **7**|117क 120;3

सलिल **1**|37;2 43;1 66;4 69;4 212;3 **2**|43;4 59;2 63;3 245;3 252 **6**|61;9 112;2

सलिलु **1**|227;4 **2**|42 307

सलोने **2**|116;4

सवँदरसी **1**|30;3

सव **1**|113;3 **6**|31;2

सवति **2**|17;4 18 18;2 18;3 21;1 22;3 49;4

सवराँए **1**|94;4

सशक्ति **3**|4;6

ससंक **6**|13ख

ससंका **5**|4;3 36;1

ससंकेउ **1**|86;1

सस **3**|28;8 **7**|122;9

ससक **2**|67;4

ससि **1**|7ख 14च15;5 16;3 47;4 71;4 92;2 117;2 120;1 182;5 202;1 207;3 230;2 237;4 292;1 347;3 **2**|29;2 119;2 228 254;3 288;1 304;4 **3**|28;3 30;6 **4**|15;3 17;3 **5**|12;5 15;1 23;1 **6**|12;1 12क 12;2 12;3 12;4 12;5 15क 22क 35;2 104;3 **7**|3ग 23;3 27;4 51;2 52ख 73;2 76;3 77;2 91क 121;10

ससिबदनु **1**|268;3

ससिभूषन **1**|108;2

ससिहि **1**|156;3 170 232;3 263;4 264;4 325;5 **6**|11ख 12;3 100;2

ससीय **2**|112;1

ससु **1**|267;1

ससुर **1**|101छ 334;3 342;4 **2**|58 58;4 61;3 65;1 66;1 78;2 78;4 82;2 91;3 97;2 97;4 98 98;2 98;3 140;3 199;4

ससुरारि **7**|101;3

ससुरारी **2**|82;3

ससुरें **2**|96

ससोक **2**|276;1

ससोच **1**|58;3 **2**|159;3 282;1 294

सह **1**|325छ4 **2**|128;4 **4**|14;2 **7**|121;8

सहई **7**|106;6

सहउँ **1**|273;3

सहऊँ **6**|22;2

सहगामिनिहि **2**|37;4

सहज **1**|10;5 14क 20;2 57क 58;4 66;1 67;1 70;2 71;3 79 79;3 89;2 90;4 111;3 114;3 116;3 120क 120;2 125;2 161;3 164;2 179;3 181;2 186छ1 194;2 204;3 216;2 217;2 220;2 231;2 231;3 236छ 239;4 242;2 243;1 254;4 277;4 279;1 288;4 318;3 336;1 345;2 346;3 350;1 356;1 358

2|3;4 15;3 41;3 42 49;3 63 74;1 75;2 88;2 104;4 107;4 116;4 117;3 120;1 126;4 131 176छ 197;4 225;3 229;3 232;1 238;4 266;2 280 300;2 301;2 **3**|5क 36;5 42;1 **4**|7;2 28;6 **5**|14;3 44;2 45;4 55 55;4 56;3 58;1 59;1 **6**|16क 16;3 18;1 29;3 66;5 110;3 **7**|23;1 74;3 85;1 89ख 115;8 117;1 121;3 121;7

सहजहिं **1**|106;3 255;3

सहजहूं **1**|268;3

सहजेहिं **1**|169;1 181

सहत **1**|28ख **2**|211 290;3 292 **3**|41;3 **4**|1;5

सहनाईं **1**|302;3

सहनाई **1**|263;1 344;1 **3**|38;5 **6**|79;5

सहब **2**|182;2

सहम **1**|29;1

सहमि **2**|20;1 29;3 39 54;1 73;3 246;2

सहमेउ **2**|160;2 161;3

सहरषा **2**|191;1

सहरोसा **1**|208;2 **3**|43;2

स

सहस **1**|4;4 4;5 4;6 19;3 60;1 74;2 74;3 144 145;1 168 172 235 251;1 313 318 331;4 332;2 333;3 333;4 342;1 **2**|139;3 140;2 170;4 185 295;2 **3**|20छ4 **5**|56;1 **7**|26 109;3

सहसनयन **2**|218;1

सहसबाहु **1**|4;2 271;2 272;4 **2**|229;1 **5**|22;1 **6**|26;1 29;4

सहसभुज **6**|6;4 24;8

सहससीसु **2**|126छ

सहसहूं **5**|30;3

सहसा **1**|311;3 **2**|22 192;4 231;2 **6**|58;4

सहसाखी **1**|4;2

सहसानन **2**|139;3 **5**|21;3 **6**|26;4

सहस्त्र **1**|144 155 **7**|54;1 54;3 121;12

सहस्त्रसीस **1**|17;4

सहहिं **2**|200;2 **4**|14;2 **7**|41;2 121;8

सहहीं **2**|131;1

सहहू **1**|274;4

सहा **1**|127;1

सहाइ **1**|159ख **2**|185 **4**|27

सहाई **1**|69;1 83;1 84;2 132;3 180;1 184छ 266;3 **2**|65;1 180;4 262;4 **5**|38;1 51;1 60;2 **6**|28;1 75;7

सहाए **2**|233;2 306;4 **6**|99;4

सहानुज **1**|308;4

सहाय **1**|84छ 125;3 126 126;3 132;1 137;4 186छ3 210;2 356 **2**|160;1 230;4 284 285;2 285;3 **4**|28 30;5 **5**|25;2 56;2

सहाया **1**|117;4 212;2

सहावइ **2**|262

सहावहु **2**|45;1

सहावा **1**|280;2 **2**|246;3

सहि **1**|2;3 24;1 63 108;2 **2**|84;2 95;2 96;3 179;3 261;1 306;3 **3**|30;8 **4**|28;2 **5**|1;1 12;1 35छ2 **6**|104;3 **7**|106ख 121;9

सहिअ **1**|167 **2**|229;4 246;3

सहिउँ **2**|262;2

सहिज **2**|294;2

सहितं **6**|111;6

सहित **1**|10;1 14घ 16;3 17;1 24;2 24;3 25;3 40;2 49;3 54;2 54;3 55;1 55;2 65 66;4 71;4 72;3 76;4 84छ 84;2 92 93;1 94;3 96छ 97 102छ 110 111;1 125;3 126 127;1 129;2 133;3 143 152;1 155 168 173 174;1 176;1 187;1 188;1 189;3 193;4 217 225 225;1 236छ 242;2 255;2 263;2 266;3 267;4 273;2 281;2 282;3 290;4 302;1 305;4 309;3 317;2 319;3 325 325छ4 326छ4 327 329 329;4 332;1 334 336;2 337 337;2 347;4 349 350क 351 351;1 352 352;3 354;1 356 359;3 360;4

2|2;1 3;2 9;2 19;4 67;2 76 78;4 82 83;1 87;1 87;2 88;3 89 94;2 101 103 104 107;2 108 113;3 114;1 118 119;1 126;3 129;2 129;3 130 131;2 133 133;3 136;2 141 142;3 149;1 161;2 166 195;4 203;1 203;2 210;3 213 216;1 224;1 225;1 226;2 233;2 235 237 239;3 245;1 247;4 252;3 257;1 257;3 265;1 269;1 273 273;4 274 275;3 275;4 278;2 290;3 291;4 292;3 294;1 305;3 306;1 310;1 311;2 312;3 315 317 319;1 320 325;3

3|3;2 10;10 10;3 11 11;9 18;6 25;1 29;7 31 34 36;7 37ख 37;2 41;1 41;5 **4**|1;1 4;4 5;2 12;5 13;2 20;2 30;5 **5**|14;2 16;2 24;3 29 29;1 29;3 46;2 55;3 56ख **6**|5;1 11;1 19;2 20;4 22ख 26 37;1 44;2 48क 60;1 80;1 89;1 89;4 95;3 106छ 106;4 112 112;1 115;4 116;4 118क 118ख 119क 119;3 120क 120ख 121;6 **7**|2;3 5;2 7 12छ2 19;3 26;2 32;1 33;1 35 51 57;2 57;4 61;1 63;3 69क 72;1 94ख 114;5 120;8 124ख 125क 128

सहिदानी **5**|13;5

सहिहहिं **2**|67

सहिहि **6**|61;7

सही **1**|86छ 87छ 94छ 95छ 211छ1 **2**|296;4 **3**|32छ2 **5**|3छ3 **6**|81छ2 83छ 89;3 **7**|84;2 101;4

सहे **2**|61 95;2 265;3

सहेउँ **6**|30;2

सहेउ **2**|313;4 **6**|94;1

सहेतू **1**|72;2

सहेली **1**|264;4 **2**|1;4

सहेहु **6**|61;2

सहै **4**|6;2

सहोदर **6**|61;4

साँगी **6**|40;4 54;4 83;4

साँच 7|96;1

साँचा **1**|275;2 **2**|32;3 127;4 206;1 241;2

साँचि **1**|291;4

साँचिहूं **2**|211;1

साँची **1**|29ख 290;3 320;4 359;4 **2**|21;4 34;3 **6**|89;4

साँचु **2**|179;1

साँचे **1**|304;2 **2**|168

साँचेहूं **2**|15;2 32;3 **6**|34;4

साँचेहु **6**|23;4

साँझ **1**|333;1 358;1 **2**|24 121;1 147;2 312 **6**|35ख

साँती **2**|316;1

साँथरी **2**|89;4 140;4 199 199;1 324;2

साँधा **1**|173;2 **3**|27;4 **5**|19

साँप **2**|55;2

साँपिनि **2**|13;4 262;4 **7**|71;2

साँवरो **1**|236छ 249;3

सांख्य **1**|142;4

सांत **1**|242;2 268 **2**|275

सांतरसु **1**|107;1

सांति **1**|319;3 323;4 **2**|235;4 **7**|38;3

सा: **1**|155;3 **3**|37;4 37;5

साइं **2**|186;2 298;2

साइँदोह **2**|201;3

साईं **1**|89;3 **2**|74;3 270;4 **3**|13;5 14;3 **4**|2;4 6;5 **6**|37;4 104;4 **7**|12;4 70;3 105;3

साउज **2**|133;2

साक **1**|3;6 144;1

साका **2**|33;4

साखा **1**|52;4 85;1 87;1 **5**|33;4 **7**|13;5

साखामृग **5**|16 33;4 **6**|28;1

साखि **1**|216 **2**|262;3 **6**|28

साखी **2**|31;3 174;4 219;4 258;4 262;1 264;1 **4**|4 **6**|108;7

साखोचारु **1**|324छ3

सागर **1**|59;1 94;2 210;2 241;1 285;2 289;3 294;1 294;4 324छ4 **2**|87 182;1 200;3 269;1 275 283;2 **3**|1;3 **4**|28;1 29;1 **5**|30;2 35 35छ1 38;4 50 50;4 56;1 56;2 56;3 60;3 **6**|17क 26;2 28;2 47;4 64;5 111;1 119;4 **7**|1क 8;5 22;1 23;5 34;2 67क 67;4 80;4 81;2 92क

सागरु **1**|261 **2**|119;2

सागु **1**|74;2

साच **1**|114

साचा **1**|49;1 236;4 259;2 **3**|11;12 **5**|37;1

साची **2**|100छ

साचे **1**|303

साचेहूं **1**|15 97;2

साज **1**|325छ2 326छ2 327;3 **2**|182;1 299;3 311;2 322;3 **7**|44;4

साजन **2**|318;3

साजहिं **2**|185;3 186;1

साजहीं **1**|317छ

साजहु **1**|298;1

साजा **1**|41;4 158;3 301;4 **2**|290;4 318;3 **6**|78;4

साजि **1**|156;2 179;2 191;3 313;1 **2**|23;4 228;3 230;1 268;4 320;3 322;4 **6**|68;1 75;6 108;4

साजिअ **2**|4

साजी **1**|191;4 301;3 **2**|299;3 **3**|27;5 **6**|79;3

साजु **1**|26;1 299;4 300;4 320;3 333;2 346;1 **2**|31;4 79 169 191;4 193;2 214;3 236;2 322;1

साजुज्य **6**|3;1

साजू **1**|335;1 **2**|27;2 32;2 107;3 185;3 322;4

साजें **1**|322छ

साजे **1**|91;4 286;1 298;2 313;2 327;3 333;4 339;3 346;2 **7**|9;2 11;4

साढ़साती **2**|17;2

सात **4**|29 **7**|114;5

सातक **2**|272;4

सातवँ **3**|36;2

साता 2|280;4

साथ 1|38 315;3 2|65 65;4 84 84;4 99;3 104;2 109;2 112;3 118 140;4 203;1 216;2 221;2 224 229;4 233;3 242 245 268 270 272;4 307;3 4|20 6|52 78छ

साथरीं 2|91;2

साथरी 2|66;1

साथा 1|210;5 291;3 2|59;4 68;2 70;3 71;2 73;2 83;2 94;3 99;1 166;2 221;4 262;2 275;1 6|106;2

साथू 2|58;2 76;1

सादर 1|2;6 10;3 14;1 33;4 34;2 35;7 38;1 39;3 43;3 44;2 45;3 47;3 60 61 63;1 91;2 95;1 99;3 100;1 108;4 114;1 119;2 120घ 124ख 143;4 148;3 152;2 155;3 173;2 210;5 215;1 222;2 224;4 236;3 246 287;2 293 313;3 320;4 321 321;2 322;1 322छ 323छ2 324;2 325;1 328;2 328;4 334;4 340;1 341;1 350;1 352;1 358;4 361छ

2|9;2 17;1 52;3 61;3 129;1 176छ 187 196;2 198 201छ 231;3 252;1 255;2 258 270;4 275;3 279 281;2 307;4 316;2 326

3|1;2 3;4 6;1 6क 7 12;6 24 34;5 41;6 45;2 4|4;4 5|45;1 60 6|20;4 94;3 106;3 108;2 111;9 118;3 7|2;5 8;3 11क 16;1 42;4 55 55;3 57 57;4 61;1 62;2 63ख 64;2 93ख 95;2 110ग 111;1 112;6 113;3 113;5 114;6 115;6 121;4

सादरु 2|247

सादें 2|221;3 311;2

साधक 1|1 22;2 87;4 136 143;1 2|238;4 277;2 306;2 4|15;1 7|124;3

साधत 7|118ख

साधन 1|3;4 2|107;3 134;4 210;2 289;4 3|8;2 16;3 4|21;3 5|7;2 7|43;4 45;2 49;2 85;4 126;2 126;4 130;3

साधा 1|137;2 2|54;4

साधि 1|154;3 2|272;3 323 4|30;2

साधी 1|21;1 2|307;1

साधु 1|2 2;3 3;6 5;3 6;1 6;3 7;4 7;5 14;4 24;1 28;4 31;5 32;7 37;6 110;1 265;1 266;3 313;4 315;3 326छ1 2|7;1 33;4 105 144 145;1 150;2 190;4 210;4 217;3 219;4 226;4 227;3 228;1 238 239;3 248;2 250;3 261 261;1 261;2 263;4 270;1 277;2 287;2 297;3 299 299;2 301छ 302 319;2 326;2 5|6;2 26;3 42;1 48;2 7|105;2

साधुता 7|109;2

साधुन्ह 1|184;1 3|46;4

साधुमत 2|258

साधुसंग 2|168;3

साधुसभा 2|231;4

साधु साधु 1|185;4 2|126;4

साधू 1|5;4 21;2 36;2 275;3 2|32;3 177;4 205;4 269;3 310;1

साधें 1|70;4

साधेउँ 1|171;2

सानंद 2|24

सान 2|31;1

सानकूल 7|25;1

साना 1|6;2

सानि 1|119 326छ2

सानी 1|61;4 89;4 134;3 145;3 181;2 195;4 208;4 348;1 2|60;4 92;2 103;2 176छ 176;4 255;2 263;1 307;1 5|17;1 24;1 6|109;2 7|109;1 125;1

सानुकूल 1|17;4 303;2 2|242;3 6|107 7|30 45;4 116;3

सानुजं 3|4;6

सानुज 1|40;1 41;3 2|188;1 189;3 213 223;2 230;4 240;1 242;2 243;2 244;2 245;4 248;3 268 310;1 319;1 319;4 321 323;3

साने 1|251;3 290 2|9 128;1 7|47;4

सान्विक 7|117;5

साप 2|155;2 3|13;8 33;3 41;3 4|6;7 5|57;6 7|107क 107;2 108घ 114ख

सापत 3|34;1

सापा 3|33;4 6|58;1 7|109;2

साबर 1|15;3

साम 5|9;2 6|38;5

सामध 1|320;2

सामुझि 1|9;3

सामुहें 2|299;2

सायकं 3|4;3

सायक **1**|18;5 209;1 221;3 257;1 **2**|37;3

सायकु **2**|230;1 239;4

सायक **3**|1;4 **4**|7;13 18;3 **5**|47;1 50;4 **6**|27;3 33ख 47;2 58 59;1 60;3 69;3 82;4 91छ 92;3 102 103;1 111;1 115;1 **7**|5;1 14;3

सायकन्हि **6**|68

सायका **3**|20छ3

सारँगपानी **1**|188;4 **6**|116;1

सारंग **6**|68;1 86छ 96

सारंगा **6**|86;5

सार **2**|80;3 **6**|12;4 109ख

सारथि **6**|100;4

सारथिन्ह **1**|299;2 299;3 299;4

सारथिहि **2**|144;1

सारथी **2**|143 **6**|43;4 51;2 54;2 80;4 83;3 84छ 91;4 92;1 95;1

सारद **1**|11;2 12 15;1 100छ 105;3 177;4 186छ4 195;1 204;1 289 301;4 322;4 327छ2 342;1 349;4 350;4 355;3 **2**|11;4 200;4 238;1 288;3 295;4 307;1 **3**|46छ 46;4 **5**|25;2 **6**|101छ2 **7**|12क 92;3

सारदउ **1**|317;1

सारदहु **2**|283;2

सारदा **1**|11;4 35;1 108;3 235 318 318;3 **2**|295;1 297;4 **7**|9;4 22;3 52;1

सारदी **4**|16;5

सारस **2**|83 **7**|28;3

सारा **1**|10;1 **2**|66;1 **5**|49;5 54;1

सारि **6**|106;3

सारिका **1**|338;1 **2**|83 **7**|28;4

सारिखे **1**|161;1 **5**|48;4

सारीं **1**|7;5

सारी **1**|248;1

सारु **2**|323;4

सारू **2**|268;3 288;1 326;4

सारे **2**|289;4

सारेहु **6**|106;2

सार्‍यो **6**|118;2

सालक **3**|19;6

साला **1**|214;1 240;2 **2**|126;3 133;4 **6**|25;2

सालि **1**|19 32;5 36;4 42;3

साली **2**|253;1 297;4

सालु **2**|13 18;2

सावँकरन **1**|299;3

सावँर **1**|233;4

सावँरीं **1**|324छ4

सावक **1**|32;4 232;1 297;1

सावकास **2**|281;2

सावधान **1**|122;2 185 **2**|274;2 288;2 **3**|19क 35;4 45;5 **5**|33;2 **7**|78;2 86 115;7

सावन **1**|19 300;1 347;1

सास **2**|58;4

सासति **1**|89;2

सासु **1**|102;1 334;3 335 337;1 358;2 **2**|57 58;1 61;2 61;3 64;3 65;1 66;1 69 69;2 69;3 78;2 82;2 97;2 98 140;3 226;3 246;2 252;1 252;2 319;3 **7**|24;4

सासुन्ह **2**|246;4 **7**|7;1 11क

सासुर **1**|311;1

सासू **1**|336;4 **2**|78;4 98;3 281;2 320;1

सास्त्र **1**|142;4

साहनी **1**|298;2 **2**|272;2

साहस **6**|16;2

साहिब **1**|13;4 28ख 29क **2**|205;1 240;2 260;1 261;4 267;1 268;2 299;3 300;2

साहिबहि **2**|268;2

साहिबु **2**|306

सिंगरौर **2**|151;1

सिंगार **1**|194;2 201;1 241 **7**|5छ1 99;3

सिंगारा **1**|92;1 **6**|12;2

सिंगारु **1**|100;3 103;2 265;4

सिंगारू **1**|32;1 247;4 **2**|268;3

सिंघ **3**|22;2 **5**|45;3

सिंघकिसोरहि **1**|267

सिंघनाद **1**|182;4 **6**|39 39;3

सिंघबधुहि **2**|67;4

सिंघलबासिन्ह **2**|223

सिंघासन **1**|320छ 350;1 **2**|11;3 98;2 170 323 **6**|35;3 38;1 **7**|10;3 12;1 12;4

सिंघासनु **1**|100;2 323छ2

सिंघिनिहि **2**|39

सिंचाईं **1**|344;3 **7**|9;2

सिंचाई **1**|213;2

सिंचावा **1**|66;4

सिंधु **1**|0;5 8;7 11;4 40;2 103 136;4 178क 178;3 184;3 197;3 202;1 237 256;4 260;4 311छ 326छ1 335 **2**|128;4 138;3 184 257;2 274;3 276;4 302;3 **3**|23;4 **4**|25;3 26;5 **5**|1;3 3;1 5;1 22 23 26;4 28;1 33;4 37;4 39;2 43;1 49;4 50;4 51;2 51;3 53;4 55;3 59;1 60 60छ **6**|0ख 3 4;2 5 5;2 28;1 36;2 45;4 82छ 86छ 103;3 106छ **7**|2छ 3ग 14;5 40;4 84ख 92;2 108ग 120;9 123ख

सिंधुतट **4**|27

सिंधुर **1**|288;4 333;4

सिंधुरगामिनी **7**|3;3

सिंधुसुता **1**|186छ1

सिंधो **7**|18;1

सिंसुपा **2**|89;2 198

सिंह **6**|18

सिंहनाद **4**|30;4 **6**|50

सिंहासन **6**|106;3 119;2

सिंहासनु **2**|105;4

सि **2**|281;4

सिअनि **1**|14;6

सिअरें **2**|71;4

सिआर **2**|158;3

सिआरा **2**|67;4

सिक **1**|51छ 54;3 61;1 85;4 105 182;6 186छ4 187;1 189;4 262;3 **2**|108;3 217;3 220;3 238;4 276छ 277;2 284;3 310;2 **4**|13;2 30क **7**|69;3

सिकता **7**|122क

सिकांत **1**|109

सिकि **1**|65;4 94 **2**|208 254;4 289;4 311

सिख **1**|79;2 81;1 102;1 182;1 219 234;2 244;1 246;1 258;2 277;3 311;4 315 **2**|9;1 10;2 13;4 14;1 15;1 49;2 60;3 63 64;1 64;3 69 69;4 70 71;1 72;1 75छ 78 78;2 79;3 82;2 97;1 114;3 115;4 163;4 177;3 252;2 258;2 287;3 293;2 313 315;3 315;4 320;2 322;4 323 323;1 **5**|59;3 **7**|47;2 112;7

सिखइ **2**|41;2

सिखइअ **2**|314;4

सिखर **1**|156 **4**|24;3 **6**|5;3 10;4 11;1 13;2 39;4 41;4 49छ 49;5 65;3 **7**|56;4 110ख

सिखव **1**|155;2

सिखवनु **2**|62;1

सिखवहिं **1**|334;3

सिखा **3**|46ख **7**|118;1

सिखाइ **1**|187

सिखाईं **1**|339;1

सिखाई **4**|12;3 **6**|10;1 **7**|106;1

सिखाए **1**|127;3 208;5 **7**|8;4

सिखायो **6**|108;3

सिखाव **1**|327छ2 **7**|106;4

सिखावत **6**|90

सिखावन **2**|111 230;2 **4**|9;5 **5**|22;4 24;2 **6**|7;4 48;3 64;4

सिखावनु **1**|72;1 334;2 **2**|50 61;1 177;4 **3**|37;4 **4**|30;5 **5**|21;4

सिखावहिं **7**|25;2 30;1 99;4

सिखावहु **6**|61;8

सिखावा **1**|78;3 **3**|29;8

सिखिनि **1**|295;2

सिखिहि **6**|34;3

सिखे **2**|303;2

सित **1**|232;1 **2**|2;4

सितलाई **5**|5;1

सितासित **2**|204;2

सिथिल **1**|337;3 346;1 **2**|35;1 114;4 143;2 152 197;1 198;3 225;2 226;1 234;2 281;3 284;3 291;3 292;1 297 301छ 301;4 307;1

सिद्ध **1**|1 22;2 26;1 143;2 143;3 327छ4 333;2 **6**|17ख 70 75;3 77;3 81;1 85;1 101ख

105;1 109छ1 110 111;2 113;4 121छ2 **7**|80;4 98क 124;3

सिद्धांत **7**|86;1 119क 120;1 122क 123;1 127;2

सिद्धि **1**|31;7 306;4 338 **2**|29 **3**|15;4 **7**|90;4 118;4 129;3

सिद्धिप्रद **1**|35;3

सिधरिहहिं **6**|3;1

सिधाई **1**|266;4 **6**|100;1

सिधाए **1**|45;2 66;3 88;2 103;2 128;1 175;1 178;1 295;4 336;3 **2**|89;3 134;2 137;2 149;2 161;2 166;3 193;2 203;3 213;3 291;3 **3**|41;2 **6**|71;5 77;3 116;1 **7**|36;1

सिधायो **6**|117;2

सिधारा **3**|9;1

सिधारी **1**|211छ4 **5**|12;3

सिधारे **1**|205;2 250;1 **2**|186;4

सिधावहीं **7**|130छ2

सिधावहु **6**|108;2

सिधावा **5**|60;4

सिधि **1**|0;1 3;4 80;4 112;2 143;1 162;1 306 343;3 345;1 **2**|1;2 103;3 213;4 214;1 214;4 256;1 306;2 **7**|83ख

सिन **6**|39;4

सिबि **2**|30;4 48;3 95;2

सिबिका **1**|300;2 348;4 **2**|187;4 **6**|108;4

सियँ **1**|236;3 264;4 306;4 **2**|59;3 87;2 102 103;1 112;1 117;4 233;2 237;4

सिय **1**|10ख 15;2 16;2 31 32;2 42;4 54;3 98छ 213 228;4 229;2 230 230;2 231 232;4 234;4 236 236छ 236;4 237 237;4 238;2 245;4 247;1 247;2 248;2 249;1 254;1 260;3 264;1 265;3 266;1 267;3 306 307;2 314 315;1 318 323;1 323छ2 324छ4 326 336छ 339;1 361

2|9;2 15;4 17;3 58;4 59;4 60;2 60;4 64;1 69;3 73 75छ 75;4 76;1 76;4 78;3 82;2 82;4 84;3 85 89 89;1 91;1 91;2 91;4 94;1 94;4 96 96;3 99;2 99;4 102;2 103;2 104 106;2 108 110;1 111;2 111;4 114;2 116;1 117 117;1 121;3 122 123 123;1 123;4 124;1 124;2 125;2 126;3 128;2 128;4 129 132 134;4 137;2 139 139;3 140 140;1 140;2 141;1 141;3 142;1 142;4 146;4 149 149;3 150 150;1 152 154;4 159;4 164;2 166;1 166;2 166;3 171;4 177 178;2 180;2 181;3 182;3 187 188;1 198;4 200;1 203 203;2 210 210;2 211;4 216;3 226;3 233;3 233;4 237 242;2 243;1 246 246;2 246;3 246;4 251छ 252;2 252;3 256 261;4 262 262;2 277;1 280;1 281;2 281;4 282 285 286 286;2 286;3 286;4 287 287;1 287;4 295;4 316;4 317;1 318 320;4 321;2 326;1 326छ

सियनाहू **2**|24;3

सियपति **2**|178;1

सियमातु **2**|285

सियरवनू **2**|227;1

सियहि **1**|229;4 259;4 **2**|97;1

सिर **1**|11;1 11;4 34;1 77;1 77;2 81 83;3 90 92;2 106 113;2 118;1 129;4 133;4 137;1 139;4 147;3 148;4 167;4 170 176;1 211छ4 219 225 227;1 233;1 236;3 239;4 250;3 281;2 282;2 287;2 287;3 308;3 319 324छ2 325;4 343;1 350;2 355;2 355;3 **2**|3;3 6 26;1 40 63 70 94;2 102;4 137;2 174;1 176;3 177;2 188;4 191;3 203;4 213;2 213;3 214;1 216;1 221;2 229 230;1 238;2 242;2 244;4 253;4 260;1 266;3 269 285;2 287 291;2 296;4 302;2 308;3 318 319;1 324;2

3|18छ 21;4 30 34;4 34;5 **4**|9;1 19;4 **5**|10;1 11;2 55 **6**|13;3 14;3 19;3 25;1 25;2 27;2 27;3 29;4 34क 35;3 55 58;3 62;3 65;4 68;3 71;2 71;3 83छ 88छ 92 92;4 92;6 92;7 92छ 93छ 93;3 93;4 98;1 99 99;1 99;3 101ख 101छ2 103;1 103छ2 104;1 104;6 106 106;4 **7**|43 83;2

सिरउ **6**|14;2

सिरताज **1**|329

सिरनि **1**|167;4

सिरन्ह **6**|86;1 93;1

सिरन्हि **1**|243;4 **6**|32;3 33;5 98;3

सिरमनि **1**|358;2

सिरमोर **2**|299

सिरस **1**|258;3

सिरा **3**|20छ1

सिराइ **2**|123

सिराई **1**|193;4

सिरात **1**|325छ1

सिराति **2**|155;2 **6**|100;2

सिरान **2**|70;2

सिरानि **6**|78;2

सिरानी **1**|226;1 256;3

सिरानें **2**|236

सिरावै **7**|117क

सिराहिं **1**|58 342;2

सिराहीं **1**|94;2 **7**|52;2

सिरिजा **1**|15;3 **5**|26;4

सिरु **1**|29ग 56;3 57;1 66;4 84;2 100;2 102;1 109 127;1 127;2 162;4 202;3 215 252 254;4 269;2 280;2 294 326छ1 337;2 341;1 343;3 **2**|30 38;3 46;4 57 69 73 75 76;3 79;4 81;1 82 83;1 85 99;4 108 112;4 144;4 166;2 182 185;2 188;4 202 206;3 216;1 255;2 308;4 324;1 **3**|4 6;1 17;1 34;2 36;7 46छ **4**|19;1 20;1 20;3 21;1 23;4 23;5 25;1 **5**|2;6 18;1 27 38;2 51;4 57;5 **6**|6;2 17;1 18;1 19 34;6 38;2 56;2 75 90;1 106;1 110;1 116;1 119;1 **7**|2ख 6;1 10ख 12;1 16;1 17ख 35 36;1 60;1 61;1 62;3 93;2 110ख 110;5 112क 113;7 114;4 125क

सिरोमनि **1**|26;2 28;5 42;4 149 325छ3 336 **2**|66;4 186;2 219 225;3 227;4 **6**|110;5 **7**|62क 120;5

सिरोमने **7**|13;1

सिला **1**|210;6 **2**|100;3 249;4 **3**|1;2 38;4 **4**|6;4 13;3 **5**|29;4

सिलीमुख **6**|80;5 91;1 92;4

सिलीमुखाकर **6**|86छ

सिल्पि **6**|23;3

सिवँ **1**|51 61;3 79;4 87;3 101छ 116 128;4 314 **7**|109घ

सिव **1**|15;4 15;5 19;3 19;4 30;2 42;1 46;2 46;3 50;2 51;2 52;2 54;4 56;1 56;4 57;1 58;1 59;4 60;2 63 65;3 68;3 69;2 70;3 70;4 75 75;4 76 77;1 77;4 81 82;1 82;2 83;2 83;3 84;2 86 87छ 88;3 90;2 93;3 95;2 98;4 100छ 100;2 102छ 104 104;3 104;4 105 105;4 106;2 107 107;2 111;3 119;4 127;3 138;3 146;2 198;1 202;1 203;4 211छ4 223;3 310;1 314;1 357;2 **2**|4;2 104 106;3 157;4 172;3 258;4 264;1 288;3 **3**|6;3 27;6 33 **5**|47 49ख 49;4 **6**|2 2;3 2;4 15क 20;2 22;1 48ख 51 63;3 94;3 104छ 119क **7**|11ग 13;4 15;5 55;3 62ख 71;4 81;1 88क 91;2 94;3 96;5 97;1 105;2 105;4 106;1 106क 106;2 107क 107ख 108क 109क 122;6 124;2

सिवचाप **1**|235;1

सिवद्रोही **1**|267;1 281;2

सिवधनु **1**|250;1 250;4 255;4 268;1 271;2

सिवधाम **1**|92;2

सिवपुर **3**|2;2

सिवप्रिय **1**|31;7

सिवसैलु **1**|292;4

सिवहि **1**|34;2 57;3 76;4 78;4 83;3 86;1 92;1 92;3 161;2

सिवा **1**|15;4 35;6 **7**|5छ2

सिष **2**|213;2 **7**|99;3

सिष्य **2**|109;2 **3**|10;1 **5**|39ख **7**|99;4

सिसिर **1**|42;1 **3**|44;3

सिसु **1**|99;1 193;1 194;3 201;3 224 225;1 229 242;2 277;2 282;2 **2**|72;2 111;2 183;3 286;3 293;2 **3**|43;3 **7**|28छ 64;5 74क 74;4 77ख 88;3 117;6

सिसुचरित **1**|199

सिसुन्ह **6**|24;7

सिसुपन **2**|260;4 **7**|81ख

सिसुबिनोद **1**|200;4

सिसुरूप **1**|202;3

सिसुरूपा **7**|114;7

सिसुलीला **1**|192छ4 **7**|114;7

सिसुहि **1**|303;3

सिसस्रोदर **7**|40;1

सिहं **6**|111;1

सिहाई **2**|324;3

सिहाऊ **2**|88;4

सिहात **2**|199;4

सिहाने **1**|326;3

सिहाहिं **1**|344 **2**|113 194;1

सिहाहीं **1**|317;4 360;1 **2**|101;4 113;1 138;2 220;3

सींक **3**|1;4

सींच **5**|58

सींचत **1**|37 **2**|154 176छ

सींचा **2**|161;4 194;2

सींचि **2**|59;2 273;4 **4**|3;3

सींचीं **1**|296

सींव **4**|18 **6**|39 65 **7**|18क

सींवा **1**|147;1 **4**|1;1 7;14 **6**|50;1 **7**|77;1

सी **1**|31;5 31;6 31;7 307 326;2 **2**|237;3 250;1 257;1 325;3

सस्त्री **3**|26;2

सीकर **1**|197;3 **7**|52;2

सीकरनि **2**|231

सीजल **2**|154

सीत **1**|36;5 191;1 **5**|36;5

सीतल **1**|17;3 86छ 191;2 279;1 292;1 **2**|45;4 64;1 124;2 **3**|32;5 40;4 46;1 **5**|10;3 14;3 **7**|23;2 23;4 50;3 56

सीतलता **7**|38;3 102;3

सीतलि **2**|54;1 78 99;2 99;3 **5**|27;4

सीतहि **1**|322छ 323छ2 **2**|69 78 208;2 **3**|1;2 17;10 17;6 21;1 29;10 29;12 29;13 33;2 **4**|23;6 25;3 30छ 30;6 **5**|1;2 9;2 10 10;4 11;1 **6**|30;3 108;6 **7**|67;2

सीताँ **1**|263;4 **6**|121;4 **7**|25;3

सीता **1**|18 52 55;2 55;3 56;4 148;2 228;1 228;4 232;1 234;1 234;3 246;1 255 265;4 270;4 297;4 304;1 323;1 **2**|58;1 87;1 113;3 114;1 123;3 141 141;4 205;1 242;3 280;2 320 320;1 **3**|1;4 3;2 5;1 5ख 8 10;10 11;4 21;2 24;2 27;2 27;5 28;1 28;3 28;6 28;7 29ख 29;12 29;3 30;2 30;4 30;5 31 **4**|4;2 18;1 21;4 23;1 26;2 26;5 28;5 28;6 **5**|2;2 8;3 10;1 10;3 11 11;3 12;4 12;6 13;2 13;3 14;4 15;1 16;5 29;1 31;5 32;1 36;5 40 40;4 52 **6**|9;5 20;3 34;5 48;4 62;5 99;1 99;2 108;3 108;7 109;1 109;2 119क 119;5 120क 120;3 **7**|2;3 6;1 7 24;2 66;3 67;1 68;2 92ख

सीतानाथ **1**|28ख **2**|266

सीतापति **2**|243 266;1

सीताबर **7**|78;2

सीते **3**|29;5

सीदहिं **1**|121;4

सीप **1**|11;4 37;2 117 **2**|283;2

सीपि **2**|257;2

सीम **1**|126;4 **2**|289;3

सीयँ **1**|234;2 **2**|118;2 226;2 231;3 242;3 246;2 252;2

सीय **1**|8;1 25;3 37;2 41;1 98;4 223;4 229 230;3 237;1 237;4 240;1 245 245;2 246 247 248 248;4 249;2 258;4 260 263;3 265;4 266;2 267;3 269;2 270;4 286;2 292;2 309 310 312;1 322 322;4 323;4 324;1 325;2 325;4 327छ2 334;2 338;3 339;2 349;2 349;3 353;2 361;4

2|7;2 11;3 49 57 58;3 68;1 74;2 75;2 76 78;2 78;3 79;1 82 83;1 92;1 102;1 104;1 107;2 115;2 116;2 123;3 130 141;1 142;1 179;2 182;2 197;4 199 199;2 199;3 221;4 222;2 224;2 225;3 239 239;3 246;1 247;1 247;3 252;1 256;2 269;1 281;1 281;4 282;4 287;3 297 304;1 312;3 320;2 321 326

सीया **1**|242;3 247;2 267;4 **2**|96;4

सीर **3**|24;2

सील **1**|76;3 153;2 190;4 198;3 216 233 275;4 277;2 285;2 311छ 325छ2 325छ3 326छ2 331;1 336;2 341;1 **2**|10;1 52;4 59;1 60;4 66 70;4 79;2 149;3 171;4 176;4 181;4 183;3 200;3 222;4 227 265;4 274;3 276;4 283;2 288;4 291;4 298;1 300;3 304;3 313;2 316;2 **3**|6;4 30;4 34;1 36;1 44;4 **5**|17;1 **6**|60ख 80;3 **7**|6;4 8;3 14;10 25;4 30;1 32;2 38;1 87;1 90;3 110;1

सीलता **7**|113;2

सीलनिधान **1**|29क

सीलनिधि **1**|130;1 131;2

सीलसिंधु **2**|243;1

सीला **1**|105;1 204;3 **3**|46;4

सीलु **1**|62;2 236छ 276;1 321छ 328;2 332;1 336छ 354;4 **2**|1;4 24;2 44 49;2 85;3 139;4 141;2 156;2 185;2 192;4 195;2 206;1 206;4 222;1 232;4 281;3 287;4 290;4 292

सीवँ **1**|233;1 **2**|52;4 176छ 301;1 302;1

सीव **3**|15

सीवाँ **1**|243;4

सीस **1**|93;3 137 208क 211छ4 268;3 297 332;4 342 **2**|5;1 34;3 99 111 117 129;2 151;1 174;3 177;1 194;4 199;2 216;3 229;3 239;3 254;4 282;3 307;4 316;2 318;4 **3**|20छ5 **4**|10;1 23;5 25 **5**|8;4 21;3 24;4 53;1 **6**|10 11;3 15;1 17क 28 29;5 46;1 53;3 72;2 81;3 88;5 92;5 94;3 94;4 97 102;1 109;1 **7**|33;2 93क 112;8 122;9

सीसनि **2**|115

सीसन्ह **6**|81;3 **7**|37

सीसा **1**|18;3 34;2 50;3 55;4 71;4 81;1 160;1 165;1 242;1 281;4 308;1 333;3 339;4 **2**|111;2 **3**|7;1 **4**|7;7 **5**|17;3 29;2 33;1 35;1 **6**|92;7 98;1 103;4 **7**|111;4 113;8

सीसु **1**|331 **2**|77;1 **5**|38;1

सीसू **1**|217;3

सुंदरं **3**|4;2

सुंदर **1**|34 36 37;3 54;3 58;3 61;2 65 67;1 72 72;2 75;3 80;1 92;2 94छ 94;3 98;3 102;1 106;1 114;1 120ग 130;1 140;1 147;1 147;4 155;1 155;4 159;2 161ख 179;3 182ख 186छ4 195;1 198;3 199;5 208;3 209;2 213 213;2 216;1 217;1 217;4 218 219 220;2 230;4 236छ 241;1 242 243;2 244 246 246;2 248;1 263 278;4 298;4 299 299;3 303;1 304;1 306;3 320;4 325छ4 325;2 327छ3 327;2 327;5 328 338;4 344;2 358;2

2|1;2 52;3 64 65;1 66 116 119 124 124;3 214;4 235;4 249;4 250;1 279;4 **3**|1;2 7;4 27;2 34;4 34;5 38;2 40;2 41;1 42;1 **4**|1;5 13;1 17;2 25;1 **5**|1;3 10;2 13;1 17;4 33;2 35;2 58;1 **6**|2;1 32;3 56;3 86छ 101छ1 111;7 115;2 119;4 **7**|0ख 15;4 21;3 25;3 25;4 27छ 27;2 28छ 28;2 29छ 29;2 32;1 34;2 49;2 56;3 56;4 56;5 62;1 76 76;1 77;1 90ख 94;2 99;2 113;4 120;1 130छ3

सुंदरता **1**|96छ 100;4 230;4 247 323;1 325छ4 **7**|33;2

सुंदरताई **1**|132;1 134;2 316;2 324;1 **2**|108;4 110;1 116;1 **3**|19;2

सुंदरायतना **5**|3छ1

सुंदरि **1**|99छ 297;4 306;1 325छ3 326छ4 **2**|61;4 62;1 **3**|17;7 **6**|99छ 121;5

सुंदरीं **1**|322छ 325छ4 327छ1

सुंदरी **1**|61;2 178;1 322;3 **6**|12;2

सुअंग **1**|318छ

सुअंजन **1**|1

सुअंजुलि **1**|191;4

सुअ **2**|178

सुअन **2**|43;3 108;3 150;1 173 181;1 208;1

सुअर **1**|93छ 157;2

सुअवसर **6**|114क

सुअवसरु **1**|246 336;2 **2**|2 281;1 **5**|39ख

सुअसनु **2**|111;3

सुआयसु **2**|285

सुआर **1**|328 329;2

सुआरा **1**|99;4 174;4

सुआश्रम **1**|65;4

सुआसन **1**|321;4 **2**|292;4 **7**|63;4

सुआसनु **2**|257;3

सुआसिनि **1**|313;2 317छ 324;2 345;3 353;3

सुआसिनिन्ह **1**|327छ2

सुकंठ **1**|25;1 29;3

सुक **1**|7;5 18;3 19;3 26;1 37;8 86छ 242;2 338;1 **2**|83 87 137 236;3 248;2 299;4 **3**|30;5 **5**|53;2 57;2 **7**|14;8 28;4 104;1 122;6 123;3

सुकबि **1**|10;2 11;2 28;4 32;6 **2**|240;3 306 325;4

सुकरमा **1**|2;6

सुकर्कश **3**|11;5

सुकल **1**|191;1

सुकालु **2**|235

सुकीरति **1**|14;5 40;1

सुकुमार **1**|74;1 **2**|81 119 120 200;2 **7**|7;4

सुकुमारा **1**|203;2

सुकुमारि **2**|58;1 67;4 81 **4**|2;1

सुकुमारीं **2**|246;2

सुकुमारी **2**|58;4 112;3 **5**|12;3

सुकूप **2**|309

सुकृत **1**|16;3 27; 32;7 36;4 37;4 40 255;4 260;2 309 310;1 310;2 324;1 325छ1 335;2 349;3 **2**|1;1 2;1 28;3 28;4 43;3 48;4 52;4

57;3 75;2 79;2 106 109;3 126;1 161;1 211;3 268;3 301;1 **4**|16;3 **6**|72;2

सुकृति **1**|1;2 37;6 105

सुकृतीं **2**|113;1

सुकृती **1**|22;3 41;3 294;3 310;3 **2**|58;2 105 250;3 282;4

सुकृतु **1**|252;3 **2**|70;2 175;1

सुकृपाँ **1**|39;3

सुकृपा **5**|14;5

सुकेतुसुता **1**|24;2

सुकोमल **1**|14घ

सुक्र **1**|64;3 82 154;1

सुख **1**|6;3 8 17;3 18;5 25;4 31;7 37 42;3 58;3 79 80;4 82;3 94 111;4 113 150 150;4 154 155;3 171;1 179 179;3 180;1 189;2 190;3 190;4 192छ4 195;1 198;1 199 200;4 218 219;1 220 221;3 227 235;1 242;3 247 294;1 294;2 304;4 306 307;1 312;1 315;3 323 324;1 325छ2 327छ2 341 343 345;1 348;2 350क 353

2|1;1 12;2 28 47;3 52;4 53;2 60;1 65 65;4 75छ 78;2 81;3 84;4 87;2 91 92;2 96 107;4 122 130;2 137;4 150;3 150;4 169;2 174 175;3 200;3 208;3 214;4 215;1 235 238;2 240;1 249;3 252;2 256;3 268;2 273;4 275;2 280 280;4 282;2 285;4 289;4 290 290;4 301;1 311;1 311;3 316;4 322 324;3

3|5;1 5;9 9 10;10 10;9 14;3 17;1 17;8 23 26छ 28;8 30;9 36 39ख 41;1 41;4 44;3 **4**|2;3 7;8 7;9 13;3 17;3 20;4 **5**|4 14;2 17;5 32;1 38;3 40;1 47 59;2 60छ **6**|48;4 64;5 75;3 80ख 103 103छ2 105;1 109ख 111;10 111;7 113छ 119क 121छ1 121;5 **7**|2;1 4;4 5छ2 6;1 6छ 8;6 10;1 12क 15;2 16;3 18;1 20;2 22;3 24;4 26 26;2 26;3 29 31;1 31;3 31;4 33;1 34;2 35;2 38 42;3 45;1 45;3 46 53;4 54;3 55;3 65;3 69;2 72;3 83ख 84ख 84;2 84;3 85;2 88क 88ख 88;2 88;3 89क 90;1 90;4 92ख 92छ 96;3 102;1 104;2 106;2 111;3 114;7 115;2 115;6 116;4 117;1 118;1 119;3 120;4 120;8 121;17 121;2 121;7 122;10 122;7 122;8 122;9 125;2 130;1

सुखकंद **1**|105 **7**|8ख 11ग

सुखकंदा **3**|12;7 **5**|34;3

सुखकारी **3**|44;4 **5**|47;2 **6**|38;4 **7**|23;4 73;1 121;11

सुखद **1**|9;2 16;3 20;1 21;4 32ख 32;6 35;7 36;5 41;3 42;1 42;3 72;4 80;1 114;3 139 140;1 215;3 217;4 246;2 285;2 **2**|64 65;3 66 98;3 98;4 137 197;4 209;2 214;4 216 225;1 237;2 249;4 255;1 279;2 288;4 303;2 **5**|45 **6**|16;4 61;8 119;4 **7**|16;2 45;1 53;2 64;2 64;3 77;2 83क 83;3 88क 90ख 113;4 121;11

सुखदाई **1**|203;1 211छ2 241;4 **2**|65;1 125;3 131;3 137;2 140;4 **3**|11;13 16;1 44;2 **6**|79;5 **7**|37;1 76;2 119;5 128;4

सुखदातहि **7**|30;3

सुखदाता **1**|152;1 200;1 212;4 218;4 238;4 **2**|43;2 200;3 **3**|22;4 **5**|15;5 42;3 **7**|2;2 50;1 74;2

सुखदाम **7**|48;1

सुखदायकं **6**|113छ

सुखदायक **1**|146;1 186छ1 211छ1 **2**|128;4 132;1 **3**|21;2 29;1 **5**|14;3 **6**|102;2 **7**|76;1 85;1 93;4

सुखदायनी **5**|34;1

सुखदारा **2**|94;1

सुखधाम **1**|75 197;3 **6**|108;4 111;1

सुखधामा **1**|52;4 **3**|45;4

सुखनिधान **2**|98;1 **6**|60;1

सुखपुंजा **1**|186छ4

सुखप्रद **1**|73;1 **6**|103छ1 **7**|14ख

सुखमय **7**|46;3

सुखमूल **1**|190 324छ3 355;1 **3**|6क

सुखमूला **3**|16;2

सुखरासी **1**|108;1 197;3 **7**|20;3

सुखरूप **7**|51;3

सुख सागर **1**|192छ2 198;3 **2**|70;4 106;1 139;2 304;3 **3**|26छ

सुखसिंधु **1**|307

सुखसीला **1**|110;4

सुख सुख **7**|38;1

सुखस्वरूप **2**|200

सुखहि **1**|263;3 **7**|20

सुखाई **1**|74;3 **2**|25;2 38;3 **5**|59;4 **6**|18;5 62;4

सुखाकरं **3**|4;6

सुखानी **2**|20;1

सुखानें **1**|261;2

सुखानेउ **1**|74;4

सुखारीं **2**|175;3

सुखारी **1**|22;3 24;1 87;4 95;2 155;1 171;1 255;3 286;2 311;1 343;4 348;4 **2**|1;3 80;4 114;2 128;4 136;2 139;1 140;1 142;2 146;1 152;1 189;3 235;2 280;1 306;3 **5**|28;3 60;4 **6**|105;2 **7**|117;3

सुखारे **1**|86;2 236;1 237;2 239;2 244;2 262;1 348;3 **2**|107;2 127;4 **6**|4;4 46;1

सुखासन **1**|300;2 **2**|186

सुखाहिं **2**|46

सुखाहीं **1**|25;2 **5**|23;3

सुखी **1**|35;4 66;1 120;2 159;1 179;4 205;3 215;4 220;2 347;3 **2**|98 196;3 214;2 235;3 236 264; 291;2 **3**|9;2 14;1 39ख **4**|17;1 **6**|106छ 106;4 111;10 **7**|6;4 10;2 14;8 28छ 40;2 96;5 112;3

सुखु **1**|30;1 48;2 79;4 89;3 91;1 97छ 102;3 103छ 104;1 105;1 106;2 230;3 237;4 240;2 242;3 263;2 286;2 291;1 293;4 294;1 308;2 318 319छ 322;3 323छ1 326;3 331 343;2 343;3 345;4 348 354;2 360;1 361छ **2**|21;2 70;2 79;3 84;3 87;2 106;1 107 108;2 108;4 122;4 133;3 138;4 141;1 141;4 146;3 151छ 175;3 178 180;3 182;2 185 195;1 207;2 212;4 219;1 233;2 251छ 263 291;1 307;3 308;4 309;4 **3**|6;1

सुखेत **1**|303;2

सुखेन **1**|284;1 **2**|57;2 96 181;2 322;4

सुगंध **1**|3क 10;5 86छ 213;2 305;3 324;3 346;4 347;3 355;1 356;2 **2**|90 170;2 288;1 **3**|40;4 **7**|9;2 37;4

सुगति **1**|20;4 24 **2**|72;4 169;2 268;3 306;2

सुगम **1**|13;5 23;3 80;4 149;2 167;1 304;1 **2**|109;1 118;4 294;1 304;1 310;3 **3**|16;3 32;5 42;1 **7**|73ख 86;1 119;5 120;6

सुगमु **2**|78;3

सुगाइ **2**|184;3

सुगाढ़ि **7**|117ग

सुग्रीवँ **4**|4;3 19;1 19;2 22

सुग्रीव **3**|36;6 **4**|4;1 5 5;1 5;4 6 7;13 7;6 8 8;2 8;3 9;3 11 12;2 12;4 12;5 18 20 22;3 **5**|28 29;3 43;2 52;2 55;1 **6**|12;3 23क 23;2 23;5 39 65 67 73;5 75;5 93;4 **7**|19;4 66क

सुग्रीवहि **4**|8;1 11;4 11;5 12;3 **6**|66;2 **7**|17;3

सुग्रीवहूं **4**|18;2

सुग्रीवहु **6**|66;3

सुग्रीवा **4**|1;1 7;14 **6**|50;1

सुग्रीवादि **7**|11;2

सुघटित **1**|213

सुघर **1**|314;3

सुघरी **1**|91;2 **2**|68;4 **7**|10;2

सुचंदन **1**|219;2

सुचारु **1**|199;5

सुचाली **2**|261;2 319;3

सुचिंतित **3**|37;4

सुचि **1**|75;1 80;1 104 162;2 213;3 214 230 236;4 239;4 240;4 318;3 324;3 339;1 347;3 358 **2**|1;2 64;2 87;4 89;4 90 94;2 105 124 129;1 167;2 173 186;3 187 206;1 213;2 215;3 232;2 235;4 250;1 252 261;1 270;1 288;4 291 308;2 314;1 319 **3**|45;4 **7**|69ख 86 87ख

सुचित **1**|29;2 36;1

सुचिता **1**|324छ2

सुछंद **2**|134

सुजतन **7**|120;5

सुजन **1**|2;2 3;5 8 9;4 10छ 23;2 25;2 31;4 35;7 36;1 40;3 **2**|152;3 **7**|2;2

सुजल **2**|310;3

सुजस **1**|5;4 10छ 14;1 36;2 122;4 207 **2**|174 211;3 287;1 326छ **3**|6क **4**|20;2 **6**|28;3 **7**|2;3 34;3 51;4

सुजसु **1**|45;3 256;4 274;3 324;1 327छ1 343;2 343;3 361;1 361;2 **2**|2;1 45;1 79;2 103 108;1 168;3 175;1 180;3 263 288;1 298 312 315;2 **4**|30छ **5**|12;3 30;2 38;3 45 53 60;2 **6**|5;4 7;4 10;1 35;5 44;3 79छ 90छ

सुजाति **1**|6;3 **2**|144

सुजाती **2**|1;2

सुजान **1**|1 10ख 14क 28;4 49 120क 159क 226 236छ 298 320छ 321छ 324 336छ **2**|64 66;4 94;2 186 204;4 237 244;1 256 291 300 304;2 313;3 **6**|12ख 99 114क 121क 121छ1 **7**|59 110घ 130छ3

सुजाना **1**|11;4 30;4 34;4 44;1 56;3 76;1 82;2 156;1 192छ4 214;3 279;1 287;4 302;4 314;3 317;3 329;2 **2**|88;4 95;2 187;1 228;1 254;1 257;4 **3**|10;1 27;9 **4**|23;1 **6**|24;2 62;1 80;4 114;1 **7**|82;3 114;6 115;6 124;1

सुजानु **2**|314;2

सुजानू **2**|172;3 298;1

सुजीवनु **1**|6;3

सुजोग **1**|7क

सुटुकि **1**|156

सुठि **1**|20;2 36 126 150;3 233;4 288 298;3 342;2 356;2 358;1 **2**|18;4 32;3 81 105;4 115;4 119 120 161;3 181 183;3 221;3 227

सुतंत्र **1**|182क **3**|16;2 **4**|15;4 **7**|45;3

सुत **1**|16;4 24;2 82 103छ 108;4 118 142;2 149 151 151;3 153;2 153;3 160;2 163;1 170;3 176;3 180;1 180;4 181;2 182;2 189;1 189;2 192छ3 195;1 198;1 200 201;2 201;3 202;4 207;3 208;1 208क 208;3 208;5 221;3 294;3 295 304;1 308;2 309;1 315;3 325 335;2 349 349;2 353;1 360;3 360;4 **2**|2;3 19;4 26;3 40 50;4 54;3 55;3 56;3 59 65;1 75;1 75;4 76 83;4 149;4 159 159;1 160;4 166;4 167;3 176;2 211;3 283;1

3|1;3 43;4 **4**|3;2 7;15 9;4 **5**|16;3 17;2 17;4 19;1 20 32;4 48;2 54;4 **6**|6 10;1 10;2 24;3 26 27 36;6 37 49;4 54;3 61;4 61;7 64;4 77;3 104;5 107 112;2 **7**|2;4 12;3 25;3 25;4 48;4 65;4 71;3 87;3 101;2 106;1 122;8

सुतघाती **6**|83;1

सुतन्ह **1**|307 309;2 323;2 328;1 354 359;2 360;3 361;2

सुतबधू **2**|283;1

सुतरु **1**|303;4

सुतहि **1**|143;1 153;3 153;4 **2**|22;3 55;2 159;3 161;1

सुता **1**|31;7 62;1 66 66;4 67;1 67;4 71;2 72;1 96 98;1 131;3 338;4 339;1

सुतापस **7**|124;3

सुतिय **1**|20;3

सुतीछन **3**|10;1 12;3 **7**|65

सुतीछी **2**|46;3

सुतीय **1**|235 **2**|199

सुतीरथ **2**|6;1

सुतु **2**|41;4 75;1 223;2

सुथल **1**|36;5 **2**|261

सुहृद **1**|160;3 **2**|16 27;1 63 65;1 74;1 185 221;4 227 298;1 300 **5**|48;2

सुदानी **2**|204;4

सुदास **1**|19

सुदिन **1**|154;3 360;1 **2**|4 15;1 31;4 68;4 **7**|10;2

सुदिनु **1**|91;2 **2**|2 171;1

सुदुर्लभं **3**|4;10

सुदृढ़ **6**|4;1

सुदेस **1**|219 248;2 **2**|235;2

सुदेसे **2**|169;4

सुद्ध **7**|124;4

सुधरम **1**|314;3 **2**|316;4

सुधरमु **2**|286

सुधरहिं **1**|3;5

सुधाँ **1**|340;4 **2**|60;4 63;3 184;1 273;4

सुधा **1**|5 5;3 5;4 14च20;4 31;4 112;3 145 161ख 246;3 247;4 261;1 305;1 329;1 **2**|47;2 48 49;1 209;3 250;1 279;4 281 288;1 **3**|2;3 3;1 **5**|5;1 **6**|16ख 106छ 114;3 **7**|2;1 44;1 52ख 120क

सुधाइह **1**|281;3

सुधाई **1**|164;2

सुधाकर **1**|5;4 **2**|55;1 326;4 **7**|51;3

सुधादि **2**|120;1

सुधाबृष्टि **6**|114;3

सुधारत **6**|11;3

सुधारा **1**|276;3

सुधारि **1**|7;2 275;1 **2**|0 299 **3**|18छ **6**|70;3

सुधारिहि **1**|28;2

सुधारी **1**|24;2 36;1 **2**|300 317;2

सुधारे **1**|357;3 **6**|86;4

सुधासम **1**|37;2 212;3 **2**|249;3 **7**|47;1 120;4

सुधाहू **2**|288;4

सुधि **1**|29;1 55;3 240;3 290;4 291;4 321छ **2**|19;2 22;2 61;3 63;2 88;1 108;3 135;1 141;2 155;2 157;1 176छ 202;1 206;4 242;3 265;2 275;2 294;3 **3**|21;4 36;5 **4**|18;1 18;2 21;4 22;4 23;1 26;1 26;2 26;5 30;6 **5**|2;2 9;4 15;4 16;1 29;1 **6**|79;7 83;4 85;1 121;6 **7**|16;1 95;2 96;5

सुधीर **2**|150;2

सुन **7**|128;2

सुनइ **1**|4;5 78;3 118;3 155;3 183छ 319;4 **2**|46;4 99;2 145;2 148;1 **6**|32;1 **7**|99;3

सुनउँ **2**|179;3 **7**|110;3 110;6 124;2

सुनऊँ **7**|112;6

सुनखतु **1**|91;2

सुनत **1**|2;5 4 8;6 15;1 20;2 28;3 35;3 35;4 40;3 41;3 43;1 48;3 61;2 73 73;3 75;3 78; 80;2 82;2 87छ 93;2 108 113;1 136;3 192छ3 193;3 264;3 270;1 275;1 298;1 307;2 324;2 334;1 336;4 **2**|5;3 7;2 9;1 20;1 22;2 31;4 37;3 41;1 50 71;4 93 104;1 110;1 118;3 135;2 136 137;2 146;4 147 148 149;2 154 160 160;2 184;1 206;2 207;4 218;1 223;1 224;1 224;4 226 247;3 251;4 271;2 272 281;1 288;4 303;2 304;1 304;4 312

3|3;2 12;5 19;4 22;1 26;1 28;8 29;8 30;6 46;1 46छ **4**|7;14 10;1 20;4 22 26;4 30छ **5**|2;2 6 6;3 10;4 12;3 15;4 17;1 24;3 24;5 25;2 30;4 41;1 49;2 51;3 56;2 57;1 59 **6**|5;2 5;5 9;2 9;5 16;4 19;1 20 21;2 23;3 27;4 34;3 35;2 47;1 47;3 59;4 70;3 84;4 99;1 102;3 108 116;4 117;1 118;3 121;5 **7**|2;3 2;5 3;2 10क 10;3 11;2 15;1 20;2 26;3 42;1 47;1 53;1 60;4 61;4 64;3 110;6 126;1

सुनतहिं **2**|153;3 166;2 **4**|30;3 **5**|13;3

सुनतिउँ **1**|81;1

सुनतेउँ **7**|69;3

सुनब **2**|180;1 182;2

सुनयना **1**|324;2

सुनयनीं **1**|286;1 310;4

सुनहिं **1**|8;5 10ख 10;3 30;4 33;2 38;1 75;4 79;2 114 134;3 140;3 143;4 205;3 359;3 361 **2**|141;1 237 326 **3**|6क 46क 46;4 **4**|30क **5**|60 **6**|9;4 9;5 67;3 121क **7**|15;2 15;3 26;1 39;2 40;1 42 42;4 53;1 57;4 57;5 62;2 114;6 126 126;2 129;3 130छ2

सुनहि **1**|51;3 72 121;2 **5**|12;5 60छ **6**|90छ 99छ **7**|109;4

सुनहीं **7**|32;3

सुनहूं **1**|30;1

सुनहु **1**|35;7 47;3 64;1 67;4 71;1 75;3 76 83;2 90;3 98;1 105;1 113;4 120घ 120ग 124ख 127 129;4 132 133;1 159क 159;3 171;2 177;2 181;3 181;4 183;1 188;3 206;1 217;2 221;1 222 249 253;2 271;2 272;1 274;1 277 279;1 283 291 330;3 342;2 **2**|29;1 40;3 44;4 58;4 62;1 71;1 77;3 97;2 104;2 128;2 132;1 142;2 171 206;4 208;2 210;2 231;4 254;1 257;4 283

3|1;1 15;1 15;2 19;2 23;4 24;1 25;2 27;2 31;1 33;2 42;1 43;1 45;2 **4**|5;4 7;6 9 23;1 28;1 **5**|7;1 7;3 17;4 20;2 22;4 36;5 43;2 43;3 48;1 49;3 50;4 52;2 57;2

6|0ग 1;4 6;2 12क 12;3 13;2 13;4 14;4 20;3 34;5 38क 48;3 75;2 79;6 80क 80;2 113;5 116;1 **7**|8;5 19;5 33;4 36;3 36;4 39;1 41 43;2 48;2 52;1 54;1 55 55;4 58;1 61;4 62;3 64;1 74;3 75;1 76;1 78;2 95;2 96क 115;8 116ख 116;2 117;1 120;1 121;14 121;4

सुनहू **2**|61;1

सुना **1**|120ख 202;1 207;1 221;1 **2**|21;3 40;2 201;1 231;4 298;4 **5**|55;2 **6**|40;1 42;4 43 43;2 56;2 65;2 77;3 121;3 **7**|37;2 55;1 80क 94;3

सुनाइ **2**|48;1 149;4 285 **4**|4 **5**|38;1 41;5

सुनाइअ **7**|128;3

सुनाइहि **2**|226;4 **6**|21;5

सुनाई **1**|30;1 51;4 82;1 91;4 99 109;2 132;3 134;2 171;1 174;4 212;1 239;5 244;3 293 295;1 **2**|41;2 87;3 97;4 103;4 106;2 110;3 155;2 159;4 193;4 296;2 **3**|36;7 **4**|20;5 25;2 27;5 **5**|8;3 13;3 38;1 57;1 57;5 **6**|1;3 24;3 85;1 99;1 108;1 **7**|52;3 67;3 67;4 113;5 114;8 128;1

सुनाउ **2**|15 25

सुनाऊ **2**|150;1

सुनाए **1**|127;3 139;1 270;1 **2**|5;1 8;1 78;2 83;1 134;2 167;1 291;4 **5**|6;3 30;3 43;2 **7**|2;4 3;1

सुनाएसि **1**|184;4 **5**|11;1 12;3

सुनाएहि **6**|63;2

सुनाएहु **2**|152;1 **5**|27;3 **6**|121;1

सुनाजू **2**|235;1

सुनायउँ **7**|92क

सुनायउ **1**|73;3 189;2 **2**|2 310 **6**|64;2

सुनायहु **1**|127;4

सुनायो **6**|35;5

सुनावँ **2**|202;4

सुनावउँ **1**|72 121;3 283;1 **7**|74;1 86;1

सुनावत **7**|60;1

सुनावहिं **1**|316;3 **6**|44;3

सुनावहीं **1**|99छ 311छ 327छ1 **2**|251छ

सुनावहु **1**|127;4 **2**|54;4 **3**|19;4 **6**|107;1 **7**|2;7 64;2

सुनावा **1**|30;2 76;4 91;1 98;1 **2**|48;1 108;1 247;2 **3**|28;7 29;3 **4**|25;1 28;3 **5**|28;1 60;4 **6**|9;2 16;2 28;3 **7**|20;3 61;1 113;4

सुनावौं **1**|169 **5**|2;2

सुनासीर **1**|125;4 **6**|10

सुनि **1**|2 3;1 3ख 8 9;3 12;4 14क 14ग 19;3 21;2 28;5 29;1 29ग 29;2 33 33;2 36;1 41;2 53 57;3 61;3 64 68;1 72;3 77;3 78; 78;2 83 83;1 88;2 89;3 90 90;1 91;1 93;1 93;3 95;1 97 97छ 98 99छ 100 104;1 111;3 113;4 119;4 120;1 120;4 124;3 127;2 130;4 140;2 141;4 145 149;1 150;1 151;1 152;2 160;4 162;4 163;2 163;4 164;3 165;4 167;3 174;2 174;3 185 186 187;4 192छ4 193;1 193;2 199;2 208;1 208;4 209;3 210;2 210;5 216;4 218;4 221 223;2 223;4 226 229;2 230;1 234;4 236छ 237;2 238 239;4 240;2 245;3 245;4 246;1 250;3 251;4 252;4 254;4 257;2 257;4 260;1 266;3 267;3 267;4 268;1 270;4 271;1 271;3 271;4 273 276;3 277;3 278 279 280;2 284;3 290 290;1 290;3 291;1 291;4 293;1 294 294;1 295;1 295;2 296;2 297;2 304 304;2 313;4 320;4 322;1 322छ 322;2 324 329;1 329;4 330;4 332 333;1 337;1 338;1 342;3 354;4 356;1 359;4 361;1 361छ

2|1;4 2;1 4;3 5;4 7 8 9 12;1 13 13;1 14;4 16 21;2 24;1 25;1 25;2 26 27;2 29;2 30;2 32;4 33;2 35 40;4 45;4 46;1 46;4 48;3 50;4 51 53;2 54 54;1 54;2 56;4 57 60;4 62;4 63;3 64;1 67 69;3 72 73;1 73;3 77;3 78 79;1 79;3 81;2 88 96;2 97;1 97;2 99;2 100 101;3 103;2 104;1 108;1 109;2 110;3 114;1 115;1 117;1 121;4 122;1 124 126;4 127;4 128;1 141;4 147;3 149;4 153 153;4 157 157;2 159 159;1 160;4 161;3 163;1 163;4 164 166 166;1 168 169 174;1 175;3 176छ 177;2 177;4 179;1 183;4 185;1 187;2 191 191;1 192;4 193;4 196;2 196;4 198;4 201;4 202;1 203;4 204;1 205 205;3 207;3 210;4 212;4 213;1 213;4 220;2 220;4 221 223;2 226;3 227;2 230 231;3 232 233;2 233;4 234 238;1 240;4 243;1 247;2 249;1 251छ 255 255;2 256;2 257;1 257;3 258;1 260;1 262;2 263;1 264; 265 266;3 268;4 269;3 270;1 270;2 270;4 271;1 272;1 274 274;1 281;2 281;3 282;1 283;4 284;3 284;4 285;1 288;1 292;1 292;3 293;1 294;1 294;3 295;2 296 296;3 299;2 301छ 301;4 306 307;1 308 308;4 309;1 312;2 314 314;4 318 318;1 318;3 320;2 323 324;3 326;2

3|2;7 6;1 6;2 9;4 10;2 11;11 13;2 17;1 18;2 18;6 19;4 19;7 22;5 22;6 29;3 29;4 40;5 45;1

4|5 6;7 7;11 19;2 20;1 27;3 27;5 27;6 28;5 **5**|1;1 9 11;4 13 15;5 16;4 17;2 18;3 19;1 19;2 20;3 22;1 24;3 25;2 28 28;1 29;3 32 32;1 34;3 36;2 40;1 43;5 45 46;1 49;1 51;1 52;2 52;4 53 54;2 56;2 56;4 60;3

6|0ख 1;1 1;2 1;5 2;3 8 10;2 12ख 16;1 22;2 23ख 23;4 26;1 31;3 32ख 35;6 38;1 38ख 39;3 41;1 41;2 42;5 45;3 49 49;4 56 58;3 59;1 60;4 61 61;3 62 65;1 67;4 68;1 74;2 75;3 77;1 80ख 86;4 90 90;5 91छ 99छ 100;5 105;1 106 106;3 107;2 107;4 108;2 108;7 109;2 112;2 113 118;4 118;5

7|2क 2छ 4;4 8;6 17;1 18क 34;1 36;2 36;4 42;3 42;4 45;1 47;4 52;3 52;4 53;4 55;3 55;4 56;1 57 59;2 60;1 61;1 67;2 68;4 69क 73ख 82;2 83क 84;2 88;1 92छ 93;1 95;1 95;2 96क 106;3 107क 108क 109;1

109क 110ग 114;3 114;4 115;3 115;6 116ख 124ख 125;1 129;4

सुनिअ **1**|33;4 59 64;2 183छ 183;4 222;3 292 301;1 327छ4 348;1 **2**|3;1 69;2 92;4 258 281 **4**|30ख **5**|26;2 **6**|73;2 **7**|22 61;3 130;3

सुनिअति **1**|220;3

सुनि सुनि **1**|278;3 299;1. 354;3 **2**|134;3 158;3 195;1 210;4 309;3

सुनिहउँ **7**|111;6

सुनिहहिं **1**|8;4 9 9;4 15;5

सुनी **1**|30क 33;2 48;2 64;1 113;1 312;4 **2**|176;4 **3**|21;6 28;1 37ख **4**|27;1 **5**|37;1 **6**|22;3 42;3 **7**|36;2 55;2 101;5

सुनु **1**|47 68 74 78;1 87 105;1 114;1 115 120ख 121;1 122;2 124;2 129;1 141 141;1 141;3 146;1 152 153;1 161;4 163 165;1 165;3 166;2 167;1 168;1 168;4 169;3 175 176;1 196;2 202;4 221;4 231;2 236;4 257;1 286;4 343;2 **2**|4;4 20;3 41;4 62;1 103;3 218;2 219;1 288;2 289;1 **3**|2;3 2;4 5ख 5;3 8;1 11;1 17;7 28;2 28;6 29;8 30;7 33;4 35;2 35;4 43;2 44;1 45;3 46;4 **4**|1;2 3;4 6 7 7;14 9;4 10;1 12;4 20;2 30;2 **5**|7 8;2 9;2 9;4 10;2 12;3 14 16 17;4 21;2 30;1 32;3 32;4 39;2 49;1 50;3 58

6|8;1 8;4 9;4 9;5 15ख 17;2 21;5 23;1 23घ 24;6 25;1 26;4 27;1 28;1 29;5 30;1 38;4 55;1 64;4 67 75;5 90;2 99;6 102;2 107 107छ 114;1 114;2 116क 117;3 **7**|2;4 2;6 4;1 5छ2 11ग 13ख 15;1 18;1 21 37;3 37;4 56;1 57;2 59;2 74;1 79;2 80;2 81;4 82क 85;1 85ख 85;3 86 86;1 89;3 97ख 101क 102क 105;1 106;5 106;7 109;6 111;8 113;1 114;3 114;5 115;2 115;7 119;3 121;9 127 130छ1

सुने **1**|229;2 320;3 **2**|176;4 189;1 **6**|24;6 7|49;2

सुनेउँ **3**|8;1 **7**|52;5 58;4 68क 92क 115;4

सुनेउ **1**|182;3

सुनेऊ **6**|62;3

सुनेत्रं **7**|108;4

सुनेहि **1**|272;2 **5**|21;1 **6**|25;4 27

सुनेहु **1**|89

सुनैं **5**|13;3

सुनै **1**|47;2 113 **5**|12;2 **7**|63;2

सुन्यो **6**|6;1

सुपंथ **2**|238;3 **4**|7;2

सुपनखाँ **3**|21;3

सुपल्लवत **1**|212

सुपास **1**|214;3 **2**|90

सुपासा **1**|306;3 **3**|17;7

सुपासी **1**|197;3

सुपासू **2**|75;4 105;1 132;2 221;1 256;4 280;2 322;2

सुपि **5**|34;1

सुपुनीत **7**|127

सुपुनीता **7**|64;3 117;8 125;4

सुपेतीं **1**|356;1

सुपेम **2**|209;3 241;2

सुप्रकासा **7**|118;1

सुप्रकासू **1**|1;3

सुप्रबीन **7**|116ख

सुप्रेम **1**|22 **7**|64;3

सुप्रेमहि **1**|43;2

सफुल **1**|13;4 74 218 237;2 319छ 357;4 **2**|107;3 126;1 134;4 210;2 268;4 **3**|10;5 26छ **4**|9;2 23;6 **5**|30;2 **6**|63;4 **7**|11ख 75;3 125;5

सुबंधु **2**|72 232;2 306;4

सुबचन **1**|164;3 **2**|256;2

सुबट्ट **5**|3छ1

सुबद्ध **1**|41;2

सुबस **2**|36;2 273;4 323;3

सुबसन **2**|215;2

सुबस्तु **1**|7क

सुबानि **2**|287 299;1

सुबानीं **2**|196;2 278;2

सुबानी **1**|2;2 9;4 28;5 **2**|167;2 183;4 199;2 224;4 282;4 284;3 287;3 301;4 311;4 318;2 321;2 **7**|117;8

सुबारि **1**|43;1 43क

सुबास **1**|1;1 42 **2**|90

सुबासा **1**|37;3 **2**|129;1
सुबाहु **1**|210;3 356 **3**|25
सुबाहुहि **1**|206;2
सुबिचारी **2**|284;2
सुबिचित्र **2**|90
सुबिनीता **3**|24;2
सुबिप्रबर **1**|72
सुबिरति **1**|40;2
सुबिहंग **1**|37 **2**|28
सुबेल **1**|305 **6**|11;1
सुबेला **6**|9;3 37;1
सुबेलि **2**|244;3
सुबेष **1**|7;3 158;4
सुबेषा **7**|40;4
सुबेषु **1**|161ख
सुबोधा **7**|106;4
सुभ **1**|0;1 2;3 3क 41;3 69;4 77;2 96;1 120ख 183;4 189;3 193;3 194 196;3 206;1 254;3 296;2 313;2 339;2 **2**|38;4 43;4 54;4 77;4 107;3 130;4 193;2 258;4 282;2 **3**|5क 17;8 **5**|30;1 35;2 38;3 47;4 **6**|14;2 20;3 57;1 78 78;1 106छ **7**|1;8 9ख 9;3 13;4 15;1 41;3 49;1 52;4 85;3 97ख 105;4 112;2 113क 117;5 121;5 124ख 130;1
सुभग **1**|17;3 31 32;1 36 37;1 39;6 43ख 86;4 94छ 100;1 147;4 213;3 214;1 219 219;3 228;2 228;3 233;1 233;2 239;4 285;2 288 298;3 300;1 300;2 313;2 315 315;3 323छ2 344;4 348;4 356;1 359;2 **2**|28 59 60;3 76 115 115;4 117;3 119;4 128;2 129;1 187;4 **3**|39;3 **7**|91;4 96;1 117;8
सुभगता **1**|86छ
सुभट **1**|32;3 84छ 122 154;2 175;3 180 276;4 292;2 **2**|144;4 191 191;4 272;2 **3**|18 38;6 **4**|23;1 **5**|17;4 18;4 **6**|23;5 28;3 33;1 34क 34;5 40;3 42 42;1 42;3 42;5 46;1 46;3 48;2 53;1 67;3 68;3 72;6 75 78;2 79;5 81;2 85;2 88छ 90;3 95छ 101;6 **7**|7;4
सुभटन्ह **6**|72;1 87
सुभटु **1**|283
सुभट्टा **6**|41;2 79;6
सुभदं **6**|111;11
सुभद **1**|91 231;2
सुभदाता **1**|303;1
सुभसीला **7**|8;1
सुभाउ **1**|3ख 7;1 7;2 42;4 237;1 253;2 270;4 272;2 284;2 321छ **2**|16;4 17 18;3 26;2 32;4 33;1 55;4 72;2 73 165;2 192;4 200;3 227;2 264;1 284;3 304;1 309;2 312;4 321;2 **3**|46;1 **5**|34;2 37;1 **6**|16;1 100;1 **7**|20;3 35;4 121;7 124;2
सुभाऊ **1**|28;5 51;3 89;2 90;4 202;1 231;3 279;2 280;1 291;3 **2**|1;4 10;1 20;4 28;1 32;1 40;2 47;4 60;1 149;3 162;3 171;4 183;3 200;2 218;2 220;2 232;4 234;3 260;3 267;4 274;3 287;4 290;4 292;4 294;1 301;4 **3**|40;4 42;2 **4**|12;2 **5**|44;2 47;4 48;1 52;1 57;3 **6**|29;3 61;2 **7**|1;7 31;3 36;4 39;1 74;3 110;1 114;1
सुभाएँ **1**|254;4 294;2 **2**|63;2 116;3 283;3 300;1
सुभाग **2**|210;3
सुभागी **2**|222;4
सुभायँ **1**|267;3 269;2 282;1 322;3 327;1 335;1 **2**|2;3 15;3 61;4 70 90;4 98 137;4 139;2 168 193;1 244;4 266;2 280 291;4 300;3 303;3
सुभाय **1**|326छ2 **2**|117;3 165;1 181 222;4
सुभाव **1**|37;3 53;3 **3**|32;5 **5**|22;2 50;1 **7**|21 44;3 46;1 121;3
सुभावहि **7**|24
सुभाषा **2**|5;4
सुभासा **1**|37;3
सुभासुभ **1**|137;2 **2**|255;3 **7**|41;4 117क
सुभुज **1**|221;3
सुभोगमय **2**|90
सुभ्र **4**|13;3 **6**|11;1
सुभ्राता **1**|20;3
सुमंगल **1**|15;6 16;3 39 39;6 96;1 100;1 302;2 302;3 311छ 312 314;1 318;2 322छ 322;2 345;3 348;1 **2**|5;1 8 15;1 106;3 195;2 205;3 207 209;4 226 239;1 243;4 248;1 249;1 265 300;2 308 318 **5**|60 **7**|3ख 9;2
सुमंगलकारी **1**|42;3

सुमंगलचार **2**|23

सुमंगलचारा **1**|318;3

सुमंगलु **2**|4

सुमंत्र **1**|301;3 **2**|38;1 83;1 89 94;2 142;2 143;1 144;2 148 148;2 155;1 **7**|10क

सुमंत्रहि **2**|39;3

सुमंत्रु **2**|5;1 38;2 39;1 81;3 96;3 99;2 100;1 149;1

सुमंद **1**|86छ

सुमति **1**|9 27; 28क 32;1 36;1 36;2 122;2 162;2 **2**|235;4 303 303;3 **5**|38;3 40;3 **7**|26;3 69ख 86 88ख 94;1 112;2 120;7 122;5

सुमन **1**|3क 37 65 84;2 87;1 89;3 91;4 102छ 155;4 191;4 212 223 227;3 233;4 237;2 246;4 255;2 258;3 262;3 264 302;2 306;1 309;2 314;1 315;4 317छ 318छ 320;2 324 324;4 325छ4 326छ4 327छ1 347 347;1 349;3 **2**|25;2 90 101;4 113 134;2 210;4 270;1 301छ 311;4 321;4 **3**|20ख 27 **4**|8;4 10 **5**|34;4 49;5 **6**|11;2 25;1 71;5 77;2 86 86;4 90छ 97;1 103छ1 103;6 108;7 109क 114क 119;3 **7**|8ख 11;1 13;5 28;1

सुमनप्रद **6**|90छ

सुमनबृष्टि **1**|101;3 194;1

सुमनमय **2**|121;2

सुमनोहर **3**|27;2

सुमानस **1**|36;5 39;7

सुमित्रहि **1**|190;2

सुमित्राँ **1**|346;2 **2**|8;2 73 284;4 **7**|6क

सुमित्रा **1**|195;1 221;4 **2**|245;2 282;1

सुमिर **1**|59;3

सुमिरत **1**|0;1 1;3 10छ 11;2 20;1 20;2 25;4 26 27; 53;2 57;1 57;2 125;2 324छ1 **2**|87;4 101;2 106;3 140 202;1 209;4 217;2 221;4 224;1 248;1 263 304;2 312;3 **3**|30;9 **4**|23;4 **6**|45;2 59;1 63 116क 116ग **7**|75ख 113ख

सुमिरन **1**|60;2 119;2 128 197;4 **5**|6;2 32;2 **7**|2छ 20;1

सुमिरहिं **1**|7;5 144;1 **7**|2;8

सुमिरहीं **4**|29;2

सुमिरहु **1**|71 **2**|265;4

सुमिरि **1**|15;4 26;3 28;1 35 43क 67;3 70 74;1 100;2 105;2 172;3 229 234;2 258;1 301 302;2 306;4 339;4 347;4 357 **2**|43 44;4 104 141;2 146;2 149;3 187 190 191;2 224 295;1 297 318;2 **3**|5ख 29;11 **5**|4;1 5;2 6 7 9;3 33;1 **6**|1;3 18 19 39;2 44;1 59 76;8 100;1 108;4 109छ1 **7**|19;2 112क 124;1

सुमिरिअ **1**|21;3 **7**|130;3

सुमिरी **2**|297;4

सुमिरु **1**|184 **5**|15;5

सुमिरे **1**|338 **2**|203;2

सुमिरेसि **3**|27;8

सुमिरेसु **7**|88;1

सुमिरेहु **6**|116घ 118;3

सुमुख **2**|274;3

सुमुखि **1**|121;3 223 286;1 325छ3 **2**|25 61;4 62;1 117;1 288;2 **5**|9;2 10;1 **7**|56;1

सुमृति **2**|170;3 **7**|48;3

सुमेर **7**|56;4

सुमेरु **2**|288 **5**|5;2 **6**|95;4

सुमेरू **2**|295;2

सुमोति **1**|316छ

सुरंगा **1**|316;1

सुर **1**|25;3 51;1 54 55;1 60 61;1 61;2 82;4 87;4 88;3 89;3 91 91;4 92;4 93;1 95;2 99छ 99;4 100 100;1 100;3 101;2 103;2 105 113;4 117;3 121;4 122 123 123;3 139 155;2 170;3 181 182;1 182;3 182;6 184छ 184;4 185;1 186 186छ1 186छ4 187;4 191 191;2 191;3 192 196;1 227;3 246;4 255;4 256 257 260;2 260;3 261छ 262;3 265;1 270;3 273;3 285;1 288;3 294;2 297 302;1 306;1 307;1 309;2 314;2 314;4 317छ 317;3 318छ 319;3 321छ 322;3 323छ1 323;3 324छ2 324छ3 325छ4 326छ1 327छ1 339 344 347 347;1 347;3 348;2 351;2 353 358;4 360;1

2|7;1 8;3 11;4 12;1 74;3 84;4 93 101;4 113;1 126छ 127;3 129;2 133;3 137;2 142;2 194;1 195;1 198;1 205 210;4 215;3 216;4 219;4 220;1 226छ 231;3 233;2 238 238;3 243;4 265 265;1 265;2 265;3 266;3 270;1 276छ 279 285;3 290;1 294;4 295 295;2 308 311;4 317;3 324;3

3|11;5 20ख 20छ4 21;2 22;4 23;2 27 27;3 28;4 **4**|0ख 26 30छ **5**|3छ2 20;4 22;5 26;2 34;4 35छ1 **6**|7;1 22;1 34;7 53;4 63;3 70 71;4 71;5 75;4 77;1 77;3 81;1 84;3 86 91छ 96 96;3 96;4 97;1 97;4 101ख 101छ1 102छ 102;2 103 103छ1 104छ 105;1 109क 109छ1 110 112 113छ 113;4 114क 114;4 115;1 119;3 119;6 121छ2 **7**|2;3 3ख 5;3 11ग 12ख 12छ1 12छ2 12;2 13;3 15;2 24 25;2 29छ 37 43;4 51;4 80;4 110;2 118;5 118;6 120क 121;13

सुरकुल **1**|42;3

सुरकाजु **2**|11

सुरगन **1**|31;7 **2**|241;4

सुरगुर **2**|220;2 265 266;3

सुरगुरु **2**|218;1 241;4

सुरघाती **6**|74;4

सुरजूथा **1**|186छ3

सुरतरु **1**|108;2 146;1 324 325छ1 335;3 347;1 **2**|29;4 53;2 137;4 215;3 308 **4**|10छ1

सुरतरुहिं **1**|96छ

सुरति **1**|29;3 265 **2**|56 75छ 140;1 205;2 325;3 **3**|21;3 **5**|14;3 20 **6**|99;6 **7**|19क 110क

सुरतिय **1**|318;3

सुरत्राता **4**|23;7 **5**|21;4 32;4 45;4

सुरत्रिय **1**|92;3

सुरद्रोही **6**|84;2 110;5

सुरधाम **2**|155

सुरधामा **2**|224;1 **6**|112;4

सुरधेनु **1**|113 **6**|26;3 **7**|35;1

सुरधेनुहि **7**|110;4

सुरधेनू **1**|146 **2**|197;4

सुर नर **1**|18;2 50;3 140 220;3 236;1 286;4 302;3 316छ **3**|1;1 7;1 14;3 19;2 21;1 23;1 **4**|10छ2 12;1 21;2 **5**|30;1 32;3 **6**|28;2 55;1 94;3 **7**|41;4

सुरनाथा **1**|109;4

सुरनाथु **2**|229;1

सुरनायक **1**|186छ1 289;4

सुरनारि **1**|126;2

सुरनारीं **1**|314;4

सुरन्ह **1**|65;1 83 83;4 88 100;4 121 136;4 179;1 248;3 314;1 315;2 315;4 **2**|265;3 295;1 **5**|2;2 2;6 **6**|93;3 94;2 103;4 108;7 110;4 **7**|12;4 68;2 118;8

सुरपति **1**|122;3 127;2 151;4 **2**|25;1 90;4 98;2 160;1 173;4 176;2 265;2 303;1 **3**|1;3 **6**|36;6 73;4 89;1 114;1 **7**|65;4 128;3

सुरपतिहि **1**|125 317;4

सुरपरु **2**|45;1

सुरपाल **2**|219

सुरपुर **1**|180;4 304;3 306 **2**|64 148;3 164;4 170;2 175;1 177 214;4 247;2

सुरपुरबासी **2**|113;2

सुरबधू **6**|109क

सुरबर **1**|38;1 319छ **2**|220;2

सुरबासा **1**|287;2

सुरबासू **2**|138;3

सुरबीथि **2**|325;3

सुरब्राता **1**|92;4

सुरभवन **1**|155;4

सुरभि **1**|10ख 191;2 331;1 356;1 **2**|93 215;2 **7**|23;2

सुरभी **1**|303;3 328 **2**|215;3

सुरभूपा **1**|192छ4 **3**|12;3 **4**|13;2 **6**|13;4

सुरमनि **2**|114;3

सुरमायाँ **2**|302;2

सुरमाया **2**|16

सुरराऊ **2**|220;2

सुरराजु **2**|272 294

सुरराजू **1**|313;3 **2**|265;1 296;1 302;1

सुरराया **1**|110;2 **2**|218;1 **7**|54;4

सुररिपु **6**|62;6

सुरलोक **1**|113 205;2

सुरलोकू **2**|81;2

सुरस **3**|34 **4**|25;1

सुरसदन **2**|65

सुरसर **2**|60;3

सुरसरि **1**|2;4 5;4 6;4 14;5 69;4 70;1 212;1 **2**|43;4 94;4 100;1 102;1 104;1 132;3 138;2

150 190;1 190;2 194;4 197;4 209;4 248;2 283;4 287;2 288;4 **6**|121;4 **7**|65;2

सुरसरित **1**|106

सुरसरितहि **1**|40;1

सुरसरिता **1**|15;1 211छ4

सुरसरिहि **2**|103;1 104 203;2

सुरसरिही **1**|40;3

सुरसरी **1**|125;1 **6**|120;3 121;4 **7**|13;4 127;3

सुरसा **5**|2;1 2;5

सुरसाईं **1**|136;3

सुरसाल **1**|27;

सुरस्वामी **1**|53;2

सुराँ **2**|225;2

सुरा **1**|5;3 136

सुराई **1**|273;3 **6**|25;1

सुराऊ **2**|235;4

सुराग **2**|241;3

सुराज **2**|235;2 236;4 **4**|15;2

सुराजा **2**|235;3 **4**|15;6

सुराजू **2**|180;3

सुराति **1**|15;5

सुरानीक **1**|4;5

सुरारि **3**|4;4

सुरारी **5**|23;2 **6**|21;1 30;3 99;6

सुरासुर **2**|189;4 **5**|37;5 **7**|13;2

सुरुचि **1**|1;1 14ग

सुरूपनिधान **1**|327छ3

सुरूपु **2**|121;4

सुरेस **1**|125;3 130;2 317;3 **2**|91;3 215;3 218;2 219;1 **6**|104;4 114;1 **7**|14;1

सुरेसहि **2**|217;4

सुरेसा **1**|101;2 187;1

सुलगइ **1**|160;4

सुलगन **1**|338

सुलच्छन **1**|7क 67;4 131;3

सुलभ **1**|2;6 3;4 14;6 20;1 32;6 112;2 140;4 146;1 236;1 307;1 343;3 **2**|95;3 209;3 215;4 223 311 **3**|36;4 **7**|35;2 44;4 45;1 73ख 120;10

सुलभु **2**|304;2

सुलोचन **2**|274;3

सुलोचनि **1**|223 325छ3 **2**|25 27;2 288;2 **7**|56;1

सुवेशं **3**|11;4

सुषमा **1**|194 220 233 243;4 263 322 **2**|116 139;3 237;3 **7**|5छ1

सुषेन **6**|55

सुषेना **6**|55;4

सुसंग **1**|10;4 **4**|15ख

सुसंगति **1**|7;4

सुसंगू **1**|7;2

सुसंपति **3**|40

सुसमउ **1**|35;6

सुसरित **2**|247;4

सुसाखा **2**|5;4

सुसाखी **1**|21;4

सुसामुझि **1**|21;1

सुसारा **1**|333;3

सुसाली **2**|261;2

सुसाहिब **1**|28;3 **2**|301;2

सुसाहिबहि **2**|300

सुसाहिबु **2**|298;1

सुसीतल **7**|91क

सुसीतलताई **1**|36;3 42;4

सुसीतलि **1**|106;2

सुसील **1**|17;5 28;4 67;1 314;3 **2**|65;1 91;2 115;1 162;3 **3**|5;1 **7**|24;2 69ख 86 94;1

सुसीलता **1**|127;2

सुसीला **1**|80;1 **3**|24;1 **7**|62;1

सुसीलु **2**|73

सुसेव्यमन्वहं **3**|4;10

सुसेवक **2**|143 203;3 265;4 323;1

सुसेवकनि **1**|24

सुसेवा **2**|312;4

सुसेवित **3**|37;4

सुस्वामि **1**|28;2

सुस्वामी **2**|234;1

सुहाइ **1**|43क 141

सुहाईं **1**|225;4 243;4 288;4 305;2 331;1 **2**|91;1 122;2 167;2 202;4 **7**|28;1

सुहाई **1**|3;5 14;1 30;1 31;4 35;7 37;2 40;1 41;1 42;3 47;3 48;2 57;2 94;4 111;3 114;3 145;4 155;1 160;2 192छ3 199;4 213;2 214;3 224;3 249;2 263;1 264;1 264;3 283;2 288;1 296;3 344;1 345;1 354;4 **2**|1;2 10;4 15;2 36;2 52;4 59;1 66;1 89;4 97;4 100;3 104;3 122;4 123;4 140;4 170;2 178;3 196;2 199;1 219;4 231;3 237;4 266;1 287;3 296;2 297;4 301;1 308;1 **3**|1;1 23;4 28;6 40;2 **4**|2;1 13;3 15;1 16;1 **5**|13;4 **6**|24;4 120;3 **7**|29;3 47;4 52;3 53;4 55;3 60;3 61;3 69;3 74;1 76;4 95;2 113;5 117;5 120;9 129;4

सुहाएँ **2**|175;4 193;1

सुहाए **1**|18;1 33;4 77;4 96;1 114;2 121;1 140;3 143;4 145;4 155;4 182;4 204;1 224;3 227;3 229;1 232;2 233;2 244;1 248;2 263;1 288;2 289;1 304;4 305;3 311;2 316;1 320;4 327;1 335;1 340;3 341;2 345;2 346;3 350;1 356;1 **2**|4;3 7;2 28;3 43;4 52;2 76;1 85;2 107;2 108;3 113;1 120;1 124;3 125;2 133;4 137;4 170;2 192;2 206;2 211;3 237;4 291;4 **3**|1;2 3;4 5;2 14;1 38;2 40;3 45;1 **4**|13;1 13;4 16;3 **5**|1;1 3;4 30;3 **6**|5;2 11;2 38;5 87;3 **7**|10;3 17;3 28;2 32;2 48;1 56;4 63;2 77;3 93;1

सुहावन **1**|24;4 35;5 36;4 40;1 262;1 290;1 316;2 327;1 **2**|124;3 132;2 139;2 235;3 239;1 308;3 309;2 **7**|3;5

सुहावनि **1**|14;6 35;2 41;1 42;1 125;1 126;2 217;2 296;3 322 329;4 **7**|4;3

सुहावनी **5**|35छ2

सुहावा **1**|30;2 75;3 100;2 104;1 125;1 227;4 237;4 268;3 303;2 312;3 316;4 350;4 **2**|7;2 89;3 90;4 105;3 106;1 108;1 110;4 142;2 210;2 225;3 **3**|37;5 **5**|5;4 **6**|120;1 **7**|55;1 113;6 130;2

सूकर **1**|170;2 **6**|110;4

सूकरखेत **1**|30क

सूख **1**|125 **2**|35;1 104;1 **4**|16;3

सूखत **1**|263;2 **2**|51;3

सूखहिं **2**|40;1 145;2

सूखि **2**|54;1 71;4

सूच **2**|25;4

सूचक **1**|238;4 **2**|7;3

सूचत **1**|198;4

सूझ **1**|8;3 115;2 275 **2**|79;4 99;2 258;1 271;2 295;2 **6**|52;2 64 67;3

सूझहिं **1**|1;4

सूझा **2**|148;1 183;1 **3**|10;6 **6**|40;5

सूत **1**|194;3 300;3 309;3 327छ1 348;1 **2**|153;3 **6**|40;3 43;4 84छ 91;4

सूतगन **1**|262

सूतत **6**|56;4

सूता **1**|201;3

सूत्र **1**|327;2

सूत्रधर **1**|105;3

सूद्र **3**|34;1 **5**|59;3 **7**|97;1 99;1 99ख 100;5 109;4

सूद्रु **2**|172;3

सूध **1**|277;1 **2**|20;4

सून **3**|28;4

सूनें **5**|9;5 **6**|30;3

सूने **1**|182;4

सूपकारी **1**|328;4

सूपनखहि **3**|22

सूपनखा **3**|17;2 18;3 **6**|36;7 **7**|66;2

सूपसाः **1**|99;2

सूपोदन **1**|328

सूर **1**|17;5 178ख 214;2 274 298 350;4 **2**|191;2 **5**|55 **6**|28 28;1 29 79;2 **7**|70क 87;1 124;3

सूरता **1**|266;4

सूरा **3**|25;4 **6**|28;2 29;5

सूरी **7**|129;1

सूल **1**|285 **2**|25;2 37;2 159 **3**|19छ 20छ3 **4**|7;5 **5**|12;2 23 **6**|40;4 73;1 76;4 92;3 **7**|109;7 110;1 121;16 124क

सूलप्रद **3**|44 **7**|74;3

स

सूला **2**|87;2 158;3 207;3 262;2 267;1 **4**|4;1 **5**|12;4 47;3 **6**|59;4 **7**|121;15

सूहावनि **1**|10छ

सृंग **6**|19;3 119;3

सृंगनि **6**|41;1

सृंगन्ह **6**|83;3

सृंगबेरपुर **2**|87;1 189;1 197;1

सृंगी **1**|189;3

सृकाल **1**|93छ **6**|102;4

सृकाला **6**|30;2

सृगाल **3**|20छ7

सृजइ **1**|163;1

सृजत **2**|119;4 **5**|21;3

सृजति **2**|126छ

सृजि **2**|282;1

सृजीं **1**|102;3

सृजेउ **2**|201;3

सृष्टि **1**|73;3 186छ3 **3**|28;2 **5**|59;2 **7**|80;4 92;3

सेंदुर **1**|325;4

से **1**|4;2 20;4 29क 32;5 32;6 32;7 260 311छ **2**|116;2 161 178 215;3 301छ 303;2 304;4 306 317;4 326छ **3**|10;2 19;5 **5**|21;4 **6**|63;2 **7**|123;2 124;4

सेइ **1**|324छ2 **5**|11;1

सेइअ **4**|0क 23;2 23;3 **7**|123;2

सेइअहिं **2**|74;3

सेइहहिं **2**|19

सेइहि **6**|3;2

सेई **2**|231;4 263;4 307;4

सेएँ **7**|124;4

सेएहु **2**|152;2

सेज **1**|69;3 172;1 356;3 **2**|14;3 119;4 230;2

सेतु **1**|13 25;2 84;3 121 218;4 **2**|87 126छ 248 **6**|0ख ग 1 1;3 2;1 3;2 3;4 4 4;1 119क **7**|35;4 67क

सेतुः **3**|11;7

सेतुबंध **6**|4;2

सेतू **1**|304;3 **2**|126;4 254;2

सेन **1**|24;2 31;5 86 93;1 95;2 130;1 154;2 158;1 175;2 179;2 180;1 181;2 283;2 **2**|105;3 227;1 230;4 236;2 275 **3**|18;2 38;5 **4**|30छ **5**|3छ1 **6**|4;1 5;1 9;3 11;1 26 30 40;1 46;5 64;1 65;5 70;3 75;5 79;3 89छ 107;3 **7**|67क 67;4

सेनप **1**|214;2 317;3 **2**|242

सेना **4**|22;2 30;6 **5**|11;2 35;1 37;4

सेनापति **6**|39;3 **7**|71क

सेनु **2**|197;2

सेबी **1**|294;2

सेब्य **5**|47 **6**|113छ 121छ1 **7**|119क

सप्रेम **1**|2;2

सेये **1**|90;2

सेर **2**|288

सेल **2**|191;3

सेला **6**|94;1

सेव **3**|5;3 33 **7**|110;4

सेवइ **1**|154 **7**|24;4

सेवउँ **7**|105;3

सेवक **1**|15;2 16;4 25;4 28क 28ख 32;5 32;7 70;4 104 129;3 144;4 146;1 160;2 162;4 176;3 198;2 218;4 240;4 277;2 285;2 300;4 326छ2 339;1 351;4 **2**|3;1 5;1 9;3 15;2 24;3 37 136;4 183;3 186;3 196 197;4 203;4 213;2 218;1 219;1 219;4 221;4 230;2 235;1 242 253;3 259;1 266;1 268;2 269;3 285;2 293;2 299;3 306 309;2 318;3 **3**|6;2 10;1 10;3 11;11 17;8 45;1 **4**|3 3;1 3;2 3;4 6;7 7;5 26;7 **5**|7;3 14;3 15;5 42;3 **6**|30;4 63;3 75;7 **7**|14;7 16;4 22;4 24;3 30;2 37;1 43;3 47;3 50;1 55;2 74;4 76;1 83;3 86 86;4 87ख 97;1 101;4 106;3 119क 121;1 128;4

सेवकनि **2**|187

सेवकन्ह **2**|310;3 **7**|11;1

सेवकहि **1**|281 **2**|299;3 **7**|79;1 104;4

सेवकाईं **2**|9;4 219;1 258;3

सेवकाई **1**|217;4 257;3 271;2 **2**|19;4 21;1 36;2 61;2 71;1 75;3 104;2 136;3 141;2 151;1 152;3 178;1 198;2 251;2 252;1 266;1 268;2 298;4 301;2 323;1 **4**|5;4 7;8 **6**|22;1 **7**|16;2 50;5 90;3 105;1 109;6 126;3

स

सेवकिनी **7**|24;3

सेवत **1**|2;6 32;6 51;4 67;3 113 140;4 146;1 236;1 **3**|5क **6**|92 **7**|14;8 35;2

सेवकु **1**|271;2 360;3 **2**|9;4 186;3 219;1 227;4 234;1 268;2

सेवति **7**|24;2

सेवहिं **1**|54;3 105 131;2 **2**|18;2 42;2 103;3 105 129;4 139;4 142;1 311;4 **6**|48ख 55;1 108;3 **7**|25;1 50;3

सेवहु **1**|187 7|19;5

सेवाँ **2**|221;2 **7**|109;5

सेवा **1**|34;4 54;4 107;4 155;2 169;1 184;1 191;4 255;2 257;4 315;3 334;3 349;3 **2**|6;4 21;4 67;1 69;2 106;3 150;2 175;4 198;1 240;2 240;3 251;1 252;2 265;4 301;2 316;4 **3**|14;4 16;5 35 **4**|13;2 **7**|19;4 24;3 24;4 45;4 106;1

सेवाधरमु **2**|293;4

सेवार **1**|38;2

सेवितं **3**|4;5

सेवित **6**|111;11

सेवी **2**|56;2

सेवौं **2**|313;4

सेष **1**|4;4 17;4 20;4 100छ 204;1 235 **3**|46छ **5**|56;1 **6**|54 71छ 101छ2 104;3 **7**|9;4 11;3 12क 26 91;2

सेषा **1**|186छ4 199;6 342;1 **2**|200;4 **6**|54;3

सेषु **1**|73;2 289 318 **2**|225

सेस **1**|12 108;3 **2**|325;4

सेसू **1**|355;3 **2**|306;1

सेहूं **4**|18;1

सैं **3**|13 **4**|24;1 **6**|8;4 51;4 72;4 73;5 **7**|19क

सै **1**|34;2

सैन **6**|67

सैल **1**|1 31;7 38;4 65 65;4 66;2 67;4 94;2 103;1 125;2 **2**|124;3 138;4 158;1 225;3 235;1 235;4 236 249;3 309 **3**|18;1 **4**|4;1 12;4 13;2 **5**|3छ2 3;4 **6**|2;1 11;1 15;4 29;4 49छ 58;4 60;3 69;2 70;5 79छ 82;2 84;1 87;5 **7**|56;4 63;1 66ख

सैलकुमारी **1**|73;1 78;1 107;3 141;1

सैलजहि **1**|76

सैलराज **1**|66;3

सैला **4**|1;3

सैलु **2**|122;3 132;2 139;2

सैलोपरि **7**|56;5

सों **1**|200;2 326छ2 **2**|198;3 **3**|18छ **6**|6;3 44 **7**|39;3

सो **1**|0;2 ;3 1;3 3;3 3;6 7;2 9 11;3 13;3 14ख 14;4 15;4 17;4 19;1 28;1 28ख 28;2 29;1 29;4 30क 33;1 36;4 39;4 39;6 41;1 41;3 42;2 45;4 47 47;1 50 50;3 51;1 52;2 56;2 59 59;2 63;4 64;1 68;2 70;1 72;1 73;1 82;4 84छ 90;4 91;3 94 95छ 96छ 97;3 99छ 99;3 101;1 108;4 109;2 109;3 110;2 110;3 111;1 112;2 113;3 116;1 119;3 120ग 124क 129;3 130;3 132;4 133;4 134;4 135 135;1 138;4 141 141;3 141;4 146;3 149;2 149;4 151;1 158;4 160;3 163;2 168;3 170;1 170;2 176;2 177;1 183;1 183;3 184छ 185;3 186छ3 186छ4 187;3 188;3 190;2 190;4 191;3 192छ2 192छ3 192छ4 195;3 197;3 198 199;6 200;2 204;3 206;4 207;4 211छ4 221;1 221;3 223;3 231;2 236छ 236;4 242;3 256;2 259;3 261 269;2 271;2 271;3 276;2 286;3 289;2 289;3 289;4 318 323छ1 325;1 325छ2 325छ3 326;4 341 343;3 355;3

2|7;1 8;3 9;4 16;3 17;3 18;4 25;2 32;4 36;1 39;3 40;4 44 55 63 71;3 79;1 91;4 97;1 102;4 108;2 122;3 131 139;2 139;4 149;4 151;1 155;3 162;3 162;4 169;2 171;1 175;2 175;4 176;1 176छ 178;1 182;2 184;4 185 185;3 186;4 190;4 198;3 199;4 201छ 207;2 207;3 207;4 208;1 213;4 218;3 219;2 222;2 227;2 232 233 241;3 243 246;3 247 248;2 255 255;4 256;4 257 258;3 258;4 262;2 269 269;3 269;4 270;4 277;4 283;1 288;3 291;1 295;3 296;3 298;4 299;4 301;1 301;2 301;3 302;2 306 306;2 306;3 307;4 311;1 313 314;3 315 317;1 317;2 318;2 321;4 322;2

3|5;3 5;7 8;3 10;4 10;5 11;10 11;12 11;13 11;14 13;2 14;2 14;4 15 15;2 15;4 16;1 16;2 17 17;2 17;9 23;4 26छ 27;6 28;5 29ख 29;13 29;2 31;4 32छ4 32;5 33;4 36;1 36;6 39;2 **4**|0क 2;3 3 3;1 4;1 4;2 6;1 6;2 6;3 10छ1 11;3 21;3 22;1 22;4 23;2 25 25;4 28;2 29 29;1 30;3

5|1;4 2 3;2 4;1 4;3 5;3 10;2 11;3 12;3 12;6 13;4 15;4 26;4 27;4 30;3 31;3 33;1

33;5 35छ2 38;3 39ख 40;1 44;3 49;3 55;2 57;5 59 59;2 59;4 **6**|2;4 3;1 3;2 7;1 8;3 9;3 10 12;4 16;3 18;2 21;5 23;2 23;5 24;8 26;2 29;4 31क 33क 35;6 42;4 44;4 45;3 49छ 49;3 50;3 50;4 51;2 57 57;2 61;3 64;4 71;3 72;4 73 74;5 75;3 76;1 78;3 80क 80;2 83छ 84;2 84;4 85;3 89छ 89;4 94 98;2 99;4 102;2 104;3 111;10 113;5 116ख 121छ1 121छ2

7|2छ 4ख 5छ2 12;1 12क 13;3 22;2 29 29;1 41 43 44 48 52;4 54;4 55 56;1 56;2 57;2 57;3 57;5 58;1 58;4 62;2 62;4 63क 64;1 66;3 70;3 71ख 73;2 74क 75क 78;1 78क 78;2 79;2 80क 83;1 87;3 88;2 94क 94ख 97;3 97;4 98;3 98;4 99ख 99;4 101;4 102ख 106ख 106;5 109ख 109;7 111;3 113;4 117;2 117;4 118;7 119;1 119;5 120ख 120;6 120;9 121क 121;6 122;4 122;6 124क 125ख 126;4 127 127;3 127;4 128 130छ3

सोइ **1**|0;1 3;4 7;6 10;4 29;3 29;4 30;1 30;2 31;4 35 35;7 36;3 37;1 37;3 39;3 42;3 42;4 46 48ख 49;2 51छ 51;4 52;4 53;2 55;3 59;2 61 71 71;3 74;3 77;4 78;3 82 89;1 90;3 91;3 105;4 107;3 109;1 112;2 113;4 116 116;2 117 118 118;2 119;1 120;3 122;1 128;1 130;3 131;2 131;4 132 132;1 136;2 137;3 150 150;2 163 168;3 169 170;4 172;3 176;1 178ख 178;2 178;3 205;3 211छ4 216;1 225;3 250;2 266;4 279;3 281;4 351;4

2|4;4 5 11 17;4 21;3 41;4 50;4 57;2 59;4 75;4 79;3 80 80;4 94 95;3 96;1 96;4 101;1 101;2 104;3 111;2 122;3 126;3 127;2 141;1 150;1 151 151छ 152;1 173;1 195 214;2 222;1 254 255;1 259;4 264; 264;4 290;3 306

3|14;4 36;4 38;6 42क **4**|10;3 12;2 23;4 24;4 **5**|3;2 8;3 25;2 27;4 30;2 31;1 34;2 38;1 39;4 44;2 49ख **6**|6;4 7;3 7;4 12क 13;3 13;4 17क 18;5 24;4 25;1 25;4 48क 70;5 74;3 94;1 98;2 99;5 108;1 117क 117;4 **7**|24 24;4 25 43;3 46 49;4 58 59;3 59;4 63;3 69;1 72;1 72ख 72;2 75ख 81ख 82ख 84ख 87क 92क 96;1 98;2 98;3 98;4 99;4 103;4 109;1 110;8 111;5 115;5 118;1 118;2 119;2 121;17 127;1 127;2 127;4

सोईं **1**|358;2 **3**|5;8

सोई **1**|3;4 5;5 7;6 13;1 14क 14;5 17;1 31;1 33;2 36;4 41;2 56;2 65;2 80;3 108;2 108;4 113;1 117;3 121;1 129;3 137;1 144;2 148;2 149;3 150;4 167;2 171;2 180;3 181;4 185;1 186छ1 193;3 196;3 201;3 203;3 225;4 229;4 231;1 240;1 247;4 312;4 345;4 351;4

2|15;1 23;4 34;1 36;3 43;3 46;4 50;3 60;3 64;3 72;4 75;1 77;4 85;3 95;1 124;1 145;4 173;2 177;3 181;1 186;3 223;1 258;2 268;1 269;1 291;4 296;4 307;4 323;4 325;1 **3**|28;2 29;7 36;4 **4**|7;12 18;2 21;4 23;4 **5**|32;2 35;4 38;4 44;2 **6**|12;3 17;4 21;5 23;5 51;2 55;2 56;4 **7**|1;8 43;3 49;4 57;1 69;2 73;2 86;5 88ख 106;1 109;4 118;3 121;12 129;2

सोउ **1**|14;6 23;4 51;1 111;2 152;2 166 202;1 208;2 292;4 **2**|178;4 229;2 295;3 **3**|13;4 **6**|29;2 36;1 70;5 **7**|22;2 22;3 74;1 94;3 115ख 115;7 121;2

सोऊ **1**|10;2 109;1 145;1 165;1 168;4 242;4 243;1 245;4 253;4 **2**|182;1 273;2 **3**|15;2 37;1 **4**|3;4 8;3 **6**|23;2 **7**|4;2 45;2 54;2 114;2

सोए **2**|91;2 198;4

सोक **1**|32;3 112 186 211छ1 **2**|44;3 46;3 47;3 50;1 65;2 77;1 143;2 149;3 156 156;2 165;3 166 171;4 178;2 184 188;3 218 240;1 247;3 263;1 276छ 276;4 277;4 283;4 290;2 297;2 300;1 **3**|14 **4**|27;5 **5**|46 48;3 **6**|111;3 120;4 **7**|20 30;4 31;2 31;4 36 71;2 74;3 99;4 100क 115;3 122;1

सोकप्रद **1**|238;1 **3**|36छ

सोकबस **2**|271;1

सोका **1**|184छ **3**|2;2 **4**|23;3 **5**|12;5 **6**|105;4 **7**|20;4 31;1 68;1

सोकु **2**|46 50छ 50;4 165;1 175;1 180;2 **6**|61;7

सोकू **2**|29;2 **2**|81;2 **2**|211;3

सोग **2**|85;3

सोच **1**|25;4 131;3 166;4 170;1 171;2 174;4 179;3 267;4 **2**|4;3 7;4 38;4 39;2 45 55;3 96;1 144 144;2 145;3 148;3 148;4 150;4 151 152;3 153;2 161;2 172;1 211;4 213;4 226;3 252 267 267;2 272 272;1 276;1 294;3 294;4 315;3 319 **3**|41;3 **4**|5;3 **5**;4 7;5 26;4 27;3 28;6 **5**|11 **6**|10 14;3 61;9 **7**|51;1 56;3 63;1

सोचत **2**|149;3 157 253;4 296;1 **6**|61;9 **7**|19;2

सोचति **2**|58;1

सोचन **2**|29;4 281;3

सोचनीय **2**|173;2 173;3

सोचबस **1**|49;2 272 **2**|226;3 227;1 **3**|22

सोचहिं **1**|68;4 87;4 175;1 249;1 270;3 **2**|265;1 276छ **6**|14;1 **7**|0क

सोचहि **1**|97;3

सोचहीं **1**|97छ

सोचहु **7**|2;2

सोचा **1**|57;3 **6**|77;4

सोचाई **1**|91;2

सोचिअ **2**|172 172;2 172;3 172;4 173;1 173;2 282;3 282;4

सोची **2**|270;2 313;2

सोचु **1**|53 58 58;1 59;1 71 79 260;3 263;2 276;1 **2**|14;3 17 29;4 49;1 51;4 68;2 70;2 98 99;1 112;2 158;1 174;1 212;4 234 234;4 266;1 282 284;2 289 299;3 314;3

सोचू **2**|40;4 182;3 206;4 211;2 213;1 217;4 227;2 264;4 266;3

सोचै **2**|161;1 173;1

सोधा **2**|95;1 278;1 **5**|5;3

सोधि **1**|312;3 360;1 **2**|31;4 118;4 170;3 171;1 217

सोधु **2**|198;1

सोधेउँ **2**|212;1

सोन **1**|40;1 219;3 **2**|288;1

सोना **1**|259;1 358;1 **2**|135;1

सोनित **1**|93छ **6**|33ख 69;4 71छ 81छ1 87;5 92छ 94छ 101;2

सोने **2**|116;4

सोपान **1**|227;4 **2**|170;2 **7**|29छ 56;5

सोपाना **1**|37;1 212;3 **7**|129;2

सोपि **1**|46;3 **7**|71ख

सोभत **2**|7 **6**|22ख 71;6

सोभति **1**|148;1 **7**|11ख

सोभा **1**|11 11;1 94छ 94;4 95;1 100छ 130;3 131 146 190;4 199;3 207;3 213;4 213 219 219;1 219;4 220;3 230 230;3 231;2 233;1 234;2 235;1 247;1 247;4 258;1 264;1 274;4 289 289;3 297 299;2 309 311छ 318छ 325;4 327 327;1 335;4 **2**|14;2 115;2 116;1 236 261;1 **3**|3 22;4 32छ4 37;2 **4**|13;1 30ख **5**|3;3 5 **6**|42;5 64;5 73;7 86 101छ1 103छ1 109ख 109छ2 112 113;1 **7**|3;5 9;4 12क 24;2 28;3 29;4 30;1 75;3 81ख 88;2

सोभाकर **7**|34;2

सोभामई **1**|325छ2

सोभासिंधु **1**|192छ1 **6**|111 **7**|51

सोभित **3**|20ख

सोम **3**|42क

सोरठा **1**|37;3

सोरह **1**|34;2 **2**|9;2 **5**|2;4

सोरा **6**|68;1

सोरु **2**|153

सोरू **2**|86;1

सोव **1**|170;1

सोवइ **1**|180;2

सोवत **1**|4;3 79 **2**|90;1 90;3 91;3 91;4 130;2 200 230;1 301;1

सोवतहि **1**|169;4

सोवन **2**|90;1

सोवनिहारा **2**|93;1

सोवसि **3**|21;4

सोवहिं **6**|88छ

सोवहूं **2**|230;2

सोवहु **1**|226;4

सोवा **4**|11;3 **7**|96;3

सोषइ **3**|44;1 **4**|16;2

सोषक **1**|7ख 43;2 **5**|50;4

सोषहिं **5**|55;3

सोषा **4**|16;2 **6**|103;1

सोषि **5**|56;1

सोषिअ **5**|51;2

सोषेउ **1**|256;4 **6**|1;1

सोषौं **5**|58;1

सोसि **1**|161;3

सो सो **6**|109छ2

सोह **1**|10;2 11;1 41;2 66;2 96;2 106 107;1 227;4 248;1 248;3 302;1 324;2 358;1 **2**|59 63;4 133 277;3 325;3 **3**|10;12 18छ 28;1

4|15;3 16;4 16;5 17;1 **5**|23;2 **6**|23ख 36;1 69;4 70;6 **7**|5छ1

सोहइ **1**|195;2 **3**|7;2 35;3 **6**|66;1

सोहई **1**|316छ **3**|32छ4 **5**|35छ2 **6**|35;2 **7**|12छ2

सोहत **1**|212 219;2 233;1 241 264;4 315;3 327;3 327;5 **2**|141 197;1 321

सोहति **1**|40;2 264;1 265;4 322 **2**|123;1

सोहमस्मि **7**|118;1

सोहहिं **1**|143;2 309;1 316;3 **2**|115;3 115;4 **6**|41;1 45;4 86;4 95;4

सोहहीं **1**|94छ **5**|3छ2 **6**|92छ **7**|29छ

सोहा **1**|37;3 117;2 204;4 228;2 289;4 345;1 **2**|105;4 115;3 237;2 286;3 **4**|16;2 **5**|23;2 45;3 **6**|57;2 118;4 **7**|56;5

सोहाइ **1**|332;2 **2**|11;4 18;4 **3**|33;4 **7**|107;2

सोहाई **1**|150;3 **2**|158;1 168;3 **5**|59;4 **7**|43;2 106;8 110;4 110;8 118;8 119;5

सोहाग **2**|17 246

सोहागिनि **2**|117

सोहागु **2**|21;2

सोहात **2**|290

सोहाति **2**|228;4

सोहाती **2**|31;2 **7**|53;3

सोहान **1**|127

सोहाना **2**|40;4 278;4

सोहानि **2**|78

सोहानी **1**|114;4

सोहाने **1**|229;4

सोहाहिं **2**|37;4

सोहाहीं **1**|104;3 **2**|33;3 302;3 **7**|53;3

सोहीं **1**|350;3 **2**|121;1

सोही **2**|3;2 123;2 **7**|77;4

सोहे **1**|199;2 299;3

सोहै **2**|285;3

सौंघाई **6**|88;2

सौंदर्ज **1**|327;4

सौंपि **1**|336;4 **2**|80;3 187 198;2 322;4 **3**|28;3 **6**|6

सौंपी **2**|323;1

सौंपेसि **6**|61;8

सौंपेहु **2**|160;3 175;4

सौंहें **2**|201छ

सौच **1**|227;1 358 **2**|94;2

सौध **2**|66;2

सौभागिनीं **7**|99;3

सौभाग्य **1**|66;4

सौमित्रि **1**|17;4 280;2 **2**|122 125;2 126;3 134;4 **7**|19;1

सौरज **6**|80;3

सौरभ **1**|87;3 288

स्तवं **3**|4;12

स्फुरन्मौलि **7**|108;3

स्यंदन **1**|298;1 301 301;3 331;3 **6**|43;4 80;2 84छ 98छ

स्यंदनु **6**|83;3

स्याम **1**|0;3 10ख 34 96;4 146 198;3 199;1 209;1 209;2 215;3 217;1 220 221;3 229;1 277;4 311;2 327;1 356;4 **2**|67;2 109 **3**|8 21;2 32;1 34;4 **4**|9;1 30ख **5**|10;2 14;3 **6**|63;4 101छ1 108;1 115;4 **7**|51;1

स्यामता **6**|12क 12;3

स्यामल **1**|219;2 223;1 223;4 232;2 235;1 241;1 242 258;2 291;3 316;1 **2**|116 204;3 **4**|1;4 **5**|45;2 **7**|5;4 30;2 33;2 79;3

स्यामा **1**|303;4 322;3 **2**|239;4 **3**|10;10 22;4 **6**|56;3 86;5 **7**|76;3

स्त्रक **2**|215;4

स्त्रग **1**|355;1 356;2

स्त्रव **3**|18;1

स्त्रवत **2**|52;2 176छ **5**|12;5 **6**|61;9 69;4 81छ1 92;5 92छ 94छ **7**|1ख 2;5 5छ1 6छ 33;3 52ख

स्त्रवहिं **1**|182;3 191;2 279 **2**|46 169;3 **5**|28;1 31;4 36;4 **6**|78छ 87;5 102;5

स्त्रवहीं **7**|23;3

स्त्रवै **2**|169;1

स्त्रुवा **1**|283;1

स्वकं **3**|4;8

स्वकर 1|213;1 6|28
स्वच्छता 1|36;3
स्वतंत्र 1|137;1 6|73;6
स्वधर्म 7|21;1
स्वधामदं 3|4;1
स्वपच 2|194 7|100;3
स्वपचादि 7|130छ1
स्वपच्छ 7|112;8
स्वप्रान 5|30;4
स्वबस 1|154 162;3 229;3 235;4 2|254;1 6|73;6 7|78;4
स्वभक्त 3|4;10
स्वमति 1|121;2 197;2 7|15;3 123;1
स्वयं 6|17ख 104छ
स्वयंबर 1|41;1 130;3 133;2 292;2 312;1
स्वयंबरु 1|240;1
स्वर 1|99छ 7|107ख
स्वरूप 1|120;1
स्वरूपहि 7|112;2
स्वर्ग 5|4 7|46;4 121;5
स्वर्गउ 7|44;1
स्वल्प 6|51;4 7|28 44;1 104;2 106;4
स्वल्पउ 7|109;4
स्वागत 3|41;6 7|32 63;4
स्वाति 1|11;4 2|52
स्वाती 1|263;3
स्वाद 1|20;4 2|250;2 7|23;4
स्वादु 1|328 2|250;1
स्वादू 2|245;3
स्वान 1|93छ 125 2|302;4 3|28;5 6|78छ 7|106;8
स्वाना 6|102;4
स्वामि 1|15;2 29;2 116 2|9;3 9;4 15;2 63 64;2 70 71 130 177;2 190;3 196 268;1 269;3 269;4 293;4 298;2 300;2 300;4 301;2 306;1 307;2 309;2 313;2 314;2 315;3 325;3 4|3 5|8;1
स्वामिनि 2|21;3 22;2 116;4
स्वामिभक्त 6|24;2
स्वामिहि 4|23;2 7|128;2
स्वामी 1|67 88;4 105;3 119;1 149;4 150;3 161;3 167 255;3 281;4 343;3 2|4;4 24;3 66;4 72;3 186;3 227;4 267;1 293;2 298;1 314;4 3|6;5 9;4 11;10 30;8 39;1 42;1 4|1;4 9 21;2 5|22;2 49;3 7|40;4 73;1 84;4 93ख 94;2 96;2 100;4 124;4
स्वायंभू 1|142;1
स्वारथ 1|136 2|74;3 220;1 255;2 268;3 269;2 289;4 295;2 301;2 3|24;3 4|12;1 6|85;4 110;6 7|40;2 41;2 47;2 47;3 95;4 96;1 121;9
स्वारथहि 2|293;4
स्वारथी 2|294;4 295 308 6|110;1
स्वारथु 2|254;3 268;3 315;2
स्वास 1|204;3 2|13;4 5|15;2 31;4 49क 6|15;2 7|40;1
स्वेद 2|115

ह

हँकरावा 1|182;1
हँकारा 1|193;4
हँकारि 1|295 325छ2
हँकारीं 1|337;3
हँकारी 1|73;3 240;4 2|8;2 6|42;3
हँकारे 6|48;2 7|11;2
हँसत 1|277;3 329;4 6|118;1
हँसब 2|35;3
हँसहिं 1|9;1 134;3 7|77क
हँसा 6|24;5
हँसाई 1|252;3
हँसि 1|55 132;4 201;4 272;1 275 277 2|13;3 13;4 28;1 28;4 128;1 239;4 302;4 5|44 52;4 6|23ब 32;5 47;2 89छ 93छ 117;2 7|19;2

हँसिबे 1|9;2

हँसिहहिं 1|8;5

हँसिहहु 1|78;2

हँसी 1|93;1

हँसे 1|9;2 5|37;4 6|91छ 117;4

हँसेहु 1|135

हँस्यो 6|96

हंकारहीं 7|29छ

हंस 1|6 175;1 2|9 83 232;3 278;1 324 4|24;3 7|28;3 35;4 56

हंसकुमारी 2|60;3

हंसगवनि 2|63;3

हंसबंसु 2|161

हंसहि 1|9;1

हंसा 1|146;3 285;3 341;2 3|30;6

हंसिनि 2|128

हंसी 2|314;4

हइ 2|174;3 5|40;2

हउँ 2|177;3

हए 6|49छ 88छ 92;6 7|14;5

हटकहु 1|274;2

हटकि 1|63 3|37ख

हटि 1|319;1

हट्ट 5|3छ1

हठ 1|75;2 78;3 80;3 81;2 249;3 256;1 258;1 2|34;2 56 61 62;2 253;2 253;3 6|14;4 84 7|46;4 73;5 101क 111;7 114ख

हठसीलहि 7|128;2

हठि 1|63 182;6 203;4 222;1 222;2 250;2 280;3 2|48;2 50छ 68;1 179;1 314;3 326छ 3|23;2 4|7;2 10छ1 5|6;2 7;3 31;3 6|9 50;2 113;4 7|118;6

हतइ 6|99;7

हतउँ 3|19;6 6|24;6 75;7

हतब 6|42;4

हतभागी 5|12;5

हतभाग्य 7|107;1 120;6

हतहिं 6|76;4

हतहु 5|60;3 6|71;6

हति 1|124;1 3|1;4 25 6|30 36;3 69;1 72;3 76;2 76;3 76;4 84छ 92;1 98छ 103;2 7|14;4 106;5 121;10

हते 1|123;1 3|19;2 6|13क 96 119;6

हतेउ 2|29;4 5|54;4 6|92;1 95;2

हतेसि 4|6;4

हतौं 4|18;3 6|35;6 103;2

हत्यो 6|36 119;5

हथवाँसहु 2|189

हनइ 5|44;4

हनत 5|28;4 6|95;3

हनमदादि 6|85;2

हनहिं 1|309;2

हनी 1|327छ4 2|163 5|4;2

हनुमंत 4|3 4 19;3 20;2 22 5|1;1 6 8;2 13;4 32 32;2 6|12क 45;4 60क 75 95छ 96छ 107 107;2 7|2;8 19ख

हनुमंतहि 4|24;4 6|121;1

हनुमंता 5|1;4 7;2 25;4 6|43;1 55;4 65;4 7|19;5 36;3

हनुमत 4|23;6 6|37;2

हनुमदादि 6|98;6 7|8;1 12छ1

हनुमान 4|24;2 5|2 30;4 6|26 61 76 77;1 80ग 101;7 108;1 118ख 7|26;3

हनुमाना 1|17;5 4|1;2 20;2 23;1 30;2 5|1;4 2;3 5;2 13;2 14;1 17;2 18;3 24;2 28;2 29;3 33;3 43;5 6|11;4 43;2 46;2 47;1 51;2 55;3 58;3 62;1 82;3 95;3 107;1 7|2;4 19;4 36;2

हनुमानू 1|7;4 27;

हनू 5|44

हनूमंत 6|50;1

हनूमान 5|1 3;2 6|47;3 63;2 95;1 119;5 7|2;1 42;1 50;1 50;4

हने 1|296;1 304;2 305;4 344;1 7|13;1

हनेउ 2|29;3

हनेसि 6|94;4

हनै 6|94छ

हन्यो 6|65;4 83 95छ

हबि 1|189;4

हम 1|62;2 77;3 78;2 78;3 80;1 83;3 109;2 132 139;2 146;2 146;3 159;4 166;4 177;2 196;2 222 245;4 246;3 249 251;4 281;3 282;4 283 304;2 310;2 310;3 311छ 320;3 326छ2 335;3 336;3 2|24;3 86;2 109;1 112;4 116;3 118;1 120;4 134;2 135 136;2 136;3 136;4 203;3 206;4 208 210;2 212 223;2 223;3 224;4 250;3 251;1 251;2 254 272;4 274;4 292;2 3|19;2 19;5 20छ3 4|2;1 2;2 26;5 26;7 27;3 28;1 5|26;2 54;2 6|9;3 21 22;1 23;5 110;6 118;5 7|13;2 13;3 13;6 17;1 34;4 99ख

हमरें 1|62;1 90;2 97छ 222;4 272;1 273;3 4|6;1 6|110;5 118;4 7|5;2

हमरे 1|181;3 2|284

हमरेउ 1|184छ

हमरेहि 1|276;2

हमहिं 2|305;3

हमहि 1|135 150 165 266;2 282;3 284;1 2|14;1 16;3 19;3 28;2 38;1 58;3 89;2 103;4 122;2 223;3 229;4 250 250;4 315;1 3|37;3 4|5;3 5|24;1 26;2 54;2 6|58;2 86;3 7|25;1 34

हमहीं 2|24;3

हमहूं 2|16;2 6|22;3 22;4

हमहू 6|81;1

हमार 1|89 90;3 121;2 129;3 132 144;4 160 162;4 165 280 2|61;2 136;3 178;1 212;2 5|30;2 43;4 52;3 6|17;4 23;2

हमारा 1|77;1 78;4 80;1 84;2 152;3 174;1 274;2 282;3 357;4 2|11;2 16;4 62;1 70;2 109;2 210;3 213;2 219;1 306;1 5|7;4 6|8;5

हमारि 1|78;2 246;1 249;2 2|11 251;2 6|121;1

हमारी 1|81;3 83;2 137;4 138;4 186छ3 236;4 283;4 334;2 2|16;4 116;4 305;3 4|26;2 5|7;1

हमारें 1|166;4 282;4 2|14;3 19;2 96;1 112;2 112;3 135 151;4 159;3 229;4 6|23ख

हमारे 1|62;4 149;1 255;4 256;1 282;4 2|3;1 50;3 121;2 126;1 251;1 251;4 6|114;1 7|8;4 47;1

हय 1|130;1 156 156;4 158 171;4 214;1 262 298;1 299;3 301;3 302;3 304;2 305;2 331;3 344;1 2|83 99 142;4 158;1 158;4 188;2 272;2

हयसाला 6|24;7

हयो 6|106छ

हरं 6|111;6

हर 1|2;5 3;6 4;2 9;3 15 15;1 15;3 19;4 26;2 32;6 35;6 48क 51;3 62 77;3 90;3 98छ 101;3 103;3 106;1 107;2 111;4 135;1 135;3 139;1 139;2 145;1 146;1 166;2 256 259 301 328;3 2|167 168;3 199 209 231 241;3 295;3 312 319;2 3|11;4 25 5|21;4 42;4 52;3 6|32;1 52;4 92 7|106क 106;3 121;12

हरइ 1|35;1 2|184;4 282;1 6|37;4 7|99;4

हरई 7|99;4

हरउ 2|10;4

हरगिरि 2|253;3 6|25;1 28;4

हरत 1|43;2 326 2|239;4 5|21;3

हरति 1|327;2 2|126छ

हरतोषये 7|108;9

हरद 1|296;4 346;2

हरन 1|32;5 59;3 88;1 206;3 208ख 2|326;3 3|10;7 29;1 31 5|45 6|6;4 103छ1 113छ 113;3 7|35;5 50;3 124क

हरना 1|2;2 106;4 138;1 5|31;2 7|36;4 66;3 76;3

हरनि 1|10छ 141 186 2|87;2 6|120;3 120;4 7|13;3

हरनी 1|1;2 2;5 31;2 243;2 7|15;3 129;1

हरनू 2|223;1

हरमय 1|19;1

हरष 1|4;1 116;4 131;1 133;3 137;1 139;1 148;4 185 189 207;2 208;4 228 318;4 2|12;2 15 77;2 81;2 215;4 240;1 245;3 320 3|26;4 36;3 42ख 4|2;4 4;1 7;7 13 27;5 5|1;2 5 6;2 13;1 27;1 28 29;4 35छ1 43;5 46;1 48;3 6|28 47;3 89;1 98;6 99छ 101छ1 103छ1 107छ 107;4 109;3 118क 7|0च 2क 6छ 7;3 9;3 10ख 38;1 42;1 83;3 104;2 114;4 114;5 121;17 122;1 124;1

हरषइ 1|205;4

हरषई 6|97छ

हरषत **1**|81 **2**|309;1

हरषप्रद **3**|44;2

हरषवंत **1**|194

हरषहिं **1**|41;3 44;3 223 299;1 324 348;4 **2**|130;4 150;4 238;2 **6**|71;5 **7**|39;2

हरषहीं **1**|325छ4

हरषाइ **1**|158 **6**|34क **7**|10क

हरषाई **1**|73;4 107;2 **3**|42;3 **6**|62;1

हरषाऊँ **7**|75;2 88;1

हरषाती **1**|113;4

हरषान **7**|3ग

हरषाना **1**|126;3 154;2 160;4 164;3 **7**|63;2 93;1

हरषानीं **1**|223;4 269;3 295;1

हरषानी **1**|61;3 68;1 75;3 96;2 **7**|52;4

हरषाने **1**|99;1 132;2 317;2 **6**|117;1 **7**|47;4

हरषाहीं **1**|8;6 **2**|24;1 **3**|18;4 30;7 46;1

हरषि **1**|35;6 72;3 82;2 112;3 125;3 128;3 135;2 137 143;2 143;3 171;1 207;4 208ख 210;5 212;2 241 248;3 287;3 296;1 301 305 305;2 307 307;4 317छ 327छ4 335 339 353;2 354;2 359;1 **2**|5;2 6;1 12;4 45 68 81;1 220;2 249;2 318;2 **3**|11;11 12;1 21;1 27;3 **4**|16 20 23;4 **5**|1;2 2 12 28;3 30;4 32 35;2 42;2 47;4 60;4 **6**|34;6 35क 58;3 62;1 80ख 86 89;2 102;3 108;4 109क 112 112;4 114;3 117;1 121;5 121;6 **7**|2ख 3;1 3;2 5 8क 9;2 10;3 14क 14ख 32 34;1 62;3 82;2 109क 115;3

हरषित **1**|111 178;1 178;2 190;3 191;2 192छ1 193;1 207 318छ **2**|73;2 134;2 140;2 159;3 205 **3**|3;2 20ख **6**|4;4 17ख 39;4 120क 120ख **7**|3क 3ख 15;4 20;4 25;2 93;1 110;6 112क 113;3 113;8

हरषीं **1**|221 229;2 236छ **7**|11ख 12;3

हरषी **1**|263;2 290;3 **2**|101;3 159;1 **5**|34;4 **6**|89छ

हरषु **1**|50;1 224 236 236;3 249;4 254;1 254;4 270 300 317छ 317;4 319 354;3 **2**|87;1 88;1 149;4 165 186;1 205 217;3 234 309;3 **7**|4ख 7;1

हरषे **1**|19;4 90 91;4 95;2 101;2 102छ 104;2 120क 188;1 212;3 227 232;2 239;1 239;5 240;2 244;2 254 270;3 285 290;1 302;2 307;2 308;4 315;4 323;2 **2**|8 124 135;1 210;4 256;2 270;1 **3**|12;7 30;7 **4**|5 **5**|28;2 **6**|1;2 62;2 74क 97;1 101छ2 103 103;5 108;7 109ख 119;3 **7**|4;4 6ख 6;2 42;1

हरषेउ **1**|165;4 172 **2**|272 **7**|2;1 63;3 69क 95;1

हरहाई **7**|39;1

हरहिं **1**|121;4 **7**|74ख 115;7

हरहि **1**|96;2

हरहीं **2**|91;1 200;4 281;1

हरहु **1**|46;1 108;1 108;2 257;3 **2**|44;4 213 **5**|24;3 27;2 **7**|130क

हरहू **2**|176;3 **3**|13;8

हराँसू **2**|56;2 149;4 271;2

हरि **1**|0;5 2;5 3;6 4;2 5;2 9;3 11;3 13;4 13;5 14;1 14ख 14;3 19;1 20;4 26;3 31;2 32;6 34;2 37;7 38;4 44;4 48;4 49;3 56;3 60;3 65;3 69;3 70 75 93;2 106;1 113;1 113;2 114 118;1 120घ 121;1 122;2 124;1 127 128;2 129;4 132;1 133;2 134;2 138;1 139 139;4 140;1 140;3 144;1 145;1 146;1 148;3 153;4 155;2 161;2 162;1 166;2 169;2 171 178ख 184 185;3 187 188 188;2 190;3 199;3 202;4 203;1 204;3 206;3 209;3 211 211छ3 211छ4 256 267;2 293;2 317;2 321;3

2|127;1 162;2 167 168;3 173;4 178;1 231 236;2 241;3 254;3 295;3 312 319;2 **3**|0 9;1 12;5 25;1 28;3 31;1 32;1 33;2 36छ 39;3 46छ **4**|6;6 11;2 14;4 17;1 17;4 19;2 27;4

5|5;4 6;4 9;5 21 21;3 25 36;3 **6**|4;4 12;4 20;3 30;3 32;1 48;4 62 62;5 71;6 89छ 99;3 104छ 120;4 121छ2 **7**|10;1 25;4 40;3 42 51;1 52;3 53;1 53;2 55;2 57;3 57;4 59 60;2 61 61;4 62;3 63;1 69ख 69;3 73;4 74;2 75;4 78;4 79;1 79;4 89क 89;2 89;3 90;4 91;2 100ख 101;1 101;4 103;1 103;2 104क 105;2 106;3 109;7 110;6 112;3 112;4 114;2 115;2 117;5 118क 119;3 119;4 119;5 120ख 120;9 121;6 122क 122;8 122ग 123;1 125ख 126 126;4 128;2 129;2

हरिअरइ **1**|275

हरिऐ **6**|111;10

हरिकथा **1**|140;3 **5**|58;2 **7**|61;3 111;6

हरिकृपा **5**|7;2

ह

हरिचंद 2|48;3 95;2

हरिचरित 1|33;4 113;4 121;1 7|112;3

हरिचरित्र 7|53;4

हरि जन 1|7;2 273;3 2|173;2 4|15;5 16;5 17;4 5|14;1 7|30;3 105क

हरिजान 7|81क 97ख 109ग 115ख 121ख

हरिजाना 3|2;3 7|78;2 112;5 115;8

हरित 1|287 288;1 2|22;1 4|14 7|117;6

हरितोषन 7|109;6

हरिधाम 3|32

हरि नाम 1|26;4 3|29ख 29;13 7|102ख

हरि नामा 1|52;4

हरिपद 1|192छ4

हरिपदु 1|335;3

हरिप्रीता 1|191;1

हरिबधुहि 3|28;8

हरिभगत 1|30;4 142;2 245;4 7|55;3

हरिभगतन्ह 1|242;3

हरिभगति 1|48;2 113;3 142 183;4 2|178;3 4|16 7|54;4

हरिमायाँ 1|140;4

हरिमाया 1|51 115;3 130;3

हरिलीला 1|30;3

हरिहउँ 1|187;4 3|23;3

हरि हरि 1|26;2

हरिहि 1|95;2 125;2 127;2 127;4 324छ4 3|5क 21;4 6|54;3 7|57;2 92छ

हरिही 2|209;2 4|28;4

हरिहौं 2|67;1

हरी 2|297;2 3|26छ 4|2;2 5|60;3 6|89छ 101छ1 7|13;3 14;9

हरीसा 4|12;4

हरु 1|249;2 321;3 2|173;4 254;3 5|10;3 12;5

हरुअ 1|258;4

हरुआई 5|26;1

हरे 1|85 320छ 6|82छ 111;1 111;9 7|13;2 14;4

हरेऊ 1|120;1 7|83;2

हरै 7|130छ2

हर्षजुत 1|190

हलधर 1|20;4

हलरावै 1|200;4

हलावहिं 6|5;3

हलोरे 2|204;3

हवाले 6|90;4

हसि 1|282 2|13;3 162;4

हसेउँ 6|29;1

हस्त 1|67

हहरि 2|199 294;4 317;1

हहिं 1|335;1 3|37;2 5|55;4 7|122;1

हहु 2|14;3 3|12;4

हाँक 1|275;1 6|47;3

हाँकहु 2|85;4

हाँकि 1|156 3|28

हाँकी 2|143;2

हाँके 2|158;1

हाँकेउ 2|99

हाँती 2|31;3

हाँसा 1|243;3

हाँसी 5|25;3

हा 2|155;4 160;2 3|29;1 29;2 30;4 4|5;3 5|26;2 6|101;6 111;4

हाट 1|287;2 344;2 2|11;2 159;1

हाटक 1|99;2 193

हाटकपुर 5|33;4

हाटकलोचन 1|122;3

हाड़ 1|125

हाड़ा 6|52;2

हाथ 1|134;3 139;4 190;2 311;3 350;1 2|29;4 50;3 90;4 144;4 171 190;3 229;4 258;1 266 296;1 306;4 6|11;2 52 52;2 78छ 82 101;2 101;6 7|17;3 100;4

हाथा 1|209;1 219;2 2|52;1 125;4 230;1 265;3 270;4 290;3 4|7;13 5|55;3 6|6;5 31;3

ह

हाथु **1**|280;1

हानि **1**|4;1 7;4 173;3 **2**|63 73;1 92 145;3 150;3 153;2 171 181;4 192;4 **4**|0क **5**|43 44;3 **7**|112;5

हानी **1**|36;3 115;2 121;3 258;1 278;3 **2**|16;3 55;3 99;2 165;3 189;3 218;2 256;3 282;4 **5**|6;2 10;1 42;1 **7**|36;2 60;4

हाय **1**|276;3

हार **1**|147;3

हारई **6**|85छ

हारहिं **7**|120;3

हारा **1**|81;1 **4**|8

हारि **1**|126 251;3 292;4 320;2 **3**|29क

हारी **1**|10;1 11;3 43;1 106;4 112;2 141;3 147;2 189;2 192छ1 251;2 285;1 **2**|67;1 158;4 298;2 **5**|22;4 **6**|34;5 46;3 70;2 **7**|47;2 52;5 98;3

हारें **1**|273;4 **2**|320;4

हारे **1**|38;3 82;4 123;3 245;1 256;2 282;4 292;3 **2**|276;3 294;4 **6**|35;1 **7**|8;5

हारेउँ **2**|261;4

हारेउ **1**|86 **7**|110;4

हारेहूं **2**|260;4

हाल **6**|104;5

हाला **1**|79;1 **6**|27;2

हास **1**|9;2 42 233;3 302;4 327छ2 **2**|32 **6**|15;3

हासा **1**|147;1 198;4 **5**|37;2 **7**|77;2

हा हा **6**|70

हाहाकार **1**|87;4 **6**|42;2 93;3 97;4 **7**|107क

हाहाकारा **1**|64;4

हिंकरि **2**|143;4

हिंडोरा **2**|59;3

हिंस **1**|301;1

हिंसक **1**|176;4

हिंसा **1**|183

हिएँ **1**|132;2 **2**|169;3 201छ **7**|14;8 111;8

हिए **1**|29;3 43;3 326छ3 **2**|301;1 **7**|14;4

हितं **6**|111;6

हित **1**|3क 3ख 4 4;1 4;2 4;3 4;5 9;1 13;3 14;5 15;2 15;3 20;3 24;1 24;2 27; 31;5 31;6 32ख 32;7 36;4 41;4 51;1 51छ 73;4 81;1 84;1 112;4 113;1 113;4 118 122;1 123;1 127 129;3 132 132;1 132;4 133;1 133;4 146;2 150;3 153;4 155;2 192 192छ2 198;2 209 216;4 223;1 224;1 245;4 290;4 303 305 305;2 316छ 317;2 317;3 346;1

2|5 7;1 12;2 18;3 19;1 21 23;1 41 50 60;1 61;4 63 64;3 69 75;1 78 78;1 78;2 83;4 86 92;3 93 95;2 96;1 99;3 103;4 125 131;1 134;4 143;4 155;4 165;1 171;1 175;2 176;1 176;4 177 177;2 178;1 178;4 180;2 186;3 188 192;4 208 212;2 227;2 238 254 257 258;2 264;2 268;1 268;2 269;4 282;4 285 287;3 290;3 291;4 293 293;1 298;1 304;4 305;1 305;2 307 310;3

3|2;5 5ख 8;3 9;2 **4**|7;10 7;3 12;1 **5**|11;1 15;2 24;1 31;4 36;3 36;5 38;2 40;4 41;4 **6**|5;3 9;5 10;3 17;4 20;1 23ब 24;1 37;1 56;3 61;2 61;8 64;3 114;1 118;5 **7**|8;5 16;3 39;3 41;1 69;1 74क 74ख 84ख 95क 106;8 112;1 114;6 119;5 120;4 121;8 125;3 130क 130छ3

हितकारक **1**|154;1

हितकारी **1**|64;3 77;2 107;3 129;3 140;4 186छ1 192छ1 285;1 **2**|80;4 97;4 105;2 130;2 142;2 150;4 152;1 220;1 254;2 298;2 **3**|5;3 **5**|39;2 **6**|114;5 **7**|18;2 22;4 47;2

हितु **1**|257;3 269;2

हितू **1**|166 256;1

हिम **1**|4;4 42;1 65;4 90;4 116;2 312;3 **2**|62;2 211 244;3 **3**|44;3 **4**|17;4 **6**|61;2 **7**|30;5 121;10 122;10

हिमकर **1**|19;1 237;4

हिमगिरि **1**|65;3 94;2 125;1 324;2 **6**|53;1 **7**|92;2

हिमभूधर **1**|101छ

हिमराती **2**|12;1

हिमवंत **1**|68 91;1 99 324छ4

हिमवंतु **1**|82;1 99;1 102

हिमवाना **1**|103;1

हिमसैलसुता **1**|42;1

हिमाचल **1**|83;1 90 91;3 94;1 **2**|138;4

हिमु **2**|169;1

हियँ **1**|1;3 29;2 29;4 31;2 31;6 35;6 36;1 38;3 43ख 50;1 90 95;2 101;2 107;3 111;4 125;3 132;4 137 137;1 143;2 199;3 218;2 223 224 229;2 230 236छ 236;3 241 245;1 249;4 251;3 254;1 292;4 308;2 315;4 318छ 320;2 325छ4 354;2 **2**|5;2 8 24;1 29;2 45 56;2 68 88;1 128 165;1 165;3 205 210 213;1 217;3 238;2 257;2 265;4 276;3 282 294;4 297;4 302;4 303;3 309;3 318;2 320;1 320;4 326;1 **3**|8 24;2 36;3 **4**|8 15;5 **5**|1;2 30;4 36;3 **6**|35;1 **7**|17क 42;1

हिय **1**|236 **2**|102;2 128;3 176;4 209 325;2 **3**|11 **7**|42

हियउ **6**|17ख

हियो **1**|101छ 324छ3 **6**|84छ

हिरन्याच्छ **6**|48क

हिलि **2**|320;3

हिसिषा **1**|69

हिहिनाहिं **2**|99

हिहिनाहीं **2**|142;4

ही **1**|1;4 19;4 **2**|254;4 314;2 **6**|21;2

हीचे **2**|283;2

हीन **1**|22 93;4 **3**|4;7 9 10;10 35;3 36 37;5 **4**|14;1 **5**|23;2 **6**|103;1 104;3 116;2 **7**|45;2 84;3 86;5 122ख 123क

हीनता **7**|22;2

हीना **1**|67;4 **2**|148;3 **3**|8;2 30;3 34;1 **5**|7;4 **6**|61;5 **7**|18;3 21;3 99;3

हीनी **2**|223;3 **3**|18;3

हीनू **1**|9;4

हीरा **1**|196;4 258;3

हूंति **2**|98

हुंकार **7**|6छ

हुआहिं **6**|88;5

हुए **7**|102;4

हुनर **7**|31;3

हुने **6**|28

हुमगि **2**|163;2

हुलसानी **1**|218;2

हुलसी **1**|31;6 36;1 **2**|303;3

हुलस्यो **1**|324छ3

हुलासा **6**|108;5

हुलासू **2**|22;3 104;4 320;1

हूह **6**|66 82;1

हूहा **6**|1;5

हे **1**|131;4 **3**|10;2 30;5

हेठ **6**|41 71;4

हेति **6**|70

हेतु **1**|11;2 19;1 19;2 19;4 20;3 25;2 31;6 33;1 35 47 83;4 102 103छ 107;3 120;4 121 121;1 122;1 139 141;1 144;1 144;4 152 154;3 155;2 162 201;1 205 210;4 225;3 271;4 283;4 307;2 317छ 334 336;2 345;2 361;4 **2**|25छ 25;4 38 43;1 60;2 75;2 144;3 160 160;3 232 247;2 255;3 270;4 312;2 **3**|24 46;4 **4**|1;4 9;3 **5**|14;2 39;3 59;2 **6**|8;2 22क 61;6 **7**|44;3 47;3 55;2 72क 75;1 115;1 121;8 125;3

हेतू **1**|53;4 58;3 64;4 88;4 125;3 141;4 285;4 **2**|164;4 179;3 254;2 269;2 **6**|37;1 72;6 102;4 **7**|9;1 58;1 121;10

हेम **1**|196;4 288 **7**|3;3

हेरत **2**|239;4

हेरहिं **2**|143;3 143;4 **4**|24;1

हेरा **2**|38;2 257;2

हेराई **1**|112;1

हेरि **1**|19;4 35;6 **2**|99 261;4 300;1

हेरी **1**|29;4 231;3 **6**|1;2

हेरे **2**|217;1

हेला **6**|9;3 37;1

हैं **5**|16;3 **6**|63;2

है **1**|29ख 100;3 173;3 294;3 310;2 **2**|21;4 189;2 285;3 **3**|13;8 **5**|3छ3 **6**|23;3 99छ **7**|62ख

होंहीं **2**|45;1

होंही **2**|30;1

होइँ **3**|16;2

होइ **1**|0;1 ;2 7;3 7;6 9;1 14ख 14छ 29;2 35;4 44;4 45 45;1 45;4 48क 50 51;2 52 56;4 57ख 59 61 63 68;2 68;4 69;1 71;2 71;3 76;2 82 88;1 92 101 121;3 122;4 124क 129;1 131;4 132;4 142 145;2 145;4 146;2 156 165;4 167;3 168;4 170;2 174

175 175;3 175;4 178ख 180;2 180;4 183;3 192छ4 195 211छ1 216;3 222 222;4 238;2 239;4 268;3 278;3 284;3 301;2

2|1;4 4;2 4;3 5 8;3 9;4 11 11;3 13;2 18;2 22;4 35;3 40;3 48 56;2 56;3 59;4 60;4 63 71;2 72;4 77;2 82;3 92 93;3 98;2 100;3 122;1 127;2 141;3 158;3 162;1 167;4 169;1 179 213;4 214;2 217;3 222;2 231 232;2 248;4 253;1 254 257 267;4 268;4 271;4 280;3 285;4 290;3 304;1 305;4 306 308;2 311 323;4 326 **3**|2;3 5;10 6;1 10;8 14 17;3 19क 19;6 21ख 31;3 38;2 39;2 44;1 44;3

4|7;10 8;2 14;4 24;1 26;4 27;1 30;3 **5**|6;2 32;3 37 40 44;1 48;1 51;1 57 **6**|3;2 7 7;4 10;4 13;1 13;2 18;2 21;5 22;1 23;2 32;1 35;4 37;4 41;1 46;6 50;3 52 58;1 73;5 75;3 80क 80;2 82 82;2 85 93 94;2 100 111;8 **7**|0ग 2छ 7;1 13;3 32;3 35;1 36;2 52;3 54;1 59;4 61 61;2 72ख 73ख 73;2 74;4 79;2 83;3 84;4 89क 89;4 90;3 90;4 95ख 102ख 107;2 108घ 109;1 115ख 116क 116ख 117;3 118ख 118;5 119;1 121;14 122क 125ख 125;2 128;3

होइअ **2**|203;3 **6**|29;5

होइहउँ **1**|152;1

होइहहिं **1**|14;3 15;6 169;1 189;2 239;2 310;4 311;1 **2**|310;4 **5**|14;3 **7**|40

होइहहु **1**|139;4 151

होइहिं **1**|278;1

होइहि **1**|10छ 52;4 67;3 70 83;1 87 88;1 132 132;1 132;2 138;3 177;4 178;2 271;1 274;2 311;1 **2**|11;3 36;2 37;2 58;2 61;3 67;1 68;4 71;3 188;3 192;3 218;2 234 305 323;4 **3**|3;1 23;3 29;8 29;9 36;6 **5**|1;2 11;4 24;2 53;3 **6**|27;2 60;3 63;1 99 99;2 115 **7**|48;4 60;4 61;4 62;3 62;4 109;8

होइहैं **3**|10;5

होई **1**|3;4 7;6 14;5 31;1 33;2 36;4 39;1 41;2 44;2 51;2 56;2 62;3 65;2 69;2 80;3 83;4 108;2 111;2 113;1 116;1 118;1 121;1 128;1 129;3 131;2 144;2 148;2 149;3 150;4 167;2 180;3 180;4 181;4 183;4 184;4 193;3 194;1 196;3 197;4 201;3 225;4 231;1 240;1 247;4 253;1 258;2 319;4 345;4

2|15;1 23;4 37;1 43;3 46;4 50;3 60;3 64;3 75;1 95;1 112;4 126;1 165;2 173;2 177;3 223;1 226;4 258;2 267;3 268;1 269;1 291;4 296;4 307;4 325;1 **3**|6;4 28;2 29;7 36;3 **4**|7;12 9;4 18;2 19;3 21;3 **5**|6;4 15;3 26;2 32;2 35;4 38;4 44;2 **6**|10;2 17;4 21;5 23;5 55;2 119;2 **7**|1;8 49;4 54;1 57;1 69;2 73;2 86;5 87;2 90;2 93;3 95;4 97;3 106;1 109;4 111;8 112;4 118;3 120;4 121;12 122;10 129;2

होउँ **1**|9;4 164;4 **4**|7

होउ **1**|8;6 15 89;3 96छ 138;2 164 166;4 223;4 284;1 **2**|16;3 24;3 45;1 46;2 69;4 75छ 129 273 **3**|42;4 **6**|59;4 109;4

होऊँ **1**|12;5

होऊ **1**|132;1 139;3 151;3 165;1 174;2 245;4 253;4 284;1 **2**|231;2 **7**|114;2

होएहु **1**|334;2

होत **1**|159क 161;2 213;4 216;2 299 354;3 **2**|33 101;1 144;3 151;1 177;3 185 194 199;4 207;4 217;2 220 233;1 238;4 305;3 326छ **4**|21 **6**|38;1 57;3 60;3 85;2 118;4 **7**|1क 14;7 48;2 61;4 69;2

होति **1**|150;3 **2**|42;3 189;2 228;4 **5**|10;1 13;4 16;1 29;1 **6**|34;1 86;3 **7**|58;2 77;5

होती **1**|1;3

होते **1**|299;3

होतेउँ **1**|252;3 275;4

होन **1**|99;2 296;1 303 324छ4 336;3 **2**|103;4 134;4 234 265;1 **6**|102;4 102;5

होनिहार **1**|84छ

होनिहारा **1**|159;4 **2**|70;2 173;3

होनी **1**|3;2

होने **2**|200;1

होनेउ **1**|294;3 310;2

होब **1**|137;4 150;1 151 207;5 **2**|16;3 **4**|28;4

होम **1**|169;1 181;4 210;1 323 **2**|129;4

होमु **1**|324छ4

होति **2**|99;3

होसि **2**|34;3 **3**|46ख **5**|4;4

होहहि **1**|67;2

होहिं **1**|3;1 5;1 7क 11;5 22;2 22;3 24;1 79;2 91 94;1 166 167;1 185;3 204;4 205;3 220;2 236;1 303;1 315;1 339;2 342;1 343;4 347 348;4 **2**|4 17;3 21;4 28;3 66;3 **80**

103;3 105;4 109;4 111;4 114;2 114;4 121
127;4 128;4 130;4 138;1 139;1 139;3 140;4
141;3 144;1 150;3 157;3 158;2 175;3 208;3
222;1 225;1 228;1 235;2 280;4 306;4 3|14;1
18;4 33;2 4|1;3 7;1 14 22;1 5|8;1 6|7;3
28;1 38;4 48;4 52;1 61;4 68;3 78;5 86;1
91;3 92 92;2 119;4 7|0ख 9ख 26;4 33;4
87;1 100;3 103;4 104;1 112;1 112;2 112;3
121;13 121;6 124;4 130छ1

होहि 1|258;4 345;2 2|191 5|1;5 56ख 7|107;4
112;8

होहीं 1|350;3 2|121;1 123;4 128;3

होही 3|29;6

होहूं 1|14;4 237;2 2|15;4 167;4

होहु 1|14ग 95 132;3 135 139;3 167 173
187;4 257;3 260;1 266 2|117 127 189
190;1 212 3|11;13 25;1 5|17;1 23;1 6|109;1
7|108घ 113क

होहू 2|50;1 75;3 94;1 118;1 169;2 220;1
306;2 5|17;2

हौं 1|96छ 159;4 326छ3 2|146 201छ 5|14;4
31;2 6|79;6 99;3

हौंहु 1|28ख

हृष्ट 1|145;4

ह्रद1|22